2024

湖南统计年鉴

HUNAN STATISTICAL YEARBOOK

湖 南 省 统 计 局
国家统计局湖南调查总队 编

Compiled by
Hunan Provincial Bureau of Statistics
Survey Office of the National Bureau of Statistics in Hunan

（总第 42 期 NO.42）

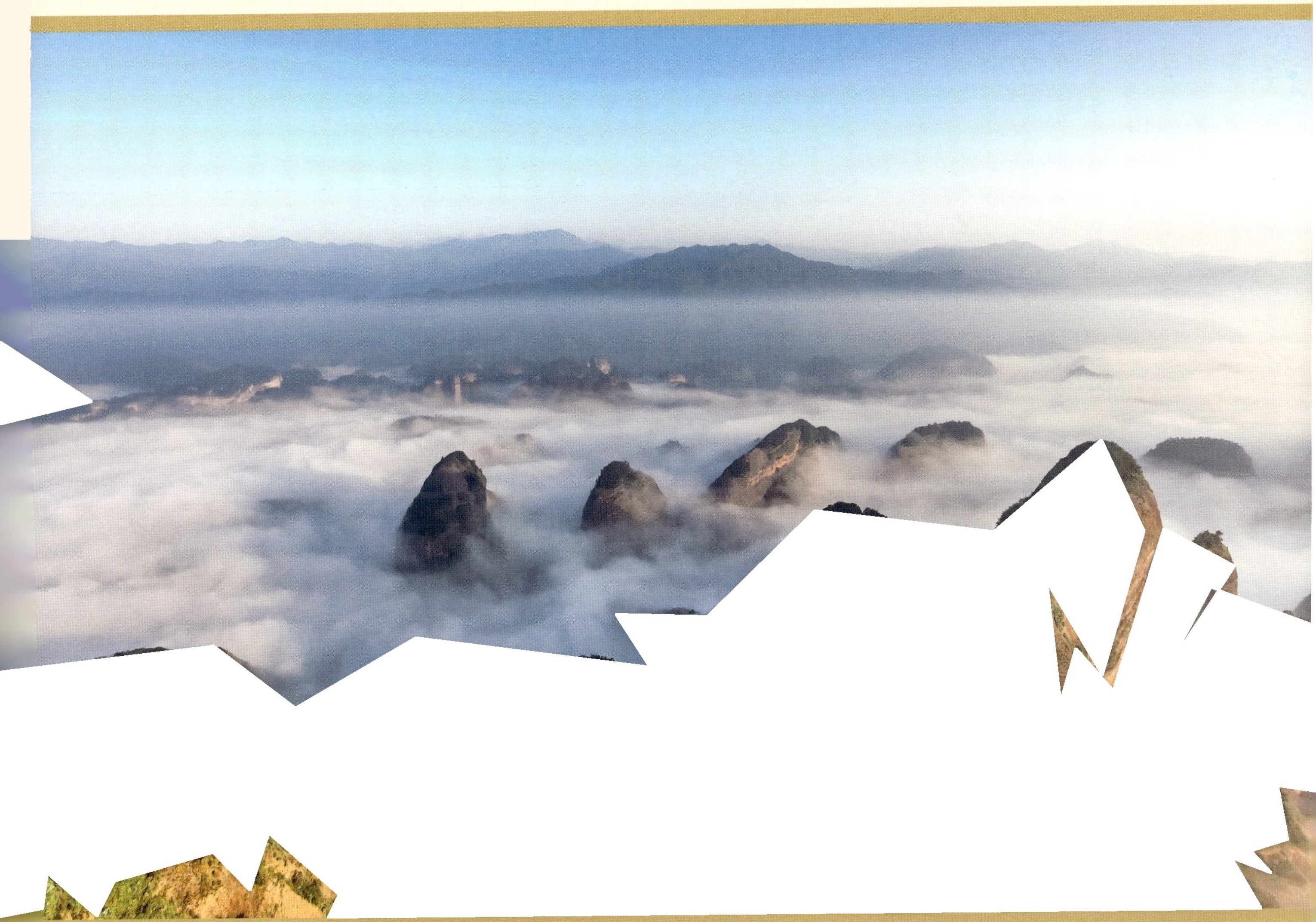

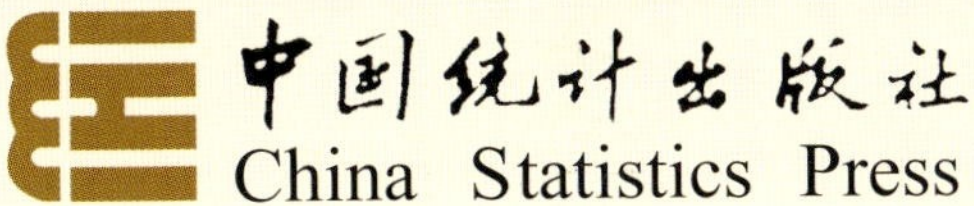

图书在版编目（CIP）数据

湖南统计年鉴. 2024 = Hunan Statistical Yearbook 2024 : 汉英对照 / 湖南省统计局，国家统计局湖南调查总队编. -- 北京 : 中国统计出版社，2024. 12. -- ISBN 978-7-5230-0618-4

Ⅰ. C832.64-54

中国国家版本馆 CIP 数据核字第 2025HQ9868 号

湖南统计年鉴 2024

作　　者 / 湖南省统计局　国家统计局湖南调查总队
责任编辑 / 高媛媛
装帧设计 / 廖闻菲　王　艳
出版发行 / 中国统计出版社有限公司
地　　址 / 北京市丰台区西三环南路甲 6 号
邮政编码 / 100073
电　　话 / 邮购（010）63376909　书店（010）68783171
网　　址 / http://www.zgtjcbs.com
印　　刷 / 湖南雅嘉彩色印刷有限公司
经　　销 / 新华书店
开　　本 / 890mm×1240mm　1/16
字　　数 / 1100 千字
印　　张 / 42　0.75 彩页
版　　别 / 2024 年 12 月第 1 版
版　　次 / 2024 年 12 月第 1 次印刷
定　　价 / 350.00 元　Price:350.00 yuan(RMB)

本书附同版本 CD-ROM 一张，光盘内容以书面文字为准。
如有印装差错，由本社发行部调换。

地区生产总值（亿元）

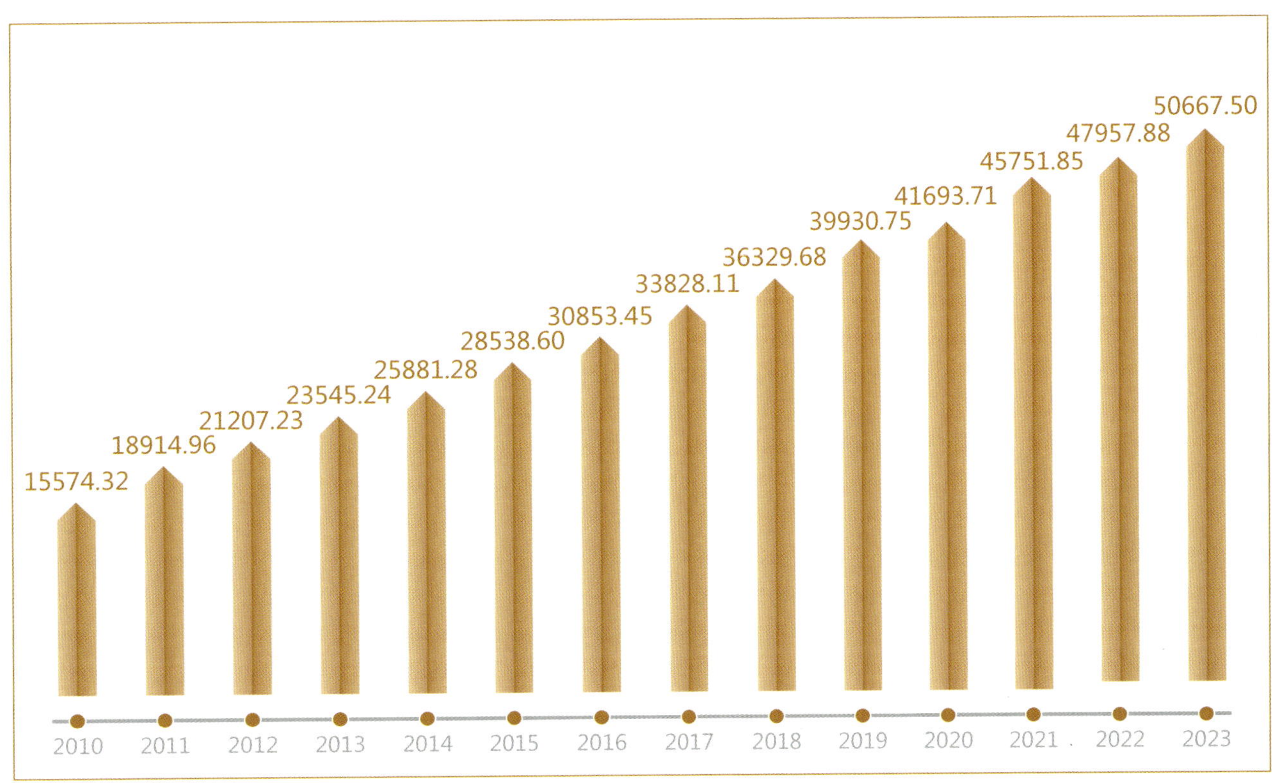

三次产业增加值（亿元）

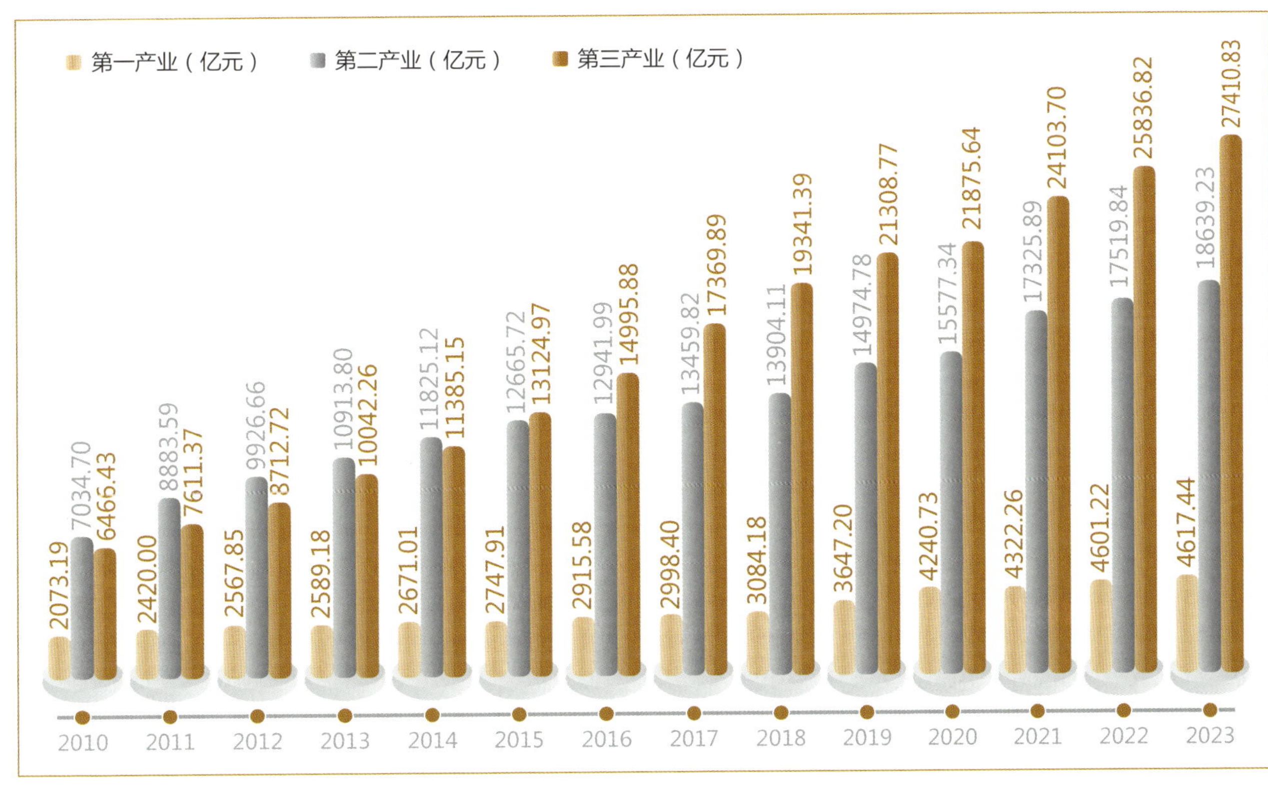

人均地区生产总值（元）

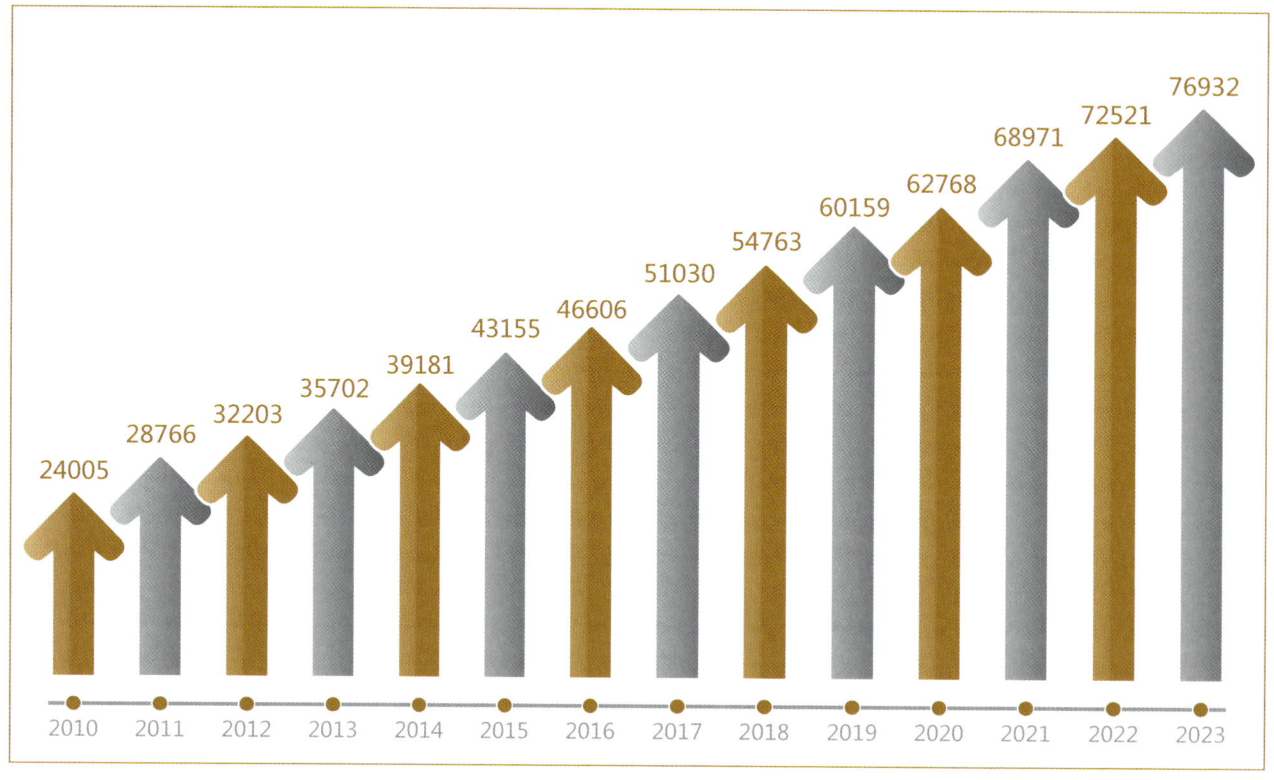

常住人口（万人）

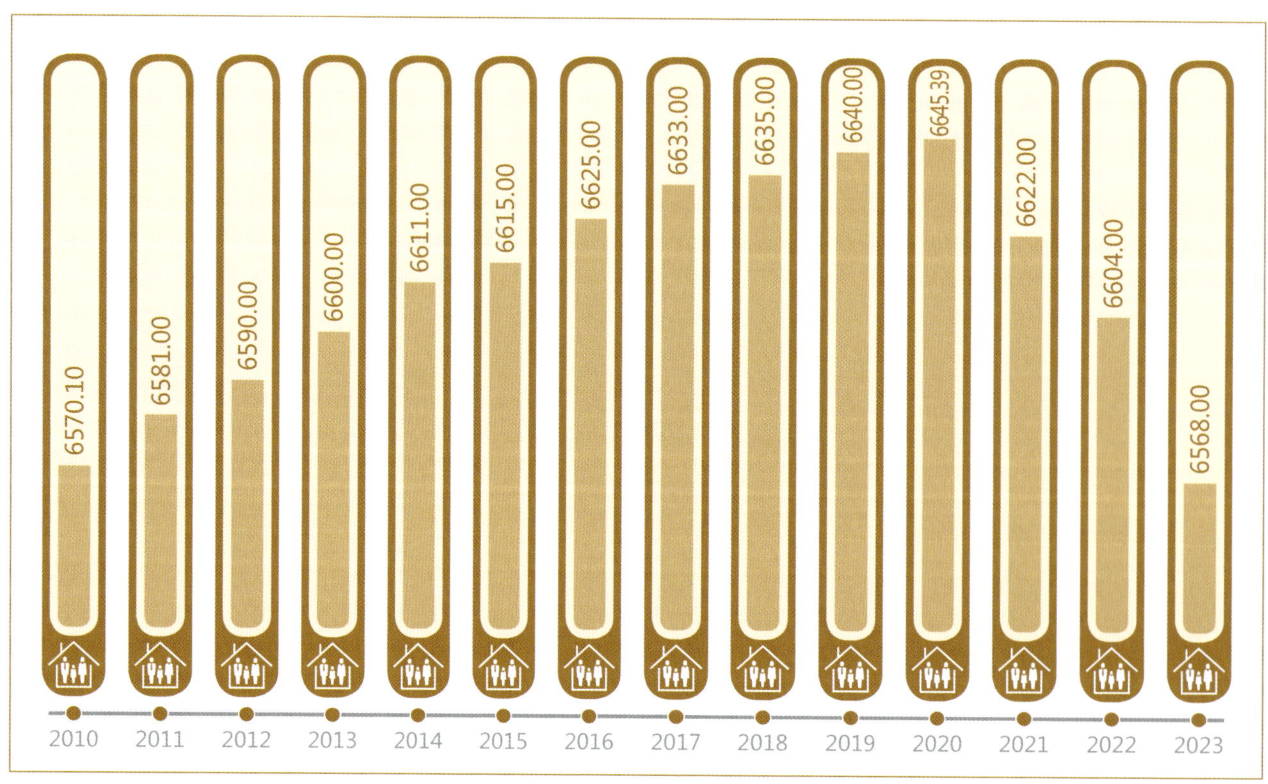

城镇化率（%）

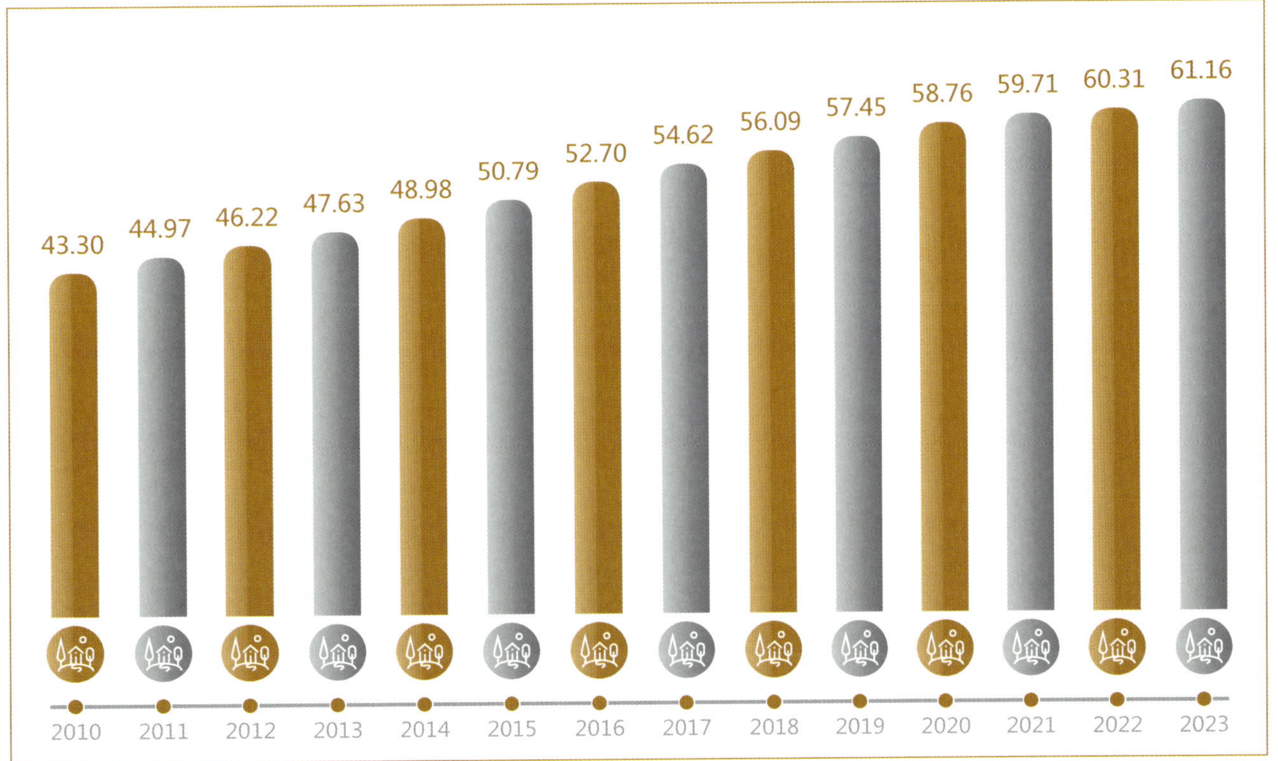

三次产业从业人口（万人）

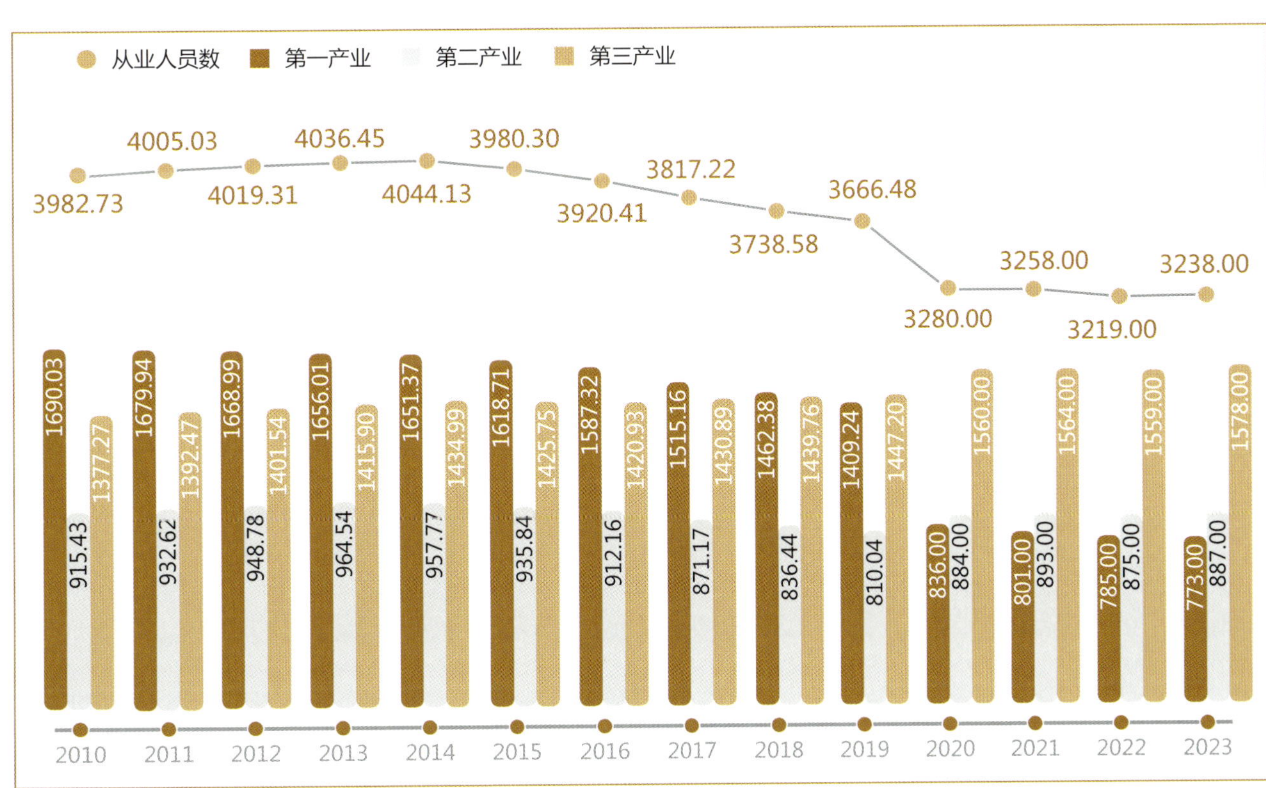

规模工业增加值增速（%）

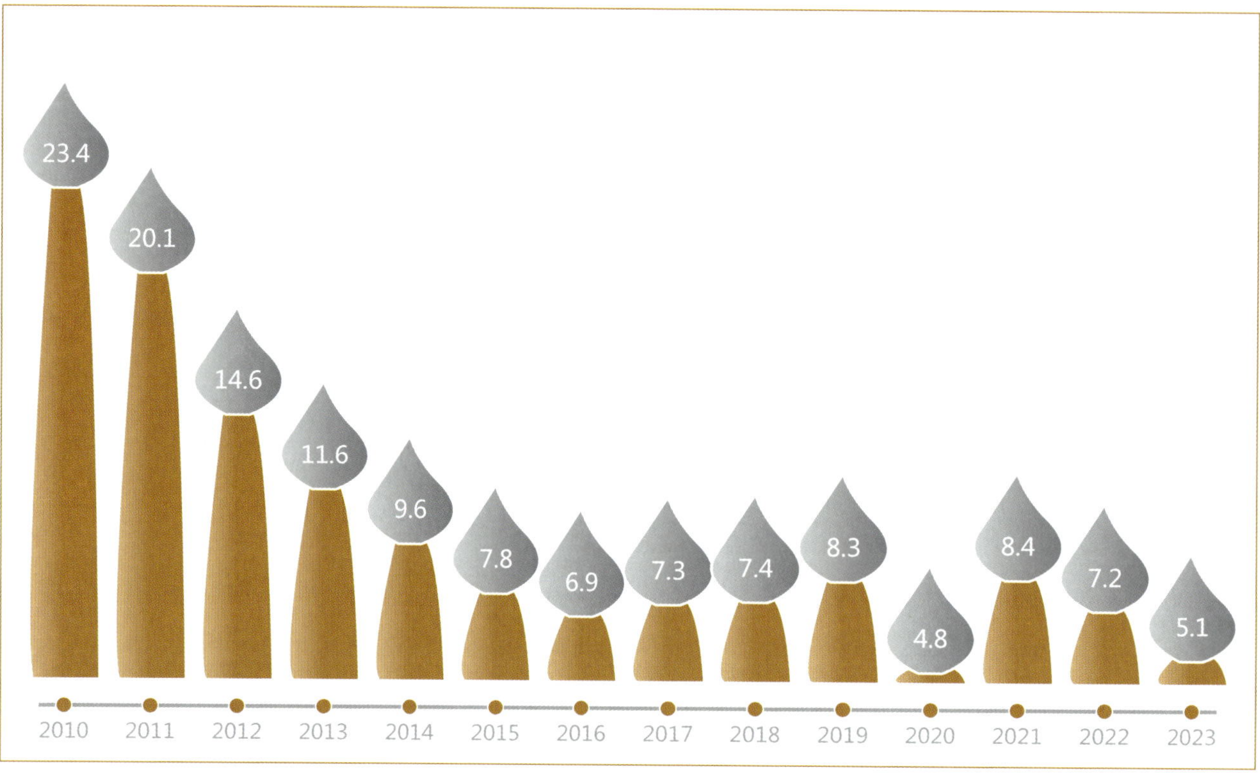

固定资产投资增速（%）

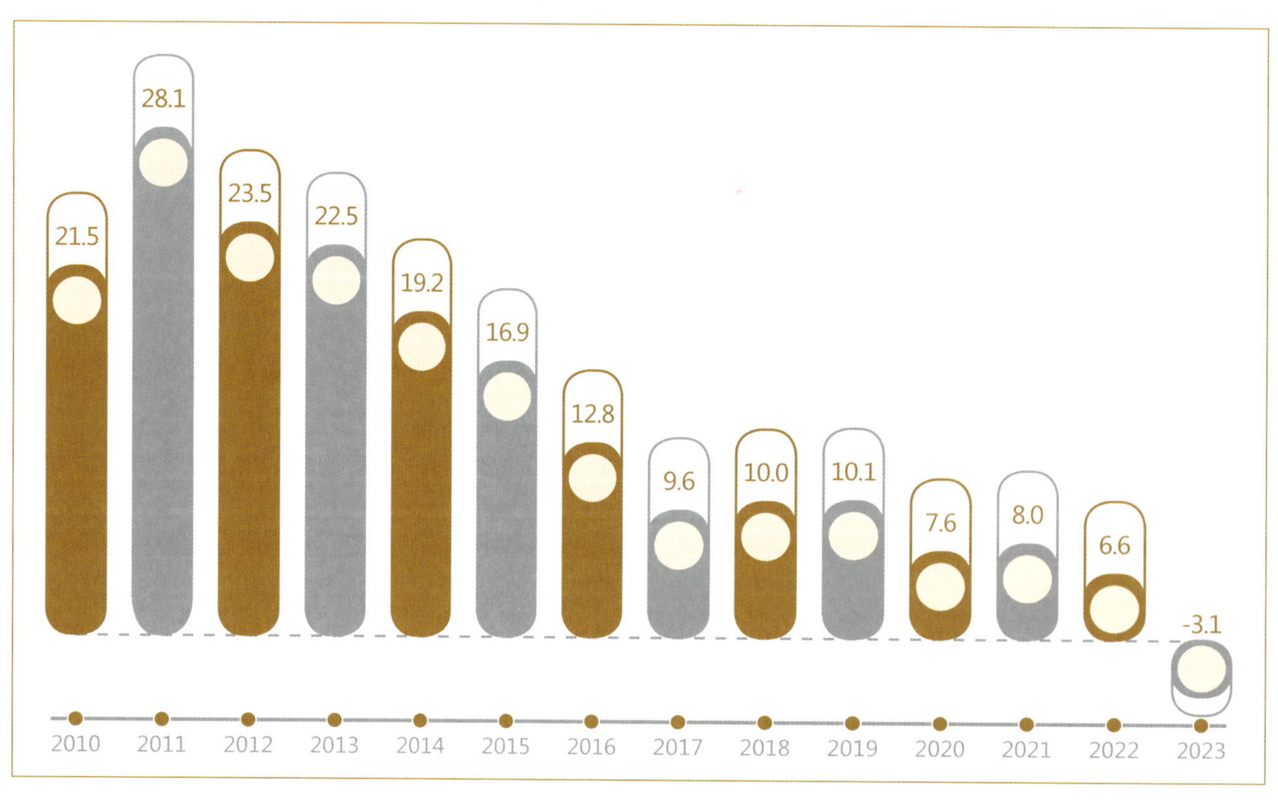

社会消费品零售总额（亿元）

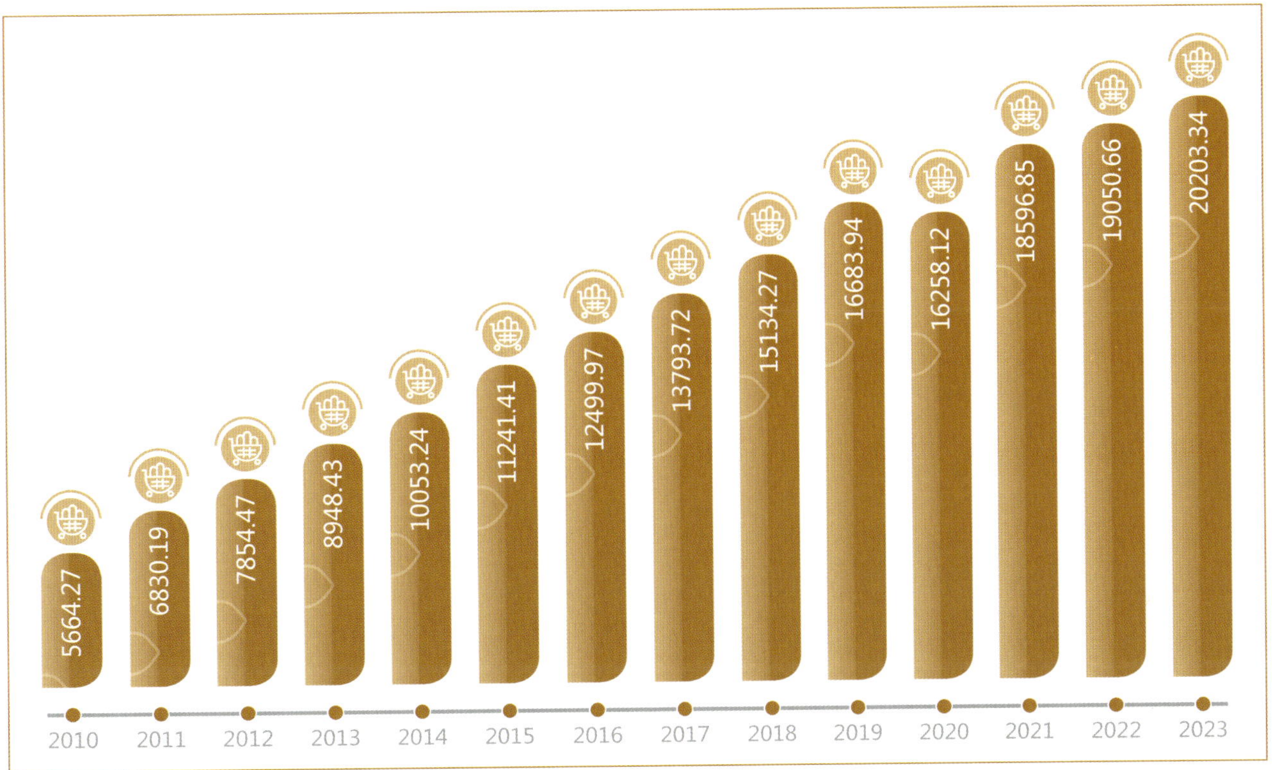

进出口总额（亿美元）

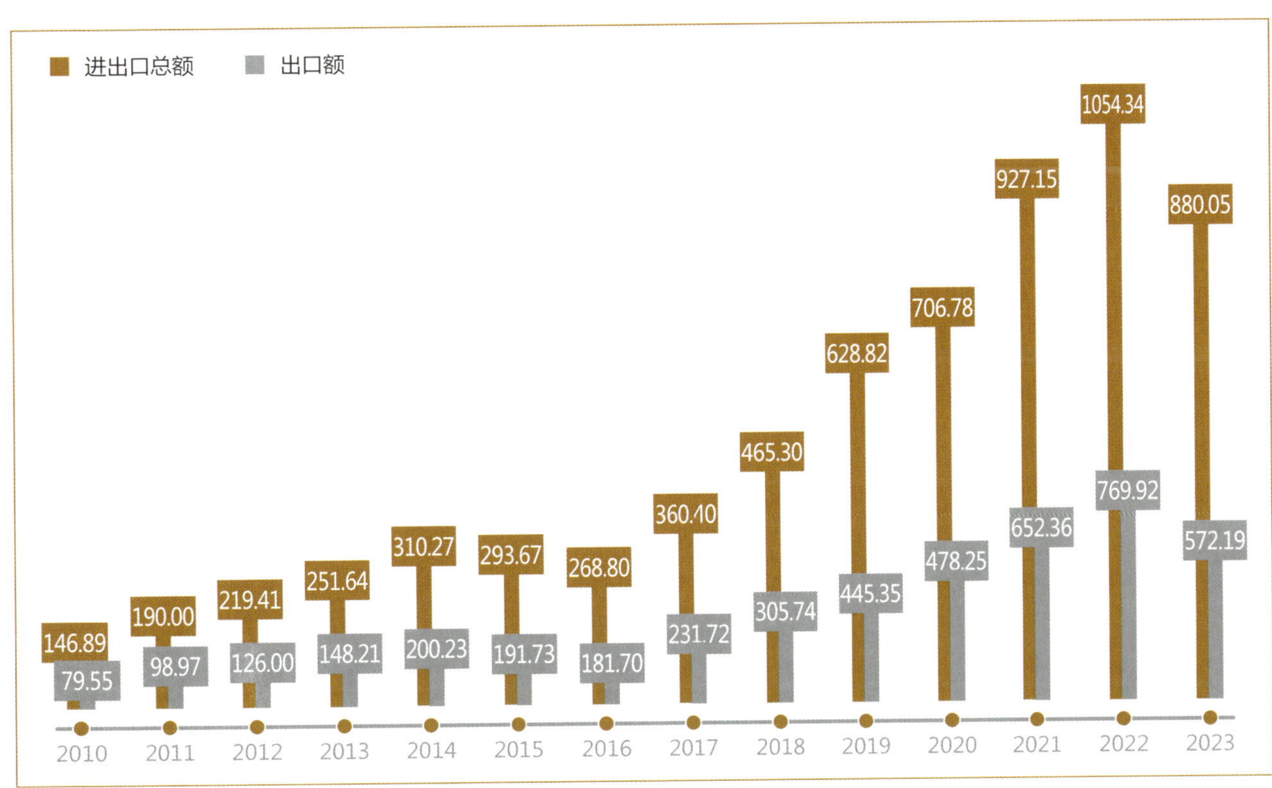

财政收支（亿元）

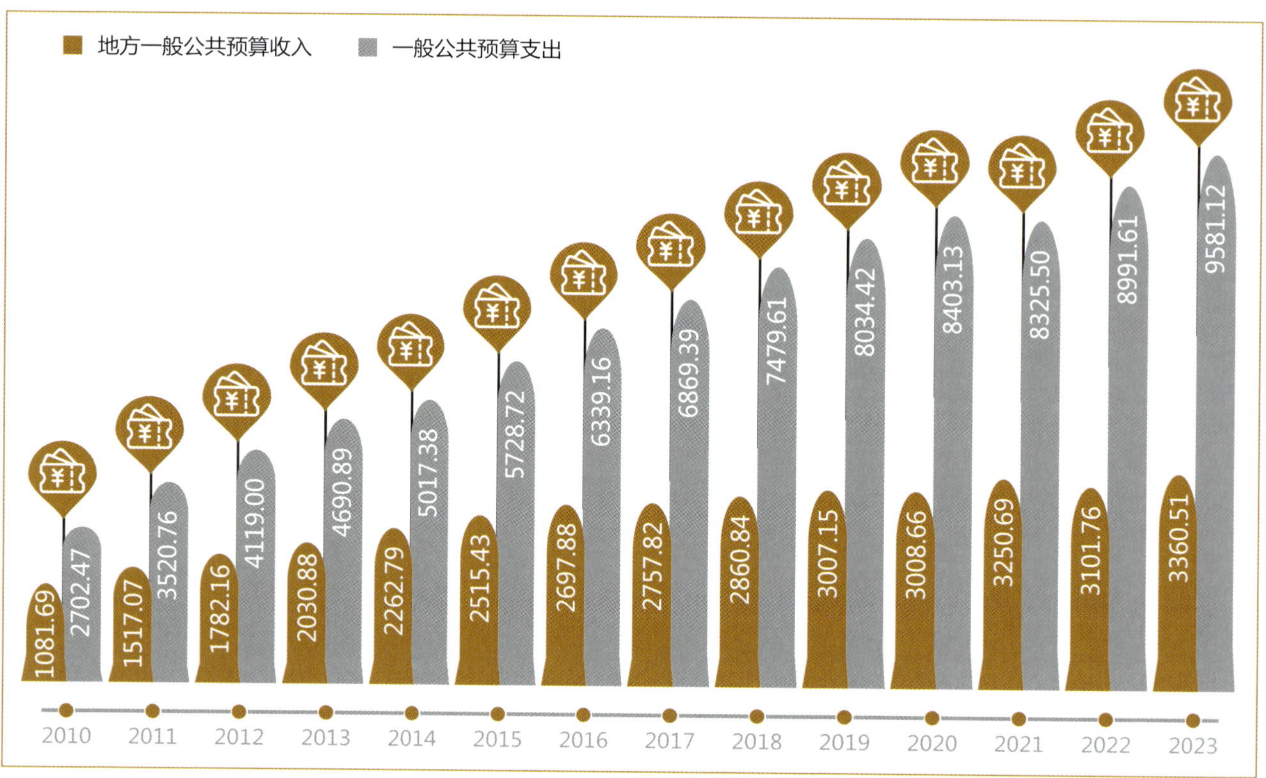

金融机构人民币存贷款余额（亿元）

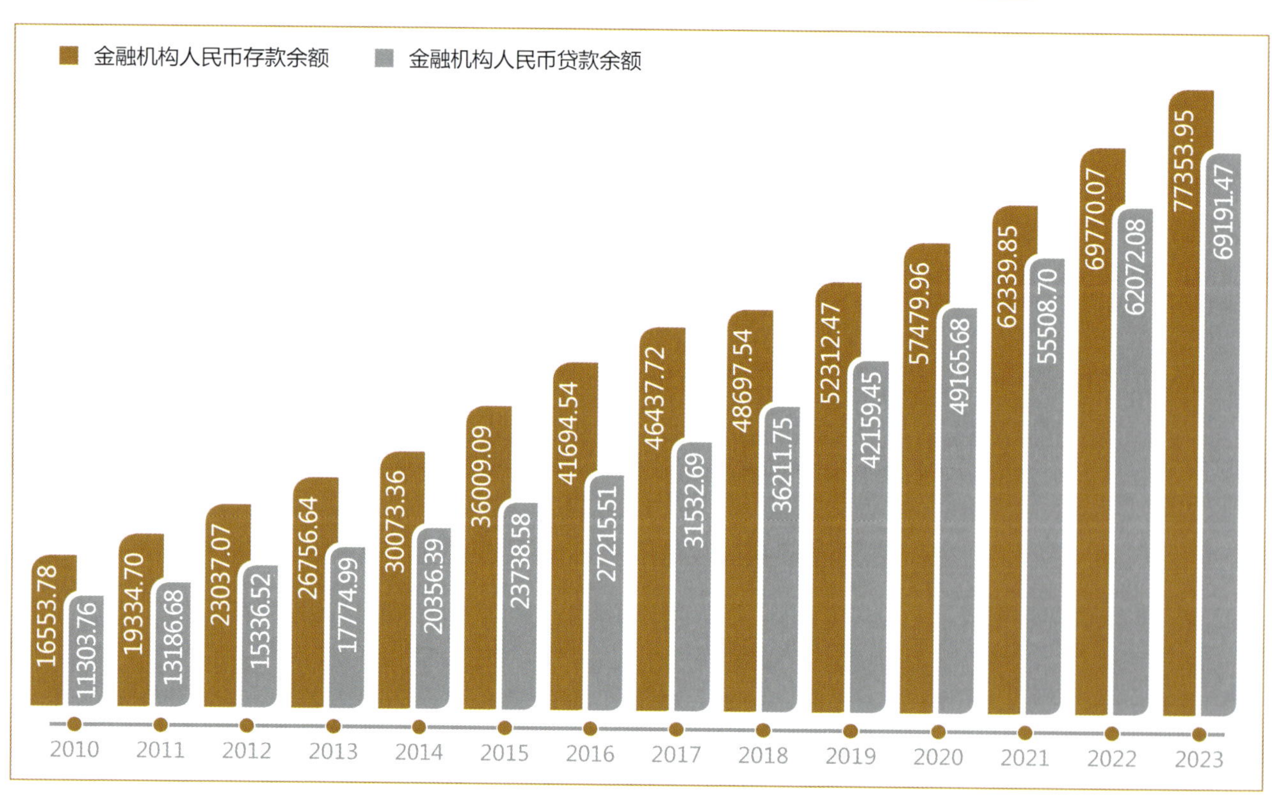

在岗职工年平均工资（元）

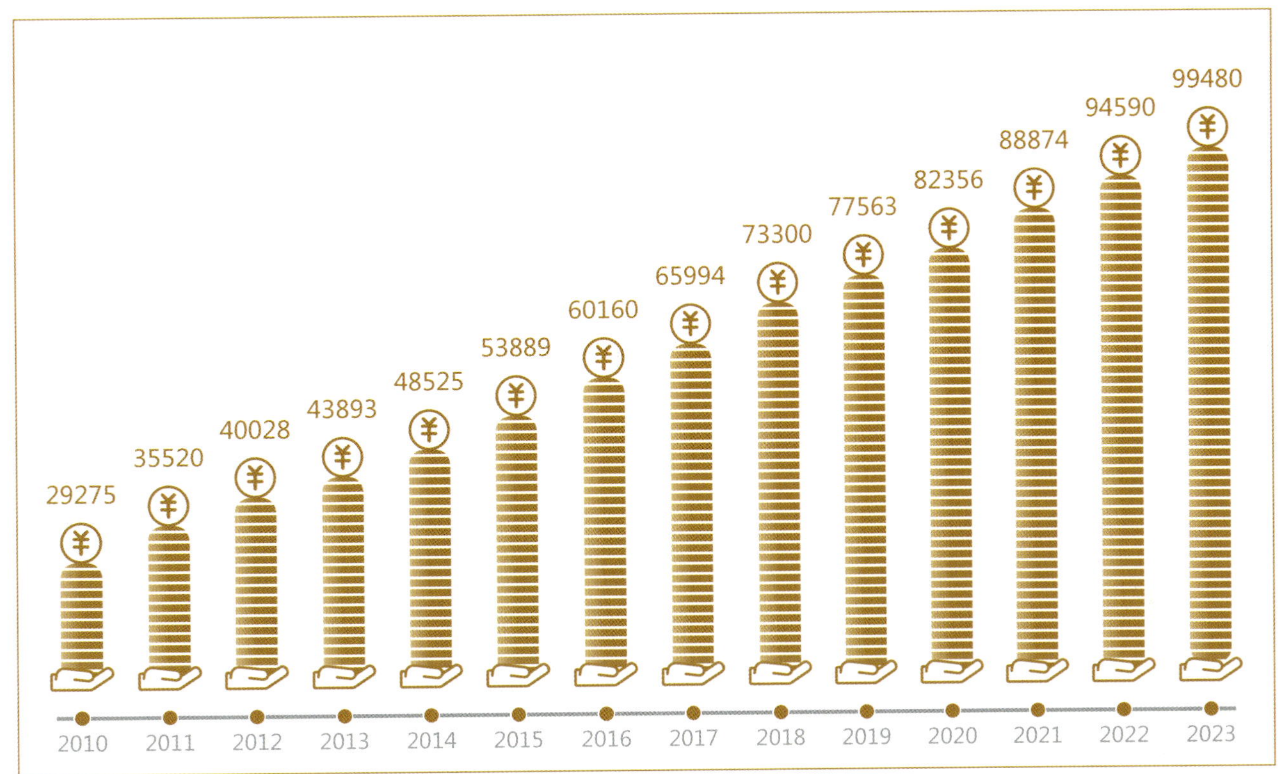

城乡居民人均可支配收入（元）

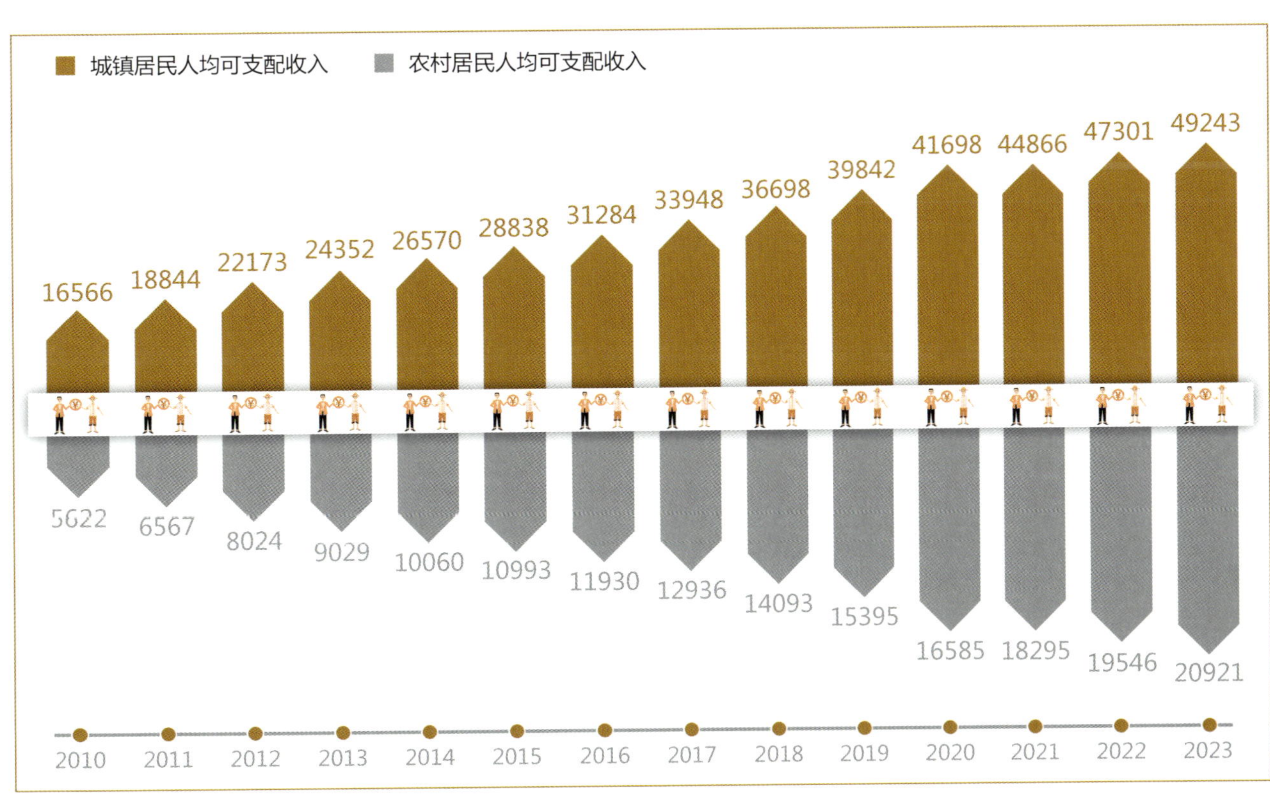

城乡居民人均消费支出（元）

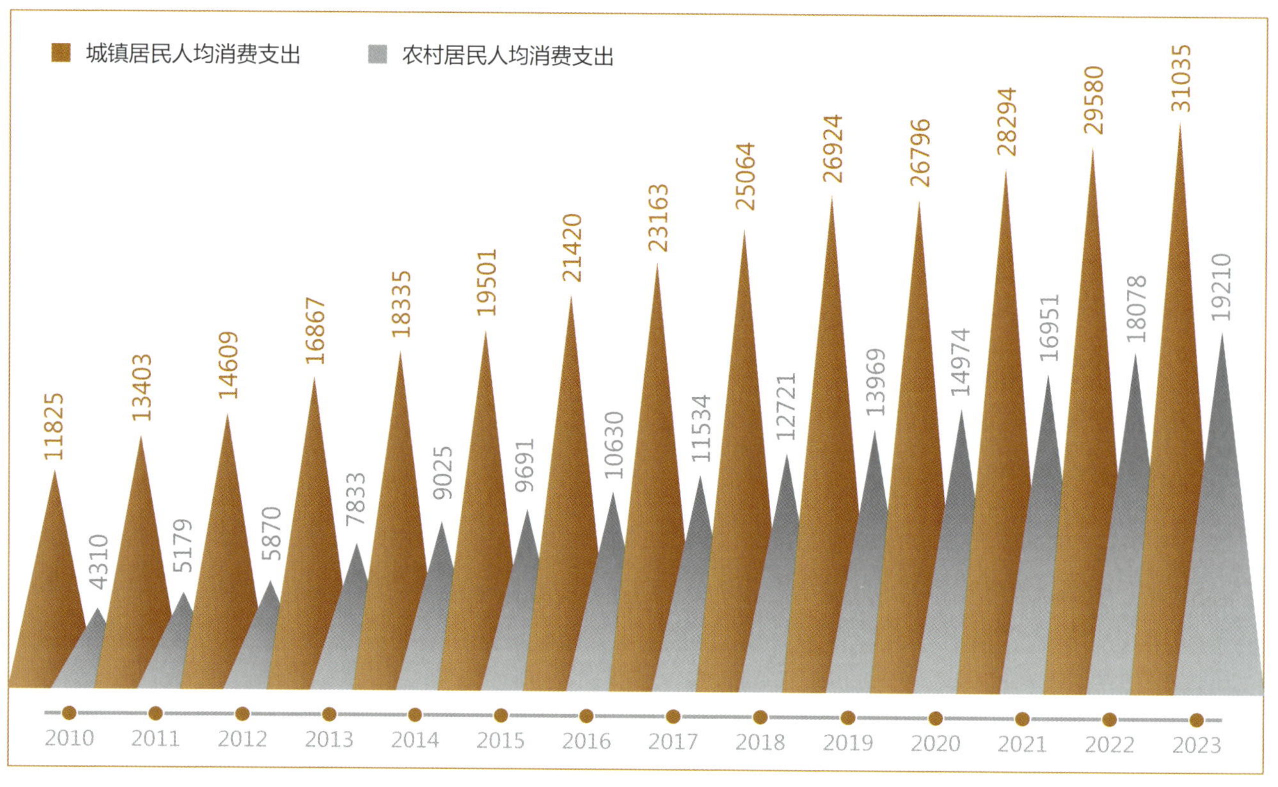

汽车拥有量（万辆）

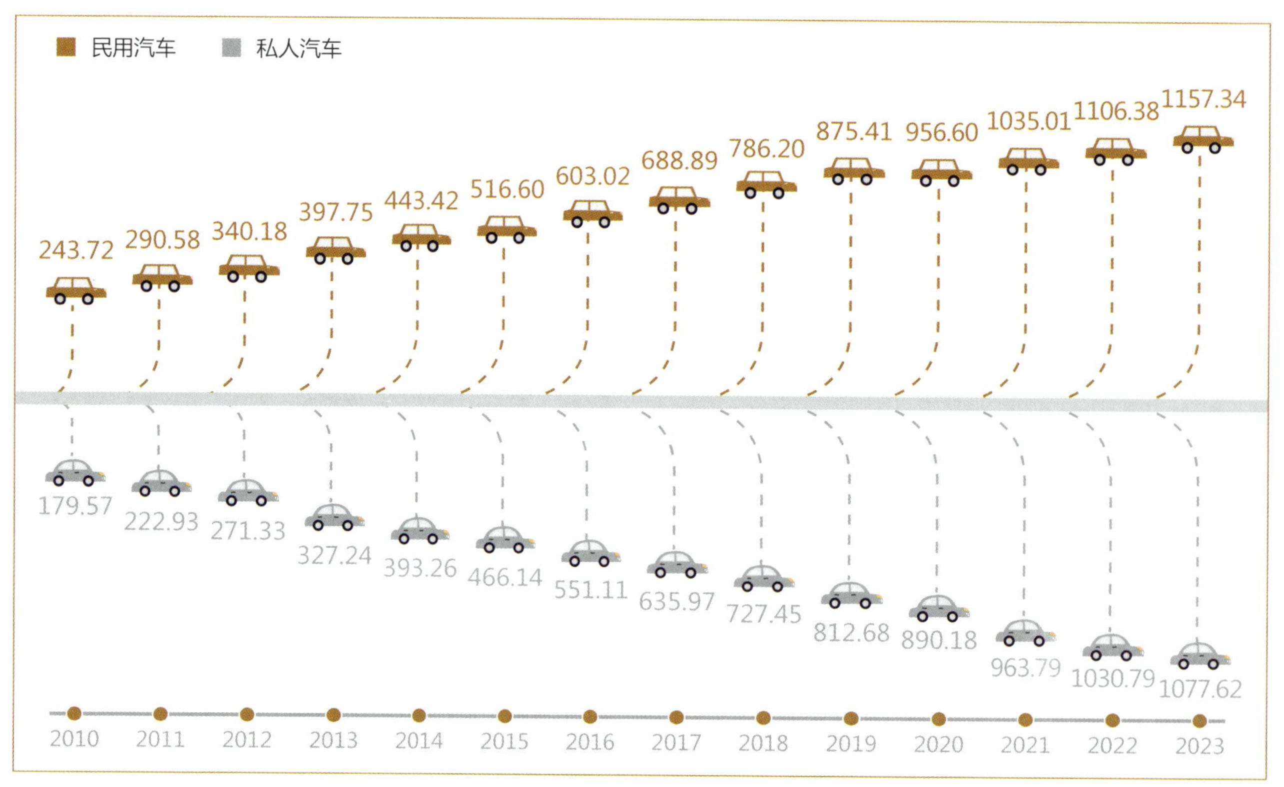

卫生技术人员与医生数（万人）

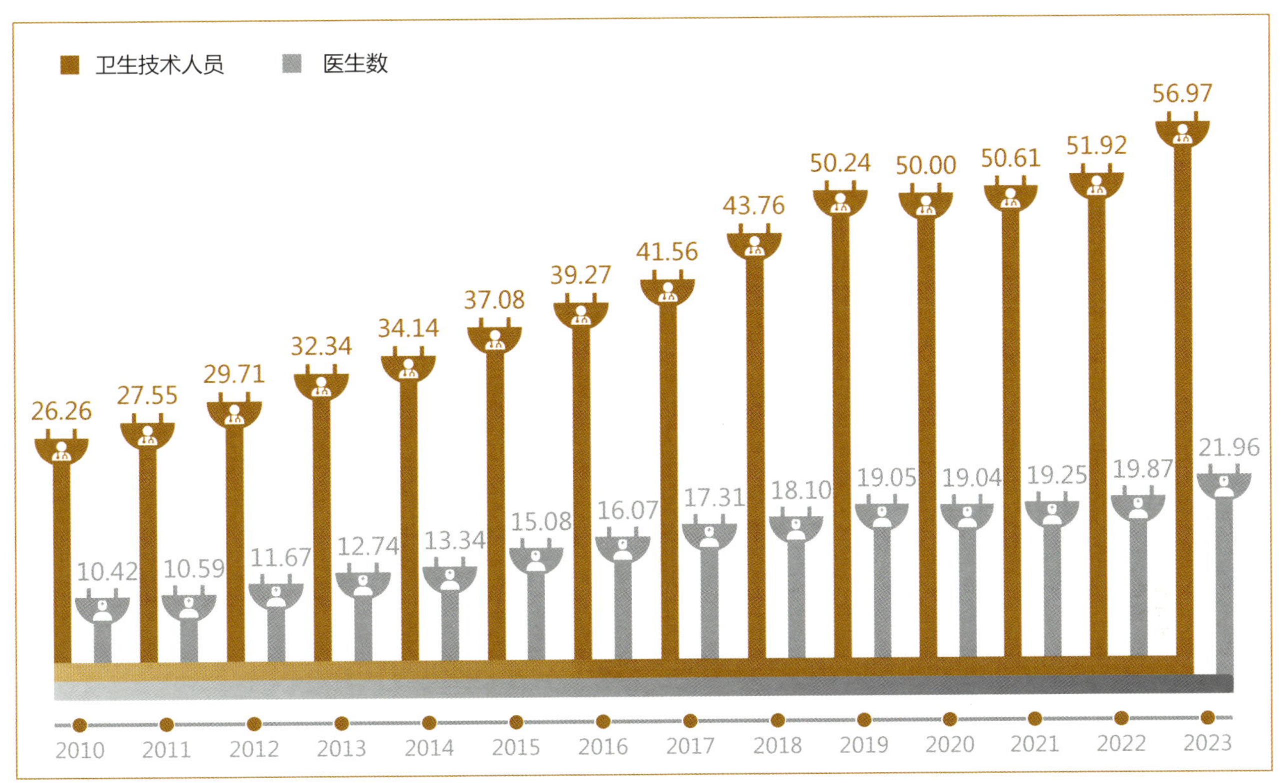

高等学校毕业生数（万人）

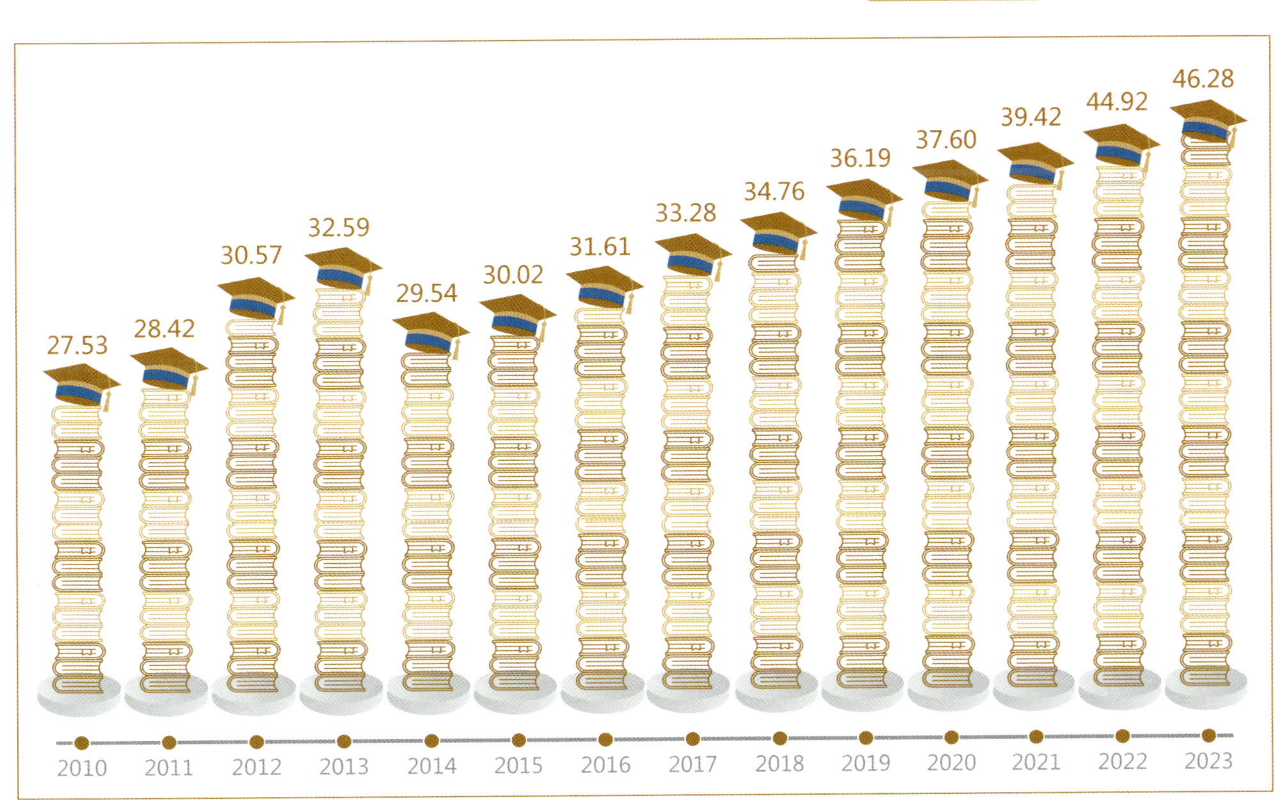

湖南的一天

指　标		Item		2010	2020	2022	2023
全省每天创造的财富		**Daily Production**					
地区生产总值	（亿元）	Gross Domestic Product	(100 million yuan)	42.67	114.23	131.39	138.82
农林牧渔业总产值	（亿元）	Gross Output Value of Farming, Forestry, Animal Husbandry and Fishery	(100 million yuan)	9.64	20.58	22.36	22.46
地方一般公共预算收入	（万元）	General Public Budget Revenue	(10 000 yuan)	29635.34	82429.13	84979.79	92068.72
布	（万米）	Cloth	(10 000 m)	127.46	35.89	21.95	59.01
机制纸及纸板	（吨）	Machine-made Paper and Paperboard	(ton)	10537.78	8660.27	10096.32	12026.37
原煤	（万吨）	Coal	(10 000 tons)	21.01	2.89	2.19	2.59
发电量	（万千瓦时）	Electricity	(10 000 kw.h)	32505.23	40992.05	45450.96	46586.82
原油加工量	（吨）	Machining Crude Oil	(ton)	16182.82	24050.68	22693.27	24762.48
粗钢	（吨）	Crude Steel	(ton)	48397.88	71586.30	71580.30	66179.55
钢材	（吨）	Steel	(ton)	49636.35	74538.90	83241.22	84391.92
水泥	（万吨）	Cement	(10 000 tons)	23.81	30.11	27.22	22.56
棉花	（吨）	Cotton	(ton)	621.92	204.02	225.49	208.29
油料	（吨）	Oil-bearing Crops	(ton)	4879.62	7141.59	7588.01	8031.38
苎麻	（吨）	Ramie	(ton)	111.13	11.81	9.20	9.27
烤烟	（吨）	Flue-cured Tobacco	(ton)	423.26	502.54	533.70	594.12
茶叶	（吨）	Tea	(ton)	320.99	685.15	726.94	755.35
柑橘	（吨）	Citrus	(ton)	10556.13	17168.81	17515.70	18583.68
进出口总额	（万美元）	Total Imports and Exports	(USD 10 000)	4024.34	19363.95	28885.90	24111.01
进口额		Total Imports		1844.93	6261.24	7792.12	8434.62
出口额		Total Exports		2179.42	13102.71	21093.78	15676.39
其他经济活动		**Other Daily Economic Activities**					
邮政业务总量	（万元）	Business Volume of Postal Services	(10 000 yuan)	877.47	11759.32	8992.05	11032.24
电信业务总量	（万元）	Business Volume of Telecommunications Services	(10 000 yuan)	8910.68	155376.71	18270.68	19761.24
出版图书	（万册）	Books Published	(10 000 copies)	85.35	132.24	165.95	176.08
出版杂志	（万册）	Magazines Published	(10 000 copies)	34.96	26.16	23.64	20.11
出版报纸	（万份）	Newspaper Published	(10 000 pieces)	353.70	198.10	145.07	136.67
全省每天人口变动和婚姻		**Daily Population Changes and Marriages**					
出生	（人）	Births	(person)	2510	1552	1129	1082
死亡	（人）	Deaths	(person)	1284	1441	1548	1638
结婚	（对）	Marriages	(couples)	1739	979	779	829
离婚	（对）	Divorces	(couples)	421	542	384	454

2024

湖南统计年鉴

编辑委员会和编辑工作人员

编辑委员会

编辑工作人员

2024

Hunan Statistical Yearbook
Editorial Board and Editorial Staff

Editorial Board

Editorial Staff

编辑说明

一、《湖南统计年鉴2024》系统收录了全省及各市、州、县2023年经济和社会发展方面的大量统计数据，以及重要历史年份的全省主要统计数据，是一部全面反映湖南省经济和社会发展情况的资料性年刊。

二、全书分为首卷和统计资料。首卷为特载《2024年湖南省政府工作报告》和《2023年湖南省国民经济和社会发展统计公报》。统计资料分为22个章节，即：1. 综合；2. 国民经济核算；3. 人口；4. 就业人员和工资；5. 价格；6. 人民生活；7. 固定资产投资；8. 对外经济和旅游；9. 能源；10. 财政、金融和保险；11. 城市建设和环境保护；12. 农业；13. 工业；14. 建筑业；15. 交通运输、邮电和其他服务业；16. 批发和零售业、住宿和餐饮业；17. 教育和科技；18. 文化、体育和卫生；19. 党群、政法和社会服务；20. 区域经济；21. 各市、州主要经济和社会统计指标；22. 各县（市、区）主要经济和社会统计指标。为方便读者使用，各篇章篇末附有《主要统计指标解释》。

三、本年鉴中的长株潭城市群包括长沙市、株洲市和湘潭市；环长株潭城市群包括长沙市、株洲市、湘潭市、衡阳市、岳阳市、常德市、益阳市和娄底市；湘南地区包括衡阳市、郴州市和永州市；大湘西地区包括湘西自治州、怀化市、张家界市、邵阳市和娄底市等5个市州，以及永州市江华县、江永县，共44个县市区；洞庭湖地区包括岳阳市、常德市、益阳市以及长沙市望城区。

四、与《湖南统计年鉴2023》相比较，本年鉴在内容和篇章结构上主要做了如下修订：根据《关于市场主体统计分类的划分规定》（国统字〔2023〕14号）（简称“新标准”），本年鉴中的相关分组按“新标准”作出相应调整；删减洞庭湖区主要社会经济指标表、高新技术产业情况表、企业家对创新的认识及相关情况表、规模以上服务业企业主要经济指标表（分市州）、规模以上工业营业收入表（分县市区）。

五、本年鉴按照《中国统计年鉴》大体框架和规范要求编辑。统一使用《中国统计年鉴》指标解释。所使用的度量衡单位均采用国际统一标准计量单位。

六、本年鉴中涉及的历史数据，均以最新出版的本年鉴为准；本年鉴中部分数据合计数或相对数由于单位取舍不同而产生的计算误差，均未作机械调整。

七、本年鉴中2019年以来的国民经济核算数据为第五次全国经济普查修订数据。特载《2024年湖南省政府工作报告》《2023年湖南省国民经济和社会发展统计公报》使用的数据均为快报数或初步统计数。

八、本年鉴中的符号使用说明：“空格”表示该项统计指标数据不详、无该项统计数据或数据不足最小计量单位；“#”表示其中的主要项。

九、本年鉴编辑中如有不足之处，恳请广大读者批评指正。

EDITOR'S NOTES

Ⅰ. *Hunan Statistical Yearbook* 2024 is an annual statistical publication, which reflects comprehensively the economic and social development of Hunan. It covers data for 2023 and key statistical data in some historically important years at provincial level and local levels of cities, prefecture and counties.

Ⅱ. *Hunan Statistical Yearbook* 2024 includes a special issue and statistical figures. The special issue are 2024 Hunan Provincial Government Work Report and Hunan Province Statistical Communiqué for the 2023 National Economic and Social Development.The statistical data contain the following 22 parts: 1. General Survey; 2. National Accounts; 3. Population; 4. Employment and Wages; 5. Prices; 6. People's Livelihoods; 7. Investment in Fixed Assets; 8.Foreign Economy and Tourism 9. Energy; 10. Government Finance, Banking and Insurance; 11. Construction of Cities and Environmental Protection; 12. Agriculture; 13. Industry; 14. Construction; 15. Transportation, Post , Telecommunication and other Services; 16. Wholesale and Retail Trades, Hotels and Catering Services; 17. Education, Science and Technology; 18. Culture, Sports and Public Health; 19.Party and Mass, Politics and Law, Social Service; 20. Regional Economy; 21. Main Economic and Social Statistics Indicators of Cities and States; 22. Main Economic and Social Statistics Indicators of Counties and Cities (districts). To facilitate readers, at the end of each chapter, Explanatory Notes on Main Statistical Indicators are included.

Ⅲ. In this yearbook, the Changsha-Zhuzhou-Xiangtan City Cluster includes Changsha City, Zhuzhou City and Xiangtan City. The Circum-Changsha-Zhuzhou-Xiangtan City Cluster encompasses Changsha City, Zhuzhou City, Xiangtan City, Hengyang City, Yueyang City, Changde City, Yiyang City and Loudi City. The Southern Hunan Region consists of Hengyang City, Chenzhou City and Yongzhou City. The Greater Western Hunan Region covers five cities and prefectures including Xiangxi Autonomous Prefecture, Huaihua City, Zhangjiajie City, Shaoyang City and Loudi City, as well as Jianghua County and Jiangyong County in Yongzhou City, totaling 44 counties, cities and districts. The Dongting Lake Region includes Yueyang City, Changde City, Yiyang City and Wangcheng District of Changsha City.

Ⅳ. *Compared with Hunan Statistical Yearbook* 2023, this yearbook has mainly made the following revisions in terms of content and chapter structure: According to the "Regulations on the Classification of Market Entities Statistics" (Guotongzi [2023] No. 14) (referred to as the "new standard" for short), the relevant groupings in this yearbook have been adjusted accordingly in accordance with the "new standard"; Tables on major social and economic indicators in the Dongting Lake Region, tables on the situation of high-tech industries, tables on entrepreneurs' understanding of innovation and related situations, tables on major economic indicators of service enterprises above the designated size (by city and prefecture), and tables on the operating income of industrial enterprises above the designated size (by county, city and district) have been deleted.

Ⅴ. The yearbook is edited according to the frame and standard of China Statistical Yearbook. The indicator explanatory notes are edited according to *China Statistical Yearbook.* The units of measurement adopted in *China Statistical Yearbook* are internationally unified standard.

Ⅵ. The historical data involved in this yearbook are subject to the latest edition of this yearbook; No mechanical adjustment has been made for the calculation errors caused by different units of total or relative data in this yearbook.

Ⅶ. The data on the national economic accounting since 2019 in this yearbook are the revised data from the Fifth National Economic Census.The data used in 2024 Hunan Provincial Government Work Report and Hunan Province Statistical Communiqué for the 2023 National Economic and Social Development.are all express numbers or preliminary statistics.

Ⅷ. Notations used in the yearbook: (blank space) indicates that data are unknown ,or are not available ,or the figure is not large enough to be measured with the smallest unit in the table; "#" indicates the major items of the total.

Ⅸ. Based on our limited level, perhaps there are some mistakes in the yearbook, all candid comments and criticism from our readers are heartily welcome.

特 载

SPECIAL ISSUE

统计资料

STATISTICAL DATA

一、综合

General Survey

二、国民经济核算
National Accounts

三、人口
Population

四、就业人员和工资
Employment and Wages

五、价格
Prices

六、人民生活

People's Livelihoods

七、固定资产投资

Investment in Fixde Assets

八、对外经济和旅游

Foreign Economy and Tourism

九、能源

Energy

十、财政、金融和保险
Government Finance, Banking and Insurance

十一、城市建设和环境保护
Construction of Cities and Environmental Protection

十二、农业

Agriculture

十三、工业
Industry

十四、建筑业
Construction

十五、交通运输、邮电和其他服务业
Transportation, Postal, Telecommunication and Other Services

十六、批发和零售业、住宿和餐饮业

Wholesale and Retail Trades, Hotels and Catering Services

十七、教育和科技

Education, Science and Technology

十八、文化、体育和卫生

Culture, Sports and Public Health

十九、党群、政法和社会服务

Party and Mass, Politics and Law, Social Service

二十、区域经济

Regional Economy

二十一、各市、州主要经济和社会统计指标

Main Economic and Social Statistics Indicators of Cities and Prefecture

二十二、各县(市、区)主要经济和社会统计指标
Main Economic and Social Statistics Indicators of Counties and Cities (Districts)

政府工作报告

——2024 年 1 月 24 日在湖南省第十四届人民代表大会第二次会议上

湖南省人民政府省长　毛伟明

各位代表：

现在，我代表省人民政府，向大会作政府工作报告，请予审议，并请各位政协委员提出意见。

一、过去一年工作回顾

2023 年是全面贯彻党的二十大精神的开局之年，是三年新冠疫情防控转段后经济恢复发展的一年。全省上下坚持以习近平新时代中国特色社会主义思想为指导，深入贯彻党的二十大和二十届二中全会精神，认真落实党中央、国务院决策部署，在中共湖南省委坚强领导下，锚定“三高四新”美好蓝图，扎实开展主题教育，深入推动“走找想促”，全力打好“发展六仗”，全省经济稳中有进、进中提质，高质量发展扎实推进，全面建设中国式现代化湖南新篇章迈出坚实步伐。全年地区生产总值迈上新台阶，总量突破 5 万亿元，增长 4.6%，两年平均增速高于全国 0.3 个百分点。地方一般公共预算收入增长 8.3%。全体居民人均可支配收入增长 5.5%，持续跑赢经济增速。粮食再获丰收，总产达 613.6 亿斤。

——发展态势回稳向好。克服一季度增速回落影响，实现二三季度逐步趋稳，四季度全面回升，当季增长 6%、高于全国平均水平。规模工业增加值增长 5.1%，高于全国 0.5 个百分点。工业投资增长 8.1%，“四个十大”项目年度投资任务全面完成。社会消费品零售总额突破 2 万亿元，增长 6.1%。各项贷款余额增长 10.9%，新增社会融资规模突破 1.1 万亿元，新上市及过会企业达 14 家。

——发展质效持续提高。高新技术产业增加值 1.1 万亿元、增长 8.9%，先进制造业增加值增长 6.8%、占制造业比重达 51.3%。数字经济增长 15%、总量突破 1.7 万亿元，占地区生产总值的 34%。工业税收增长 15.7%。非税占比 34.3%，下降 1.1 个百分点。规模以上服务业企业利润增长 20% 以上。单位 GDP 能耗降幅居全国前列。

——发展动能稳步增强。全社会研发经费投入增长 14.2%，增速居全国第 5 位。“智赋万企”全面起势，国家级跨行业跨领域“双跨”平台数量居全国第 7 位，省级工业互联网平台达 92 个，上云上平台企业新增 14.6 万家，工业企业数字化研发设计普及率达 81.1%。国家新型工业化产业示范基地达 19 个，居中部首位。国家级专精特新“小巨人”企业新增 116 家，高新技术企业净增 2000 家以上，科技型中小企业突破 3 万家。

——发展基础持续夯实。高速成网、高铁成环、枢纽成型的效应放大，长沙四小时航空经济圈、省内两小时高铁通勤圈基本形成。5G 基站总数达 13.3 万个、居全国第 8 位，总算力超 5200PF、增长 30%。新增电力装机 1245 万千瓦，其中新型储能装机达 266 万千瓦、居全国第 2 位，成功应对夏季 4165

万千瓦历史最大负荷考验。

——发展环境进中更优。“走找想促”活动和“三送三解三优”行动解决各类问题超 20 万个。“湘易办”注册用户突破 3000 万、汇聚服务事项 1.7 万项，“一网通办”1.2 万项。实有经营主体达 712.8 万户、增长 12.2%，三湘百强民营企业营业收入和资产总额均突破 1.1 万亿元。2023 年度全国工商联“万家民营企业评营商环境”，全省及长沙市继续位居全国前列、中西部第 1 位。

主要抓了以下八个方面的工作：

*一是多措并举稳定经济增长。*从容应对各种不确定性因素，全力打好经济增长主动仗，形成了以月保季、以季保年的绵密攻势。创造性落实政策。打出稳增长 20 条、促消费 20 条、文旅振兴 20 条、民营经济发展 30 条等政策“组合拳”。全年新增减税降费及退税缓费超 500 亿元，金融让利 212 亿元，发放失业保险稳岗返还资金超 8 亿元。高效率推进项目。集中开工 1158 个重大项目，实际完成投资 2197.6 亿元，带动在建亿元以上项目 7693 个，完成投资 1.5 万亿元。争取中央预算内资金、专项债、新增国债超 2000 亿元。重点项目用地实现应保尽保。多途径激活消费。聚焦汽车、家居、餐饮等重点领域，组织开展各类促消费活动 1000 余场，通过发放消费券等形式拉动市场消费，限额以上生活类商品零售额和餐饮营业额分别增长 8.1%、16.5%。成功举办第二届湖南旅游发展大会，全省旅游接待人数、总收入分别增长 51.3%、47.4%。张家界游客接待量、旅游总收入均创历史新高。大力度建强园区。“三生融合、三态协同”“五好”标准成为园区建设新范式；全省园区规模工业企业突破 1.2 万家，高新技术企业达 1.1 万家，园区贡献了 35.6% 的税收。

*二是标志工程引领“三个高地”建设。*滚动实施 11 大标志性工程，持续增强“高地”带动效应。以重点产业驱动制造强基，前瞻布局“4×4”现代化产业体系，持续推进产业发展“万千百”工程，汽车制造、通用设备制造增加值分别增长 16.5%、8.7%，北斗产业产值增长 18.4%。进入中国制造业企业 500 强和新增百亿工业企业各 8 家，三一集团海外营收大幅增长，长沙比亚迪新能源汽车产量达 72.3 万辆、增长 64.3%。中联智慧产业城、湘潭吉利远程超级 VAN、邵阳邵虹基板玻璃、益阳信维电子科技产业园等投产运营，岳阳石化百万吨乙烯等重大项目开工建设。以重大平台支撑创新突破，“4+4 科创工程”全部实体化运行，湘江科学城启动建设，长沙全球研发中心城市建设稳步推进，科技赋能文化产业创新工程加快实施，牵头建设的全国重点实验室增至 11 家，中国工程科技发展战略湖南研究院、鹏腾生态湖南创新中心落地建设。新引进高层次科技人才和团队 208 人（个）。“十大技术攻关项目”累计突破关键核心技术 147 项，取得“首”字“最”字号成果 17 项，涌现了铁建重工世界首台可变径斜井岩石隧道掘进机、中电科 48 所 8 英寸碳化硅外延设备、衡变深远海风电输变电装备等国际领先技术成果。技术合同成交额增长超过 50%。以重点举措深化改革开放，圆满完成全域低空空域管理改革试点任务，湖南自贸试验区形成首创成果 16 项，获批全国内外贸一体化试点，上交所科创板企业培育中心（中部地区）落户长沙；湖南银行、数字湖南公司、港航水利集团组建；全省国有“三资”清查处置收益超千亿元，发放科技型企业知识价值信用贷款超 170 亿元。主动融入粤港澳大湾区建设、长江经济带发展、海南自由贸易港建设等重大国家战略，积极推进长江中游三省协同和湘赣边区域合作。第三届中非经贸博览会签约项目 120 个、金额 103 亿美元，对非贸易额达 556.7 亿元、居中西部第 1 位。世界计算大会、第二届北斗规模应用

国际峰会等重大活动成功举办。中欧班列（长沙）开行量居全国第一方阵，怀化国际陆港开行国际班列455列、增长两倍。湘商回归新注册企业1360家，到位资金5915.2亿元。在湘投资的世界500强企业达211家。马拉维共和国驻长沙总领事馆正式开馆。

*三是集成发力强化发展支撑。*一体布局电力、算力、动力建设，基础设施承载能力整体增强。强网络，交通网、水利网、物流网加密提质，新增高速公路200公里、总里程达7530公里，提质改造国省干线300公里、总里程达3.2万公里，邵永高速铁路开工建设，长沙机场改扩建工程加快推进，湘西边城机场、娄底桥头河通用机场等建成通航；城陵矶港全面整合、虞公港建设顺利推进，洞庭湖生态疏浚工程、金塘冲水库开工建设，莽山、毛俊水库主体工程完工，涔天河灌区建成达效；衡阳、永州国家骨干冷链物流基地获批。强功能，100个数字新基建标志性项目加快推进，中国电信中南智能算力中心投产运营，人工智能算力达1200PF，长沙超算中心算力达200PF、重归国际一流水平。强支撑，新型电力系统“三区三厅”布局启动，“宁电入湘”开工建设，华容电厂全部并网发电，犬木塘水库电站首台机组顺利投产，益阳电厂和常德石门电厂三期有序推进，3个抽水蓄能电站核准开工。

*四是持之以恒巩固“三农”地位。*学习运用“千万工程”经验，部署实施“五千工程”，推进乡村全面振兴。脱贫攻坚成果得到新提升。实施脱贫人口持续增收三年行动，消除返贫风险9万户、23万人，脱贫地区农村居民人均可支配收入增速高于全省2个百分点。成功举办“十八洞”减贫与发展论坛，向世界分享湖南减贫经验。保障粮食安全彰显新担当。新建和改造高标准农田345万亩。“西子3号”成为国家审定的首个镉低积累水稻品种，推广种植低镉改良品种107万亩，水稻、油茶种植面积和总产均居全国第1位。农业产业发展迸发新活力。农产品加工业营业收入增长7%、达2.3万亿元，国家级农业优势特色产业集群达7个，建设国家产业强镇10个、居全国前列，农民合作社、家庭农场分别突破12万家、21万户。农机装备补短板和农业机械稳链强链工作获国家肯定。“和美湘村”建设呈现新变化。村庄规划质量提升，农村人居环境改善，创建国家乡村振兴示范县4个、全国乡村治理示范镇5个，美丽乡村示范村占比达43%。第二轮土地延包、农村宅基地改革试点稳步推进。

五是优势互补促进区域发展。“一核两副三带四区”协同并进格局加快形成，城镇化率提高到61.2%。一体化推进长株潭都市圈建设。三年行动计划部署推进，奥体公园、花博园等绿心增值项目加快布局，三市经济总量占全省41.5%、规模工业增加值增速高于全省2个百分点。差异化推动片区发展。衡阳连续三年上榜先进制造业百强城市，岳阳跻身全国创新驱动示范城市，新时代洞庭湖生态经济区规划获批，湘南湘西承接产业转移示范区实际到位内资增长18.9%，大湘西脱贫地区高质量发展先行区建设取得新进展。特色化壮大县域经济。全国“百强县”达4个，经济总量超500亿元的县市达8个，地方一般公共预算收入10亿元以上的县市达46个。

*六是想方设法增进民生福祉。*民生支出占比超过70%，十大重点民生实事全面完成。持续加温民生保障。城镇新增就业76.5万人，城乡居民收入分别增长4.1%、7%，基本养老、城乡低保、公共卫生补助等稳步提标。100所县域普通高中“徐特立项目”全面开工，411所乡镇标准化寄宿制学校建成使用，本科录取人数增加7600人。国家医学中心、区域医疗中心建设顺利推进，乡村医生层级管理开展试点，普通门诊异地结算、行政村卫生室医保定点实现全覆盖。持续加力生态环保。有序推进碳达峰碳中和，连

续7年开展污染防治“夏季攻势”，全力打好长江保护修复、洞庭湖总磷治理、“锰三角”矿业污染整治等标志性战役，坚决扛牢“守护好一江碧水”的政治责任。绿色发展指数进入全国前十，国考断面水质优良率、空气质量优良天数分别居中部第1位、第2位，洞庭湖总磷浓度下降10%。我省在国家污染防治攻坚战成效考核中，位列优秀等级、居中部第1位。

七是有力有效维护社会安定。统筹发展与安全两件大事，全年未发生重特大事故。枕戈待旦打好安全生产翻身仗，全面推行专家诊查、行业互查、企业自查、曝光突出问题“三查一曝光”硬举措，深化居民自建房安全专项整治，排查整治非煤矿山、危化品、道路交通、特种设备、城市运行、消防等领域风险隐患，安全生产事故起数、死亡人数分别下降6.3%、7.5%，取得洪涝灾害“零死亡”历史最好结果。积极主动打好防范化解风险阻击仗，认真开展PPP项目、“半拉子”工程等清查整治，稳妥处置非法集资案件，超额完成化债任务，交付“保交楼”项目451个、交付率居全国前列。常抓不懈确保社会大局和谐稳定，落实意识形态工作责任制，抓好领导干部接访、下访、包案化解工作，全域推进“网格化+信访”工作，从严打击电诈犯罪，深入开展“利剑护蕾”及“清朗”行动，刑事、治安案件分别下降5.4%、13.6%。

八是忠诚担当提高政府效能。政府系统党的建设全面加强，治理能力和治理水平不断提升。始终坚持依法行政，依法举行新任命国家工作人员宪法宣誓，办理省人大代表建议1392件、省政协提案941件，提请审议地方性法规议案13件，制定省政府规章7件。大力开展督查问效，深入推进统计造假、违规举债虚假化债等专项治理，强化审计监督，完善督查激励机制，获国家层面督查激励项数、次数均居全国前列。持续推进正风肃纪，从严查处违规举债、不合规PPP项目、套取挪用惠农补贴等背后的腐败与作风问题，深入开展招投标等重点领域突出问题综合整治。坚决整治形式主义、官僚主义，扎实开展高质量发展大调研活动，以省政府名义下发的文件、召开的会议做到“只减不增”，“三公”经费持续下降。

我们大力加强精神文明建设。毛泽东同志诞辰130周年系列纪念活动隆重举行，十八洞村、沙洲村等成为新时代红色地标，《问苍茫》等一批精品力作广受欢迎，湖南数字博物院启动建设，基层文化场所“乡有一站、村有一中心”加快推进。

我们大力推动各项事业发展。档案史志、外事侨务、港澳台事务、民族宗教、机关事务、社会科学、参事文史、地震气象、广播电视、体育、驻外联络等工作取得新进展，老龄、慈善、工会、青少年、妇女儿童、残疾人、红十字、计生协等事业取得新成效。

我们大力支持国防和军队现代化建设。全省各级国防动员委员会按新体制运行，统筹加强兵员征集、后备力量建设，以及国防教育、人民防空和军事设施保护，促进军民深度融合，扎实做好退役军人服务保障工作，奋力谱写了鱼水情深的时代华章。

各位代表!

过去一年的成绩来之不易。这是以习近平同志为核心的党中央坚强领导的结果，是中共湖南省委正确领导的结果，是各级人大、政协和监察、司法机关监督支持，以及社会各界关心帮助的结果，是全省人民团结奋斗的结果。在此，我代表省人民政府，向全省各族人民，向各民主党派、工商联、无党派人士、各人民团体，向驻湘人民解放军指战员、武警部队官兵、政法干警、民兵预备役人员、消防救援人员，向中央驻湘单位，向关心支持湖南高质量发展的海内外各界人士，表示诚挚的感谢！

各位代表！

过去的一年，我们在疫情防控转段中稳健开局，在市场预期偏弱中激发内生动力，在风险挑战叠加中行稳致远。我们深刻认识到，必须始终坚持以习近平新时代中国特色社会主义思想为根本遵循，坚决贯彻习近平总书记关于湖南工作的重要讲话和指示批示精神，锚定“三高四新”美好蓝图，贯彻落实省委决策部署；必须始终坚持高质量发展这一新时代的硬道理，完整、准确、全面贯彻新发展理念，着力构建新发展格局，推动经济实现质的有效提升和量的合理增长；必须始终坚持用好改革开放关键一招，统筹推进深层次改革和高水平开放，有效激发和增强社会活力；必须始终坚持以人民为中心的发展思想，想群众之所想、急群众之所急、忧群众之所忧，促进改革发展成果更多更公平惠及人民群众；必须始终坚持发展和安全良性互动，以高水平安全保障高质量发展，坚决守牢安全发展底线。

我们也清醒地看到，全省经济社会发展还存在不少困难和问题。主要是：经济恢复向好基础尚不牢固，有效需求不足、社会预期偏弱，部分行业领域仍面临较大下行压力，地区生产总值、规模工业、投资、进出口等指标与年初预期存在一定差距；风险隐患依然较多，安全生产、防灾减灾、生态环保等领域还存在不少短板，政府债务还本付息、非法集资防范处置、“三保”支出、“保交楼”等压力较大；民生保障还有不足，教育、医疗、养老等还存在弱项，就业总量和结构性矛盾并存；担当作为有待加强，有的地方政绩观存在偏差，锐意进取、干事创业的精气神还需增强，服务企业、服务群众、服务基层的意识和水平有待提升。对此，我们要勇于面对，迎难而上，采取有效措施，认真加以解决。

二、关于 2024 年工作

今年是中华人民共和国成立 75 周年，是实现“十四五”规划目标任务的关键一年。我们一定要看到，我国经济回升向好、长期向好，韧性强、潜力足、回旋余地广，加快高质量发展其略已定、其势已成。一定要看到，“三高四新”为我省绘就了美好蓝图，取得了丰硕成果，加快高质量发展正逢其时、恰逢其会。一定要看到，我省创新活力迸发、发展动能澎湃，各方纷纷看好湖南、投资湖南，加快高质量发展氛围正浓、动力正劲。我们要抓住一切有利时机，利用一切有利条件，以高质量发展实效唱响中国经济光明论。

今年工作总的要求是：以习近平新时代中国特色社会主义思想为指导，全面贯彻落实党的二十大、二十届二中全会和中央经济工作会议精神，深入落实习近平总书记关于湖南工作的重要讲话和指示批示精神，坚持稳中求进工作总基调，完整、准确、全面贯彻新发展理念，积极服务和融入新发展格局，锚定“三高四新”美好蓝图，着力推动高质量发展，全面深化改革开放，加快创新驱动发展，统筹扩大内需和深化供给侧结构性改革，统筹新型城镇化和乡村全面振兴，统筹高质量发展和高水平安全，切实增强经济活力、防范化解风险、改善社会预期，持续推动经济实现质的有效提升和量的合理增长，增进民生福祉，保持社会稳定，推动现代化新湖南建设取得新的更大进展。

今年经济社会发展主要预期目标是：地区生产总值增长 6% 左右，地方一般公共预算收入增长 6%，规模工业增加值增长 7%，固定资产投资增长 5%，社会消费品零售总额增长 6%，进出口总额增长 6%，城镇新增就业 70 万人，居民收入增速高于经济增速，居民消费价格涨幅 3% 左右，节能减排和碳排放强度下降完成国家下达任务，粮食产量615亿斤左右。

完成今年的预期目标，我们要贯彻好中央精神，落实好省委部署，坚持稳中求进、以进促稳、先立后破，做好“十个统筹”，大力实施产业培塑、创新提升、激发需求、改革攻坚、主体强身、区域共进、安全守底、民生可感“八大行动”，一以贯之坚持“稳、进、高、新”，并赋予新的内涵和要求。要夯实“稳”的基础，以信心稳、政策稳、工作稳确保经济稳、市场稳、就业稳，巩固和增强经济回升向好态势；激发“进”的动力，在转方式、调结构、提质量、增效益上积极进取，使“进”的方向更明、活力更足、质效更好；抬升“高”的坐标，聚焦打造“三个高地”，统筹高质量发展、高水平安全、高品质生活；争创“新”的业绩，开辟发展新赛道，增强发展新动能，拓展发展新空间，以优异成绩庆祝中华人民共和国成立75周年。重点做好以下工作：

（一）着力推动经济持续回升向好

更好统筹消费和投资，多途径激发市场活力，增强经济发展动能。

持续激发有潜能的消费。推动消费从疫后恢复转向持续扩大。培育消费热点。大力发展数字消费、绿色消费、健康消费，提振新能源汽车、电子产品等大宗消费，培育智能家居、文娱旅游、国货“潮品”、湘品湘用等新增长点。调整优化房地产政策，大力支持刚性和改善性住房需求。挖掘消费潜力。优化产城融合公共服务配套，推动农村消费扩容升级，开展大规模设备更新和消费品以旧换新，丰富养老、托育、家政、教育服务供给，以高质量供给引领和创造新需求。搭建消费平台。加快打造长沙国际消费中心城市，统筹推进城市和县域商业体系建设，打造一批夜间消费集聚示范区和城市一刻钟便民生活圈，完善农村电商与快递物流配送体系。加强消费者权益保护，创造良好消费环境。

持续扩大有效益的投资。更好发挥政府投资的带动放大效应，更有效激发社会投资，形成投资和消费相互促进的良性循环。扩大产业投资，聚焦升链、延链、补链、强链，重点抓好岳阳乙烯炼化一体化、邵虹基板玻璃、涟钢冷轧硅钢、广汽埃安新能源车、中通货运航司现代物流、中伟先进功能型粉体材料基地、吉利新能源乘用车及电池、衡阳绿色盐碱产业基地、益阳信维多层陶瓷电容器、新能源动力和储能产业基地等十大产业项目建设。放大基础设施投资，不断优化和夯实铁路网、公路网、水路网、电力网、算力网，重点抓好渝长厦和呼南高铁湖南段工程、G4京港澳高速公路扩容项目、长沙机场改扩建工程、宁夏至湖南特高压直流输电工程（湖南段）、新型电力系统工程、全省多式联运系统能力提升工程、高标准农田、水利枢纽项目、长株潭物流枢纽、“四算”新型基础设施等十大基础设施项目建设。加大民生领域投资，加快推进保障性住房建设、“平急两用”公共基础设施建设、城中村改造等“三大工程”；推进常德西洞庭湖灌区、娄底梅山灌区等农田水利项目建设；实施一批降碳、减污、扩绿等生态项目。建立健全领导干部“一对一”抓重点项目、抓产业链等工作机制，规范实施政府和社会资本合作新机制，让社会资本敢投、会投、能投。

持续激发经营主体活力。加大综合施策力度，进一步提振信心、稳定预期。强化主体培育。摸排一批十亿、百亿、千亿潜力企业开展梯度培育，支持领军企业开展重大项目布局、战略性并购重组，力争全年新增百亿企业10家、省级以上专精特新中小企业800家、单项冠军企业100家以上。强化精准帮扶。常态长效开展“三送三解三优”行动，不折不扣落实减税降费政策，建立完善支持政策“免申即享”机制，制定纳税大户企业激励扶持政策，支持重点企业发展并纳入“白名单”重点保障。强化服务保障。做好用工、用能、用地等保障工作，落实供水供电供气接入工程延伸投资政策，切实提升企业全生命周期服务水平。

持续夯实园区支撑。更好发挥园区主阵地作用，提升园区产业集聚度和经济贡献度。优化调整主特产业，稳妥推进调区扩区，培育特色产业园区，推动国家级园区进位争先。强化质量效益导向，完善“五好”园区综合评价指标体系，盘活园区低效闲置资产资源，提高园区亩均效益，力争园区规模工业占比达到74%、亩均税收增长10%以上。创新园区管理和运行机制，推进以剥离社会事务、岗位聘用制、绩效薪酬制、市场化建设运营等为主要内容的园区体制机制改革。在对口帮扶机制中借鉴推广“雨溆共建”园区模式。

推动金融高质量发展。坚持经济和金融一盘棋，增强金融服务实体经济的能力和水平。做好金融“五篇大文章”，聚焦重点领域、重点项目和民生短板，精准对接市场融资需求，加大金融投放和减费让利力度。壮大金融主体实力，积极推进省内法人金融机构改革，打造“全牌照”金融服务体系。持续推动企业上市“金芙蓉”跃升行动，加快建设多层次资本市场，高标准建设上交所科创板企业培育中心（中部地区），扩大直接融资规模。做大产业基金规模，发展产业链、供应链金融，推广银税互动、银保合作、政银担合作等模式，提升企业融资便利度。落实好属地风险处置和维稳责任，加强监管协同，及时处置中小金融机构风险，依法稳妥处置重大非法集资案件，推进涉众金融重大风险主体“清零”。

高质量发展能快则快，唯强者先、唯勇者胜。我们要以敢作敢为、善作善成的奋进姿态，担起经济大省真正挑大梁的责任。

（二）着力建设现代化产业体系

以先进制造业高地三大标志性工程为牵引，推动产品向高端进军、产业基地向高地迈进。

改造提升传统产业。加快技术改造和设备更新，实现扩能提质增效。现代石化产业重点聚焦石油、盐氟等基础材料，合理优化园区布局，加快头部企业培育招引。绿色矿业重点围绕有色金属、精品钢材、绿色建造等，推动产品结构调整和高端化发展。食品加工产业重点发展农副产品精深加工、食品制造、酒饮茶等，打造“湘字号”知名品牌。轻工纺织产业重点围绕电器制造、智能家居、纺织服装等领域，培育一批“三品”标杆企业、外贸特色产业集群和加工贸易梯度转移重点承接地。推进烟花爆竹产业转型发展。

巩固延伸优势产业。强化产业链上下游配套，打造彰显湖南特色优势的国内外一流产业集群。工程机械产业重在围绕特种工程机械、特色农机装备产业，强化零部件配套，大力发展再制造，提升主导优势产品国际竞争力。轨道交通产业重在推动国铁、城轨、磁浮、智轨“四轨一体”发展，大力发展高端整车，推动磁浮交通应用和产业化，打造世界一流的轨道交通装备研发中心。现代农业重在大力推进种业振兴，推动农业优势特色产业全链条发展。文化旅游产业重在发展文化创意、全域旅游，优化文化旅游产品供给，推动文旅深度融合。

培育壮大新兴产业。加快融合化集群化发展，打造一批根植湖南、竞争力凸显的新兴产业集群。数字产业紧扣发展先进计算、新一代半导体、新型显示、智能终端，加快打造全国重要的先进计算产业基地。新能源产业紧扣新能源汽车、新能源装备、新型储能发展，密切跟踪氢能、固态动力电池产业发展趋势，促进新能源产业链上下游融合，力争在新赛道上取得新优势。大健康产业紧扣中医药、现代医药、医疗器械、美妆、健康服务等领域，加快成长为重要支柱产业。空天海洋产业紧扣航空装备、北斗产业、商业航天、通用航空、海洋装备等发展，积极配合实施航空发动机和燃气轮机“两机”专项，加快打造世界一流的空天海洋产业集群。

前瞻布局未来产业。加强集成电路、工业母机、基础软件等关键技术突破，抢占新一轮科技革命和产业变革制高点。人工智能产业聚焦推进工业机器人、服务机器人等关键软硬件研发与制造，拓展重点领域应用，形成一批应用标杆案例。生命工程产业着力推动人工生物设计、脑机接口、类脑芯片等领域研发创新，发展生物制造产业。量子科技产业强化在先进计算、智能制造、检测计量等领域的应用场景建设。前沿材料产业重点围绕 3D 打印材料、超导材料、纳米材料等领域开展技术攻关。

加快推进新型工业化。推动工业化、信息化“两化融合”，加快“智赋万企”进企业、进车间、进班组步伐，新增智能制造标杆企业 10 家、标杆车间 40 家以上，数字经济增长 15%。推动先进制造业、现代服务业“两业共融”，推进服务型制造，大力发展金融、物流、工业设计、检验检测认证等专业化服务，力争生产性服务业占服务业比重超过 42%。推动原地倍增、招引新增“两增并举”，实施存量企业扩能工程，支持优势企业就地扩能升级，精准开展产业链、基金和以商招商，提高招商引资质量和能级。

推进现代化，核心竞争力是产业现代化。我们要以对历史负责的高度责任感，加快构筑现代化产业体系的“四梁八柱”，形成制胜未来的强大竞争力。

（三）着力强化创新驱动发展

加快科技创新高地五大标志性工程建设，培育发展新质生产力。

打造高能级创新平台。强化长株潭国家自主创新示范区机制创新和试点示范，推进湘江科学城重点项目建设，支持长沙加快建设全球研发中心城市。扎实推进“4+4 科创工程”，推动岳麓山实验室全面建成投用，岳麓山工业创新中心完善科研基础和创新网络体系，湘江实验室“四算一体”攻关取得突破，芙蓉实验室创新医疗技术研发；实现国家超算（长沙）中心服务用户 1000 个以上，大飞机地面动力学试验平台开展试验运行、研发成果转化和配套产业孵化，力能实验装置、航空发动机冰风洞装置尽快开展科研试验。支持有条件的地区创建国家创新型城市、国家高新区。

推进高水平科研攻关。全社会研发经费投入增长 12% 以上。结合国家所需、发展所急、湖南所能，紧盯 35 个领域需攻克的“卡脖子”技术清单，力争在集成电路、半导体、先进装备等领域取得一批原创性成果。大力推进楚天科技医用高端机器人、中车株机混合动力机车、湖南石化特种环氧树脂、湖南农科院耐盐碱水稻、湖南高创翔宇新型飞行器核心部件、株洲太空星际北斗多源融合时空增强、株洲中车时代半导体 IGCT 功率器件、宇环数控高精度平面磨床、湖南林科院高品质油茶新品种、航空航天 3D 打印装备等十大技术攻关项目。布局建设关键零部件、关键材料、关键设备等产业备份基地。推动“大校、大院、大企业”协同创新，开展校企合作“双进双转”，加强高新区与高等院校常态化对接，建好用好潇湘科技要素大市场，建设一批中试平台（基地）和孵化器，深化高校科技成果转化。推进知识产权强省建设，加强知识产权全链条保护。强化企业科技创新主体地位，支持骨干龙头企业牵头组建创新联合体、新型研发机构，落实“五首”产品奖励支持政策，推进规模以上工业企业创新研发全覆盖，净增高新技术企业 1000 家以上。

建强高素质人才队伍。加快推动教育、科技、人才一体化布局。积极引育人才，持续实施“芙蓉计划”和“三尖”创新人才工程，培育更多战略科学家、领军人才、创新团队和高技能人才队伍。放手激励人才，落实“两个70%”激励政策，健全以创新价值、能力、贡献为导向的科技人才评价体系，完善以增加知识价值为导向的分配制度。诚心留住人才，积极为科技工作者排忧解难，让广大人才潜心科研、安心创业、顺心发展。

创新，是推动高质量发展的必然选择。我们要锚定打造具有核心竞争力的科技创新高地，努力掌握创新规律，集成最大创新优势，选择最佳创新路径，取得最优创新成果。

（四）着力全面深化改革开放

以改革开放高地三大标志性工程为抓手，推动改革开放向纵深发展。

深化重点领域改革。加快要素市场化配置改革，积极推进长株潭要素市场化配置综合改革试点，着力探索数据要素市场化配置机制，加快推进全国统一大市场建设。稳步推进国企改革深化提升行动，加快国有经济布局优化和结构调整。深化投融资领域改革，加强财政金融政策协同联动。深入推进国有“三资”清查处置与管理改革，规范处置程序，合理分配收益。强化路省合作，推动铁路运输体制机制改革创新。用好全域低空空域管理改革成果，发展壮大低空经济。

扩大高水平对外开放。坚持“走出去”与“引进来”双向发力，打造对外开放的“强磁场”。提升平台能级，发挥湖南自贸试验区平台功能，高标准建设中非经贸深度合作先行区，积极争取中非新型易货贸易试点，力争对非贸易额实现翻番。办好第十三届中国中部博览会、第十一届全球湘商大会等重大经贸活动。拓展开放渠道，统筹做好国家物流枢纽、现代流通战略支点、骨干冷链物流基地等建设，支持长沙建设中欧班列集结中心、区域特色国际航空枢纽，支持怀化国际陆港高质量发展。稳定外贸外资，支持外贸主体创新发展，积极发展跨境电商、市场采购等新业态，加大全球招商引资力度，力争实际利用外资增长10%以上。发挥驻外机构、商协会等作用，大力推动湘商回归、校友回湘、湘智兴湘，引进更多社会资本和战略投资者来湘发展。

打造“三化”一流营商环境。抓好优化营商环境三年行动，持续擦亮营商环境“金名片”。推进降本减负，以降低综合运营成本为主攻方向，综合运用政策、金融、服务等手段，降低企业制度性交易、物流、融资、用能、用工等成本，打造低成本“洼地”。促进公平竞争，全面落实市场准入负面清单制度，建立统一规范的行业公共资源交易规则，清理规范招商引资中的恶性竞争行为。强化法治护航，开展拖欠民营企业账款专项清理，严格规范涉企行政执法行为，推进“首违不罚”柔性执法，依法保护民营企业产权和企业家权益。优化政务服务，以“湘易办”为总引擎，深化数字政务改革，协同推动全省政务数据“应融尽融”、系统“应联尽联”，推进“高效办成一件事”“一网通办”。着力建设诚信政府，开展新官理旧账行动。完善社会信用体系。

改革开放永无止境，必须时不我待、时刻在线，把主动权牢牢抓在手上，让内陆地区改革开放高地成为湖南鲜明的标识。

（五）着力促进区域协调发展

充分发挥“一带一部”区位优势，加快构建支撑高质量发展的区域协调发展格局。

对接融入国家战略。深度融入粤港澳大湾区建设，承接重点领域产业转移，加强与泛珠三角区域省份合作。积极对接长三角一体化，吸引跨国公司、知名企业、行业龙头企业落户湖南。全面落实促进中部地区崛起和长江经济带发展战略，推进岳阳长江经济带绿色发展示范区、湘赣边区域合作示范区建设。不断加强与海南自由贸易港合作，推动湘琼先进制造业共建产业园建设。

推动区域协同联动。强化“一核”引领，破除利益联结、要素流通等方面存在的瓶颈，持续推进长株潭一体化发展，促进产业创新协力协同、基础设施互联互通、公共服务共建共享、生态环境共保共治。增强“两副”支撑，提升衡阳、岳阳省域副中心城市能级，加快输变电装备国家先进制造业产业集群和石化产业基地建设。促进“四区”协同，统筹区域协调发展政策，支持洞庭湖区建好大湖生态经济区、湘南地区南向对接发展、大湘西地区主动对接成渝双城经济圈。

推进新型城镇化建设。推动新型城镇化和乡村全面振兴有机结合，形成城乡融合发展新格局。完善城镇化推进机制，加快推进以县城为重要载体的新型城镇化，分类开展试点，推进农业转移人口市民化。实施城市更新行动，推进燃气、供水、排水等老化管网改造，实施城市基础设施生命线安全工程，改造提升老旧小区 3150 个。加快建设宜居韧性智慧城市，完善一体化管理服务平台，提升水务、环卫、桥梁等管理数字化水平，加强城市住宅小区协同治理，增强城市防灾减灾能力。

促进县域经济高质量发展。深入挖掘县域发展特色优势，培育壮大县域主导产业集群。增强县城和中心镇的综合承载力，打造一批重点中心镇和特色产业镇。创新县域财源建设激励机制，完善资金配套政策。开展“湘伴而行”协作帮扶行动，支持一批欠发达地区与较发达地区开展产业、教育、医疗等结对帮扶，科学布局生产要素和教育、医疗资源。

区域共进，棋局日新。我们要点面互动、区际互融，让各地在推动高质量发展中各展所长、齐头并进。

（六）着力抓好“三农”工作

锚定农业强省目标，深入实施“五千工程”，有力有效推进乡村全面振兴。

夯实粮食安全根基。落实粮食安全党政同责，坚持最严格的耕地保护制度，确保粮食播种面积稳定在 7135 万亩以上。加强基础设施建设损毁耕地复垦，深化耕地“非农化”“非粮化”专项整治，实施千万亩农田产能提升工程，新建和提质改造高标准农田 300 万亩以上。实施种业科技创新行动，加大镉低积累、耐盐碱水稻品种研发应用，提升丘陵山区先进适用农机具应用水平。

提升农业产业发展水平。实施千亿优势特色产业升级工程，打造一批特色农业产业集群，建设一批现代农业产业园、农业产业强镇、“一村一品”示范村镇，加快乡村产业发展。发展现代设施农业，加快推进农业机械补短板、强链式，健全农业社会化服务体系。统筹规划和推进畜禽养殖业发展，做强做优油茶、水果、竹木等产业，完善农产品出村进城冷链物流仓储保鲜设施网络。加强与国内外农产品加工龙头企业合作，促进农产品加工业高质量发展。实施农业生产“三品一标”行动，推动“湘品出湘”。支持永州、郴州、衡阳等打造供港澳蔬菜基地。

建设更多“和美湘村”。坚持塑形与铸魂并重，科学编制村庄规划，扎实推进农村人居环境整治、千村美丽示范建设工程，创建省级美丽乡村示范村 300 个、全国美丽宜居村庄 20 个以上。深入推进城乡供水一体化，持续建设“四好农村路”。加快乡村人才振兴，培育新型农民。实施千镇万村治理效能提档工程，发挥村民综合服务中心作用，涵养文明乡风、良好家风、淳朴民风。严格控制村级债务。

实施千万农户增收共富工程。持续巩固拓展脱贫攻坚成果，健全防返贫监测预警和帮扶机制，守住不发生规模性返贫底线，确保脱贫地区农村居民人均可支配收入增速高于全省。深入开展“三湘护农”行动，落实各项惠民惠农政策。推进第二轮土地承包到期后再延长三十年整省试点。激活农村各类资源要素，盘活利用闲置宅基地和闲置住宅，将土地增值收益更多留在农村、留给农民。

乡村美、乡亲富、乡味醇，是我们的共同心愿。要以新的思维、新的举措，奋力推动新时代“山乡巨变”。

（七）着力建设文化强省

推动湖湘文化创造性转化、创新性发展，打造更多具有全国影响力的文化标识。

践行社会主义核心价值观。铸牢中华民族共同体意识，深入实施精神文明建设“五个一工程”、公民道德建设工程，加强新时代廉洁文化和湖湘家风建设。持续推进长征国家文化公园（湖南段）建设。一体推动大中小学思想政治教育，加强红色教育，深入开展“我的韶山行”红色研学活动。繁荣哲学社会科学，发展参事文史、档案史志事业。强化网络空间治理，培育积极健康、向上向善的网络文化。

提升公共文化服务品质。创新实施文化惠民工程，加强文化精品创作生产，深化“雅韵三湘”等群众文化活动。推进文化遗产系统性保护利用，实施非遗数字化保护工程，加强古建筑、古村落、古树名木和历史文化街区保护，支持湖南博物院创建世界一流博物馆。全面发展体育事业，推进全民健身场地设施建设，积极申办第十六届全运会。

推进文化产业创新发展。大力推动文化与科技融合，发展数字文博、音视频产业，做强文化投资、影视传媒、创意设计等核心业务，力争音视频产业规模超过 2500 亿元。拓展湘版图书、演艺娱乐、动漫游戏等品牌优势，力争文化产业增加值占地区生产总值比重 5.3% 以上。推动湖南文化走出去，提升“湘字号”文化产品影响力。办好“马栏山杯”国际音视频算法大赛。

促进文化旅游融合。力争旅游业总收入突破万亿元。办好第三届湖南旅游发展大会，推出一批精品路线、精品民宿、网红打卡地，建设一批文旅产业千亿市、百亿县、亿元镇。培塑户外旅居露营、低空飞行、康养、演艺等体验式文旅新业态。搭建智慧文旅平台，加强旅游基础设施建设，升级旅游配套体验服务。

文而化之，旅乐三湘。我们要奏响古文新韵，兴旺文旅产业，让“三湘四水・相约湖南”成为令人难忘的心灵之旅。

（八）着力发展社会民生事业

坚持尽力而为、量力而行，兜住、兜准、兜牢民生底线。

突出就业优先导向。积极推动稳岗拓岗，开展高校毕业生就业攻坚行动，统筹抓好退役军人、农民工、脱贫人口和城镇困难人员等群体就业，确保零就业家庭动态清零。支持高校师生创业，推进外出经商务工人员返乡创业。建立培训与就业紧密衔接机制，加强重点企业、重点项目用工服务保障。

办好人民满意教育。推进教育强省建设，加快构建更高质量更加公平的教育体系。优化中小学、幼儿园布局和教师配置，建设 350 所乡镇标准化寄宿制学校，引导长沙等地优质教育资源支援大湘西教育事业发展。推进“双一流”建设，优化学科专业结构，扩大本科教育资源供给，改善高校办学条件。大力发展职业教育，打造一批产教融合共同体。深入发展老年教育。规范发展民办教育。深化教育评价改革试点，加强师德师风建设。巩固提升“双减”成果，促进学生身心健康。

加快建设健康湖南。促进医保、医疗、医药协同发展和治理，加快国家医学中心、区域医疗中心、国家中医药综合改革示范区建设，推动公立医院高质量发展。提升基层医疗水平，注重村医培养，实施大学生乡村医生专项计划，加强脱贫地区乡、村医疗卫生机构基本医疗设施配备，引导湘雅等优质医疗资源支援大湘西卫生事业发展。健全食品药品监管体系，确保食品药品安全。促进人口高质量发展，完善生育支持政策体系，提高人均预期寿命。发展银发经济。深入开展爱国卫生运动。

织密扎牢社会保障网。推动基本养老、工伤、失业保险扩面提质，大力发展多层次、多支柱养老保险体系，推进基本医疗保险省级统筹、企业年金覆盖扩面。健全分层分类社会救助体系，稳步提高城乡低保标准保障水平。弘扬公益慈善文化，发展志愿服务，加强和保障残疾人、孤儿和事实无人抚养儿童等特殊人群基本民生。着力解决困难家庭、新市民、青年人等群体住房困难问题。

持续办好“十大重点民生实事”。①建成 100 所县域普通高中“徐特立项目”，开展 1 万场家庭教育指导服务。②推进新生儿疾病免费筛查与诊断服务全覆盖，新增普惠性托位 4 万个。③城市低保标准提高到 700 元 / 月，农村低保标准提高到不低于 5400 元 / 年，残疾人“两项补贴”标准提高到 90 元 / 月，散居和集中养育孤儿补贴标准分别提高到 1150 元 / 月和 1600 元 / 月。④妇女“两癌”免费检查 100 万人，康复救助残疾儿童 2 万名，完成困难重度残疾人家庭无障碍改造 3 万户。⑤城镇新增就业 70 万人。⑥建设老年助餐服务点 500 个，提质改造“爱晚”老年学校 100 所。⑦提供法律援助案件 5 万件，提升基层防灾能力，加强市县两级应急广播建设。⑧实施数字政务提质增效惠民工程，推进社会保障卡居民服务“一卡通”。⑨改造城镇老旧小区 2000 个，建设保障性租赁住房 4 万套。⑩提质改造农村公路 3500 公里，建设农村公路安防设施 26000 公里，精细化提升普通国省干线 1000 公里；恢复和改善农田灌溉能力；新增农村蓄水能力 8500 万方，完成 1000 个农村千人以上集中饮用水水源地突出环境问题整治。

万家灯火，枝叶关情。我们要不断为幸福“加码”，让现代化建设成果更多更公平惠及全省人民。

（九）着力推进美丽湖南建设

一体推进污染防治、生态保护、产业转型，促进人与自然和谐共生。

抓好污染防治攻坚。巩固拓展中央交办突出问题整改成果，持续开展“夏季攻势”，深入打好蓝天、碧水、净土保卫战。加强长株潭等重点城市大气污染联防联控，提高行业清洁生产水平，力争提前完成“十四五”空气质量指标。扎实推进长江治污治岸治渔，实施洞庭湖总磷污染控制与削减攻坚行动，全面完成国家下达的生态环境指标计划。加快锰渣、铅锌渣、含铍废渣等处置技术攻关，持续抓好“锰三角”矿业污染整治和“四水”流域涉重金属深度治理，加强地下水安全管控，确保受污染耕地、重点建设用地安全利用率达到国家要求。

提升生态系统功能。统筹推进生态保护修复、地质灾害防范等工作。推进河长制、林长制、田长制协同治理，巩固长江十年禁渔成效，提升生物多样性保护水平。实施山水林田湖草沙一体化保护和修复，加强湘江两岸规划管控，推进洞庭湖山水工程和邵怀、郴衡生态修复示范工程建设。开展国土绿化行动，推动“两山”实践创新基地建设，深化重要江河源头区、重要水源地和水土流失重点防治区治理。打造绿心中央公园等标志性工程，推动设立南山国家公园。强化“三区三线”刚性约束，健全生态补偿、损害赔偿、使用有偿制度，深化集体林权制度改革。

加快绿色低碳转型。有序实施“碳达峰十大行动”，协同推进降碳、减污、扩绿、增长，促进绿色低碳技术创新和成果转化。抓好郴州国家可持续发展议程创新示范区建设。调整优化产业、能源、交通运输、用地等结构，积极培育清洁能源等绿色低碳产业，加快构建废旧物循环利用体系。加快风电、光伏和抽水蓄能开发建设，基本建成新型电力系统“三区三厅”示范工程。倡导绿色低碳生活方式，形成崇尚生态文明的社会氛围。

天蓝日丽，山灵水秀，是我们共同守护的目标。我们要持续发力、攻坚克难，为子孙后代留下永续生存发展空间。

（十）着力筑牢安全发展底线

以“时时放心不下”的责任感，持续有效防范化解重点领域风险，构筑坚强有力的新安全格局。

守牢安全生产底线。聚焦实现“三坚决两确保”，紧盯自建房、交通运输、建筑施工、城镇燃气、危化品与烟花爆竹、城市运行、消防等重点领域，纵深推进“三查一曝光”措施，深入排查整治风险隐患。健全山洪、地质灾害等防御机制，抓好防洪设施安全隐患排查整治，加强监测预报预警、巡查排险、转移避险。建强专业救援队伍，充实基层应急救援力量。

守牢不发生系统性风险底线。坚持举债有度、用债有效、还债有方、管债有规，逐步消化债务存量，严禁新增政府隐性债务，加快平台公司转型，坚决完成年度化债任务。深入开展“半拉子”工程排查整治，加强专项债券全生命周期管理。推进金融支持化债。全力抓好“保交楼”工作，加快构建房地产发展新模式。

守牢社会稳定底线。坚持发展好新时代“枫桥经验”，持续践行“四下基层”，推进领导干部下访和信访工作法治化。深入开展平安创建，突出抓好网络安全和打击治理电信网络诈骗、黄赌毒等工作，持续开展“利剑护蕾”行动，推进扫黑除恶常态化。建立全省统一的风险监测信息化平台。加强和创新社会治理，确保社会大局安全稳定。

扎实做好外事、侨务、对台工作，支持工会、共青团、妇联、贸促会、红十字会等人民团体和社会组织更好发挥作用。促进民族团结、宗教和谐。认真开展第五次全国经济普查工作。

高质量发展和高水平安全“一体两翼”，缺一不可。我们要“稳”字当头，让人民安居乐业，让社会安定祥和。

开创国防动员和后备力量建设新局面。深入贯彻习近平强军思想，大力支持国防和军队现代化建设，进一步释放国防动员体制改革效能，持续推进军民融合发展，完善退役军人服务保障体系，推进民兵荣誉体系建设，深入开展“双拥”共建，加强全民国防教育，持续巩固坚如磐石的军政军民团结。

三、加强政府自身建设

加快推进政府治理体系和治理能力现代化，推动政府自身建设再上新台阶。坚定政治立场，深刻领悟“两个确立”的决定性意义，增强“四个意识”、坚定“四个自信”、做到“两个维护”，把坚持党的领导贯彻落实到政府工作各方面全过程。坚持依法行政，加强法治政府建设，落实重大行政决策程序制度，高质量完成机构改革任务。坚持高效履职，强化实干实绩导向，持续发挥督查激励“指挥棒”作用，建设高效能服务型政府。坚持廉洁从政，习惯过紧日子，锲而不舍落实中央八项规定精神，持之以恒推进党风廉政建设和反腐败斗争。

各位代表！

方向已明、目标已定，关键在大抓落实！

我们要在贯彻党的决策中把牢大抓落实的方向。抓落实的最终效果，要符合党中央决策意图。我们要不折不扣、雷厉风行、求真务实、敢作善为，不变形走样、不层层加码，真正体现党的意志、贯彻中央意图，做到党中央有部署、湖南见行动。

我们要在实现人民期盼中激发大抓落实的动力。我们的目标，归根到底就是让老百姓过上更好的日子。要清楚三湘人民的呼声在哪里、真实的想法是什么，把人民群众“想的事”变成政府“干的事”，把政府“在干的事”变成人民群众“支持的事”。

我们要在把握时代要求中锤炼大抓落实的本领。新征程是充满光荣和梦想的远征，前行路上有风也有雨。我们要在攻坚克难中创新方法、在敢于斗争中锻造能力、在真抓实干中强健作风，使我们的工作始终体现时代性、把握规律性、富于创造性。

我们要在肩负使命任务中凝聚大抓落实的合力。坚持把推进中国式现代化作为最大的政治。以党的创新理论武装头脑，以建设现代化新湖南事业鼓舞人心，营造蓬勃向上的干事氛围，拓展包容活跃的创新空间，让干部敢为、地方敢闯、企业敢干、群众敢首创。

各位代表，我们要更加自觉落实全过程人民民主，主动接受人大依法监督、政协民主监督，自觉接受纪检监察、司法、社会和舆论监督，强化审计监督、统计监督，广泛听取民主党派、工商联、无党派人士和各人民团体意见，始终让权力在阳光下运行。

各位代表，新时代是奋斗者的时代！让我们更加紧密地团结在以习近平同志为核心的党中央周围，在中共湖南省委坚强领导下，坚定信心、同心同德，埋头苦干、开拓前进，为推动高质量发展、谱写中国式现代化湖南新篇章而努力奋斗！

湖南省 2023 年国民经济和社会发展统计公报[1]

湖南省统计局　国家统计局湖南调查总队

2024 年 3 月 22 日

2023 年是全面贯彻党的二十大精神的开局之年，也是三年新冠疫情防控转段后经济恢复发展的一年。全省上下坚持以习近平新时代中国特色社会主义思想为指导，深入贯彻党的二十大和二十届二中全会精神，认真落实党中央、国务院决策部署，锚定“三高四新”美好蓝图，聚焦高质量发展这个首要任务，深入推动“走找想促”，全力打好“发展六仗”，全年经济稳中有进、进中提质，高质量发展取得新进展，奋力谱写中国式现代化湖南篇章迈出坚实步伐。

一、综　合

根据地区生产总值统一核算结果，全年地区生产总值[2] 50012.9 亿元，比上年增长 4.6%。其中，第一产业增加值 4621.3 亿元，增长 3.5%；第二产业增加值 18822.8 亿元，增长 4.6%；第三产业增加值 26568.8 亿元，增长 4.8%。人均地区生产总值 75938 元，增长 5.0%。

三次产业结构为 9.3：37.6：53.1。工业增加值比上年增长 4.8%，占地区生产总值的比重为 29.1%；高新技术产业增加值增长 8.9%，占地区生产总值的比重为 22.8%。第一、二、三产业增加值对经济增长的贡献率分别为 7.8%、38.1% 和 54.1%。其中，工业对经济增长的贡献率为 31.2%，生产性服务业对经济增长的贡献率为 25.7%。

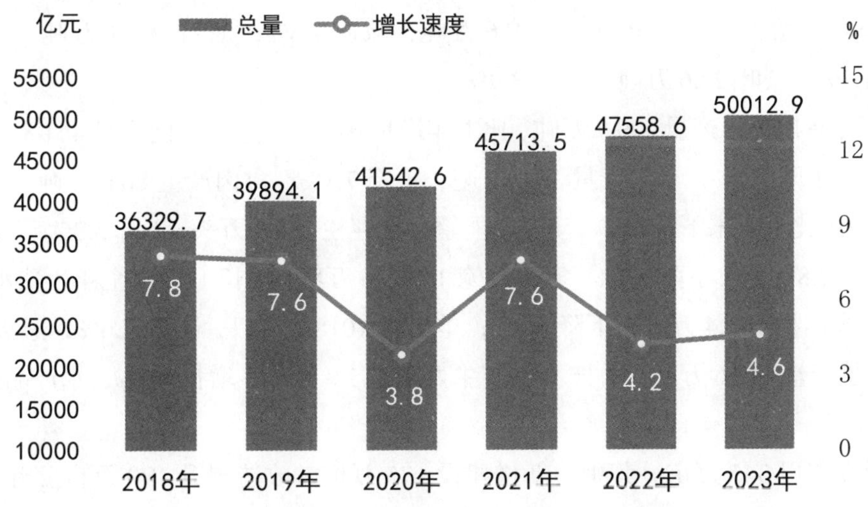

图 1　2018-2023 年地区生产总值及其增长速度

分区域看，长株潭地区[3] 生产总值 20741.7 亿元，比上年增长 4.9%；湘南地区生产总值 9797.3 亿元，增长 4.9%；大湘西地区生产总值 8110.2 亿元，增长 4.8%；洞庭湖地区生产总值 11363.7 亿元，增长 4.0%。

二、农　业

全年农林牧渔业总产值 8199.4 亿元，比上年增长 3.7%。粮食种植面积 4763.5 千公顷，减少 2.0 千公顷。其中，夏粮面积 113.3 千公顷，增加 0.7 千公顷，增长 0.6%；早稻面积 1204.8 千公顷，减少 8.0 千公顷，下降 0.7%；秋粮面积 3445.4 千公顷，增加 5.3 千公顷，增长 0.2%。秋粮面积中，中稻及一季晚稻面积 1481.7 千公顷，减少 0.17 千公顷；双季晚稻面积 1260.5 千公顷，减少 12.5 千公顷，下降 1.0%。全年粮食产量 3068.0 万吨，增加 50 万吨，增产 1.7%。其中，夏粮产量 46.2 万吨，增加 0.5 万吨，增产 1.2%；早稻产量 743.2 万吨，增加 1.9 万吨，增产 0.3%；秋粮产量 2278.7 万吨，增加 47.6 万吨，增产 2.1%。

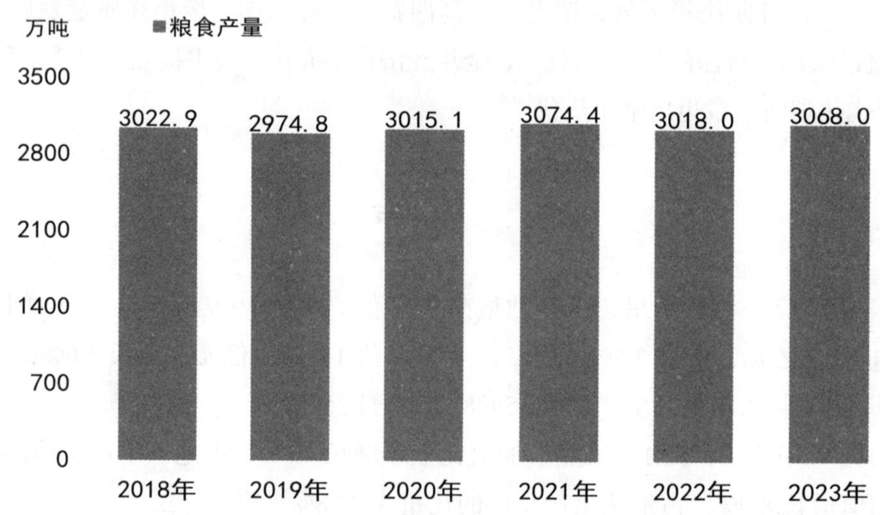

图 2　2018-2023 年湖南粮食产量

全年棉花种植面积 55.9 千公顷，比上年下降 13.5%；糖料种植面积 7.5 千公顷，下降 0.2%；油料种植面积 1614.8 千公顷，增长 6.4%。棉花产量 7.6 万吨，减产 7.6%；油料 293.1 万吨，增产 5.8%；烤烟 21.7 万吨，增产 11.3%；茶叶 27.6 万吨，增产 3.9%。

全年猪、牛、羊、禽肉类总产量 579.7 万吨，比上年增长 0.4%。其中，猪肉产量 461.8 万吨，增长 0.9%；牛肉产量 20.4 万吨，下降 5.6%；羊肉产量 16.9 万吨，下降 7.1%；禽肉产量 80.6 万吨，增长 1.3%。年末生猪存栏 3861.3 万头，比上年末下降 6.2%，其中，能繁母猪存栏 350.1 万头，下降 5.3%；牛存栏 410.7 万头，下降 7.0%；羊存栏 752.8 万只，下降 6.1%；家禽存笼 36865.6 万羽，增长 1.5%。全年生猪出栏 6286.3 万头，比上年增长 0.6%；牛出栏 171.4 万头，下降 6.4%；羊出栏 1018.2 万只，下降 7.6%；家禽出笼 55857.8 万羽，增长 1.2%。禽蛋产量 119.6 万吨，增长 1.8%。牛奶产量 7.8 万吨，增长 8.3%；水产品产量 285.9 万吨，增长 4.9%。

全年建设高标准农田 345 万亩。其中，新增建设 175 万亩，改造提升 170 万亩。开工各类水利建设项目 2362 处，投入资金 635.1 亿元，完成水利工程土石方 2.6 亿立方米。提质改造农村旅游路、资源路、产业路 5790 公里。年末农业机械总动力 6840.2 万千瓦，比上年末增长 0.9%。

三、工业和建筑业

全年规模以上工业增加值比上年增长 5.1%。其中，民营企业增加值增长 5.2%，占规模以上工业的比重为 64.4%。高技术制造业[4]增加值增长 3.7%，占规模以上工业的比重为 13.5%。装备制造业[5]增加值增长 8.9%，占规模以上工业的比重为 31.5%。省级及以上产业园区工业增加值增长 9.0%，占规模以上工业的比重为 71.2%。六大高耗能行业增加值增长 7.2%，占规模以上工业的比重为 31.3%。分区域看，长株潭地区规模以上工业增加值增长 7.1%，湘南地区规模以上工业增加值增长 7.1%，大湘西地区规模以上工业增加值增长 5.7%，洞庭湖地区规模以上工业增加值增长 4.4%。

全年规模以上工业统计的主要产品产量中，大米 1284.1 万吨，比上年下降 5.7%；饲料 1832.6 万吨，下降 2.7%；原油加工量 903.8 万吨，增长 9.1%；水泥 8285.9 万吨，增长 1.3%；钢材 2890.8 万吨，下降 4.2%；十种有色金属 212.6 万吨，下降 7.4%；混凝土机械 3.2 万台，增长 7.6%；汽车 95.3 万辆，增长 4.6%；发电量 1700.4 亿千瓦时，增长 0.8%。

表 1　2023 年规模以上工业主要产品产量及其增长速度[6]

产品名称	计量单位	产　量	比上年增长（%）
原　煤	万吨	944.5	17.6
原　盐	万吨	339.5	1.3
大　米	万吨	1284.1	−5.7
饲　料	万吨	1832.6	−2.7
精制食用植物油	万吨	204.0	−2.7
卷　烟	亿支	1668.4	0.6
机制纸及纸板（外购原纸加工除外）	万吨	343.5	2.4
原油加工量	万吨	903.8	9.1
硫　酸（折 100%）	万吨	223.7	11.7
烧　碱（折 100%）	万吨	75.9	15.7
合成氨（无水氨）	万吨	60.0	−8.8
化　肥（折 100%）	万吨	58.0	−20.1
水　泥	万吨	8285.9	1.3
平板玻璃	万重量箱	4328.8	−11.3
生　铁	万吨	2180.8	−0.3
钢　材	万吨	2890.8	−4.2
十种有色金属	万吨	212.6	−7.4

表1 续

产品名称	计量单位	产 量	比上年增长（%）
白 银（银锭）	吨	5023.0	–10.8
起重机	万吨	132.5	1.3
混凝土机械	万台	3.2	7.6
建筑工程用机械	万台	12.0	–14.4
汽 车	万辆	95.3	4.6
其中：基本型乘用车（轿车）	万辆	43.2	–20.2
运动型多用途乘用车（SUV）	万辆	37.3	20.3
新能源汽车	万辆	55.8	16.8
城市轨道车辆	辆	981	–6.3
发电机组（发电设备）	万千瓦	1504.7	11.9
交流电动机	万千瓦	1979.8	0.3
变压器	万千伏安	18521.7	17.6
发电量	亿千瓦时	1700.4	0.8
其中：火电	亿千瓦时	1123.6	9.9
水电	亿千瓦时	347.6	–23.4

规模以上工业企业实现利润总额[7]2052.1亿元，比上年增长4.8%。分经济类型看，国有企业188.4亿元，增长40.1%；集体企业2.7亿元，下降32.4%；股份合作制企业0.1亿元，下降63.6%；股份制企业1654.3亿元，增长2.7%；外商及港澳台商投资企业148.7亿元，下降4.2%；其他企业58.0亿元，增长6.8%。利润总额居前五位的大类行业中，化学原料和化学制品制造业169.6亿元，下降7.6%；计算机、通信和其他电子设备制造业161.5亿元，下降10.2%；烟草制品业156.4亿元，增长18.4%；非金属矿物制品业151.0亿元，下降1.6%；电气机械和器材制造业116.9亿元，增长5.6%。规模以上工业企业每百元营业收入中的成本为82.16元，营业收入利润率为5.22%。年末规模以上工业企业资产负债率为52.7%。

全年建筑业增加值4277.1亿元，比上年增长4.5%。资质以上总承包和专业承包建筑业企业利润总额376.0亿元，增长7.5%。房屋建筑施工面积75122.3万平方米，下降1.4%。房屋建筑竣工面积25459.6万平方米，增长6.1%。

四、服务业

全年批发和零售业增加值5126.6亿元，比上年增长6.1%；交通运输、仓储和邮政业增加值1984.3亿元，增长8.7%；住宿和餐饮业增加值1098.0亿元，增长11.5%；金融业增加值2598.2亿元，增长4.8%；

房地产业增加值 2876.9 亿元，下降 1.9%；信息传输、软件和信息技术服务业增加值 1318.6 亿元，增长 10.8%；租赁和商务服务业增加值 1705.0 亿元，增长 6.5%。全年规模以上服务业企业营业收入增长 9.4%，利润总额增长 41.3%。

全年客货运输换算周转量 4058.4 亿吨公里，比上年增长 15.6%。货物运输周转量 3057.5 亿吨公里，增长 3.6%。其中，铁路周转量 1015.4 亿吨公里，与上年持平；公路周转量 1574.4 亿吨公里，增长 7.5%。旅客运输周转量 1345.6 亿人公里，增长 72.3%。其中，铁路周转量 967.8 亿人公里，增长 79.6%；公路周转量 172.5 亿人公里，增长 17.7%；民航周转量 203.3 亿人公里，增长 116.5%。

年末公路通车里程 24.3 万公里，比上年末增长 0.2%。其中，高速公路通车里程 7530 公里，增加 200 公里。铁路营业里程 6078.6 公里，与上年持平。其中，高速铁路 2501 公里。民用汽车保有量 1157.3 万辆，增长 4.6%。其中，私人汽车保有量 1077.6 万辆，增长 4.5%。民用轿车保有量 645.4 万辆，增长 5.8%。

表 2　2023 年各种运输方式完成客货运输总量及其增长速度

指　　标	计量单位	绝对数	比上年增长（%）
货物运输总量	万吨	229632.3	7.2
其中：铁路	万吨	5091.5	5.5
公路	万吨	200673.9	7.8
水运	万吨	22732.1	1.9
民航	万吨	9.1	14.4
管道	万吨	1125.8	11.8
旅客运输总量	万人	48372.8	24.3
其中：铁路	万人	17552.0	79.5
公路	万人	27953.5	1.1
水运	万人	1357.5	64.9
民航	万人	1509.8	124.9

全年邮政行业业务总量[8]402.7 亿标准量，比上年增长 22.7%；电信业务总量[9]721.3 亿元，增长 22.5%。年末固定电话用户 548.7 万户，与上年持平；移动电话用户 7680.3 万户，增长 7.0%。年末互联网宽带用户 2744.1 万户，增长 10.9%。

全年国内旅游人数 6.6 亿人次，比上年增长 51.1%；入境旅游人数 112.1 万人次，增长 13.5 倍。旅游总收入 9565.2 亿元，增长 47.4%。其中，国内旅游收入 9545.1 亿元，增长 47.2%；入境旅游收入 2.9 亿美元，增长 11.8 倍。

五、固定资产投资

全年固定资产投资（不含农户）比上年下降 3.1%。其中，民间投资增长 0.8%。分经济类型看，国有投资下降7.3%，非国有投资下降1.9%。分投资方向看，民生工程投资下降4.5%，生态环境投资下降8.6%，基础设施投资下降16.1%，高技术产业投资[10]增长4.0%，工业技改投资下降4.8%。分区域看，长株潭地区投资下降4.3%，湘南地区投资增长3.5%，大湘西地区投资增长1.2%，洞庭湖地区投资下降6.1%。

全年房地产开发投资3833.1亿元，比上年下降13.1%。其中，住宅投资3118.2亿元，下降9.1%。商品房销售面积5636.5万平方米，下降14.1%。其中，住宅销售面积5097.5万平方米，下降13.8%。商品房销售额3700.1亿元，下降11.6%。其中，住宅销售额3299.7亿元，下降11.1%。年末商品房待售面积1296.7万平方米，比上年末增加75.4万平方米，增长6.2%。

表3 2023年固定资产投资增长速度

指　标	比上年增长（%）
固定资产投资（不含农户）	−3.1
第一产业	−21.8
第二产业	8.3
其中：采矿业	14.4
制造业	4.5
电力、热力、燃气及水生产和供应业	33.3
建筑业	95.1
第三产业	−9.8
其中：交通运输、仓储和邮政业	−24.0
信息传输、软件和信息技术服务业	0.5
批发和零售业	−1.9
住宿和餐饮业	17.2
金融业	−50.6
房地产业	−13.9
租赁和商务服务业	9.3
科学研究和技术服务业	1.7
水利、环境和公共设施管理	−7.9
居民服务、修理和其他服务业	−4.2
教育	−4.4
卫生和社会工作	−13.7
文化、体育和娱乐业	19.8
公共管理、社会保障和社会组织	−7.0

六、国内贸易和物价

全年社会消费品零售总额 20203.3 亿元，比上年增长 6.1%。分经营地看，城镇消费品零售额 17445.6 亿元，增长 5.9%；乡村消费品零售额 2757.7 亿元，增长 6.7%。分消费类型看，商品零售额 17627.8 亿元，增长 5.2%；餐饮收入额 2575.5 亿元，增长 12.3%。分区域看，长株潭地区社会消费品零售总额 7808.5 亿元，增长 5.5%；湘南地区社会消费品零售总额 4037.0 亿元，增长 4.4%；大湘西地区社会消费品零售总额 3643.3 亿元，增长 7.0%；洞庭湖地区社会消费品零售总额 4714.6 亿元，增长 7.8%。

全年限额以上单位商品零售额中，粮油、食品类零售额增长 12.2%，烟酒类增长 7.2%，家用电器和音像器材类增长 6.8%，中西药品类增长 5.6%，通讯器材类增长 7.4%，石油及制品类增长 12.6%，汽车类下降 2.4%。绿色智能商品中，可穿戴智能设备零售额增长 12.8%，智能手机增长 13.7%，新能源汽车增长 40.8%。

全年实物商品网上零售额 2432.0 亿元，比上年增长 12.1%，占社会消费品零售总额的比重为 12.0%。

全省居民消费价格比上年上涨 0.2%。其中，城市上涨 0.3%，农村下降 0.1%。工业生产者出厂价格下降 1.5%，工业生产者购进价格下降 2.5%。农产品生产者价格下降 2.4%。

表 4　2023 年居民消费价格比上年涨跌幅度

指　　标	涨跌幅度（%）	按城乡分	
		城市	农村
居民消费价格	0.2	0.3	−0.1
其中：食品烟酒	−0.6	−0.4	−1.0
衣着	1.0	1.1	0.8
居住	0.4	0.5	0.1
生活用品及服务	0.1	0.1	0.0
交通和通信	−2.0	−2.1	−1.7
教育文化及娱乐	1.6	2.0	0.6
医疗保健	2.0	2.0	2.0
其他用品和服务	3.0	2.9	3.4

七、对外经济

全年进出口总额[11]6175.0 亿元，比上年下降 12.1%。其中，出口 4009.4 亿元，下降 21.9%；进口 2165.6 亿元，增长 14.6%。分贸易方式看，一般贸易出口 3465.4 亿元，下降 23.3%；加工贸易出口 405.3 亿元，增长 5.1%。重点出口商品中，机电产品 1918.9 亿元，下降 8.9%；高新技术产品 552.7 亿元，下降 0.4%。分产销国别（地区）看，出口美国 449.7 亿元，下降 37.9%；出口中国香港 536.8 亿元，增长 3.1%；出口欧盟[12]355.5 亿元，下降 29.4%；出口东盟 761.8 亿元，下降 34.2%；出口共建“一带一路”国家 2181.8 亿元，下降 18.7%。

表 5　2023 年进出口总额及其增长速度

指　　标	绝对数（亿元）	比上年增长（%）
进出口总额	6175.0	−12.1
出口额	4009.4	−21.9
按贸易方式分		
其中：一般贸易	3465.4	−23.3
加工贸易	405.3	5.1
按重点商品分		
其中：机电产品	1918.9	−8.9
高新技术产品	552.7	−0.4
农产品	217.7	21.2
进口额	2165.6	14.6
按贸易方式分		
其中：一般贸易	1497.2	18.1
加工贸易	290.1	2.0
按重点商品分		
其中：机电产品	582.0	−1.7
高新技术产品	456.8	2.9
农产品	356.4	17.5

全年实际使用外商直接投资 14.4 亿美元，比上年下降 59.3%。其中，第一产业 0.2 亿美元，增长 5.2%；第二产业 5.7 亿美元，增长 43%；第三产业 8.5 亿美元，下降 72.8%。新引进世界 500 强企业项目 274 个。实际到位境内省外资金 15062.3 亿元，增长 16.5%。其中，第一产业 662.2 亿元，下降 2.0%；第二产业 9001.0 亿元，增长 29.3%；第三产业 5399.2 亿元，增长 2.0%。引进重大项目 1879 个。

全年对外承包工程新签合同金额 29.9 亿美元，完成营业额 23.5 亿美元；派出各类劳务人员 0.7 万人。对外直接投资新增中方合同额 20.1 亿美元，下降 25.2%。对外直接投资实际投资额 22.2 亿美元，增长 16.3%。

八、财政和金融

全年地方一般公共预算收入 3360.5 亿元，比上年增长 8.3%。其中，税收收入 2208.5 亿元，增长 10.2%；非税收入 1152.0 亿元，增长 5.0%。税收收入中，国内增值税 824.2 亿元，增长 52.2%；企业所得税 225.9 亿元，下降 3.6%。一般公共预算支出 9584.5 亿元，增长 6.6%。其中，教育支出 1578.9 亿元，增长 5.2%；社会保障和就业支出 1559.3 亿元，增长 8.2%；卫生健康支出 869.7 亿元，增长 6.0%；科学技术支出 314.0 亿元，增长 12.3%；住房保障支出 266.7 亿元，增长 20.1%。

表 6　2023 年地方一般公共预算收支及其增长速度

指　　标	绝对数（亿元）	比上年增长（%）
地方一般公共预算收入	3360.5	8.3
其中：税收收入	2208.5	10.2
国内增值税	824.2	52.2
企业所得税	225.9	−3.6
非税收入	1152.0	5.0
一般公共预算支出	9584.5	6.6
其中：一般公共服务	804.9	−4.4
教育	1578.9	5.2
科学技术	314.0	12.3
文化体育与传媒	144.2	5.3
社会保障和就业	1559.3	8.2
卫生健康支出	869.7	6.0
节能环保	169.4	1.7
城乡社区	1227.0	22.0
农林水	1066.4	7.1
交通运输	266.7	20.1

年末金融机构本外币各项存款余额 77673.5 亿元，比上年末增长 10.7%。其中，住户存款余额 46823.9 亿元，增长 13.3%；非金融企业存款余额 14522.2 亿元，增长 2.5%。本外币各项贷款余额 69396.4 亿元，增长 10.9%。其中，住户贷款余额 22924.9 亿元，增长 5.2%；非金融企业及机关团体贷款余额 46123.0 亿元，增长 13.9%。

表 7　2023 年末金融机构本外币存贷款余额及其新增额

指　　标	年末余额（亿元）	比年初新增额（亿元）
各项存款	**77673.5**	**10.7**
其中：境内存款	77593.1	10.7
# 住户存款	46823.9	13.3
活期存款	13047.5	2.6
定期及其他存款	33776.4	18.1

表7 续

指　　标	年末余额（亿元）	比年初新增额（亿元）
非金融企业存款	14522.2	2.5
活期存款	6087.1	0.7
定期及其他存款	8435.0	3.8
非银行业金融机构存款	4589.9	27.6
境外存款	80.4	73.2
各项贷款	**69396.4**	**10.9**
其中：境内贷款	69304.6	11.0
#住户贷款	22924.9	5.2
短期贷款	6531.7	13.5
中长期贷款	16393.2	2.2
非金融企业及机关团体贷款	46123.0	13.9
短期贷款	8710.1	15.6
中长期贷款	33887.6	13.7
境外贷款	91.9	–18.4

年末全省境内上市公司146家，全年直接融资总额4045.9亿元，比上年增长10.0%。年末A股上市公司总市值15220.5亿元，下降6.3%。年末证券公司分支机构（含分公司和营业部）430家，减少4家；全年证券交易额118337.1亿元，下降1.2%。年末辖区共有期货公司2家，与上年持平；全年成交金额49370.3亿元，下降11.4%。

全年保险公司原保险保费收入1694.0亿元，比上年增长5.0%。其中，寿险保费收入876.5亿元，增长7.2%；健康险保费收入318.3亿元，下降3.1%；人身意外伤害险保费收入33.8亿元，下降9.5%；财产险保费收入465.4亿元，增长8.2%。原保险赔付支出684.3亿元，增长17.8%。

九、教育和科学技术

年末有普通高校123所。研究生教育毕业生3.2万人，普通高等教育毕业生46.3万人，中等职业教育毕业生22.7万人，普通高中毕业生44.0万人，初中毕业生82.7万人，普通小学毕业生89.5万人。在园幼儿183.7万人，比上年下降15.0%。小学适龄儿童入学率[13]100%，高中阶段教育毛入学率[14]94.77%。各类民办学校9932所，在校学生216.9万人。发放高校国家奖学金、助学金（本专科生）14.5亿元，资助高校学生（本专科生）76.9万人次。发放中职国家助学金5.2亿元，资助中职学生52.2万人次。落实义务教育保障资金113.4亿元，发放普通高中国家助学金5.6亿元。

表 8　2023 年各级学校招生、在校及毕业生人数及其增长速度

指　标	招生人数		在校（学）人数		毕业人数	
	绝对数（万人）	比上年增长（%）	绝对数（万人）	比上年增长（%）	绝对数（万人）	比上年增长（%）
研究生教育	4.0	4.1	12.4	5.4	3.2	11.7
普通高等教育	57.1	3.4	177.8	5.5	46.3	3.0
成人高等教育	33.3	2.1	71.7	6.6	27.3	3.9
中等职业教育	23.0	−11.6	70.4	−5.7	22.7	0.0
普通高中	50.3	−0.4	147.3	3.6	44.0	3.5
初中	89.9	−1.3	270.8	2.7	82.7	−2.3
普通小学	84.5	2.9	518.5	−0.9	89.5	−0.9
特殊教育	0.8	7.8	5.2	−3.5	0.8	8.5

年末有国家工程研究中心（工程实验室）12 个，省级工程研究中心（工程实验室）399 个。国家地方联合工程研究中心（工程实验室）42 个。国家认定企业技术中心 75 个。国家工程技术研究中心 14 个，省工程技术研究中心 811 个。全国（国家）重点实验室 28 个，省重点实验室 387 个。签订技术合同 55295 项，技术合同成交金额 3995.3 亿元。登记科技成果 910 项。专利授权量 74940 件，下降 19.4%。其中，发明专利授权量 20133 件，下降 1.4%。工矿企业、大专院校和科研单位专利授权量分别为 51332 件、9153 件和 673 件。

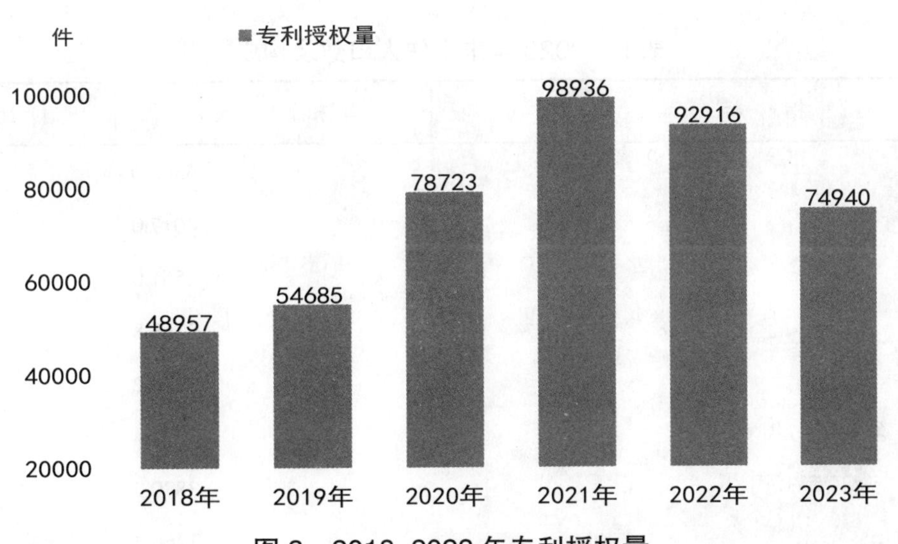

图 3　2018–2023 年专利授权量

年末有检验检测机构 2051 个。其中，国家产品质量监督检验中心 25 个。法定计量检定机构 104 个。特种设备生产单位 1953 家，特种设备 57.1 万台。重点工业产品监督抽查合格率 87.9%。参与制定国际标准 3 项，参与制定国家标准 247 项，组织制定地方标准 406 项。公开出版地图 2197 幅，天地图用户访问量 85.7 万次，提供地理空间数据成果 21.7 万幅。

十、文化、卫生和体育

年末有艺术表演团体 655 个，群众艺术馆、文化馆 149 个，公共图书馆 148 个，博物馆、纪念馆 180 个。广播电视台（播出机构）108 座。有线电视用户 585.3 万户。广播综合人口覆盖率 99.43%，电视综合人口覆盖率 99.77%。国家级非物质文化遗产保护目录 137 个，省级非物质文化遗产保护目录 410 个。出版图书 12078 种、期刊 235 种、报纸 44 种，图书、期刊、报纸出版总印数分别为 5.9 亿册、0.8 亿册和 5.0 亿份。

年末有卫生机构 57518 个。其中，医院 1784 个，妇幼保健院（所、站）139 个，专科疾病防治院（所、站）67 个，乡镇卫生院 2070 个，社区卫生服务中心（站）1051 个，诊所、卫生所、医务室 14036 个，村卫生室 36130 个。卫生技术人员 56.9 万人，比上年增长 9.7%。其中，执业医师和执业助理医师 21.9 万人，注册护士 27.0 万人。医院拥有床位 39.0 万张，下降 1.9%；乡镇卫生院拥有床位 10.5 万张，下降 3.5%。

全省开展全民健身项目 3337 项次。新建农民体育健身工程的行政村 430 个。全年获得 61 个全国冠军。体育场地 194745 个。其中，体育馆 316 座，运动场 7507 个，游泳池 1546 个，各种训练房 8248 个。

十一、人口、居民收入消费和社会保障

年末全省常住人口 6568 万人。其中，城镇人口 4017 万人，城镇化率 61.16%，比上年末提高 0.85 个百分点。全年出生人口 39.5 万人，出生率 6.00‰；死亡人口 59.8 万人，死亡率 9.08‰；人口自然增长率 -3.08‰。0–15 岁（含不满 16 周岁）人口占常住人口的比重为 18.84%，下降 0.68 个百分点；16–59 岁（含不满 60 周岁）人口比重为 58.93%，下降 0.72 个百分点；60 岁及以上人口比重为 22.23%，提高 1.39 个百分点。

表 9　2023 年末常住人口数及构成

指　标	年末数（万人）	比重（%）
常住人口	6568.0	100
其中：城镇	4017.0	61.16
乡村	2551.0	38.84
其中：男性	3363.8	51.21
女性	3204.2	48.79
其中：0–15 岁（含不满 16 周岁）[15]	1237.4	18.84
16–59 岁（含不满 60 周岁）	3870.2	58.93
60 岁及以上	1460.4	22.23
其中：65 岁及以上	1081.3	16.46

全年全省居民人均可支配收入 35895 元，比上年增长 5.5%；居民人均可支配收入中位数 28606 元，增长 4.4%。按常住地分，城镇居民人均可支配收入 49243 元，增长 4.1%；城镇居民人均可支配收入中位数 43705 元，增长 3.0%。农村居民人均可支配收入 20921 元，增长 7.0%；农村居民人均可支配收入中位

数 18585 元，增长 5.7%。城乡居民收入比由上年的 2.42 缩小为 2.35。分区域看，长株潭地区全体居民人均可支配收入 54069 元，增长 4.4%；湘南地区全体居民人均可支配收入 33228 元，增长 5.5%；大湘西地区全体居民人均可支配收入 25110 元，增长 6.3%；洞庭湖地区全体居民人均可支配收入 32744 元，增长 5.4%。脱贫县 [16] 农村居民人均可支配收入 16036 元，增长 9.0%。

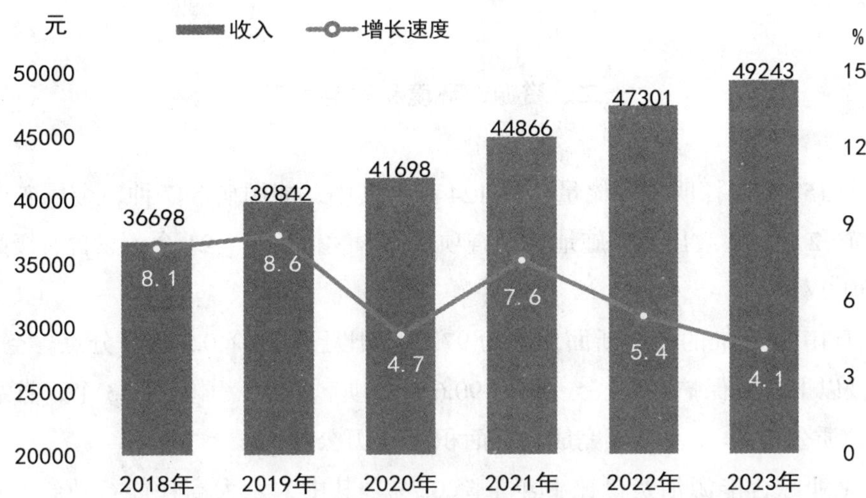

图 4　2018–2023 年城镇居民人均可支配收入及其增长速度

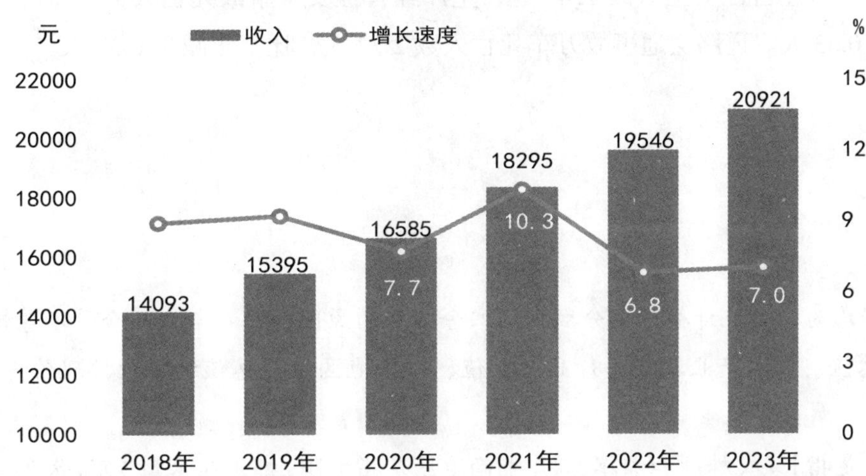

图 5　2018–2023 年农村居民人均可支配收入及其增长速度

全省居民人均消费支出 25462 元，比上年增长 5.7%。按常住地分，城镇居民人均消费支出 31035 元，增长 4.9%；农村居民人均消费支出 19210 元，增长 6.3%。

全年城镇新增就业人员 76.5 万人。年末城乡居民基本养老保险参保人数 3413.0 万人。城镇职工基本养老保险参保人数 2018.4 万人，增长 6.6%。其中，在职职工 1454.0 万人，离退休人员 564.4 万人。城乡居民基本医疗保险参保人数 5309.0 万人，城镇职工基本医疗保险参保人数 1046.7 万人。参加失业保险人数 740.4 万人，增长 2.3%。参加工伤保险职工人数 994.5 万人。参加生育保险职工人数 703.5 万人。年末领取失业保险职工人数 18.4 万人。

获得政府最低生活保障的城镇居民 32.3 万人，发放最低生活保障经费 17.1 亿元；获得政府最低生活保障的农村居民 147.1 万人，发放最低生活保障经费 47.6 亿元。年末提供住宿民政机构床位 24.4 万张，收养人数 11.4 万人。其中，养老机构床位 23.0 万张，养老机构服务人数 10.8 万人。社区服务机构和设施 3.2 万个。全年销售社会福利彩票 80.3 亿元，筹集福彩公益金 24.5 亿元。圆满完成十大重点民生实事 20 个项目。其中，开工改造城镇老旧小区 2000 个，新增蓄水能力 5089.4 万立方米，农村适龄及城镇低保适龄妇女“两癌”免费检查 103.1 万人。

十二、资源、环境和安全生产

全省已发现矿种 157 种，探明资源储量矿种 124 种。其中，能源矿产 7 种，金属矿产 39 种，非金属矿产 76 种，水气矿产 2 种。财政出资实施地质勘查项目（含续作项目）21 个（只含省级财政投资项目），新发现大中型矿产地 2 处。

全年达到或优于 III 类标准的水质断面比例为 97.2%，比上年下降 0.2 个百分点。空气质量优良天数比例为 90.5%。省级以上自然保护区 53 个，面积 90.6 万公顷。其中，国家级 23 个，省级 30 个。世界地质公园 2 个，国家地质公园 14 个。全年完成造林面积 44.1 万公顷。

全年规模以上工业综合能源消费量比上年下降 0.7%。其中，六大高耗能行业综合能源消费量增长 1.4%。

全年发生各类生产经营性安全事故 1244 起，生产经营性安全事故死亡人数 1318 人。亿元地区生产总值事故死亡人数 0.03 人。道路交通事故万车死亡人数 2.22 人，比上年减少 0.37 人。

注释：

[1] 本公报数据均为初步统计数，部分数据因四舍五入的原因，存在与分项合计不等情况。

[2] 地区生产总值、三次产业及相关行业增加值、人均地区生产总值绝对数按现价计算，增长速度按不变价格计算。

[3] 长株潭地区是指长沙、株洲和湘潭 3 市，湘南地区是指衡阳、郴州和永州 3 市，大湘西地区是指邵阳、张家界、怀化、娄底和湘西自治州 5 市（州），洞庭湖地区是指岳阳、常德和益阳 3 市。

[4] 高技术制造业包括医药制造业，航空、航天器及设备制造业，电子及通信设备制造业，计算机及办公设备制造业，医疗仪器设备及仪器仪表制造业，信息化学品制造业。

[5] 装备制造业包括金属制品业，通用设备制造业，专用设备制造业，汽车制造业，铁路、船舶、航空航天和其他运输设备制造业，电气机械和器材制造业，计算机、通信和其他电子设备制造业，仪器仪表制造业。

[6] 2022 年部分产品产量数据进行了核实调整，2023 年产量增速按可比口径计算。

[7] 由于统计调查制度规定的调查范围变动、统计执法、剔除重复数据等因素，2023 年规模以上工业企业财务指标增速及变化按可比口径计算。

[8] 邮政行业业务总量按 2020 年不变价格计算。

[9] 电信业务总量按上年不变价格计算。

[10] 高技术产业投资包括医药制造，航空、航天器及设备制造，电子及通信设备制造，计算机及办公设备制造，医疗仪器设备及仪器仪表制造，信息化学品制造等六大类高技术制造业投资和信息服务、电子商务服务、检验检测服务、专业技术服务业中的高技术服务、研发设计服务、科技成果转化服务、知识产权及相关法律服务、环境监测及治理服务和其他高技术服务等九大类高技术服务业投资。

[11] 根据有关规定，对外贸易采用人民币计价。

[12] 对欧盟的货物进出口金额不包括英国数据，增速按可比口径计算。

[13] 小学适龄儿童入学率指调查范围内已入小学学习的学龄儿童占校内外学龄儿童总数的百分比。

[14] 高中阶段教育毛入学率主要反映高中阶段教育覆盖面，是指高中阶段在校生总数占 15–17 岁学龄人口数的百分比。

[15] 2023 年末，全省 0–14 岁（含不满 15 周岁）人口为 1143.4 万人，15–59 岁（含不满 60 周岁）人口为 3964.2 万人。

[16] 湖南省脱贫县，即原湖南贫困地区，包括原集中连片特困地区和片区外的原国家扶贫开发工作重点县，共 40 个县。

资料来源：

本公报中财政数据来自省财政厅；铁路运输、铁路里程数据来自中国铁路广州局集团有限公司、中国铁路南宁局集团有限公司、中国铁路南昌局集团有限公司、中国铁路武汉集团有限公司和石长铁路有限责任公司；公路运输、水路运输、公路里程数据来自省交通运输厅；民航运输数据来自省机场管理集团有限公司、中国南方航空股份有限公司湖南分公司；管道运输数据来自中国石油化工股份有限公司长岭分公司、中国石化集团资产经营管理有限公司长岭分公司、中国石化集团资产经营管理有限公司巴陵石化分公司、国家石油天然气管网集团有限公司华中分公司湖南输油分公司、长沙新奥燃气有限公司、长沙华润燃气有限公司、湘潭新奥燃气有限公司、常德中石油昆仑燃气有限公司、娄底华润燃气有限公司等；汽车保有量数据来自省公安厅；电信业务量、移动电话用户、固定电话用户、互联网宽带用户数据来自省通信管理局；邮政业务数据来自省邮政管理局；存贷款数据来自中国人民银行湖南省分行；上市公司数据来自省委金融办；证券、期货数据来自中国证券监督管理委员会湖南监管局；保险业数据来自国家金融监督管理总局湖南监管局；教育数据来自省教育厅；科技数据来自省科技厅；专利、质量检测、行业标准数据来自省市场监督管理局；测绘、矿产资源数据来自省自然资源厅；艺术表演团体、博物馆、公共图书馆、文化馆、非物质文化遗产保护数据来自省文化和旅游厅；广播、电视数据来自省广播电视局；报纸、期刊、图书数据来自省委宣传部；卫生数据来自省卫生健康委员会；体育数据来自省体育局；城镇新增就业、社会保险、职业技能培训数据来自省人力资源和社会保障厅；医疗保险、生育保险数据来自省医疗保障局；城乡低保、社会福利、社区服务数据来自省民政厅；水利建设数据来自省水利厅；水产品产量、高标准农田建设数据来自省农业农村厅；城市建设数据来自省住房和城乡建设厅；自然保护区、地质公园、造林数据来自省林业局；地表水质量、空气质量数据来自省生态环境厅；安全生产数据来自省应急管理厅；其他数据来自省统计局和国家统计局湖南调查总队。

Statistical Communiqué on the National Economic and Social Development of Hunan Province in 2023[1]

Hunan Provincial Bureau of Statistics Survey Office of the National Bureau of Statistics in Hunan March 22, 2024

The year 2023 marked the inaugural year of fully implementing the guiding principles of the 20th National Congress of the Communist Party of China (CPC) and a year for economic recovery and development following three years of COVID-19 prevention and control. Guided by Xi Jinping Thought on Socialism with Chinese Characteristics for a New Era, the entire province thoroughly implemented the guiding principles of the 20th National Congress and the Second Plenary Session of the 20th CPC Central Committee, earnestly implemented the decisions and arrangements made by the CPC Central Committee and the State Council, anchored its efforts in the "Three Hubs and Four Missions" blueprint, and focused on the paramount task of high-quality development. By deeply advancing the initiatives of "engage with grassroots, identify problems, think of solutions, promote development" and vigorously tackling the "six development battles", the province achieved steady economic progress with improved quality throughout the year. This solid progress reflects new achievements in high-quality development and marks significant strides toward writing the Hunan chapter of Chinese modernization.

I. General Outlook

According to the unified accounting results of regional gross domestic product (GDP), Hunan's GDP[2] in 2023 reached 5,001.29 billion yuan, up by 4.6 percent over the previous year. Of this total, the value added of the primary industry was 462.13 billion yuan, up by 3.5 percent over the previous year; that of the secondary industry was 1,882.28 billion yuan, up by 4.6 percent; and that of the tertiary industry was 2,656.88 billion yuan, up by 4.8 percent. The per capita GDP in 2023 stood at 75,938 yuan, up by 5.0 percent over the previous year.

The industrial structure ratio was 9.3:37.6:53.1. The value added of the industrial sector grew by 4.8 percent compared to the previous year, accounting for 29.1 percent of the regional GDP; the value added of high-tech industries increased by 8.9 percent, accounting for 22.8 percent of the regional GDP. The contribution rates of the primary, secondary, and tertiary industries to economic growth were 7.8 percent, 38.1 percent, and 54.1 percent, respectively. Among them, the industrial sector contributed 31.2 percent to economic growth, while the producer service sector contributed 25.7 percent.

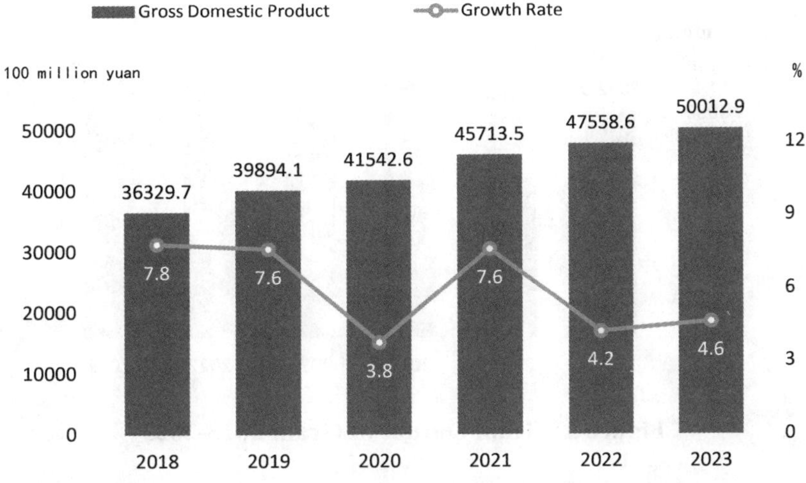

Figure 1 Gross Domestic Product and Growth Rates 2018-2023

In terms of regional performance, the Chang-Zhu-Tan area[3] achieved a GDP of 2,074.17 billion yuan, up by 4.9 percent over the previous year; the southern Hunan area recorded a GDP of 979.73 billion yuan, also up by 4.9 percent; the western Hunan area reached a GDP of 811.02 billion yuan, up by 4.8 percent; and the Dongting Lake area reported a GDP of 1,136.37 billion yuan, up by 4.0 percent.

II. Agriculture

The total output value of agriculture, forestry, animal husbandry, and fishery in 2023 reached 819.94 billion yuan, up by 3.7 percent over the previous year. The sown area of grain crops was 4,763.5 thousand hectares, a decrease of 2.0 thousand hectares compared with that in 2022. Of this total, the sown area of summer grains was 113.3 thousand hectares, an increase of 0.7 thousand hectares, up by 0.6 percent; the sown area of early rice was 1,204.8 thousand hectares, a decrease of 8.0 thousand hectares, down by 0.7 percent; the sown area of autumn grains was 3,445.4 thousand hectares, an increase of 5.3 thousand hectares, up by 0.2 percent. Within the autumn grain category, the sown area of mid-season rice and single-season late rice was 1,481.7 thousand hectares, a decrease of 0.17 thousand hectares; the sown area of double-cropping late rice was 1,260.5 thousand hectares, a decrease of 12.5 thousand hectares, down by 1.0 percent. The total output of grain in 2023 was 30.680 million tons, an increase of 0.5 million tons over the previous year, up by 1.7 percent. Of this total, the output of summer grain was 0.462 million tons, an increase of 0.005 million tons, up by 1.2 percent; that of the early rice was 7.432 million tons, an increase of 0.019 million tons, up by 0.3 percent; and that of autumn grain was 22.787 million tons, an increase of 0.476 million tons, up by 2.1 percent.

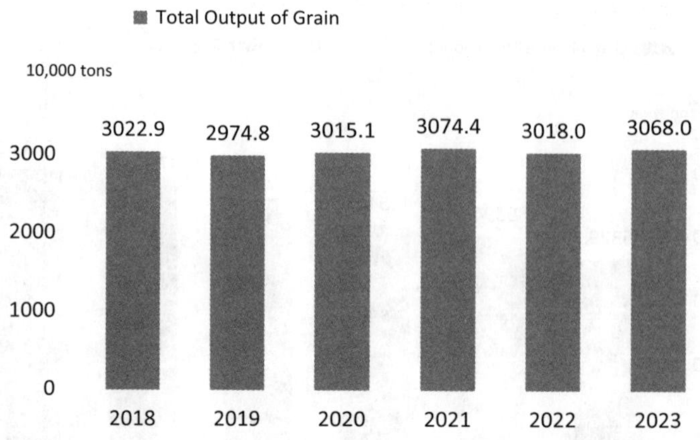

Figure 2 Total Output of Grain 2018-2023

In 2023, the total sown area of cotton was 55.9 thousand hectares, down by 13.5 percent over the previous year; the sown area of sugar crops was 7.5 thousand hectares, down by 0.2 percent; and the sown area of oil-bearing crops was 1,614.8 thousand hectares, up by 6.4 percent. The output of cotton in 2023 was 76,000 tons, down by 7.6 percent over the previous year; that of oil-bearing crops was 2.931 million tons, up by 5.8 percent; that of flue-cured tobacco was 217,000 tons, up by 11.3 percent; and that of tea was 276,000 tons, up by 3.9 percent.

The total output of pork, beef, mutton, and poultry in 2023 was 5.797 million tons, up by 0.4 percent over the previous year. Of this total, the output of pork was 4.618 million tons, up by 0.9 percent; that of beef was 204,000 tons, down by 5.6 percent; that of mutton was 169,000 tons, down by 7.1 percent; and that of poultry was 806,000 tons, up by 1.3 percent. At the end of 2023, 38.613 million pigs were registered in the total stocks, down by 6.2 percent compared with that at the end of 2022. Among this, the stock of breeding sows was 3.501 million, down by 5.3 percent. The stock of cattle was 4.107 million, down by 7.0 percent; that of sheep was 7.528 million, down by 6.1 percent; and that of poultry was 368.656 million, up by 1.5 percent. In 2023, 62.863 million pigs were slaughtered, up by 0.6 percent over the previous year; 1.714 million cattle were slaughtered, down by 6.4 percent; 10.182 million sheep were slaughtered, down by 7.6 percent; and 558.578 million poultry were slaughtered, up by 1.2 percent. The total output of eggs reached 1.196 million tons, up by 1.8 percent; the output of milk was 78,000 tons, up by 8.3 percent; and the output of aquatic products was 2.859 million tons, up by 4.9 percent.

In 2023, 3.45 million mu of high-standard farmland were constructed, including 1.75 million mu of newly developed farmland and 1.7 million mu upgraded for quality improvement. A total of 2,362 water conservancy projects were initiated, with an investment of 63.51 billion yuan, and 260 million cubic meters of earthwork were completed for these projects. Improvements were made to 5,790 kilometers of rural tourism roads, resource roads, and industrial roads. At the end of 2023, the total agricultural machinery power reached 68.402 million kilowatts, up by 0.9 percent compared to the end of the previous year.

III. Industry and Construction

In 2023, the value added of industrial enterprises above designated size increased by 5.1 percent compared to the previous year. Of which, the value added of private enterprises grew by 5.2 percent, accounting for 64.4 percent of the total value added of industrial enterprises above designated size. The value added of high-tech manufacturing[4] grew by 3.7 percent, contributing 13.5 percent to the total, while that of equipment manufacturing[5] increased by 8.9 percent, accounting for 31.5 percent of the total. The industrial value added of provincial-level and above industrial parks grew by 9.0 percent, accounting for 71.2 percent of the total value added of industrial enterprises above designated size. The value added of six high energy-consuming industries increased by 7.2 percent, accounting for 31.3 percent of total. By region, the value added of industries above designated size grew by 7.1 percent in the Chang-Zhu-Tan area, 7.1 percent in southern Hunan, 5.7 percent in the western Hunan area, and 4.4 percent in the Dongting Lake area.

For major products produced by industrial enterprises above designated size in 2023, the output of rice was 12.841 million tons, down by 5.7 percent over the previous year; feed output was 18.326 million tons, down by 2.7 percent; crude oil processing reached 9.038 million tons, up by 9.1 percent; cement output was 82.859 million tons, up by 1.3 percent; output of steel products was 28.908 million tons, down by 4.2 percent; output of ten kinds of non-ferrous metals was 2.126 million tons, down by 7.4 percent; concrete machinery production was 32,000 sets, up by 7.6 percent; automobile output reached 953,000 units, up by 4.6 percent; and electricity generation totaled 170.04 billion kWh, up by 0.8 percent.

Table 1 Output of Major Industrial Products and Growth Rates of the Industrial Enterprises Above Designated Size in 2023[6]

Products	Unit	Output	Increase over 2022 (%)
Raw coal	10,000 tons	944.5	17.6
Crude salt	10,000 tons	339.5	1.3
Rice	10,000 tons	1284.1	-5.7
Feed	10,000 tons	1832.6	-2.7
Refined edible vegetable oil	10,000 tons	204.0	-2.7
Cigarettes	100 million	1668.4	0.6
Machine-made paper & paperboard (excluding processing of purchased raw paper)	10,000 tons	343.5	2.4
Crude oil processing volume	10,000 tons	903.8	9.1
Sulfuric acid (100%)	10,000 tons	223.7	11.7

Table 1 continued

Products	Unit	Output	Increase over 2022 (%)
Caustic soda (100%)	10,000 tons	75.9	15.7
Synthetic ammonia (anhydrous)	10,000 tons	60.0	-8.8
Chemical fertilizer (100%)	10,000 tons	58.0	-20.1
Cement	10,000 tons	8285.9	1.3
Plate glass	10,000 weight cases	4328.8	-11.3
Crude steel	10,000 tons	2180.8	-0.3
Steel products	10,000 tons	2890.8	-4.2
Ten kinds of nonferrous metals	10,000 tons	212.6	-7.4
Silver (ingots)	tons	5023.0	-10.8
Cranes	10,000 tons	132.5	1.3
Concrete machinery	10,000 sets	3.2	7.6
Construction machinery	10,000 sets	12.0	-14.4
Automobile	10,000 units	95.3	4.6
Of which: Basic passenger vehicles (sedans)	10,000 units	43.2	-20.2
SUVs	10,000 units	37.3	20.3
New energy vehicles	10,000 units	55.8	16.8
Urban rail vehicles	units	981	-6.3
Generating units (equipment)	10,000 KW	1504.7	11.9
AC motors	10,000 KW	1979.8	0.3
Transformers	10,000 kVA	18521.7	17.6
Electricity generation	100 million kWh	1700.4	0.8
Of which: Thermal power	100 million kWh	1123.6	9.9
Hydropower	100 million kWh	347.6	-23.4

In 2023, the total profits made by industrial enterprises above designated size[7] amounted to 205.21 billion yuan, up by 4.8 percent over the previous year. By ownership type, the state-owned enterprises reported profits of 18.84 billion yuan, up by 40.1 percent; collective enterprises earned 270 million yuan, down by 32.4 percent; stock cooperative enterprises made 10 million yuan, down by 63.6 percent; joint-stock enterprises reported profits of 165.43 billion yuan, up by 2.7 percent; enterprises funded by foreign investors and investors from Hong Kong, Macao, and Taiwan generated 14.87 billion yuan, down by 4.2 percent; and other enterprises earned 5.80 billion yuan, up by 6.8 percent. Among the top five industries in terms of profits, the chemical raw materials and chemical products manufacturing industry recorded profits of 16.96 billion yuan, down by 7.6 percent; the computer, communication, and other electronic equipment manufacturing industry earned 16.15 billion yuan, down by 10.2 percent; the tobacco products industry generated 15.64 billion yuan, up by 18.4 percent; the non-metallic mineral products industry earned 15.10 billion yuan, down by 1.6 percent; and the electrical machinery and apparatus manufacturing industry earned 11.69 billion yuan, up by 5.6 percent. The cost per hundred yuan of operating revenue for industrial enterprises above designated size was 82.16 yuan, with the profit margin for operating revenue of 5.22 percent. By the end of 2023, the asset-liability ratio of industrial enterprises above designated size stood at 52.7 percent.

The value added of the construction industry in 2023 amounted to 427.71 billion yuan, up by 4.5 percent over the previous year. The total profits of general contracting and specialized contracting construction enterprises with qualifications above a certain level reached 37.60 billion yuan, up by 7.5 percent. The total floor area under construction for buildings was 751.223 million square meters, down by 1.4 percent; while the floor area completed was 254.596 million square meters, up by 6.1 percent.

IV. Service Sector

In 2023, the value added of the wholesale and retail trades reached 512.66 billion yuan, up by 6.1 percent over the previous year; that of transport, storage and post was 198.43 billion yuan, up by 8.7 percent; that of hotels and catering services was 109.80 billion yuan, up by 11.5 percent; that of financial services was 259.82 billion yuan, up by 4.8 percent; that of real estate was 287.69 billion yuan, down by 1.9 percent; that of information transmission, software, and information technology services was 131.86 billion yuan, up by 10.8 percent; and that of leasing and business services was 170.50 billion yuan, up by 6.5 percent. The operating revenue of service enterprises above designated size grew by 9.4 percent over the previous year, and the total profits rose by 41.3 percent.

The total converted turnover of passenger and freight traffic in 2023 reached 405.84 billion ton-kilometers, up by 15.6 percent over the previous year. The turnover of freight traffic was 305.75 billion ton-kilometers, up by 3.6 percent. Of which, the turnover handled by railways was 101.54 billion ton-kilometers, remaining unchanged from the previous year; and by highways, it was 157.44 billion ton-kilometers, up by 7.5 percent. The turnover of passenger traffic reached 134.56 billion person-kilometers, up by 72.3 percent over the previous year. Of which, the turnover handled by railways was 96.78 billion person-kilometers, up by 79.6 percent; by highways, it was 17.25 billion person-kilometers, up by 17.7 percent; and by civil aviation, it was 20.33 billion person-kilometers, up by 116.5 percent.

By the end of 2023, the total mileage of highways open to traffic reached 243,000 kilometers, up by 0.2 percent compared with that at the end of 2022. Among which, the operating mileage of expressways was 7,530 kilometers, an increase of 200 kilometers. The operating mileage of railways stood at 6,078.6 kilometers, unchanged from the previous year, including 2,501 kilometers of high-speed railways. The total number of motor vehicles for civilian use reached 11.573 million, up by 4.6 percent, with 10.776 million being private cars, up by 4.5 percent. The total number of cars for civilian use was 6.454 million, up by 5.8 percent.

Table 2 Freight and Passenger Traffic by All Means of Transportation and Growth Rates in 2023

Indicators	Unit	Absolute Value	Increase over 2022 (%)
Total freight traffic	**10,000 tons**	**229632.3**	**7.2**
Of which: Railways	10,000 tons	5091.5	5.5
Highways	10,000 tons	200673.9	7.8
Waterways	10,000 tons	22732.1	1.9
Civil aviation	10,000 tons	9.1	14.4
Pipelines	10,000 tons	1125.8	11.8
Total passenger traffic	**10,000 persons**	**48372.8**	**24.3**
Of which: Railways	10,000 persons	17552.0	79.5
Highways	10,000 persons	27953.5	1.1
Waterways	10,000 persons	1357.5	64.9
Civil aviation	10,000 persons	1509.8	124.9

In 2023, the business volume of postal services[8] totaled 40.27 billion standard volume, up by 22.7 percent over the previous year. The business volume of telecommunications services[9] totaled 72.13 billion yuan, up by 22.5 percent. By the end of 2023, the number of fixed-line telephone subscribers was 5.487 million, unchanged from the previous year; the number of mobile phone subscribers totaled 76.803 million, up by 7.0 percent; and the number of broadband Internet subscribers was 27.441 million, up by 10.9 percent.

In 2023, the total number of domestic tourists reached 660 million person-times, up by 51.1 percent over the previous year, and the number of inbound tourists registered 1.121 million person-times, an increase of 13.5 times. Total tourism revenue amounted to 956.52 billion yuan, up by 47.4 percent. Of this total, domestic tourism revenue reached 954.51 billion yuan, up by 47.2 percent, while inbound tourism revenue was 290 million US dollars, an increase of 11.8 times.

V. Investment in Fixed Assets

The investment in fixed assets (excluding rural households) in 2023 decreased by 3.1 percent over the previous year. Of which, private investment grew by 0.8 percent. By ownership, the state-owned investment decreased by 7.3 percent, while non-state-owned investment decreased by 1.9 percent. By investment focus, investment in livelihood projects fell by 4.5 percent, investment in ecological environment dropped by 8.6 percent, investment in infrastructure declined by 16.1 percent, investment in high & new technology industry[10] grew by 4.0 percent, and investment in industrial technological transformation decreased by 4.8 percent. By region, the investment in the Chang-Zhu-Tan area decreased by 4.3 percent, in southern Hunan up by 3.5 percent, in western

Hunan grew by 1.2 percent, and in the Dongting Lake area decreased by 6.1 percent.

In 2023, the investment in real estate development totaled 383.31 billion yuan, down by 13.1 percent over the previous year. Of which, the investment in residential buildings reached 311.82 billion yuan, down by 9.1 percent. The floor area of commercial housing sold was 56.365 million square meters, a decrease of 14.1 percent, of which the floor area of residential housing sold was 50.975 million square meters, down by 13.8 percent. The total sales of commercial housing reached 370.01 billion yuan, a decrease of 11.6 percent, with residential housing sales amounting to 329.97 billion yuan, down by 11.1 percent. At the end of 2023, the floor area of commercial housing available for sale was 12.967 million square meters, an increase of 754,000 square meters (up by 6.2 percent) compared to the end of the previous year.

Table 3 Growth Rate of Investment in Fixed Assets in 2023

Indicators	Increase over 2022 (%)
Fixed Assets Investment (Excluding Rural Households)	-3.1
Primary Industry	-21.8
Secondary Industry	8.3
Of which: Mining Industry	14.4
Manufacturing Industry	4.5
Production and Supply of Electricity, Heat, Gas and Water	33.3
Construction Industry	95.1
Tertiary Industry	-9.8
Of which: Transportation, Warehousing and Postal Service	-24.0
Information Transmission, Software and IT Service	0.5
Wholesale and Retail Sale	-1.9
Hotels and Catering Service	17.2
Financial Industry	-50.6
Real Estate	-13.9
Leasing and Commercial Service	9.3
Scientific Research and Technological Service	1.7
Management of Water Conservancy, Environment and Public Facilities	-7.9
Residents Service, Repair and Other Services	-4.2
Education	-4.4
Sanitation and Social Work	-13.7
Culture, Sport and Entertainment	19.8
Public Management, Social Security and Social Organization	-7.0

VI. Domestic Trade and Prices

The total retail sales of consumer goods in 2023 amounted to 2,020.33 billion yuan, up by 6.1 percent over the previous year. An analysis on different areas showed that the retail sales of consumer goods in urban areas stood at 1,744.56 billion yuan, up by 5.9 percent, and that in rural areas reached 275.77 billion yuan, up by 6.7 percent. Grouped by consumption patterns, the retail sales of commodities were 1,762.78 billion yuan, up by 5.2 percent, and the income of catering industry was 257.55 billion yuan, up by 12.3 percent. Grouped by regions, the total retail sales of consumer goods in the Chang-Zhu-Tan area amounted to 780.85 billion yuan, up by 5.5 percent; in the southern Hunan area, 403.70 billion yuan, up by 4.4 percent; in the western Hunan area, 364.33 billion yuan, up by 7.0 percent; and in the Dongting Lake area, 471.46 billion yuan, up by 7.8 percent.

Of the total retail sales of commodities by enterprises above designated size, the retail sales for grain, oil and food increased by 12.2 percent over the previous year; tobacco and liquor up by 7.2 percent; household appliances and audiovisual equipment up by 6.8 percent; traditional Chinese and western medicines up by 5.6 percent; communication equipment up by 7.4 percent; petroleum and petroleum products up by 12.6 percent; and motor vehicles down by 2.4 percent. For green and smart products, the retail sales for wearable smart devices increased by 12.8 percent; smartphones up by 13.7 percent; and new energy vehicles up by 40.8 percent.

In 2023, the online retail sales of physical goods amounted to 243.20 billion yuan, up by 12.1 percent over the previous year, accounting for 12.0 percent of the total retail sales of consumer goods.

The consumer prices in 2023 went up by 0.2 percent over the previous year, with urban areas seeing an increase of 0.3 percent and rural areas experiencing a decrease of 0.1 percent. The producer prices for industrial products decreased by 1.5 percent, and the purchasing prices for industrial producers fell by 2.5 percent. The producer prices for agricultural products dropped by 2.4 percent.

Table 4 Changes in Consumer Prices Compared to the Previous Year in 2023

Indicators	Change (%)	By Urban-Rural Division	
		Urban	Rural
Consumer prices	**0.2**	**0.3**	**-0.1**
Of which: Food, tobacco and liquor	-0.6	-0.4	-1.0
Clothing	1.0	1.1	0.8
Housing	0.4	0.5	0.1
Household goods and services	0.1	0.1	0.0
Transportation and communication	-2.0	-2.1	-1.7
Education, culture and entertainment	1.6	2.0	0.6
Health care and medical services	2.0	2.0	2.0
Miscellaneous goods and services	3.0	2.9	3.4

VII. External Economy

The total import and export value[11] in 2023 reached 617.50 billion yuan, down by 12.1 percent over that of the previous year. Of this, exports totaled 400.94 billion yuan, down by 21.9 percent, while imports amounted to 216.56 billion yuan, up by 14.6 percent. By trade type, exports from general trade were valued at 346.54 billion yuan, down by 23.3 percent, while those from processing trade reached 40.53 billion yuan, up by 5.1 percent. Among key export products, the export value of mechanical and electrical products was 191.89 billion yuan, down by 8.9 percent, and that of high & new technology products was 55.27 billion yuan, down by 0.4 percent. By export destination, goods exported to the United States were valued at 44.97 billion yuan, down by 37.9 percent; to Hong Kong, 53.68 billion yuan, up by 3.1 percent; to the European Union[12], 35.55 billion yuan, down by 29.4 percent; to ASEAN countries, 76.18 billion yuan, down by 34.2 percent; and to countries involved in the Belt and Road Initiative, 218.18 billion yuan, down by 18.7 percent.

Table 5 Total Value of Imports and Exports and Growth Rates in 2023

Indicators	Absolute Value (100 million yuan)	Increase over 2022 (%)
Total value of imports and exports	6175.0	-12.1
Exports	4009.4	-21.9
By trade type		
Of which: General trade	3465.4	-23.3
Processing trade	405.3	5.1
By key products		
Of which: Mechanical and electrical products	1918.9	-8.9
High & new technology products	552.7	-0.4
Agricultural products	217.7	21.2
Imports	2165.6	14.6
By trade type		
Of which: General trade	1497.2	18.1
Processing trade	290.1	2.0
By key products		
Of which: Mechanical and electrical products	582.0	-1.7
High & new technology products	456.8	2.9
Agricultural products	356.4	17.5

The foreign direct investment actually utilized in 2023 totaled 1.44 billion US dollars, down by 59.3 percent over the previous year. Of which, the amount used in the primary industry totaled 0.02 billion US dollars, up by 5.2 percent; the amount used in the secondary industry totaled 0.57 billion US dollars, up by 43 percent; and the amount used in the tertiary industry totaled 0.85 billion US dollars, down by 72.8 percent. A total of 274 new projects from Fortune Global 500 companies were introduced. The actual amount of domestic funds received from other provinces amounted to 1,506.23 billion yuan, up by 16.5 percent. Of which, the primary industry received 66.22 billion yuan, down by 2.0 percent; the secondary industry received 900.10 billion yuan, up by 29.3 percent; and the tertiary industry received 539.92 billion yuan, up by 2.0 percent. A total of 1,879 major projects were introduced.

In 2023, the value of newly signed contracts for contracted foreign projects amounted to 2.99 billion US dollars, with a completed turnover of 2.35 billion US dollars. A total of 7,000 laborers of various types were dispatched abroad. For outbound direct investment, newly signed Chinese contracts amounted to 2.01 billion US dollar, a decrease of 25.2 percent, while actual investment totaled 2.22 billion US dollars, up by 16.3 percent.

VIII. Finance

The local general public budget revenue in 2023 amounted to 336.05 billion yuan, up by 8.3 percent over the previous year. Of which, the tax revenue totaled 220.85 billion yuan, up by 10.2 percent, while the non-tax revenue was 115.20 billion yuan, up by 5.0 percent. Within tax revenue, domestic value-added tax reached 82.42 billion yuan, an increase of 52.2 percent, whereas corporate income tax stood at 22.59 billion yuan, a decrease of 3.6 percent. The general public budget expenditure reached 958.45 billion yuan, up by 6.6 percent over the previous year. Of which, education expenditure was 157.89 billion yuan, up by 5.2 percent; social security and employment expenditure reached 155.93 billion yuan, up by 8.2 percent; health expenditure was 86.97 billion yuan, up by 6.0 percent; science and technology expenditure was 31.40 billion yuan, up by 12.3 percent; and housing security expenditure was 26.67 billion yuan, up by 20.1 percent.

Table 6　Local General Public Budget Revenue and Expenditure and Growth Rates in 2023

Indicators	Absolute Value (100 million yuan)	Increase over 2022 (%)
Local general public budget revenue	3360.5	8.3
Of which: Tax revenue	2208.5	10.2
Domestic VAT	824.2	52.2
Corporate income tax	225.9	-3.6
Non-tax	1152.0	5.0
General public budget expenditure	9584.5	6.6
Of which: general public services	804.9	-4.4

Table 6 continued

Indicators	Absolute Value (100 million yuan)	Increase over 2022 (%)
Education	1578.9	5.2
Science and Technology	314.0	12.3
Culture, Sports and Media	144.2	5.3
Social Security and Employment	1559.3	8.2
Health Care	869.7	6.0
Energy saving and environmental protection	169.4	1.7
Urban and rural communities	1227.0	22.0
Agriculture, forestry and water	1066.4	7.1
House security	266.7	20.1

Savings deposit in Renminbi and foreign currencies in all financial institutions of Hunan reached 7,767.35 billion yuan at the end of 2023, an increase of 10.7 percent compared with that at the end of the previous year. Of this total, household deposits stood at 4,682.39 billion yuan, up by 13.3 percent, while deposits of non-financial enterprises amounted to 1,452.22 billion yuan, up by 2.5 percent. Loans in Renminbi and foreign currencies in all financial institutions reached 6,939.64 billion yuan, an increase of 10.9 percent. Of this total, household loans reached 2,292.49 billion yuan, up by 5.2 percent, while loans to non-financial enterprises and government institutions stood at 4,612.30 billion yuan, up by 13.9 percent.

Table 7 Savings Deposit and Loans in RMB and Foreign Currencies in All Financial Institutions and New Increases/Decreases at the End of 2023

Indicators	Year-end figure (100 million yuan)	New increase/decrease over the year-beginning amount (100 million yuan)
Savings deposit	**70141.9**	**7250.8**
Of which: Domestic deposits	70096.7	7299.7
# Household deposits	41313.9	5782.5
Demand deposits	12714.4	1064
Time and other deposits	28599.5	4718.4
Non-financial enterprises	14174.7	357.8
Demand deposits	6046.0	-537.1
Time and other deposits	8128.7	894.9

Table 7 continued

Indicators	Year-end figure (100 million yuan)	New increase/decrease over the year-beginning amount (100 million yuan)
Non-banking financial institutions	3595.1	523.3
Overseas deposits	45.2	-48.9
Loans	**62351.5**	**6506.5**
Of which: Domestic loans	62238.9	6471.4
# Households	21576.2	799.7
Short-term loans	5595.1	405.5
Medium- and long-term loans	15981.0	394.2
Non-financial enterprises and government organizations	40498.9	5554.4
Short-term loans	7537.8	956.8
Medium- and long-term loans	29805.1	3596.3
Overseas loans	112.6	35.1

By the end of 2023, there were 146 listed companies in the province, and the total direct financing for the year amounted to 404.59 billion yuan, up by 10.0 percent over the previous year. The total market value of A-share listed companies stood at 1,522.05 billion yuan at the end of 2023, a decline of 6.3 percent. By year-end, there were 430 branches of securities companies (including subsidiaries and business outlets), a decrease of 4. The trading volume of securities for the year reached 11,833.71 billion yuan, down by 1.2 percent. By the end of the year, there were two futures companies in the jurisdiction of Hunan Province, remaining the same as that of the previous year, and the total transaction value amounted to 4,937.03 billion yuan, down by 11.4 percent.

The revenue from original insurance premium received by insurance companies totaled 169.40 billion yuan in 2023, up by 5.0 percent over the previous year. Of this total, revenue from life insurance premium amounted to 87.65 billion yuan, up by 7.2 percent; from health insurance premium totaled 31.83 billion yuan, down by 3.1 percent; from personal accident insurance premium was 3.38 billion yuan, down by 9.5 percent; and from property insurance premium amounted to 46.54 billion yuan, up by 8.2 percent. The original insurance indemnity in 2023 amounted to 68.43 billion yuan, up by 17.8 percent.

IX. Science & Technology and Education

By the end of 2023, there were 123 regular higher education institutions. Graduate education produced 32,000 graduates, while 463,000 students graduated from regular higher education, 227,000 from secondary vocational education, 440,000 from regular senior high schools, 827,000 from junior high schools, and 895,000 from primary schools. The number of children in kindergartens totaled 1.837 million, down by 15.0 percent over the previous year. The enrollment rate for school-age children in primary schools[13] reached 100 percent, and the gross enrollment rate for senior high school education[14] was 94.77 percent. There were 9,932 private schools of various types, with a total student population of 2.169 million. National scholarships and grants amounting to 1.45 billion yuan were distributed to undergraduate and junior college students, benefiting 769,000 students. National grants totaling 520 million yuan were provided to 522,000 secondary vocational students. A total of 11.34 billion yuan was allocated to support compulsory education, and 560 million yuan was disbursed as national grants to support students in regular senior high schools.

Table 8 Numbers of Enrolled Students, Students in School, and Graduates by Education Level and Growth Rates in 2023

Indicators	Enrolled Students		Student in School		Graduates	
	Absolute Value (10,000)	Increase over 2022 (%)	Absolute Value (10,000)	Increase over 2022 (%)	Absolute Value (10,000)	Increase over 2022 (%)
Graduate education	4.0	4.1	12.4	5.4	3.2	11.7
Regular higher education	57.1	3.4	177.8	5.5	46.3	3.0
Adult higher education	33.3	2.1	71.7	6.6	27.3	3.9
Secondary vocational education	23.0	-11.6	70.4	-5.7	22.7	0.0
Regular senior high schools	50.3	-0.4	147.3	3.6	44.0	3.5
Junior high schools	89.9	-1.3	270.8	2.7	82.7	-2.3
Primary schools	84.5	2.9	518.5	-0.9	89.5	-0.9
Special education	0.8	7.8	5.2	-3.5	0.8	8.5

By the end of 2023, there were 12 national engineering research centers (engineering laboratories), 399 provincial-level engineering research centers (engineering laboratories), and 42 national-local joint engineering research centers (engineering laboratories). The number of nationally recognized enterprise technology centers reached 75. Additionally, there were 14 national engineering technology research centers and 811 provincial-level engineering technology research centers. There were 28 national key laboratories and 387 provincial key laboratories. A total of 55,295 technology contracts were signed, with a transaction value of 399.53 billion yuan. A total of 910 scientific and technological achievements were registered. The number of patents granted was 74,940, down by 19.4 percent over the previous year. Of which, 20,133 were granted invention patents, down by 1.4 percent. Patents granted to industrial enterprises, higher education institutions, and scientific research units totaled 51.332 thousand, 9.153 thousand, and 673, respectively.

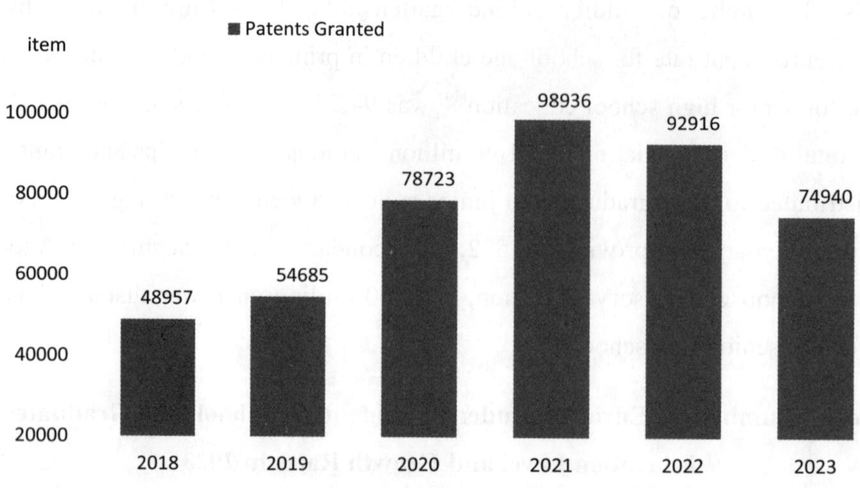

Figure 3 Number of Patents Granted 2018-2023

By the end of 2023, there were 2,051 testing and inspection institutions, including 25 national product quality supervision and inspection centers, and 104 statutory metrology verification institutions. A total of 1,953 special equipment manufacturers operated, managing 571,000 units of special equipment. The compliance rate for spot checks on key industrial products reached 87.9 percent. The province participated in the development of 3 international standards and 247 national standards, and organized the formulation of 406 local standards. A total of 2,197 maps were publicly published, and Map World online map service recorded 857,000 user visits, providing 217,000 geospatial data products.

X. Culture, Public Health and Sports

By the end of 2023, there were 655 art-performing groups, 149 mass art centers and cultural centers, 148 public libraries, and 180 museums and memorial halls. A total of 108 radio and television stations (broadcasting institutions) were in operation. The number of cable television subscribers reached 5.853 million. The comprehensive coverage rates for radio and television broadcasting were 99.43 percent and 99.77 percent, respectively. There were 137 items listed in the national intangible cultural heritage registry and 410 items in provincial-level registry. In terms of publications, 12,078 book titles, 235 journal titles, and 44 newspaper titles were published, with a total print circulation of 590 million books, 80 million journals, and 500 million newspapers.

By the end of 2023, there were 57,518 healthcare institutions in Hunan. Among them, there were 1,784 hospitals, 139 maternal and child health centers, 67 specialized disease prevention and treatment centers, 2,070 township health centers, 1,051 community health service centers, 14,036 clinics, and 36,130 village clinics. The number of medical technical personnel totaled 569,000, up by 9.7 percent over the previous year. Among them, there were 219,000 licensed doctors and licensed assistant doctors, and 270,000 registered nurses. Hospitals had 390,000 beds, a decrease of 1.9 percent, while township health centers had 105,000 beds, a decrease of 3.5 percent.

A total of 3,337 public fitness activities were carried out across the province. Rural fitness programs were newly implemented in 430 administrative villages. Athletes from the province won 61 national championships throughout 2023. The number of sports venues reached 194,745, including 316 gymnasiums, 7,507 sports fields, 1,546 swimming pools, and 8,248 various training rooms.

XI. Population, Resident Income and Consumption, and Social Security

By the end of 2023, the permanent population of Hunan Province was 65.68 million. Of this total, urban permanent residents numbered 40.17 million, with an urbanization rate of 61.16 percent, an increase of 0.85 percentage points over the previous year. The number of births in 2023 was 395,000, with a birth rate of 6.00 per thousand; the number of deaths was 598,000, with a death rate of 9.08 per thousand; and the natural population growth rate was -3.08 per thousand. The population aged 0-15 (under the age of 16) accounted for 18.84 percent of the permanent population, a decrease of 0.68 percentage points; the population aged 16-59 (under the age of 60) accounted for 58.93 percent, a decrease of 0.72 percentage points; the population aged 60 and above accounted for 22.23 percent, up by 1.39 percentage points.

Table 9 Permanent Population and its Composition by the End of 2023

Indicators	Population at Year-end (10,000 persons)	Proportion (%)
Resident Population	6568.0	100
Of which: Urban	4017.0	61.16
Country	2551.0	38.84
Of which: Male	3363.8	51.21
Female	3204.2	48.79
Of which: Age 0-15(including under 16 years)[15]	1237.4	18.84
Age 16-59 (including under 60 years)	3870.2	58.93
Age 60 and over	1460.4	22.23
Of which: Age 65 and over	1081.3	16.46

In 2023, the per capita disposable income of residents in the province was 35,895 yuan, an increase of 5.5 percent over that of the previous year. The median of per capita disposable income was 28,606 yuan, up by 4.4 percent. In terms of permanent residence, the per capita disposable income of urban residents was 49,243 yuan, up by 4.1 percent; the median of per capita disposable income for urban residents was 43,705 yuan, up by 3.0 percent. The per capita disposable income of rural residents was 20,921 yuan, up by 7.0 percent; the median of per capita disposable income for rural residents was 18,585 yuan, up by 5.7 percent. The urban-rural per capita disposable income ratio narrowed from 2.42 in the previous year to 2.35. By region, the per capita disposable income of all residents in the Chang-Zhu-Tan area was 54,069 yuan, up by 4.4 percent; in the southern Hunan area, it was 33,228 yuan, up by 5.5 percent; in the western Hunan area, it was 25,110 yuan, up by 6.3 percent; and in the Dongting Lake area, it was 32,744 yuan, up by 5.4 percent. The per capita disposable income of rural residents from counties lifted out of poverty[16] was 16,036 yuan, up by 9.0 percent over the previous year.

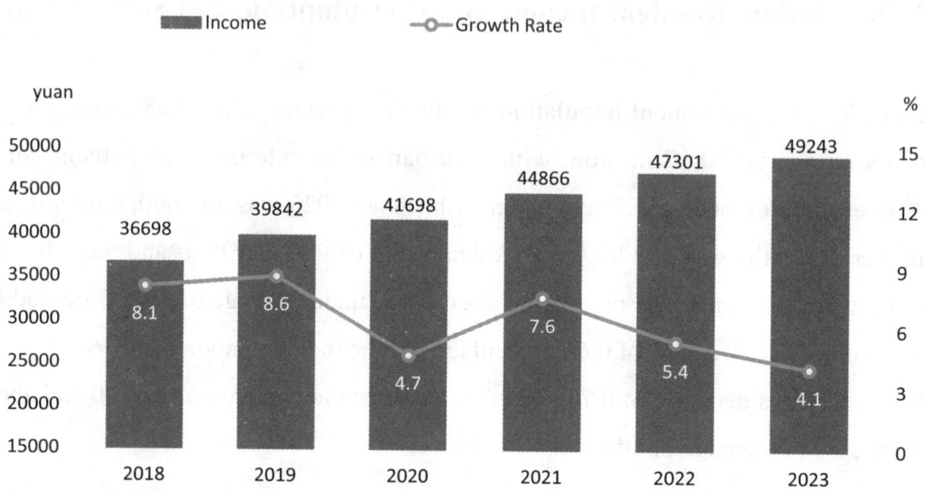

Figure 4 Per Capita Disposable Income of Urban Residents and the Growth Rates 2018-2023

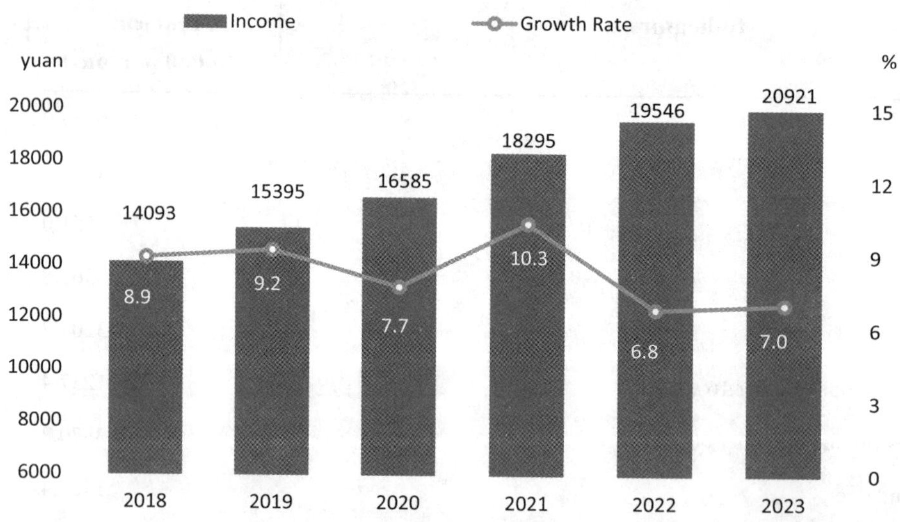

Figure 5 Per Capita Disposable Income of Rural Residents and the Growth Rates 2018-2023

In 2023, the per capita consumption expenditure of residents in Hunan was 25,462 yuan, up by 5.7 percent over that of the previous year. By permanent residence, the per capita consumption expenditure of urban residents was 31,035 yuan, up by 4.9 percent; and that of rural residents was 19,210 yuan, up by 6.3 percent.

In 2023, the total number of newly employed people in urban areas stood at 765,000. By the end of the year, the total number of participants in the basic endowment insurance program for urban and rural residents reached

34.130 million. The total number of participants in the basic endowment insurance program for urban workers was 20.184 million, an increase of 6.6 percent. Among them, 14.540 million were active employees, and 5.644 million were retirees. A total of 53.090 million people participated in the basic medical insurance program for urban and rural residents, while 10.47 million participated in the basic medical insurance program for urban workers. The number of people participating in unemployment insurance program reached 7.404 million, an increase of 2.3 percent. A total of 9.945 million people participated in work-related injury insurance, while 7.035 million people participated in maternity insurance programs. By the end of 2023, the number of people receiving unemployment insurance benefits reached 184,000.

A total of 323,000 urban residents received minimum living allowances from the government, with 1.71 billion yuan allocated for this purpose. In rural areas, 1.471 million residents benefited from minimum living allowances, with a total expenditure of 4.76 billion yuan. By the end of 2023, social welfare institutions providing accommodation had a total of 244,000 beds, accommodating 114,000 individuals. Among them, elderly care institutions provided 230,000 beds and served 108,000 individuals. There were 32,000 community service institutions and facilities. In 2023, sales of social welfare lottery tickets amounted to 8.03 billion yuan, raising 2.45 billion yuan for public welfare purposes. Ten major livelihood initiatives, comprising 20 projects, were successfully completed. These included the renovation of 2,000 old urban residential communities, the addition of 50.894 million cubic meters of water storage capacity, and free cervical and breast cancer screenings for 1.031 million eligible rural and urban low-income women.

XII. Resources, Environment and Safety Production

By the end of 2023, 157 types of minerals had been discovered in Hunan Province, with proven reserves in 124 types. Among these, 7 were energy minerals, 39 were metallic minerals, 76 were non-metallic minerals, and 2 were groundwater and gas minerals. A total of 21 geological survey projects (including ongoing projects) were funded by government finance (only with provincial-level financial investment), and 2 new medium-to-large mineral deposits were discovered.

In 2023, the proportion of water quality monitoring sections that meet or exceed the Class III standard reached 97.2 percent, a decrease of 0.2 percentage points over the previous year. The proportion of days with excellent air quality was 90.5 percent. There were 53 natural reserves at the provincial level and above, covering an area of 906,000 hectares. Among these, 23 were national-level reserves, and 30 were provincial-level. There were 2 world geological parks and 14 national geological parks. The total area of afforestation completed in 2023 was 441,000 hectares.

The comprehensive energy consumption of industries above designated size in 2023 decreased by 0.7 percent over the previous year. Of which, the energy consumption of six high energy-consuming industries increased by 1.4 percent.

A total of 1,244 production and operational safety accidents occurred in 2023, resulting in 1,318 deaths. The number of accident-related deaths per 100 million yuan of regional GDP was 0.03. The number of deaths in road traffic accidents per 10 thousand vehicles was 2.22, down by 0.37 over the previous year.

Notes:

[1] All figures in this Communiqué are preliminary statistics. Due to the rounding-off reasons, the subentries may not add up to the aggregate totals.

[2] Regional Gross Domestic Product (GDP), value added of the three and related industries and per capita GDP as quoted in this Communiqué are calculated at current prices whereas their growth rates are calculated at constant prices.

[3] The Chang-Zhu-Tan area refers to the cities of Changsha, Zhuzhou, and Xiangtan; the southern Hunan area refers to the cities of Hengyang, Chenzhou, and Yongzhou; the western Hunan area refers to the cities of Shaoyang, Zhangjiajie, Huaihua, Loudi, and Xiangxi Autonomous Prefecture; and the Dongting Lake area refers to the cities of Yueyang, Changde, and Yiyang.

[4] High-tech manufacturing industry includes pharmaceutical manufacturing, aerospace vehicle and equipment manufacturing, electronics and communication equipment manufacturing, computer and office equipment manufacturing, medical instrument and equipment manufacturing, and information chemicals manufacturing.

[5] Equipment manufacturing industry includes manufacture of metal products, general purpose equipment, special purpose equipment, automobiles, railway, ship, aerospace, and other transport equipment, electrical machinery and apparatus, computers, communication, and other electronic equipment, and instruments and apparatus.

[6] The output data for certain products in 2022 was verified and adjusted, and the growth rates of output in 2023 were calculated on a comparable basis.

[7] The growth rates and changes in financial indicators for industrial enterprises above designated size in 2023 were calculated on a comparable basis due to changes in the survey coverage specified by the statistical survey programs, statistical law enforcement, and removal of duplicated data.

[8] The business volume of the postal services is calculated based on the constant price of 2020.

[9] The business volume of the telecommunications services is calculated base on the constant price of the previous year.

[10] Investment in high & new technology industry includes investments in six categories of high-tech manufacturing industries: pharmaceutical manufacturing, aerospace and aircraft manufacturing, electronics and communication equipment manufacturing, computer and office equipment manufacturing, medical instrument and equipment manufacturing, and manufacturing of chemicals used for inform. It also includes investments in nine categories of high-tech service industries: information services, e-commerce services, testing and inspection services, professional technical services, R&D and design services, scientific and technological achievement transformation services, intellectual property and related legal services, environmental monitoring and governance services, and other high-tech services.

[11] According to relevant regulations, foreign trade is denominated in RMB.

[12] The import and export value of goods with the European Union do not include data for the UK, and the growth rate is calculated on a comparable basis.

[13] The enrollment rate of school-age children in primary schools refers to the percentage of school-age

children within the survey scope who have enrolled in primary schools, relative to the total number of school-age children both inside and outside of schools.

[14] The gross enrollment rate for senior high school education mainly reflects the coverage of high school education. It refers to the percentage of total students enrolled in senior high schools relative to the population aged 15-17.

[15] By the end of 2023, the population aged 0 to 14 (under the age of 15) was 11.434 million and that aged 15 to 59 (under the age of 60) was 39.642 million.

[16] Counties lifted out of poverty in Hunan Province include 40 counties previously designated as poverty-stricken areas, covering former contiguous destitute areas and key counties under the national poverty alleviation and development program located outside those areas.

Data Sources:

In this Communiqué, finance data are from the Hunan Provincial Department of Finance; data of railway transportation and railway mileage are provided by China Railway Guangzhou Group Co., Ltd., China Railway Nanning Group Co., Ltd., China Railway Nanchang Group Co., Ltd., China Railway Wuhan Group Co., Ltd., and Shimen-Changsha Railway Co., Ltd.; data of road transportation, waterway transportation, and road mileage are provided by the Department of Transportation of Hunan Province; data of civil aviation transportation come from Hunan Airport Management Group Co., Ltd. and China Southern Airlines Co., Ltd. Hunan Branch; data of pipeline transportation are provided by SINOPEC Changling Branch, SINOPEC Assets Management Corporation Changling Branch, SINOPEC Assets Management Corporation Baling Petrochemical Branch, PipeChina Central China Branch Hunan Oil Pipeline Sub-branch, Changsha ENN Natural Gas Co., Ltd., Changsha China Resources Gas Co., Ltd., Xiangtan ENN Natural Gas Co., Ltd., Changde PetroChina Kunlun Gas Co., Ltd., Loudi China Resources Gas Co., Ltd., etc.; data of vehicle ownership are from the Public Security Department of Hunan Province; data of telecom business volume, mobile phone subscribers, fixed-line telephone subscribers, and broadband internet subscribers come from the Hunan Communication Administration; data of postal business are from the Hunan Provincial Postal Administration; data of deposits and loans are from the People's Bank of China Hunan Branch; data of listed company are provided by the Office of Financial Commission of CPC Hunan Provincial Committee; data of securities and futures are from the Hunan Regulatory Bureau of the China Securities Regulatory Commission; data of insurance industry are from the Hunan Regulatory Bureau of the National Financial Regulatory Administration; education data come from the Hunan Provincial Department of Education; data of science and technology are from the Department of Science and Technology of Hunan Province; data of patent, quality inspection, and industry standard source from the Administration for Market Regulation of Hunan Province; data of surveying and mineral resources are from the Department of Natural Resources of Hunan Province; data on art-performing groups, museums, public libraries, cultural centers, and intangible cultural heritage protection come from the Hunan Provincial Department of Culture and Tourism; radio and television data come from the Hunan Provincial Radio and Television Bureau; data of newspapers, periodicals, and books are from the Propaganda Department of the CPC Hunan Provincial Committee; health data are from the Health Commission of Hunan Province; sports data come from the Sports Bureau of Hunan Province; data of urban employment growth, social insurance, and vocational skills training are from the Department of Human Resources and Social Security of Hunan Province; data of medical insurance and maternity insurance are from the Hunan Healthcare Security Administration; data of urban and rural minimum living allowances, social welfare, and community services come from the Department of Civil Affairs of Hunan Province; data of water conservancy construction are from the Hunan Provincial Department of Water Resources; data of aquaculture production and high-standard farmland construction source from the Department of Agriculture and Rural Affairs of Hunan Province; data of urban construction come from the Department of Housing and Urban-Rural Development of Hunan Province; data of nature reserves, geological parks, and afforestation are from the Forestry Department of Hunan Province; data of surface water quality and air quality come from the Ecology and Environment Department of Hunan Province; safety production data are from the Department of Emergency Management of Hunan Province; other data come from the Hunan Provincial Bureau of Statistics and the Survey Office of the National Bureau of Statistics in Hunan.

01

综　合

General Survey

资料整理人员：周　玲　孙邦昕　杨　耒　甘杨辉
余奕佳　吕　涛　田杰平　谢　凡
陈　慧　段嘉欣　吕　燕　邹　晨
廖闻菲　陈晗文　朱　鹏　刘　浪
宋迪敏　艾　婷　文益龙　陈　婷
李艺斌　沈　莉　罗金城　邓鸿鹄
周颖江　粟子林　吴彧宇　谢叶青
周　迅　邓海波　付硕果

1-1 行政区划
Administrative Divisions

单位：个 (unit)

年 份 Year	市 州 Cities and A.P	地级市 Number of Cities at Prefectural Level	地州数 Number of Prefecture and A.P	县级市 Number of Cities at County Level	县 数 Number of Counties	市辖区数 Districts Under the Jurisdiction of Cities at Prefectural Level	镇 数 Number of Towns	乡 数 Number of Township
1978		3	12	7	90	13	154	3295
1980		5	12	9	90	22	155	3321
1985		6	9	14	84	27	544	3011
1986		6	7	16	82	27	581	2895
1987		6	7	18	80	26	585	2903
1988		8	6	17	78	30	596	2889
1989		8	6	17	78	30	621	2807
1990		8	6	18	78	29	628	2801
1991		8	6	18	78	29	639	2784
1992		8	6	19	77	26	663	2773
1993		8	6	20	76	26	748	2689
1994		9	5	20	74	28	769	2658
1995		10	4	19	73	30	899	1406
1996		11	3	17	73	32	950	1360
1997		11	3	18	72	32	979	1327
1998		12	2	17	72	33	1001	1350
1999		13	1	16	72	34	1023	1330
2000		13	1	16	72	34	1055	1310
2001		13	1	16	72	34	1087	1275
2002		13	1	16	72	34	1097	1257
2003		13	1	16	72	34	1098	1264
2004		13	1	16	72	34	1098	1244
2005		13	1	16	72	34	1089	1087
2006		13	1	16	72	34	1091	1085
2007		13	1	16	72	34	1095	1071
2008		13	1	16	72	34	1101	1063
2009		13	1	16	72	34	1106	959
2010		13	1	16	72	34	1109	1052

1-1 续表 1 Continued

年 份 Year	市 州 Cities and A.P	地级市 Number of Cities at Prefectural Level	地州数 Number of Prefecture and A.P	县级市 Number of Cities at County Level	县 数 Number of Counties	市辖区数 Districts Under the Jurisdiction of Cities at Prefectural Level	镇 数 Number of Towns	乡 数 Number of Township
	2011	13	1	16	71	35	1121	1038
	2012	13	1	16	71	35	1131	952
	2013	13	1	16	71	35	1138	828
	2014	13	1	16	71	35	1153	805
	2015	13	1	16	71	35	1119	417
	2016	13	1	16	71	35	1135	401
	2017	13	1	17	70	35	1134	398
	2018	13	1	17	69	36	1138	392
	2019	13	1	18	68	36	1134	392
	2020	13	1	18	68	36	1133	392
	2021	13	1	19	67	36	1133	389
	2022	13	1	19	67	36	1134	388
	2023	13	1	19	67	36	1134	388
长沙市	Changsha City	1		2	1	6	69	5
株洲市	Zhuzhou City	1		1	3	5	61	7
湘潭市	Xiangtan City	1		2	1	2	35	10
衡阳市	Hengyang City	1		2	5	5	114	31
邵阳市	Shaoyang City	1		2	7	3	113	53
岳阳市	Yueyang City	1		2	4	3	88	14
常德市	Changde City	1		1	6	2	107	19
张家界市	Zhangjiajie City	1			2	2	33	30
益阳市	Yiyang City	1		1	3	2	72	9
郴州市	Chenzhou City	1		1	8	2	99	37
永州市	Yongzhou City	1		1	8	2	111	39
怀化市	Huaihua City	1		1	10	1	103	90
娄底市	Loudi City	1		2	2	1	54	14
湘西土家族苗族自治州	Xiangxi Tujiazu&Miaozu Autonomous Prefecture		1	1	7		75	30

1-1 续表 2 Continued

长沙市	Changsha City
芙蓉区 (Furong District)、天心区 (Tianxin District)、岳麓区 (Yuelu District)、开福区 (Kaifu District)、雨花区 (Yuhua District) 望城区 (Wangcheng District)、长沙县 (Changsha County)、浏阳市 (Liuyang City)、宁乡市 (Ningxiang City)	
株洲市	**Zhuzhou City**
荷塘区 (Hetang District)、石峰区 (Shifeng District)、芦淞区 (Lusong District)、天元区 (Tianyuan District)、渌口区 (Lukou District) 醴陵市 (Liling City)、攸县 (You County)、茶陵县 (Chaling County)、炎陵县 (Yanling County)	
湘潭市	**Xiangtan City**
雨湖区 (Yuhu District)、岳塘区 (Yuetang District)、湘乡市 (Xiangxiang City)、韶山市 (Shaoshan City)、湘潭县 (Xiangtan County)	
衡阳市	**Hengyang City**
珠晖区 (Zhuhui District)、雁峰区（Yanfeng District)、石鼓区 (Shigu District)、蒸湘区（Zhengxiang District)、南岳区 (Nanyue District)、 耒阳市 (Leiyang City)、常宁市 (Changning City)、衡阳县 (Hengyang County)、衡南县 (Hengnan County)、衡山县 (Hengshan County) 衡东县 (Hengdong County)、祁东县 (Qidong County)	
邵阳市	**Shaoyang City**
双清区 (Shuangqing District)、大祥区 (Daxiang District)、北塔区 (Beita District)、新邵县 (Xinshao County)、邵阳县 (Shaoyang County) 隆回县 (Longhui County)、洞口县 (Dongkou County)、新宁县 (Xinning County)、绥宁县 (Suining County) 城步苗族自治县 (Chengbu Miao Autonomous County) 、武冈市 (Wugang City)、邵东市 (Shaodong City)	
岳阳市	**Yueyang City**
岳阳楼区 (Yueyanglou District)、云溪区 (Yunxi District)、君山区 (Junshan District)、汨罗市 (Miluo City)、临湘市 (Linxiang City) 岳阳县 (Yueyang County)、平江县 (Pingjiang County)、湘阴县 (Xiangyin County)、华容县 (Huarong County)	
常德市	**Changde City**
武陵区 (Wuling District)、鼎城区 (Dingcheng District)、津市市 (Jinshi City)、安乡县 (Anxiang County)、汉寿县 (Hanshou County) 澧县 (Li County)、临澧县 (Linli County)、桃源县 (Taoyuan County)、石门县 (Shimen County)	
张家界市	**Zhangjiajie City**
永定区 (Yongding District)、武陵源区 (Wulingyuan District)、慈利县 (Cili County)、桑植县 (Sangzhi County)	
益阳市	**Yiyang City**
资阳区 (Ziyang District)、赫山区 (Heshan District)、沅江市 (Yuanjiang City)、南县 (Nan County)、桃江县 (Taojiang County)、 安化县 (Anhua County)	
郴州市	**Chenzhou City**
北湖区 (Beihu District)、苏仙区 (Suxian District)、资兴市 (Zixing City)、桂阳县 (Guiyang County)、永兴县 (Yongxing County)、 宜章县 (Yizhang County)、嘉禾县 (Jiahe County)、临武县 (Linwu County)、汝城县 (Rucheng County)、桂东县 (Guidong County)、 安仁县 (Anren County)	
永州市	**Yongzhou City**
零陵区 (Lingling District)、冷水滩区 (Lengshuitan District)、东安县 (Dongan County)、道县 (Dao County)、宁远县 (Ningyuan County)、 江永县 (Jiangyong County)、江华瑶族自治县 (Jianghua Yao Autonomous County)、蓝山县 (Lanshan County)、新田县 (Xintian County)、 双牌县 (Shuangpai County)、祁阳市 (Qiyang City)	
怀化市	**Huaihua City**
鹤城区 (Hecheng District)、洪江市 (Hongjiang City)、中方县 (Zhongfang County)、沅陵县 (Yuanling County)、辰溪县 (Chenxi County)、 溆浦县 (Xupu County)、麻阳苗族自治县 (Mayang Miao Autonomous County)、会同县 (Huitong County) 新晃侗族自治县 (Xinhuang Tong Autonomous County)、芷江侗族自治县 (Zhijiang Tong Autonomous County), 靖州苗族侗族自治县 (Jingzhou Miao and Tong Autonomous County)、通道侗族自治县 (Tongdao Tong Autonomous County)	
娄底市	**Loudi City**
娄星区 (Louxing District)、冷水江市 (Lengshuijiang City)、涟源市 (Lianyuan City)、双峰县 (Shuangfeng County)、新化县 (Xinhua County)	
湘西土家族苗族自治州	**Xiangxi Tujiazu&Miaozu Autonomous Prefecture**
吉首市 (Jishou City)、泸溪县 (Luxi County)、凤凰县 (Fenghuang County)、花垣县 (Huayuan County)、保靖县 (Baojing County)、 古丈县 (Guzhang County)、永顺县 (Yongshun County)、龙山县 (Longshan County)	

1-2 人口和自然资源
Population and Natural Resources

项 目		Item		2023
人口		**Population**		
年末常住人口	（万人）	Population at the Year-end	(10 000 persons)	6568.00
土地		**Land**		
土地面积	（万平方公里）	Area of Land	(10 000 sq.km)	21.18
耕地面积	（万公顷）	Area of Cultivated Land	(10 000 hectares)	366.66
气候		**Climate**		
年平均降水量	（毫米）	Annual Average Precipitation	(mm)	2685.00
年降水总量	（亿立方米）	Annual Total Precipitation	(100 million cu.m)	1267.30
森林与湿地		**Forests and Wetlands**		
林地面积	（万公顷）	Area of Woodland	(10 000 hectares)	1263.73
森林覆盖率	（%）	Forest Coverage Rate	(%)	53.15
活立木蓄积量	（万立方米）	Standing Tree Stock	(10 000 cu.m)	77136.83
湿地面积	（万公顷）	Area of wetland	(10 000 hectares)	136.4
湿地保护率	（%）	Wetland Conservation Rate	(%)	70.54
水文、水利		**Water**		
5 公里以上河流	（条）	Rivers Over 5 km	(unit)	5341
5 公里以上河流长度	（万公里）	Total Length of Rivers Over 5 km	(10 000 km)	8.5
水资源总量	（亿立方米）	Total Water Resources	(100 million cu.m)	1190
地表水资源量	（亿立方米）	Total Surface Water Resources	(100 million cu.m)	1183
地下水资源量	（亿立方米）	Total Ground Water Resources	(100 million cu.m)	312.8
矿产资源保有资源量（截至 2023 年底）		**Reserves of Mineral Resources (at the 2023 year-end)**		
煤炭	（亿吨）	Coal	(100 million tons)	35.47
铁矿（矿石）	（亿吨）	Iron Ore(ore)	(100 million tons)	14.19
磷矿（矿石）	（亿吨）	Phosphate Ore(ore)	(100 million tons)	17.96
盐矿（矿石）	（亿吨）	Salt Ore(ore)	(100 million tons)	46.99

注：耕地面积是指年末耕地总资源面积，包括常用耕地和临时性耕地。由省自然资源厅提供（后表同）。

Cropland area is the total resource area of cropland at the end of the year, including common cropland and temporary cropland. Provided by the Provincial Department of Natural Resources (The following table is the same).

1-3 主要山脉基本情况
Major Mountain Ranges

名 称	Name	平均高度（米） Average Height (m)	最高峰（米） Highest Peak (m)	
雪峰山	Xuefeng Mountain Range	1500	2021	Erbao Peak in
			（城步县二宝顶）	Chengbu County
武陵山	Wuling Mountain Range	500-1200	2098.7	Huping Mountain in
			（石门县壶瓶山）	Shimen County
南岭山脉	Nanling Mountain Range		2009	Jiucai Peak in
（指大庾岭、骑田岭、	(Dayu Peak,Qitian Peak,		（道县韭菜岭）	Dao County
萌渚岭、都庞岭、	Mengzhu Peak, DuPang Peak,			
越城岭）	Yuecheng Peak)			
幕阜山—罗霄山	Mofu Mountain-Luoxiao	1000	2052	Douli Peak in
	Mountain Range		（炎陵县斗笠顶）	Yanling County
			2041.1	Bamian Mountain in
			（桂东县八面山）	Guidong County

1-4 主要河流基本情况
Major Rivers

名 称	Item	河流条数（条） Number of River (unit)	流域面积（平方公里） Drainage Area (sq.km)	#省内 #In Province	其中：干流河长（公里） Length of main stream (km)	#省内 #In Province	省内年径流量（亿立方米） Annual Flow in Province (100 million cu.m)
总 计	**Total**	**5341**		**211312**			**1183.00**
长江水系	**Water System of Yangtze River**	**5193**		**206127**			**1141.00**
洞庭湖水系	**Water System of Dongting Lake**	**5177**		**205444**			**1127.40**
其中：湘江水系	Water System of Xiangjiang River	2157	94721	85225	948	670	539.10
资水水系	Water System of Zishui River	771	28211	26883	661	630	128.30
沅江水系	Water System of Yuanjiang River	1491	89833	52225	1053	568	254.50
澧水水系	Water System of Lishui River	326	16959	13842	407	388	90.20
洞庭湖环湖区	Water System of Dongting Lake						115.30
鄱阳湖水系	**Water System of Poyang Lake**	**16**		**683**			**7.70**
宜昌至湖口	**Yichang to Hukou**						**6.191**
珠江水系	**Water System of Zhujiang River**	**148**		**5185**			**42.09**

注：1. 河流条数指河长5公里以上的河流数，河长共8.5万公里。
2. 资水河长以夫夷水作水源计算。
3. 据1986年勘定，洞庭湖面积为2691平方公里。

a. Rivers refer to those which are more than 5 km long, and the total length of the rivers are 85000 km.
b. The length of Zishui River refers to that of Fuyi River.
c. The figure on the area of Dongting Lake was taken from the survey in 1986.

1-5 主要城市平均气温(2023年)

单位：摄氏度

城 市	City	1月 January	2月 February	3月 March	4月 April	5月 May	6月 June	7月 July
长沙市	Changsha	7.3	7.6	13.4	18.4	22.7	26.0	29.9
株洲市	Zhuzhou	8.3	8.7	14.4	19.3	23.9	27.0	31.0
湘潭市	Xiangtan	7.6	8.2	13.9	19.0	23.4	26.7	30.5
衡阳市	Hengyang	8.2	8.7	14.5	19.0	23.7	27.3	31.1
邵阳市	Shaoyang	7.8	7.8	13.5	18.1	22.4	25.6	29.5
岳阳市	Yueyang	7.9	8.0	14.4	19.4	23.3	26.8	30.3
常德市	Changde	7.2	7.4	13.6	18.3	22.1	25.4	29.5
张家界市	Zhangjiajie	6.7	8.0	13.4	18.1	21.8	25.1	28.3
益阳市	Yiyang	7.7	8.1	14.3	19.4	23.5	26.8	30.9
郴州市	Chenzhou	7.7	8.4	14.4	18.2	22.5	25.9	28.8
永州市	Yongzhou	8.9	9.1	15.0	19.5	23.8	27.4	30.8
怀化市	Huaihua	6.8	7.0	12.3	18.0	22.1	25.3	29.3
娄底市	Loudi	7.9	7.9	13.7	18.6	22.9	26.0	30.2
吉首市	Jishou	7.1	7.7	13.1	18.0	22.3	25.4	28.4

注：长沙为长沙黄花站资料。
Changsha huanghua station information for Changsha.

Monthly Average Temperature of Major Cities (2023)

(℃)

8月 August	9月 September	10月 October	11月 November	12月 December	全年平均 Annual Total	上年平均 Annual Average Preceding Year
28.5	24.7	19.3	14.2	7.4	18.3	18.1
29.5	26.2	20.5	15.2	8.6	19.4	19.3
29.1	25.5	19.9	14.5	7.9	18.9	18.7
28.9	26.1	20.4	15.1	8.7	19.3	19.8
27.8	25.0	19.7	14.5	8.1	18.3	18.0
29.8	25.8	20.6	14.8	7.9	19.1	18.9
28.6	24.4	19.4	13.7	7.2	18.1	18.1
28.2	24.7	18.8	13.8	7.6	17.9	18.0
30.0	25.6	20.2	14.7	7.9	19.1	19.0
26.9	24.2	19.4	15.7	9.0	18.4	18.0
28.9	26.0	20.8	15.9	9.5	19.6	19.3
27.4	24.7	18.5	13.1	7.1	17.6	17.6
28.4	25.2	20.0	14.7	7.9	18.6	18.5
28.2	24.7	18.7	14.0	7.6	17.9	18.1

1-6 主要城市降水量(2023年)

单位：毫米

城　市	City	1月 January	2月 February	3月 March	4月 April	5月 May	6月 June	7月 July
长沙市	Changsha	14.5	74.6	126.0	197.6	132.7	194.7	124.7
株洲市	Zhuzhou	14.3	118.1	191.4	181.8	112.1	122.5	136.2
湘潭市	Xiangtan	12.5	112.5	103.5	202.6	144.6	180.6	185.1
衡阳市	Hengyang	17.6	121.1	132.3	156.3	76.0	219.5	49.0
邵阳市	Shaoyang	5.2	73.8	97.0	208.8	166.5	100.6	36.7
岳阳市	Yueyang	13.2	75.4	111.1	172.1	177.0	223.1	135.6
常德市	Changde	12.4	68.3	125.5	181.3	62.3	145.5	21.6
张家界市	Zhangjiajie	10.5	67.6	91.8	165.0	115.9	123.0	164.1
益阳市	Yiyang	24.5	81.7	139.7	200.7	123.1	176.9	125.5
郴州市	Chenzhou	32.5	70.6	186.2	255.7	191.6	231.0	57.6
永州市	Yongzhou	10.8	73.6	139.5	159.8	143.6	162.5	49.7
怀化市	Huaihua	16.4	51.2	119.3	120.8	209.1	125.7	29.1
娄底市	Loudi	7.9	63.2	163.7	189.1	85.3	264.7	213.0
吉首市	Jishou	18.7	53.6	95.5	186.4	123.5	247.1	144.0

注：长沙为长沙黄花站资料。

Changsha huanghua station information for Changsha.

Monthly Precipitation in Major Cities (2023)

(millimeter)

8月 August	9月 September	10月 October	11月 November	12月 December	全年 Annual Total	上年全年 Annual Total Preceding Year
107.2	70.4	62.4	95.9	8.4	1209.1	1337.8
160.0	38.6	48.6	103.4	18.6	1245.6	1421.9
113.3	54.8	48.3	126.3	9.5	1293.6	1269.4
43.9	31.3	36.8	121.0	9.4	1014.2	1497.7
86.7	26.2	86.4	84.0	12.1	984.0	1055.6
59.3	21.4	25.7	42.7	40.1	1096.7	1050.0
154.4	62.9	47.2	41.5	20.7	943.6	1086.8
85.9	79.4	65.7	39.6	10.1	1018.6	1056.8
45.8	104.3	57.9	52.4	28.4	1160.9	1193.4
142.7	75.7	138.3	48.7	33.1	1463.7	1575.2
156.2	77.9	35.5	90.5	39.4	1139.0	1232.7
168.7	32.1	61.8	99.2	18.2	1051.6	1222.4
126.2	40.5	31.7	117.7	7.6	1310.6	1172.0
50.6	59.1	63.4	76.3	11.4	1129.6	1099.3

1–7 主要城市日照时数(2023年)
Monthly Sunshine Hours in Major Cities (2023)

单位：小时 (hour)

城市	City	1月 January	2月 February	3月 March	4月 April	5月 May	6月 June	7月 July
长沙市	Changsha	132	54	90	121	121	101	183
株洲市	Zhuzhou	146	42	94	113	117	106	206
湘潭市	Xiangtan	137	59	98	131	140	133	228
衡阳市	Hengyang	119	46	82	95	106	105	215
邵阳市	Shaoyang	125	53	75	100	99	81	175
岳阳市	Yueyang	124	52	107	149	112	124	169
常德市	Changde	134	40	123	145	118	105	168
张家界市	Zhangjiajie	122	29	107	122	94	84	144
益阳市	Yiyang	137	55	107	135	115	104	184
郴州市	Chenzhou	89	61	96	88	113	116	205
永州市	Yongzhou	110	43	78	81	104	112	206
怀化市	Huaihua	115	46	77	120	133	125	191
娄底市	Loudi	124	56	85	113	117	95	197
吉首市	Jishou	117	27	83	100	90	87	111

注：长沙为长沙黄花站资料。
Changsha huanghua station information for Changsha.

1–7 续表 Continued

单位：小时 (hour)

城市	City	8月 August	9月 September	10月 October	11月 November	12月 December	全年 Annual Total	上年全年 Annual Total Preceding Year
长沙市	Changsha	192	117	128	153	131	1522	1615
株洲市	Zhuzhou	179	119	121	147	120	1509	1623
湘潭市	Xiangtan	216	125	131	164	137	1699	1737
衡阳市	Hengyang	164	115	118	140	123	1427	1566
邵阳市	Shaoyang	154	109	124	132	122	1348	1513
岳阳市	Yueyang	205	135	151	139	106	1572	1766
常德市	Changde	203	130	153	140	127	1587	1737
张家界市	Zhangjiajie	208	145	144	130	108	1439	1574
益阳市	Yiyang	188	112	136	149	130	1550	1679
郴州市	Chenzhou	142	67	105	154	116	1352	1546
永州市	Yongzhou	178	102	123	134	113	1385	1527
怀化市	Huaihua	195	160	138	105	116	1520	1655
娄底市	Loudi	183	120	135	148	131	1503	1629
吉首市	Jishou	175	142	131	120	100	1281	1435

1-8 国民经济和社会发展总量指标
Aggregate Indicators of National Economy and Social Development

指 标	Item	总量指标 Aggregate Indicator			
		2010	2020	2022	2023
人口与就业	**Population and Employment**				
人口 （万人）	**Population (10 000 persons)**				
年末常住人口	Population at the Year-end	6570.10	6645.39	6604.00	6568.00
城镇人口	Urban	2845.01	3905.13	3983.00	4017.00
乡村人口	Rural	3725.09	2740.26	2621.00	2551.00
男性人口	Male	3377.65	3400.02	3380.00	3363.80
女性人口	Female	3192.45	3245.37	3224.00	3204.20
就业 （万人）	**Employment (10 000 persons)**				
从业人员数	Employees	3982.73	3280.00	3219.00	3238.00
在岗职工数	Staff and Workers on the Job	531.00	554.24	550.45	538.54
宏观经济	**Macro-economy**				
国民经济核算	**National Accounting**				
地区生产总值 （亿元）	Gross Domestic Products (100 million yuan)	15574.32	41693.71	47957.88	50667.50
第一产业	Primary Industry	2073.19	4240.73	4601.22	4617.44
第二产业	Secondary Industry	7034.70	15577.34	17519.84	18639.23
第三产业	Tertiary Industry	6466.43	21875.64	25836.82	27410.83
人均地区生产总值 （元）	Per Capita Gross Regional Product (yuan)	24005	62768	72521	76932
财政 （亿元）	**Public Finance (100 million yuan)**				
地方一般公共预算收入	General Public Budget Revenue	1081.69	3008.66	3101.76	3360.51
一般公共预算支出	General Public Budget Expenditure	2702.47	8403.13	8991.61	9581.12
使用外资 （万美元）	**Utilization of Foreign Capital (USD 10 000)**				
实际使用外资	Actually Used Foreign Capital	518441	2099782	352761	143613
产业	**Industry**				
农业	**Agriculture**				
耕地面积 （万公顷）	Cultivated Areas (10 000 hectares)	413.75	362.11	365.42	366.66
农林牧渔业总产值（亿元）	Gross Output Value of Farming, Forestry, Animal Husbandry and Fishery (100 million yuan)	3518.10	7511.96	8160.13	8199.35
农业	Farming	1848.89	3364.77	3973.21	4141.54
林业	Forestry	207.43	428.00	477.44	513.65
牧业	Animal Husbandry	1062.04	2721.63	2466.86	2232.06
渔业	Fishery	222.58	477.55	617.81	635.03
主要农产品产量 （万吨）	Output of Major Farm Products (10 000 tons)				
粮食	Grain	2847.50	3015.12	3018.02	3068.01
棉花	Cotton	22.70	7.44	8.23	7.60
油料	Oil-bearing Crops	178.11	260.67	276.96	293.15
黄红麻（熟麻）	Jute and Ambary Hemp (Cooked Hemp)	0.07	0.03	0.03	0.03
苎麻	Ramie	4.06	0.43	0.34	0.34
烤烟	Fluecured Tobacco	15.45	18.34	19.48	21.69
茶叶	Tea	11.72	25.01	26.53	27.57
柑橘	Citrus	385.30	626.66	639.32	678.30
猪牛羊肉	Pork, Beef and Mutton	439.28	374.30	497.70	499.10

注：实际使用外资金额 2021 年前包括直接投资和间接投资，2021 年起不包括外商投资企业在湘设立内资企业的投资数据（后表同）。

The actual amount of foreign capital used before 2021 includes direct investment and indirect investment.Investment data of foreign-invested enterprises setting up domestic enterprises in Hunan are excluded from 2021 onwards (The following table is the same).

1-8 续表 1 Continued

指 标	Item	总量指标 Aggregate Indicator 2010	2020	2022	2023
工业	**Industry**				
主要工业产品产量	Output of Major Industrial Products				
布 （亿米）	Cloth (100 million m)	4.65	1.31	0.80	2.15
机制纸及纸板 （万吨）	Machine-made Paper and Paperboards (10 000 tons)	384.63	316.10	368.52	438.96
合成洗涤剂 （万吨）	Synthetic Detergents (10 000 tons)	36.30	32.15	20.67	30.75
原煤 （万吨）	Coal (10 000 tons)	7670.12	1053.30	799.56	944.45
发电量 （亿千瓦时）	Electricity (100 million kw.h)	1186.44	1496.21	1658.96	1700.42
粗钢 （万吨）	Crude Steel (10 000 tons)	1766.52	2612.90	2612.68	2415.55
钢材 （万吨）	Steel (10 000 tons)	1811.73	2720.67	3038.30	3080.31
水泥 （万吨）	Cement (10 000 tons)	8691.20	10989.09	9934.51	8234.19
规模工业企业财务指标	Principal Financial Item of Industrial Enterprises above Designated Size				
利润总额 （亿元）	Total Profits (100 million yuan)	1451.45	2559.92	2282.93	2377.61
建筑业	**Construction**				
建筑业企业人数 （万人）	Number of Employed Person (10 000 persons)	150.41	303.03	298.98	311.55
建筑业总产值 （亿元）	Gross Output Value of Construction (100 million yuan)	3161.73	11863.77	14481.00	15159.17
施工房屋面积 （万平方米）	Floor Space of Buildings Under Construction (10 000 sq.m)	27680.25	67978.77	76159.66	76671.78
#竣工房屋面积	#Floor Space of Buildings Completed	10573.45	21235.27	23988.45	25459.55
交通运输	**Transportation**				
货运量 （万吨）	Freight Traffic (10 000 tons)	149794	201977	214266	229632
铁路	Railways	5716	4592	4827	5091
公路	Highways	127635	176442	186123	200674
水运	Waterways	15811	19844	22301	22732
客运量 （万人）	Passenger Traffic (10 000 persons)	156871	57512	38915	48373
铁路	Railways	7111	11392	9779	17552
公路	Highways	148235	44144	27641	27953
水运	Waterways	919	840	823	1358
邮电通信业	**Postal and Telecommunications Services**				
邮政业务总量 （亿元）	Total Postal Services (100 million yuan)	32.03	429.22	328.21	402.68
函件 （万件）	Number of Letters Delivered (10 000 pieces)	8358.00	1648.15	1365.42	851.41
报刊期发数 （万份）	Newspapers and Magazines Distributed (10 000 copies)	718.00	522.47	459.95	425.91
快递业务量 （万件）	Express Business (10 000 pieces)		147131.61	231716.84	310053.45
电信业务总量 （亿元）	Total Telecommunications Services (100 million yuan)	325.24	5671.25	666.88	721.29
固定电话用户数（万户）	Local Telephone Subscribers (10 000 households)	1076.96	592.43	548.65	548.66
移动电话用户数（万户）	Mobile Telephone Subscribers (10 000 households)	3259.76	6719.40	7180.59	7680.25
固定互联网用户数（万户）	Number of Local Internet Users (10 000 households)		2113.17	2475.06	2744.06
移动互联网用户数（万户）	Number of Mobile Internet Users (10 000 households)		5771.21	6155.69	6671.18

注：1. 2013 年开始，公路水路客货运输数据，源自交通运输业经济统计专项调查，统计口径有所调整。2019 年公路货运数据采用交通运输部专项调查数据，统计口径发生改变。2021 年，水路客运统计方式由行业统计改为企业统计，统计口径有所调整（后表同）。

2. 电信业务总量 2017 年至 2020 年执行 2015 年不变价，2021 年起执行上年不变价。邮政业务总量 2010 年至 2020 年执行 2010 年不变价，2021 年起执行 2020 年不变价（后表同）。

a. Since 2013, the highway and waterway passenger and cargo transport data are derived from the special survey of economic statistics of the transport industry, and the statistical caliber has been adjusted. The road freight data in 2019 adopts the special survey data of the Ministry of Transport, and the statistical caliber has changed. In 2021, the statistical method of waterway passenger transport was changed from industry statistics to enterprise statistics, and the statistical caliber was adjusted (The following table is the same).

b. Total telecom business from 2017 to 2020 to implement the 2015 constant price, from 2021 to implement the previous year's constant price. The total postal service shall implement the 2010 constant price from 2010 to 2020, and the 2020 constant price shall be implemented from 2021 (The following table is the same).

1-8 续表 2 Continued

指 标	Item	总量指标 Aggregate Indicator			
		2010	2020	2022	2023
国内商业 （亿元）	**Domestic Trade (100 million yuan)**				
社会消费品零售总额	Total Retail Sales of Consumer Goods	5664.27	16258.12	19050.66	20203.34
对外经济贸易和旅游	**Foreign Trade and Tourism**				
进出口总额 （亿美元）	Total Exports and Imports (USD 100 million)	146.89	706.78	1054.34	880.05
进口额	Imports	67.34	228.53	284.41	307.86
出口额	Exports	79.55	478.25	769.92	572.19
国际旅游	International Tourism				
来湘旅游人数（万人次）	Tourism to Hunan (10 000 person-times)	189.87	17.04	7.75	112.09
旅游外汇收入（亿美元）	Foreign Exchange Earnings from Tourism (USD 100 million)	8.87	0.51	0.23	2.90
金融保险 （亿元）	**Finance and Insurance (100 million yuan)**				
金融机构人民币存款余额	Total Saving Deposits of Financial Institutions	16553.78	57479.96	69770.07	77353.95
金融机构人民币贷款余额	Total Loan Balances of Financial Institutions	11303.76	49165.68	62072.08	69191.47
财产险保费收入	Premium Income from Property Insurance	100.70	408.92	430.10	465.44
人身险保费收入	Premium Income from Life Insurance	300.75	1104.14	1183.64	1228.55
教育、科技、文化	**Education, Science and Technology, Culture**				
教育	**Education**				
专任教师数 （万人）	Full-time Teachers (10 000 persons)				
普通高等学校	Institutions of Higher Education	5.96	7.96	8.44	8.98
中等职业学校	Specialized Secondary Schools	2.80	3.24	3.96	4.04
普通中学	Secondary Schools	24.05	27.89	30.13	30.84
小学	Primary Schools	25.00	30.00	31.33	31.03
在校学生 （万人）	Students Enrollment (10 000 persons)				
普通高等学校	Institutions of Higher Education	104.72	151.03	168.51	177.80
中等职业学校	Specialized Secondary Schools		68.30	74.63	70.37
普通中学	Secondary Schools	316.82	379.31	405.97	418.08
小学	Primary Schools	479.16	534.25	523.10	518.49
国家财政性教育经费（亿元）	State Fiscal Funding on Education (100 million yuan)	480.57	1449.71	1653.05	1720.05
科技	**Science and Technology**				
各类专业技术人员数（万人）	Scientific and Technical Personnel (10 000 persons)	102.29	103.43	111.09	113.06
科技拨款 （亿元）	Funding for Scientific and Technical Activities (100 million yuan)	35.00	220.66	279.65	314.12
技术市场技术交易成交额 （亿元）	Transaction Value in Technical Market (100 million yuan)	25.95	276.93	749.15	728.05
文化	**Culture**				
出版数量	Publications				
图书 （万册）	Number of Books (10 000 copies)	31153	48269	60570	64268
杂志 （万册）	Number of Magazines (10 000 copies)	12762	9549	8628	7341
报纸 （万份）	Number of Newspapers Issue (10 000 copies)	129101	72306	52950	49886
电视节目每周播出时间 （小时）	Time for TV Programs Telecasting (hour)	13740	15053	15399	15650

注：1. 对外贸易中的进出口总额，统一按海关统计数据。

2. 根据国家金融监督管理总局统计标准，2022 年、2023 年全省保费收入不包含风险处置中机构的数据（后表同）。

a. Figures on total imports and exports from foreign trade are obtained from the customs statistics.

b. According to the statistical standards of the State Financial Supervision and Administration, the premium income of the province in 2022 and 2023 does not contain the data of institutions in risk disposal(The following table is the same).

1-8 续表 3 Continued

指 标	Item	总量指标 Aggregate Indicator 2010	2020	2022	2023
家庭、生活、环境	**Family, People's Livelihood and Environment**				
家庭 （人）	**Family (person)**				
城镇居民户均常住人口	Average Household Size in Urban Areas	2.90	3.15	3.17	3.14
农村居民户均常住人口	Average Household Size in Rural Areas	3.88	3.23	3.12	3.36
婚姻 （万对）	**Marriages and Divorces (10 000 couples)**				
结婚数	Number of Marriages	63.46	35.75	28.44	30.27
离婚数	Number of Divorces	15.37	19.80	14.02	16.57
居住 （平方米 / 人）	**Housing (sq.m/person)**				
城市居民人均居住面积	Per Capita Floor Space of Urban Residents	31.20	51.14	52.62	50.00
农村居民人均住房面积	Per Capita Floor Space of Rural Residents	42.20	65.28	65.30	64.75
生活 （元）	**People's Livelihood (yuan)**				
城镇居民人均可支配收入	Per Disposable Income of Urban Households	16566	41698	47301	49243
农村居民人均可支配收入	Per Disposable Income of Rural Households	5622	16585	19546	20921
城镇居民人均消费支出	Per Capita Consumption Expenditure of Urban Households	11825	26796	29580	31036
农村居民人均消费支出	Per Capita Consumption Expenditure of Rural Households	4310	14974	18078	19210
工资福利	**Wages and Welfare**				
在岗职工工资总额 （亿元）	Total Wages on the Job (100 million yuan)	1413.82	4501.49	5180.80	5370.98
在岗职工平均工资 （元）	Average Wage of Staff and Workers on the Job (yuan)	30483	82356	94590	99480
卫生	**Health Care**				
医院与卫生院 （个）	Number of Hospitals (unit)	3066	3796	3824	3856
执业（助理）医师 （万人）	Number of Doctors (10 000 persons)	10.42	19.04	19.87	21.96
医院床位数 （万张）	Number of Hospital Beds (10 000 units)	14.99	37.67	39.75	38.98
市政建设	**City Construction**				
供水总量 （亿立方米）	Volume of Tap Water Supply (100 million tons)	18.92	22.47	24.87	25.08
排水管道长度 （公里）	Length of Sewer Pipelines (km)	8882	22665	26431	28770
液化石油气供气量 （万吨）	Liquefied Petroleum Gas Supply (10 000 tons)	25.29	25.24	25.07	25.14
天然气供气量 （亿立方米）	Volume of Natural Gas (100 million tons)		28.39	33.23	34.66
公共汽车总数 （辆）	Total Number of Public Buses (unit)	12298	32229	33266	32136
公交客运总量 （万人次）	Total Passenger Traffic of Public Transportation (10 000 person-times)	246471	209776	180487	185913

注：2002 年起，医生数是指执业医生数。2007 年起，卫健委网络直报数据包含了诊所、医务室、卫生所、社区服务站；而 2007 年前是没有包括的。

Data of doctors are doctors and assistant doctors since 2002. Since 2007, the online direct reporting data of the National Health Commission of China has included clinics, infirmary offices, health centers and community service stations. It was not included before 2007.

1-9 国民经济和社会发展速度指标

Develop Speed of National Economy and Social Development

单位：% (%)

指 标	Item	发展速度（上年 =100） Growth Rate (Preceding year=100)			
		2010	2020	2022	2023
人口与就业	**Population and Employment**				
人口	**Population**				
年末常住人口	Population at the Year-end		100.1	99.7	99.5
城镇人口	Urban		102.4	100.7	100.9
乡村人口	Rural		97.0	98.2	97.3
男性人口	Male			99.6	99.5
女性人口	Female			99.8	99.4
就业	**Employment**				
从业人员数	Employees	101.2	89.5	98.8	100.6
在岗职工人数	Staff and Workers on the Job	105.6	102.3	98.4	97.8
宏观经济	**Macro-economy**				
国民经济核算	**National Accounting**				
地区生产总值	Gross Domestic Products	114.6	103.8	104.2	104.7
第一产业	Primary Industry	104.2	103.7	103.1	103.6
第二产业	Secondary Industry	120.3	104.5	104.9	104.6
第三产业	Tertiary Industry	111.5	103.2	103.9	104.9
人均地区生产总值	Per Capita Gross Regional Product	112.9	103.7	104.5	105.1
固定资产投资	**Investment in Fixed Assets**				
固定资产投资总额	Total Investment in Fixed Assets	121.5	107.6	106.6	96.9
国有投资	State Investment		107.3	92.1	92.7
非国有投资	Non-state Investment		107.8	111.2	98.1
财政	**Pubic Finance**				
地方一般公共预算收入	General Public Budget Revenue	127.6	100.1	95.4	108.3
一般公共预算支出	General Public Budget Expenditure	122.3	104.6	108.0	106.6
物价总指数	**Price Index**				
居民消费价格总指数	General Consumer Price Index	103.1	102.3	101.8	100.2
农产品生产者价格指数	Producer Price Indices of Farm Products	109.9	123.3	103.6	97.6
使用外资	**Utilization of Foreign Capital**				
实际使用外资	Actually Used Foreign Capital	112.8	116.0	146.1	40.7
产业	**Industry**				
农业	**Agriculture**				
耕地面积	Cultivated Areas	100.1	99.8	100.8	100.3
农林牧渔业总产值	Gross Output Value of Farming, Forestry,Animal Husbandry and Fishery	104.3	104.1	103.8	103.7
农业	Farming	104.3	104.1	103.1	104.1
林业	Forestry	106.9	108.3	106.9	108.3
牧业	Animal Husbandry	103.4	102.5	103.1	100.6
渔业	Fishery	105.5	104.3	103.5	105.9

注：2021 年起实际使用外资数据口径调整，与历史数据不可比。

The calibre of the data on foreign investment in real terms from 2021 onwards is adjusted and is not comparable with the historical data.

1–9 续表 1 Continued

单位：% (%)

指 标	Item	发展速度（上年 =100）Growth Rate (Preceding year=100)			
		2010	2020	2022	2023
主要农产品产量	Output of Major Farm Products				
粮食	Grain	98.1	101.4	98.2	101.7
棉花	Cotton	107.1	91.0	102.3	92.4
油料	Oil-bearing Crops	102.2	109.0	105.3	105.8
黄红麻（熟麻）	Jute and Ambary Hemp (Cooked Hemp)	149.7	101.4	99.2	96.3
苎麻	Ramie	74.1	103.6	95.7	100.8
烤烟	Fluecured Tobacco	75.0	99.9	105.8	111.3
茶叶	Tea	119.4	107.1	102.6	103.9
柑橘	Citrus	114.6	111.8	99.4	106.1
猪牛羊肉	Pork, Beef and Mutton	104.1	97.6	103.3	100.3
工业	**Industry**				
主要规模工业产品产量	Output of Major Industrial Products above Designated Size				
布	Cloth	95.7	73.6	90.5	–
机制纸及纸板	Machine-made Paper and Paperboards	109.9	95.4	104.9	–
合成洗涤剂	Synthetic Detergents	96.6	88.8	75.9	–
原煤	Coal	116.7	76.6	111.4	117.6
发电量	Electricity	120.6	99.4	100.6	100.8
粗钢	Crude Steel	123.0	109.5	100.0	–
钢材	Steel	120.5	111.0	101.9	–
水泥	Cement	115.3	98.2	93.7	–
规模工业企业财务指标	Principal Financial Item of Industrial Enterprises above Designated Size				
利润总额	Total Profits	191.4	114.9	87.2	104.1
建筑业	**Construction**				
建筑业企业人数	Number of Employed Person	103.8	102.9	99.2	104.2
建筑业总产值	Gross Output Value of Construction	126.1	109.8	109.0	104.7
施工房屋面积	Floor Space of Buildings Under Construction	123.3	104.2	99.7	100.7
# 竣工房屋面积	# Floor Space of Buildings Completed	107.8	100.9	99.8	106.1
交通运输	**Transportation**				
货运量	Freight Traffic	116.1	105.8	95.0	107.2
铁路	Railways	106.0	100.8	101.2	105.5
公路	Highways	114.6	106.9	93.8	107.8
水运	Waterways	133.6	98.8	104.8	101.9
客运量	Passenger Traffic	111.2	55.8	75.1	124.3
铁路	Railways	111.0	72.9	76.0	179.5
公路	Highways	111.2	52.5	74.6	101.1
水运	Waterways	123.0	51.2	107.7	164.9

注：1. 2019 年公路货运数据采用交通运输部专项调查数据，统计口径发生改变，与上年数据不可比。

2. 2021 年，水路客运统计方式由行业统计改为企业统计，发展速度按可比口径计算。

a. Road freight data for 2019 are based on the special survey data of the Ministry of Transport. The statistical caliber has changed ,There is no comparison with last year's data.

b. In 2021, the statistical method of waterway passenger transport was changed from industry statistics to enterprise statistics, and the development speed was calculated according to the comparable caliber.

1-9 续表 2 Continued

单位：% (%)

指 标	Item	发展速度（上年 =100）Growth Rate (Preceding year=100)			
		2010	2020	2022	2023
邮电通信业	**Postal and Telecommunications Services**				
邮政业务总量	Total Postal Services		133.4	110.9	122.7
函件	Number of Letters Delivered	81.3	78.6	80.3	62.4
报刊期发数	Newspapers and Magazines Distributed	101.3	108.5	96.9	92.6
快递业务量	Express Business		142.7	117.1	133.8
电信业务总量	Total Telecommunications Services		133.5	126.9	122.5
固定电话用户数	Local Telephone Subscribers	92.3	95.1	96.5	100.0
移动电话用户数	Mobile Telephone Subscribers	119.1	101.1	103.4	107.0
固定互联网用户数	Number of Local Internet Users		112.8	106.5	110.9
移动互联网用户数	Number of Mobile Internet Users		105.1	102.1	108.4
国内商业	**Domestic Trade**				
社会消费品零售总额	Total Retail Sales of Consumer Goods	119.9	97.4	102.4	106.1
对外经济贸易和旅游	**Foreign Trade and Tourism**				
进出口总额	Total Exports and Imports	144.7	112.5	116.0	83.9
进口额	Imports	144.5	124.8	104.5	109.0
出口额	Exports	144.8	107.4	120.9	74.6
国际旅游	International Tourism				
来湘旅游人数	Number of Tourism to Hunan	145.1	3.7	110.6	1446.6
旅游外汇收入	Foreign Exchange Earnings from Tourism	131.8	2.3	121.8	1276.1
金融保险	**Finance and Insurance**				
金融机构人民币存款余额	Total Saving Deposits of Financial Institutions	118.7	109.9	111.9	110.9
金融机构人民币贷款余额	Total Loan Balances of Financial Institutions	120.6	116.6	111.8	111.1
财产险保费收入	Premium Income from Property Insurance	134.3	102.8	109.9	108.2
人身险保费收入	Premium Income from Life Insurance	110.0	110.6	105.9	103.8
教育、科技、文化	**Education, Science and Technology, Culture**				
教育	**Education**				
专任教师数	Full-time Teachers				
普通高等学校	Institutions of Higher Education	101.4	104.0	106.5	106.4
中等职业学校	Specialized Secondary Schools		104.4	105.8	102.0
普通中学	Secondary Schools	98.6	104.8	103.7	102.4
小学	Primary Schools	99.8	104.5	100.7	99.0
在校学生	Students Enrollment				
普通高等学校	Institutions of Higher Education	103.0	107.3	105.6	105.5
中等职业学校	Specialized Secondary Schools		101.9	99.9	94.3
普通中学	Secondary Schools	98.8	102.4	103.4	103.0
小学	Primary Schools	102.1	101.0	98.7	99.1
国家财政性教育经费	State Fiscal on Education	113.2	107.3	108.7	104.1
科技	**Science and Technology**				
各类专业技术人员数	Number of Scientific and Technical Personnel	100.1	102.8	106.3	101.8
科技拨款	Funding for Scientific and Technical Activities	118.2	128.4	128.7	112.3
技术市场技术交易成交额	Transaction Value in Technical Market	101.0	144.5	179.8	97.2

注：1. 邮政业务总量与电信业务总量根据不变价格计算，发展速度按可比口径计算。

2. 根据国家金融监督管理总局统计标准，2022 年、2023 年全省保费收入不包含风险处置中机构的数据。

3. 对外贸易中的进出口总额，统一按海关统计数据。

a. The total volume of postal services and telecommunications services is calculated at constant prices, and the speed of development is calculated at comparable standards.

b. According to the statistical standards of the State Financial Supervision and Administration, the premium income of the province in 2022 and 2023 does not contain the data of institutions in risk disposal.

c. Figures on total imports and exports from foreign trade are obtained from the customs statistics.

1-9 续表 3 Continued

单位：% (%)

指标	Item	发展速度（上年=100）Growth Rate (Preceding year=100)			
		2010	2020	2022	2023
文化	**Culture**				
出版数量	Publications				
图书	Number of Books	118.9	99.0	118.8	106.1
杂志	Number of Magazines	110.9	101.0	93.6	85.1
报纸	Number of Newspapers Issue	101.8	91.0	79.1	94.2
电视节目每周播出时间	Time for TV Programs Telecasting	103.0	102.4	100.4	101.6
家庭、生活、环境	**Family, People's Livelihood and Environment**				
家庭	**Family**				
城镇居民平均每户常住人口	Average Household Size in Urban Areas	100.0	100.0	98.4	99.1
农村居民平均每户常住人口	Average Household Size in Rural Areas	99.7	101.6	98.7	107.7
婚姻	**Marriages and Divorces**				
结婚数	Number of Marriages	97.5	94.0	94.3	106.4
离婚数	Number of Divorces	107.9	89.8	102.4	118.2
居住	**Housing**				
城市居民人均自有现住房面积	Per Capita Floor Space of Urban Residents	103.3	103.0	100.6	95.0
农村居民人均自有现住房面积	Per Capita Floor Space of Rural Residents	101.2	102.1	102.2	99.2
生活	**People's Livelihood**				
城镇居民人均可支配收入	Per Disposable Income of Urban Households	109.8	104.7	105.4	104.1
农村居民人均可支配收入	Per Disposable Income of Rural Households	114.5	107.7	106.8	107.0
城镇居民人均消费支出	Per Capita Consumption Expenditure of Urban Households	109.2	99.5	104.5	104.9
农村居民人均消费支出	Per Capita Consumption Expenditure of Rural Households	107.2	107.2	106.6	106.3
工资福利	**Wages and Welfare**				
在岗职工工资总额	Total Wages on the Job	117.1	108.8	106.1	103.7
在岗职工平均工资	Average Wage of Staff and Workers on the Job	112.6	106.2	106.4	105.2
卫生	**Health Care**				
医院与卫生院	Number of Hospitals	98.8	100.2	100.2	100.8
执业（助理）医师	Number of Doctors	103.5	100.0	103.2	110.5
医院床位数	Number of Hospital Beds	109.7	103.2	102.0	98.1
市政建设	**City Construction**				
供水总量	Volume of Tap Water Supply	105.3	100.7	103.6	100.9
排水管道长度	Length of Sewer Pipelines	113.7	115.6	104.2	108.8
液化石油气供气量	Liquefied Petroleum Gas Supply	107.2	98.3	98.8	100.3
天然气供气量	Volume of Natural Gas		100.2	103.6	104.3
公共汽车总数	Total Number of Public Buses	104.8	101.2	101.1	96.6
公交客运总量	Total Passenger Traffic of Public Transportation	123.8	73.6	79.4	103.0

1-10 国民经济和社会发展效益指标
Beneficial Indicators of National Economy and Social Development

指 标		Item		2010	2020	2022	2023
人口与就业		**Population and Employment**					
人口出生率	（‰）	Birth Rate	(‰)	13.10	8.53	6.23	6.00
人口死亡率	（‰）	Death Rate	(‰)	6.70	7.92	8.54	9.08
人口自然增长率	（‰）	Natural Growth Rate	(‰)	6.40	0.61	-2.31	-3.08
就业者负担人口	（人）	Dependency Rate	(person)	1.78	2.03	2.05	2.03
宏观经济		**Macro Economy**					
全社会劳动生产率	（元/人）	Overall Labor Productivity	(yuan/person)	39339	120043	148087	156938
第一产业		Primary Industry		12256	37775	58023	59274
第二产业		Secondary Industry		77646	183908	198188	211569
第三产业		Tertiary Industry		47497	145488	165462	174758
人均地区生产总值	（元）	Per Capita Gross Regional Product	(yuan)	24005	62768	72521	76932
国有经济项目投产率	（%）	Rate of Projects Completed and Put into Use in State-owned Economic	(%)	50.5	52.7	64.4	48.2
地方一般公共预算收入相当于生产总值	（%）	General Public Budget Revenue to GDP	(%)	6.9	7.2	6.5	6.6
一般公共预算支出相当于生产总值	（%）	General Public Budget Expenditure to GDP	(%)	17.4	20.2	18.7	18.9
产业		**Industry**					
人均耕地面积	（公顷）	Per Capita Cultivated Land	(hectare)	0.06	0.06	0.05	0.06
每公顷耕地农业机械总动力	（千瓦）	Total Power of Agricultural Machinery Per Hectare Cultivated Land	(kw)	11.2	18.2	18.6	18.7
每公顷耕地生产的农业产值	（元）	Agricultural Output Value Per Hectare Cultivated Land	(yuan)	44700	92820	109151	113144
每公顷粮食播种面积的粮食产量	（公斤）	Grain Yield per Hectare of Sown Area	(kg)	5921	6341	6333	6441
规模以上工业企业效益		Benefits of Industrial Enterprises above Designated Size					
资产负债率	（%）	Ratio of Asset-liability	(%)	57.6	51.0	52.6	52.9
成本费用利润率	（%）	Ratio of Profits to Industrial Cost	(%)	8.7	7.3	6.3	6.6
营业收入利润率	（%）	Operating Income Margin	(%)	7.8	6.6	5.7	6.0

注："规模以上工业企业主营收入利润率"指标2018年调整为"营业收入利润率"指标。

Profit Margin on Main Business Income of Industrial Enterprises Above Designated Scale" Indicator Adjusted to "Operating Income Margin" Indicator in 2018.

1-10 续表 Continued

指 标	Item	2010	2020	2022	2023
建筑业技术装备率 （元／人）	Value of Machinery in Construction per Laborer (yuan/person)	9289	7049	5646	5976
建筑业动力装备率 （千瓦／人）	Power of Machinery per Laborer (kw/person)	5.6	3.6	3.6	3.2
建筑业产值利税率 （%）	Ratio of Per-tax Profits to Gross Output Value (%)	7.2	6.0	5.0	5.5
建筑业全员劳动生产率 （元／人）	Overall Labor Productivity (yuan/person-year)	193653	391507	484339	486490
运输业铁路网密度（公里／万平方公里）	Railway Density in Transportation (km/10 000 sq.km)	174.46	266.57	286.98	287.00
运输业公路网密度（公里／万平方公里）	Highway Density in Transportation (km/10 000 sq.km)	10764.77	11385.16	11445.70	11465.51
全省人均消费品零售额 （元）	Per Capita Retail Sales of Consumer Goods (yuan)	8730.32	24475.19	28807.89	30676.19
进出口总额相当于生产总值 （%）	Proportion of Total Imports and Exports to GDP (%)	6.20	11.72	14.72	12.19
每一来湘旅游客人次支出 （美元）	Expenditure per International Tourist in Hunan (USD)	467.04	300.27	293.78	259.15
教育、科技、文化	**Education, Science and Technology, Culture**				
学龄儿童入学率 （%）	Rate of School-age Children Enrollment (%)	99.92	100.00	100.00	100.00
小学升学率 （%）	Rate of Graduates of Primary Schools Entering Junior Secondary Schools (%)	100.86	101.40	100.90	100.47
学校每一专任教师负担学生人数	Number of Students Supported by Each Fulltime Teacher				
#高等学校 （人）	#Institutions of Higher Education (person)	17.72	18.73	18.28	18.18
普通中学 （人）	Secondary Schools (person)	13.17	13.60	13.47	13.55
小学学校 （人）	Primary Schools (person)	19.16	17.81	16.70	16.71
国家财政性教育经费占GDP比例（%）	Proportion of State Fiscal Funding on Education to GDP (%)	3.09	3.48	3.45	3.39
科技拨款相当于生产总值 （%）	Proportion of Funding for Scientific and Technical Activities to GDP (%)	0.22	0.53	0.58	0.62
每百万人有艺术表演团体 （个）	Number of Troupes per Million Person (unit)	2.84	9.50	9.92	8.01
每百万人有公共图书馆 （个）	Number of Public Libraries per Million Person (unit)	1.75	2.15	2.24	2.25
家庭、生活、环境	**Family, People's Livelihood and Environment**				
离婚率 （‰）	Divorce Rate (‰)	4.39	2.98	2.12	2.52
每万人口中医院卫生院数 （个）	Number of Hospitals per 10 000 Persons (unit)	0.43	0.57	0.58	0.59
每千人口中执业（助理）医师数 （人）	Number of Doctors per 1000 Persons (person)	1.47	2.87	3.01	3.34
每千人口中医院床位数 （张）	Number of Hospital Beds per 1000 Persons (bed)	3.29	5.67	6.02	5.93
医院病床使用率 （%）	Utilization Rate of Hospital Beds (%)	93.10	76.20	74.80	79.60
城市供水普及率 （%）	Urban Water Supply Penetration Rate (%)	95.17	98.94	99.01	99.86
城市燃气普及率 （%）	Percentage of Households with Access to Natural Gas (%)	87.00	97.29	97.7	98.6
城市人均公园绿地面积 （平方米）	Urban Green Space Per Capita (sq.m)	8.89	12.16	13.06	13.85

注：自2010年起艺术表演团体含民间职业剧团，此前为文化部门专业剧团数据。

Since 2010, arts performance troupes included folk troupes. And before that, arts performance troupes included professional troupes of cultural department only.

1−11 国民经济主要比例关系
Main Proportional Relations of National Economy

单位：%　　　　(%)

指 标	Item	2010	2020	2022	2023
地区生产总值	**Ratio of Gross Domestic Products**				
第一产业	Primary Industry	13.3	10.2	9.6	9.1
第二产业	Secondary Industry	45.2	37.3	36.5	36.8
第三产业	Tertiary Industry	41.5	52.5	53.9	54.1
固定资产投资的资金来源	**Ratio of Investment in Fixed Assets by Source of Finance**				
国家预算内投资	State Budgetary Appropriation		4.1	3.8	6.3
国内贷款	Domestic Loans		8.0	5.9	6.7
债券	Bunds		0.7	0.4	0.5
利用外资	Foreign Investment		0.2	0.3	0.1
自筹投资	Fundraising		66.0	74.2	69.8
其他投资	Others		21.1	15.4	16.6
国有经济投资中各行业	**Investment in Fixed Assets by Sector**				
（国有经济）	(State−owned Economic)				
农、林、牧、渔业	Agriculture, Forestry, Animal Husbandry and Fishery		2.9	2.4	2.7
工业	Industry		18.3	20.7	23.8
地方一般公共预算收入	**General Public Budget Revenue**				
企业所得税	Income Tax of Enterprises	5.6	8.5	7.6	6.7
个人所得税	Corporate Income Tax	3.5	2.9	3.3	2.7

注：从 2013 年执行新的三次产业划分规定，即第一产业不含农林牧渔服务业；第二产业不含采矿业的开采辅助活动和制造业的金属制品、机械和设备修理业，因此第二产业不等于工业加建筑业，下表同。

Since 2013,the rules of the new division of three industries has been executed.That is the first industry exclude agriculture, forestry, animal husbandry and fishery services, the secondary industry exclude mining auxiliary activities in mining industry and metal products, machinery and equipment repair in manufacturing industry. So the secondary industry is not equal to the industry and the construction industry. The same applies to the relevant tables following.

1-11 续表 Continued

单位：% (%)

指 标	Item	2010	2020	2022	2023
农林牧渔业总产值	**Gross Output Value of Farming, Forestry, Animal Husbandry and Fishery**				
农业	Farming	52.6	44.8	48.7	50.5
林业	Forestry	5.9	5.7	5.9	6.3
牧业	Animal Husbandry	30.2	36.2	30.2	27.2
渔业	Fishery	6.3	6.4	7.6	7.7
客运量	**Total Passenger Traffic**				
铁路	Railways	4.5	19.8	25.1	36.3
公路	Highways	94.5	76.8	71.0	57.8
水运	Waterways	0.6	1.5	2.1	2.8
民用航空	Civil Aviation	0.4	2.0	1.7	3.1
货运量	**Total Freight Traffic**				
铁路	Railways	3.8	2.3	2.3	2.2
公路	Highways	85.2	87.4	86.9	87.4
水运	Waterways	10.6	9.8	10.4	9.9
货物周转量	**Total Freight Ton-kilometers**				
铁路	Railways	35.1	32.7	34.4	33.2
公路	Highways	52.9	51.5	49.7	51.5
水运	Waterways	11.8	15.1	15.3	14.6
全社会消费品零售总额	**Total Retail Sales of Consumer Goods**				
城镇	Urban	90.4	86.4	86.4	86.4
其中：城区	City Proper	60.6	60.4	60.1	59.7
乡村	Rural	9.6	13.6	13.6	13.6

注：从2010年起，社会消费品零售总额统计采用新的分组，即将经营单位所在地分组由“市”、“县”、“县以下”改为“城镇”、“乡村”。公路货运、货运周转量使用2019年交通运输部专项调查数据，统计口径发生改变。

From 2010, new grouping method is adopted for the statistics on the total retail sales of consumer goods: grouping according to operation location changes from city, county and below county level to urban and rural areas.Road freight and freight turnover use data from the 2019 Ministry of Transport special survey, and the statistical calibre has changed.

1-12 平均每天主要社会经济活动
Selected Indicators of Average Daily Social and Economic Activities

指 标	Item	2010	2020	2022	2023
全省每天创造的财富	**Daily Production**				
地区生产总值（亿元）	Gross Domestic Product (100 million yuan)	42.67	114.23	131.39	138.82
农林牧渔业总产值（亿元）	Gross Output Value of Farming, Forestry, Animal Husbandry and Fishery (100 million yuan)	9.64	20.58	22.36	22.46
地方一般公共预算收入(万元)	General Public Budget Revenue (10 000 yuan)	29635.34	82429.13	84979.79	92068.72
布（万米）	Cloth (10 000 m)	127.46	35.89	21.95	59.01
机制纸及纸板（吨）	Machine-made Paper and Paperboard (ton)	10537.78	8660.27	10096.32	12026.37
原煤（万吨）	Coal (10 000 tons)	21.01	2.89	2.19	2.59
发电量（万千瓦时）	Electricity (10 000 kw.h)	32505.23	40992.05	45450.96	46586.82
原油加工量（吨）	Machining Crude Oil (ton)	16182.82	24050.68	22693.27	24762.48
粗钢（吨）	Crude Steel (ton)	48397.88	71586.30	71580.30	66179.55
钢材（吨）	Steel (ton)	49636.35	74538.90	83241.22	84391.92
水泥（万吨）	Cement (10 000 tons)	23.81	30.11	27.22	22.56
棉花（吨）	Cotton (ton)	621.92	204.02	225.49	208.29
油料（吨）	Oil-bearing Crops (ton)	4879.62	7141.59	7588.01	8031.38
苎麻（吨）	Ramie (ton)	111.13	11.81	9.20	9.27
烤烟（吨）	Flue-cured Tobacco (ton)	423.26	502.54	533.70	594.12
茶叶（吨）	Tea (ton)	320.99	685.15	726.94	755.35
柑橘（吨）	Citrus (ton)	10556.13	17168.81	17515.70	18583.68
进出口总额（万美元）	Total Imports and Exports (USD 10 000)	4024.34	19363.95	28885.90	24111.01
进口额	Total Imports	1844.93	6261.24	7792.12	8434.62
出口额	Total Exports	2179.42	13102.71	21093.78	15676.39
其他经济活动	**Other Daily Economic Activities**				
邮政业务总量（万元）	Business Volume of Postal Services (10 000 yuan)	877.47	11759.32	8992.05	11032.24
电信业务总量（万元）	Business Volume of Telecommunications Services (10 000 yuan)	8910.68	155376.71	18270.68	19761.24
出版图书（万册）	Books Published (10 000 copies)	85.35	132.24	165.95	176.08
出版杂志（万册）	Magazines Published (10 000 copies)	34.96	26.16	23.64	20.11
出版报纸（万份）	Newspaper Published (10 000 pieces)	353.70	198.10	145.07	136.67
全省每天人口变动和婚姻	**Daily Population Changes and Marriages**				
出生（人）	Births (person)	2510	1552	1129	1082
死亡（人）	Deaths (person)	1284	1441	1548	1638
结婚（对）	Marriages (couples)	1739	979	779	829
离婚（对）	Divorces (couples)	421	542	384	454

注：出生、死亡人口数从2014年起为常住人口口径。
The number of births and deaths has been the permanent population since 2014.

1-13 人均主要工农业产品产量
Per Capita Output of Major Agricultural and Industrial Products

指 标		Item		2010	2020	2022	2023
甘蔗	（公斤）	Sugarcane	(kg)	5.12	5.26	5.27	5.31
烤烟	（公斤）	Flue-cured Tobacco	(kg)	3.15	2.76	2.95	3.29
茶叶	（公斤）	Tea	(kg)	3.04	3.76	4.01	4.19
水果	（公斤）	Fruit	(kg)	97.56	173.24	182.70	192.24
#柑橘	（公斤）	#Citrus	(kg)	77.20	94.34	96.68	102.99
纱（混合数）	（公斤）	Yarn	(kg)	11.08	15.44	15.57	12.64
布（混合数）	（米）	Cloth	(meter)	6.56	1.98	1.21	3.28
机制纸及纸板	（公斤）	Machine-made Paper and Paperboard	(kg)	54.25	47.57	55.80	66.83
合成洗涤剂	（公斤）	Synthetic Detergents	(kg)	5.12	4.84	3.13	4.68
原盐	（公斤）	Salt	(kg)	32.24	49.73	50.74	68.44
卷烟	（箱/百人）	Cigarettes	(cases/100 persons)	4.94	4.89	5.02	5.08
原煤	（吨）	Coal	(ton)	1.08	0.16	0.12	0.14
原油加工量	（千克）	Machining Crude Oil	(kg)	83.32	132.10	125.25	137.24
发电量	（千瓦小时）	Electricity	(kw.h)	1673.51	2251.50	2508.63	2581.87
生铁	（公斤）	Pig Iron	(kg)	239.88	316.83	330.05	332.03
粗钢	（公斤）	Crude Steel	(kg)	249.17	393.19	395.62	367.78
钢材	（公斤）	Steel	(kg)	255.55	409.41	460.07	468.99
水泥	（吨）	Cement	(ton)	1.23	1.65	1.50	1.25
合成氨	（公斤）	Synthetic Ammonia	(kg)	23.14	9.41	9.95	9.13
农用化肥（折纯量）	（公斤）	Chemical Fertilizers	(kg)	47.05	8.83	11.56	8.90
#氮肥	（公斤）	#Nitrogen Fertilizers	(kg)	41.75	7.33	9.03	7.02
化学农药原药	（公斤）	Chemical Pesticide	(kg)	1.86	1.96	2.69	1.83
汽车	（辆/万人）	Motor Vehicles	(unit/10 000 persons)	33.88	95.57	138.71	146.16
摩托车	（辆/万人）	Motorcycles	(unit/10 000 persons)	32.72	20.07	28.67	36.23

注：汽车产量包括在湘非法人汽车企业生产的整车产量。

The automobile production volume includes the output of complete vehicles produced by non-legal-person automobile enterprises in Hunan.

1–14 城乡私营企业基本情况(2023年)

Basic Statistics on Private Enterprises in Urban and Rural Areas (2023)

项 目	Item	户 数 (户) Number of Enterprises (household)	注册资本 (万元) Registered Capital (10 000 yuan)
总计	**Total**	**1747138**	**807369130**
独资企业	Private-funded Enterprises	285411	10999204
合伙企业	Private Partnership Enterprises	23571	80725189
有限责任公司	Private Limited Liability Corporations	1430793	695947413
股份有限公司	Private Share-holding Corporations Ltd.	7363	19697324

注：本表资料由湖南省市场监督管理局提供。
Data in the table were obtained from Administration for Market Regulation of Hunan Province.

1–15 城乡个体工商业基本情况(2023年)

Basic Statistics on Individuals and Commerce in Urban and Rural Areas (2023)

项 目	Item	期末户数 (户) Number of Enterprise (household)	投资总额 (万元) Total Amount of Investment (10 000 yuan)
总计	**Total**	**5105471**	**56600160**
农、林、牧、渔业	Farming, Forestry, Animal Husbandry and Fishery	204529	5938862
采矿业	Mining and Quarrying	1433	104359
制造业	Manufacturing	183946	3057934
电力、热力、燃气及水生产和供应业	Production and Distribution of Electricity, Heat,Gas and Water	3184	146450
建筑业	Construction	33853	658951
批发和零售业	Wholesale and Retail Trades	3006947	26772199
交通运输、仓储和邮政业	Transport, Storage and Post	243843	3654056
住宿和餐饮业	Hotels and Catering Services	665016	8081784
信息传输、软件和信息技术服务业	Information Transfer, Computer Services and Software	55087	448903
金融业	Financial Intermediation	259	3717
房地产业	Real Estate Trade	5184	55897
租赁和商务服务业	Tenancy and Business Services	160594	1768047
科学研究和技术服务业	Scientific Research, Technical Services	13117	141907
水利、环境和公共设施管理业	Management of Water Conservancy, Environment and Public Facilities	6306	53553
居民服务、修理和其他服务业	Resident Services Repair and Other Services	459486	4547644
教育	Education	2857	57645
卫生和社会工作	Health and Social Service	14510	181632
文化、体育和娱乐业	Culture,Sports and Entertainment	44649	916786
其他	Others	671	9835

注：本表资料由湖南省市场监督管理局提供。
Data in the table were obtained from Administration for Market Regulation of Hunan Province.

1–16 外商投资企业投资基本情况(2023年)

Basic Statistics on Investment of Foreign-invested Enterprises (2023)

类 别	Item	本期投资总额（万美元）Total Amount of Investment (USD 10 000)	期末实有户数（户）Number of Registered Enterprises (household)	#本年新增企业 Newly Increase this Year
总计	**Total**	**25038503**	**13778**	**1621**
中外合资	Sino-foreign Joint Ventures	13155452	845	
中外合作（法人）	Sino-foreign Cooperative Enterprises	473408	72	
中外合作（非法人）	Unincorporated Sino-foreign Cooperative Enterprises			
外资企业	Foreign Enterprises	4098332	1341	
2020年1月1日起登记的外商投资有限责任公司	Foreign Investment Limited Liability Company Registered Since January 1, 2020	5696655	1262	388
外商投资股份有限公司	Companies Limited by Shares with Foreign Investment	304202	42	3
其他外商投资企业	Other Kinds of Foreign-invested Enterprises			
合伙企业	Partnerships		67	11
普通合伙企业	General Partnerships		3	
特殊的普通合伙企业	Special General Partnerships			
有限合伙企业	Limited Partnerships		64	11
其他企业	Others	1310453	44	13
在中国境内从事经营活动的外国（地区）企业	Foreign (Regional) Enterprises Engaged in Business Activities in China		16	
外商投资企业分支机构	Branches of Foreign-invested Enterprises		10089	1206
按国民经济行业分组	**By Economic Sector**			
农、林、牧、渔业	Agriculture, Forestry, Animal Husbandry and Fishery	332637	195	19
采矿业	Mining	17914	14	1
制造业	Manufacturing	3695183	1129	57
电力、热力、燃气及水生产和供应业	Production and Distribution of Electricity, Heat, Gas and Water	897032	271	36
建筑业	Construction	487759	102	6
批发和零售业	Wholesale and Retail Trade	467135	7744	923
交通运输、仓储和邮政业	Transportation, Storage and Post	299149	133	10
住宿和餐饮业	Hotels and Catering Services	54595	1220	187
信息传输、软件和信息技术服务业	Information Transmission, Software and Information Technology	1681253	828	159
金融业	Financial Intermediation	722766	225	11
房地产业	Real Estate Trade	11264539	336	14
租赁和商务服务业	Tenancy and Business Services	1027451	810	106
科学研究和技术服务业	Scientific Research, Technical Services,	3536896	499	77
水利、环境和公共设施管理业	Management of Water Conservancy, Environment and Public Facilities	312533	47	1
居民服务、修理和其他服务业	Services to Households, Repair and Other Services	27512	74	1
教育	Education	197	8	1
卫生和社会工作	Health and Social Service	186757	25	1
文化、体育和娱乐业	Culture, Sports and Entertainment	27197	118	11

注：本表资料由湖南省市场监督管理局提供。
Data in the table were obtained from Administration for Market Regulation of Hunan Province.

1-16 续表 Continued

类 别	Item	本期投资总额（万美元）Total Amount of Investment (USD 10 000)	期末实有户数（户）Number of Registered Enterprises (household)	#本年新增企业 Newly Increase this Year
按国别（地区）分组	**By Country (Region)**			
亚洲	Asian	21561675	2810	327
香港	Hong Kong	20197996	1822	213
澳门	Macao	64820	52	5
台湾	Taiwan	369984	551	63
日本	Japan	219449	60	4
韩国	Republic of Korea	21795	64	6
亚洲其他国家（地区）	Other Asian Countries (Region)	687631	261	36
非洲	Africa	210945	93	10
欧洲	Europe	834565	214	18
德国	Federal Republic of Germany	131149	35	2
法国	France	16089	13	3
英国	United Kingdom	52933	49	5
欧洲其他国家（地区）	Other European Countries (Region)	628699	109	9
拉丁美洲	Latin America	473354	107	4
维尔京群岛	Virgin Islands	362250	83	4
北美洲	North America	468594	240	20
加拿大	Canada	66314	69	6
美国	United States	339946	157	13
大洋洲	Oceanic	111331	74	3
澳大利亚	Australia	36977	36	1
新西兰	New Zealand	695	4	1

1–17 民营经济指标(2023年)
Private Economic Indicators (2023)

指 标	Item	总量指标 Aggregate Date	发展速度(%)(以上年为100) Growth Rate(%) (preceding year=100)
增加值 (亿元)	**Value Added of Non-public Economy (100 million yuan)**	**34428.56**	**104.5**
农林牧渔业	Agriculture, Forestry, Animal Husbandry and Fishery	4887.90	103.7
工业	Industry	10357.24	105.0
建筑业	Construction	2771.56	101.5
批发和零售业	Wholesale and Retail Trades	4270.50	105.8
交通运输、仓储和邮政业	Transport, Storage and Post	1428.68	106.1
住宿和餐饮业	Hotels and Catering Services	1075.99	111.4
金融业	Financial Intermediation	553.42	104.5
房地产业	Real Estate	2675.50	97.2
其他服务业	Others	6407.77	106.5
第一产业	Primary Industry	4588.80	103.5
第二产业	Secondary Industry	13107.37	104.3
第三产业	Tertiary Industry	16732.39	105.0
增加值按市州分列 (亿元)	Cities and Prefecture (100 million yuan)		
长沙市	Changsha City	9301.61	104.9
株洲市	Zhuzhou City	2492.12	104.8
湘潭市	Xiangtan City	1866.04	104.8
衡阳市	Hengyang City	2974.03	105.4
邵阳市	Shaoyang City	1996.51	104.9
岳阳市	Yueyang City	3532.75	104.5
常德市	Changde City	2926.06	101.1
张家界市	Zhangjiajie City	402.93	104.4
益阳市	Yiyang City	1598.79	102.8
郴州市	Chenzhou City	2323.88	104.9
永州市	Yongzhou City	1811.36	103.0
怀化市	Huaihua City	1316.59	106.1
娄底市	Loudi City	1320.78	104.8
湘西土家族苗族自治州	Xiangxi Tujia and Miao A.P	545.66	102.8

1-18 按登记注册统计类别分产业法人单位数（2023年）
Corporate Units by Statistical Category of Registration (2023)

单位：个 (unit)

指 标	Item	合计 Total	第一产业 Primary Industry	第二产业 Secondary Industry	第三产业 Tertiary Industry
总计	**Total**	**1099853**	**76461**	**169269**	**854123**
内资企业	Internal-invested	1032355	43605	164913	823837
国有独资公司	Wholly State-owned Cooperative Company	1756	32	394	1330
私营有限责任公司	Individual-owned Limited Liability Company	716148	19645	134926	561577
其他有限责任公司	Other Limited Liability Company	50385	1385	10332	38668
私营股份有限公司	Individual-owned Company Limited by Shares	2711	191	1102	1418
其他股份有限公司	Other Limited Company(Listed)	1486	37	248	1201
全民所有制企业（国有企业）	State-owned Cooperative Company	54130	211	281	53638
集体所有制企业（集体企业）	Collectively-owned Enterprise	53086	1199	1050	50837
股份合作企业	Cooperated by Joint-stock	187	53	12	122
联营企业	Cooperative	128	4	6	118
个人独资企业	Solly-owned Enterprise	136596	20193	13929	102474
合伙企业	Partnership Enterprise	11548	654	2629	8265
其他内资企业	Other Internal-invested	4194	1	4	4189
港澳台商投资企业	Enterprises Funded by Entrepreneurs From Hong Kong, Macao and Taiwan	1318	32	512	774
港澳台投资有限责任公司	Enterprises Limited Liability Funded by Entrepreneurs From Hong Kong, Macao and Taiwan	1214	29	485	700
港澳台投资股份有限公司	Enterprises Limited by Shares Funded by Entrepreneurs From Hong Kong, Macao and Taiwan	29	3	18	8
港澳台投资合伙企业	Enterprises Partnership Funded by Entrepreneurs From Hong Kong, Macao and Taiwan	25		6	19
其他港澳台投资企业	Other Enterprises Funded by Entrepreneurs From Hong Kong, Macao and Taiwan	50		3	47
外商投资企业	Enterprises Funded by Foreigners	787	5	303	479
外商投资有限责任公司	Enterprises Limited Liability Funded by Foreigners	679	5	286	388
外商投资股份有限公司	Enterprises Limited by Shares Funded by Foreigners	12		9	3
外商投资合伙企业	Enterprises Partnership Funded by Foreigners	11		2	9
其他外商投资企业	Other Enterprises Funded by Foreigners	85		6	79
其他统计类别	Other Statistical Categories	65393	32819	3541	29033

1-19 按登记注册统计类别分机构类型法人单位数(2023年)

单位：个

指 标	Item	合计 Total	企 业 Enterprises	事业单位 Public Institution
总计	**Total**	**1099853**	**901333**	**36840**
内资企业	Internal-invested	1032355	899228	36840
国有独资公司	Wholly State-owned Cooperative Company	1756	1635	
私营有限责任公司	Individual-owned Limited Liability Company	716148	715308	
其他有限责任公司	Other Limited Liability Company	50385	49887	
私营股份有限公司	Individual-owned Company Limited by Shares	2711	2451	
其他股份有限公司	Other Limited Company(Listed)	1486	1271	
全民所有制企业（国有企业）	State-owned Cooperative Company	54130	1042	36802
集体所有制企业（集体企业）	Collectively-owned Enterprise	53086	2648	38
股份合作企业	Cooperated by Joint-stock	187	92	
联营企业	Cooperative	128	24	
个人独资企业	Solly-owned Enterprise	136596	114202	
合伙企业	Partnership Enterprise	11548	10658	
其他内资企业	Other Internal-invested	4194	10	
港澳台商投资企业	Enterprises Funded by Entrepreneurs From Hong Kong, Macao and Taiwan	1318	1318	
港澳台投资有限责任公司	Enterprises Limited Liability Funded by Entrepreneurs From Hong Kong, Macao and Taiwan	1214	1214	
港澳台投资股份有限公司	Enterprises Limited by Shares Funded by Entrepreneurs From Hong Kong, Macao and Taiwan	29	29	
港澳台投资合伙企业	Enterprises Partnership Funded by Entrepreneurs From Hong Kong, Macao and Taiwan	25	25	
其他港澳台投资企业	Other Enterprises Funded by Entrepreneurs From Hong Kong, Macao and Taiwan	50	50	
外商投资企业	Enterprises Funded by Foreigners	787	787	
外商投资有限责任公司	Enterprises Limited Liability Funded by Foreigners	679	679	
外商投资股份有限公司	Enterprises Limited by Shares Funded by Foreigners	12	12	
外商投资合伙企业	Enterprises Partnership Funded by Foreigners	11	11	
其他外商投资企业	Other Enterprises Funded by Foreigners	85	85	
其他统计类别	Other Statistical Categories	65393		

Corporate Units by Statistical Category of Registration and Organization Type (2023)

(unit)

机 关 Government Department	社会团体 Social Organization	民办非 企业单位 Private Non-enterprise Units	基金会 Founda-tion	居委会 Neighbo-rhood Committee	村委会 Village Committee	农民专业合作社 Farmer Specialized Cooperative	其他组织机构 Other Organiza-tion
10420	**12997**	**16695**	**339**	**5727**	**23530**	**84848**	**7124**
10420	12997	16695	339	5727	23530	19466	7113
	6	12					103
	79	183	3				575
	19	33	1				445
	32	66					162
	13	20					182
10420	5363	138	14				351
	163	171	6	5727	23530	19424	1379
	2	11				42	40
	12	9					83
	4875	15831	310				1378
	33	56					801
	2400	165	5				1614
						65382	11

1–20 按登记注册统计类别分行业法人单位数（2023年）

单位：个

指 标	Item	合计 Total	农、林、牧、渔业 Agriculture, Forestry, Animal Husbandry and Fishing	采矿业 Mining	制造业 Manufac-turing
总计	**Total**	**1099853**	**98006**	**2188**	**93356**
内资企业	Internal-invested	1032355	54786	2182	89143
国有独资公司	Wholly State-owned Cooperative Company	1756	49	12	67
私营有限责任公司	Individual-owned Limited Liability Company	716148	24908	1435	70418
其他有限责任公司	Other Limited Liability Company	50385	2031	239	5465
私营股份有限公司	Individual-owned Company Limited by Shares	2711	225	10	1002
其他股份有限公司	Other Limited Company(Listed)	1486	42		210
全民所有制企业（国有企业）	State-owned Cooperative Company	54130	489	4	68
集体所有制企业（集体企业）	Collectively-owned Enterprise	53086	2403	29	357
股份合作企业	Cooperated by Joint-stock	187	59	3	8
联营企业	Cooperative	128	5		5
个人独资企业	Solly-owned Enterprise	136596	23861	315	10334
合伙企业	Partnership Enterprise	11548	713	135	1206
其他内资企业	Other Internal-invested	4194	1		3
港澳台商投资企业	Enterprises Funded by Entrepreneurs From Hong Kong, Macao and Taiwan	1318	40	2	403
港澳台投资有限责任公司	Enterprises Limited Liability Funded by Entrepreneurs From Hong Kong, Macao and Taiwan	1214	37	2	380
港澳台投资股份有限公司	Enterprises Limited by Shares Funded by Entrepreneurs From Hong Kong, Macao and Taiwan	29	3		18
港澳台投资合伙企业	Enterprises Partnership Funded by Entrepreneurs From Hong Kong, Macao and Taiwan	25			4
其他港澳台投资企业	Other Enterprises Funded by Entrepreneurs From Hong Kong, Macao and Taiwan	50			1
外商投资企业	Enterprises Funded by Foreigners	787	7	4	276
外商投资有限责任公司	Enterprises Limited Liability Funded by Foreigners	679	7	4	263
外商投资股份有限公司	Enterprises Limited by Shares Funded by Foreigners	12			9
外商投资合伙企业	Enterprises Partnership Funded by Foreigners	11			2
其他外商投资企业	Other Enterprises Funded by Foreigners	85			2
其他统计类别	Other Statistical Categories	65393	43173		3534

Corporate Units by Statistical Category of Registration and Sector (2023)

(unit)

电力、燃气及水的生产和供应业 Production and Supply of Electricity,Gas and Water	建筑业 Construction	批发和零售业 Wholesale and Retail Trade	交通运输、仓储和邮政业 Transport, Storage and Post	住宿和餐饮业 Hotels and Catering Services	信息传输、计算机服务和软件业 Information Transmission,Computer Services and Software	金融业 Banking	房地产业 Real Estate	租赁和商务服务业 Leasing and Business Services	科学研究和技术服务业 Scientific Research, Technical Service and Geologic Perambulation	水利、环境和公共设施管理业 Water Conservancy, Environment and Public Facilities Management
8956	**66107**	**264380**	**24897**	**24816**	**48824**	**2114**	**29369**	**163110**	**76916**	**9586**
8813	66082	257662	24801	24716	48596	2036	29171	161211	67243	9400
145	170	144	101	20	27	15	119	420	131	119
3517	60724	197881	21320	17810	43263	392	24157	125269	56436	6327
2218	2445	8027	1414	1753	3020	326	4029	9477	4767	1025
19	76	334	37	34	115	122	45	220	136	28
16	22	92	22	3	53	679	23	71	35	7
151	59	215	325	59	250	43	166	1399	1718	1626
517	150	644	107	18	8		131	16375	917	14
1		12	2	3		1	2	50	6	3
	1	7		1				11	1	
981	2390	48464	1405	4718	1407	12	438	4594	2603	229
1247	45	1840	67	297	453	446	60	3236	490	22
1		2	1				1	89	3	
86	22	210	39	42	56	15	140	129	76	12
83	21	181	38	39	40	4	139	119	74	11
		3			1			1	2	1
1	1	2	1	2	2	2	1	9		
2		24		1	13	9				
20	3	139	21	24	33	63	41	49	76	2
16	3	119	21	22	33	1	41	46	72	2
		1							2	
		1				3		3	2	
4		18		2		59				
37		6369	36	34	139		17	1721	9521	172

1-20 续表 Continued

单位：个 (unit)

指 标	Item	居民服务、修理和其他服务业 Services to Households and Other Services	教 育 Education	卫生和社会工作 Sanitation, Social Security and Social Welfare	文化、体育和娱乐业 Culture, Sports and Entertainment	公共管理、社会保障和社会组织 Public Management and Social Organization	国际组织 International Organization
总计	**Total**	**29067**	**37496**	**13313**	**35741**	**71611**	
内资企业	Internal-invested	28718	37394	13303	35487	71611	
国有独资公司	Wholly State-owned Cooperative Company	19	11	9	89	89	
私营有限责任公司	Individual-owned Limited Liability Company	21580	11854	3570	24904	383	
其他有限责任公司	Other Limited Liability Company	906	692	638	1548	365	
私营股份有限公司	Individual-owned Company Limited by Shares	24	59	20	70	135	
其他股份有限公司	Other Limited Company(Listed)	6	17	6	13	169	
全民所有制企业（国有企业）	State-owned Cooperative Company	212	12085	5100	1293	28868	
集体所有制企业（集体企业）	Collectively-owned Enterprise	334	136	75	91	30780	
股份合作企业	Cooperated by Joint-stock	2	9	2	1	23	
联营企业	Cooperative		3	3	4	87	
个人独资企业	Solly-owned Enterprise	5452	12175	3635	7170	6413	
合伙企业	Partnership Enterprise	179	263	207	295	347	
其他内资企业	Other Internal-invested	4	90	38	9	3952	
港澳台商投资企业	Enterprises Funded by Entrepreneurs From Hong Kong, Macao and Taiwan	9	2	2	33		
港澳台投资有限责任公司	Enterprises Limited Liability Funded by Entrepreneurs From Hong Kong, Macao and Taiwan	9	2	2	33		
港澳台投资股份有限公司	Enterprises Limited by Shares Funded by Entrepreneurs From Hong Kong, Macao and Taiwan						
港澳台投资合伙企业	Enterprises Partnership Funded by Entrepreneurs From Hong Kong, Macao and Taiwan						
其他港澳台投资企业	Other Enterprises Funded by Entrepreneurs From Hong Kong, Macao and Taiwan						
外商投资企业	Enterprises Funded by Foreigners	6	2	7	14		
外商投资有限责任公司	Enterprises Limited Liability Funded by Foreigners	6	2	7	14		
外商投资股份有限公司	Enterprises Limited by Shares Funded by Foreigners						
外商投资合伙企业	Enterprises Partnership Funded by Foreigners						
其他外商投资企业	Other Enterprises Funded by Foreigners						
其他统计类别	Other Statistical Categories	334	98	1	207		

主要统计指标解释

行政区划 指国家对行政区域的划分。根据有关法规规定，我国的行政区域划分如下：(1)全国分为省、自治区、直辖市；(2)省、自治区分为自治州、县、自治县、市；(3)自治州分为县、自治县、市；(4)县、自治县分为乡、民族乡、镇；(5)直辖市和较大的市分为区、县；(6)国家在必要时设立的特别行政区。

国民经济行业分类 自2017年年报和2018年定期报表开始使用新的《国民经济行业分类》（GB/T4754-2017）。该分类是由国家统计局组织修订，原国家质量监督检验检疫总局和中国国家标准化管理委员会于2017年6月30日发布。这次修订是在2011年分类标准的基础上，结合我国经济活动特点，参照联合国《全部经济活动的国际标准产业分类》（ISIC/Rev.4）进行的。修订后的《国民经济行业分类》（GB/T4754-2017）共有门类20个，大类97个，中类473个，小类1382个。

国家财政性教育经费 包括一般公共预算安排的教育经费，政府性基金预算安排的教育经费，企业办学中的企业拨款，校办产业和社会服务收入用于教育的经费，其他属于国家财政性教育经费。

Explanatory Notes on Main Statistical Indicators

Divisions of Administrative Areas refer to the division of administrative areas by the State. The relative laws define the administrative division as follows: 1) the whole country is divided into provinces, autonomous regions and municipalities directly under the Central Government; 2) provinces and autonomous regions are further divided into autonomous prefectures, counties, autonomous counties and cities; 3) autonomous prefectures are further divided into counties, autonomous counties and cities; 4) counties and autonomous counties are further divided into townships, ethnic townships and towns; 5) municipalities directly under the Central Government and large cities are divided into districts and counties, 6) the State shall, when necessary, establish special administrative regions.

Industrial Classification of the National Economy The new Industrial Classification of the National Economy (GB/T 4754-2017) is introduced starting from the compilation of 2017 annual statistics and 2018 monthly or quarterly statistics. The revision, based on the 2011 classification, was organized by the National Bureau of Statistics taking into consideration of the characteristics of economic activities in China and the International Standards of the Industrial Classification of All Economic Activities (ISIC/Rev.4) of the United Nations. The new Classification was promulgated by the former National Administration of Quality Supervision, Inspection and Quarantine and the Standardization Administration of the People's Republic of China on June 30, 2017. The revised version of the Industrial Classification of the National Economy (GB/T 4754-2017) is composed of 20 sections, 97 divisions, 473 groups and 1382 classes.

Government Appropriation for Education refers to the general public budget appropriation fund for education, educational funds budgeted by government funds, enterprise appropriation for enterprise-run schools, income from school-run enterprises and social services that are used for education purpose and other government appropriations for education.

02

国民经济核算

National Accounts

资料整理人员：周　玲　　孙邦昕

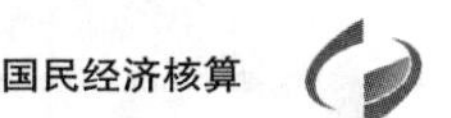

2-1 按产业分的地区生产总值
Gross Domestic Product by Industry

单位：亿元 (100 million yuan)

年份 Year	地区生产总值 Gross Domestic Product	第一产业 Primary Industry	第二产业 Secondary Industry	第三产业 Tertiary Industry	人均地区生产总值（元） Per Capita Gross Domestic Product (yuan)
1952	27.81	18.72	3.43	5.66	86
1953	30.29	18.48	4.28	7.53	91
1954	30.51	17.03	5.13	8.35	90
1955	35.83	21.13	5.76	8.94	104
1956	37.93	20.56	6.57	10.80	109
1957	45.20	26.41	7.45	11.34	127
1958	55.85	26.65	16.63	12.57	154
1959	61.95	23.60	21.57	16.78	168
1960	64.07	20.58	25.47	18.02	176
1961	46.64	20.78	11.69	14.17	132
1962	51.19	27.17	10.59	13.43	144
1963	48.08	25.11	11.37	11.60	131
1964	57.36	30.41	15.60	11.35	153
1965	65.32	34.00	19.17	12.15	170
1966	72.73	37.30	22.16	13.27	184
1967	73.51	40.07	19.89	13.55	181
1968	75.67	44.85	17.31	13.51	181
1969	81.26	44.08	21.98	15.20	189
1970	93.05	44.62	31.98	16.45	211
1971	99.10	46.31	35.33	17.46	218
1972	107.01	47.73	39.91	19.37	230
1973	115.80	51.91	43.35	20.54	244
1974	108.17	53.17	34.87	20.13	223
1975	118.40	54.97	41.96	21.47	239
1976	118.53	55.07	41.47	21.99	236
1977	129.17	55.95	49.59	23.63	254
1978	146.99	59.83	59.82	27.34	286
1979	178.01	79.40	68.42	30.19	343
1980	191.72	81.14	76.99	33.59	365
1981	209.68	93.29	77.78	38.61	394
1982	232.52	107.99	82.51	42.02	430
1983	257.43	117.79	93.37	46.27	470
1984	287.29	128.28	104.34	54.67	519
1985	349.95	147.72	127.08	75.15	626
1986	397.68	165.28	143.31	89.09	703
1987	469.44	187.09	172.45	109.90	818

2-1 续表 Continued

单位：亿元 (100 million yuan)

年份 Year	地区生产总值 Gross Domestic Product	第一产业 Primary Industry	第二产业 Secondary Industry	第三产业 Tertiary Industry	人均地区生产总值（元） Per Capita Gross Domestic Product (yuan)
1988	584.07	217.03	221.28	145.76	999
1989	640.80	234.31	238.15	168.34	1074
1990	744.44	279.09	249.98	215.37	1228
1991	833.30	301.02	281.95	250.33	1357
1992	986.98	323.91	337.17	325.90	1595
1993	1244.71	383.68	470.05	390.98	1997
1994	1650.02	532.89	589.72	527.41	2630
1995	2132.13	685.30	770.67	676.16	3359
1996	2540.13	793.98	920.06	826.09	3963
1997	2849.27	855.75	1041.79	951.73	4420
1998	3025.53	828.31	1123.08	1074.14	4667
1999	3214.54	778.25	1192.99	1243.30	4933
2000	3551.49	784.92	1293.18	1473.39	5590
2001	3831.90	825.73	1412.82	1593.35	6120
2002	4151.54	847.25	1523.50	1780.79	6734
2003	4659.95	869.68	1772.29	2017.98	7589
2004	5542.62	1022.45	2135.55	2384.62	9004
2005	6369.87	1078.34	2490.17	2801.36	10200
2006	7431.55	1244.63	3030.72	3156.20	11733
2007	9285.45	1563.81	3867.42	3854.22	14626
2008	11307.36	1761.78	4870.03	4675.56	17758
2009	12772.80	1795.80	5494.66	5482.34	19979
2010	15574.32	2073.19	7034.70	6466.43	24005
2011	18914.96	2420.00	8883.59	7611.37	28766
2012	21207.23	2567.85	9926.66	8712.72	32203
2013	23545.24	2589.18	10913.80	10042.26	35702
2014	25881.28	2671.01	11825.12	11385.15	39181
2015	28538.60	2747.91	12665.72	13124.97	43155
2016	30853.45	2915.58	12941.99	14995.88	46606
2017	33828.11	2998.40	13459.82	17369.89	51030
2018	36329.68	3084.18	13904.11	19341.39	54763
2019	39930.75	3647.20	14974.78	21308.77	60159
2020	41693.71	4240.73	15577.34	21875.64	62768
2021	45751.85	4322.26	17325.89	24103.70	68971
2022	47957.88	4601.22	17519.84	25836.82	72521
2023	50667.50	4617.44	18639.23	27410.83	76932

2-2 分行业增加值
Value Added by Sector

单位：亿元 (100 million yuan)

年份 Year	农、林、牧、渔业 Agriculture, Forestry, Animal Husbandry and Fishery	工业 Industry	建筑业 Construction	批发和零售业 Wholesale and Retail Trade	交通运输、仓储和邮政业 Traffic, Transport, Storage and Post	金融业 Finance	房地产业 Real Estate
1952	18.72	2.94	0.49	2.50	1.10		
1953	18.48	3.53	0.75	3.54	1.64		
1954	17.03	4.22	0.91	3.98	1.77		
1955	21.13	4.25	1.51	3.83	2.07		
1956	20.56	5.19	1.38	4.83	2.38		
1957	26.41	5.94	1.51	4.51	2.71		
1958	26.65	12.40	4.23	4.58	3.51		
1959	23.60	16.57	5.00	6.04	5.45		
1960	20.58	19.22	6.25	6.60	5.42		
1961	20.78	10.25	1.44	4.95	3.20		
1962	27.17	9.46	1.13	4.93	2.73		
1963	25.11	10.31	1.06	2.82	3.25		
1964	30.41	13.50	2.10	3.45	2.57		
1965	34.00	16.86	2.31	3.68	2.98		
1966	37.30	19.67	2.49	4.41	3.14		
1967	40.07	17.46	2.43	4.54	3.03		
1968	44.85	15.03	2.28	4.22	2.92		
1969	44.08	19.39	2.59	5.20	3.37		
1970	44.62	28.83	3.15	5.67	3.96		
1971	46.31	30.35	4.98	5.63	4.34		
1972	47.73	34.31	5.60	6.68	4.89		
1973	51.91	37.92	5.43	7.23	5.01		
1974	53.17	29.21	5.66	6.98	4.34		
1975	54.97	35.58	6.38	7.29	4.92		
1976	55.07	34.95	6.52	7.17	4.83		
1977	55.95	43.41	6.45	8.06	5.33		
1978	59.83	51.94	7.88	8.78	5.91	2.55	2.03
1979	79.40	59.23	9.19	9.54	6.47	2.50	2.10
1980	81.14	65.31	11.68	10.11	6.77	2.70	2.32
1981	93.29	67.19	10.59	11.66	6.93	3.60	3.56
1982	107.99	71.31	11.20	10.91	7.61	5.02	3.96
1983	117.79	78.84	14.53	10.32	8.16	5.66	5.18
1984	128.28	90.79	13.55	13.07	9.30	6.53	5.76
1985	147.72	110.05	17.03	20.30	13.23	8.85	7.84
1986	165.28	124.30	19.01	24.78	15.00	12.55	7.93
1987	187.09	149.67	22.78	31.42	20.13	15.94	8.53

2-2 续表 Continued

单位：亿元 (100 million yuan)

年份 Year	农、林、牧、渔业 Agriculture, Forestry, Animal Husbandry and Fishery	工业 Industry	建筑业 Construction	批发和零售业 Wholesale and Retail Trade	交通运输、仓储和邮政业 Traffic, Transport, Storage and Post	金融业 Finance	房地产业 Real Estate
1988	217.03	190.40	30.88	42.83	24.12	20.91	9.96
1989	234.31	212.21	25.94	41.20	26.81	26.94	11.00
1990	279.09	220.69	29.29	54.57	32.27	31.01	16.25
1991	301.02	242.96	38.99	63.93	41.68	38.26	17.73
1992	323.91	284.66	52.51	91.32	51.29	49.01	20.57
1993	383.68	399.58	70.47	109.32	72.71	47.53	26.45
1994	532.89	499.97	89.75	152.19	100.30	54.07	34.13
1995	685.30	658.67	112.00	191.47	133.71	64.96	44.43
1996	793.98	790.19	129.87	218.08	171.14	74.32	64.06
1997	855.75	903.90	137.89	235.76	198.66	82.66	75.47
1998	828.31	960.70	162.38	252.92	220.86	85.44	89.28
1999	778.25	1010.53	182.46	268.19	246.08	86.57	105.50
2000	784.92	1094.76	198.42	291.85	288.16	88.88	131.58
2001	825.73	1180.43	232.39	319.75	303.88	91.71	138.41
2002	847.25	1265.72	257.78	349.58	333.51	92.43	165.29
2003	886.47	1475.76	296.53	389.68	372.33	99.72	196.39
2004	1041.10	1768.81	366.75	499.51	323.80	116.49	206.99
2005	1100.65	2075.40	414.77	590.00	367.41	156.91	240.70
2006	1272.22	2547.40	483.32	649.30	418.13	198.84	299.94
2007	1594.93	3260.63	606.79	822.55	501.67	259.85	383.33
2008	1815.27	4110.84	759.19	1053.87	601.91	334.13	453.46
2009	1857.28	4565.66	929.00	1338.85	677.92	403.02	560.73
2010	2150.25	5913.41	1121.29	1594.03	795.45	463.84	682.83
2011	2509.78	7535.54	1348.05	1868.72	899.38	501.19	798.51
2012	2671.09	8423.06	1503.60	2108.96	1016.52	580.75	920.86
2013	2702.12	9179.73	1742.85	2356.56	1102.92	763.07	1095.51
2014	2793.05	9859.94	1975.78	2619.01	1184.81	962.67	1214.62
2015	2878.86	10458.80	2217.11	2884.78	1251.25	1209.83	1473.06
2016	3063.11	10540.12	2411.74	3141.53	1309.63	1340.07	1815.00
2017	3165.28	10709.81	2760.20	3423.25	1440.63	1701.79	2215.01
2018	3266.53	10785.57	3128.34	3705.44	1516.22	1809.85	2623.44
2019	3850.48	11601.75	3384.71	4043.88	1648.29	1928.54	2940.37
2020	4461.96	12127.45	3463.06	4154.20	1626.55	2096.15	2960.81
2021	4563.67	13602.64	3737.47	4720.62	1893.79	2255.44	2957.59
2022	4876.90	13717.46	3817.08	5067.13	2070.46	2406.05	3031.55
2023	4924.06	14773.17	3895.27	5438.52	2394.81	2473.57	2952.96

2-3 地区生产总值构成
Composition of GDP

单位：% (GDP=100) (%)

年份 Year	地区生产总值 Gross Domestic Product	第一产业 Primary Industry	第二产业 Secondary Industry	第三产业 Tertiary Industry
1952	100.0	67.3	12.3	20.4
1953	100.0	61.0	14.1	24.9
1954	100.0	55.8	16.8	27.4
1955	100.0	59.0	16.1	25.0
1956	100.0	54.2	17.3	28.5
1957	100.0	58.4	16.5	25.1
1958	100.0	47.7	29.8	22.5
1959	100.0	38.1	34.8	27.1
1960	100.0	32.1	39.8	28.1
1961	100.0	44.6	25.1	30.4
1962	100.0	53.1	20.7	26.2
1963	100.0	52.2	23.6	24.1
1964	100.0	53.0	27.2	19.8
1965	100.0	52.1	29.3	18.6
1966	100.0	51.3	30.5	18.2
1967	100.0	54.5	27.1	18.4
1968	100.0	59.3	22.9	17.9
1969	100.0	54.2	27.0	18.7
1970	100.0	48.0	34.4	17.7
1971	100.0	46.7	35.7	17.6
1972	100.0	44.6	37.3	18.1
1973	100.0	44.8	37.4	17.7
1974	100.0	49.2	32.2	18.6
1975	100.0	46.4	35.4	18.1
1976	100.0	46.5	35.0	18.6
1977	100.0	43.3	38.4	18.3
1978	100.0	40.7	40.7	18.6
1979	100.0	44.6	38.4	17.0
1980	100.0	42.3	40.2	17.5
1981	100.0	44.5	37.1	18.4
1982	100.0	46.4	35.5	18.1
1983	100.0	45.8	36.3	17.9
1984	100.0	44.7	36.3	19.0
1985	100.0	42.2	36.3	21.5
1986	100.0	41.6	36.0	22.4
1987	100.0	39.9	36.7	23.4

2–3 续表 Continued

单位：% (GDP=100) (%)

年份 Year	地区生产总值 Gross Domestic Product	第一产业 Primary Industry	第二产业 Secondary Industry	第三产业 Tertiary Industry
1988	100.0	37.2	37.9	24.9
1989	100.0	36.6	37.2	26.2
1990	100.0	37.5	33.6	28.9
1991	100.0	36.1	33.8	30.1
1992	100.0	32.8	34.2	33.0
1993	100.0	30.8	37.8	31.4
1994	100.0	32.3	35.7	32.0
1995	100.0	32.1	36.1	31.8
1996	100.0	31.3	36.2	32.5
1997	100.0	30.0	36.6	33.4
1998	100.0	27.4	37.1	35.5
1999	100.0	24.2	37.1	38.7
2000	100.0	22.1	36.4	41.5
2001	100.0	21.5	36.9	41.6
2002	100.0	20.4	36.7	42.9
2003	100.0	18.7	38.0	43.3
2004	100.0	18.5	38.5	43.0
2005	100.0	16.9	39.1	44.0
2006	100.0	16.7	40.8	42.5
2007	100.0	16.8	41.7	41.5
2008	100.0	15.6	43.1	41.3
2009	100.0	14.1	43.0	42.9
2010	100.0	13.3	45.2	41.5
2011	100.0	12.8	47.0	40.2
2012	100.0	12.1	46.8	41.1
2013	100.0	11.0	46.4	42.6
2014	100.0	10.3	45.7	44.0
2015	100.0	9.6	44.4	46.0
2016	100.0	9.4	42.0	48.6
2017	100.0	8.9	39.8	51.3
2018	100.0	8.5	38.3	53.2
2019	100.0	9.1	37.5	53.4
2020	100.0	10.2	37.3	52.5
2021	100.0	9.4	37.9	52.7
2022	100.0	9.6	36.5	53.9
2023	100.0	9.1	36.8	54.1

2-4 地区生产总值发展速度
Growth Rate of GDP

单位：% (上年 =100) (preceding year=100) (%)

年份 Year	地区生产总值 Gross Domestic Product	第一产业 Primary Industry	第二产业 Secondary Industry	第三产业 Tertiary Industry	人均地区生产总值 Per Capita Gross Domestic Product
1978	116.4	111.7	121.8	115.6	115.2
1979	109.1	106.8	111.4	109.0	108.0
1980	105.2	98.9	111.0	105.4	103.9
1981	105.5	107.0	100.2	114.0	104.1
1982	109.4	113.0	106.0	108.1	107.7
1983	109.2	103.7	116.7	107.4	107.8
1984	109.4	106.6	109.7	115.2	108.3
1985	112.0	103.7	113.6	126.3	110.9
1986	108.1	105.2	107.7	113.9	106.8
1987	109.3	102.9	112.8	113.5	107.7
1988	108.2	97.7	115.0	111.7	106.2
1989	103.6	105.7	101.2	105.2	101.5
1990	104.0	103.2	104.6	104.0	102.4
1991	107.9	105.6	108.5	110.2	106.5
1992	111.1	103.5	117.3	113.5	110.3
1993	112.4	104.3	118.2	114.7	111.6
1994	110.6	105.4	115.4	110.1	109.9
1995	110.3	106.5	113.5	110.0	109.0
1996	112.1	106.2	116.3	112.2	111.0
1997	110.6	106.1	113.3	111.0	110.0
1998	108.5	100.9	111.5	110.9	107.9
1999	108.4	103.3	109.3	111.1	107.8
2000	109.0	103.9	110.6	110.5	108.5
2001	109.0	104.0	110.3	110.5	110.6
2002	109.0	102.6	110.9	110.5	110.7
2003	109.6	103.4	112.7	109.7	110.0
2004	111.1	107.3	114.5	109.7	110.8
2005	112.2	105.7	113.1	114.1	110.6
2006	112.8	104.7	117.3	111.8	111.2
2007	115.1	103.9	118.9	115.5	114.8
2008	114.1	105.1	115.6	115.4	113.7
2009	113.9	105.0	119.3	111.3	113.4
2010	114.6	104.2	120.3	111.5	112.9
2011	112.8	104.2	117.0	111.0	111.3
2012	111.4	102.8	113.0	112.1	111.2
2013	110.1	102.7	111.0	111.0	109.9
2014	109.5	104.5	109.6	110.7	109.3
2015	108.5	103.6	107.6	110.8	108.4
2016	108.0	103.3	106.8	110.1	107.9
2017	108.0	103.6	106.9	109.8	107.8
2018	107.8	103.5	107.4	109.1	107.8
2019	107.6	103.2	105.4	110.3	107.5
2020	103.8	103.7	104.5	103.2	103.7
2021	107.6	109.3	105.9	108.4	107.7
2022	104.2	103.1	104.9	103.9	104.5
2023	104.7	103.6	104.6	104.9	105.1

2–5 主要行业增加值发展速度
Growth Rate of Value Added by Sector

单位：% (上年 =100) (preceding year=100) (%)

年份 Year	农、林、牧、渔业 Agriculture, Forestry, Animal Husbandry and Fishery	工业 Industry	建筑业 Construction	批发和零售业 Wholesale and Retail Trade	交通运输、仓储和邮政业 Traffic, Transport, Storage and Post	金融业 Finance	房地产业 Real Estate
1978	111.7	121.6	123.3	116.2	110.7	115.3	104.0
1979	106.8	111.3	112.1	110.0	109.3	96.5	101.7
1980	98.9	109.7	120.4	102.3	104.5	97.8	110.4
1981	107.0	101.4	93.5	114.4	102.6	131.0	146.4
1982	113.0	106.1	105.4	90.3	109.6	137.3	110.3
1983	103.7	114.8	128.3	96.1	107.2	110.1	128.5
1984	106.6	113.0	91.7	122.2	113.9	111.9	110.0
1985	103.7	114.3	108.9	138.8	140.6	122.1	128.4
1986	105.2	108.5	102.0	113.8	112.6	135.3	100.9
1987	102.9	113.3	109.0	114.5	127.1	114.9	105.0
1988	97.7	115.3	112.7	107.2	120.4	104.6	109.5
1989	105.7	103.0	86.8	87.7	97.3	150.6	86.7
1990	103.2	104.5	105.5	82.1	113.7	109.0	109.0
1991	105.6	107.4	116.8	111.5	118.6	115.5	106.1
1992	103.5	116.8	120.8	108.8	112.8	130.3	110.6
1993	104.3	120.0	106.1	110.9	125.2	121.3	124.0
1994	105.4	115.9	111.6	107.1	110.6	105.7	112.0
1995	106.5	113.4	114.3	108.7	116.3	106.0	114.7
1996	106.2	116.8	112.4	109.2	117.8	110.6	117.1
1997	106.1	114.3	105.2	109.1	115.0	110.3	110.2
1998	100.9	111.2	114.1	109.4	113.4	105.2	113.3
1999	103.3	109.0	111.9	110.7	108.0	105.1	117.3
2000	103.9	110.5	111.4	111.4	114.5	106.0	109.2
2001	104.0	109.9	112.5	111.3	110.2	103.5	109.3
2002	102.6	111.0	110.4	111.5	109.9	103.2	111.2
2003	103.6	112.7	112.9	110.4	110.0	105.8	110.0
2004	107.4	114.0	117.0	109.7	113.6	102.5	106.6
2005	105.7	113.6	110.5	118.0	112.8	113.0	108.3
2006	104.7	118.2	112.5	112.5	111.0	115.6	112.7
2007	103.9	119.8	114.1	117.7	115.9	121.3	111.1
2008	105.2	116.3	111.8	119.7	116.0	118.5	107.8
2009	105.0	118.6	123.1	115.8	106.8	118.4	111.1
2010	104.3	121.2	115.6	112.5	112.9	109.5	110.3
2011	104.2	118.2	110.9	109.2	112.2	106.0	105.1
2012	103.0	113.7	109.4	108.8	111.1	114.0	107.9
2013	102.8	111.2	110.5	108.9	105.6	119.2	109.4
2014	104.6	109.3	111.2	108.4	104.6	124.3	103.9
2015	103.5	107.4	108.7	105.9	104.7	115.3	113.2
2016	103.5	106.5	108.0	106.8	102.7	108.0	110.0
2017	103.9	107.0	106.5	106.7	106.1	111.2	104.7
2018	103.7	107.4	107.1	104.8	102.3	102.9	106.5
2019	103.5	105.6	104.3	107.7	108.0	108.4	116.6
2020	103.9	104.9	102.7	101.3	101.5	107.4	103.7
2021	109.2	107.5	100.3	112.8	113.5	104.0	98.2
2022	103.8	106.1	100.7	103.1	103.8	103.9	96.5
2023	103.7	105.4	.102.5	107.9	112.1	103.5	96.5

2–6 地区生产总值指数
Indices of Gross Domestic Product

(1952 年 =100) (year of 1952=100)

年份 Year	地区生产总值 Gross Domestic Product	第一产业 Primary Industry	第二产业 Secondary Industry	第三产业 Tertiary Industry	人均地区生产总值 Per Capita Gross Domestic Product
1952	100.0	100.0	100.0	100.0	100.0
1953	108.4	99.9	131.5	122.5	105.3
1954	106.3	89.8	157.9	130.1	101.5
1955	126.0	110.3	190.0	139.6	118.4
1956	132.8	106.4	226.8	163.6	123.4
1957	152.9	129.2	253.4	171.0	139.0
1958	183.1	130.9	522.7	181.4	163.5
1959	199.3	113.5	661.3	245.4	174.9
1960	197.3	90.4	766.4	260.9	175.4
1961	127.2	82.8	332.6	164.4	116.5
1962	131.1	101.8	284.7	144.1	119.3
1963	126.3	92.8	307.2	141.1	111.4
1964	150.1	107.1	433.2	146.9	129.6
1965	169.7	111.7	559.2	164.5	142.9
1966	191.5	121.9	670.5	180.7	156.6
1967	192.1	130.9	610.8	181.9	152.9
1968	189.4	142.3	512.5	178.5	146.5
1969	209.4	138.3	685.2	203.6	157.4
1970	246.3	139.6	1007.3	221.3	180.6
1971	260.1	140.4	1124.1	237.9	184.9
1972	280.9	142.9	1286.0	263.6	195.1
1973	300.0	154.4	1363.1	278.7	204.3
1974	277.8	158.1	1072.8	273.9	185.1
1975	306.7	162.7	1327.0	292.6	200.1
1976	305.2	162.8	1291.2	299.3	196.2
1977	334.4	165.3	1563.7	321.4	212.3
1978	389.3	184.6	1904.5	371.6	244.6
1979	424.7	197.2	2121.6	405.0	264.2
1980	446.8	195.0	2355.0	426.9	274.5
1981	471.4	208.6	2359.7	486.6	285.7
1982	515.7	235.8	2501.3	526.1	307.7
1983	563.1	244.5	2919.0	565.0	331.8
1984	616.1	260.6	3202.2	650.9	359.3
1985	690.0	270.3	3637.7	822.1	398.4

2-6 续表 1 Continued

(1952 年 =100) (year of 1952=100)

年份 Year	地区生产总值 Gross Domestic Product	第一产业 Primary Industry	第二产业 Secondary Industry	第三产业 Tertiary Industry	人均地区生产总值 Per Capita Gross Domestic Product
1986	745.9	284.3	3917.8	936.3	425.5
1987	815.3	292.6	4419.3	1062.7	458.3
1988	882.1	285.8	5082.2	1187.1	486.7
1989	913.9	302.1	5143.1	1248.8	494.0
1990	950.4	311.8	5379.7	1298.7	505.9
1991	1025.5	329.3	5837.0	1431.2	538.8
1992	1139.3	340.8	6846.8	1624.4	594.3
1993	1280.6	355.4	8092.9	1863.2	663.2
1994	1416.4	374.6	9339.2	2051.4	728.8
1995	1562.2	399.0	10600.0	2256.5	794.4
1996	1751.3	423.7	12327.9	2531.8	881.8
1997	1936.9	449.6	13967.5	2810.3	970.0
1998	2101.5	453.6	15573.7	3116.7	1046.6
1999	2278.1	468.6	17022.1	3462.6	1128.3
2000	2483.1	486.8	18826.4	3826.2	1224.2
2001	2706.6	506.3	20765.5	4228.0	1354.0
2002	2950.2	519.5	23029.0	4671.9	1498.8
2003	3233.4	537.1	25953.7	5125.1	1648.7
2004	3592.3	576.4	29716.9	5622.2	1826.8
2005	4030.6	609.2	33609.9	6414.9	2020.4
2006	4546.5	637.8	39424.4	7171.9	2246.7
2007	5233.0	662.7	46875.6	8283.5	2579.2
2008	5970.8	696.5	54188.1	9559.2	2932.6
2009	6800.8	731.3	64646.5	10639.4	3325.5
2010	7793.7	762.1	77769.7	11862.9	3754.5
2011	8791.3	794.1	90990.5	13167.8	4178.8
2012	9793.5	816.3	102819.3	14761.1	4646.8
2013	10782.6	838.3	114129.4	16384.9	5106.8
2014	11807.0	876.1	125085.9	18138.0	5581.8
2015	12810.6	907.6	134592.4	20097.0	6050.6
2016	13835.4	937.6	143744.7	22126.7	6528.6
2017	14942.3	971.3	153663.0	24295.2	7037.9
2018	16107.8	1005.3	165034.1	26506.0	7586.8
2019	17332.0	1037.5	173945.9	29236.1	8155.8
2020	17990.6	1075.9	181773.5	30171.7	8457.6
2021	19357.9	1175.9	192498.1	32706.1	9108.8
2022	20170.9	1212.4	201930.6	33981.7	9518.7
2023	21118.9	1256.0	211219.4	35646.8	10004.2

2-6 续表 2 Continued

(1978 年 =100) (year of 1978=100)

年份 Year	地区生产总值 Gross Domestic Product	第一产业 Primary Industry	第二产业 Secondary Industry	第三产业 Tertiary Industry	人均地区生产总值 Per Capita Gross Domestic Product
1978	100.0	100.0	100.0	100.0	100.0
1979	109.1	106.8	111.4	109.0	108.0
1980	114.8	105.6	123.7	114.9	112.2
1981	121.1	113.0	123.9	131.0	116.8
1982	132.5	127.7	131.3	141.6	125.8
1983	144.7	132.4	153.3	152.1	135.6
1984	158.3	141.2	168.1	175.2	146.9
1985	177.2	146.4	191.0	221.2	162.9
1986	191.6	154.0	205.7	252.0	174.0
1987	209.4	158.5	232.0	286.0	187.4
1988	226.6	154.8	266.8	319.5	199.0
1989	234.7	163.7	270.0	336.1	202.0
1990	244.1	168.9	282.5	349.5	206.8
1991	263.4	178.4	306.5	385.2	220.2
1992	292.7	184.6	359.5	437.2	242.9
1993	329.0	192.5	424.9	501.4	271.1
1994	363.8	202.9	490.4	552.1	298.0
1995	401.3	216.1	556.6	607.3	324.8
1996	449.9	229.5	647.3	681.4	360.5
1997	497.5	243.5	733.4	756.3	396.5
1998	539.8	245.7	817.7	838.8	427.9
1999	585.2	253.8	893.8	931.9	461.2
2000	637.8	263.7	988.5	1029.7	500.5
2001	695.2	274.3	1090.3	1137.9	553.5
2002	757.8	281.4	1209.2	1257.3	612.7
2003	830.6	291.0	1362.7	1379.3	674.0
2004	922.8	312.2	1560.3	1513.1	746.8
2005	1035.3	330.0	1764.7	1726.4	825.9
2006	1167.9	345.5	2070.0	1930.1	918.5
2007	1344.2	359.0	2461.3	2229.3	1054.4
2008	1533.7	377.3	2845.2	2572.6	1198.8
2009	1746.9	396.2	3394.3	2863.3	1359.5
2010	2002.0	412.8	4083.4	3192.6	1534.8
2011	2258.2	430.1	4777.6	3543.8	1708.3
2012	2515.7	442.2	5398.7	3972.6	1899.6
2013	2769.8	454.1	5992.5	4409.6	2087.7
2014	3032.9	474.6	6567.8	4881.4	2281.8
2015	3290.7	491.6	7067.0	5408.6	2473.5
2016	3553.9	507.9	7547.5	5954.9	2668.9
2017	3838.3	526.2	8068.3	6538.5	2877.1
2018	4137.7	544.6	8665.3	7133.5	3101.5
2019	4452.1	562.0	9133.3	7868.2	3334.1
2020	4621.3	582.8	9544.3	8120.0	3457.5
2021	4972.5	637.0	10107.4	8802.1	3723.7
2022	5181.4	656.7	10602.6	9145.4	3891.3
2023	5424.9	680.4	11090.4	9593.5	4089.7

2-7 主要行业增加值指数
Indices of Value Added by Sector

(1978年=100)

(year of 1978=100)

年份 Year	农、林、牧、渔业 Agriculture, Forestry, Animal Husbandry and Fishery	工业 Industry	建筑业 Construction	批发和零售业 Wholesale and Retail Trade	交通运输、仓储和邮政业 Traffic, Transport, Storage and Post	金融业 Finance	房地产业 Real Estate
1978	100.0	100.0	100.0	100.0	100.0	100.0	100.0
1979	106.8	111.3	112.1	110.0	109.3	96.5	101.7
1980	105.6	122.1	135.0	112.5	114.2	94.4	112.3
1981	113.0	123.8	126.2	128.7	117.2	123.6	164.4
1982	127.7	131.4	133.0	116.2	128.4	169.7	181.3
1983	132.4	150.8	170.7	111.7	137.7	186.9	233.0
1984	141.2	170.4	156.5	136.5	156.8	209.1	256.3
1985	146.4	194.8	170.4	189.5	220.5	255.4	329.1
1986	154.0	211.3	173.8	215.6	248.3	345.5	332.0
1987	158.5	239.4	189.5	246.9	315.6	397.0	348.6
1988	154.8	276.1	213.5	264.7	379.9	415.2	381.7
1989	163.7	284.3	185.3	232.1	369.7	625.3	331.0
1990	168.9	297.1	195.5	190.6	420.3	681.6	360.8
1991	178.4	319.1	228.4	212.5	498.5	787.3	382.8
1992	184.6	372.7	275.9	231.2	562.3	1025.8	423.3
1993	192.5	447.3	292.7	256.4	704.0	1244.3	524.9
1994	202.9	518.4	326.7	274.6	778.6	1315.2	587.9
1995	216.1	587.9	373.4	298.5	905.6	1394.2	674.3
1996	229.5	686.6	419.7	325.9	1066.7	1541.9	789.7
1997	243.5	784.8	441.5	355.6	1226.8	1700.8	870.2
1998	245.7	872.7	503.8	389.0	1391.1	1789.2	985.9
1999	253.8	951.3	563.7	430.6	1502.4	1880.4	1156.5
2000	263.7	1051.2	628.0	479.7	1720.3	1993.3	1262.9
2001	274.3	1155.2	706.5	533.9	1895.8	2063.0	1380.4
2002	281.4	1282.3	780.0	595.4	2083.4	2129.0	1535.0
2003	291.5	1445.2	880.6	657.3	2291.8	2252.5	1688.4
2004	313.1	1647.5	1030.3	721.0	2603.5	2308.8	1799.9
2005	331.0	1871.5	1138.4	850.8	2936.7	2609.0	1949.3
2006	346.5	2212.2	1280.8	957.2	3259.7	3016.0	2196.8
2007	360.0	2650.2	1461.3	1126.6	3778.0	3658.4	2440.7
2008	378.7	3082.1	1633.8	1348.5	4382.5	4335.2	2631.1
2009	397.7	3655.4	2011.2	1561.6	4680.5	5132.9	2923.1
2010	414.8	4430.4	2324.9	1756.8	5284.3	5620.5	3224.2
2011	432.2	5236.7	2578.3	1918.4	5929.0	5957.7	3388.6
2012	445.2	5954.1	2820.7	2087.2	6587.1	6791.8	3656.3
2013	457.6	6621.0	3116.9	2273.0	6956.0	8095.9	4000.0
2014	478.7	7236.8	3466.0	2463.9	7276.0	10063.2	4156.0
2015	495.4	7772.3	3767.5	2609.3	7618.0	11602.8	4704.6
2016	512.8	8277.5	4068.9	2786.7	7823.6	12531.0	5175.1
2017	532.8	8856.9	4333.4	2973.4	8300.9	13934.5	5418.3
2018	552.5	9512.3	4641.1	3116.1	8491.8	14338.6	5770.5
2019	571.8	10045.0	4840.6	3356.1	9171.1	15543.1	6728.4
2020	594.1	10537.2	4971.3	3399.7	9308.7	16693.2	6977.3
2021	648.8	11327.5	4986.2	3834.9	10565.4	17361.0	6851.7
2022	673.4	12018.5	5021.1	3953.8	10966.9	18038.1	6611.9
2023	698.4	12667.5	5146.7	4266.1	12293.9	18669.4	6380.5

2-8 三次产业对地区生产总值增长的贡献率和拉动
Contribution Share and Contribution of the Three Strata of Industry to the Growth of GDP

本表按不变价格计算
Data in this table are calculated at constant prices

年份 Year	贡献率（%） Contribution Share (%)				拉动（百分点） Contribution (percentage points)				
	第一产业 Primary Industry	第二产业 Secondary Industry	第三产业 Tertiary Industry	#工业 Industry	地区生产总值 Gross Regional Product	第一产业 Primary Industry	第二产业 Secondary Industry	第三产业 Tertiary Industry	#工业 Industry
1990	25.7	49.3	25.0	43.7	4.0	1.0	2.0	1.0	1.7
1991	26.6	36.1	37.3	27.8	7.9	2.1	2.9	2.9	2.2
1992	11.6	52.6	35.8	44.7	11.1	1.3	5.8	4.0	5.0
1993	11.9	52.3	35.8	50.0	12.4	1.5	6.5	4.4	6.2
1994	16.2	54.4	29.4	49.7	10.6	1.7	5.8	3.1	5.3
1995	19.1	51.3	29.6	45.2	10.3	2.0	5.3	3.0	4.7
1996	15.0	54.2	30.8	49.5	12.1	1.8	6.6	3.7	6.0
1997	15.9	52.4	31.7	50.2	10.6	1.7	5.5	3.4	5.3
1998	2.8	57.9	39.3	50.6	8.5	0.2	4.9	3.4	4.3
1999	9.7	48.7	41.6	42.2	8.4	0.8	4.1	3.5	3.5
2000	10.2	52.2	37.6	46.2	9.0	0.9	4.7	3.4	4.2
2001	9.8	41.7	48.5	33.9	9.0	0.9	3.7	4.4	3.1
2002	6.1	44.6	49.3	38.0	9.0	0.6	4.0	4.4	3.4
2003	7.0	49.7	43.3	41.9	9.6	0.7	4.8	4.1	4.0
2004	12.4	50.2	37.4	41.0	11.1	1.4	5.6	4.1	4.6
2005	8.4	42.7	48.9	37.2	12.2	1.0	5.2	6.0	4.5
2006	6.2	53.0	40.8	46.6	12.8	0.8	6.8	5.2	6.0
2007	4.0	51.1	44.9	45.0	15.1	0.6	7.7	6.8	6.8
2008	5.2	46.8	48.0	41.4	14.1	0.7	6.6	6.8	5.8
2009	4.7	59.2	36.1	48.7	13.9	0.7	8.2	5.0	6.8
2010	3.5	62.3	34.2	55.0	14.6	0.5	9.1	5.0	8.0
2011	4.4	60.1	35.5	53.9	12.8	0.6	7.7	4.5	6.9
2012	3.1	53.7	43.2	47.8	11.4	0.4	6.1	4.9	5.5
2013	3.0	52.0	45.0	45.1	10.1	0.3	5.3	4.5	4.6
2014	5.0	48.3	46.7	40.2	9.5	0.5	4.6	4.4	3.8
2015	4.2	42.7	53.1	35.5	8.5	0.4	3.6	4.5	3.0
2016	3.9	37.7	58.4	29.8	8.0	0.3	3.0	4.7	2.4
2017	4.2	38.0	57.8	31.7	8.0	0.4	3.0	4.6	2.5
2018	4.0	40.7	55.3	33.8	7.8	0.3	3.2	4.3	2.6
2019	3.6	30.5	65.9	26.0	7.6	0.3	2.3	5.0	2.0
2020	7.9	50.1	42.0	44.9	3.8	0.3	1.9	1.6	1.7
2021	12.5	29.2	58.3	29.0	7.6	1.0	2.2	4.4	2.2
2022	7.6	43.3	49.1	42.7	4.2	0.3	1.8	2.1	1.8
2023	7.8	36.5	55.7	34.1	4.7	0.4	1.7	2.6	1.6

主要统计指标解释

国内生产总值(GDP) 指一个国家所有常住单位在一定时期内生产活动的最终成果。国内生产总值有三种表现形态，即价值形态、收入形态和产品形态。从价值形态看，它是所有常住单位在一定时期内生产的全部货物和服务价值与同期投入的全部非固定资产货物和服务价值的差额，即所有常住单位的增加值之和；从收入形态看，它是所有常住单位在一定时期内创造的各项收入之和，包括劳动者报酬、生产税净额、固定资产折旧和营业盈余；从产品形态看，它是所有常住单位在一定时期内最终使用的货物和服务价值与货物和服务净出口价值之和。在实际核算中，国内生产总值有三种计算方法,即生产法、收入法和支出法。三种方法分别从不同的方面反映国内生产总值及其构成。

对于一个地区来说，称为地区生产总值或地区 GDP。

三次产业 三次产业的划分是世界上较为常用的产业结构分类，但各国的划分不尽一致。根据《国民经济行业分类》（GB/T 4754-2017）和《三次产业划分规定》，我国的三次产业划分是：

第一产业是指农、林、牧、渔业（不含农、林、牧、渔专业及辅助性活动）。

第二产业是指采矿业（不含开采专业及辅助性活动），制造业（不含金属制品、机械和设备修理业），电力、热力、燃气及水生产和供应业，建筑业。

第三产业即服务业，是指除第一产业、第二产业以外的其他行业。

当年价格 指报告期的实际价格，如工业品的出厂价格，农产品的收购价格，商业的零售价格等。按当年价格计算，是指一些以货币表现的物量指标，如工农业总产值、国内生产总值等，按照当年的实际价格来计算总量。使用当年价格计算的数字，是为了使国民经济各项指标互相衔接，便于考察当年社会经济效益，便于对生产流通、生产和分配、生产和消费进行经济核算和综合平衡。

按当年价格计算的价值指标，在不同年份之间进行对比时，因为包含有各年间价格变动的因素，不能确切地反映实物量的增减变动。必须消除价格变动因素后，才能真实反映经济发展动态。因此，在计算增长速度时都使用按可比价格计算的数字。

可比价格 指计算各种总量指标所采用的扣除了价格变动因素的价格，可进行不同时期总量指标的对比。按可比价格计算总量指标有两种方法：一种是直接用产品产量乘某一年的不变价格计算；另一种是用价格指数进行换算。

Explanatory Notes on Main Statistical Indicators

Gross Domestic Product (GDP) refers to the final products produced by all resident units in a country during a certain period of time. Gross domestic product is expressed in three different perspectives, namely value, income and products respectively. GDP in its value perspective refers to the balance of total value of all goods and services produced by all resident units during a certain period of time, minus the total value of input of goods and services of the nature of non-fixed assets; in other words, it is the sum of the value-added of all resident units. GDP from the perspective of income refers to the sum of all kinds of revenue, including Compensation of Employees, Net Taxes on Production, Depreciation of Fixed Assets, and Operating Surplus. GDP from the perspective of products refers to the value of all goods and services for final demand by all resident units plus the net exports of goods and services during a given period of time. In the practice of national accounting, gross domestic product is calculated from three approaches, namely production approach, income approach and expenditure approach, which reflect gross domestic product and its composition from different angles.

For a region, it is called as Gross Regional Product(GRP) or regional GDP.

Three Strata of Industry Classification of economic activities into three strata of industries is a common practice in the world, although the grouping varies to some extent from country to country. In China, according to *Industrial Classification for National Economic Activities (GB/T 4754-2017) and Rules on Division of Three Strata of Industries*, economic activities are categorized into the following three strata of industries:

Primary industry refers to agriculture, forestry, animal husbandry and fishery industries (not including services in support of agriculture, forestry, animal husbandry and fishery industries).

Secondary industry refers to mining and quarrying (not including support activities for mining), manufacturing (not including repair service of metal products, machinery and equipment), production and supply of electricity, heat, gas and water, and construction.

Tertiary industry refers to all other economic activities not included in the primary or secondary industries.

Current Price refers to the actual price during the reporting period, such as Ex-factory Price of Industrial Products, purchasing price of agricultural produces and retail price. Some indicators calculated at current price are volume indicators in the value form, such as total value of output of industrial and agricultural industries and GDP, etc. Data calculated at current price are useful when it comes to evaluating the economic development and analyzing different aspects of economy, such as production, circulation, distribution and consumption.

When the different indicators calculated at current price are compared, it is in evitable that price changes will affect the comparison. Therefore, the change in volume cannot be showed. In order to eliminate the effect of price and reflect economic development, growth rate is calculated at current price.

Constant Price refers to the price without the effect of price change. By using constant price, total amount indices of different periods can be compared. There are two methods in which total amount indices are obtained, one using current price of some year to multiply the physical volume of certain products and the other using price index.

03

人　口

Population

资料整理人员：杨　耒　　赵　宏

3-1 户籍人口数
Household Population

年份 Year	总户数（万户） Total Households (10 000 households)	总人口（万人） Total Population (10 000 persons)	按性别分 By Gender 男 Male	女 Female	按城乡分 By Residence 城镇 Urban	乡村 Rural
1949	689.40	2986.83	1558.45	1428.38	235.95	2750.88
1950	683.75	3074.34	1601.97	1472.37	245.79	2828.55
1951	743.32	3190.67	1664.24	1526.43	255.57	2935.10
1952	830.46	3271.20	1707.79	1563.41	259.08	3012.12
1953	836.11	3349.70	1751.22	1598.48	260.55	3089.15
1954	844.34	3429.02	1807.89	1621.13	277.21	3151.81
1955	855.56	3472.83	1831.58	1641.25	327.94	3144.89
1956	870.53	3507.43	1836.26	1671.17	329.02	3178.41
1957	883.15	3603.24	1887.55	1715.69	314.67	3288.57
1958	881.54	3672.72	1919.61	1753.11	352.78	3319.94
1959	874.96	3691.95	1933.47	1758.48	494.52	3197.43
1960	891.98	3569.37	1857.07	1712.30	404.63	3164.74
1961	932.08	3507.98	1819.55	1688.43	477.73	3030.25
1962	928.07	3600.26	1870.89	1729.37	384.66	3215.60
1963	920.52	3715.20	1926.81	1788.39	375.34	3339.86
1964	920.20	3785.13	1965.75	1819.38	429.54	3355.59
1965	934.09	3901.47	2022.78	1878.69	405.64	3495.83
1966	939.30	4009.65	2079.48	1930.17	411.87	3597.78
1967	953.11	4122.56	2138.25	1984.31	429.40	3693.16
1968	967.12	4238.65	2198.68	2039.97	446.93	3791.72
1969	981.34	4358.01	2260.82	2097.19	464.46	3893.55
1970	995.77	4480.76	2324.73	2156.03	481.97	3998.79
1971	1044.49	4598.27	2384.91	2213.36	470.86	4127.41
1972	1055.62	4700.56	2438.55	2262.01	489.75	4210.81
1973	1069.65	4809.79	2497.79	2312.00	506.49	4303.30
1974	1082.86	4900.86	2545.64	2355.22	522.34	4378.52
1975	1102.82	4991.36	2594.18	2397.18	531.82	4459.54
1976	1125.37	5056.81	2629.85	2426.96	544.71	4512.10
1977	1149.83	5111.83	2657.88	2453.95	561.21	4550.62
1978	1167.53	5165.91	2684.80	2481.11	593.86	4572.05
1979	1184.84	5223.05	2712.32	2510.73	639.60	4583.45
1980	1197.88	5280.95	2740.40	2540.55	671.05	4609.90
1981	1228.84	5360.05	2783.12	2576.93	694.72	4665.33
1982	1251.33	5452.12	2831.03	2621.09	774.75	4677.37
1983	1273.06	5509.43	2864.09	2645.34	794.46	4714.97
1984	1299.34	5561.32	2893.92	2667.40	857.56	4703.76
1985	1334.54	5622.49	2928.44	2694.05	915.90	4706.59

注：1995 年以前的人口数均为年报数；2000 年和 2010 年的人口数根据人口普查有关数据推算，其余各年人口数均根据人口变动抽样调查资料推算。2015 年起，为公安户籍统计数据，由公安部门提供。

The data on the total population are collected from the year-reports before 1995. The data on the total population in 2000 and 2010 are collected from population surveys. The data of other years are estimated on the basis of the data collected from the sample surveys on population changes. Since 2015, it is public security household statistics, provided by the Public Security Department.

3-1 续表 Continued

年份 Year	总户数（万户）Total Households (10 000 households)	总人口（万人）Total Population (10 000 persons)	按性别分 By Gender		按城乡分 By Residence	
			男 Male	女 Female	城镇 Urban	乡村 Rural
1986	1407.45	5695.73	2966.85	2728.88	963.15	4732.58
1987	1485.85	5782.61	3012.59	2770.02	1003.28	4779.33
1988	1562.45	5915.68	3079.65	2836.03	1044.12	4871.56
1989	1623.00	6013.62	3130.76	2882.86	1049.25	4964.37
1990	1661.65	6110.89	3178.31	2932.58	1072.46	5038.43
1991	1697.69	6166.33	3208.42	2957.91	1147.86	5018.47
1992	1725.72	6207.78	3231.73	2976.05	1217.74	4990.04
1993	1745.47	6245.58	3249.20	2996.38	1205.95	5039.63
1994	1765.67	6302.58	3279.07	3023.51	1356.56	4946.02
1995	1796.19	6392.00	3322.27	3069.73	1550.99	4841.01
1996	1799.97	6428.00	3339.25	3088.75	1606.95	4821.05
1997	1798.83	6465.00	3356.43	3108.57	1629.00	4836.00
1998	1809.00	6502.00	3374.33	3127.67	1684.00	4818.00
1999	1814.64	6532.00	3389.32	3142.68	1724.00	4808.00
2000	1874.87	6562.05	3422.77	3139.28	1952.21	4609.84
2001	1884.47	6595.85	3409.72	3186.13	2031.52	4564.33
2002	1899.30	6628.50	3433.56	3194.94	2121.12	4507.38
2003	1929.59	6662.80	3453.33	3209.47	2232.04	4430.76
2004	1991.34	6697.70	3470.75	3226.95	2377.68	4320.02
2005	2031.01	6732.10	3490.59	3241.51	2490.88	4241.22
2006	2048.17	6768.10	3513.35	3254.75	2619.93	4148.17
2007	2085.91	6805.70	3533.87	3271.83	2752.91	4052.79
2008	2113.88	6845.20	3549.30	3295.90	2885.25	3959.95
2009	2126.05	6900.20	3583.24	3316.96	2980.89	3919.31
2010	2152.90	7089.53	3674.49	3415.04	3069.77	4019.76
2011	2186.60	7135.60	3699.10	3436.50	3218.16	3917.44
2012	2224.69	7179.87	3725.63	3454.24	3349.41	3830.46
2013	2286.57	7147.28	3712.32	3434.96	3427.84	3719.44
2014	2313.58	7202.29	3740.97	3461.32	3549.29	3653.00
2015	2330.12	7242.02	3761.09	3480.93	2037.29	5204.73
2016	2353.70	7318.81	3797.57	3521.24	2187.82	5130.99
2017	2363.83	7296.26	3781.75	3514.51	2446.87	4849.39
2018	2383.84	7326.62	3796.24	3530.38	2519.76	4806.86
2019	2386.27	7319.53	3794.45	3525.08	2557.35	4762.18
2020	2410.59	7295.58	3778.99	3516.59	2630.82	4664.76
2021	2407.89	7246.26	3755.24	3491.02	2715.30	4530.96
2022	2404.93	7211.25	3737.18	3474.07	2714.51	4496.74
2023	2407.81	7197.75	3729.75	3468.00	2725.01	4472.74

3-2 人口出生率、死亡率、自然增长率
Birth Rate, Death Rate and Natural Growth Rate of Population

年份 Year	出生率(‰) Birth Rate(‰)	死亡率(‰) Death Rate(‰)	自然增长率(‰) Natural Growth Rate(‰)	出生人口数(万人) Population of Birth (10 000 persons)	死亡人口数(万人) Population of Death (10 000 persons)	自然增长人数(万人) Population of Natural Growth (10 000 persons)
1950	37.00	20.00	17.00	112.13	60.61	51.52
1951	37.00	19.00	18.00	115.90	59.52	56.39
1952	37.00	19.00	18.00	119.54	61.39	58.16
1953	36.00	17.00	19.00	119.18	56.28	62.90
1954	37.85	17.54	20.31	128.29	59.45	68.84
1955	31.10	16.36	14.74	107.32	56.46	50.87
1956	29.59	11.51	18.08	103.27	40.17	63.10
1957	33.47	10.41	23.06	119.00	37.01	81.99
1958	29.96	11.65	18.32	108.99	42.38	66.61
1959	24.00	12.99	11.00	88.38	47.83	40.54
1960	19.49	29.42	–9.93	70.76	106.81	–36.05
1961	12.51	17.48	–4.97	44.27	61.86	–17.59
1962	41.40	10.23	31.16	147.14	36.36	110.78
1963	47.29	10.26	37.03	172.97	37.53	135.45
1964	42.20	12.88	29.31	158.26	48.30	109.95
1965	42.25	11.19	31.06	162.38	43.01	119.37
1966	37.23	10.15	27.08	147.27	40.15	107.12
1967	35.61	9.89	25.72	144.79	40.21	104.58
1968	33.99	9.63	24.36	142.10	40.26	101.84
1969	32.37	9.37	23.00	139.14	40.28	98.86
1970	30.75	9.11	21.64	135.90	40.26	95.64
1971	29.13	8.86	20.26	132.24	40.22	92.02
1972	29.93	9.01	20.91	139.16	41.89	97.27
1973	29.21	8.05	21.15	138.90	38.28	100.62
1974	27.11	8.67	18.44	131.63	42.10	89.53
1975	25.04	8.34	16.70	123.85	41.25	82.60
1976	20.07	7.70	12.36	100.83	38.69	62.15
1977	18.61	7.79	10.82	94.62	39.61	55.01
1978	17.40	7.01	10.39	89.42	36.02	53.39
1979	17.84	7.12	10.72	92.67	36.98	55.68
1980	17.68	6.88	10.80	92.86	36.13	56.72
1981	21.11	7.03	14.08	112.32	37.40	74.91
1982	21.98	6.77	15.21	118.83	36.60	82.23
1983	16.48	6.79	9.69	90.32	37.21	53.11
1984	16.66	7.20	9.46	92.22	39.85	52.36
1985	18.16	6.47	11.69	101.55	36.18	65.37

3–2 续表 Continued

年份 Year	出生率（‰） Birth Rate（‰）	死亡率（‰） Death Rate（‰）	自然增长率（‰） Natural Growth Rate（‰）	出生人口数（万人） Population of Birth (10 000 persons)	死亡人口数（万人） Population of Death (10 000 persons)	自然增长人数（万人） Population of Natural Growth (10 000 persons)
1986	19.90	6.30	13.60	112.62	35.65	76.96
1987	23.62	7.07	16.55	135.56	40.58	94.98
1988	23.32	6.82	16.50	136.40	39.89	96.51
1989	22.91	7.07	15.84	136.65	42.17	94.48
1990	23.93	7.23	16.70	145.07	43.83	101.24
1991	20.50	7.30	13.20	125.84	44.81	81.03
1992	16.70	7.30	9.40	103.32	45.17	58.16
1993	14.08	7.13	6.95	87.67	44.40	43.28
1994	13.88	7.03	6.85	87.08	44.11	42.98
1995	13.02	7.15	5.87	82.64	45.38	37.26
1996	12.81	7.20	5.61	82.11	46.15	35.96
1997	12.59	6.99	5.60	81.16	45.06	36.10
1998	12.31	7.10	5.21	79.81	46.03	33.78
1999	11.72	7.12	4.60	76.38	46.40	29.98
2000	11.45	6.79	4.66	74.96	44.45	30.51
2001	11.80	6.72	5.08	77.63	44.21	33.42
2002	11.56	6.70	4.86	76.44	44.30	32.14
2003	11.82	6.87	4.95	78.55	45.66	32.90
2004	11.89	6.80	5.09	79.43	45.43	34.00
2005	11.90	6.75	5.15	79.91	45.33	34.58
2006	11.92	6.73	5.19	80.46	45.43	35.03
2007	11.96	6.71	5.25	81.17	45.54	35.63
2008	12.68	7.28	5.40	86.55	49.69	36.86
2009	13.05	6.94	6.11	89.69	47.70	41.99
2010	13.10	6.70	6.40	91.63	46.87	44.77
2011	14.44	7.36	7.08	94.95	48.37	46.59
2012	14.76	7.62	7.14	97.20	50.17	47.03
2013	14.66	7.56	7.10	96.71	49.86	46.85
2014	13.74	7.00	6.74	90.77	46.26	44.51
2015	13.88	7.01	6.87	91.80	46.37	45.43
2016	13.94	7.20	6.74	92.31	47.69	44.62
2017	13.69	7.31	6.39	90.78	48.43	42.35
2018	12.64	7.34	5.30	83.86	48.71	35.15
2019	10.81	7.58	3.24	71.78	50.29	21.49
2020	8.53	7.92	0.61	56.64	52.61	4.03
2021	7.13	8.28	−1.15	47.30	54.93	−7.63
2022	6.23	8.54	−2.31	41.20	56.50	−15.30
2023	6.00	9.08	−3.08	39.50	59.80	−20.30

注：根据“七人普”对2011年–2019年全省常住人口修订结果，对相应年份出生率、死亡率、自然增长率进行同步修订。

The birth rate, death rate and natural growth rate of the corresponding years were simultaneously revised according to the revision results of the provincial resident population from 2011 to 2019 by the "Seven People's General Population".

3−3 常住人口
Resident Population

年份 Year	总户数（万户） Total Households (10 000 households)	总人口（万人） Total Population (10 000 persons)	按性别分 By Gender		按城乡分 By Residence		城镇化率 (%) Urbanization Rate
			男 Male	女 Female	城镇 Urban	乡村 Rural	
2010	1926.98	6570.10	3377.65	3192.45	2845.01	3725.09	43.30
2011	2005.51	6581.00	3402.10	3193.50	2959.47	3621.53	44.97
2012	2015.84	6590.00	3428.60	3210.33	3045.89	3544.11	46.22
2013	2032.76	6600.00	3451.46	3239.14	3143.58	3456.42	47.63
2014	2043.79	6611.00	3471.13	3266.11	3238.06	3372.94	48.98
2015	2054.74	6615.00	3496.11	3286.92	3359.75	3255.25	50.79
2016	2076.60	6625.00	3517.61	3304.41	3491.37	3133.63	52.70
2017	2118.60	6633.00	3534.75	3325.40	3622.94	3010.06	54.62
2018	2133.12	6635.00	3558.40	3340.37	3721.57	2913.43	56.09
2019	2143.04	6640.00	3570.95	3347.43	3814.68	2825.32	57.45
2020	2389.20	6645.39	3400.02	3245.37	3905.13	2740.26	58.76
2021	2368.58	6622.00	3392.00	3230.00	3954.01	2667.99	59.71
2022	2373.62	6604.00	3380.00	3224.00	3983.00	2621.00	60.31
2023	2362.07	6568.00	3363.80	3204.20	4017.00	2551.00	61.16

3-4 第1-4次全国人口普查基本情况

Basic Statistics on National Population of 1st-4th Censuses

单位：万人 (10 000 persons)

指 标	Item	第一次 1953 First	第二次 1964 Second	第三次 1982 Third	第四次 1990 Fourth
总户数 （万户）	**Total Households (10 000 households)**	**836.11**	**916.20**	**1233.88**	**1573.79**
家庭户	Family Households			1227.89	1564.88
集体户	Collective Households			5.99	8.91
总人口	**Total Population**	**3322.69**	**3718.23**	**5401.05**	**6065.80**
男性人口	Male	1752.64	1931.70	2805.23	3149.76
女性人口	Female	1570.05	1786.53	2595.82	2916.04
#育龄妇女（15-49岁）	#Women at Childbearing Age (Age 15-49)	750.73	819.43	1301.08	1607.99
各年龄组人口	**Population by Age**				
0-6岁	Age 0-6	669.02	706.05	701.81	869.47
7-14岁	Age 7-14	519.19	768.91	1131.16	826.93
劳动年龄人口	Population within Working Age	1720.75	1878.68	2936.91	3618.26
男60、女55岁以上人口	Males Aged 60 and Females Aged 55 and Over	319.57	285.00	503.39	628.16
民族人口	**Population by Nationality**				
汉族	Han Nationality	3254.67	3589.80	5180.92	5583.42
少数民族	Minority Nationalities	68.02	128.43	220.13	482.38
15岁以上婚姻人口	**Marital Status of Population Aged 15 and Over**				
未婚	Unmarried			1009.86	1099.89
有配偶	Married			2271.76	2963.86
丧偶	Widowed			262.16	278.87
离婚	Divorced			24.31	26.77
6岁以上文化程度人口	**Population Aged 6 and Over by Educational Level**				
大学本科	Undergraduates		9.77	24.56	20.72
大学专科	Junior College Student				48.27
中专	Specialized Secondary School		40.99	353.64	81.82
高中	Senior Secondary School				404.79
初中	Junior Secondary School		160.27	932.53	1370.42
小学	Primary School		1256.03	2325.78	2552.16
不识字或识字很少	Illiterate and Semi-Illiterate		1255.57	1173.52	822.76
#文盲、半文盲人口	#Illiterate and Semi-Illiterate Aged 15 and Over		1255.57	943.97	742.56
在业人口	**Employed Population**			**2827.75**	**3489.74**
不在业人口	**Unemployed Population**			**740.34**	**879.65**
市镇县人口	**Population of Cities,Towns and Counties**				
市	Cities	134.97	161.31	507.43	765.62
镇	Towns	157.57	160.79	260.00	328.20
县	Counties	3030.15	3396.13	4633.62	4971.98

注：1. 劳动年龄人口指男16-59岁，女16-54岁人口。

2. 各年龄组人口缺15岁人口和年龄不详人口，加总不等于总人口。

3. 由于四次普查所设指标不同，故此表空栏处均表示该年度普查无此调查项目。

4. 1964年人口普查时，6-12岁不在校儿童没有调查其相当的文化程度，故各项文化程度人口加总不等于6周岁及以上人口数。

a. Working age range refers to 16-59 years for men and 16-54 years for women.

b. The sum of the population of the age group is not equal to the total population, because the population aged 15 is not shown and there is population whose true age is unknown.

c. Since the quota in the four population censuses were set differently, the blank space indicates the absence of this item of the year.

d. Data in 1964 excludes the children in school aged from 6-12, thus the sum of the population at all education levels does not equal to the population aged above six.

3-5 第五次全国人口普查基本情况
Basic Statistics on National Population of Fifth Censuses

单位：万人 (10 000 persons)

指 标		Item		数量 Volume
总户数	**(万户)**	**Number of Households**	**(10 000 households)**	**1800.38**
家庭户		Family Households		1766.21
集体户		Collective Households		34.17
总人口		**Total Population**		**6327.42**
家庭户人口		Family Household Population		6106.15
集体户人口		Collective Household Population		221.27
平均家庭户规模	**(人/户)**	**Average Family Size**	**(person/household)**	**3.46**
总人口中：男性人口		**In Total:** Male		3299.37
女性人口		Female		3028.05
性别比		Sex Ratio		108.96
总人口中：汉族人口		**In Total:** Han Nationality		5686.35
少数民族人口		Minority Nationalities		641.07
少数民族人口比重	(%)	Percentage of Minority Nationalities Population	(%)	10.13
总人口中：市镇人口		**In Total:** Urban Population		1915.92
乡村人口		Rural Population		4524.15
总人口中：0-5 岁人口		**In Total:** Age 0-5		387.71
6-14 岁人口		Age 6-14		1012.25
15-64 岁人口		Age 15-64		4454.80
65 岁以上人口		Aged 65 and Over		472.66
6 周岁及以上人口		**Population Aged 6 and Over by Educational Level**		**5939.70**
未上过学		No Schooling		298.22
扫盲班		Literacy Courses		67.69
小学		Primary School		2421.99
初中		Junior Secondary School		2259.38
高中和中专		Senior and Specialized Secondary School		707.25
大专及以上		Junior College or Above		185.17
每十万人口中：小学文化	(人)	**Per 100000 Population:** Primary School	(person)	38278
初中文化	(人)	Junior Secondary School	(person)	35708
高中和中专	(人)	Senior and Specialized Secondary School	(person)	11177
大专及以上	(人)	Junior College or Above	(person)	2926
文盲、半文盲人口		**Population of Illiterate and Semi Literate**		**294.96**
文盲率	**(%)**	**Illiterate Rate**	**(%)**	**5.99**
普查年度出生率	**(‰)**	**Birth Rate in Census Year**	**(‰)**	**11.45**
普查年度死亡率	**(‰)**	**Death Rate in Census Year**	**(‰)**	**6.79**
普查年度自然增长率	**(‰)**	**Natural Growth Rate in Census Year**	**(‰)**	**4.66**

注：1. 表中的各项数据均按普查登记的口径计算，不包括本省外出的人口，包括外省来本省的人口。

2. 普查年度是指 1999 年 11 月 1 日 0 时至 2000 年 10 月 31 日 24 时。

3. 城乡人口是按国家统计局 1999 年发布的《关于统计上划分城乡的规定（试行）》计算。

a. The data in table are calculated according to the approach of censuses. The data excluded the population of going to other provinces and included the population from other provinces.

b. The censuses year is 1999-11-1 zero o'clock to 2000-10-31 24 o'clock.

c. The urban population and rural population are calculated according to the 《regulations concerning plot out urban and rural in the statistical (test run) 》promulgated in 1999.

3-6 第六次全国人口普查基本情况
Basic Statistics on National Population of Sixth Censuses

单位：万人 (10 000 persons)

指　标		Item		数量 Volume
家庭户	**（万户）**	**Number of Households**	**(10 000 households)**	**1862.57**
总人口		**Total Population**		**6570.08**
家庭户人口		Family Household Population		6191.14
集体户人口		Collective Household Population		378.93
平均家庭户规模	**（人/户）**	**Average Family Size**	**(person/household)**	**3.32**
总人口中：		**In Total**		
男性人口		Male		3377.65
女性人口		Female		3192.43
性别比		Sex Ratio		105.80
总人口中：		**In Total**		
0-14 岁人口		Age 0-14		1157.65
15-64 岁人口		Age 15-64		4770.49
65 岁以上人口		Aged 65 and Over		641.94
0-14 岁人口比重	（%）	Proportion of Age 0-14	(%)	17.62
15-64 岁人口比重	（%）	Proportion of Age 15-64	(%)	72.61
65 岁以上人口比重	（%）	Proportion of Aged 65 and Over	(%)	9.77
受教育程度		**Population Aged 6 and Over by Educational Level**		
小　学		Primary School		1760.09
初　中		Junior Secondary School		2597.71
高中和中专		Senior and Specialized Secondary School		1013.39
大专及以上		Junior College or Above		499.19
每十万人口中：		**Per 100000 Population**		
小学文化	（人）	Primary School	(person)	26790
初中文化	（人）	Junior Secondary School	(person)	39539
高中和中专	（人）	Senior and Specialized Secondary School	(person)	15425
大专及以上	（人）	Junior College or Above	(person)	7598
文盲、半文盲人口		**Population of Illiterate and Semi Literate**		**175.43**
文盲率	**（%）**	**Illiterate Rate**	**(%)**	**3.24**

注：1. 以上数据均为 2010 年人口普查机器汇总数。

2. 普查登记的对象是指普查标准时点在中华人民共和国境内的自然人以及在中华人民共和国境外但未定居的中国公民，不包括在中华人民共和国境内短期停留的境外人员。

3. 总人口，是普查登记的 2010 年 11 月 1 日零时的常住人口。常住人口包括，居住在本乡镇街道、户口在本乡镇街道或户口待定的人；居住在本乡镇街道、离开户口所在的乡镇街道半年以上的人；户口在本乡镇街道、外出不满半年或在境外工作学习的人。

4. 家庭户是指以家庭成员关系为主、居住一处共同生活的人组成的户。

5. 文盲率是指全省常住人口中 15 岁及以上不识字人口所占比重。

a. All figures above are machine results of the 2010 Population Census.

b. The population census covers all natural persons residing in the territory of the People's Republic of China and the Chinese citizens residing outside but not permanently settled down in locations beyond the territory of the People's Republic of China at the census reference time, excluding foreigners temporarily staying in the territory of the People's Republic of China.

c. The population, which was registered on zero hour of November 1,2010. Resident population of a given town/street include: people living in the current town/street where their household registration is located or with their household registration to be settled; people living in the current town/street and leaving the town/street of their household registration for over 6 months; people leaving the town/street of their household registration for less than 6 months or working or studying overseas, with their household registration located in the current town/street.

d. Population of family households refer to households consists of persons, bonded by family relations, staying under the same roof and sharing living arrangement.

e. Illiterate rate refers to the population over 15 years of age who cannot read divided by the Resident population of the Whole province.

3–7 第七次全国人口普查基本情况
Basic Statistics on National Population of Seventh Censuses

单位：万人 (10 000 persons)

指　标		Item		数量 Volume
家庭户	**（万户）**	**Number of Households**	**(10 000 households)**	**2287.83**
总人口		Total Population		6644.49
家庭户人口		Family Household Population		6112.11
集体户人口		Collective Household Population		532.38
平均家庭户规模	**（人/户）**	**Average Family Size**	**(person/household)**	**2.67**
总人口中:		**In Total**		
男性人口		Male		3399.57
女性人口		Female		3244.92
性别比		Sex Ratio		104.77
总人口中:		**In Total**		
0–14 岁人口		Age 0–14		1296.95
15–59 岁人口		Age 15–59		4026.41
60 岁以上人口		Aged 60 and Over		1321.13
65 岁以上人口		Aged 65 and Over		984.21
0–14 岁人口比重	（%）	Proportion of Age 0–14	(%)	19.52
15–59 岁人口比重	（%）	Proportion of Age 15–59	(%)	60.60
60 岁以上人口比重	（%）	Proportion of Aged 60 and Over	(%)	19.88
65 岁以上人口比重	（%）	Proportion of Aged 65 and Over	(%)	14.81
受教育程度		**Population Aged 6 and Over by Educational Level**		
小　学		Primary School		1675.31
初　中		Junior Secondary School		2367.82
高中和中专		Senior and Specialized Secondary School		1181.10
大专及以上		Junior College or Above		813.22
每十万人口中:		**Per 100000 Population**		
小学文化	（人）	Primary School	(person)	25214
初中文化	（人）	Junior Secondary School	(person)	35636
高中和中专	（人）	Senior and Specialized Secondary School	(person)	17776
大专及以上	（人）	Junior College or Above	(person)	12239
文盲人口		**Population of Illiterate**		**113.73**
文盲率	**（%）**	**Illiterate Rate**	**(%)**	**1.71**

注：1. 以上数据为 2020 年全国人口普查初步汇总数据。

2. 普查登记的对象是指普查标准时点在中华人民共和国境内的自然人以及在中华人民共和国境外但未定居的中国公民，不包括在中华人民共和国境内短期停留的境外人员。

3. 总人口，是普查登记的 2020 年 11 月 1 日零时的常住人口。常住人口包括，居住在本乡镇街道、户口在本乡镇街道或户口待定的人；居住在本乡镇街道、离开户口所在的乡镇街道半年以上的人；户口在本乡镇街道、外出不满半年或在境外工作学习的人。

4. 家庭户是指以家庭成员关系为主、居住一处共同生活的人组成的户。

5. 文盲率是指全省常住人口中 15 岁及以上不识字人口所占比重。

a. The data are preliminary Data from the 2020 Population Census.

b. The population census covers all natural persons residing in the territory of the People's Republic of China and the Chinese citizens residing outside but not permanently settled down in locations beyond the territory of the People' s Republic of China at the census reference time, excluding foreigners temporarily staying in the territory of the People' s Republic of China.

c. The population, which was registered on zero hour of November 1, 2020.Resident population of a given town/street include: people living in the current town/street where their household registration is located or with their household registration to be settled; people living in the current town/street and leaving the town/street of their household registration for over 6 months; people leaving the town/street of their household registration for less than 6 months or working or studying overseas, with their household registration located in the current town/street.

d. Population of family households refer to households consists of persons, bonded by family relations, staying under the same roof and sharing living arrangement.

e. Illiterate rate refers to the population over 15 years of age who cannot read divided by the Resident population of the Whole province.

3-8　2011 年至 2019 年全省分市州年末常住人口

单位：万人

市州名称	Cities and Prefecture	2011			2012		
		年末常住人口 Population at the Year-end	城镇人口 Urban Population	城镇化率（%） Urbanization Rate (%)	年末常住人口 Population at the Year-end	城镇人口 Urban Population	城镇化率（%） Urbanization Rate (%)
全省	Total	6581.00	2959.47	44.97	6590.00	3045.89	46.22
长沙市	Changsha	740.36	508.05	68.62	766.18	528.62	68.99
株洲市	Zhuzhou	386.11	222.78	57.70	385.94	228.36	59.17
湘潭市	Xiangtan	275.19	142.79	51.89	274.77	146.53	53.33
衡阳市	Hengyang	710.58	330.23	46.47	707.11	333.27	47.13
邵阳市	Shaoyang	704.01	240.48	34.16	702.91	251.43	35.77
岳阳市	Yueyang	541.91	258.78	47.75	537.75	263.47	48.99
常德市	Changde	566.23	226.73	40.04	562.39	237.63	42.25
张家界市	Zhangjiajie	148.81	58.00	38.98	149.62	60.50	40.44
益阳市	Yiyang	425.45	173.51	40.78	422.82	175.01	41.39
郴州市	Chenzhou	459.36	198.81	43.28	459.71	206.23	44.86
永州市	Yongzhou	519.57	192.46	37.04	520.95	197.97	38.00
怀化市	Huaihua	471.11	175.72	37.30	466.26	178.22	38.22
娄底市	Loudi	377.75	139.13	36.83	378.50	143.15	37.82
湘西自治州	Xiangxi	254.56	92.00	36.14	255.09	95.50	37.44

注：本表 2011-2019 年数据根据第七次全国人口普查数据修订。
Data in this table from 2011 to 2019 are revised according to the 2020 Population Census.

Permanent Resident Population at Year-end of Provinces and Municipalities From 2011 to 2019

(10 000 persons)

2013			2014		
年末常住人口 Population at the Year-end	城镇人口 Urban Population	城镇化率（%） Urbanization Rate (%)	年末常住人口 Population at the Year-end	城镇人口 Urban Population	城镇化率（%） Urbanization Rate (%)
6600.00	3143.58	47.63	6611.00	3238.06	48.98
787.46	555.55	70.55	813.11	589.09	72.45
387.27	234.34	60.51	387.02	238.39	61.60
274.31	149.59	54.53	273.65	152.84	55.85
705.52	334.48	47.41	703.85	336.00	47.74
698.78	265.14	37.94	693.63	277.23	39.97
534.47	270.00	50.52	531.09	276.11	51.99
557.15	245.06	43.98	555.43	252.18	45.40
150.24	62.71	41.74	150.85	64.58	42.81
420.11	177.16	42.17	416.38	179.62	43.14
461.18	215.54	46.74	461.63	223.01	48.31
524.21	204.02	38.92	524.00	208.52	39.79
465.19	182.63	39.26	465.05	185.74	39.94
379.23	148.36	39.12	379.95	152.39	40.11
254.88	99.00	38.84	255.36	102.36	40.08

3-8 续表

单位：万人

市州名称	Cities and Prefecture	2015 年末常住人口 Population at the Year-end	2015 城镇人口 Urban Population	2015 城镇化率（%）Urbanization Rate (%)	2016 年末常住人口 Population at the Year-end	2016 城镇人口 Urban Population	2016 城镇化率（%）Urbanization Rate (%)
全省	Total	6615.00	3359.75	50.79	6625.00	3491.37	52.70
长沙市	Changsha	828.27	624.84	75.44	859.03	666.23	77.56
株洲市	Zhuzhou	388.32	245.04	63.10	388.51	255.14	65.67
湘潭市	Xiangtan	273.81	157.95	57.69	274.10	163.36	59.60
衡阳市	Hengyang	701.12	339.04	48.36	687.20	344.05	50.07
邵阳市	Shaoyang	690.33	292.95	42.44	688.84	307.95	44.71
岳阳市	Yueyang	526.66	283.84	53.89	524.00	291.05	55.54
常德市	Changde	554.09	261.99	47.28	551.79	271.76	49.25
张家界市	Zhangjiajie	150.85	66.80	44.28	151.46	69.33	45.77
益阳市	Yiyang	412.59	182.88	44.32	408.76	185.29	45.33
郴州市	Chenzhou	464.56	234.62	50.50	465.12	244.29	52.52
永州市	Yongzhou	525.00	215.30	41.01	526.00	222.70	42.34
怀化市	Huaihua	463.89	190.81	41.13	463.77	196.06	42.28
娄底市	Loudi	380.65	157.45	41.36	381.34	161.99	42.48
湘西自治州	Xiangxi	254.86	106.24	41.69	255.08	112.17	43.97

Continued

(10 000 persons)

2017			2018			2019		
年末常住人口 Population at the Year-end	城镇人口 Urban Population	城镇化率（%） Urbanization Rate (%)	年末常住人口 Population at the Year-end	城镇人口 Urban Population	城镇化率（%） Urbanization Rate (%)	年末常住人口 Population at the Year-end	城镇人口 Urban Population	城镇化率（%） Urbanization Rate (%)
6633.00	3622.94	54.62	6635.00	3721.57	56.09	6640.00	3814.68	57.45
902.94	721.07	79.86	928.00	760.34	81.93	963.56	794.51	82.46
388.76	260.19	66.93	388.95	269.86	69.38	390.05	275.45	70.62
273.41	167.33	61.20	272.70	169.00	61.97	272.93	175.30	64.23
669.29	345.55	51.63	668.82	351.25	52.52	671.08	358.69	53.45
687.21	321.35	46.76	679.04	329.06	48.46	665.39	330.97	49.74
521.20	297.79	57.14	520.05	301.12	57.90	509.90	303.26	59.47
549.48	281.97	51.32	543.95	286.99	52.76	536.05	289.46	54.00
150.70	71.94	47.74	151.29	74.13	49.00	151.58	76.65	50.57
399.40	187.85	47.03	392.69	189.23	48.19	390.73	192.26	49.21
464.56	251.23	54.08	465.54	257.50	55.31	466.52	266.24	57.07
526.00	229.10	43.56	527.00	234.46	44.49	528.00	241.38	45.72
463.46	202.36	43.66	461.24	207.16	44.91	461.24	212.13	45.99
382.99	168.40	43.97	382.67	170.00	44.42	382.35	173.99	45.51
253.60	116.81	46.06	253.06	121.47	48.00	250.62	124.39	49.63

主要统计指标解释

常住人口　常住人口包括，居住在本乡镇街道、户口在本乡镇街道或户口待定的人；居住在本乡镇街道、离开户口所在的乡镇街道半年以上的人；户口在本乡镇街道、外出不满半年或在境外工作学习的人。年度统计的全国人口总数内未包含香港、澳门特别行政区和台湾地区以及海外华侨人数。

城镇人口和乡村人口　城镇人口是指居住在城镇范围内的常住人口；乡村人口是除上述人口以外的全部常住人口。

出生率（又称粗出生率）　指在一定时期内（通常为一年）一定地区的出生人数与同期内平均人数（或期中人数）之比，用千分率表示。本资料中的出生率指年出生率，其计算公式为：

$$出生率=\frac{年出生人数}{年平均人数}\times 1000‰$$

式中，出生人数指活产婴儿，即胎儿脱离母体时（不管怀孕月数），有过呼吸或其他生命现象。年平均人数指年初、年底人口数的平均数，也可用年中人口数代替。

死亡率（又称粗死亡率）　指在一定时期内（通常为一年）一定地区的死亡人数与同期内平均人数（或期中人数）之比，用千分率表示。本资料中的死亡率指年死亡率，其计算公式为：

$$死亡率=\frac{年死亡人数}{年平均人数}\times 1000‰$$

人口自然增长率　指在一定时期内（通常为一年）人口自然增加数（出生人数减死亡人数）与该时期内平均人数（或期中人数）之比，用千分率表示。计算公式为：

$$人口自然增长率=\frac{本年出生人数-本年死亡人数}{年平均人数}\times 1000‰$$
$$=人口出生率-人口死亡率$$

Explanatory Notes on Main Statistical Indicators

The Population of Permanent Residents Resident population of a given town/street include, people living in the current town/street where their household registration is located or with their household registration to be settled; people living in the current town/street and leaving the town/street of their household registration for over 6 months; people leaving the town/street of their household registration for less than 6 months or working or studying overseas, with their household registration located in the current town/street. The annual national population statistics do not include the number of people from the Hong Kong and Macao Special Administrative Regions, Taiwan Regions and overseas Chinese.

Urban Population and Rural Population Urban population refers to the permanent residents living in cities and towns; The rural population is the entire permanent population except the above population.

Birth Rate (or Crude Birth Rate) refers to the ratio of the number of births to the average population (or mid-period population) during a certain period of time (usually a year), expressed in ‰. Birth rate in the chapter refers to annual birth rate. The following formula is used:

$$\text{Birth Rate} = \frac{\text{Number of Births}}{\text{Annual Average Population}} \times 1000‰$$

Number of births in the formula refers to live births, i.e. when a baby has breathed or showed any vital phenomena regardless of the length of pregnancy.

Annual average population is the average of the number of population at the beginning of the year and that at the end of the year. Sometimes it is substituted by the mid-year population.

Death Rate (or Crude Death Rate) refers to the ratio of the number of deaths to the average population (or mid-period population) during a certain period of time (usually a year), expressed in ‰. Death rate in the chapter refers to annual death rate. The following formula is used:

$$\text{Death Rate} = \frac{\text{Number of Deaths}}{\text{Annual Average Population}} \times 1000‰$$

Natural Growth Rate of Population refers to the ratio of natural increase in population (number of births minus number of deaths) in a certain period of time (usually a year) to the average population (or mid-period population) of the same period, expressed in ‰. The following formula is applied:

$$\text{Natural Growth Rate of Population} = \frac{\text{Number of Births - Number of Deaths}}{\text{Annual Average Population}} \times 1000‰$$

Natural Growth Rate of Population = Birth Rate-Death Rate

04

就业人员和工资

Employment and Wages

资料整理人员：欧阳普　　余奕佳

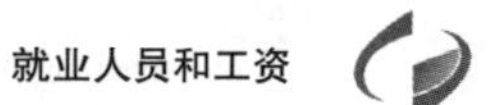

4-1 年末从业人员人数

Number of Employed Person at the Year-end

单位：万人 (10 000 persons)

年份 Year	从业人员人数 Number of Employed Person	城镇非私营单位从业人员 Persons Employed in Urban Non-Private Units	# 在岗职工 Staff and Workers	国有单位 State-owned Units	其他内资单位 Other Domestic Invested Units	港澳台、外商投资单位 Units with Funds from Hongkong, Macao,Taiwan and Foreign	城镇私营单位及个体从业人员 Persons Employed in Urban Private Units and Individual Units	乡村从业人员 Rural Employed Persons
1998	3603.17	608.12	594.16	461.65	126.55	5.96	222.46	2772.59
1999	3601.39	607.10	590.75	461.83	123.56	5.36	210.29	2784.00
2000	3577.58	597.01	580.82	456.28	119.29	5.25	148.53	2832.04
2001	3607.96	551.50	534.22	407.55	121.52	5.15	199.76	2856.70
2002	3644.52	542.33	525.28	398.42	121.11	5.75	231.87	2870.32
2003	3694.78	522.47	500.27	379.72	114.12	6.43	335.95	2836.36
2004	3747.10	497.25	471.07	353.36	110.76	6.95	457.18	2792.67
2005	3801.48	476.89	451.80	293.79	144.37	13.64	547.83	2776.76
2006	3842.17	476.47	450.89	290.67	144.66	15.56	603.30	2762.41
2007	3883.41	485.40	460.03	283.72	159.00	17.31	635.94	2762.07
2008	3910.06	493.64	460.31	276.11	165.72	18.48	654.57	2761.85
2009	3935.21	510.11	474.43	268.57	184.17	21.69	665.16	2759.94
2010	3982.73	531.00	531.00	287.13	221.06	22.81	698.48	2753.25
2011	4005.03	551.43	514.73	258.99	226.94	28.80	857.48	2596.12
2012	4019.31	567.49	523.28	261.12	230.99	31.17	907.68	2544.14
2013	4036.45	601.15	554.44	249.67	269.08	35.69	971.31	2463.99
2014	4044.13	597.90	552.81	245.28	271.83	35.70	1068.97	2377.26
2015	3980.30	579.15	534.77	229.95	271.76	33.06	1112.19	2288.97
2016	3920.41	568.41	523.97	228.35	259.73	35.89	1165.14	2186.86
2017	3817.22	565.75	520.37	219.75	262.05	38.57	1227.49	2023.99
2018	3738.58	546.27	496.78	219.21	244.12	33.45	1317.57	1874.73
2019	3666.48	596.70	541.95	229.67	277.21	35.07	1344.24	1725.54
2020	3280.00	604.92	554.24	239.87	278.55	35.82	1266.08	1409.00
2021	3258.00	605.96	559.35	236.28	284.23	38.84	1291.04	1361.00
2022	3219.00	589.86	550.45	235.49	279.43	35.53	1291.14	1338.00
2023	3238.00	585.25	538.54	224.35	280.55	33.64	1330.75	1322.00

注：1. 2020 年起，全省从业人员人数由国家统计局根据劳动力抽样调查资料统一测算。

2. 本表登记注册统计类别按《关于市场主体统计分类的划分规定》（国统字〔2023〕14 号）执行。

a. Starting from 2020, the number of employees in the province will be uniformly calculated by the National Bureau of Statistics based on the sample survey of labor force.

b.The Registered statistical categories of this table is implemented in accordance with the Regulations on the Classification of Market Entity Statistics(Guotongzi[2023]No.14).

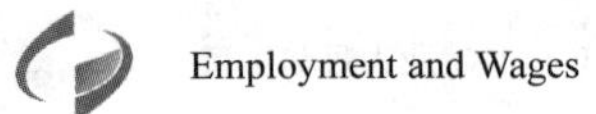

4-2 按三次产业分年末从业人员
Number of Employed Person at Year-end by Three Strata of Industry

年份 Year	从业人员人数（万人）Number of Employed Person (10 000 persons)	第一产业 Primary Industry	第二产业 Secondary Industry	第三产业 Tertiary Industry	构成（以合计为 100）Composition in Percentage (total=100)	第一产业 Primary Industry	第二产业 Secondary Industry	第三产业 Tertiary Industry
1950	1107.76	980.83	54.86	72.07	100.0	88.5	5.0	6.5
1951	1147.20	1001.38	64.12	81.70	100.0	87.3	5.6	7.1
1952	1188.76	989.38	76.72	122.66	100.0	83.2	6.5	10.3
1953	1213.15	1014.03	90.34	108.78	100.0	83.6	7.5	9.0
1954	1223.84	982.69	89.39	151.76	100.0	80.3	7.3	12.4
1955	1250.49	1061.22	74.72	114.55	100.0	84.9	6.0	9.2
1956	1271.31	1055.72	101.21	114.38	100.0	83.0	8.0	9.0
1957	1353.51	1134.13	93.05	126.33	100.0	83.8	6.9	9.3
1958	1461.08	898.17	251.10	311.81	100.0	61.5	17.2	21.3
1959	1466.09	861.58	258.27	346.24	100.0	58.8	17.6	23.6
1960	1508.04	1023.93	199.05	285.06	100.0	67.9	13.2	18.9
1961	1302.48	1053.45	128.89	120.14	100.0	80.9	9.9	9.2
1962	1401.22	1180.33	98.04	122.85	100.0	84.2	7.0	8.8
1963	1443.01	1222.67	111.47	108.87	100.0	84.7	7.7	7.5
1964	1508.43	1274.86	116.73	116.84	100.0	84.5	7.7	7.8
1965	1551.93	1305.83	124.66	121.44	100.0	84.1	8.0	7.8
1966	1607.49	1355.48	129.72	122.29	100.0	84.3	8.1	7.6
1967	1668.06	1405.14	135.05	127.87	100.0	84.2	8.1	7.7
1968	1728.41	1456.39	140.79	131.23	100.0	84.3	8.2	7.6
1969	1795.01	1511.41	151.70	131.90	100.0	84.2	8.5	7.4
1970	1880.85	1564.21	179.69	136.95	100.0	83.2	9.6	7.3
1971	1975.89	1624.30	206.63	144.96	100.0	82.2	10.5	7.3
1972	2056.50	1683.60	227.31	145.59	100.0	81.9	11.1	7.1
1973	2089.11	1718.66	226.17	144.28	100.0	82.3	10.8	6.9
1974	2117.00	1732.28	236.13	148.59	100.0	81.8	11.2	7.0
1975	2152.00	1742.28	257.39	152.33	100.0	81.0	12.0	7.1
1976	2183.24	1759.48	266.42	157.34	100.0	80.6	12.2	7.2
1977	2216.19	1775.31	273.17	167.71	100.0	80.1	12.3	7.6
1978	2280.05	1788.17	305.37	186.51	100.0	78.4	13.4	8.2
1979	2328.12	1798.27	325.70	204.15	100.0	77.2	14.0	8.8
1980	2399.95	1846.46	339.06	214.43	100.0	77.0	14.1	8.9
1981	2449.46	1887.54	339.52	222.40	100.0	77.0	13.9	9.1
1982	2541.05	1955.49	350.79	234.77	100.0	77.0	13.8	9.2
1983	2594.37	1966.48	361.77	266.12	100.0	75.8	13.9	10.3
1984	2672.86	1971.93	414.00	286.93	100.0	73.8	15.5	10.7
1985	2728.71	1946.85	458.68	323.18	100.0	71.4	16.8	11.8

注：从 2020 年起，全省从业人员人数及分三次产业从业人员人数由国家统计局根据劳动力抽样调查资料统一测算。

Starting from 2020, the number of employees in the province and the number of employees in three industries will be uniformly calculated by the National Bureau of Statistics based on the sample labor force survey data.

4-2 续表 Continued

年份 Year	从业人员人数（万人） Number of Employed Person (10 000 persons)	第一产业 Primary Industry	第二产业 Secondary Industry	第三产业 Tertiary Industry	构成（以合计为 100） Composition in Percentage (total=100)	第一产业 Primary Industry	第二产业 Secondary Industry	第三产业 Tertiary Industry
1986	2808.87	1969.64	494.51	344.72	100.0	70.1	17.6	12.3
1987	2904.10	2011.35	531.70	361.05	100.0	69.3	18.3	12.4
1988	2998.64	2050.72	550.38	397.54	100.0	68.4	18.4	13.2
1989	3091.37	2104.60	550.26	436.51	100.0	68.1	17.8	14.1
1990	3158.42	2176.70	553.83	427.89	100.0	68.9	17.5	13.6
1991	3222.43	2219.82	570.35	432.26	100.0	68.9	17.7	13.4
1992	3278.83	2213.42	613.57	451.84	100.0	67.5	18.7	13.8
1993	3345.61	2140.76	679.22	525.63	100.0	64.0	20.3	15.7
1994	3400.29	2076.14	731.01	593.14	100.0	61.1	21.5	17.4
1995	3467.31	2071.61	756.54	639.16	100.0	59.8	21.8	18.4
1996	3514.16	1994.90	810.38	708.88	100.0	56.8	23.0	20.2
1997	3560.29	1998.59	802.25	759.45	100.0	56.1	22.5	21.4
1998	3603.17	2002.51	822.49	778.17	100.0	55.6	22.8	21.6
1999	3601.39	2026.09	839.09	736.21	100.0	56.3	23.3	20.4
2000	3577.58	2120.98	840.52	616.08	100.0	59.3	23.5	17.2
2001	3607.96	2078.36	748.90	780.70	100.0	57.6	20.8	21.6
2002	3644.52	2034.04	757.26	853.22	100.0	55.8	20.8	23.4
2003	3694.78	1961.93	790.68	942.17	100.0	53.1	21.4	25.5
2004	3747.10	1885.06	804.91	1057.13	100.0	50.3	21.5	28.2
2005	3801.48	1846.90	818.10	1136.48	100.0	48.6	21.5	29.9
2006	3842.17	1790.46	829.92	1221.79	100.0	46.6	21.6	31.8
2007	3883.41	1743.65	854.35	1285.41	100.0	44.9	22.0	33.1
2008	3910.06	1720.44	875.84	1313.78	100.0	44.0	22.4	33.6
2009	3935.21	1693.05	896.57	1345.59	100.0	43.0	22.8	34.2
2010	3982.73	1690.03	915.43	1377.27	100.0	42.4	23.0	34.6
2011	4005.03	1679.94	932.62	1392.47	100.0	41.9	23.3	34.8
2012	4019.31	1668.99	948.78	1401.54	100.0	41.5	23.6	34.9
2013	4036.45	1656.01	964.54	1415.90	100.0	41.0	23.9	35.1
2014	4044.13	1651.37	957.77	1434.99	100.0	40.8	23.7	35.5
2015	3980.30	1618.71	935.84	1425.75	100.0	40.7	23.5	35.8
2016	3920.41	1587.32	912.16	1420.93	100.0	40.5	23.3	36.2
2017	3817.22	1515.16	871.17	1430.89	100.0	39.7	22.8	37.5
2018	3738.58	1462.38	836.44	1439.76	100.0	39.1	22.4	38.5
2019	3666.48	1409.24	810.04	1447.20	100.0	38.4	22.1	39.5
2020	3280.00	836.00	884.00	1560.00	100.0	25.5	26.9	47.6
2021	3258.00	801.00	893.00	1564.00	100.0	24.6	27.4	48.0
2022	3219.00	785.00	875.00	1559.00	100.0	24.4	27.2	48.4
2023	3238.00	773.00	887.00	1578.00	100.0	23.9	27.4	48.7

4-3 年末城镇从业人员

Number of Employed Person in Urban Areas at the Year-end

年份 Year	城镇从业人员合计（万人） Number of Employed Person in Urban Areas (10 000 persons)	城镇非私营单位从业人员 Persons Employed in Urban Non-Private Units	内资单位 Domestic Invested Units	国有单位 State-owned Units	其他内资单位 Other Domestic Invested Units	港澳台投资单位 Units With Funded From HongKong, Macao and Taiwan	外商投资单位 Units With Funded Foreign	城镇私营单位从业人员 Persons Employed in Urban Private Units	城镇其他从业人员 Employees in Other Urban
1995	749.93	616.07	610.13	482.68	127.45	2.73	3.21	17.60	116.26
1996	781.81	615.60	609.67	487.94	121.73	2.59	3.34	22.80	143.41
1997	815.96	615.60	609.00	486.58	122.42	2.96	3.64	26.94	173.42
1998	830.58	608.12	601.14	472.37	128.77	3.20	3.78	36.89	185.57
1999	817.39	607.10	600.72	474.23	126.49	3.19	3.19	34.52	175.77
2000	745.54	597.01	590.78	467.98	122.80	3.07	3.16	33.54	114.99
2001	751.26	551.50	545.68	419.71	125.97	3.15	2.67	44.43	155.33
2002	774.20	542.33	535.74	410.13	125.61	3.51	3.08	65.63	166.24
2003	858.42	522.48	515.07	395.39	119.69	3.50	3.90	87.56	248.38
2004	954.43	497.25	489.12	370.64	118.48	4.31	3.82	143.11	314.07
2005	1024.72	476.89	462.06	306.70	155.36	8.29	6.54	165.80	382.03
2006	1079.76	476.47	459.97	302.73	157.24	8.50	8.00	214.19	389.10
2007	1121.34	485.40	467.03	294.47	172.56	9.13	9.24	223.33	412.61
2008	1148.21	493.64	473.95	291.65	182.30	9.90	9.79	218.99	435.58
2009	1175.27	510.11	486.49	283.50	202.99	11.02	12.60	227.67	437.49
2010	1229.48	531.00	506.75	287.13	219.62	11.91	12.34	234.04	464.44
2011	1408.91	551.43	521.82	275.01	246.81	16.16	13.45	260.62	596.86
2012	1475.17	567.49	535.51	282.57	252.93	18.64	13.34	291.65	616.03
2013	1572.46	601.15	564.04	265.99	298.05	21.64	15.47	311.84	659.47
2014	1666.87	597.90	561.17	261.52	299.65	22.04	14.69	334.81	734.16
2015	1691.33	579.14	545.07	244.57	300.50	20.29	13.78	364.53	747.66
2016	1733.55	568.41	531.16	242.25	288.91	23.57	13.68	385.30	779.84
2017	1793.23	565.74	525.97	232.85	293.12	26.17	13.60	406.29	821.20
2018	1863.85	546.28	511.16	232.11	279.05	21.70	13.42	423.12	894.45
2019	1940.94	596.70	560.27	243.31	316.96	23.66	12.77	439.02	905.22
2020	1871.00	604.92	566.45	251.96	314.49	24.70	13.77	493.46	772.62
2021	1897.00	605.96	564.75	247.46	317.29	27.54	13.67	483.82	807.22
2022	1881.00	589.86	552.69	245.58	307.11	24.44	12.73	485.54	805.60
2023	1916.00	585.25	550.27	232.96	317.31	25.40	9.59	481.18	849.57

注：本表登记注册统计类别按《关于市场主体统计分类的划分规定》（国统字〔2023〕14号）执行。

The Registered statistical categories of this table is implemented in accordance with the Regulations on the Classification of Market Entity Statistics (Guotongzi [2023] No.14).

4–4 年末城镇非私营单位按行业分组的女性从业人员(2023年)
Number of Female Employees in Urban Non-private Units at the Year-end by Sector (2023)

单位：万人 (10 000 persons)

行 业	Item	女性从业人员 Number of Female Employees	内资单位 Domestic Invested Units	国有单位 State-owned Units	其他内资单位 Other Domestic Invested Units	港澳台、外商投资单位 Units with Funds from Hongkong, Macao,Taiwan and Foreign
总计	**Total**	**230.54**	**213.08**	**109.22**	**103.85**	**17.47**
农、林、牧、渔业	Agriculture, Forestry, Farming of Animals and Fishing	0.38	0.36	0.11	0.25	0.02
采矿业	Mining	0.55	0.55		0.55	
制造业	Manufacturing	37.37	26.07	0.12	25.94	11.31
电力、热力、燃气及水生产和供应业	Production and Distribution of Electricity, Heat, Gas and Water	4.34	4.08	1.88	2.20	0.26
建筑业	Construction	12.00	11.93	0.29	11.64	0.07
批发和零售业	Wholesale and Retail Trade	12.98	10.06	0.66	9.40	2.91
交通运输、仓储和邮政业	Information Transfer,Computer Services and Software	5.99	5.86	0.54	5.32	0.12
住宿和餐饮业	Hotels and Catering Services	4.38	3.02	0.25	2.77	1.36
信息传输、软件和信息技术服务业	Information Transfer, Software and Information Technology Services	3.86	3.45	0.24	3.21	0.41
金融业	Finance	13.71	13.31	1.53	11.78	0.40
房地产业	Real Estate Trade	5.76	5.61	0.10	5.51	0.15
租赁和商务服务业	Tenancy and Business Services	6.13	5.97	0.63	5.34	0.15
科学研究和技术服务业	Scientific Research and Technical Services	3.84	3.79	1.35	2.44	0.05
水利、环境和公共设施管理业	Management of Water Conservancy, Environment and Public Establishment	4.06	4.03	2.58	1.45	0.04
居民服务、修理和其他服务业	Resident Services , Repair and Other Services	1.11	1.07	0.12	0.94	0.04
教育	Education	51.93	51.93	41.83	10.09	
卫生和社会工作	Sanitation and Social Work	32.93	32.81	29.62	3.19	0.12
文化、体育和娱乐业	Culture,Sports and Entertainment	2.85	2.80	1.05	1.75	0.05
公共管理、社会保障和社会组织	Public Management, Social Security and Social Organization	26.38	26.38	26.32	0.06	

4–5 城镇非私营单位分行业年末在岗职工(2023年)

Employed Employees in Urban Non-private Units in Different Industries at the Year-end (2023)

单位：万人 (10 000 persons)

行业	Item	全部在岗职工 Number of Staff and Workers on the Job	#国有单位 State-owned Units	#其他内资单位 Other Domestic Invested Units
总计	**Total**	**538.54**	**224.35**	**280.55**
农、林、牧、渔业	**Agriculture, Forestry, Farming of Animals and Fishing**	**1.37**	**0.58**	**0.70**
农业	Agriculture	0.25	0.03	0.21
林业	Forestry	0.30	0.27	0.02
畜牧业	Farming of Animals	0.33	0.01	0.25
渔业	Fishing	0.07	0.01	0.06
农、林、牧、渔专业及辅助性活动	Agriculture, Forestry, Animal Husbandry, Fishery and Auxiliary Activities	0.42	0.26	0.15
采矿业	**Mining**	**4.01**	**0.02**	**3.93**
煤炭开采和洗选业	Mining and Washing of Coal	1.79	0.01	1.78
石油和天然气开采业	Petroleum and Natural Gas Extraction			
黑色金属矿采选业	Mining of Ferrous Metal Ores	0.10		0.10
有色金属矿采选业	Mining of Non-ferrous Metal Ores	1.17		1.13
非金属矿采选业	Mining and Processing of Nonmetal Ores	0.92		0.91
开采专业及辅助性活动	Professional and Support Activities for Mining			
其他采矿业	Mining of Other Mineral	0.02		0.02
制造业	**Manufacturing**	**101.02**	**0.54**	**76.39**
农副食品加工业	Processing of Food from Agricultural Products	4.44	0.02	3.97
食品制造业	Manufacture of Foods	3.31		2.65
酒、饮料和精制茶制造业	Manufacture of Beverage，Drink and Tea	1.75	0.01	1.32
烟草制品业	Manufacture of Tobacco	1.19		1.16
纺织业	Manufacture of Textile	1.16		0.94
纺织服装、服饰业	Manufacture of Textile Wearing Apparel	0.85		0.61
皮革、毛皮、羽毛及其制品和制鞋业	Leather,Fur,Feather and Its Products and Footwear Products	5.05		1.58
木材加工和木、竹、藤、棕、草制品业	Processing of Timbers, Manufacture of Wood, Bamboo, Rattan,Palm and Straw Products	0.72	0.05	0.63
家具制造业	Manufacture of Furniture	0.23		0.20
造纸和纸制品业	Manufacture of Paper and Paper Products	1.12		0.92
印刷和记录媒介复制业	Printing,Reproduction of Recording Media	1.07		0.83
文教、工美、体育和娱乐用品制造业	Manufacture of Articles for Culture,Education and Sport Activity	1.35	0.01	0.52
石油、煤炭及其他燃料加工业	Processing of Petroleum, Coal and Other Fuels	1.27		1.27
化学原料和化学制品制造业	Manufacture of Chemical Raw Material and Chemical Products	4.54	0.02	4.13
医药制造业	Manufacture of Medicines	3.23		3.12
化学纤维制造业	Manufacture of Chemical Fiber	0.29		0.24
橡胶和塑料制品业	Manufacture of Rubber and plastic	1.27		0.82
非金属矿物制品业	Manufacture of Non-metallic Mineral Products	7.51	0.02	6.53
黑色金属冶炼和压延加工业	Manufacture and Processing of Ferrous Metals	2.94		2.93
有色金属冶炼和压延加工业	Manufacture and Processing of Non-ferrous Metals	4.05	0.06	3.91
金属制品业	Manufacture of Metal Products	2.96		2.69

4-5 续表 1 Continued

单位：万人 (10 000 persons)

行 业	Item	全部在岗职工 Number of Staff and Workers on the Job	#国有单位 State-owned Units	#其他内资单位 Other Domestic Invested Units
通用设备制造业	Manufacture of General Purpose Machinery	5.71	0.12	4.87
专用设备制造业	Manufacture of Special Purpose Machinery	5.31		4.98
汽车制造业	Automobile Industry	8.87		7.64
铁路、船舶、航空航天和其他运输设备制造业	Manufacture of Railway,Marine,Aerospace and Other Transport Equipment	4.06	0.22	3.61
电气机械和器材制造业	Manufacture of Electrical Machinery and Equipment	6.19		5.60
计算机、通信和其他电子设备制造业	Manufacture of Communication Equipment, Computer and Other Electronic Equipment	18.71		7.29
仪器仪表制造业	Manufacture of Measuring Instrument	0.92		0.74
其他制造业	Other Manufacture	0.16		0.15
废弃资源综合利用业	Utilization of Waste Resources	0.51		0.44
金属制品、机械和设备修理业	Mental Products,Machine and Equipment Repair	0.29		0.10
电力、热力、燃气及水生产和供应业	**Production and Distribution of Electricity, Gas and Water**	**15.70**	**7.19**	**7.50**
电力、热力生产和供应业	Production and Supply of Electric Power and Heat Power	11.63	6.56	4.59
燃气生产和供应业	Production and Distribution of Gas	0.86	0.11	0.39
水的生产和供应业	Production and Distribution of Water	3.22	0.51	2.53
建筑业	**Construction**	**70.17**	**2.00**	**67.50**
房屋建筑业	Construction of Building	50.26	1.17	48.88
土木工程建筑业	Construction of Civil Engineering	15.53	0.65	14.41
建筑安装业	Architectural Installation	3.17	0.16	3.00
建筑装饰和其他建筑业	Architectural Decoration and Other Construction	1.21		1.20
批发和零售业	**Wholesale and Retail Trade**	**23.04**	**1.92**	**17.45**
批发业	Wholesale	7.77	1.69	5.63
零售业	Retail Trade	15.27	0.24	11.82
交通运输、仓储和邮政业	**Traffic,Transport,Storage and Post**	**22.73**	**2.04**	**20.44**
铁路运输业	Transport Via Railway	6.89		6.89
道路运输业	Transport Via Road	10.26	1.84	8.23
水上运输业	Water Transport	0.29	0.03	0.26
航空运输业	Air Transport	0.76	0.03	0.73
管道运输业	Pipeline Transportation Industry	0.05		0.04
装卸搬运和运输代理业	Loading,Unloading,Portage and Other Transport Services	0.31	0.01	0.30
仓储业	Storage	1.76	0.12	1.59
邮政业	Post	2.41		2.41
住宿和餐饮业	**Hotels and Catering Services**	**6.47**	**0.44**	**4.44**
住宿业	Accommodation	2.59	0.24	2.09
餐饮业	Restaurants	3.88	0.20	2.35
信息传输、软件和信息技术服务业	**Information Transfer,Software and Information Technology Service**	**9.33**	**0.71**	**7.82**
电信、广播电视和卫星传输服务	Telecom, Broadcasting and Satellite Transmission Service	4.97	0.61	3.97
互联网和相关服务	The Internet and Related Services	1.09	0.02	0.95
软件和信息技术服务业	Software and Information Technology Service	3.26	0.08	2.90

4-5 续表 2 Continued

单位：万人 (10 000 persons)

行 业	Item	全部在岗职工 Number of Staff and Workers on the Job	#国有单位 State-owned Units	#其他内资单位 Other Domestic Invested Units
金融业	**Finance**	**17.11**	**2.87**	**14.02**
货币金融服务	Monetary and Financial Services	11.57	2.55	9.00
资本市场服务	Capital Markets Services	1.36	0.03	1.33
保险业	Insurance	4.02	0.25	3.57
其他金融业	Other Financial Activities	0.16	0.04	0.12
房地产业	**Real Estate**	**12.94**	**0.25**	**12.37**
租赁和商务服务业	**Tenancy and Business Services**	**15.44**	**1.71**	**13.45**
租赁业	Tenancy	0.27		0.26
商务服务业	Business Service	15.18	1.70	13.18
科学研究和技术服务业	**Scientific Research,Technical Service**	**12.17**	**4.06**	**7.95**
研究和试验发展	Research and Experimental Development	1.25	0.41	0.83
专业技术服务业	Professional Technique Services	8.66	2.99	5.54
科技推广和应用服务业	Services of S&T Intercommunion and Generalization	2.27	0.66	1.58
水利、环境和公共设施管理业	**Management of Water Conservancy,Environment and Public Establishment**	**9.37**	**6.05**	**3.25**
水利管理业	Management of Water Conservancy	1.22	1.11	0.10
生态保护和环境治理业	Environmental Management	0.64	0.36	0.28
公共设施管理业	Management of Public Establishment	6.87	4.49	2.32
土地管理业	Land Management	0.64	0.09	0.55
居民服务、修理和其他服务业	**Resident Services and Other Services**	**2.66**	**0.31**	**2.27**
居民服务业	Resident Services	1.77	0.22	1.53
机动车、电子产品和日用产品修理业	Motor,Electronic Products and Daily Products Repair Service	0.19	0.01	0.18
其他服务业	Other Services	0.69	0.08	0.56
教育	**Education**	**78.22**	**64.92**	**13.30**
卫生和社会工作	**Health and Social Work**	**46.26**	**41.80**	**4.31**
卫生	Health	44.73	40.95	3.63
社会工作	Social Work	1.53	0.85	0.68
文化、体育和娱乐业	**Culture, Sports and Entertainment**	**5.61**	**2.18**	**3.32**
新闻和出版业	Journalism and Publishing Activities	0.79	0.38	0.41
广播、电视、电影和影视录音制作业	Broadcasting,Movies,Television and Audiovisual Activities	1.72	0.55	1.16
文化艺术业	Culture and Art	1.72	1.06	0.66
体育	Sports Activities	0.22	0.07	0.13
娱乐业	Entertainment	1.17	0.12	0.95
公共管理、社会保障和社会组织	**Public Management and Social Organization**	**84.93**	**84.79**	**0.14**
中国共产党机关	Organ of Communist Party of China	5.32	5.32	
国家机构	Organ of State	77.50	77.40	0.10
人民政协、民主党派	People's Political Consultative Conference and Democratic Party	0.64	0.64	
社会保障	Social Insurance	0.67	0.67	
群众团体、社会团体和其他成员组织	Mass Community,Social Community and Religion Organizations	0.80	0.76	0.04

4–6 城镇非私营单位在岗职工工资总额及年平均工资
Total Wages and Average Annual Wage of Employed Staff and Workers in Urban Non-private Units

年份 Year	在岗职工工资总额（亿元）					在岗职工年平均工资（元）				
	Total Wages of Staff and Workers on the Job (100 million yuan)	内资单位 Domestic Invested Units	国有单位 State-owned Units	其他内资单位 Other Domestic Invested Units	港澳台、外商投资单位 Units with Funds from Hongkong, Macao,Taiwan and Foreign	Average Annual Wages of Staff and Workers on the Job (yuan)	内资单位 Domestic Invested Units	国有单位 State-owned Units	其他内资单位 Other Domestic Invested Units	港澳台、外商投资单位 Units with Funds from Hongkong, Macao,Taiwan and Foreign
1998	323.76	319.05	269.17	49.88	4.71	5473	5306	5849	3536	7934
1999	349.06	344.37	293.70	50.67	4.69	5939	5723	6385	3574	8913
2000	377.19	372.52	318.62	53.90	4.67	6515	6224	6999	3763	9209
2001	407.58	402.80	335.75	67.05	4.78	7698	7096	8295	4117	9595
2002	458.53	452.00	374.41	77.59	6.53	8734	7911	9403	4481	11376
2003	494.42	486.22	400.01	86.21	8.20	9855	8810	10484	5060	12932
2004	543.76	534.15	432.98	101.17	9.61	11463	10282	12173	6175	13925
2005	616.86	598.26	426.50	171.76	18.60	13718	11966	14521	8328	14215
2006	715.23	690.47	488.02	202.45	24.76	16031	13913	16898	9757	16661
2007	898.65	867.36	600.05	267.31	31.29	19711	17693	21173	12924	18432
2008	1057.07	1020.10	688.10	332.00	36.97	23082	20876	24939	15607	20142
2009	1225.42	1176.95	755.58	421.37	48.47	26008	23411	28202	17945	22833
2010	1434.62	1376.75	845.54	531.21	57.87	29275	25934	31343	20346	25766
2011	1797.05	1703.51	942.06	761.45	93.50	35520	31716	36654	27185	33190
2012	2076.46	1966.82	1080.35	886.47	109.64	40028	35747	41628	30497	35667
2013	2407.62	2264.76	1127.78	1136.98	142.86	43893	38900	45342	34095	41175
2014	2665.89	2508.81	1219.28	1289.53	157.08	48525	42785	49784	37764	44727
2015	2866.49	2701.81	1311.08	1390.73	164.68	53889	47940	57308	41539	49163
2016	3111.00	2913.30	1506.02	1407.28	197.70	60160	52352	66349	42709	55763
2017	3375.91	3157.54	1648.07	1509.47	218.37	65994	57523	75394	45697	59135
2018	3606.06	3384.52	1816.46	1568.06	221.54	73300	64528	83190	51219	64873
2019	4137.22	3911.61	1990.73	1920.88	225.61	77563	67866	87187	55191	65304
2020	4501.49	4247.10	2222.08	2025.02	254.39	82356	72474	93196	58259	70665
2021	4884.98	4593.44	2342.30	2251.14	291.55	88874	76490	99706	61573	77443
2022	5180.80	4875.28	2559.18	2316.10	305.52	94590	80325	108957	62249	81905
2023	5370.98	5077.09	2480.30	2596.79	293.89	99480	100315	110464	92223	86965

注：1. 从2011年起，“职工工资总额”及“职工年平均工资”指标更改为“在岗职工工资总额”及“在岗职工年平均工资”指标。

2. 本表登记注册统计类别按《关于市场主体统计分类的划分规定》（国统字〔2023〕14号）执行。

a. Form 2011,index of "Wages of Saff and Workers"and "Average Annual Wages of Staff and Workers" changed into"Wages of Saff and Workers on the Job"and "Average Annual Wages of Staff and Workers on the Jobs".

b. The Registered statistical categories of this table is implemented in accordance with the Regulations on the Classification of Market Entity Statistics (Guotongzi [2023] No.14).

4-7 城镇非私营单位分行业在岗职工工资总额(2023年)
Total Wages of Employed Staff and Workers in Urban Non-private Units by Sector (2023)

单位：万元 (10 000 yuan)

行业	Item	全部在岗职工 Number of Staff and Workers on the Job	#国有单位 State-owned Units	#其他内资单位 Other Domestic Invested Units
总计	**Total**	**53709830**	**24802970**	**25967937**
农、林、牧、渔业	**Agriculture, Forestry, Farming of Animals and Fishing**	**88097**	**41051**	**40585**
农业	Agriculture	11939	2589	9044
林业	Forestry	19320	17858	1183
畜牧业	Farming of Animals	25024	332	19092
渔业	Fishing	3392	618	2719
农、林、牧、渔专业及辅助性活动	Agriculture, Forestry, Animal Husbandry, Fishery and Auxiliary Activities	28422	19655	8546
采矿业	**Mining**	**309259**	**1330**	**302819**
煤炭开采和洗选业	Mining and Washing of Coal	124390	1090	123300
石油和天然气开采业	Petroleum and Natural Gas Extraction			
黑色金属矿采选业	Mining of Ferrous Metal Ores	6475		6475
有色金属矿采选业	Mining of Non-ferrous Metal Ores	110191	81	105657
非金属矿采选业	Mining and Processing of Nonmetal Ores	66978	124	66197
开采专业及辅助性活动	Professional and Support Activities for Mining	35	35	
其他采矿业	Mining of Other Mineral	1190		1190
制造业	**Manufacturing**	**9320225**	**50976**	**7245206**
农副食品加工业	Processing of Food from Agricultural Products	301576	1453	255288
食品制造业	Manufacture of Foods	206724	62	153890
酒、饮料和精制茶制造业	Manufacture of Beverage，Drink and Tea	127731	616	87846
烟草制品业	Manufacture of Tobacco	300940		299758
纺织业	Manufacture of Textile	73529	65	55572
纺织服装、服饰业	Manufacture of Textile Wearing Apparel	56762		40801
皮革、毛皮、羽毛及其制品和制鞋业	Leather,Fur,Feather and Its Products and Footwear	274218		91516
木材加工和木、竹、藤、棕、草制品业	Processing of Timbers, Manufacture of Wood, Bamboo, Rattan, Palm and Straw Products	44497	3628	37694
家具制造业	Manufacture of Furniture	13047		11050
造纸和纸制品业	Manufacture of Paper and Paper Products	84308		71126
印刷和记录媒介复制业	Printing,Reproduction of Recording Media	84402	244	62692
文教、工美、体育和娱乐用品制造业	Manufacture of Articles for Culture,Education and Sport Activity	77958	276	34095
石油、煤炭及其他燃料加工业	Processing of Petroleum, Coal and Other Fuels	189254		189127
化学原料和化学制品制造业	Manufacture of Chemical Raw Material and Chemical Products	404439	2425	364571
医药制造业	Manufacture of Medicines	276843	64	266260
化学纤维制造业	Manufacture of Chemical Fiber	22037		17144
橡胶和塑料制品业	Manufacture of Rubber and Plastic	98442		64832
非金属矿物制品业	Manufacture of Non-metallic Mineral Products	590539	911	516947
黑色金属冶炼和压延加工业	Manufacture and Processing of Ferrous Metals	411512		411337
有色金属冶炼和压延加工业	Manufacture and Processing of Non-ferrous Metals	364384	3341	352947
金属制品业	Manufacture of Metal Products	251633	350	227398

4-7 续表 1 Continued

单位：万元 (10 000 yuan)

行 业	Item	全部在岗职工 Number of Staff and Workers on the Job	# 国有单位 State-owned Units	# 其他内资单位 Other Domestic Invested Units
通用设备制造业	Manufacture of General Purpose Machinery	649423	14529	545399
专用设备制造业	Manufacture of Special Purpose Machinery	524912		495184
汽车制造业	Automobile Industry	924899	137	753520
铁路、船舶、航空航天和其他运输设备制造业	Manufacture of Railway,Marine,Aerospace and Other Transport Equipment	585867	22719	540393
电气机械和器材制造业	Manufacture of Electrical Machinery and Equipment	581117		544348
计算机、通信和其他电子设备制造业	Manufacture of Communication Equipment, Computer and Other Electronic Equipment	1605881		620035
仪器仪表制造业	Manufacture of Measuring Instrument	105649		77175
其他制造业	Other Manufacture	12227		12136
废弃资源综合利用业	Utilization of Waste Resources	41104		34944
金属制品、机械和设备修理业	Mental Products,Machine and Equipment Repair	34370	154	10184
电力、热力、燃气及水生产和供应业	**Production and Distribution of Electricity, Gas and Water**	**1957563**	**1040186**	**774595**
电力、热力生产和供应业	Production and Supply of Electric Power and Heat Power	1600420	982693	522023
燃气生产和供应业	Production and Distribution of Gas	77086	11375	35593
水的生产和供应业	Production and Distribution of Water	280056	46119	216979
建筑业	**Construction**	**5224631**	**117186**	**5059334**
房屋建筑业	Construction of Building	3609489	58171	3544199
土木工程建筑业	Construction of Civil Engineering	1300973	51409	1209573
建筑安装业	Architectural Installation	219655	7442	212192
建筑装饰和其他建筑业	Architectural Decoration and Other Construction	94515	165	93369
批发和零售业	**Wholesale and Retail Trade**	**1908408**	**328455**	**1263526**
批发业	Wholesale	896025	315485	519684
零售业	Retail Trade	1012383	12969	743842
交通运输、仓储和邮政业	**Traffic,Transport,Storage and Post**	**2434808**	**164969**	**2250926**
铁路运输业	Transport Via Railway	1032734		1032734
道路运输业	Transport Via Road	798863	141965	643706
水上运输业	Water Transport	30040	3418	26622
航空运输业	Air Transport	109246	8740	100506
管道运输业	Pipeline Transportation Industry	3858		3256
装卸搬运和运输代理业	Loading,Unloading,Portage and Other Transport Services	32705	1400	30950
仓储业	Storage	142253	9446	128042
邮政业	Post	285110		285110
住宿和餐饮业	**Hotels and Catering Services**	**352757**	**37130**	**251237**
住宿业	Accommodation	144093	12539	117576
餐饮业	Restaurants	208664	24591	133660
信息传输、软件和信息技术服务业	**Information Transfer,Software and Information Technology Service**	**1366498**	**75789**	**1145627**
电信、广播电视和卫星传输服务	Telecom, Broadcasting and Satellite Transmission Service	682067	64063	556313
互联网和相关服务	The Internet and Related Services	155426	1576	125965
软件和信息技术服务业	Software and Information Technology Service	529004	10151	463349

4-7 续表 2 Continued

单位：万元 (10 000 yuan)

行业	Item	全部在岗职工 Number of Staff and Workers on the Job	#国有单位 State-owned Units	#其他内资单位 Other Domestic Invested Units
金融业	**Finance**	**3034384**	**500080**	**2505550**
货币金融服务	Monetary and Financial Services	2170373	454698	1713281
资本市场服务	Capital Markets Services	372953	5216	367738
保险业	Insurance	458843	28869	403615
其他金融业	Other Financial Activities	32215	11297	20917
房地产业	**Real Estate**	**1043854**	**18513**	**986672**
租赁和商务服务业	**Tenancy and Business Services**	**1196412**	**151872**	**1008991**
租赁业	Tenancy	19610	291	19251
商务服务业	Business Service	1176801	151581	989740
科学研究和技术服务业	**Scientific Research,Technical Service&Geologic Perambulation**	**1533068**	**487353**	**1022222**
研究和试验发展	Research and Experimental Development	201608	61288	139188
专业技术服务业	Professional Technique Services	1159168	356297	782633
科技推广和应用服务业	Services of S&T Intercommunion and Generalization	172292	69768	100402
水利、环境和公共设施管理业	**Management of Water Conservancy, Environment and Public Establishment**	**668012**	**441325**	**220640**
水利管理业	Management of Water Conservancy	99031	91870	6510
生态保护和环境治理业	Environmental Management	53125	31600	21461
公共设施管理业	Management of Public Establishment	441382	310761	125319
土地管理业	Land Management	74474	7095	67350
居民服务、修理和其他服务业	**Resident Services and Other Services**	**229382**	**25420**	**200696**
居民服务业	Resident Services	185733	20091	164681
机动车、电子产品和日用产品修理业	Motor, Electronic Products and Daily Products Repair Service	13390	506	12618
其他服务业	Other Services	30259	4823	23397
教育	**Education**	**7901681**	**7052435**	**849123**
卫生和社会工作	**Health and Social Work**	**5957448**	**5556982**	**379283**
卫生	Health	5861553	5496827	343675
社会工作	Social Work	95895	60155	35608
文化、体育和娱乐业	**Culture, Sports and Entertainment**	**670232**	**211833**	**447880**
新闻和出版业	Journalism and Publishing Activities	125293	47845	77448
广播、电视、电影和影视录音制作业	Broadcasting, Movies, Television and Audiovisual Activities	302735	44328	257912
文化艺术业	Culture and Art	143335	100718	42434
体育	Sports Activities	17968	8156	9282
娱乐业	Entertainment	80901	10786	60805
公共管理、社会保障和社会组织	**Public Management and Social Organization**	**8513111**	**8500087**	**13024**
中国共产党机关	Organ of Communist Party of China	561191	560844	347
国家机构	Organ of State	7744860	7734625	10235
人民政协、民主党派	People's Political Consultative Conference and Democratic Party	73668	73668	
社会保障	Social Insurance	56118	56118	
群众团体、社会团体和其他成员组织	Mass Community,Social Community and Religion Organizations	77274	74831	2443

4-8 城镇非私营单位分行业在岗职工年平均工资（2023年）
Average Annual Wage of Employed Staff and Workers in Urban Non-private Units by Sector (2023)

单位：元 (yuan)

行 业	Item	全部在岗职工 Number of Staff and Workers on the Job	#国有单位 State-owned Units	#其他内资单位 Other Domestic Invested Units
总计	**Total**	**99480**	**110464**	**92223**
农、林、牧、渔业	**Agriculture, Forestry, Farming of Animals and Fishing**	**64765**	**70924**	**58077**
农业	Agriculture	48495	80781	43606
林业	Forestry	64880	66591	52092
畜牧业	Farming of Animals	76635	55798	74377
渔业	Fishing	49581	64380	46866
农、林、牧、渔专业及辅助性活动	Agriculture, Forestry, Animal Husbandry, Fishery and Auxiliary Activities	67457	74722	55501
采矿业	**Mining**	**77791**	**81067**	**77635**
煤炭开采和洗选业	Mining and Washing of Coal	69267	91613	69118
石油和天然气开采业	Petroleum and Natural Gas Extraction			
黑色金属矿采选业	Mining of Ferrous Metal Ores	65601		65601
有色金属矿采选业	Mining of Non-ferrous Metal Ores	93916	73182	94001
非金属矿采选业	Mining and Processing of Nonmetal Ores	75144	51625	75350
开采专业及辅助性活动	Professional and Support Activities for Mining	34900	34900	
其他采矿业	Mining of Other Mineral	77286		77286
制造业	**Manufacturing**	**91943**	**89011**	**94528**
农副食品加工业	Processing of Food from Agricultural Products	67823	59541	64194
食品制造业	Manufacture of Foods	63504	32737	59095
酒、饮料和精制茶制造业	Manufacture of Beverage，Drink and Tea	73055	47760	67635
烟草制品业	Manufacture of Tobacco	260757		270198
纺织业	Manufacture of Textile	61515	54083	57084
纺织服装、服饰业	Manufacture of Textile Wearing Apparel	65019		63441
皮革、毛皮、羽毛及其制品和制鞋业	Leather,Fur,Feather and Its Products and Footwear	53645		57251
木材加工和木、竹、藤、棕、草制品业	Processing of Timbers, Manufacture of Wood, Bamboo, Rattan, Palm and Straw Products	62928	65862	61378
家具制造业	Manufacture of Furniture	62514		62431
造纸和纸制品业	Manufacture of Paper and Paper Products	77646		79205
印刷和记录媒介复制业	Printing,Reproduction of Recording Media	80192	74061	75198
文教、工美、体育和娱乐用品制造业	Manufacture of Articles for Culture, Education and Sport Activity	58794	38333	69915
石油、煤炭及其他燃料加工业	Processing of Petroleum, Coal and Other Fuels	149043		149201
化学原料和化学制品制造业	Manufacture of Chemical Raw Material and Chemical Products	89363	79515	89113
医药制造业	Manufacture of Medicines	84669	53500	84276
化学纤维制造业	Manufacture of Chemical Fiber	73652		70377
橡胶和塑料制品业	Manufacture of Rubber and Plastic	78905		79092
非金属矿物制品业	Manufacture of Non-metallic Mineral Products	77165	58794	77866
黑色金属冶炼和压延加工业	Manufacture and Processing of Ferrous Metals	139024		139040
有色金属冶炼和压延加工业	Manufacture and Processing of Non-ferrous Metals	90371	55129	90872
金属制品业	Manufacture of Metal Products	85797	81395	85420

4-8 续表 1 Continued

单位：元 (yuan)

行业	Item	全部在岗职工 Number of Staff and Workers on the Job	#国有单位 State-owned Units	#其他内资单位 Other Domestic Invested Units
通用设备制造业	Manufacture of General Purpose Machinery	114336	124391	112457
专用设备制造业	Manufacture of Special Purpose Machinery	99330		100058
汽车制造业	Automobile Industry	96155	124727	90016
铁路、船舶、航空航天和其他运输	Manufacture of Railway, Marine, Aerospace and Other	141146	96514	147308
设备制造业	Transport Equipment	93942		97463
电气机械和器材制造业	Manufacture of Electrical Machinery and Equipment	88454		90716
计算机、通信和其他电子设备制造业	Manufacture of Communication Equipment,Computer and Other Electronic Equipment			
仪器仪表制造业	Manufacture of Measuring Instrument	114222		103280
其他制造业	Other Manufacture	76659		76953
废弃资源综合利用业	Utilization of Waste Resources	81473		78970
金属制品、机械和设备修理业	Mental Products,Machine and Equipment Repair	97726	118538	101235
电力、热力、燃气及水生产和供应业	**Production and Distribution of Electricity, Gas and Water**	**124210**	**142920**	**103604**
电力、热力生产和供应业	Production and Supply of Electric Power and Heat Power	136629	147718	113587
燃气生产和供应业	Production and Distribution of Gas	90441	100574	93326
水的生产和供应业	Production and Distribution of Water	87679	89989	86815
建筑业	**Construction**	**74636**	**62279**	**75000**
房屋建筑业	Construction of Building	72109	54590	72644
土木工程建筑业	Construction of Civil Engineering	83324	79390	83343
建筑安装业	Architectural Installation	70115	45073	71510
建筑装饰和其他建筑业	Architectural Decoration and Other Construction	78762	48471	78547
批发和零售业	**Wholesale and Retail Trade**	**83813**	**167823**	**73278**
批发业	Wholesale	114339	183426	92123
零售业	Retail Trade	67794	54680	64114
交通运输、仓储和邮政业	**Traffic, Transport, Storage and Post**	**105565**	**80888**	**108379**
铁路运输业	Transport Via Railway	147527		147527
道路运输业	Transport Via Road	75406	77227	75150
水上运输业	Water Transport	101167	103893	100828
航空运输业	Air Transport	142637	252601	137434
管道运输业	Pipeline Transportation Industry	81727		83707
装卸搬运和运输代理业	Loading,Unloading,Portage and Other Transport Services	103177	100741	103314
仓储业	Storage	85297	78845	85701
邮政业	Post	120029		120029
住宿和餐饮业	**Hotels and Catering Services**	**54416**	**87011**	**56944**
住宿业	Accommodation	56004	53932	56345
餐饮业	Restaurants	53372	126608	57481
信息传输、软件和信息技术服务业	**Information Transfer,Software and Information Technology Service**	**148324**	**107348**	**148916**
电信、广播电视和卫星传输服务	Telecom, Broadcasting and Satellite Transmission Service	141008	105748	145034
互联网和相关服务	The Internet and Related Services	140694	94347	133818
软件和信息技术服务业	Software and Information Technology Service	161718	121557	158896

4-8 续表 2 Continued

单位：元 (yuan)

行 业	Item	全部在岗职工 Number of Staff and Workers on the Job	#国有单位 State-owned Units	#其他内资单位 Other Domestic Invested Units
金融业	**Finance**	**176757**	**173073**	**178403**
货币金融服务	Monetary and Financial Services	188104	176845	191398
资本市场服务	Capital Markets Services	271935	179230	273945
保险业	Insurance	112051	116867	111180
其他金融业	Other Financial Activities	198435	268203	173990
房地产业	**Real Estate**	**79974**	**75085**	**79154**
租赁和商务服务业	**Tenancy and Business Services**	**74229**	**88876**	**72033**
租赁业	Tenancy	73500	93806	73197
商务服务业	Business Service	74242	88867	72011
科学研究和技术服务业	**Scientific Research,Technical Service&Geologic Perambulation**	**125643**	**119298**	**128439**
研究和试验发展	Research and Experimental Development	163648	150238	171198
专业技术服务业	Professional Technique Services	133341	118301	140680
科技推广和应用服务业	Services of S&T Intercommunion and Generalization	75682	104844	63441
水利、环境和公共设施管理业	**Management of Water Conservancy, Environment and Public Establishment**	**69867**	**72540**	**64754**
水利管理业	Management of Water Conservancy	81067	82394	64855
生态保护和环境治理业	Environmental Management	81677	86738	75327
公共设施管理业	Management of Public Establishment	62977	68850	51507
土地管理业	Land Management	109433	78033	114341
居民服务、修理和其他服务业	**Resident Services and Other Services**	**85788**	**82265**	**87643**
居民服务业	Resident Services	104060	91447	106557
机动车、电子产品和日用产品修理业	Motor,Electronic Products and Daily Products Repair Service	68560	65688	68095
其他服务业	Other Services	43623	59108	41845
教育	**Education**	**101333**	**108998**	**63971**
卫生和社会工作	**Health and Social Work**	**129100**	**133520**	**86721**
卫生	Health	131358	134828	92800
社会工作	Social Work	62953	70772	53131
文化、体育和娱乐业	**Culture, Sports and Entertainment**	**119256**	**97022**	**134934**
新闻和出版业	Journalism and Publishing Activities	157464	124020	188941
广播、电视、电影和影视录音制作业	Broadcasting, Movies, Television and Audiovisual Activities	175629	80554	220978
文化艺术业	Culture and Art	84168	95458	65811
体育	Sports Activities	80282	108044	65403
娱乐业	Entertainment	68916	92432	63636
公共管理、社会保障和社会组织	**Public Management and Social Organization**	**99693**	**99707**	**91126**
中国共产党机关	Organ of Communist Party of China	105498	105504	96361
国家机构	Organ of State	99353	99346	104845
人民政协、民主党派	People's Political Consultative Conference and Democratic Party	113979	113979	
社会保障	Social Insurance	83535	83535	
群众团体、社会团体和其他成员组织	Mass Community, Social Community and Religion Organizations	96251	98316	58564

4-9 社会保险参保人员情况
Basic Indicators of Staff and Workers Participated in Social Security System

单位：万人 (10 000 persons)

年份 Year	养老保险参保人数 Person in Pension Insurance	机关事业单位 Agencies and Institutions	企业单位 Enter-prises	离退休人员 Lay-off Workers	城乡居民 Rural Residents	医疗保险参保人数 Person in Health Programs	城镇职工 Urban Workers	城乡居民 Rural Residents	失业保险参保人数 Person in Unemploy-ment Programs	工伤保险参保人数 Person in Injury Insurance	生育保险参保人数 Person in Maternity Insurance
1999	419.46		314.36	105.10		35.00	35.00		345.60		
2000	568.07	133.24	323.33	111.50		127.30	127.30		346.48		
2001	603.41	140.79	314.62	148.00		351.60	351.60		351.99		
2002	616.36	145.48	313.18	157.70		398.13	398.13		326.61		3.37
2003	636.19	151.25	317.44	167.51		423.50	423.50		347.50	8.59	3.28
2004	691.70	152.50	353.80	185.40		476.97	476.97		380.46	203.33	212.92
2005	718.65	154.26	369.15	195.24		503.35	503.35		382.67	228.22	250.24
2006	751.65	155.63	386.14	209.88		560.47	560.47		386.30	280.1	308.53
2007	783.98	155.89	400.77	227.32		724.47	620.57	103.90	388.97	342.44	369.34
2008	829.06	157.13	436.59	235.34		1348.51	682.02	666.49	390.12	403.53	431.55
2009	879.07	157.47	475.46	246.14		1831.93	746.40	1085.53	392.01	472.08	502.43
2010	937.66	155.97	516.88	264.81		1894.47	777.32	1117.15	399.50	515.97	527.13
2011	988.19	156.14	554.15	277.90		1941.21	789.52	1151.70	429.70	635.48	538.77
2012	1048.08	156.40	591.22	300.46		2341.90	797.60	1544.30	449.90	693.83	546.00
2013	1091.73	156.55	605.67	329.51		2316.19	799.25	1516.94	461.66	731.15	535.96
2014	1118.89	156.82	613.03	349.04		2300.70	807.89	1492.81	509.50	747.97	537.59
2015	1160.06	156.57	634.50	368.99		2662.40	818.80	1843.60	521.00	777.98	544.00
2016	1204.00	154.00	662.00	388.00		2647.00	830.00	1817.00	538.00	773.00	543.00
2017	4595.23	170.36	685.00	417.86	3322.01	6906.27	867.15	6039.12	563.00	782.82	561.91
2018	4807.36	177.97	770.00	454.42	3404.97	6838.03	898.48	5939.55	584.00	793.00	571.81
2019	4971.42	182.18	889.67	485.98	3413.59	6716.52	930.62	5785.90	606.59	807.00	599.97
2020	5198.17	183.08	1039.02	502.66	3473.41	6731.82	989.77	5742.05	640.87	820.47	633.75
2021	5293.06	186.32	1141.42	521.77	3443.55	6748.66	1025.20	5723.46	687.42	853.76	652.77
2022	5314.33	183.11	1169.18	540.57	3421.47	6523.12	1052.66	5470.46	723.94	894.29	723.63
2023	5431.41	181.64	1272.36	564.40	3413.01	6355.65	1046.66	5308.99	740.42	994.47	703.47

主要统计指标解释

就业人员 指年满十六周岁，为取得报酬或经营利润，在调查周内从事了1小时（含1小时）以上劳动的人员；或由于在职学习、休假等原因在调查周内暂时未工作的人员；或由于停工、单位不景气等原因临时未工作的人员。

单位就业人员 指报告期末最后一日在本单位工作，并取得工资或其他形式劳动报酬的人员数。该指标为时点指标，不包括最后一日当天及以前已经与单位解除劳动合同关系的人员，是在岗职工、劳务派遣人员及其他就业人员之和。就业人员不包括：

(1) 离开本单位仍保留劳动关系，并定期领取生活费的人员；

(2) 在本单位实习的各类在校学生；

(3) 本单位以劳务外包形式使用的人员，如：建筑业整建制使用的人员。

城镇私营和个体就业人员 城镇私营就业人员指在工商管理部门注册登记，其经营地址设在县城关镇（含县城关镇）以上的私营企业就业人员，包括私营企业投资者和雇工。城镇个体就业人员指在工商管理部门注册登记，并持有城镇户口或在城镇长期居住，经批准从事个体工商经营的就业人员，包括个体经营者和在个体工商户劳动的家庭帮工和雇工。

在岗职工 指在本单位工作且与本单位签订劳动合同，并由单位支付各项工资和社会保险、住房公积金的人员，以及上述人员中由于学习、病伤、产假等原因暂未工作仍由单位支付工资的人员。在岗职工还包括：

(1) 应订立劳动合同而未订立劳动合同人员（如使用的农村户籍人员）；

(2) 处于试用期人员；

(3) 编制外招用的人员，如临时人员；

(4) 派往外单位工作，但工资仍由本单位发放的人员（如挂职锻炼、外派工作等情况）。

工资总额 指根据《关于工资总额组成的规定》(1990年1月1日国家统计局发布的一号令）进行修订，本单位在报告期内（季度或年度）直接支付给本单位全部就业人员的劳动报酬总额。包括计时工资、计件工资、奖金、津贴和补贴、加班加点工资、特殊情况下支付的工资，是在岗职工工资总额、劳务派遣人员工资总额和其他就业人员工资总额之和。

工资总额是税前工资，包括单位从个人工资中直接为其代扣或代缴的房费、水费、电费、住房公积金和社会保险基金个人缴纳部分等。

工资总额不论是计入成本的还是不计入成本的，不论是以货币形式支付的还是以实物形式支付的，均应列入工资总额的计算范围。

平均工资 指单位就业人员在一定时期内平均每人所得的工资额。它表明一定时期工资收入的高低程度，是反映就业人员工资水平的主要指标。计算公式为：

$$平均工资=\frac{报告期实际支付的全部就业人员工资总额}{报告期全部就业人员平均人数}$$

Explanatory Notes on Main Statistical Indicators

Employed Persons refer to persons, aged 16 and over, who performed some work for compensation or business gains for one hour or more during the reference period; or persons who do not work for the reasons of study or on holiday; or persons who are temporarily absent from a job for disorganization or suspension of work, recession, etc.

Person Employed in Various Units refer to the total number of employees who work at his unit and obtain wages or other forms of payment at the end of the reporting period. This indicator is a kind of time point index and it equals to the sum of the number of employed staff and workers, labor dispatch personnel and other employed person. Employed person do not include:

(1) person who have left their working units while keeping their labour contract (employment relation) unchanged and receiving regular alimony;

(2) all kinds of enrolled students who do internship in various units;

(3) person employed due to labor outsourcing, for example, person employed in the organizational system of construction industry.

Person Employed in Private Enterprises and Self-Employed Individuals in Urban Areas Person employed in private enterprises refer to the person employed in the private enterprises which have been registered at the departments of industrial and commercial administration for which the business operation are situated at a county town (i.e. a town where the county government is located), or at urban areas with administrative hierarchy higher than a county town. The self-employed individuals in urban areas refer to person who hold the certificates of residence in urban areas or have resided in the urban areas for a long time and have been registered at the departments of industrial and commercial administration and approved to be engaged in individual industrial or commercial business, including self-employed person as well as helpers and hired laborers who work in individual households.

Employed Staff and Workers refer to person who signed labor contracts with working units and working units would pay wages, social insurance and housing funds for them. Person who have their work posts but are temporarily absent from work for reasons of study or on sick, injury or maternal leave and still receive wages from their working units are also included. Employed staff and workers also include:

(1) Person who should have signed the labor contracts but not (like people with rural household registration);

(2) Employees on probation;

(3) Employees beyond the staffing quota, for example, temporary employees;

(4) Employees who are sent to other working units but still obtain wages from their original units (situations like on-the-job placement, expatriated assignment, etc.)

Total Wage Bill It is revised according to the "Provision of Composition of Total Wages" (Order No.1 by National Bureau of Statistics on January, 1st, ,1990), total wage bill refers to the total remuneration payment to all employed person in various units during the reporting period (by quarter or by year), including hourly-paid wages, piece-rate wages, bonuses, allowance and subsidies, overtime wages and wages paid under special circumstances. It equals to the sum of total wages of employed staff and workers, dispatch labors and other employed person.

Total wage bill is pre-tax wages, including the room charges, utility bills, housing funds and social insurance paid or withheld by employee's units.

Total wage bill, whether or not included in cost, whether or not paid in money or in kind, shall be included in the calculation of total wage.

Average Wage refers to the average per capita wage during a certain period of time for employed person. It shows the general level of wage income during a certain period of time, one major indicator to reflect the wage level. It is calculated as follows:

$$\text{Average Wage} = \frac{\text{Total Wage Bill of Employed Persons at Reference Time}}{\text{Average Number of Persons Employed at Reference Time}}$$

05

价 格

Prices

资料整理人员：宋迪敏　艾　婷　文益龙　陈　婷　李艺斌

5-1 各种物价总指数
Various Price Indices

(上年 =100) (Preceding=100)

年份 Year	居民消费价格指数 Consumer Price Index	农产品生产者价格指数 Producer Price Index for Farm Products	工业生产者购进价格指数 Purchasing Price Index for Industrial Producers	工业生产者出厂价格指数 Producer Price Index for Industrial Products
1985	110.9	111.6		
1986	105.3	105.7		
1987	109.8	110.2		
1988	125.6	123.1		
1989	118.2	106.8	122.5	118.1
1990	100.4	94.1	103.3	100.6
1991	104.4	94.3	110.4	104.7
1992	110.7	99.1	116.2	111.1
1993	116.8	114.7	139.7	128.9
1994	125.3	114.1	119.6	117.6
1995	119.0	117.2	117.6	121.4
1996	107.7	104.9	105.7	105.6
1997	102.8	95.3	100.1	99.2
1998	100.2	90.4	94.8	95.9
1999	100.5	91.1	96.2	98.5
2000	101.4	96.8	106.7	102.9
2001	99.1	100.9	101.1	99.8
2002	99.5	99.9	99.3	99.2
2003	102.4	106.8	106.7	102.6
2004	105.1	127.3	114.4	108.0
2005	102.3	99.5	109.4	106.0
2006	101.4	100.7	106.5	104.3
2007	105.6	130.6	106.1	106.1
2008	106.0	126.7	112.0	109.3
2009	99.6	90.6	92.6	94.3
2010	103.1	109.9	110.0	106.9
2011	105.5	121.9	110.8	108.5
2012	102.0	100.2	100.1	99.1
2013	102.5	102.1	98.4	98.5
2014	101.9	98.6	97.9	98.4
2015	101.4	104.1	94.5	96.3
2016	101.9	104.7	98.0	98.9
2017	101.4	98.0	107.2	105.8
2018	102.0	95.4	103.5	103.2
2019	102.9	118.0	100.2	99.6
2020	102.3	123.3	98.9	99.0
2021	100.5	90.1	108.1	105.9
2022	101.8	103.6	104.8	102.0
2023	100.2	97.6	97.5	98.5

注：1. 主要原材料、燃料、动力购进价格指数和工业生产者出厂价格指数以 1988 年为 100。
2. 固定资产投资价格指数以 1982 年为 100。
a. The main raw material, fuel and power purchase price index and industrial producer price index were 100 in 1988.
b. The investment price index of fixed assets was 100 in 1982.

5-1 续表 Continued

(1978年=100) (year of 1978=100)

年份 Year	居民消费价格指数 Consumer Price Index	农产品生产者价格指数 Producer Price Index for Farm Products	工业生产者购进价格指数 Purchasing Price Index for Industrial Producers	工业生产者出厂价格指数 Producer Price Index for Industrial Products
1985	143.6	190.3		
1986	151.2	201.1		
1987	166.0	221.6		
1988	208.5	272.8		
1989	246.4	291.4	122.5	118.1
1990	247.4	274.2	126.5	118.8
1991	258.3	258.6	139.7	124.4
1992	285.9	256.3	162.3	138.2
1993	333.9	294.0	226.7	178.1
1994	418.4	335.5	271.1	209.4
1995	497.9	393.2	318.8	254.2
1996	536.2	412.5	337.0	268.4
1997	551.2	393.1	337.3	266.3
1998	552.3	355.4	319.8	255.4
1999	555.1	323.8	307.6	251.6
2000	562.9	313.4	328.2	258.9
2001	557.8	316.2	331.8	258.4
2002	555.0	315.9	329.5	256.3
2003	568.3	337.4	351.6	263.0
2004	597.3	429.5	402.2	284.0
2005	611.0	427.4	440.0	301.0
2006	619.6	430.4	468.6	313.9
2007	654.3	562.1	497.2	333.0
2008	693.6	712.2	556.9	364.0
2009	690.8	645.3	515.7	343.3
2010	712.2	654.3	567.3	367.0
2011	751.4	797.6	628.6	398.2
2012	766.4	799.2	629.2	394.6
2013	785.6	816.0	619.1	388.7
2014	800.5	804.6	606.1	382.5
2015	811.7	837.6	572.8	368.3
2016	827.1	877.0	561.3	364.3
2017	838.9	859.4	601.7	385.4
2018	855.4	819.9	622.8	397.7
2019	880.2	967.5	624.0	396.1
2020	900.4	1192.9	617.1	392.1
2021	904.9	1074.8	667.1	415.3
2022	921.2	1113.5	699.1	423.5
2023	923.0	1086.8	681.6	417.1

5-2 居民消费价格指数
Consumer Price Indices

年份 Year	居民消费价格指数（上年 =100） Consumer Price Index (preceding year=100)	城 市 Urban Indices	农 村 Rural Indices	居民消费价格指数（1985 年 =100） Consumer Price Index (year of 1985=100)	城 市 Urban Indices	农 村 Rural Indices
1985	110.9	111.9	110.2	100	100	100
1986	105.3	105.4	105.3	105.3	105.4	105.3
1987	109.8	111.3	108.8	115.6	117.3	114.6
1988	125.6	125.7	125.4	145.2	147.5	143.7
1989	118.2	117.3	119.1	171.6	173.0	171.1
1990	100.4	100.6	100.2	172.3	174.0	171.4
1991	104.4	105.1	103.8	179.9	182.9	178.0
1992	110.7	113.5	107.9	199.2	207.6	192.0
1993	116.8	117.4	116.4	232.6	243.7	223.5
1994	125.3	124.8	125.6	291.5	304.1	280.7
1995	119.0	118.1	119.5	346.9	359.2	335.7
1996	107.7	107.2	108.2	373.6	385.1	363.2
1997	102.8	103.0	102.5	384.1	396.7	372.3
1998	100.2	100.5	100.1	384.9	398.7	372.7
1999	100.5	99.6	101.4	386.8	397.1	377.9
2000	101.4	101.3	101.4	392.2	402.3	383.2
2001	99.1	98.9	99.3	388.7	397.9	380.5
2002	99.5	99.6	99.4	386.8	396.3	378.2
2003	102.4	101.4	104.1	396.1	401.8	393.7
2004	105.1	104.1	105.7	416.3	418.3	416.2
2005	102.3	102.1	102.8	425.8	427.1	427.9
2006	101.4	101.6	101.2	431.8	433.9	433.0
2007	105.6	105.2	106.9	456.0	456.5	462.9
2008	106.0	105.8	107.4	483.4	483.0	497.2
2009	99.6	99.7	99.6	481.5	480.5	495.2
2010	103.1	103.1	103.2	496.4	495.4	511.1
2011	105.5	105.5	105.6	523.7	522.6	539.7
2012	102.0	102.2	101.6	534.2	534.1	548.3
2013	102.5	102.6	102.5	547.6	548.0	562.0
2014	101.9	102.1	101.4	558.0	559.5	569.9
2015	101.4	101.5	101.1	565.8	567.9	576.1
2016	101.9	101.9	101.9	576.4	578.5	587.2
2017	101.4	101.6	101.1	584.8	587.8	593.7
2018	102.0	101.9	102.0	596.3	599.3	605.5
2019	102.9	102.8	103.1	613.6	616.1	624.3
2020	102.3	102.0	102.9	627.7	628.4	642.4
2021	100.5	100.7	100.0	630.8	632.8	642.4
2022	101.8	101.7	101.9	642.2	643.6	654.6
2023	100.2	100.3	99.9	643.5	645.5	653.9

5-3 农村相关价格指数
Rural-related Price Indices

(上年 =100)　　(preceding year=100)

年份 Year	农村居民消费价格指数 Rural Consumer Price Index	农产品生产者价格指数 Producer Price Indices for Farm Products
1978	99.4	101.7
1979	103.3	127.1
1980	113.6	111.2
1981	102.6	107.3
1982	101.6	103.7
1983	102.7	105.4
1984	102.9	102.9
1985	110.2	111.6
1986	105.3	105.7
1987	108.8	110.2
1988	125.4	123.1
1989	119.1	106.8
1990	100.2	94.1
1991	103.8	94.3
1992	107.9	99.1
1993	116.4	114.7
1994	125.6	144.1
1995	119.5	117.2
1996	108.2	104.9
1997	102.5	95.3
1998	100.1	90.4
1999	101.4	91.1
2000	101.4	96.8
2001	99.3	100.9
2002	99.4	99.9
2003	104.1	106.8
2004	105.7	127.3
2005	102.8	99.5
2006	101.2	100.7
2007	106.9	130.6
2008	107.4	126.7
2009	99.6	90.6
2010	103.2	109.9
2011	105.6	121.9
2012	101.6	100.2
2013	102.5	102.1
2014	101.4	98.6
2015	101.1	104.1
2016	101.9	105.4
2017	101.1	98.0
2018	102.0	95.4
2019	103.1	118.0
2020	102.9	123.3
2021	100.0	90.1
2022	101.9	103.6
2023	99.9	97.6

5-4 居民消费价格分类指数(2023年)
Consumer Price Indices by Category (2023)

(上年 =100)　　(preceding year=100)

项目名称	Item	全 省 Provincial Indices	城 市 Urban Indices	农 村 Rural Indices
居民消费价格指数	**Consumer Price Index**	**100.2**	**100.3**	**99.9**
服务项目价格指数	**Price Indices for Services**	**101.3**	**101.5**	**100.9**
工业品价格指数	**Industrial Price Index**	**99.5**	**99.5**	**99.4**
消费品价格指数	**Consumer Goods Price Index**	**99.4**	**99.5**	**99.2**
扣除食品和能源价格指数	**Core Price Index**	**100.9**	**100.9**	**100.7**
食品烟酒	**Food Tobacoo and Liquor**	**99.4**	**99.6**	**99.0**
食品	Food	98.7	98.9	98.3
粮食	Grain	100.5	100.6	100.4
薯类	Tubers	107.1	106.4	110.4
豆类	Beans	101.5	101.5	101.5
食用油	Edible Oil and Fats	101.0	101.5	100.2
菜及食用菌	Vegetable and Edible Mushroom	97.9	98.3	97.0
畜肉类	Meat of Livestock	90.5	91.1	89.4
禽肉类	Meat of Poultry	103.0	102.9	103.1
水产品	Aquatic Products	97.2	96.4	99.3
蛋类	Eggs	101.7	101.6	101.7
奶类	Milk	100.2	100.1	100.3
干鲜瓜果类	Dried and Fresh Melons and Fruits	104.1	104.2	103.6
糖果糕点类	Candy and Cake	101.6	101.7	101.5
调味品	Flavoring	102.8	102.6	103.1
其他食品类	Other Foods	101.3	101.3	101.5
茶及饮料	Tea ang Beverages	100.6	100.9	100.1
烟酒	Tobacco and Liquor	100.9	100.9	100.8
在外餐饮	Dining Out	100.8	100.7	101.1
衣着	**Clothing**	**101.0**	**101.1**	**100.8**
服装	Garments	101.0	101.0	100.9
男士服装	Men's clothing	100.9	100.8	101.4
女士服装	Women's clothing	101.3	101.4	100.8
儿童服装	Children's clothes	100.6	100.6	100.7
衣着材料及配件	Clothing Materials and Accessories	100.5	101.0	98.6
衣着服务费	Dress Service Charge	100.0	100.1	100.0
鞋类	Footware	100.9	101.1	100.3
居住	**Residence**	**100.4**	**100.5**	**100.1**
租赁房房租	Rent of Rental Housing	100.7	100.7	101.0
住房保养维修及管理	Housing Maintenance and Management	100.1	100.1	100.0
水电燃料	Water, Electricity and Fuels	100.5	100.9	99.4
自有住房	Private Housing	100.5	100.5	100.4
生活用品及服务	**Articles for Daily Use and Services**	**100.1**	**100.1**	**100.0**
家具及室内装饰品	Furniture and Interior Decorations	100.4	100.3	100.5
家用器具	Home Appliances	99.1	99.1	99.1
家用纺织品	Home Textiles	99.8	99.8	99.8
家庭日用杂品	Daily Use Household Articles	100.2	100.2	100.2
个人护理用品	Personal-care Supplies	101.0	101.0	100.7
家庭服务	Household Services	100.6	100.7	100.4
交通和通信	**Transport and Communications**	**98.0**	**97.9**	**98.3**
交通	Transport	97.6	97.6	97.8
通信	Communications	99.5	99.5	99.7
教育文化和娱乐	**Education, Culture and Recreation**	**101.6**	**102.0**	**100.6**
教育	Education	100.5	100.6	100.4
文化娱乐	Culture and Recreation	103.9	104.4	101.5
医疗保健	**Health Care**	**102.0**	**102.0**	**102.0**
药品及医疗器具	Medicine and Medical Instrument	101.7	101.1	103.2
医疗服务	Medical Services	102.1	102.4	101.7
其他用品和服务	**Other Articles and Services**	**103.0**	**102.9**	**103.4**
其他用品类	Other Articles	104.7	104.8	104.7
其他服务类	Other Services	101.2	101.2	101.6

5-5 历年工业生产者出厂、购进价格指数
Producer Price Indices for Industrial Products、Purchasing Price Indices for Industrial Producers over the Years

（上年 =100） (preceding year=100)

年份 Year	工业生产者出厂价格指数 Producer Price Indices for Industrial Products	工业生产者购进价格指数 Purchasing Price Indices for Industrial Producers
1989	118.1	122.5
1990	100.6	103.3
1991	104.7	110.4
1992	111.1	116.2
1993	128.9	139.7
1994	117.6	119.6
1995	121.4	117.6
1996	105.6	105.7
1997	99.2	100.1
1998	95.9	94.8
1999	98.5	96.2
2000	102.9	106.7
2001	99.8	101.1
2002	99.2	99.3
2003	102.6	106.7
2004	108.0	114.4
2005	106.0	109.4
2006	104.3	106.5
2007	106.1	106.1
2008	109.3	112.0
2009	94.3	92.6
2010	106.9	110.0
2011	108.5	110.8
2012	99.1	100.1
2013	98.5	98.4
2014	98.4	97.9
2015	96.3	94.5
2016	98.9	98.0
2017	105.8	107.2
2018	103.2	103.5
2019	99.6	100.2
2020	99.0	98.9
2021	105.9	108.1
2022	102.0	104.8
2023	98.5	97.5

5-6 工业生产者出厂价格分类指数
Producer Price Indices for Industrial Products by Category

（上年 =100） (preceding year=100)

类 别	Item	2015	2016	2017	2018	2019	2020	2021	2022	2023
总指数	**General Index**	**96.3**	**98.9**	**105.8**	**103.2**	**99.6**	**99.0**	**105.9**	**102.0**	**98.5**
生产资料	**Means of Production**	**95.2**	**98.4**	**107.3**	**104.0**	**99.1**	**98.3**	**108.0**	**102.2**	**97.9**
采掘工业	Mining & Quarrying Industry	91.8	98.8	122.9	107.3	97.4	97.1	110.3	105.3	94.1
原材料工业	Raw Materials Industry	93.3	96.9	111.5	103.5	96.4	95.1	113.1	107.3	99.4
加工工业	Processing Industry	96.4	98.9	104.9	104.0	100.2	99.3	106.5	100.5	97.6
生活资料	**Consumer Goods**	**100.4**	**100.2**	**101.1**	**100.6**	**101.2**	**101.4**	**101.0**	**101.4**	**99.9**
食品类	Food	100.8	100.9	101.1	100.6	101.3	102.1	100.3	101.4	100.2
衣着类	Clothing	100.2	100.6	99.1	100.6	101.2	100.4	102.4	103.3	101.0
一般日用品	Articles for Daily Use	99.4	99.9	102.3	101.1	101.5	101.1	103.8	102.4	100.7
耐用消费品	Durable Consumer Goods	99.8	97.2	99.9	99.7	100.3	99.3	99.6	99.9	97.7

5-7 工业生产者购进价格指数
Purchasing Price Indices for Industrial Producers

（上年 =100） (preceding year=100)

类 别	Item	2015	2016	2017	2018	2019	2020	2021	2022	2023
总指数	**General Index**	**94.5**	**98.0**	**107.2**	**103.5**	**100.2**	**98.9**	**108.1**	**104.8**	**97.5**
燃料动力类	Fuel and Power	87.9	94.3	112.3	106.6	99.3	95.0	108.5	111.9	99.3
黑色金属材料类	Ferrous Matals	91.0	99.2	114.9	105.3	102.8	100.5	117.2	94.4	95.1
有色金属材料及电线	Nonferrous Metals	93.6	96.4	115.9	103.6	96.8	97.4	119.8	108.5	94.5
化工原料类	Raw Chemical Materials	97.3	99.4	105.6	103.1	98.1	94.7	107.5	115.2	90.9
木材及纸浆类	Timber and Paper Pulp	99.5	100.4	104.8	102.8	100.6	98.8	103.2	102.0	98.0
建材及非金属矿	Building Materials	97.8	100.2	104.2	106.5	105.0	104.7	110.8	96.1	99.2
其他工业原料及半成品	Other Industrial Raw Materials and Semi-finished Products	98.5	98.7	101.2	100.5	101.0	101.2	101.0	99.6	98.3
农副产品类	Agricultural Products	99.2	98.6	100.3	101.3	100.7	102.0	107.1	106.2	102.5
纺织原料类	Textile Materials	93.3	99.3	106.3	103.3	99.7	99.9	103.7	104.7	98.8

5−8 农产品生产者价格指数
Producer Price Indices for Farm Products

（上年 =100） (preceding year =100)

指标	Item	2015	2016	2017	2018	2019	2020	2021	2022	2023
总指数	**General Index**	**104.1**	**104.7**	**98.0**	**95.4**	**118.0**	**123.3**	**90.1**	**103.6**	**97.6**
农业产品	**Farm Products**	**101.5**	**96.2**	**107.4**	**98.2**	**102.0**	**102.7**	**101.3**	**108.7**	**99.7**
谷物（原粮）	Grain (Raw Grain)	102.2	96.2	101.7	99.5	98.9	106.6	98.5	100.4	101.5
稻谷	Rice	102.3	96.7	101.5	99.0	99.0	106.5	97.4	100.2	101.5
玉米	Corn	100.1	85.7	106.7	108.2	97.8	108.7	118.8	105.6	101.2
薯类	Tubers	89.2	124.8	104.3	110.1	112.1	103.1	104.1	83.8	102.2
油料	Oil-bearing Crops	102.0	102.9	103.6	100.7	105.5	108.3	104.0	101.3	104.4
豆类	Legume	101.1	108.4	97.3	89.7	104.3	107.5	121.1	107.8	105.3
棉花（籽棉）	Cotton (Seed Cotton)	90.5	91.5	121.9	93.9	103.2	90.4	108.7	103.6	96.3
未加工烟草	Raw Tobacco	103.1	103.8	110.4					107.8	104.9
蔬菜及食用菌	Vegetables and Edible Fungus	101.6	101.6	98.8	100.4					
蔬菜	Vegetables	101.6	101.6	98.8	100.3	117.5	106.5	102.3	121.5	86.7
水果	Fruits	111.3	82.1	122.8	91.3	117.8	94.8	96.2	118.4	88.3
茶叶	Tea	104.0	99.6	98.1	101.9	112.8	103.0	100.5	103.3	101.9
林业产品	**Forestry Products**	**96.3**	**93.0**	**91.9**	**101.4**	**101.2**	**94.1**	**99.5**	**100.5**	**105.0**
木材	Wood	95.6	95.8	95.7	102.8	95.3			94.9	88.0
竹材	Bamboo	95.1	90.5	88.3	93.9		94.6	104.6	99.1	100.7
饲养动物及其产品	**Animal Husbandry**	**108.1**	**115.9**	**86.6**	**91.6**	**139.8**	**151.7**	**74.3**	**96.4**	**94.4**
活牲畜	Livestock	108.6	117.6	85.4	89.8	149.6				
牛	Cow	100.4	96.5	104.1	86.9	112.9	122.5	106.2	94.6	93.7
羊	Sheep	94.8	88.0	90.5	97.9	116.6	119.3	99.9	95.7	101.6
猪	Pig	100.8	121.6	82.5	110.9	149.6	166.9	64.1	86.0	87.4
活家禽	Fowl	103.7	103.6	97.7	105.0	110.1	89.0	100.2	104.8	102.2
禽蛋	Eggs	101.8	89.4	98.8	119.0	99.4	88.5	113.7	115.9	104.8
渔业产品	**Fishery Product**	**101.2**	**103.1**	**102.8**	**95.8**	**101.1**	**103.1**	**112.3**	**105.0**	**95.9**
淡水养殖产品	Freshwater aquaculture	101.2	103.1	102.8	95.8	101.1	103.1	112.3	105.0	95.9

主要统计指标解释

居民消费价格指数 是反映一定时期内城乡居民所购买的生活消费品和服务项目价格变动趋势和程度的相对数。

农产品生产者价格指数 是反映一定时期内，农产品生产者出售农产品价格水平变动趋势及幅度的相对数。该指数可以客观反映全国农产品生产价格水平和结构变动情况，满足农业与国民经济核算需要。其中某代表品生产价格指数是通过对全部有出售该产品行为的调查单位的个体指数进行几何平均求得的，类价格指数是通过对其所属的类（或代表品）的价格指数进行加权平均求得的。季度累计价格指数的计算方法与分季指数的计算方法相同。

工业生产者出厂价格指数 是反映一定时期内全部工业产品第一次出售时的出厂价格总水平的变动趋势和变动幅度的相对数。

工业生产者购进价格指数 是反映作为中间投入的原材料、燃料、动力购进价格总水平的变动趋势和变动幅度的相对数。

Explanatory Notes on Main Statistical Indicators

Consumer Price Indices are relative figures reflecting the trend and degree of changes in prices of consumer goods and services purchased by urban and rural households during a given period.

Producer Prices Indices for Farm Products are relative figures reflecting the trend and degree of changes in producers' prices received by farmers when they sell farm products during a given period. These indices depict the change in the level and structure of producer prices for farm products of the country and meet the needs of agricultural statistics and national accounts statistics. The producer price index for a given product is calculated as the geometrical mean of individual indices for all surveyed units which sell such products, and the indices for a product category is obtained as the weighted mean of price indices for all products in the category. Method for calculating accumulative quarterly indices is the same as for calculating the distinctive quarterly indices.

Producer Price Indices for Industrial Products are relative figures reflecting the trend and degree of changes in general ex-factory prices of all manufactured goods for first sale during a given period.

Purchasing Price Indices for Industrial Producers are relative figures reflecting changes in the level and degree of purchasing prices such as intermediate input such as raw materials, fuels and power.

06

人民生活

People's Livelihoods

资料整理人员：罗金城

6-1 城镇居民生活
Urban Households' Life

年份 Year	平均每人每年（元） Per Capita Per Year (yuan)				每一就业者负担人数（人） Supported by Per Employee (person)	人均居住面积（平方米） Living Floor Space of Residents (sq.m)
	可支配收入 Disposable Income	指数 (1978 年 =100) Indices (year of 1978 = 100)	消费支出 Consumption Expenditure	食品支出 Food		
1978	323.9	100.0	289.6	166.1	1.90	3.90
1980	475.9	125.2	425.5	244.1	1.76	4.30
1981	505.1	118.7	465.8	260.3	1.72	4.80
1982	519.0	116.8	449.4	264.5	1.70	5.10
1983	564.0	123.2	492.7	289.4	1.72	5.40
1984	645.0	138.0	540.8	310.4	1.71	5.80
1985	760.8	161.8	685.3	366.5	1.88	6.00
1986	904.4	182.5	775.3	427.9	1.90	6.40
1987	1017.8	184.5	871.6	497.1	1.87	6.50
1988	1255.0	181.0	1142.7	580.7	1.84	6.90
1989	1492.6	183.5	1234.0	678.3	1.82	7.00
1990	1591.5	194.5	1294.0	720.3	1.80	6.91
1991	1783.2	207.3	1446.0	772.1	1.80	7.07
1992	2166.5	221.9	1732.0	881.6	1.76	7.41
1993	2816.5	245.8	2194.0	1049.4	1.73	8.14
1994	3887.6	271.9	3138.0	1496.8	1.70	7.93
1995	4699.2	278.7	3886.0	1898.1	1.67	7.75
1996	5052.1	279.2	4098.0	1986.6	1.64	8.06
1997	5209.7	280.1	4317.2	1972.8	1.64	8.66
1998	5434.3	290.7	4371.0	1907.6	1.62	9.91
1999	5815.4	312.2	4800.0	1942.2	1.66	10.77
2000	6218.7	328.9	5218.8	1943.7	1.71	11.75
2001	6780.6	362.6	5546.2	1943.6	1.77	11.80
2002	6958.6	399.7	5574.7	1985.9	1.97	12.40
2003	7674.2	434.7	6082.6	2179.3	1.89	24.43
2004	8617.5	468.9	6884.6	2479.6	1.88	25.39
2005	9524.0	507.6	7505.0	2689.4	2.05	22.03
2006	10504.7	551.2	8169.3	2850.9	2.03	22.54
2007	12293.5	613.2	8990.7	3243.9	1.99	34.71
2008	13821.2	651.2	9945.5	3970.4	2.10	36.52
2009	15084.3	713.1	10828.2	4174.6	2.06	37.25
2010	16565.7	759.4	11825.3	4322.1	2.07	37.51
2011	18844.1	819.4	13402.9	4943.9	2.15	39.69
2012	22172.8	907.1	14609.0	5441.6	2.05	40.22
2013	24352.0	970.6	16867.3	5323.0	1.95	39.97
2014	26570.2	1037.6	18334.7	5596.0	1.84	39.52
2015	28838.1	1109.2	19501.4	6075.5	1.90	41.02
2016	31283.9	1181.3	21420.0	6407.7	1.96	44.04
2017	33947.9	1261.6	23162.6	6585.0	1.98	46.48
2018	36698.3	1338.6	25064.2	6848.9	2.03	48.76
2019	39841.9	1413.7	26924.0	7499.6	2.02	49.66
2020	41697.5	1450.4	26796.4	7807.1	2.06	51.14
2021	44866.1	1520.0	28293.8	8129.8	1.99	52.30
2022	47301.2	1575.8	29580.1	8443.5	1.99	52.62
2023	49242.8	1635.5	31035.5	8835.2	2.13	50.00

注：1. 1991 年及以前的可支配收入均系全部收入。

2. 2002 年起，可支配收入剔除了出售财物收入和个人交纳的社会保障支出；消费支出中，居住支出剔除了自有房屋折算金。

a. Data on disposable income prior to 1991 refer to those on the total income.

b. Since 2002,Data on disposable income exclude income of selling property and individual expenditure for social security programs; Data on living expenditure exclude converted rents of self−owned housing .

6-2 历年城镇居民人均可支配收入
Per Capita Annual Disposable Income of Urban Households

单位：元 (yuan)

年份 Year	可支配收入 Disposable Income	工资性收入 Income of Wages and Salaries	经营净收入 Net Business Income	财产净收入 Net Income from Property	转移净收入 Net Income from Transfer
1978	323.9	306.0			
1980	475.9	466.2			9.7
1981	505.1	496.6	0.3		8.2
1982	519.0	507.3	0.1		11.6
1983	564.0	549.7			14.3
1984	645.0	627.7	0.4		16.9
1985	760.8	651.1	9.5		100.2
1986	904.4	752.4	9.7		142.4
1987	1017.8	840.4	11.2		166.2
1988	1255.0	1078.7	21.3		155.0
1989	1492.6	1213.2	28.2	14.2	237.0
1990	1591.5	1327.7	23.6	16.4	223.7
1991	1783.2	1567.0	14.4	19.8	182.1
1992	2166.6	1768.2	18.2	28.8	356.8
1993	2821.6	2298.9	31.2	54.5	437.4
1994	3892.7	3154.5	27.8	81.5	629.2
1995	4699.2	3971.1	26.0	81.6	626.5
1996	5052.1	4309.5	44.3	86.8	619.4
1997	5209.7	4433.6	35.2	112.0	668.1
1998	5434.3	4517.5	35.4	142.6	779.1
1999	5815.4	4723.6	52.4	153.9	925.8
2000	6218.7	4954.2	140.1	158.8	1008.1
2001	6780.6	5168.4	170.0	239.5	1254.7
2002	6958.6	5408.2	235.4	111.0	1617.2
2003	7674.2	5984.8	356.2	100.7	1703.4
2004	8617.5	6807.3	494.0	92.9	1796.0
2005	9524.0	6805.4	872.2	195.6	2232.9
2006	10504.7	7401.7	929.8	287.2	2527.3
2007	12293.5	8612.5	2343.4	170.9	3022.1
2008	13821.2	9071.0	1575.1	316.5	3614.7
2009	15084.3	9854.1	1744.4	419.2	4060.5
2010	16565.7	10782.0	1880.9	541.1	4453.0
2011	18844.1	11550.1	2674.2	770.7	5089.0
2012	22172.8	13237.1	3008.3	867.8	5691.4
2013	24352.0	13453.0	3254.8	2387.3	5256.8
2014	26570.2	14661.7	3566.7	2628.6	5713.1
2015	28838.1	15902.8	3993.6	2801.0	6140.8
2016	31283.9	17274.9	4339.2	3009.6	6660.2
2017	33947.9	18765.9	4605.8	3204.1	7372.2
2018	36698.3	20021.5	5252.5	3715.3	7708.9
2019	39841.9	21534.1	5946.8	3950.9	8410.1
2020	41697.5	22457.3	6255.2	4146.1	8839.0
2021	44866.1	24160.9	6878.0	4436.0	9391.2
2022	47301.2	25401.6	7214.7	4687.9	9997.0
2023	49242.8	26397.8	7604.4	4841.5	10399.0

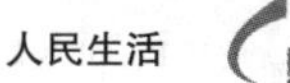

6-3 历年城镇居民人均消费支出

Per Capita Consumption Expenditures of Urban Households

单位：元 (yuan)

年份 Year	消费支出 Consumption Expenditure	食品烟酒 Food,Tobacco and Liquor	衣着 Clothing and Footwear	居住 Housing	生活用品及服务 Household Equipments, Furnishings and Services	交通通信 Transport and Communications	教育文化娱乐 Education, Cultural and Recreation	医疗保健 Health Care and Medical Services	其他用品和服务 Miscellaneous Goods and Services
1978	289.6	166.1					99.5		24.0
1980	425.5	244.1	54.0	17.0	46.3	6.4	32.8	2.8	22.2
1981	465.8	260.3	57.8	18.5	50.6	5.8	47.0	3.8	21.9
1982	449.4	264.5	54.8	20.0	42.7	6.1	35.6	4.2	21.4
1983	492.7	289.4	61.9	21.4	46.8	7.2	39.1	4.2	22.7
1984	540.8	310.4	70.4	22.2	53.9	7.8	47.5	4.2	24.4
1985	685.3	366.5	86.5	33.0	80.2	7.6	74.8	8.3	28.6
1986	775.3	427.9	102.0	36.4	89.0	8.4	67.2	9.7	34.7
1987	871.6	497.1	101.5	36.0	96.6	9.4	77.3	10.3	43.3
1988	1142.7	580.7	132.0	54.9	168.1	11.9	110.9	18.4	65.8
1989	1234.4	678.3	146.4	51.5	144.9	14.9	108.3	21.6	68.6
1990	1294.1	720.3	170.4	60.0	124.6	26.8	122.8	19.2	50.0
1991	1445.5	772.1	197.6	71.3	142.8	33.2	135.4	25.6	67.6
1992	1731.6	881.6	237.0	95.9	164.7	39.3	176.8	41.1	95.3
1993	2194.0	1049.4	305.0	141.8	230.6	72.4	215.2	57.7	121.9
1994	3138.2	1496.8	420.7	184.5	301.9	184.6	316.6	82.1	151.0
1995	3885.6	1898.1	481.1	244.3	370.7	206.9	408.4	108.7	167.5
1996	4098.3	1986.6	507.1	267.8	334.1	210.6	460.9	149.8	181.4
1997	4317.2	1972.8	497.6	316.7	327.8	276.7	576.4	161.3	188.1
1998	4371.0	1907.6	458.4	411.2	332.2	255.8	642.7	183.9	179.2
1999	4800.0	1942.2	512.3	492.6	401.4	321.3	697.2	206.1	226.5
2000	5218.8	1943.7	495.2	576.7	544.5	395.6	753.8	270.2	239.1
2001	5546.2	1943.6	551.5	662.4	460.1	474.7	826.9	328.6	298.4
2002	5574.7	1985.9	577.7	581.9	420.4	596.0	883.6	343.7	185.6
2003	6082.6	2179.3	621.3	586.9	420.2	680.2	993.9	391.3	209.5
2004	6884.6	2479.6	689.5	640.7	388.2	881.9	1091.3	475.6	237.9
2005	7505.0	2689.4	790.7	771.5	451.0	801.3	1138.7	601.3	261.2
2006	8169.3	2850.9	868.2	871.7	513.6	965.1	1182.2	632.5	285.0
2007	8990.7	3243.9	1017.6	869.6	603.2	986.9	1285.2	668.5	315.8
2008	9945.5	3970.4	1090.7	960.8	674.8	971.1	1110.1	791.0	376.6
2009	10828.2	4174.6	1146.3	1074.7	798.4	1233.8	1207.7	784.7	408.1
2010	11825.3	4322.1	1277.5	1182.3	903.8	1541.4	1418.9	776.9	402.5
2011	13402.9	4943.9	1499.0	1292.6	940.8	1975.5	1526.1	790.8	434.3
2012	14609.0	5441.6	1624.6	1301.6	1034.3	2084.2	1737.6	918.4	466.7
2013	16867.3	5323.0	1387.9	3427.8	1108.3	2141.2	2016.4	1022.8	439.8
2014	18334.7	5596.0	1442.1	3567.6	1098.6	2462.1	2537.5	1209.8	421.0
2015	19501.4	6075.5	1638.1	3519.6	1202.6	2430.2	2934.1	1174.6	526.6
2016	21420.0	6407.7	1666.4	3918.7	1384.1	2837.1	3406.1	1362.6	437.4
2017	23162.6	6585.0	1682.4	4353.2	1492.6	2904.6	3972.9	1693.0	478.9
2018	25064.2	6848.9	1823.5	5060.9	1635.6	3220.3	3924.5	2034.4	516.0
2019	26924.0	7499.6	1843.7	5447.8	1660.4	3425.2	4172.2	2305.2	569.8
2020	26796.4	7807.1	1778.4	5465.5	1708.7	3722.5	3360.8	2350.5	602.8
2021	28293.8	8129.8	1857.0	5795.6	1830.0	3802.7	3859.5	2399.2	620.0
2022	29580.1	8443.5	1894.6	6031.6	1924.5	4069.3	4006.0	2562.0	648.6
2023	31035.5	8835.2	1962.2	6167.4	1989.6	4335.5	4311.4	2739.3	694.7

注：1. 1992 年以前的数据，按现行的指标进行重新计算。

2. 2013 年起，居住消费中加入自有住房折算租金。

a. Data prior to 1992 are recalculated to current indicators.

b. Since 2013, Data on residence expenditure include converted rents of self-owned housing.

6-4 历年城镇居民人均可支配收入指数
Indices of Disposable Incomes of Urban Households

年份 Year	可支配收入 （元/人） Disposable Income (yuan/person)	上年=100 (preceding year=100)		1978年=100 (year of 1978=100)	
		货币收入 Money Income	实际收入 Real Income	货币收入 Money Income	实际收入 Real Income
1978	323.9			100.0	100.0
1980	475.9			146.9	125.2
1985	760.8	117.0	104.6	234.9	161.8
1990	1591.5	106.0	105.4	491.4	194.5
1995	4699.2	121.0	102.5	1452.6	278.7
1999	5815.4	107.0	107.4	1795.2	312.2
2000	6218.7	106.9	105.5	1919.9	328.9
2001	6780.6	109.0	110.2	2092.7	362.6
2002	6958.6	109.8	110.2	2298.6	399.7
2003	7674.2	110.3	108.8	2534.9	434.7
2004	8617.5	112.3	107.9	2846.2	468.9
2005	9524.0	110.5	108.2	3145.6	507.6
2006	10504.7	110.3	108.6	3469.6	551.6
2007	12293.5	117.0	111.2	4059.4	613.2
2008	13821.2	112.4	106.2	4562.8	651.2
2009	15084.3	109.1	109.5	4978.0	713.1
2010	16565.7	109.8	106.5	5465.9	759.4
2011	18844.1	113.8	107.9	6220.2	819.4
2012	22172.8	113.1	110.7	7035.0	907.1
2013	24352.0	109.8	107.0	7724.4	970.6
2014	26570.2	109.1	106.9	8427.4	1037.6
2015	28838.1	108.5	106.9	9146.7	1109.2
2016	31283.9	108.5	106.5	9924.1	1181.3
2017	33947.9	108.5	106.8	10769.2	1261.6
2018	36698.3	108.1	106.1	11641.6	1338.6
2019	39841.9	108.6	105.6	12638.8	1413.7
2020	41697.5	104.7	102.6	13232.8	1450.4
2021	44866.1	107.6	104.8	14238.5	1520.0
2022	47301.2	105.4	103.7	15011.3	1575.8
2023	49242.8	104.1	103.8	15627.5	1635.6

注：1. 实际收入指数，指扣除价格上涨因素后的指数。
2. 1991年及以前的可支配收入均系全部收入。
3. 2002年起，可支配收入剔除了出售财物收入和个人交纳的社会保障支出；消费支出中，居住支出剔除了自有房屋折算金。

a. The real income is calculated without the factor of price increase.

b. Data on disposable income prior to 1991 refer to those on the total income.

c. Since 2002,Data on disposable income exclude income of selling property and individual expenditure for social security programs; Data on living expenditure exclude converted net rent from owner-occupied housing.

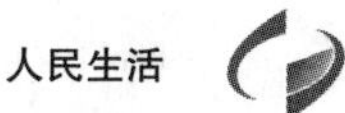

6–5 城镇居民按收入五等份分组的人均收支（2023年）
Per Capita Income and Expenditure of Urban Households by Income Quintile (2023)

单位：元 (yuan)

项 目	Item	低收入户 Low Income Households	中低收入户 Lower Middle Income Households	中等收入户 Middle Income Households	中高收入户 Upper Middle Income Households	高收入户 High Income Households
可支配收入	**Disposable Income**	**18861.0**	**32361.8**	**44057.9**	**61005.3**	**106440.4**
工资性收入	Income of Wages and Salaries	10426.5	17756.7	24845.0	32755.2	54324.3
经营净收入	Net Business Income	2128.6	3779.8	4588.2	7841.7	23175.2
财产净收入	Net Income from Property	1567.7	2975.6	4472.9	6196.8	13154.9
转移净收入	Net Income from Transfer	4738.2	7849.8	10151.8	14211.6	15785.9

6–6 农村居民生活
Rural Households' Life

年份 Year	平均每人每年（元） Per Capita Per Year (yuan)				每一劳动力负担人数（人） Supported by Per Employee (person)	人均自有现住房面积（平方米） Per Capita Self–owned Housing Area (sq.m)
	可支配收入 Disposable Income	指　数（1978 年 =100） Indices (year of 1978 = 100)	消费支出 Consumption Expenditure	食品支出 Food		
1978	142.56		140.07	97.93	2.33	10.50
1980	219.72	147.6	192.95	127.70	2.09	11.15
1981	241.70	160.5	207.59	135.98	1.95	11.87
1982	284.40	186.5	248.69	164.02	2.00	12.89
1983	315.70	205.0	273.86	175.62	1.77	16.10
1984	348.20	221.9	293.19	190.96	1.74	16.77
1985	395.26	239.4	348.45	219.43	1.69	18.20
1986	439.70	255.9	386.35	228.96	1.68	19.25
1987	471.30	257.4	434.75	245.68	1.67	20.01
1988	515.35	244.8	480.75	266.89	1.65	20.48
1989	558.34	236.5	516.29	290.35	1.63	21.57
1990	664.23	229.4	608.73	390.73	1.65	22.27
1991	688.91	234.4	655.54	412.63	1.69	22.58
1992	739.40	239.7	707.79	442.56	1.67	23.12
1993	851.90	244.5	816.56	498.95	1.63	24.56
1994	1155.00	257.0	1088.73	665.72	1.60	24.23
1995	1425.16	270.4	1367.30	823.91	1.60	25.57
1996	1792.30	292.8	1736.71	1025.32	1.56	26.88
1997	2037.06	318.9	1815.79	1078.00	1.56	27.37
1998	2064.85	326.6	1889.18	1107.23	1.54	28.79
1999	2147.18	344.6	1920.15	1122.96	1.52	29.88
2000	2197.2	361.1	1942.9	1053.4	1.46	30.92
2001	2299.5	379.5	1990.3	1053.2	1.45	32.87
2002	2397.9	398.5	2068.7	1086.1	1.44	34.05
2003	2532.9	417.2	2139.2	1111.3	1.42	35.09
2004	2837.8	450.6	2472.3	1338.7	1.40	36.55
2005	3117.7	483.0	2756.4	1433.0	1.40	38.38
2006	3389.8	519.7	3013.1	1463.3	1.38	39.28
2007	3904.3	562.8	3377.4	1675.2	1.37	40.18
2008	4512.5	607.8	3805.0	1947.5	1.37	40.72
2009	4910.0	664.3	4020.9	1967.5	1.36	41.69
2010	5622.0	737.1	4310.4	2087.9	1.36	42.01
2011	6567.1	815.2	5179.4	2343.1	1.35	46.62
2012	8023.5	908.9	5870.1	2574.8	1.36	46.78
2013	9028.6	998.0	7832.6	2708.9	1.51	52.93
2014	10060.2	1096.8	9024.8	3095.2	1.50	54.25
2015	10992.5	1185.6	9690.6	3188.9	1.50	57.26
2016	11930.4	1262.7	10629.9	3370.7	1.68	60.63
2017	12935.8	1353.6	11533.6	3521.2	1.71	63.52
2018	14092.5	1445.7	12720.5	3713.9	1.83	63.57
2019	15394.8	1532.4	13968.8	4024.9	1.87	63.94
2020	16584.6	1604.4	14974.0	4635.9	1.95	65.28
2021	18295.2	1769.7	16950.7	5254.1	1.85	63.89
2022	19546.3	1854.7	18077.7	5520.7	1.85	65.30
2023	20921.0	1985.1	19210.2	5821.7	2.03	64.75

注：从 2013 年开始收入指标改为可支配收入，收支口径有所变化。主要变化是参与平均的人口由家庭户籍人口改为家庭常住人口。居住面积也因人口口径变化而变化，指标名称由农村人均居住面积改为农村居民人均自有现住房面积。收入指数扣除价格因素影响。

Since 2013, the income index has been changed to disposable income, and the income and expenditure lines have changed. The main change is that the participating average population is changed from household registered population to permanent resident population. The living area also changed due to the change of population caliber, and the name of the indicator was changed from rural per capita living area to rural per capita self–owned housing area. The income index after deducting the price factor.

6-7 历年农村居民人均可支配收入
Per Capita Annual Disposable Income of Rural Households

单位：元 (yuan)

年份 Year	可支配收入 Disposable Income	工资性收入 Income of Wages and Salaries	经营净收入 Net Business Income	财产净收入 Net Income from Property	转移净收入 Net Income from Transfer
1978	142.56				
1979	177.12				
1980	219.72	104.21	88.51	26.99	
1981	243.17	110.52	102.49	30.17	
1982	284.39	132.32	124.55	27.52	
1983	315.67	50.10	236.04	29.53	
1984	348.20	52.99	266.45	28.76	
1985	395.26	53.81	326.23	15.22	
1986	439.66	59.18	364.40	16.08	
1987	471.30	74.85	379.53	16.92	
1988	515.35	86.53	409.52	19.31	
1989	558.34	99.88	436.21	22.25	
1990	664.23	85.11	557.10	22.03	
1991	688.91	94.16	570.76	23.99	
1992	739.42	114.01	601.11	24.30	
1993	851.87	135.85	685.85	30.17	
1994	1155.00	206.77	903.01	45.22	
1995	1425.16	268.00	1095.89	61.27	
1996	1792.25	352.07	1367.11	73.07	
1997	2037.06	459.97	1508.55	68.54	
1998	2064.85	613.10	1383.34	68.41	
1999	2147.18	695.62	1372.68	78.88	
2000	2197.2	789.7	1329.1	20.7	57.6
2001	2299.5	840.1	1371.1	23.2	65.1
2002	2397.9	914.3	1376.7	29.0	77.9
2003	2532.9	988.4	1427.2	32.3	85.0
2004	2837.8	1081.2	1614.6	41.9	100.1
2005	3117.7	1228.8	1713.4	42.1	133.6
2006	3389.8	1449.7	1743.5	42.5	154.2
2007	3904.3	1712.3	1963.9	39.9	188.1
2008	4512.5	1990.5	2196.6	57.1	268.3
2009	4910.0	2234.0	2257.3	81.2	337.5
2010	5622.0	2655.6	2463.9	101.6	400.9
2011	6567.1	3240.8	2725.2	112.2	488.9
2012	8023.5	3847.6	2903.2	112.8	576.6
2013	9028.6	3671.6	3255.5	130.7	1970.7
2014	10060.2	4088.1	3638.9	165.6	2167.5
2015	10992.5	4515.2	3911.7	174.1	2391.5
2016	11930.4	4946.2	4138.6	143.1	2702.5
2017	12935.8	5340.8	4368.9	148.2	3077.9
2018	14092.5	5769.3	4785.7	179.3	3358.2
2019	15394.8	6224.0	5268.3	208.8	3693.6
2020	16584.6	6569.6	5804.0	231.7	3979.3
2021	18295.2	7165.0	6530.2	261.5	4338.5
2022	19546.3	7631.3	6961.3	283.4	4670.3
2023	20921.0	8178.6	7470.1	299.0	4973.4

6-8 历年农村居民人均消费支出
Per Capita Consumption Expenditures of Rural Households

单位：元 (yuan)

年份 Year	消费支出 Consumption Expenditure	食品烟酒 Food,Tobacco and Liquor	衣着 Clothing and Footwear	居住 Housing	生活用品及服务 Household Equipments, Furnishings and Services	交通通信 Transport and Communications	教育文化娱乐 Education, Cultural and Recreation	医疗保健 Health Care and Medical Services	其他用品和服务 Miscellaneous Goods and Services
1978	140.07	97.93	14.29	18.15					
1980	192.85	127.91	20.46	27.29	3.05	0.51	7.54	3.15	2.94
1981	207.59	135.98	23.06	27.85					
1982	248.69	164.02	24.74	35.83					
1983	273.86	175.62	26.71	41.77	16.27	1.29	6.38	4.70	1.12
1984	293.19	191.19	28.81	41.51	16.15	1.62	7.03	5.53	1.33
1985	348.45	219.57	33.77	50.96	15.69	6.63	11.92	7.49	2.42
1986	386.35	229.13	36.47	66.81	23.92	2.65	16.08	8.33	2.96
1987	434.75	248.06	36.93	79.33	29.70	3.08	22.97	10.68	4.00
1988	480.75	269.77	38.69	88.38	33.00	3.86	31.52	11.61	3.92
1989	516.29	293.98	39.64	87.67	33.53	4.64	37.05	16.14	3.64
1990	608.73	390.73	37.29	82.75	28.62	8.83	39.18	18.29	3.04
1991	655.54	412.63	42.87	92.29	34.67	6.79	41.14	20.56	4.59
1992	707.29	442.56	43.51	98.80	35.92	8.23	52.59	22.69	3.49
1993	816.55	498.95	45.40	108.07	40.13	16.14	74.16	24.37	9.33
1994	1088.73	665.72	61.23	148.63	50.39	21.59	98.91	29.28	12.98
1995	1367.30	823.91	73.51	192.42	68.79	26.29	128.84	35.78	17.75
1996	1736.71	1025.32	96.04	229.74	84.74	38.70	176.96	58.66	26.55
1997	1821.13	1081.60	90.53	241.93	84.24	46.30	187.99	58.26	30.29
1998	1889.18	1107.23	91.45	251.73	85.69	45.90	206.60	61.69	38.88
1999	1920.15	1122.96	82.65	267.92	79.73	60.24	207.67	62.13	36.86
2000	1942.9	1053.4	89.8	251.9	78.1	99.4	222.5	82.2	65.7
2001	1990.3	1053.2	93.4	268.7	80.8	102.4	234.4	95.7	61.8
2002	2068.7	1086.1	97.9	271.3	84.8	118.6	248.6	102.8	58.7
2003	2139.2	1111.3	106.2	272.0	79.6	146.9	270.5	105.2	47.5
2004	2472.3	1338.7	112.4	293.2	92.4	174.5	280.0	124.1	57.1
2005	2756.4	1433.0	127.9	307.3	114.3	219.0	329.3	168.2	57.5
2006	3013.1	1463.3	137.7	420.8	129.8	249.6	341.7	196.5	73.6
2007	3377.4	1675.2	161.8	508.3	152.6	278.8	293.9	220.0	86.9
2008	3805.0	1947.5	169.1	629.8	171.1	286.0	278.7	244.2	78.7
2009	4020.9	1967.5	182.5	691.6	203.7	341.3	291.0	258.1	85.3
2010	4310.4	2087.9	209.9	719.2	243.9	343.8	315.9	293.6	96.2
2011	5179.4	2343.1	260.4	969.7	330.7	421.7	346.6	396.5	110.6
2012	5870.1	2574.8	318.0	1088.2	373.5	481.6	400.2	497.2	136.6
2013	7832.6	2708.9	403.1	1764.6	511.6	798.8	733.8	747.1	164.6
2014	9024.8	3095.2	468.0	1982.4	541.9	871.9	1112.1	771.4	181.9
2015	9690.6	3188.9	494.5	2191.0	604.7	920.2	1276.4	844.1	170.7
2016	10629.9	3370.7	508.3	2369.4	639.9	1083.1	1477.3	986.5	194.6
2017	11533.6	3521.2	527.2	2562.5	642.8	1234.5	1710.2	1171.8	163.4
2018	12720.5	3713.9	624.1	2920.6	756.8	1449.7	1678.6	1385.5	191.4
2019	13968.8	4024.9	674.9	3152.9	787.7	1642.9	1851.0	1614.5	220.1
2020	14974.0	4635.9	674.4	3367.0	853.0	1730.5	1783.8	1706.6	222.6
2021	16950.7	5254.1	767.9	3764.4	965.5	1921.0	2212.1	1827.5	238.2
2022	18077.7	5520.7	789.5	3953.5	1016.7	2115.0	2424.8	2004.8	252.9
2023	19210.2	5821.7	823.6	4100.0	1049.8	2281.0	2659.4	2202.2	272.5

6–9 历年农村居民人均可支配收入指数
Indices of Disposable Incomes of Rural Residents

年份 Year	可支配收入（元/人）Disposable Income (yuan/person)	上年=100 (preceding year=100)		1978年=100 (year of 1978=100)		1990年=100 (year of 1990=100)	
		货币收入 Money Income	实际收入 Real Income	货币收入 Money Income	实际收入 Real Income	货币收入 Money Income	实际收入 Real Income
1978	142.6			100.0	100.0		
1980	219.7	124.1	119.6	154.1	147.6		
1981	241.7	110.0	108.2	169.5	160.5		
1982	284.4	117.7	116.2	199.5	186.5		
1983	315.7	111.0	109.9	221.4	205.0		
1984	348.2	110.3	108.2	244.2	221.9		
1985	395.3	113.5	107.9	277.3	239.4		
1986	439.7	111.2	106.9	308.4	255.9		
1987	471.3	107.2	100.6	330.6	257.4		
1988	515.4	109.3	95.1	361.5	244.8		
1989	558.3	108.3	96.6	391.6	236.5		
1990	664.2	119.0	97.0	465.9	229.4	100.0	100.0
1991	688.9	103.7	102.2	483.2	234.4	103.7	102.2
1992	739.4	107.3	102.0	518.7	239.7	111.3	104.2
1993	851.9	115.2	102.0	597.6	244.5	128.2	106.1
1994	1155.0	135.6	105.1	810.2	257.0	173.9	111.6
1995	1425.2	123.4	105.2	999.7	270.4	214.6	117.4
1996	1792.3	125.8	108.3	1257.2	292.8	269.8	127.1
1997	2037.1	113.7	108.9	1428.9	318.9	306.7	138.5
1998	2064.9	101.4	102.4	1448.4	326.6	310.9	141.8
1999	2147.2	104.0	105.5	1506.3	344.6	323.3	149.6
2000	2197.2	102.3	104.8	1540.8	361.1	330.8	156.8
2001	2299.5	104.7	105.1	1613.2	379.5	346.2	164.8
2002	2397.9	104.3	105.0	1682.0	398.5	361.1	173.0
2003	2532.9	105.6	104.7	1776.2	417.2	381.3	181.1
2004	2837.8	112.0	108.0	1989.3	450.6	427.1	195.6
2005	3117.7	109.9	107.2	2186.2	483.0	469.4	209.7
2006	3389.7	108.7	107.6	2376.4	519.7	510.2	225.6
2007	3904.3	115.2	108.3	2737.6	562.8	587.8	244.3
2008	4512.5	115.6	108.0	3164.7	607.8	679.5	263.8
2009	4910.0	108.8	109.3	3443.2	664.3	739.3	288.3
2010	5622.0	114.5	111.0	3943.6	737.1	846.4	321.3
2011	6567.1	116.8	110.6	4606.1	815.2	988.6	355.4
2012	8023.5	113.3	111.5	5218.7	908.9	1120.1	396.3
2013	9028.6	112.5	109.8	6331.4	998.0	1359.3	435.1
2014	10060.2	111.4	109.9	7054.8	1096.8	1514.6	478.2
2015	10992.5	109.3	108.1	7708.6	1185.6	1655.0	516.9
2016	11930.4	108.5	106.5	8363.8	1262.7	1795.6	550.5
2017	12935.8	108.4	107.2	9066.4	1353.6	1946.5	590.1
2018	14092.5	108.9	106.8	9873.3	1445.7	2119.7	630.3
2019	15394.8	109.2	106.0	10781.7	1532.4	2314.7	668.1
2020	16584.6	107.7	104.7	11611.9	1604.4	2493.0	699.5
2021	18295.2	110.3	110.3	12807.9	1769.7	2749.7	771.5
2022	19546.3	106.8	104.8	13683.7	1855.5	2937.8	808.9
2023	20921.0	107.0	107.1	14641.6	1987.2	3143.4	866.4

注：2012年及以前为纯收入。
Data prior to 2012 refer to net income.

6-10 农村居民按收入五等份分组的人均收支(2023年)
Per Capita Income and Expenditure of Rural Households by Income Quintile (2023)

单位：元 (yuan)

项　目	Item	低收入户 Low Income Households	中低收入户 Lower Middle Income Households	中等收入户 Middle Income Households	中高收入户 Upper Middle Income Households	高收入户 High Income Households
可支配收入	**Disposable Income**	**6806.7**	**14302.2**	**19380.5**	**25117.3**	**46133.6**
工资性收入	Income of Wages and Salaries	3047.9	6293.9	9539.2	11481.8	14041.9
经营净收入	Net Business Income	898.6	3315.5	4569.1	8061.5	24299.1
财产净收入	Net Income from Property	91.1	182.0	251.0	273.3	838.9
转移净收入	Net Income from Transfer	2769.1	4510.8	5021.2	5300.8	6953.8

主要统计指标解释

从2012年四季度起，国家统计局对分别进行的城乡住户调查实施了一体化改革，规范了城乡划分范围，统一了城乡居民收入指标名称、分类和统计标准，建立了城乡统一的一体化住户调查，并据此采集全国居民有关数据。1978–2012年的数据，根据国家统计局城镇住户调查和农村住户调查的历史数据，按照住户收支与生活状况调查可比口径推算得到。

一、居民可支配收入

居民可支配收入指居民可用于最终消费支出和储蓄的总和，即居民可用于自由支配的收入。既包括现金收入，也包括实物收入。按照收入的来源，可支配收入包含四项，分别为：工资性收入、经营净收入、财产净收入和转移净收入。

工资性收入 指就业人员通过各种途径得到的全部劳动报酬和各种福利，包括受雇于单位或个人、从事各种自由职业、兼职和零星劳动得到的全部劳动报酬和福利。

经营净收入 指住户或住户成员从事生产经营活动所获得的净收入，是全部经营收入中扣除经营费用、生产性固定资产折旧和生产税之后得到的净收入。计算公式为：

经营净收入＝经营收入－经营费用－生产性固定资产折旧－生产税

财产净收入 指住户或住户成员将其所拥有的金融资产、住房等非金融资产和自然资源交由其他机构单位、住户或个人支配而获得的回报并扣除相关的费用之后得到的净收入。财产净收入包括利息净收入、红利收入、储蓄性保险净收益、转让承包土地经营权租金净收入、出租房屋净收入、出租其他资产净收入和自有住房折算净租金等。财产净收入不包括转让资产所有权的溢价所得。

转移净收入 计算公式为：转移净收入＝转移性收入－转移性支出

转移性收入 指国家、单位、社会团体对住户的各种经常性转移支付和住户之间的经常性收入转移。包括养老金或退休金、社会救济和补助、政策性生产补贴、政策性生活补贴、救灾款、经常性捐赠和赔偿、报销医疗费、住户之间的赡养收入，本住户非常住成员寄回带回的收入等。转移性收入不包括住户之间的实物馈赠。

转移性支出 指调查户对国家、单位、住户或个人的经常性或义务性转移支付。包括缴纳的税款、各项社会保障支出、赡养支出、经常性捐赠和赔偿支出以及其他经常转移支出等。

根据住户收支与生活状况调查，分城镇和农村的居民人均可支配收入等数据的覆盖人群主要变化：一是计算城镇居民人均可支配收入时分母包括了在城镇地区常住的农民工，计算农村居民人均可支配收入时分母不包括在城镇地区常住的农民工；二是由本户供养的在外大学生视为常住人口。

二、居民消费支出

居民消费支出是指居民用于满足家庭日常生活消费需要的全部支出，既包括现金消费支出，也包括实物消费支出。消费支出可划分为食品烟酒、衣着、居住、生活用品及服务、交通通信、教育文化娱乐、医疗保健以及其他用品及服务八大类。

食品烟酒 指用于各种食品和烟草、酒类的支出。

衣着 指与居民穿着有关的支出，包括服装、服装材料、鞋类、其他衣类及配件、衣着相关加工服务的支出。

居住 指与居住有关的支出，包括房租、水、电、燃料、物业管理等方面的支出，也包括自有住房折算租金。

生活用品及服务 指家庭及个人的各类生活品及家庭服务。包括家具及室内装饰品、家用器具、家用纺织品、家庭日用杂品、个人用品和家庭服务。

交通通信 指用于交通和通信工具及相关的各种服务费、维修费和车辆保险等支出。

教育文化娱乐 指用于教育、文化和娱乐方面的支出。

医疗保健 指用于医疗和保健的药品、用品和服务的总费用。包括医疗器具及药品，以及医疗服务。

其他用品及服务 指无法直接归入上述各类支出的其他用品与服务支出。

服务性消费 指住户用于各种生活服务的消费支出，包括餐饮服务、衣着鞋类加工服务、居住服务、家庭服务、交通通信服务、教育文化娱乐服务、医疗服务和其他服务等。

Explanatory Notes on Main Statistical Indicators

In the fourth quarter of 2012, the NBS launched its reform on the household survey programme, to develop an integrated survey, instead of two separate urban and rural household surveys. The reform aims at regulating the division of urban and rural areas, integrating the concepts, classifications and standards, implementing the integrated household survey, and collecting household data in the whole country thereafter. Data from 1978 to 2012 are estimated based on the historical data of Urban Household Survey and Rural Household Survey according to the comparable definition and coverage of main income and consumption indicators of Household Survey on Income and Expenditure and Living Conditions.

I. Disposable Income of Residents

Disposable Income of Residents refers to the income of residents for purpose of final expenditure and savings. It includes income both in cash and in kind. By sources of income, disposable income includes four categories: income from wages and salaries, net business income, net income from properties and net income from transfer.

Income from Wages and Salaries refers to remuneration and benefits of all kinds of employed person, including those employed by other units or individuals, freelance workers, part-time jobs, and sporadic workers.

Net Business Incomes refers to net income earned by households and their members engaged in production and business activities. It refers to the net income of operating revenue minus operating costs, depreciation of productive fixed assets, and production tax. The formula is:

Net business income = operating revenue-operating costs -depreciation of productive fixed assets-production tax

Net Income from Properties refers to the net income received as returns by households or members through lending of their financial assets, non-financial assets such as housing, to other institutions, households or individuals, minus relevant costs. Net income from properties includes net income of interest, bonus income, net income of saving insurance, net income from transferring management right of contract land, income from lending of housing, income from lending other assets, net converted rents of self-owned housing. Net income from properties do not include premium of transferring ownership of assets.

Net Income from Transfer The formula is:

Net income from transfer = income from transfer - expenditure from transfer

Income from Transfer refers to the regular transfer received from governments, institutions, social organizations to households and between households. It includes old-age and retirement pension, disaster relief funds, regular donation and compensation, reimbursement of medical fees, supporting income between households, income from non-resident members of households, etc. Income from transfer do not include gifts in kinds between households.

Expenditure from Transfer refers to regular or obligatory transfer paid to government, institutions, households or individuals. It includes tax payment, expenditure on all kinds of social security, supporting expenditure, regular donation, compensation payment and other regular transfer expenditure.

According to Household Survey on Income and Expenditure and Living Conditions, main changes of population coverage of per capita disposable income of urban and rural residents includes: migrant workers residing in urban areas are included in the denominator when calculating per capita disposable income of urban residents, and not included in denominator when calculating per capita disposable income of rural residents; students studying in universities or colleges in other places who are supported by the households are regarded as permanent residents of the households.

II. Consumption Expenditure of Residents

Consumption Expenditure of Residents refers to all expenditure of residents for living expenditure to satisfy family daily living. It includes expenditure in cash and in kind. It includes eight categories: food, tobacco and liquor; clothing and footwear; housing; household equipments, furnishings and services; transport and communications; education, culture and recreation; health care and medical services, and miscellaneous goods and services.

Food, Tobacco and Liquor refers to expenditure for food, tobacco and liquor of all kinds.

Clothing and Footwear refers to expenditure related to clothing, including clothes, clothing materials, footwear, other clothing and accessories, processing services related to clothing.

Housing refers to expenditure related to housing, including rents, water, electricity, fuel, property management, as well as imputed rent on owner-occupied dwellings.

Household Equipments, Furnishings and Services refers to expenditure of households and individuals on equipments, furnishings and articles for living purpose and on household services. It includes furniture and interior decoration, home appliances, home textiles, household miscellaneous daily articles, personal articles, and household services.

Transport and Communications refers to expenditure on transport and communication and related services,

maintenance and repairs, and vehicle insurance.

Education, Culture and Recreation refers to expenditure on educational, cultural and recreational activities.

Health Care and Medical Services refers to expenditure on drugs, supplies and services of medical and health care. It includes medical appliances and drugs, and medical services.

Miscellaneous Goods and Services refers to expenditure on all other articles and services that can not classified into the above categories.

Service Consumption refers to consumption expenditure of households for various living services, including catering services, clothing and footwear processing services, housing services, household services, transportation and communication services, education, culture and entertainment services, medical services and other services.

07

固定资产投资

Investment in Fixed Assets

资料整理人员：田杰平

 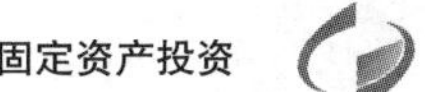

7-1 固定资产投资
Investment in Fixed Assets

单位：亿元 (100 million yuan)

年份 Year	固定资产投资 Investment in Fixed Assets	固定资产投资增速(%) Fixed asset investment growth (%)
2002	988.27	
2003	1182.26	19.6
2004	1551.91	31.3
2005	1945.70	25.4
2006	2338.52	20.2
2007	2977.68	27.3
2008	3847.79	29.2
2009	5182.30	34.7
2010	6294.55	21.5
2011	8220.87	28.1
2012	10152.47	23.5
2013	12433.63	22.5
2014	14823.85	19.2
2015	17329.77	16.9
2016	19549.63	12.8
2017	21423.35	9.6
2018		10.0
2019		10.1
2020		7.6
2021		8.0
2022		6.6
2023		-3.1

注：从2011年起，固定资产投资起报点由50万元提高到500万元，全社会固定资产投资指标调整为固定资产投资。2011年固定资产投资增速为同口径增速。

From 2011, the starting point of reporting Investment in Fixed Assets increased from five hundred thousand yuan to five million yuan. The Index of "Total Investment in Fixed Assets" adjusted to the "Investment in Fixed Assets". Fixed asset investment grew at the same rate in 2011.

7-2 各种分组的固定资产投资(2023年)
Investment in Fixed Assets in Various Groups (2023)

指　标	Item	2023年比上年 ±% Increase Rate in 2023 over 2022(%)
投资总额	**Total Investment**	**-3.1**
按经济类型分	**Grouped by Ownership**	
内资	Domestic Invested	-3.2
外商投资	Invested from Hong Kong,Macao and Taiwan	6.2
港澳台投资	Foreign Invested	1.7
按资金来源分	**Grouped by Source of Funds**	
国家预算内投资	State Budgetary Appropriation	41.5
国内贷款	Domestic Loans	-7.7
债券	Bonds	6.1
利用外资	Foreign Investment	-72.5
自筹投资	Fundraising	-6.0
其他资金	Others	-14.8
按构成分	**Grouped by Use of Funds**	
建筑安装工程	Construction and Installation	0.4
设备、工器具购置	Purchase of Equipment and Instruments	-16.7
其他费用	Others	-15.1
按隶属关系分	**Grouped by Administrative Relationship**	
中央	Central	-2.3
地方	Local	-3.1
按用途分：住宅	**Grouped by Industry: Residential Buildings**	**-13.8**

7–3　按经济类型分固定资产投资构成（2023年）
Investments in Fixed Assets Composition by Economic Type (2023)

单位：%　　(%)

类　别	Item	投资额占比 Investment Proportion
按资金来源分	**Grouped by Source of Funds**	
# 国家预算内投资	# State Budgetary Appropriation	6.3
国内贷款	Domestic Loans	6.7
债券	Bonds	0.5
利用外资	Foreign Investment	0.1
自筹投资	Fundraising	69.8
其他资金	Others	16.6
按构成分	**Grouped by Use of Funds**	
# 建安工程	# Construction and Installation	81.4
设备、工具、器具购置	Purchase of Equipment and Instruments	9.6
其他费用	Others	9.0
按用途分：住宅	**Grouped by Industry:Residential Buildings**	**14.5**

注：其他含联营经济、股份制经济、中外合资经营、中外合作经营、外资、与大陆合资经营、与大陆合作经营、港澳台独资等经济。

Other types of ownership refer to the types of ownership of joint–owned economic units, share holding economic units, economic units funded by Chinese and foreign ventures, Chinese–foreign joint ventures, foreign–funded economic units, and the economic units funded by enterpriser from Hong Kong, Macao and Taiwan.

7–4 按行业分固定资产投资(2023年)
Investment of Fixed Assets by Sector (2023)

指 标	Item	2023	2023年比上年 ±% Increase Rate in 2023 over 2022 (%)
总计 (亿元)	**Total (100 million yuan)**		
农、林、牧、渔业	Agriculture,Forestry,Farming of Animals and Fishing		-17.9
采矿业	Mining		14.4
制造业	Manufacturing		4.5
电力、热力、燃气及水生产和供应业	Production and Supply of Electricity,Heat,Gas and Water		33.3
建筑业	Construction		95.1
批发和零售业	Wholesale and Retail Trades		-24.0
交通运输、仓储和邮政业	Transport, Storage and Post		0.5
住宿和餐饮业	Hotels and Catering Services		-1.9
信息传输、软件和信息技术服务业	Information Transmission, Software and Information Technology		17.2
金融业	Finance		-50.6
房地产业	Real Estate Trade		-13.9
租赁和商务服务业	Tenancy and Business Services		9.3
科学研究和技术服务业	Scientific Research and Technical Services		1.7
水利、环境和公共设施管理业	Management of Water Conservancy,Environment and Public Establishment		-7.9
居民服务、修理和其他服务业	Services to Households,Repair and Other Services		-4.2
教育	Education		-4.4
卫生和社会工作	Health and Social Welfare		-13.7
文化、体育和娱乐业	Culture,Sports and Entertainment		19.8
公共管理、社会保障和社会组织	Public Management,Social Security and Social Organization		-7.0
构成 (%)	**Composition in Percentage (%)**		
农、林、牧、渔业	Agriculture,Forestry,Farming of Animals and Fishing	2.7	
采矿业	Mining	1.1	
制造业	Manufacturing	35.7	
电力、热力、燃气及水生产和供应业	Production and Supply of Electricity,Heat,Gas and Water	6.4	
建筑业	Construction	0.2	
批发和零售业	Wholesale and Retail Trades	7.2	
交通运输、仓储和邮政业	Transport, Storage and Post	1.7	
住宿和餐饮业	Hotels and Catering Services	0.9	
信息传输、软件和信息技术服务业	Information Transmission, Software and Information Technology	0.5	
金融业	Finance		
房地产业	Real Estate Trade	19.1	
租赁和商务服务业	Tenancy and Business Services	3.7	
科学研究和技术服务业	Scientific Research and Technical Services	2.2	
水利、环境和公共设施管理业	Management of Water Conservancy,Environment and Public Establishment	10.7	
居民服务、修理和其他服务业	Services to Households,Repair and Other Services	0.3	
教育	Education	2.7	
卫生和社会工作	Health and Social Welfare	1.8	
文化、体育和娱乐业	Culture,Sports and Entertainment	2.7	
公共管理、社会保障和社会组织	Public Management,Social Security and Social Organization	0.4	

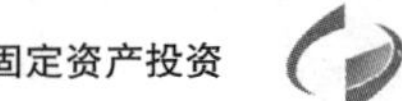

7-5 按行业分固定资产投资额占比(2023年)
The Proportion of Investment in Fixed Assets by Sector (2023)

单位：%　　(%)

指 标	Item	投资额占比 Investment Proportion
总计	**Total**	**100.00**
农、林、牧、渔业	**Agriculture, Forestry, Animal Husbandry and Fishing**	**2.75**
农业	Agriculture	0.98
林业	Forestry	0.11
畜牧业	Animal Husbandry	0.84
渔业	Fishing	0.15
农、林、牧、渔服务业	Service Activities for Agriculture, Forestry, Animal Husbandry	0.66
采矿业	**Mining**	**1.05**
煤炭开采和洗选业	Mining and Washing of Coal	0.15
石油和天然气开采业	Extraction of Petroleum and Natural Gas	
黑色金属矿采选业	Mining and Processing of Ferrous Metal Ores	0.05
有色金属矿采选业	Mining and Processing of Non-ferrous Metal Ores	0.24
非金属矿采选业	Mining and Processing of Non-metal Ores	0.60
开采专业及辅助性活动	Professional and Support Activities for Mining	0.01
其他采矿业	Mining of Other Ores	
制造业	**Manufacturing**	**35.68**
农副食品加工业	Processing of Food from Agricultural Products	2.88
食品制造业	Manufacture of Foods	0.75
酒、饮料和精制茶制造业	Wine, Soft Drinks and Refined Tea Industry	0.77
烟草制品业	Manufacture of Tobacco	0.11
纺织业	Manufacture of Textile	0.34
纺织服装、鞋、帽制造业	Manufacture of Textile Wearing Apparel, Footware, and Caps	0.26
皮革毛皮羽毛(绒)及其制品业	Manufacture of Leather, Fur, Feather and Related Products	0.55
木材加工及木竹藤棕草制品业	Processing of Timber, Manufacture of Wood, Bamboo, Rattan, Palm, and Straw Products	0.65
家具制造业	Manufacture of Furniture	0.54
造纸及纸制品业	Manufacture of Paper and Paper Products	0.35
印刷业和记录媒介的复制	Printing,Reproduction of Recording Media	0.27
文教体育用品制造业	Manufacture of Articles For Culture, Education and Sport Activity	0.41
石油加工、炼焦及核燃料加工业	Processing of Petroleum, Coking, Processing of Nuclear Fuel	0.12
化学原料及化学制品制造业	Manufacture of Raw Chemical Materials and Chemical Products	2.51
医药制造业	Manufacture of Medicines	1.29
化学纤维制造业	Manufacture of Chemical Fibers	0.09
橡胶和塑料制品业	Rubber and Plastic Products Industry	0.77
非金属矿物制品业	Manufacture of Non-metallic Mineral Products	3.31
黑色金属冶炼及压延加工业	Smelting and Pressing of Ferrous Metals	0.58
有色金属冶炼及压延加工业	Smelting and Pressing of Non-ferrous Metals	1.16
金属制品业	Manufacture of Metal Products	1.48
通用设备制造业	Manufacture of General Purpose Machinery	1.76
专用设备制造业	Manufacture of Special Purpose Machinery	4.22
汽车制造业	Automotive Manufacturing	1.34
铁路、船舶、航空航天和其他运输设备制造业	Railroad, Marine, Aerospace and Other Transportation Equipment Manufacturing	0.53
电气机械及器材制造业	Manufacture of Electrical Machinery and Equipment	2.84
通信设备、计算机及其他电子设备制造业	Manufacture of Communication Equipment, Computers and Other Electronic Equipment	3.82
仪器仪表制造业	Instrument Manufacturing	0.92
其他制造业	Other Manufacture	0.36
废弃资源综合利用业	Utilization of Waste Resources	0.70
金属制品、机械和设备修理业	Metal Products, Machinery and Equipment Repair Industry	0.02
电力、热力、燃气及水生产和供应业	**Production and Supply of Electricity,Heat,Gas and Water**	**6.37**
电力、热力的生产和供应业	Production and Distribution of Electric Power and Heat Power	4.81
燃气生产和供应业	Production and Distribution of Gas	0.27
水的生产和供应业	Production and Distribution of Water	1.29
建筑业	**Construction**	**0.15**
房屋建筑业	Housing Construction	0.05
土木工程建筑业	Civil Engineering Construction	0.06
建筑安装业	Building Installation	
建筑装饰和其他建筑业	Architectural Decoration and Other Construction	0.04

7-5 续表 Continued

单位：% (%)

指 标	Item	投资额 Investment
批发和零售业	**Wholesale and Retail Trades**	**0.93**
批发业	Wholesale Trade	0.44
零售业	Retail Trade	0.48
交通运输、仓储和邮政业	**Transport, Storage and Post**	**7.22**
铁路运输业	Railway Transport	0.27
道路运输业	Road Transport	4.32
水上运输业	Water Transport	0.14
航空运输业	Air Transport	0.34
管道运输业	Transport Via Pipelines	
装卸搬运和其他运输服务业	Loading, Unloading and Other Transport Services	0.59
仓储业	Storage	1.46
邮政业	Post	0.09
住宿和餐饮业	**Hotels and Catering Services**	**0.54**
住宿业	Hotels	0.41
餐饮业	Restaurants	0.13
信息传输、软件和信息技术服务业	**Information Transmission,Software and Information Technology**	**1.67**
电信、广播电视和卫星传输服务	Telecommunications, Radio and Television and Satellite Transmission Services	0.72
互联网和相关服务	Internet and Related Services	0.59
软件和信息技术服务业	Software and IT Services	0.36
金融业	**Financial Intermediation**	**0.03**
货币金融服务	Monetary and Financial Services	0.02
资本市场服务	Capital Market Services	0.01
保险业	Insurance	
其他金融业	Other Financial Activities	
房地产业	**Real Estate**	**19.12**
租赁和商务服务业	**Leasing and Business Services**	**3.67**
租赁业	Leasing	0.07
商务服务业	Business Services	3.60
科学研究和技术服务业	**Scientific Research and Technical Services**	**2.20**
研究与试验发展	Research and Experimental Development	0.66
专业技术服务业	Professional Technical Services	0.30
科技交流和推广服务业	Services of Science and Technology Exchanges and Promotion	1.24
水利、环境和公共设施管理业	**Management of Water Conservancy, Environment and Public Facilities**	**10.68**
水利管理业	Management of Water Conservancy	1.09
环境管理业	Environmental Management	2.17
公共设施管理业	Management of Public Facilities	7.25
土地管理业	Land Management Industry	0.16
居民服务、修理和其他服务业	**Services to Households,Repair and Other Services**	**0.29**
居民服务业	Services to Households	0.23
机动车、电子产品和日用产品修理业	Motor Vehicles, Electronics and Household Goods Repair Industry	0.03
其他服务业	Other Services	0.03
教育	**Education**	**2.74**
卫生和社会工作	**Health and Social Welfare**	**1.83**
卫生	Health	1.56
社会工作	Social Work	0.27
文化、体育和娱乐业	**Culture, Sports and Entertainment**	**2.73**
新闻出版业	Journalism and Publishing Activities	0.03
广播、电视、电影和影视录音制作业	Radio, Television, Film and Video Production Industry Recordings	0.07
文化艺术业	Cultural and Art Activities	
体育	Sports Activities	0.34
娱乐业	Entertainment	0.10
公共管理、社会保障和社会组织	**Public Management,Social Security and Social Organization**	**2.19**
中国共产党机关	Organs of Communist Party of China	
国家机构	Government Agencies	0.31
人民政协和民主党派	People's Political Consultative Conference and Democratic Parties	
社会保障	Social Security	
群众团体、社会团体和宗教组织	Mass Organizations, Social Organizations and Religious Organizations	0.01
基层群众自治组织	Grass-roots Mass Self-government Organizations	0.02

7-6 固定资产投资项目个数、项目投产率(2023年)
Number of Fixed Assets Investment Projects, Project Production Rate (2023)

行业	Sector	施工项目（个） Projects Construction (unit)	全部建成投产项目（个） Projects Completed and Put Into Uses (unit)	项目建成投产率(%) Rate of Project Completed and Put Into Uses (%)
总计	**Total**	**20522**	**10213**	**49.8**
按行业分	**By Sector**			
农、林、牧、渔业	Agriculture,Forestry,Farming of Animals and Fishing	1422	839	59.0
采矿业	Mining	240	122	50.8
制造业	Manufacturing	8198	4183	51.0
电力、热力、燃气及水生产和供应业	Production and Supply of Electricity,Heat,Gas and Water	1271	460	36.2
建筑业	Construction	22	17	77.3
批发和零售业	Wholesale and Retail Trades	387	222	57.4
交通运输、仓储和邮政业	Transport, Storage and Post	1073	470	43.8
住宿和餐饮业	Hotels and Catering Services	321	144	44.9
信息传输、软件和信息技术服务业	Information Transmission,Software and Information Technology	200	96	48.0
金融业	Finance	17	11	64.7
房地产业	Real Estate Trade	404	194	48.0
租赁和商务服务业	Tenancy and Business Services	607	256	42.2
科学研究和技术服务业	Scientific Research and Technical Services	523	255	48.8
水利、环境和公共设施管理业	Management of Water Conservancy, Environment and Public Establishment	3488	1734	49.7
居民服务、修理和其他服务业	Services to Households,Repair and Other Services	112	70	62.5
教育	Education	787	395	50.2
卫生和社会工作业	Health and Social Welfare	498	269	54.0
文化、体育和娱乐业	Culture,Sports and Entertainment	754	375	49.7
公共管理、社会保障和社会组织	Public Administration, Social Security and Social Organization	198	101	51.0

7-7 国有经济固定资产投资构成
Investment in Fixed Assets Composition of State-owned Units

年份 Year	固定资产投资总额 Total Invest-ment in Fixed Assets	新建 New Construction	扩建 Expansion	改建和技术改造 Reconstruction
2018	100.0	59.9	7.8	9.9
2019	100.0	78.6	6.5	11.1
2020	100.0	55.2	7.1	19.1
2021	100.0	53.3	7.0	20.7
2022	100.0	78.7	4.5	11.9
2023	100.0	55.8	7.5	17.9

7-8 国有经济各种分组的固定资产投资占比(2023年)
The Proportion of Investment in Fixed Assets in Various Groups of State-owned Units (2023)

单位：% (%)

指标	Item	投资额占比 Investment Proportion
按构成分	**Grouped by Use of Funds**	
建筑安装工程	Construction and Installation	85.8
设备、工具、器具购置	Purchase of Equipment and Instruments	6.0
其他费用	Others	8.2
按建设性质分	**Grouped by Type of Construction**	
新建	New Construction	77.6
扩建	Expansion	4.2
改建	Reconstruction	12.0
按行业分	**Grouped by Sector**	
农、林、牧、渔业	Agriculture,Forestry, Farming of Animals and Fishing	2.7
采矿业	Mining	0.3
制造业	Manufacturing	11.1
电力、热力、燃气及水生产和供应业	Production and Supply of Electricity,Heat,Gas and Water	12.4
建筑业	Construction	0.2
批发和零售业	Wholesale and Retail Trades	0.7
交通运输、仓储和邮政业	Transport, Storage and Post	8.5
住宿和餐饮业	Hotels and Catering Services	0.1
信息传输、软件和信息技术服务业	Information Transmission,Software and Information Technology	1.9
金融业	Finance	
房地产业	Real Estate Trade	8.0
租赁和商务服务业	Tenancy and Business Services	4.0
科学研究、技术服务业	Scientific Research and Technical Services	2.9
水利、环境和公共设施管理业	Management of Water Conservancy, Environment and Public Establishment	32.9
居民服务、修理和其他服务业	Services to Households,Repair and Other Services	0.6
教育	Education	5.0
卫生和社会工作业	Health and Social Welfare	5.3
文化、体育和娱乐业	Culture, Sports and Entertainment	1.9
公共管理、社会保障和社会组织	Public Management, Social Security and Social Organization	1.5

7-9　非国有经济投资各种分组的固定资产投资占比（2023年）
The Proportion of Investment in Fixed Assets in Various Groups of Non-state-owned Units (2023)

单位：%　　　　(%)

指　标	Item	投资额占比 Investment Proportion
按构成分	**Grouped by Use of Funds**	
建筑安装工程	Construction and Installation	80.2
设备、工器具购置	Purchase of Equipment and Instruments	10.6
其他费用	Others	9.2
按建设性质分	**Grouped by Type of Construction**	
新建	New Construction	50.3
扩建	Expansion	8.4
改建	Reconstruction	19.4
按行业主要门类分	**Grouped by Main Sector**	
农、林、牧、渔业	Agriculture, Forestry, Animal Husbandry and Fishery	2.8
工业	Industry	48.0

7-10 房地产开发统计主要指标(2023年)
Major Statistics Indicators of Real Estate Development (2023)

单位：亿元 (100 million yuan)

指 标		Item		总计 Total
计划总投资		**Panning Gross Investment**		**31454.89**
累计完成投资		Accumulative Investment Completed		20974.34
本年完成投资		Investment Made in This Year		3852.23
按构成分：		Group by Form:		
建筑工程		Construction		2438.79
安装工程		Installation		310.40
设备、工具器具购置		Purchase of Equipment,Tools,Apparatus		120.27
按工程用途分		Group by Use of Projects		
住宅		Residential Buildings		3140.13
办公楼		Business Buildings		81.98
商业营业用房		Commercial Buildings		339.50
其他		Others		290.62
房地产开发企业本年资金来源		Group by Source of Funds		4216.27
国内贷款		Domestic Loans		540.72
自筹资金		Fund Raising		1419.87
本年新增固定资产		Newly Increased Fixed Assets		1755.62
本年施工房屋面积	（万平方米）	Floor Space of Buildings Under Construction	(10 000 sq.m)	31958.71
#住宅		#Residential Buildings		24437.13
本年竣工房屋面积	（万平方米）	Floor Space of Buildings Completed	(10 000 sq.m)	4374.32
#住宅		#Residential Buildings		3381.75
本年竣工房屋价值		Value of Buildings Completed		1468.70
#住宅		#Residential Buildings		1083.20
商品房销售额		Total Sales of Commercial House		3688.86
商品房销售建筑面积	（万平方米）	Floor Space of Selling Commercial House	(10 000 sq.m)	5626.48

注：本表含三大工程数据。
This form includes data on the three major projects.

主要统计指标解释

全社会固定资产投资 是以货币形式表现的在一定时期内全社会建造和购置固定资产的工作量以及与此有关费用的总称。该指标是反映固定资产投资规模、结构和发展速度的综合性指标。全社会固定资产投资按登记注册类型可分为国有、集体、联营、股份制、私营和个体、港澳台商、外商、其他等。

固定资产投资（不含农户） 指城镇和农村各种登记注册类型的企业、事业、行政单位及城镇个体户进行的计划总投资500万元及以上的建设项目投资和房地产开发投资，包括原口径的城镇固定资产投资加上农村企事业组织项目投资，该口径自2011年起开始使用。

民间固定资产投资 指具有集体、私营、个人性质的内资企事业单位以及由其控股(包括绝对控股和相对控股)的企业单位在中华人民共和国境内建造或购置固定资产的投资。

基础设施投资 指为社会生产和生活提供基础性、大众性服务的工程和设施，是社会赖以生存和发展的基本条件。包括以下行业投资：铁路运输业、道路运输业、水上运输业、航空运输业、管道运输业、多式联运和运输代理业、装卸搬运业、邮政业、电信广播电视和卫星传输服务业、互联网和相关服务业、水利管理业、生态保护和环境治理业、公共设施管理业。

房地产开发投资 指房地产开发企业本年完成的全部用于房屋建设工程、土地开发工程的投资额以及公益性建筑和土地购置费等的投资。

实际到位资金 指用于固定资产投资的各种货币资金。包括国家预算资金、国内贷款、利用外资、自筹资金和其他资金。

国家预算资金 国家预算包括一般预算、政府性基金预算、国有资本经营预算和社保基金预算。各类预算中用于固定资产投资的资金全部作为国家预算资金填报，其中一般预算中用于固定资产投资的部分包括基建投资、车购税、灾后恢复重建基金和其他财政投资。各级政府债券也应归入国家预算资金。

国内贷款 指报告期固定资产投资项目单位向银行及非银行金融机构借入用于固定资产投资的各种国内借款，包括银行利用自有资金及吸收存款发放的贷款、上级拨入的国内贷款、国家专项贷款（包括煤代油贷款、劳改煤矿专项贷款等），地方财政专项资金安排的贷款、国内储备贷款、周转贷款等。

利用外资 指报告期收到的境外（包括外国及港澳台地区）资金（包括设备、材料、技术在内）。包括对外借款（外国政府贷款、国际金融组织贷款、出口信贷、外国银行商业贷款、对外发行债券和股票）、外商直接投资、外商其他投资（包括利用外商投资收益在国内进行固定资产再投资活动的资金）。不包括我国自有外汇资金（国家外汇、地方外汇、留成外汇、调剂外汇和国内银行自有资金发放的外汇贷款等）。各类外资按报告期的外汇牌价（中间价）折成人民币计算。

自筹资金 指固定资产投资单位在报告期收到的，由各企、事业单位筹集用于固定资产投资的资金，包括各类企事业单位的自有资金和从其他单位筹集的用于固定资产投资的资金，但不包括各类财政性资金、从各类金融机构借入资金和国外资金。

其他资金来源 指在报告期收到的除以上各种资金之外的用于固定资产投资的资金。包括社会集资、个人资金、无偿捐赠的资金及其他单位拨入的资金等。

固定资产投资按国民经济行业分 指根据其从事的社会经济活动性质对各类单位进行的分类。应根据建设项目建成投产后的主要产品种类或主要用途及社会经济活动种类来划分，不能根据项目单位本身的行业类别来划分。如果项目投产后有几种产品，应根据主要产品来确定行业类别。一般情况下，一个建设项目只能属于一种国民经济行业。

固定资产投资按隶属关系分 是按建设单位或企业、事业、行政单位的主管上级机关确定的。

(1) 中央 是指中共中央、人大常委会和国务院各部、委、局、总公司以及直属机构直接领导的建设项目和企业、事业、行政单位。这些单位的固定资产投资计划由国务院各部门直接编制和下达，统一组织或委托下级实施。包括有中央垂直管理的部门（如国家统计局各级调查队）和中央直属企业、事业单位（如工商银行、中国电信、中国石油）等。

(2) 地方 是由省（自治区、直辖市）、地（区、市、州、盟）、县（区、市、旗）三级政府及业务主管部门直接领导和管理的建设项目、企业、事业、行政单位。地方项目还包括不隶属以上各级政府及主管部门的建设项目和企业、事业单位，如外商投资企业和无主管部门的企业等。

固定资产投资按建设性质分 按整个建设项目情况来确定。建设项目的性质一般分为新建、扩建、改建和技术改造、单纯建造生活设施、迁建、恢复、单纯购置。农户投资不划分建设性质。

(1) 新建 指从无到有“平地起家”开始建设的项目。现有企业、事业、行政单位投资的项目一般不属于新建。但如有的单位原有基础很小，经过建设后新增的固定资产价值超过该企业、事业、行政单位原有固定资产价值（原值）三倍以上的，也应作为新建。

(2) 扩建 指在厂内或其他地点，为扩大原有产品的生产能力（或效益）或增加新的产品生产能力，而增建的生产车间（或主要工程）、分厂、独立的生产线等项目。行政、事业单位在原单位增建业务性用房（如学校增建教学用房、医院增建门诊部、病房等）也作为扩建。

现有企、事业单位为扩大原有主要产品生产能力或增加新的产品生产能力，增建一个或几个主要生产车间（或主要工程）、分厂，同时进行一些更新改造工程的，也应作为扩建。

(3) 改建和技术改造 指现有企业、事业单位对原有设施进行技术改造或更新（包括相应配套的辅助性生产、生活福利设施）的建设项目。改建项目包括企业、事业单位为适应市场变化的需要，而改变企业的主要产品种类（如军工企业转民用产品等）的建设项目；原有产品生产作业线由于各工序（车间）之间能力不平衡，为填平补齐充分发挥原有生产能力而增建但不增加主要产品生产能力的建设项目。技术改造是指企业、事业单位在现有基础上用先进的技术代替落后的技术，用先进的工艺和装备代替落后的工艺和装备，以改变企业落后的技术经济面貌，实现以内涵为主的扩大再生产，达到提高产品质量、促进产品更新换代、节约能源、降低消耗、扩大生产规模、全面提高社会经效益的目的。技术改造具体包括以下内容：机器设备和工具的更新改造；生产工艺改革、节约能源和原材料的改造；厂房建筑和公共设施的改造；保护环境进行的“三废”治理改造；劳动条件和生产环境的改造等。

固定资产投资按构成分

(1) 建筑工程 指各种房屋、建筑物的建造工程。这部分投资额必须兴工动料，通过施工活动才能实现，是固定资产投资额的重要组成部分。

(2) 安装工程 指各种设备、装置的安装工程。

在安装工程中，不包括被安装设备本身价值。

(3) 设备工器具购置 指报告期内购置或自制的，达到固定资产标准的设备、工具、器具的价值。新建单位及扩建单位的新建车间，按照设计或计划要求购置或自制的全部设备、工具、器具，不论是否达到固定资产标准均计入“设备工器具购置”中。

(4) 其他费用 指在固定资产建造和购置过程中发生的，除建筑安装工程和设备、工器具购置投资完成额以外的应当分摊计入固定资产投资的费用，不指经营中财务上的其他费用。

房屋施工面积 指房地产开发企业本年施工的全部房屋建筑面积。包括本年新开工的房屋建筑面积、上年跨入本年继续施工的房屋建筑面积、上年停缓建在本年恢复施工的房屋建筑面积、本年竣工的房屋建筑面积以及本年施工后又停缓建的房屋建筑面积。多层建筑应填各层建筑面积之和。

房屋新开工面积 指房地产开发企业本年新开工建设的房屋建筑面积，以单位工程为核算对象。不包括在上年开工跨入本年继续施工的房屋建筑面积和上年停缓建而在本年恢复施工的房屋建筑面积。房屋的开工应以房屋正式开始破土刨槽（地基处理或打永久桩）的日期为准。房屋新开工面积指整栋房屋的全部建筑面积，不能分割计算。

房屋竣工面积 指房地产开发企业本年按照设计要求已全部完工，达到住人和使用条件，经验收鉴定合格或达到竣工验收标准，可正式移交使用的各栋房屋建筑面积的总和。

商品房销售面积 指房地产开发企业本年出售商品房屋的合同总面积（即双方签署的正式买卖合同中所确定的建筑面积）。

商品房销售额 指房地产开发企业本年出售商品房屋的合同总价款（即双方签署的正式买卖合同中所确定的合同总价）。该指标与商品房销售面积同口径。

Explanatory Notes on Main Statistical Indicators

Total Investment in Fixed Assets in the Whole Country refers to the volume of activities in construction and purchases of fixed assets of the whole country and related fees, expressed in monetary terms during the reference period. It is a comprehensive indicator which shows the size, structure and growth of the investment in fixed assets, providing a basis for observing the progress of construction projects and evaluating results of investment. Total investment in fixed assets in the whole country includes, by type of ownership, the investment by State-owned units, collective-owned units, joint ownership units, share-holding units, private units, individuals as well as investments by entrepreneurs from Hong Kong, Macao and Taiwan, foreign investors and others.

Investment in Fixed Assets (Excluding Rural Households) refers to the investment in construction projects with a total planned investment of 5 million yuan and over by enterprises of various ownerships, institutions, administrative units and urban self-employed individuals, and the investment in real estate development in both urban and rural areas. Since 2011, it covers the urban investment in fixed assets under the previous statistical coverage plus project investments by rural enterprises and institutions.

Non-governmental Investment in Fixed Assets refers to the investment in the construction or purchase of fixed assets in the territory of the People's Republic of China by domestic-funded enterprises and institutions with collective, private and personal nature and by enterprises and institutions controlled by them (including absolute and relative holding).

Infrastructure Investment refers to projects and facilities that provide basic and popular services for social production and life. It is the basic condition for the survival and development of society. It includes: railway transport, road transport, water transport, air transport, pipeline transport, multimodal transport and transport agent Intermodality and Forwarding Agency, loading and unloading, posts, telecommunications, radio and television and satellite transmission services, Internet and related services, water management industry, ecological protection and environmental governance, public facilities management.

Investment in Real Estate Development refers to the investment made by real estate development companies in the construction of housing, development of land, nonprofit buildings and value of land purchased.

Investment in Real Estate Development refers to the investment made by real estate development companies in the construction of housing, development of land, nonprofit buildings and value of land purchased.

Fund from the State Budget State budget consists of general budget, government fund budget, operation budget of state-owned assets and social security fund budget. Funds for investment in fixed assets from various budgets are reported as fund from the state budget, of which, the general budget utilized on fixed assets investment includes investment on infrastructure construction, vehicle purchase tax, post-disaster restoration and reconstruction funds and other financial investment. Government bonds at all levels should also be included.

Domestic Loans refer to loans of various forms borrowed by investing units from banks and non-bank financial institutions during the reference period for the purpose of investment in fixed assets, including loans issued by banks from their self-owned funds and deposit, loans appropriated by higher responsible authorities, special loans by government (including loan for substituting petroleum with coal, special loans for reform-through-labour coal mines), loans arranged by local government from special funds, domestic reserve loan, and revolving loan, etc.

Foreign Investment refers to overseas (including foreign countries, Hongkong, Macao and Taiwan) funds received during the reference period (covering equipment, materials and technology), including foreign borrowings (loans from foreign governments and international financial institutions, export credit, commercial loans from foreign banks, issue of bonds and stocks overseas), foreign direct investment and other foreign investments (including funds from foreign direct investment income that are reinvested in fixed assets domestically). Excluded from this category is capital in foreign exchanges owned by China (foreign exchanges owned by the central and local governments, foreign exchanges retained by enterprises, foreign exchanges by enterprises through the regulating mechanism, loans in foreign exchanges issued by the Bank of China with its own fund, etc.). In calculating the utilization of foreign capital, foreign currencies are converted into Chinese Renminbi applying the exchange rate (central parity rate) at the end of the reference period.

Self-raised Funds refer to funds for investment in fixed assets received during the reference period by investing units, including investment in fixed assets using own funds of various enterprises and institutions or funds raised from other units other than financial funds, funds borrowed from financial institutions and overseas funds.

Other Funds refer to funds for investment in fixed assets received from sources other than those listed above, including funds raised from individuals and through donations, and funds transferred from other units.

Investment in Fixed Assets by Sector refers to the classification of investment by the nature of social economic activities the investing units are engaged in. The classification of construction projects by sector is determined by the major products or the purpose of the projects when they are put into production or use, and by the nature of their social economic activities, instead of being determined by industrial classification of the project enterprises. The project will be classified according to major product if there are several kinds of products yielded. In general, one project can only be classified into one sector.

Investment in Fixed Assets by Jurisdiction of Management refers to the classification of investment by the competent authorities under which investment is made by construction units, enterprises, institutions or administrative units.

(1) Central investment refers to the investment in projects or by enterprises, institutions or administrative units which are under the direct leadership and management of the State Council and of the national commissions, ministries, agencies and State-owned large corporations. Various ministries and departments of the State Council prepare and implement plans through unified organization or lower-level commissions, which include departments direct under central government (i.e. survey offices at all level of the National Bureau of Statistics) and enterprises and institutions directly under central government (like the Industrial and Commercial Bank of China, China Telecom and China National Petroleum Corporation).

(2) Local investment refers to the investment in projects or by enterprises, institutions or administrative units which are under the direct leadership and management of competent departments and governments at the level of province (autonomous regions and municipalities directly under the Central Government), prefecture (prefectures, cities and leagues) and county (districts, cities and banners). Also included are projects by foreign-invested enterprises and enterprises without competent managing authorities.

Investment in Fixed Assets by Type of Construction Construction projects in general can be classified, by the type of construction, into new construction, expansion, reconstruction and technical transformation, purely construction of living facilities, moving, restoration and purely purchasing. However, investment by type of construction is not applied to investment by real-estate development units and investment by rural households.

(1) New construction in general refers to construction projects, which start from scratch. The existing projects invested by enterprises, institutions and administrative agencies cannot be classified as new construction. In case the size of the existing unit is quite small, and the value of newly added fixed assets is more than three times of the original value, the expansion will be considered as new construction.

(2) Expansion refers to projects of construction of new production workshop, branch factory or independent production line within a factory or in other locations, for the purpose of increasing the production capacity (or improving efficiency) or adding new production capacity. Newly constructed accommodation for the operation of institutions and administrative organizations (such as newly constructed buildings for teaching in schools, buildings for clinics or wards in hospitals, etc.) are also classified as expansion.

Also included in expansion are investments by existing enterprises or institutions in building major production line(s) or branch factory (ies) along with some work on innovation, for the purpose of expanding the production capacity of original products or producing new products.

(3) Reconstruction and technical transformation refers to construction projects by existing enterprises or institutions in innovation or technical transformation of the old facilities (including auxiliary production equipment and welfare facilities). Also considered as reconstruction is the construction of new workshops by the existing enterprises or institutions to change the variety of products to meet the market demand (such as the production of civil products by defence industries), or to bring the designed production capacity into full play through a more balanced production process on production lines. Technical transformation refers to replacement of old technology or equipment by new technology or equipment, in order to expand the reproduction through improvement of technology contents in production, to improve product quality, to promote new products, to save energy, to reduce consumption, to expand the production scale and to improve overall social-economic efficiency. Contents of technical transformation include: updating of machinery, equipment and tools; reforming production process by using energy or materials saving technology; construction of factory workshops and transformation of public facilities; treatment transformation of "three wastes" (waste gas, waste water and industrial residue) aiming at environmental protection; improvement of working conditions and environment, etc.

Investment in Fixed Assets by Structure

(1) Construction refers to the construction of houses and buildings, also known as work volume of construction. This part of investment can only be achieved through construction activities, it is the major component of the total investment in fixed assets.

(2) Installation refers to the installation of various kinds of equipment and instruments, also known as work volume of installation.

The value of equipment installed itself is not included in the value of installation projects.

(3) Purchase of equipment and instruments refers to the total value of equipment, tools, and instruments purchased or self-produced which come up to the cut-off point for fixed

assets during the reference period. Equipment, tools and instruments purchased or self-produced for new workshops by newly established or expanded units are categorized as "purchase of equipment and instruments" no matter whether they come up to the cut-off point for fixed assets.

(4) Other expenses refer to expenses arising during the construction or purchase of fixed assets other than those expenses on construction, installation and purchase of equipment and instruments. Other financial expenses arising in operation are not included.

Floor Space of Buildings under Construction refers to the total space area of the buildings under construction in the year by real estate development companies. It includes buildings started in the year, continued from the previous year, suspended in earlier years but restarted in the year, completed in the year, and started in the year but suspended in the year as well. The floor space of a multi-storied building should be the sum of floor space of all the stories.

Floor Space of Buildings Started This Year refers to the total floor space area of the buildings started in the year by real estate development companies. It excludes the buildings started in previous years and continued in the year, and the buildings suspended in previous years but restarted in the year. The start of a construction is defined by the date of ground breaking or pile driving. The floor space of the building includes that of the entire building.

Floor Space of Buildings Completed refers to the total floor space area of the buildings completed in the year by real estate development companies, which meet the requirements as designed, reach the criteria set for people to live in or use, have passed the acceptance checks, and are ready for delivery or use.

Area of Commercialized Housing Sold refers to total contracted area of commercialized housing (i.e. area of floor space as designated in the formal contracts signed by both sides) sold by real estate development companies during the reference time.

Value of Commercialized Housing Sold refers to the total contracted value (i.e. value of sales/purchase for selling/purchase of commercialized housing as designated in the contract signed by both sides) received from the sales of the buildings by real estate development companies during the reference time. This indicator has the same coverage as the area of commercialized housing sold.

08

对外经济和旅游

Foreign Economy and Tourism

资料整理人员：陈　慧

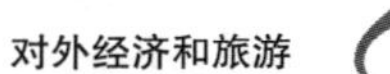

8-1 对外经济和旅游
Foreign Economy and Tourism

年份 Year	进出口总额 （万美元） Total Imports And Exports (USD 10 000)	出口 Exports	进口 Imports	实际使用外资金额 （万美元） Amount of Foreign Capital Actually Used (USD 10 000)	接待旅游总人数 （万人次） Number of Tourists (10 000 person-times)	旅游业总收入 （亿元） Income of Tourism (100 million yuan)	星级饭店数 （个） Total Number of Tourist Hotels (unit)
1979	23363	22296	1067		0.81	0.01	
1980	32635	31389	1246		0.95	0.01	
1981	43531	35504	8027		1.33	0.02	
1982	42662	38369	4293		1.53	0.05	
1983	45667	40003	5664		1.99	0.03	
1984	46171	41703	4468		2.63	0.04	
1985	52549	39606	12943		3.20	0.04	
1986	62377	50305	12072		4.12	0.09	
1987	74642	61945	12697	235	5.72	0.10	
1988	83403	63860	19543	447	6.76	0.30	
1989	85201	66563	18638	1495	5.57	0.30	
1990	94161	80552	13609	1116	8.52	0.50	
1991	137525	101665	35860	2276	1210	3.68	
1992	207800	141145	66655	12853	1513	6.03	
1993	234800	161200	73600	43267	1615	11.62	
1994	201740	143321	58419	32512	2014	30.80	
1995	201664	145101	56563	48802	2518	43.41	
1996	176299	129074	47225	70344	3223	60.45	
1997	189445	144796	44649	91702	4040	79.59	
1998	178209	128290	49919	81816	4235	99.93	
1999	195604	128210	67394	65384	4339	120.35	
2000	251259	165308	85951	68182	4695	148.76	212
2001	275841	175400	100441	81011	5036	210.50	270
2002	287621	179542	108079	103089	5757	245.98	321
2003	373617	214626	158990	148907	5970	294.11	359
2004	543774	309778	233996	141806	6487	371.56	417
2005	600485	374667	225818	207235	7181	453.62	388
2006	735259	509401	225858	259335	9195	588.41	501
2007	968987	652342	316645	327051	10897	732.71	585
2008	1256584	840950	415634	400515	12830	851.75	569
2009	1015101	549189	465912	459787	16065	1099.47	567
2010	1468886	795487	673399	518441	20398	1425.80	549
2011	1900006	989747	910259	615031	25328	1785.78	568
2012	2194082	1259965	934117	728034	30506	2234.10	581
2013	2516439	1482083	1034356	870482	36058	2681.86	587
2014	3102729	2002348	1100380	1026585	41203	3050.70	555
2015	2936680	1917288	1019392	1156441	47331	3712.91	498
2016	2687970	1817002	870968	1285209	56548	4707.43	461
2017	3603951	2317175	1286776	1447489	66935	7172.62	407
2018	4652983	3057434	1595550	1619134	75301	8355.73	397
2019	6288194	4453465	1834729	1810127	83154	9762.32	315
2020	7067840	4782488	2285353	2099782	69336	8261.95	320
2021	9271486	6523609	2747877	241490			
2022	10543353	7699229	2844124	352761	43483	6487.96	233
2023	8800518	5721881	3078637	143613	65781	9565.18	216

注：1. 进出口数据 1994 年前为外贸统计数，1994 年及以后为海关统计数。

2. 实际使用外资金额 2021 年前包括直接投资和间接投资，2021 年起不包括外商投资企业在湘设立内资企业的投资数据（后表同）。

a. Figures on total imports and exports form foreign trade were obtained from foreign trade statistics before 1994 and the figures were obtained from the Changsha Customs statistics after 1994.

b. The actual amount of foreign capital used before 2021 includes direct investment and indirect investment. Investment data of foreign-invested enterprises setting up domestic enterprises in Hunan are excluded from 2021 onwards (the same as in the table below).

8-2 对外经济贸易和旅游概况
A Survey on Foreign Trade and Tourism

指　标	Item	2010	2020	2022	2023
进出口总额　（亿美元）	**Total Imports And Exports (USD 100 million)**	**146.89**	**706.78**	**1054.34**	**880.05**
出口总额	Total Exports	79.55	478.25	769.92	572.19
进口总额	Total Imports	67.34	228.53	284.41	307.86
进出口差额	Balance	12.21	249.72	482.51	264.33
实际使用外资　（亿美元）	**Actually Used Foreign Capital (USD 100 million)**	**51.84**	**209.98**	**35.28**	**14.36**
对外借款	Foreign Loans	1.94			
外商直接投资	Foreign Direct Investments	49.09	14.01	35.28	14.36
外商其他投资	Other Foreign Investments	0.81	195.97		
对外承包工程新签合同额　（亿美元）	**Amount of Newly Signed Contracts for Overseas Contracted Projects (USD 100 million)**	**14.12**	**44.63**	**24.81**	**24.15**
国际旅游人数　（万人次）	**Total Number of International Tourists (10 000 person-times)**	**189.87**	**17.04**	**7.75**	**112.09**
外国人	Foreigners	103.30	7.96	4.98	86.58
港澳台同胞	Compatriots from HongKong, Macao and Taiwan	86.57	9.08	2.77	25.51
旅游外汇收入总额（亿美元）	**Foreign Exchange Earnings from International Tourism (USD 100 million)**	**8.87**	**0.51**	**0.23**	**2.90**
星级饭店　（个）	**Total Number of Tourist Hotels (unit)**	**549**	**320**	**233**	**216**

注：外贸进出口资料统一按长沙海关统计数据，以下同。

Figures on total imports and exports form foreign trade are obtained from the Changsha Customs statistics.The same as in the following table.

8-3 进出口商品总值
Total Value of Imports and Exports

单位：万美元 (USD 10 000)

项 目	Item	2021	2022	2023
进出口总值	**Imports & Exports**	**9271486**	**10543353**	**8800518**
#出口	#Exports	6523609	7699229	5721881
进口	Imports	2747877	2844124	3078637
进出口差额	**Balance**	**3775732**	**4855105**	**2643244**

8-4 进出口商品主要产销国别(地区)总值
Value of Imports and Exports by Main Producer and Sales Countries (Regions)

单位：万美元 (USD 10 000)

国家(地区)	Country(Region)	2022		2023	
		进 口 Imports	出 口 Exports	进 口 Imports	出 口 Exports
总计	**Total**	**2844124**	**7699229**	**3078637**	**5721811**
中国香港	Hong Kong, China	46160	786718	78989	762188
美国	United States	145028	1086138	101191	642837
日本	Japan	102873	181616	86821	110383
韩国	Republic of Korea	138499	292699	169234	250431
澳大利亚	Australia	275135	158215	237030	94002
南非	South Africa	99767	111278	135933	86023
德国	Germany	77898	172237	101732	118482
中国台湾	Taiwan, China	220298	79848	175449	43305
越南	Vietnam	45106	369170	59627	250630
巴西	Brazil	194222	115523	284323	79277
俄罗斯	Russia	25561	163087	68150	203128
马来西亚	Malaysia	198348	368505	271185	249538
英国	United Kingdom	6675	144179	8165	92990
印度	India	17978	296419	26958	205993
印度尼西亚	Indonesia	112998	206865	157753	128781
荷兰	Netherlands	46322	123711	40305	94725
泰国	Thailand	94229	218232	116853	135042
新加坡	Singapore	14253	226353	13194	145282
东盟(10国)	ASEAN (the ten countries)	494675	1736691	650035	1089544
欧盟	European Union	180362	755136	217307	507342

8-5 进出口商品机电电子产品情况(2023年)
Import and Export Value of Machinery and Electrical Products (2023)

单位：万美元 (USD 10 000)

指 标	Item	进 口 Imports	出 口 Exports
机电产品	**Mechanical & Electrical Products**	**826851**	**2734836**
机械基础件	Mechanical Base	13077	34636
手用或机用工具	Hand or Machine Tools		56791
包装机械	Packaging Machinery	751	8209
印刷、装订机械及其零件	Printing and Binding Machinery and Its Parts	11357	37285
通用机械设备	General Mechanical Equipment	9331	48672
机床	Machine Tool	7615	10562
自动数据处理设备及其零部件	Automatic Data Processing Equipment and Its Parts	68310	114192
电工器材	Electrical Equipment	38703	202461
手机	Mobile Phone	7500	48737
家用电器	Household Appliances	158	88790
音视频设备及其零件	Audio and Video Equipment and Its Parts	3637	71565
平板显示模组	Flat Panel Display Module	30438	155884
电子元件	Electronic Components	434948	208684
摩托车	Motorcycle		5291
摩托车及自行车的零配件	Spare Parts for Motorcycles and Bicycles		27184
汽车（包括底盘）	Automobile (Including Chassis)	10924	274996
汽车零配件	Auto Parts	5307	70174
计量检测分析自控仪器及其器具	Measurement, Detection and Analysis of Automatic Control Instruments and Their Instruments	26958	37749
医疗仪器及器械	Medical Instruments and Appliances	1753	14929
灯具、照明装置及其零件	Lamps, Lighting Devices and Their Parts		109603

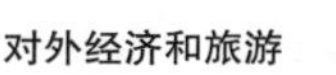

8-6 进出口商品高新技术产品情况(2023年)
Import and Export Value of High and New-tech Products (2023)

单位：万美元 (USD 10 000)

指　标	Item	进　口 Imports	出　口 Exports
高新技术产品	**High and New-Tech Products**	**648811**	**786894**
生物技术	Biotechnology	78	5661
生命科学技术	Life Science and Technology	6933	39951
光电技术	Photoelectric Technology	23609	151211
计算机与通信技术	Computer and Communication Technology	128220	408430
电子技术	Electronic Technology	429430	113255
计算机集成制造技术	Computer Integrated Manufacturing Technology	53499	51376
材料技术	Materials Technology	1744	8051
航空航天技术	Aerospace Technology	5002	7908
其他技术	Other Technologies	295	1051

8-7 进出口商品贸易方式(2023年)
Value of Imports and Exports by Trade Ways (2023)

单位：万美元 (USD 10 000)

贸易方式	Trade Ways	进　口 Imports	出　口 Exports
一般贸易	Original Trade	2128189	4948016
国家间、国际组织间无偿援助和赠送的物资	Free Aid and Gifts Between Countries and International Organizations		218
其他捐赠物资	Other Donated Materials		14
加工贸易	Processing Trade	412264	575994
#来料加工贸易	#Processing Trade of Supplied Materials	209862	214163
#进料加工贸易	#Processing Trade of Imported Material	202402	361831
寄售代销贸易	Consignment trade		
加工贸易进口设备	Processing and Assembling Import Equipment Provided with Material	1353	
对外承包工程出口货物	Constructed Projects in Foreign Countries		9907
租赁贸易	Leasing Trade		126
外商投资企业作为投资进口的设备、物品	Imported Equipment and Materials as Investment of Foreign Investment Enterprises		
出料加工贸易	Processing Trade of Exported Material	99	83
易货贸易	Barter Trade		
保税物流	Bonded Logistics	530546	88606
#海关保税监管场所进出境货物	#Inbound and Outbound Goods in Customs Bonded Areas	372055	29312
#海关特殊监管区域物流货物	#Customs has Special Supervision over Regional Logistics Goods	158491	59294
海关特殊监管区域进口设备	Import Equipment from Special Areas under Customs Supervision	561	
其他贸易	Other Trade	5624	98917

8-8 主要出口商品总值(2023年)
Major Exports Commodities in Value (2023)

商品名称	Item	美元值（万美元） Dollar Value (USD 10 000)
服装及衣着附件	Articles of Apparel & Clothing Accessories	280258
服装	Clothing	263282
电子元件	Electronic Components	208684
塑料制品	Plastic Products	180912
鞋靴	Footware	153969
纺织纱线、织物及其制品	Textile Yarn,Textile and Related Products	106420
纺织制品	Textile Related Products	62716
灯具、照明装置及其零件	Lamps, Lighting Fixtures and Parts	109603
电工器材	Electrical Equipments	202461
皮革、毛皮及其制品	Leather, Fur and Their Articles	21656
裘皮服装	Fur Garment	1401
箱包及类似容器	Travel Goods	117187
皮革箱包及类似容器	Leather Bags and Similar Containers	14744
玩具	Toys	103421
家具及其零件	Furniture and Parts	109394
陶瓷产品	Ceramic Products	115437
日用陶瓷	Daily-use Ceramics	78868
玻璃及其制品	Glass and its Products	49404
贵金属或包贵金属的首饰	Precious Metal or Precious Metal Jewelry	188150
钢材	Rolled Steels	401454
自动数据处理设备及其零部件	Automatic Data Processing Equipment and Components	114192
蔬菜及食用菌	Vegetables & Edible Fungus	177400
纸浆、纸及其制品	Pulp, Paper and Their Products	49325
音视频设备及其零件	Audio and Video Equipment and Its Parts	71565
汽车（包括底盘）	Automobile (including chassis)	274996
家用电器	Household Appliances	88790

8–9 主要进口商品总值(2023年)
Major Imports Commodities in Value (2023)

商品名称	Item	美元值（万美元）Dollar Value (USD 10 000)
电子元件	Electronic Components	434948
金属矿及矿砂	Metallic Ore and Ore	549959
铁矿砂及其精矿	Iron Ores and Concentrate	294537
铜矿砂及其精矿	Cooper Ores and Concentrates	135249
粮食	Foodstuff	250954
汽车（包含底盘）	Automobile (Including Chassis)	10924
肉类（包括杂碎）	Meat (Including Chop Suey)	47929
玻璃及其制品	Glass and Its Products	44364
自动数据处理设备及其零部件	Automatic Data Processing Equipment and Components	68310
乳品	Dairy	39600
水产品	Aquatic Products	55883
塑料制品	Plastic Products	11676
电工器材	Electrical Equipment	38703
天然及合成橡胶（包括胶乳）	Natural and Synthetic Rubber (Including Latex)	101825
计量检测分析自控仪器及器具	Measuring, Testing, Analysing and Controlling Instruments and Apparatus	26958
煤及褐煤	Coal and Lignite	73527
初级形状的塑料	Plastic in Primary Form	20670
纸浆、纸及其制品	Pulp, Paper and Their Products	30696
纸浆	Pulp	29905
原油	Crude Oil	95642
成品油	Petroleum Products Refined	74020
未锻轧铜及铜材	Unwrought Copper and Copper	85715
干鲜瓜果及坚果	Fresh Fruit, Dried Fruit and Nut	31479
平板显示模组	Flat Panel Display Module	30438

8-10 外商投资情况
Foreign Investment

单位：万美元 (USD 10 000)

项　目	Item	2010	2020	2022	2023
总　计	**Total**	**518441**	**2099782**	**352761**	**143613**
按产业类别分类	**Grouped By Industry**				
第一产业	Primary Industry	35864	103457	1546	1627
第二产业	Secondary Industry	432949	784604	40094	57349
第三产业	Tertiary Industry	49628	1211721	311121	84637

8-11 外商投资签订合同情况（分国别、地区）(2023年)
Basic Statistics on Signed Contracts of Foreign Investment (by Country or Region) (2023)

国别（地区）	Countries (Region)	新设企业个数（个） Number of New Enterprises (case)	实际使用外资（万美元） Actually Used Foreign Capital (USD 10 000)
总　计	**Total**	**469**	**143613**
中国香港	Hongkong, China	246	130556
新加坡	Singapore	10	7729
日本	Japan	5	1074
英属维尔京群岛	British Virgin Islands	2	775
萨摩亚	Samoa	1	553
韩国	Korea	7	549
美国	United States	16	308
瑞士	Switzerland		287
中国澳门	Macao, China	8	262
中国台湾	Taiwan, China	74	257

主要统计指标解释

货物进出口总额 指实际进出我国国境的货物总金额。包括对外贸易实际进出口货物,来料加工装配进出口货物,国家间、联合国及国际组织无偿援助物资和赠送品,华侨、港澳台同胞和外籍华人捐赠品,租赁期满归承租人所有的租赁货物,进料加工进出口货物,边境地方贸易及边境地区小额贸易进出口货物,中外合资企业、中外合作经营企业、外商独资经营企业进出口货物和公用物品,到、离岸价格在规定限额以上的进出口货样和广告品(无商业价值、无使用价值和免费提供出口的除外),从保税仓库提取在中国境内销售的进口货物,以及其他进出口货物。该指标可以观察一个国家在对外贸易方面的总规模。我国规定出口货物按离岸价格统计,进口货物按到岸价格统计。

商品收发货人所在地进、出口额 指按进出口企业注册登记地进行分组汇总的进、出口额。

商品境内目的地进口额和商品境内货源地出口额 境内目的地进口额指按进口货物的消费、使用或最终抵运地进行分组汇总的进口额;境内货源地出口额指按出口货物的产地或原始发货地进行分组汇总的出口额。

服务进出口 指常住单位与非常住单位之间相互提供的服务。包括运输,旅行,建筑,保险服务,金融服务,电信、计算机和信息服务,知识产权使用费,个人、文化和娱乐服务,维护和维修服务,加工服务,其他商业服务,政府服务。

外商投资 是指国外及港澳台地区的法人和自然人在中国大陆地区以现金、实物、无形资产、股权等方式进行投资。其中,外商直接投资是指国外及港澳台地区投资者在非上市公司中的全部投资及在单个外国投资者所占股权比例不低于10%的上市公司中的投资。

对外直接投资 是境内投资者以控制国(境)外企业的经营管理权为核心的经济活动,体现在一经济体通过投资于另一经济体而实现其持久利益的目标。

对外承包工程 根据《对外承包工程管理条例》,对外承包工程是指中国的企业或者其他单位承包境外建设工程项目的活动。

对外劳务合作 指组织劳务人员赴其他国家或地区为国外的企业或机构工作的经营性活动。

入境游客 指报告期内来中国(大陆)观光、度假、探亲访友、就医疗养、购物、参加会议或从事经济、文化、体育、宗教活动的外国人、港澳台同胞等游客(即入境旅游人数)。统计时,入境游客按每入境一次统计1人次。入境旅游人数包括入境过夜游客和入境一日游游客。

国内游客 指报告期内在中国(大陆)观光游览、度假、探亲访友、就医疗养、购物、参加会议或从事经济、文化、体育、宗教活动的中国(大陆)居民人数,其出游的目的不是通过所从事的活动谋取报酬。统计时,国内游客按每出游一次统计1人次。

国际旅游(外汇)收入 指入境游客在中国(大陆)境内旅行、游览过程中用于交通、参观游览、住宿、餐饮、购物、娱乐等全部花费。

国内旅游收入(旅游总花费) 指国内游客在国内旅行、游览过程中用于交通、参观游览、住宿、餐饮、购物、娱乐等全部花费。

Explanatory Notes on Main Statistical Indicators

Total Import and Export of Goods refer to the real value of commodities imported and exported across the border of China. They include the actual imports and exports through foreign trade, imported and exported goods under the processing and assembling trades and materials, supplies and gifts as aid given gratis between governments and by the United Nations and other international organizations, and contributions donated by overseas Chinese, compatriots in Hong Kong and Macao and Chinese with foreign citizenship, leasing commodities owned by tenant at the expiration of leasing period, the imported and exported commodities processed with imported materials, commodities trading in border areas, the imported and exported commodities and articles for public use of the Sino-foreign joint ventures, cooperative enterprises and ventures with sole foreign investment. Also included is import or export of samples and advertising goods for which CIF or FOB value are beyond the permitted ceiling (excluding goods of no trading or use value and free commodities for export), imported goods sold in China from bonded warehouses and other imported or exported goods. The indicator of the total imports and exports at customs can be used to observe the total size of external trade in a country. In accordance with the stipulation of the Chinese government, imports are calculated at CIF, while exports are calculated at FOB.

Import or Export by Location of Importers/Exporters The location of importers or exporters refers to the place inside China's customs territory where the importers or exporters are registered.

Imports and Exports by Location of Domestic Consumers/Producers The location of domestic consumers refers to the place inside China's customs territory where the imported goods are to be consumed, utilized or destined for. The location of domestic producers refers to the place inside China's customs territory where the exported goods are produced, manufactured or initially delivered.

Import and Export of Services refers to services provided between resident and non-resident units, including transportation, travel, construction, insurance, finance, telecommunications, computer and information, professional and management consultancy, intellectual property fee, personal, cultural or recreational services, maintenance and repair, processing, other business services, and government services.

Foreign Investment refers to investment in China by legal or natural persons of foreign countries and of HongKong, Macao and Taiwan, in the form of cash、physical assets、intangible assets and equity and others. Foreign direct investment refers to investment by investors from foreign countries and from HongKong, Macao and Taiwan in a non-listed company, or the investment of over 10 percent or more in a listed company.

Outward Direct Investment refers to the economic activities of domestic investors focussing on controlling the operation and management of overseas enterprises. The content of overseas direct investment mainly reflects goal of of lasting interest of one economic entity by investing in another economic entity.

Overseas Contracted Projects refer to activities of contracting overseas construction projects by Chinese enterprises or any other units, which are stipulated in the Regulations on Administration of Foreign Contracted Project.

Overseas Labour Services refer to operational activities of organizing labour force to go abroad providing services to foreign enterprises or agencies.

Overseas Visitor Arrivals refer to the number of tourists of foreigners, Chinese compatriots from Hong Kong, Macao and Taiwan who come to China (mainland) within the reference period for sight-seeing, vacation, visiting relatives, medical treatment, shopping, attending conference, or to engage in economic, cultural, sports and religious activities (namely the number of overseas visitor arrivals). In compiling statistics, each arrival is counted as one person-time. The number of overseas visitor arrivals includes inbound overnight tourists and one-day tourists.

Number of Domestic Tourists refers to the number of Chinese (mainland) residents who travel within China (mainland) for sight-seeing, vacation, visiting relatives, medical treatment, shopping, attending conference, or to engage in economic, cultural, sports and religious activities. In compiling statistics, each time of travelling is counted as one person-time.

Foreign Exchange Earnings from International Tourism refer to the total expenditure of foreigners, overseas Chinese, Chinese compatriots from Hong Kong, Macao and Taiwan during their stay in the mainland of China on transportation, sighting, accommodation, food, shopping and entertainment.

Income from Domestic Tourism refer to expenditure of domestic tourists on transportation, sighting, accommodation, food, shopping and entertainment while they travel.

09

能　源

Energy

资料整理人员：周　波　吕　燕　邹　晨　何　达

9-1 工业企业能源购进、消费及库存(2023年)
Energy Purchase, Consumption and Stock of Industry (2023)

指 标		Item		年初库存 Stock at the Beginning of the Year	购进量实物量 Total Purchase	工业生产消费量 Industrial Production and Consumption	原材料 Material Use	年末库存 Stock at the End of the Year
能源合计	**(吨标准煤)**	**Total Energy**	**(tce)**			**112267468**	**3338866**	
原煤	(吨)	Raw Coal	(ton)	4170774	61904509	61003271	1193477	5272322
其中:无烟煤		Blind Coal		113578	4471562	4608758	318464	174174
炼焦烟煤		Coking Coal		59489	1464453	1466407	25045	72873
一般烟煤		Generally Coal		3960591	55680069	54631140	849957	4999154
褐煤		Lignite Coal		37115	288425	296966	11	26121
洗精煤(用于炼焦)	(吨)	Cleaned Coal (Used in the Coking)	(ton)	233954	9428122	9555262		237712
其他洗煤	(吨)	Other Washed Coal	(ton)	984	81705	75796		6893
煤制品	(吨)	Coal Products	(ton)	2346	33382	35279		586
焦炭	(吨)	Coke	(ton)	128582	5199157	9976874	140325	126378
其他焦化产品	(吨)	Other Coking Products	(ton)		2080	2080	1956	
焦炉煤气	(万立方米)	Coke Oven Gas	(10 000 cu.m)		112957	252065		
高炉煤气	(万立方米)	High Oven Gas	(10 000 cu.m)		1113851	2930606		
转炉煤气	(万立方米)	Converter Gas	(10 000 cu.m)		116139	290508		
其他煤气	(万立方米)	Other Gas	(10 000 cu.m)		41482	41482	64	
天然气(气态)	(万立方米)	Natural Gas	(10 000 cu.m)	3110	379323	240189	1985	1374
液化天然气(液态)	(吨)	Liquefied Natural Gas	(ton)	1317	56415	56357	2451	252
氢气	(万立方米)	Hydrogen	(10 000 cu.m)	5	1729	24735	24015	2
原油	(吨)	Crude Oil	(ton)	193695	9022445	9050510		165630
汽油	(吨)	Gasoline	(ton)	292	79671	79181	84	152
煤油	(吨)	Kerosene	(ton)	6	4039	4038	253	7
柴油	(吨)	Diesel Oil	(ton)	7657	230577	227180	850	7492
燃料油	(吨)	Fuel Oil	(ton)	6497	91833	92460	527	5634
液化石油气	(吨)	Liquefied Petroleum Gas	(ton)	161	52328	69820	3577	77
炼厂干气	(吨)	Refinery Gas	(ton)		162	334930	26258	
石脑油	(吨)	Naphtha	(ton)					
润滑油	(吨)	Lubricating Oil	(ton)	736	32912	32883	28741	636
石蜡	(吨)	Paraffin Wax	(ton)	4	798	798	584	3
溶剂油	(吨)	Solvent Naphtha	(ton)	219	4198	4189	3340	228
石油焦	(吨)	Petroleum Coke	(ton)	38137	442875	464657	179303	29531
石油沥青	(吨)	Petroleum Asphalt	(ton)	11774	283320	283743	279338	10908
其他石油制品	(吨)	Other Petroleum Products	(ton)	38258	2183750	3159070	1397100	69963
热力	(百万千焦)	Heat	(million kilo-joule)		29469325	63049935		
电力	(万千瓦时)	Electricity	(10 000 kwh)		9497471	10161987		
煤矸石(用于燃料)	(吨)	Coal Gangue (Used for Fuel)	(ton)	134044	2532348	2443685		94500
城市生活垃圾(用于燃料)	(吨)	Municipal Solid Waste (Used for Fuel)	(ton)	139862	9258915	10735200		162787
生物质能(用于燃料)	(吨标准煤)	Biomass Energy (Used for Fuel)	(tce)	26962	1379327	1718817		17745
余热余压	(百万千焦)	Waste Heat And Excess Pressure	(million kilo-joule)		21505205	51232433		
工业废料(用于燃料)	(吨)	Industrial Waste (Used for Fuel)	(ton)		21720	21741		52
其他燃料	(吨标准煤)	Other Fuel	(tce)	2938	266552	270984	78	509

注:本表统计范围为年主营业务收入2000万元及以上的工业企业。
All Industry corporation enterprises with an annual sales income of over 20 million yuan.

9–2 工业企业能源加工转换与回收利用(2023年)

指 标		Item		工业生产消费量 For Production	加工转换投入合计 Input& Output of Transfor-mation	火力发电 Thermal Power
能源合计	**(吨标准煤)**	**Total Energy**	**(tce)**	**94056614**	**64043683**	**34756071**
原煤	(吨)	Raw Coal	(ton)	57715939	45537245	40703757
其中：无烟煤		Blind Coal		3569404	647899	16282
炼焦烟煤		Coking Coal		1218801	716367	27270
一般烟煤		Generally Coal		52647424	43892670	40469157
褐煤		Lignite Coal		280309	280309	191047
洗精煤(用于炼焦)	(吨)	Cleaned Coal (Used in the Coking)	(ton)	9541359	9541359	
其他洗煤	(吨)	Other Washed Coal	(ton)			
煤制品	(吨)	Coal Products	(ton)			
焦炭	(吨)	Coke	(ton)	9414814		
其他焦化产品	(吨)	Other Coking Products	(ton)			
焦炉煤气	(万立方米)	Coke Oven Gas	(10 000 cu.m)	234804	112644	42851
高炉煤气	(万立方米)	High Oven Gas	(10 000 cu.m)	2859435	1682972	988563
转炉煤气	(万立方米)	Converter Gas	(10 000 cu.m)	263632	89263	88891
其他煤气	(万立方米)	Other Gas	(10 000 cu.m)	7915		
天然气(气态)	(万立方米)	Natural Gas	(10 000 cu.m)	48316	15259	2446
液化天然气(液态)	(吨)	Liquefied Natural Gas	(ton)	19534		
氢气	(万立方米)	Hydrogen	(10 000 cu.m)	22990		
原油	(吨)	Crude Oil	(ton)	9047436	9038306	
汽油	(吨)	Gasoline	(ton)	206		
煤油	(吨)	Kerosene	(ton)	33		
柴油	(吨)	Diesel Oil	(ton)	36931	2256	2194
燃料油	(吨)	Fuel Oil	(ton)	43300	23827	373
液化石油气	(吨)	Liquefied Petroleum Gas	(ton)	23299		
炼厂干气	(吨)	Refinery Gas	(ton)	334768	35914	6193
石脑油	(吨)	Naphtha	(ton)			
润滑油	(吨)	Lubricating Oil	(ton)	5805	27	27
石蜡	(吨)	Paraffin Wax	(ton)			
溶剂油	(吨)	Solvent Naphtha	(ton)			
石油焦	(吨)	Petroleum Coke	(ton)	210694	54204	21535
石油沥青	(吨)	Petroleum Asphalt	(ton)			
其他石油制品	(吨)	Other Petroleum Products	(ton)	3131780	1304589	5397
热力	(百万千焦)	Heat	(million kilo-joule)	45104524	9721755	9721755
电力	(万千瓦时)	Electricity	(10 000 kwh)	3154898		
煤矸石(用于燃料)	(吨)	Coal Gangue (Used for Fuel)	(ton)	427740	408128	408128
城市生活垃圾(用于燃料)	(吨)	Municipal Solid Waste (Used for Fuel)	(ton)	10735200	10616242	10615148
生物质能(用于燃料)	(吨标准煤)	Biomass Energy (Used for Fuel)	(tce)	862182	848013	285867
余热余压	(百万千焦)	Waste Heat And Excess Pressure	(million kilo-joule)	50320383	40583165	40583165
工业废料(用于燃料)	(吨)	Industrial Waste (Used for Fuel)	(ton)	5957	3357	3357
其他燃料	(吨标准煤)	Other Fuel	(tce)	78513	3816	609

注：本表统计范围为辖区内有能源加工转换活动或回收利用的规模以上工业法人单位。

The statistical scope of this table is for industrial enterprises above designated size that have energy processing conversion activities or recycling in their jurisdiction.

Energy Processing, Conversion and Recycling in Industrial Enterprises (2023)

供 热 Heating Supply	原煤入洗 Coal Washing	炼 焦 Coking	炼油及煤制油 Petroleum Refineries	制气 Gas Works	天然气液 化 Natural Gas Liquefaction	加 工 煤制品 Coal Processing	能源加工转换产出 Energy Processing Conversion	回收利用 Recycling
3827795	**1675437**	**8750505**	**14870508**	**163366**			**40925692**	**6242923**
2513044	2114310			206134				
	631617							
97823	591273							
2325959	891420			206134				
89262								
		9541359					805595	
							445828	
							6607259	
							371629	
69161				632			274682	
694409								2986772
372								288564
4049			8361	403				
							35066	8843
			9038306					
							3206748	
							960070	
62							2651983	
598			22856				135328	
							854044	
17918			11803				368963	
							125973	
32669							355161	
							6828	
			1299192				1467411	
							76147239	
							11239765	
							75454	
1094								
562146								
								52583533
3207								

9–3 主要能源按工业行业分组工业生产消费量(2023年)

指 标	Item	原煤 (吨) Raw Coal (ton)	洗精煤(用于炼焦) (吨) Cleaned Coal(Used in the Coking) (ton)	其他洗煤 (吨) Other Washed Coal (ton)
煤炭开采和洗选业	Mining and Washing of Coal	1708077		
黑色金属矿采选业	Mining of Ferrous Metal Ores	1871		
有色金属矿采选业	Mining of Non-ferrous Metal Ores	5816		
非金属矿采选业	Mining and Processing of Nonmetal Ores	459614		
开采专业及辅助性活动	Professional and Support Activities for Mining			
农副食品加工业	Processing of Food from Agricultural Products	52541		
食品制造业	Manufacture of Foods	153473		
酒、饮料和精制茶制造业	Manufacture of Liquor, Beverage and Refined Tea	35307		
烟草制品业	Manufacture of Tobacco			
纺织业	Manufacture of Textile	9674		
纺织服装、服饰业	Manufacture of Textile Wearing and Clothing Apparel	1333		
皮革、毛皮、羽毛及其制品和制鞋业	Leather, Fur, Feather and Its Products and Footwear	965		
木材加工和木、竹、藤、棕、草制品业	Processing of Timbers,Manufacture of Wood, Bamboo, Rattan, Palm and Straw Products	8066		
家具制造业	Manufacture of Furniture	375		
造纸和纸制品业	Manufacture of Paper and Paper Products	814318		
印刷和记录媒介复制业	Printing,Reproduction of Recording Media	5079		
文教、工美、体育和娱乐用品制造业	Manufacture of Articles for Culture,Education and Sport Activity	4112		
石油、煤炭及其他燃料加工业	Processing of Petroleum, Coal and Other Fuels	2751461	2716392	
化学原料和化学制品制造业	Manufacture of Chemical Raw Material and Chemical Products	936077		3344
医药制造业	Manufacture of Medicines	11672		
化学纤维制造业	Manufacture of Chemical Fiber	88391		
橡胶和塑料制品业	Manufacture of Rubber and Plastic	12408		
非金属矿物制品业	Manufacture of Non-metallic Mineral Products	8382621		69059
黑色金属冶炼和压延加工业	Manufacture and Processing of Ferrous Metals	4232392	6824966	1770
有色金属冶炼和压延加工业	Manufacture and Processing of Non-ferrous Metals	317975	13903	1623
金属制品业	Manufacture of Metal Products	9299		
通用设备制造业	Manufacture of General Purpose Machinery	8289		
专用设备制造业	Manufacture of Special Purpose Machinery	28298		
汽车制造业	Automobile Industry	281		
铁路、船舶、航空航天和其他运输设备制造业	Manufacture of Railway,Marine,Aerospace and Other Transport Equipment	353		
电气机械和器材制造业	Manufacture of Electrical Machinery and Equipment	41489		
计算机、通信和其他电子设备制造业	Manufacture of Communication Equipment, Computer and Other Electronic Equipment	1925		
仪器仪表制造业	Manufacture of Measuring Instrument			
其他制造业	Other Manufacture	200		
废弃资源综合利用业	Utilization of Waste Resources	47894		
金属制品、机械和设备修理业	Mental Products,Machine and Equipment Repair			
电力、热力生产和供应业	Production and Supply of Electric Power and Heat Power	40802975		
燃气生产和供应业	Production and Distribution of Gas	68638		
水的生产和供应业	Production and Distribution of Water	11		

注：本表统计范围为年主营业务收入2000万元及以上的工业企业。
All Industry corporation enterprises with an annual sales income of over 20 million yuan.

Major Energy Sources are Grouped by Industrial Sector Industrial Production and Consumption (2023)

煤制品（吨）Coal Products (ton)	焦炭（吨）Coke (ton)	其他焦化产品（吨）Other Coking Products (ton)	焦炉煤气（万立方米）Coke Oven Gas (10 000 cu.m)	高炉煤气（万立方米）High Oven Gas (10 000 cu.m)	天然气（万立方米）Natural Gas (10 000 cu.m)	原油（吨）Crude Oil (ton)	汽油（吨）Gasoline (ton)	煤油（吨）Kerosene (ton)	柴油（吨）Diesel Oil (ton)	燃料油（吨）Fuel Oil (ton)
					581		122		2834	
	5540						39		1023	
					250		288	236	4275	
	680				57		576		22522	650
27	105				8130		5561		8964	233
52					6254		5324		3023	821
21		124			3307		1282		1416	59
					2452		6		1941	
	22656				1459		99	4	160	
					221		164		101	
					159		177	1	371	
					107		2532		2370	
13					423		799		841	
					1484		498		975	
					886		610		1333	
75					903		341		272	
			24151	34971	8523	9047436	75		274	40413
12830	123681				23262		2715	2	8675	1682
					6335		1606		839	
					20		6		488	16950
	38				2636	91	3031		1932	
141	12104	1956	1315	51858	67474		24458	30	97268	21224
	9545395		163278	1840865	18823		23	16	7146	
21078	230872				25186	2983	1403	1	9607	5875
398	20497			201	10524		3089	35	5838	97
	449				2924		2894	78	7900	134
3					3208		6644	3393	4799	3
	6				14165		3785		4925	9
					1862		1749	1	2626	1
					6426		2033	1	5032	564
					4559		1123		2336	1
					1071		3530		51	
					316		509	236	137	
641	14852			257	1678		522		6474	858
			101				42		106	
			63220	1002455	5057		326	3	7554	2888
					8809		353		355	
					658		849		398	

9-3 续表 Continued

指 标	Item	液化石油气（吨） Liquefied Petroleum Gas (ton)	其他石油制品（吨） Other Petroleum Products (ton)	热力（百万千焦） Heat (million kilo-joule)	电力（万千瓦时） Electricity (10 000 kwh)	其他燃料（吨标准煤） Other Fuel (tce)
煤炭开采和洗选业	Mining and Washing of Coal				49402	1242
黑色金属矿采选业	Mining of Ferrous Metal Ores				18312	
有色金属矿采选业	Mining of Non-ferrous Metal Ores		148		107683	451
非金属矿采选业	Mining and Processing of Nonmetal Ores			5286864	92967	313
开采专业及辅助性活动	Professional and Support Activities for Mining				4	
农副食品加工业	Processing of Food from Agricultural Products	397		1020306	252177	26080
食品制造业	Manufacture of Foods	320		4208932	123651	3131
酒、饮料和精制茶制造业	Manufacture of Liquor, Beverage and Refined Tea	80		253077	66386	6137
烟草制品业	Manufacture of Tobacco				22653	
纺织业	Manufacture of Textile		3114	500960	108431	2717
纺织服装、服饰业	Manufacture of Textile Wearing and Clothing Apparel				25468	6
皮革、毛皮、羽毛及其制品和制鞋业	Leather, Fur, Feather and Its Products and Footwear			69595	47693	3205
木材加工和木、竹、藤、棕、草制品业	Processing of Timbers,Manufacture of Wood, Bamboo, Rattan, Palm and Straw Products	3		2796	52389	53083
家具制造业	Manufacture of Furniture	9			22964	2817
造纸和纸制品业	Manufacture of Paper and Paper Products	722		7904886	206772	9810
印刷和记录媒介复制业	Printing,Reproduction of Recording Media		1749	80438	53593	5311
文教、工美、体育和娱乐用品制造业	Manufacture of Articles for Culture,Education and Sport Activity	4		3508	42811	5813
石油、煤炭及其他燃料加工业	Processing of Petroleum, Coal and Other Fuels	25594	3101961	18478168	244825	4623
化学原料和化学制品制造业	Manufacture of Chemical Raw Material and Chemical Products	3571	12514	3738720	817898	18894
医药制造业	Manufacture of Medicines		1709	1729015	96903	3122
化学纤维制造业	Manufacture of Chemical Fiber			87995	44600	3587
橡胶和塑料制品业	Manufacture of Rubber and Plastic	369	3061	235904	137950	7
非金属矿物制品业	Manufacture of Non-metallic Mineral Products	28320	33474	248955	1213675	118528
黑色金属冶炼和压延加工业	Manufacture and Processing of Ferrous Metals			3563442	1445692	366
有色金属冶炼和压延加工业	Manufacture and Processing of Non-ferrous Metals	231		2481687	611988	
金属制品业	Manufacture of Metal Products	403	25	1459	332587	153
通用设备制造业	Manufacture of General Purpose Machinery	101	430	26700	203708	207
专用设备制造业	Manufacture of Special Purpose Machinery		79	12979	134172	
汽车制造业	Automobile Industry	2	560	1391	230696	
铁路、船舶、航空航天和其他运输设备制造业	Manufacture of Railway,Marine,Aerospace and Other Transport Equipment	2	2	27443	56234	
电气机械和器材制造业	Manufacture of Electrical Machinery and Equipment	271	165	1094722	270193	94
计算机、通信和其他电子设备制造业	Manufacture of Communication Equipment, Computer and Other Electronic Equipment	13		343124	781556	713
仪器仪表制造业	Manufacture of Measuring Instrument		20	784	14212	
其他制造业	Other Manufacture	9409			21054	
废弃资源综合利用业	Utilization of Waste Resources			5159	54505	328
金属制品、机械和设备修理业	Mental Products,Machine and Equipment Repair				1521	
电力、热力生产和供应业	Production and Supply of Electric Power and Heat Power		60	11633805	1967016	
燃气生产和供应业	Production and Distribution of Gas				5393	
水的生产和供应业	Production and Distribution of Water			7121	182255	246

9–4 主要用能工业企业单位产品能源消耗情况
Unit Product Energy Consumption of Industry

单位：千克标准煤 / 吨 (kgce / ton)

指 标	Item	2022	2023
机制纸及纸板综合能耗	Total Energy Consumption of Machine–Made Paper and Paperboard	461.49	399.56
万米印染布综合能耗（千克标准煤 / 万米）	Total Energy Consumption of Dyed Cloth/10 000m (kgce/10 000m)		998.37
炼焦工序单位能耗	Energy Consumption of Coking Process/unit	104.30	101.16
原油加工单位综合能耗（千克标准油 / 吨）	Total Energy Consumption of Crude Oil Processing/unit (kg SO/ton)	65.47	61.75
单位烧碱生产综合能耗（离子膜法 30%）	Total Energy Consumption of Caustic Soda Production/unit (Diaphragm Process 30%)	576.79	556.85
联碱法纯碱双吨产品生产综合能耗	Total Energy Consumption of Soda Production/double tons	177.97	162.71
单位合成氨生产综合能耗	Total Energy Consumption of Synthetic Ammonia/unit	1446.32	1414.06
吨水泥熟料综合能耗	Total Energy Consumption of Cement/ton	103.61	92.63
吨水泥综合能耗	Total Energy Consumption of Cement Per Ton	86.21	71.26
每重量箱平板玻璃综合能耗（千克标准煤 / 重量箱）	Total Energy Consumption of Plate Glass/weight box (kgce/weight case)	10.95	12.16
吨钢综合能耗	Total Energy Consumption of Steel/ton	473.03	543.22
炼铁工序单位能耗	Unit Energy Consumption of Iron Refining Process	389.04	390.02
铁矿烧结工序单位能耗	Unit Energy Consumption of Iron Ore Sintering Process	51.21	50.51
转炉炼钢综合工序单位能耗	Unit Energy Consumption of Converter Steelmaking Process	–3.82	–13.93
电炉炼钢综合工序单位能耗	Unit Energy Consumption of Electric Furnace Steelmaking Process	54.17	62.61
锰硅合金工序单位能耗（千克标准煤 / 标准吨）	Unit Energy Consumption of Silicomanganese Alloy Process (kgce/standard ton)	614.46	876.70
轧钢工序单位能耗	Unit Energy Consumption of Steel Rolling Process	51.15	52.40
吨钢耗新水（吨 / 吨）	New Water Consumption of Steel/ton (ton/ton)	3.49	3.57
吨铜加工材消耗能源量	Total Energy Consumption of Copper Refining/unit	578.42	271.86
单位粗铅综合能耗	Total Energy Consumption of Crude Lead/unit	231.19	303.44
单位铅冶炼综合能耗	Total Energy Consumption of Lead Refining/unit	430.89	450.79
单位精锌（电锌）综合能耗	Total Consumption of Refined Zinc (Electrolytic Zinc)/unit		657.47
吨铝加工材消耗能源量	Energy Consumption of Aluminium Processing Material/ton	502.31	118.55
电厂火力发电标准煤耗（克标准煤 / 千瓦时）	Standard Coal Consumption of Thermal Power Generation in the Power Plant (gce/kwh)	300.59	305.05
电厂火力供电标准煤耗（克标准煤 / 千瓦时）	Standard Coal Consumption of Thermal Power Supply in the Power Plant (gce/kwh)	317.10	322.54

9–5 规模工业企业水消费
Water Consumption of Scale Industry

单位：万立方米 (10 000 cu.m)

项　目	Item	2019	2020	2021	2022	2023
取水总量	**the Total Amount of Water Intake**	**396468.75**	**420190.27**	**439760.69**	**455944.10**	**486260.20**
地表水	Surface Water	346370.76	362370.45	383870.28	399421.15	437889.86
地下水	Groundwater	15161.22	15514.34	13545.48	13340.67	12641.00
自来水	Tap Water	33265.97	39850.35	39169.28	40010.89	32552.38
其他水	Other Water	813.88	860.16	650.02	494.03	623.83
重复用水	Repeated Water	615880.04	605700.97	641704.51	761874.45	905788.79
污水处理量	Quantity of Sewage Treatment	156966.68	169435.90	183149.47	192199.00	222448.55

注：根据国家新修订的报表制度，水、火电企业用于冷却机组的河湖海冷却用水（包括循环冷却用水和直抽直排冷却用水）不计入取水量。

According to the new revision of the reporting system, thermal power enterprises for the rivers and lakes water cooling water cooling unit (including circulating cooling water and cooling water straight pulling straight row) are not included in the water.

9–6 能源消耗指标
Indicators of Energy Consumption

项　目	Item	2019	2020	2021	2022	2023
单位 GDP 能耗上升或下降 （±%）	Energy Consumption of Unit GDP Increase or Decrease (±%)	−4.29	−1.98	−3.50	−3.60	−4.50
能源消费总量增速 （%）	Total Energy Consumption Growth (%)	2.94	1.71	3.90	0.70	−0.10
单位 GDP 电耗上升或下降 （±%）	Electric Power Consumption of Unit GDP Increase or Decrease (±%)	−0.68	−0.28	3.70	−0.70	−2.70

注：2022 年单位 GDP 能耗上升或下降 、单位 GDP 电耗上升或下降根据当年能源消费增速、电耗增速与按 2020 年可比价计算的 GDP 增速相比较取得。2016–2020 年单位 GDP 能耗上升或下降、单位 GDP 电耗上升或下降根据当年能源消费增速、电耗增速与按 2015 年可比价计算的 GDP 增速相比较取得。2016–2018 年单位 GDP 能耗上升或下降、能源消费总量增速、单位 GDP 电耗上升或下降根据第四次全国经济普查调查结果进行了修订。

The rise or fall in energy consumption per unit of GDP and the rise or fall in power consumption per unit of GDP in 2022 are obtained by comparing the growth rate of energy consumption and power consumption with the GDP growth rate calculated at comparable prices in 2020. The rise or fall in energy consumption per unit of GDP and the rise or fall in power consumption per unit of GDP from 2016 to 2020 are obtained by comparing the growth rate of energy consumption and power consumption with the GDP growth rate calculated at comparable prices in 2015. The rise or fall in energy consumption per unit of GDP, the growth rate of total energy consumption, and the rise or fall of electricity consumption per unit of GDP from 2016 to 2018 were revised based on the results of the fourth National Economic Census.

9-7 非工业主要耗能单位综合能源消费量
Comprehensive Energy Consumption of Non-industrial Major Energy Consuming Units

单位：吨标准煤 (tce)

指 标	Item	2022	2023
消费合计	**Total Energy**	**1559748.42**	**1542029.80**
按国民经济行业分组	**By Sector**		
建筑业	Construction	951388.55	1005221.04
批发和零售业	Wholesale and Retail Trade	3142.42	2458.61
交通运输、仓储和邮政业	Traffic,Transport, Storage and Post	354308.25	267973.85
住宿和餐饮业	Hotels and Catering Services	5537.11	
信息传输、软件和信息技术服务业	Information Transfer ,Computer Services and Software	244838.35	266376.30
金融业	Finance		
房地产业	Real Estate Trade		
租赁和商务服务业	Tenancy and Business Services		
科学研究和技术服务业	Scientific Research, Technical Service	533.74	
水利、环境和公共设施管理业	Management of Water Conservancy Environment and Public Establishment		
居民服务、修理和其他服务业	Resident Services and Other Services		
教育	Education		
卫生和社会工作	Sanitation,Social Security		
按登记注册类型	**Grouped by Registration**		
内资企业	Internal-invested Enterprises	1524221.42	1506322.27
港澳台商投资	Enterprises With Investment From Hong Kong, Macao and Taiwan	32384.58	33248.92
外商投资	Enterprises With Foreign Investment	3142.42	2458.61
国有控股	**State Controlling Share Hold Enterprises**	**1182111.54**	**1204155.88**

注：本表统计范围为年耗能3000吨标准煤以上的非工业企业。

The range of statistics is more than 3000 tons of standard coal consumption per year of non-industrial enterprises.

主要统计指标解释

一次能源生产总量 指一定时期内，全国一次能源生产量的总和。该指标是观察全国能源生产水平、规模、构成和发展速度的总量指标。包括：原煤、原油、天然气、水电、核能及其他动力能（如风能、地热能等）发电量等，不包括低热值燃料生产量和由一次能源加工转换而成的二次能源产量。

能源消费总量 指一定地域内，国民经济各行业和居民家庭在一定时期内消费的各种能源的总和。包括：原煤、原油、天然气、水能、核能、风能、太阳能、地热能、生物质能等一次能源；一次能源通过加工转换产生的洗煤、焦炭、煤气、电力、热力、成品油等二次能源和同时产生的其他产品；其他化石能源、可再生能源和新能源。其中水能、风能、太阳能、地热能、生物质能等可再生能源，是指人们通过一定技术手段获得的，并作为商品能源使用的部分。在核算过程中，一次能源、二次能源消费不能重复计算。能源消费总量分为终端能源消费量、能源加工转换损失量和能源损失量三部分。

(1) 终端能源消费量：指一定时期内，用于消费（而非用于加工转换产出其他能源）的各种能源之和。

(2) 能源加工转换损失量：指一定时期内，全国投入加工转换的各种能源数量之和与产出各种能源产品之和的差额。该指标是观察能源在加工转换过程中损失量变化的指标。

(3) 能源损失量：指一定时期内，能源在输送、分配、储存过程中发生的损失和由客观原因造成的各种损失量，不包括各种气体能源放空、放散量。

单位国内生产总值能耗 指一定时期内，一个国家或地区每生产一个单位的国内生产总值所消耗的能源。计算公式为：

$$\text{单位国内生产总值能源} = \frac{\text{能源消费总量}}{\text{国内生产总值}}$$

单位国内生产总值电耗 指一定时期内，一个国家或地区每生产一个单位的国内生产总值所消耗的电力。计算公式为：

$$\text{单位国内生产总值电耗} = \frac{\text{全社会用电量}}{\text{国内生产总值}}$$

单位工业增加值能耗 指一定时期内，一个国家或地区每生产一个单位的工业增加值所消耗的能源。计算公式为：

$$\text{单位工业增加值能耗} = \frac{\text{工业能源消费量}}{\text{工业增加值}}$$

Explanatory Notes on Main Statistical Indicators

Total Primary Energy Production refers to the total production of primary energy in a given period of time. It is a comprehensive indicator to show the level, scale, composition and growth of energy production of the country. It includes that of coal, crude oil, natural gas, hydropower and electricity generated by nuclear energy and other means such as wind power and geothermal power, etc. However, it does not include the production of fuels of low calorific value and secondary energy converted from primary energy.

Total Energy Consumption refers to the total consumption of energy of various kinds by the production sectors of the economy and the households in a given period of time. It includes primary energy such as coal, crude oil, natural gas, hydropower, nuclear power, wind power, solar power, geothermal power and bio-energy; the secondary energy and their products which are transformed from the primary energy such as washed coal, coke, coal gas, electricity, heating, and petroleum products; and other kinds of fossil energy, renewable energy and new energy. The renewable energy refers to the part of renewable energy that is attained with some given technical means and used for commercial purposes, including hydropower, wind power, solar power, geothermal power and bio-energy. In the process of accounting, there should be no double or multiple counting between and primary and the secondary accounting. Total energy consumption can be divided into three parts: final energy consumption; loss during the process of energy transformation; and other losses.

(1) Final Energy Consumption: It refers to the consumption of various kinds of energy in a given period of time, not involving the energy consumed for transformation.

(2) Losses During the Process of Energy Transformation: It refers to the total input of various kinds of energy for transformation, minus the total output of various kinds of energy products in a given period of time. It is an indicator to show the losses that occurs during the process of energy transformation.

(3) Other Losses: It refers to the total of the losses of energy during the course of energy transport, distribution and storage and the losses caused by any objective reason in a given period of time. The losses of various kinds of gas due to gas discharges and stocktaking is not included.

Energy Consumption per Unit of GDP refers to the energy consumption per unit of Gross Domestic Product in a country or the Gross Regional Product in a region in the same reference period. The formula is:

$$\frac{\text{Energy Consumption}}{\text{per Unit of GDP}} = \frac{\text{Total Energy Consumption}}{\text{Gross Domestic Product}}$$

Electricity Consumption per Unit of GDP refers to the electricity consumption per unit of Gross Domestic Product in a country or the Gross Regional Product in a region in the same reference period. The formula is:

$$\frac{\text{Electricity Consumption}}{\text{per Unit of GDP}} = \frac{\text{Total Electricity Consumption}}{\text{Gross Domestic Product}}$$

Energy Consumption per Unit of Industrial Value-added refers to the energy consumption per unit of industrial value-added in a country or region in the same reference period. The formula is:

$$\frac{\text{Energy Consumption per}}{\text{Unit of Industrial Value-added}} = \frac{\text{Total Energy Consumption}}{\text{Industrial Value-added.}}$$

10

财政、金融和保险

Government Finance, Banking and Insurance

资料整理人员：廖闻菲

10−1 财政、金融和保险
Government Finance, Banking and Insurance

单位：亿元 (100 million yuan)

年份 Year	地方一般公共预算收入 General Public Budget Revenue	一般公共预算支出 Public Budgetary Expenditure	金融机构人民币存款余额 Deposits of Financial Institutions	金融机构人民币贷款余额 Loans of Financial Institutions	全年各项保费收入 Premiums Institutions
1950	2.15	0.79	0.44	0.05	
1951	3.15	1.12	1.18	0.21	
1952	4.07	2.06	1.76	0.31	
1953	4.13	2.08	2.12	1.60	
1954	4.91	2.93	3.01	4.02	
1955	4.73	2.24	3.44	7.40	
1956	5.23	3.14	2.52	8.45	
1957	5.53	3.22	3.13	8.90	
1958	10.47	8.40	7.60	16.62	
1959	13.40	11.09	12.82	26.53	
1960	15.17	14.07	13.37	30.98	
1961	8.50	9.21	13.10	27.64	
1962	8.77	4.22	11.00	25.19	
1963	8.09	5.01	10.41	21.92	
1964	9.12	6.88	10.33	19.87	
1965	10.05	7.00	11.53	21.40	
1966	10.96	9.06	12.53	24.07	
1967	8.86	8.31	13.82	26.84	
1968	6.92	6.24	14.32	30.24	
1969	9.81	9.34	14.38	32.19	
1970	14.95	10.84	26.24	35.92	
1971	17.71	12.33	28.24	38.16	
1972	18.43	14.61	28.10	39.51	
1973	21.72	15.07	34.00	44.75	
1974	13.89	15.40	27.53	45.23	
1975	18.27	15.92	34.00	48.33	
1976	16.02	15.85	31.21	50.55	
1977	20.88	16.41	35.84	55.25	
1978	27.98	24.46	38.64	64.46	
1979	28.63	25.17	47.38	72.85	
1980	29.86	23.71	58.08	87.34	
1981	31.40	21.39	67.79	99.70	
1982	30.33	23.26	76.08	112.58	
1983	29.27	25.31	88.47	124.10	
1984	32.85	30.04	115.03	151.59	
1985	39.19	40.09	118.84	159.73	
1986	47.65	54.29	157.51	201.04	
1987	54.38	55.93	192.89	239.39	
1988	56.54	64.89	325.74	366.49	
1989	68.86	74.23	395.60	428.29	

10-1 续表 Continued

单位：亿元 (100 million yuan)

年份 Year	地方一般公共预算收入 General Public Budget Revenue	一般公共预算支出 Public Budgetary Expenditure	金融机构人民币存款余额 Deposits of Financial Institutions	金融机构人民币贷款余额 Loans of Financial Institutions	全年各项保费收入 Premiums Institutions
1990	70.07	80.08	369.96	517.90	3.15
1991	80.52	88.58	472.10	631.07	3.69
1992	92.78	99.10	595.10	776.79	5.46
1993	127.56	132.03	738.86	944.40	7.15
1994	85.89	151.49	1107.80	1263.11	12.23
1995	108.16	173.94	1389.05	1494.03	16.17
1996	130.36	217.74	1748.61	1880.94	21.03
1997	137.16	230.82	1769.91	2123.00	30.74
1998	156.77	273.64	2110.71	2274.41	34.47
1999	166.50	313.12	2539.75	2408.36	42.30
2000	177.04	347.83	2874.75	2403.39	59.91
2001	205.41	431.70	3342.91	2787.92	56.09
2002	231.15	533.02	3923.17	3227.46	87.22
2003	268.65	573.75	4669.00	3796.31	103.70
2004	320.63	719.54	5500.47	4258.03	115.81
2005	395.27	873.42	6498.23	4509.09	127.17
2006	477.93	1064.52	7719.43	5173.87	147.82
2007	606.55	1357.03	9083.27	6037.40	201.31
2008	722.71	1765.22	10895.49	6989.42	312.49
2009	847.62	2210.44	13948.00	9369.81	348.45
2010	1081.69	2702.47	16553.78	11303.76	438.53
2011	1517.07	3520.76	19334.70	13186.68	443.53
2012	1782.16	4119.00	23037.07	15336.52	465.11
2013	2030.88	4690.89	26756.64	17774.99	508.57
2014	2262.79	5017.38	30073.36	20356.39	587.73
2015	2515.43	5728.72	36009.09	23738.58	712.18
2016	2697.88	6339.16	41694.54	27215.51	886.46
2017	2757.82	6869.39	46437.72	31532.69	1110.18
2018	2860.84	7479.61	48697.54	36211.75	1255.07
2019	3007.15	8034.42	52312.47	42159.45	1396.12
2020	3008.66	8403.13	57479.96	49165.68	1513.06
2021	3250.69	8325.50	62339.85	55508.70	1508.75
2022	3101.76	8991.61	69770.07	62072.08	1613.74
2023	3360.51	9581.12	77353.95	69191.47	1693.99

注：根据国家金融监督管理总局统计标准，2021-2023年全省保费收入不包含风险处置中机构的数据。（后表同）。

According to the statistical standards of the State Financial Supervision and Administration, the premium income of the province in 2021-2023 does not contain the data of institutions in risk disposal. (The following table is the same).

10-2 财政收支基本情况
Government Financial Revenue and Expenditure

单位：亿元 (100 million yuan)

年份 Year	地方一般公共预算收入 General Public Budget Revenue	税收收入 Taxes Revenue	非税收入 Revenue form Enterprises	一般公共预算支出 Public Budgetary Expenditure	一般公共服务 General Public Services	社会保障和就业 Social Security and Employment
1978	27.98	17.17	9.68	24.46	7.62	3.57
1979	28.63			25.17		
1980	29.86	19.53	9.58	23.71	4.86	3.44
1981	31.40			21.39		
1982	30.33	24.48	5.11	23.26	3.12	2.95
1983	29.27	26.16	2.25	25.31	3.48	3.26
1984	32.85	29.12	2.74	30.04	4.43	3.21
1985	39.19	36.83	1.61	40.09	4.60	4.01
1986	47.65	42.26	4.08	54.29	5.80	4.52
1987	54.38	48.36	4.37	55.93	4.65	3.09
1988	56.54	54.25	-0.47	64.89	5.21	5.88
1989	68.86	64.88	-1.48	74.23	5.44	6.91
1990	70.07	67.33	-3.70	80.08	5.60	8.17
1991	80.52	74.14	-0.91	88.58	6.16	8.81
1992	92.78	84.90	-0.78	99.10	6.23	9.86
1993	127.56	116.31	-0.66	132.03	7.73	12.89
1994	85.89	65.04	2.70	151.49	7.89	13.74
1995	108.16	78.05	2.74	173.94	9.65	14.55
1996	130.36	88.00	2.30	217.74	13.33	17.09
1997	137.16	105.75	2.72	230.82	13.78	17.66
1998	156.77	102.95	3.63	273.64	28.75	22.16
1999	166.50	105.50	6.04	313.12	37.66	21.49
2000	177.04	111.57	8.60	347.83	38.08	22.15
2001	205.41	124.45	19.35	431.70	39.40	25.55
2002	231.15	148.61	14.16	533.02	58.26	40.59
2003	268.65	173.15	14.69	573.75	51.40	36.21
2004	320.63	218.70	21.99	719.54	46.48	74.13
2005	395.27	267.87	32.67	873.42	74.98	71.91
2006	477.93	322.74	155.19	1064.52	72.67	84.32
2007	606.55	410.66	195.89	1357.03	256.59	220.98
2008	722.71	486.31	236.40	1765.22	295.56	310.31
2009	847.62	568.27	279.34	2210.44	336.07	360.75
2010	1081.69	730.84	350.85	2702.48	367.20	396.40
2011	1517.07	915.40	601.67	3520.76	466.74	484.44
2012	1782.16	1110.74	671.42	4119.00	550.26	525.71
2013	2030.88	1299.15	731.73	4690.89	628.45	625.94
2014	2262.79	1438.52	824.27	5017.38	627.24	661.97
2015	2515.43	1527.52	987.91	5728.72	634.17	779.84
2016	2697.88	1551.33	1146.56	6339.16	675.95	874.41
2017	2757.82	1759.13	998.69	6869.39	747.05	1017.90
2018	2860.84	1959.67	901.18	7479.61	797.30	1095.57
2019	3007.15	2061.96	945.19	8034.42	850.66	1160.33
2020	3008.66	2057.98	950.69	8403.13	861.15	1300.22
2021	3250.69	2245.99	1004.70	8325.50	820.29	1312.65
2022	3101.76	2004.46	1097.30	8991.61	841.91	1441.66
2023	3360.51	2208.51	1151.99	9581.12	812.14	1556.24

注：2007 年起，“基本建设支出”指标更改为“一般公共服务”，“支援农村生产支出及农业事业费”指标更改为“社会保障和就业”。

From 2007,the index of" expenditure for capital construction" has been changed into general public services and "expenditure for supporting agricultural production and agricultural expense" changed into "social security programs and employment".

10−3 财政收入(2023年)
Government Financial Revenue (2023)

项　目	Item	财政收入（亿元） Financial Revenue (100 million yuan)
地方一般公共预算收入	**General Public Budget Revenue**	**3360.51**
税收收入	**Tax Revenue**	**2208.51**
增值税	Domestic Value-added Tax	824.18
企业所得税	Corporate Income Tax	225.90
个人所得税	Individual Income Tax	91.30
资源税	Resources Tax	14.33
城市维护建设税	City Maintenance and Construction Tax	149.67
房产税	House Property Tax	140.79
印花税	Stamp Tax	47.66
城镇土地使用税	Urban Land Use Tax	85.96
土地增值税	Land Appreciation Tax	265.98
车船税	Tax on Vehicles and Boat Operation	36.63
耕地占用税	Farm Land Occupation Tax	52.66
契税	Deed Tax	254.47
烟叶税	Tobacco Leaf Tax	14.27
环境保护税	Environment Protection Tax	4.53
其他税收收入	Other Tax Revenue	0.18
非税收入	**Non-tax Revenue**	**1151.99**
专项收入	Special Program Receipts	260.41
行政事业性收费收入	Charge of Administrative and Institutional Units	118.91
罚没收入	Penalty Receipts	183.18
国有资产经营收入	Operating Income from Government Capital	11.00
国有资源（资产）有偿使用收入	Income from Use of State-owed Resources or assets	417.90
捐赠收入	Donation Tax Revenue	2.94
政府住房基金收入	Government Housing Fund Tax Revenue	54.80
其他收入	Other Revenue	102.84

10—4 财政支出(2023年)
Government Financial Expenditure (2023)

项 目	Item	财政支出(亿元) Financial Expenditure (100 million yuan)
一般公共预算支出	**General Public Budget Expenditure**	**9581.12**
一般公共服务支出	Expenditure for General Public Services	812.14
国防支出	National Defense	12.20
公共安全支出	Public Safety	440.92
教育支出	Expenditure for Education	1579.39
其中：普通教育	Common	1240.13
职业教育	Vocational	154.70
科学技术支出	Expenditure for Science and Technology	314.12
文化旅游体育与传媒支出	Expenditure for Culture, Tourism, Sports and Media	142.49
其中：文化和旅游	Culture and Tourism	71.25
体育	Sport	11.12
社会保障和就业支出	Expenditure for Social Security and Employment	1556.24
卫生健康支出	Expenditure for Medical and Health Care	869.10
节能环保支出	Environmental Protection	170.41
城乡社区支出	Expenditure for Urban and Rural Community Affairs	1216.86
农林水支出	Expenditure for Agriculture,Forestry and and Water Conservancy	1068.21
其中：巩固脱贫攻坚成果衔接乡村振兴	Consolidating the Results of Poverty Eradication and Bridging Rural Revitalization	181.54
交通运输支出	Expenditure for Transportation	410.71
资源勘探信息等支出	Expenditure for Affairs of Resource Exploration and Information	127.07
商业服务业等支出	Expenditure for Affairs of Commerce and Services	47.56
金融支出	Expenditure for Financial Affairs	10.06
援助其他地区支出	Expenditure for Other Regional Assistance	5.93
自然资源海洋气象等支出	Expenditures for Natural Resources, Marine Meteorology, etc.	113.28
住房保障支出	Expenditure for Housing Security	263.99
粮油物资储备支出	Expenditure for Affairs of Management of Grain & Oil Reserves	32.96
灾害防治及应急管理支出	Expenditure for Disaster Prevention and Emergency Management	75.36
其他支出	Other Expenditure	57.97
债务付息支出	Expenditure for Interest Payments on Debts	252.74
债务发行费用支出	Expenditure for Issuing Debts	1.42

10−5 金融机构本外币信贷收支(2023年)
Loans and Deposits of Financial Institutions (2023)

单位：亿元 (100 million yuan)

项　目	Item	年末余额 Balance at the Year−end	比年初增减 Increase Over the Year−beginning
各项存款	**Deposits**	**77673.53**	**7531.66**
境内存款	Domestic Deposits	77593.13	7498.59
住户存款	Household Deposits	46823.89	5512.14
活期存款	Demand Deposits	13047.51	333.12
定期及其他存款	Regular and Other Deposits	33776.38	5179.03
非金融企业存款	Corporate Deposits	14522.16	350.88
活期存款	Demand Deposits	6087.14	41.14
定期及其他存款	Regular and Other Deposits	8435.02	309.74
财政性存款	Fiscal Deposits	1589.87	144.57
机关团体存款	Deposits of Government Departments & Organizations	10067.27	499.51
非银行业金融机构存款	Non−banking Financial Institutions Deposit	4589.93	991.48
境外存款	Foreign Deposits	80.40	33.07
金融债券	**Financial Bonds**	**683.03**	**214.96**
卖出回购资产	**Sell Back Assets**	**11.01**	**10.51**
借款及非银行业金融机构拆入	**Borrowing and Non-banking Financial Institutions are Dismantled**	**9.20**	**5.62**
联行往来（净）	**Inter-bank Credits**		
应付及暂收款	**Payable & Actually Received Funds**	**1829.78**	**163.89**
各项准备	**All Plans**	**1717.24**	**118.48**
所有者权益	**Creditors' Equity**	**3110.35**	**327.13**
实收资本	Total Capital Hold	824.95	39.91
其他	**Others**	**-2795.05**	**-345.52**
资金来源总计	**All Sources**	**82239.09**	**8026.72**
各项贷款	**Loans**	**69396.42**	**6826.76**
境内贷款	Domestic Loans	69304.55	6847.46
住户贷款	Households Loans	22924.93	1130.62
短期贷款	Short−term Loans	6531.74	777.99
#消费贷款	#Consumption Loans	2791.66	284.85
中长期贷款	Medium−term and Long−term Loans	16393.19	352.62
#消费贷款	#Consumption Loans	13823.65	257.15
非金融企业及机关团体贷款	Non−financial Enterprises and Institutions Group Loans	46123.04	5624.15
非银行业金融机构贷款	Non−banking Financial Institution Loans	256.59	92.69
境外贷款	Foreign Loans	91.87	−20.70
债券投资	**Securities**	**8797.80**	**841.06**
股权及其他投资	**Equity and Other Investments**	**2270.35**	**150.17**
买入返售资产	**Assets Purchased Under Resale Agreements**	**485.26**	**168.05**
存放非银行业金融机构款项	**Deposit of Non-banking Financial Institutions**	**28.87**	**-5.83**
联行往来（净）	**Inter-bank Credits**	**461.41**	**41.68**
应收及预付款	**Account Receivable and Advance Payment**	**422.67**	**11.58**
投资性房地产	**Investment Real Estate**	**0.47**	**-0.05**
固定资产	**Fixed Assets**	**375.83**	**-6.68**
资金运用总计	**All Uses**	**82239.09**	**8026.73**

10-6 金融机构本外币存贷款分机构表(2023年)

Statement of Local and Foreign Currency Deposits and Loans of Financial Institutions (2023)

单位：亿元 (100 million yuan)

项 目	Item	存款 Deposit		贷款 Loan	
		年末余额 Balance at the Year-end	比年初增减 Increase Over the Year-beginning	年末余额 Balance at the Year-end	比年初增减 Increase Over the Year-beginning
金融机构	**Financial Institutions**	**77673.53**	**7531.66**	**69396.42**	**6826.76**
工商银行	Industrial and Commercial Bank of China Limited	7194.08	972.05	6686.51	768.34
建设银行	China Construction Bank	10695.75	1079.70	8768.50	863.74
农业银行	Agricultural Bank of China	7590.55	979.68	5735.24	803.31
中国银行	Bank of China	4575.07	624.97	4263.23	470.48
开发银行	China Development Bank	338.99	-71.36	5313.95	297.86
交通银行	Bank of Communications	2536.10	188.58	2617.00	287.54
邮政储蓄银行	Postal Savings Bank of China	6910.97	599.67	3088.16	222.88
农发行	Agricultural Development Bank of China	473.43	-37.73	4056.00	483.00
进出口银行	Export-import Bank of China	45.99	16.58	1419.53	134.76
招商银行	China Merchants Bank	1225.12	63.07	984.29	109.37
浦发银行	Shanghai Pudong Development Bank	735.18	-5.64	738.88	-42.24
中信银行	China CITIC Bank	1054.92	83.64	1152.10	96.35
兴业银行	Industrial Bank Co.,Ltd.	1136.78	11.90	775.86	24.89
民生银行	China Minsheng Banking Corp., Ltd	599.91	-119.12	769.23	28.60
光大银行	China Everbright Bank	1042.29	21.93	1148.01	81.95
华夏银行	Hua Xia bank	348.78	47.41	310.89	20.62
广发银行	China Guangfa Bank	482.25	41.75	444.87	53.41
平安银行	Ping An Bank	537.23	109.66	515.47	26.00
恒丰银行	Hengfeng Bank	192.98	1.49	136.92	-17.77
浙商银行	China Zheshang Bank Co.	248.83	46.23	255.18	85.33
渤海银行	Bohai Bank	222.48	40.49	198.44	-22.26
北京银行	Bank of Beijing	460.48	65.77	899.62	89.13
东莞银行	Bank of Dongguan	120.22	45.71	163.10	48.29
南粤银行	Nanyue Bank	126.92	24.28	51.77	19.80
上海农商行	Shanghai Rural Commercial Bank	12.89	2.32	42.04	-6.40
电力财务	Power Finance Limited	20.81	-25.08	94.00	
长沙银行	Bank of Changsha	7492.35	862.59	4551.72	557.39
湖南银行	Bank of Hunan	3634.59	463.39	3003.72	321.60
农信机构	Rural Credit Institutions	14526.18	1156.28	9964.84	1011.90
三湘银行	Sanxiang Bank	423.42	14.54	375.94	29.98
信托公司	Trust and Investment Companies			12.67	1.27
财务公司	Finance Companies	448.85	-35.15	186.61	34.33
村镇银行	Village and Township Bank	649.20	42.62	521.42	26.64
三一金融	Sany Auto Finance Co., Ltd.	45.39	-13.69	138.59	-23.82
外资银行	Foreign Bank	25.22	8.32	48.11	-8.86

注：外资银行包括汇丰、花旗、东亚、新韩、渣打和合作金库。
Foreign Banks include HSBC, Citigroup, East Asia, New Korea, Standard Chartered Bank and Co-operative.

10–7 金融机构大中小微型企业贷款分行业情况统计表(2023年)

单位：亿元

项 目	Item	企业合计 Enterprise Total	
		年末余额 Balance at the Year–end	比年初增减 Increase Over the Year–beginning
合计	**Total**	**41672.17**	**5294.11**
农、林、牧、渔业	Agriculture,Forestry,Farming of Animals and Fishing	634.71	192.81
采矿业	Mining	237.91	67.58
制造业	Manufacturing	5319.91	969.31
电力、热力、燃气及水生产和供应业	Production and Distribution of Electricity,Gas and Water	2618.11	607.09
建筑业	Construction	2414.43	417.18
批发和零售业	Wholesale and Retail Trade	2302.36	390.24
交通运输、仓储和邮政业	Traffic,Transport, Storage and Post	6703.24	662.37
住宿和餐饮业	Hotels and Catering Services	215.62	26.55
信息传输、软件和信息技术服务业	Information Transfer, Software and Information	252.89	64.89
金融业	Finance	625.70	69.01
房地产业	Real Estate	3191.14	-6.50
租赁和商务服务业	Tenancy and Business Services	9071.64	1293.49
科学研究和技术服务业	Scientific Research,Technical Service	258.32	78.68
水利、环境和公共设施管理业	Management of Water Conservancy, Environment and Public Establishment	6957.32	330.11
居民服务、修理和其他服务业	Resident Services and Other Services	255.08	29.22
教育业	Education	219.38	51.37
卫生和社会工作	Health and Social Work	180.52	25.85
文化、体育和娱乐业	Culture,Sports and Entertainment	213.86	24.85
公共管理、社会保障和社会组织	Public Management and Social Organization		

注：本表不含票据融资。
The statistical scope in the table not–include Financing Instruments.

Statistical Table on Loans by Sector of Financial Institutions, Large, Medium and Small Enterprises (2023)

(100 million yuan)

大型企业 Large Enterprise		中型企业 Medium-sized Enterprise		小型企业 Small Enterprise		微型企业 Miniature Enterprise	
年末余额 Balance at the Year-end	比年初增减 Increase Over the Year-beginning	年末余额 Balance at the Year-end	比年初增减 Increase Over the Year-beginning	年末余额 Balance at the Year-end	比年初增减 Increase Over the Year-beginning	年末余额 Balance at the Year-end	比年初增减 Increase Over the Year-beginning
11844.87	**1169.08**	**13582.20**	**1231.36**	**13593.83**	**2087.21**	**2651.26**	**806.46**
158.21	54.39	160.29	54.13	225.96	40.88	90.26	43.40
26.61	-1.35	74.20	15.48	92.90	23.47	44.21	29.99
2219.99	332.07	1132.83	220.66	1602.31	295.39	364.78	121.20
825.45	211.75	842.05	71.00	624.66	158.22	325.95	166.12
790.50	139.31	598.89	65.63	801.35	148.28	223.68	63.96
391.43	42.04	538.59	100.53	1043.31	166.09	329.03	81.57
4214.78	162.73	1356.30	194.73	943.87	250.20	188.29	54.71
23.94	3.51	40.72	3.48	126.28	11.05	24.68	8.51
35.81	15.30	56.38	18.31	128.26	24.60	32.43	6.68
241.76	69.00	219.54	-8.47	118.41	33.09	45.99	-24.61
308.39	-5.87	2079.20	-81.90	564.00	26.59	239.56	54.67
1288.96	96.38	3178.54	460.01	4123.14	607.35	481.00	129.75
26.68	-5.39	34.48	-1.26	155.38	65.84	41.78	19.50
1126.19	25.65	3007.14	78.30	2665.92	191.42	158.07	34.74
31.32	0.49	65.05	9.51	140.14	14.87	18.58	4.34
22.74	8.06	94.44	27.96	91.71	15.72	10.48	-0.37
59.94	4.39	48.17	8.18	58.86	6.52	13.55	6.76
52.14	16.63	55.40	-4.96	87.37	7.64	18.96	5.54

10-8 保险机构与人员(2023年)
Institutions and Personnel of Insurance System (2023)

项　目		Item		合计 Total
全年各项保费收入	（亿元）	Premiums	(100 million yuan)	1693.99
保险机构数	（个）	Number of Institutions of Insurance System	(unit)	3443
法人机构		Legal Institutions		1
省级公司		Provincial Branches		59
地市级公司		Prefecture/City Branches		467
县支公司及营业部		County Branches		1387
营销服务部		Marketing Services Division		1519
年底实有职工人数	（人）	Employees at the Year-end	(person)	343687
专业保险代理公司法人机构数	（个）	Professional Insurance Agents of Corporate Institutions	(unit)	18
专业保险经纪公司法人机构数	（个）	Professional Insurance Brokers Corporate Institutions	(unit)	10
专业保险评估公司法人机构数	（个）	Professional Insurance Agencies Assess Corporate Institutions	(unit)	7
兼业保险代理机构数	（个）	Insurance Agencies and Industry	(unit)	10931

10-9 财产保险公司业务主要指标(2023年)
Major Indicators of Property Insurance Business (2023)

单位：万元　　(10 000 yuan)

指　标	Item	保费收入 Premiums	赔款支出 Indemnity Expenditure
合　计	**Total**	**5965274**	**4201961**
企业财产保险	Enterprises Property Insurance	138270	69340
家庭财产保险	Household Property Insurance	81621	9208
其中：投资型家财险	Investment Link Household Property Insurance	124	2
机动车辆保险	Motor Vehicle Insurance	3126087	2122740
工程保险	Project Insurance	27555	17287
责任保险	Liability Insurance	274777	147790
信用保险	Credit Insurance	95300	79562
保证保险	Guarantee Insurance	71428	175316
其中：机动车辆消费贷款保证保险	Motor Vehicle Consumption Loans		
船舶保险	Ships Insurance	3341	1360
货物运输保险	Freight Transport Insurance	24350	7169
特殊风险保险	Special Venture Insurance	890	1426
农业保险	Agriculture Insurance	758979	538666
健康险	Health Insurance	1111832	931298
意外伤害保险	Unforeseen Injury Insurance	199044	69126
其他险	Other Property Insurance	51801	31673

10-10 人寿保险公司主要业务指标(2023年)
Major Indicators of Life Insurance Business (2023)

单位：万元 (10 000 yuan)

指 标	Item	合计 Total
一、原保险保费收入	**The Original Insurance Premium Income**	**10974661**
(一)按险种分	According to The Insurance Division	10974661
1. 人寿保险	Life Insurance	6271988
(1)个人业务	Personal Business	6263938
新单保费	New Insurance Premium	2747948
续期保费	Renewal Premium	3515989
(2)团体业务	Group Insurance	8051
新单保费	New Insurance Premium	7538
续期保费	Renewal Premium	513
2. 年金保险	Pension Insurance	2492643
(1)个人业务	Personal Business	2489596
新单保费	New Insurance Premium	365447
续期保费	Renewal Premium	2124149
(2)团体业务	Group Insurance	3047
新单保费	New Insurance Premium	1381
续期保费	Renewal Premium	1666
3. 意外伤害险小计	Accidence Injury Insurance	139155
(1)一年期以内业务	Within One Year Period	15135
(2)一年期业务	One Year Period	82926
(3)一年期以上业务	Over One Year Period	41095
4. 健康险小计	Health Insurance	2070874
(1)一年期以内及一年期业务	Within One Year Period and One Year Period	595798
个人业务	Personal Business	184457
团体业务	Group Insurance	411341
(2)一年期以上业务	Over One Year Period	1475076
个人业务	Personal Business	1464498
团体业务	Group Insurance	10579
(二)按销售渠道分	According to The Sales Channels	10974661
1. 公司直销小计	Direct Sales Company	654008
(1)人寿保险	Life Insurance	133739
(2)年金保险	Accidence Injury Insurance	95597
(3)意外伤害险	Health Insurance	17200
(4)健康险	Personal Agent	407472
2. 个人代理小计	Life Insurance	5991607
(1)人寿保险	Accidence Injury Insurance	2519571
(2)年金保险	Health Insurance	1894687
(3)意外伤害险	Professional Insurance Agents	89297
(4)健康险	Life Insurance	1488052
3. 银行邮政代理小计	The Insurance Company	3971055
(1)人寿保险	Accidence Injury Insurance	3463833
(2)年金保险	The Insurance Company	476901
(3)意外伤害险	Health Insurance	3236
(4)健康险	The Insurance Company	27084
4. 保险专业代理小计	Bank of Postal Agent	201086
5. 其他兼业代理小计	Life Insurance	68590
6. 保险经纪业务小计	Accidence Injury Insurance	88315

10-10 续表 Continued

单位：万元 (10 000 yuan)

指 标	Item	合计 Total
二、赔付支出	**Indemnity Expenditure**	**2640657**
1. 赔款支出	Indemnity Expenditure	468440
（1）意外伤害险	Accidence Injury Insurance	37743
一年期以内业务	Within One Year Period	5577
一年期业务	One Year Period	32166
（2）短期健康险	Health Insurance Within One Year Period and One Year Period	430696
个人业务	Personal Business	97602
团体业务	Group Insurance	333095
2. 死伤医疗给付	Casualty Medical Payment	455287
（1）人寿保险	Life Insurance	128498
个人业务	Personal Business	122964
团体业务	Group Insurance	5534
（2）年金保险	Accidence Injury Insurance	37607
个人业务	Personal Business	37484
团体业务	Group Insurance	123
（3）长期健康险	Health Insurance Over One Year Period	289183
个人业务	Personal Business	288017
团体业务	Group Insurance	1166
3. 满期给付	Mature payment	1135964
（1）人寿保险	Life Insurance	989069
个人业务	Personal Business	988849
团体业务	Group Insurance	220
（2）年金保险	Accidence Injury Insurance	145825
个人业务	Personal Business	145825
团体业务	Group Insurance	
（3）长期健康险	Health Insurance Over One Year Period	1069
个人业务	Personal Business	1069
团体业务	Group Insurance	
4. 年金给付	Annuity	580967
个人业务	Personal Business	564518
团体业务	Personal Business	16448
三、退保金	**Surrender Value**	**1244038**
1. 人寿保险	Life Insurance	489703
个人业务	Personal Business	489486
团体业务	Annuity Assurance	216
2. 年金保险	Accidence Injury Insurance	667135
个人业务	Personal Business	666866
团体业务	Group Insurance	269
3. 长期健康险	Health Insurance Over One Year Period	87200

主要统计指标解释

地方一般公共预算收入 包括城市维护建设税（不含铁道部门、各银行总行、各保险公司总公司集中缴纳的部分），房产税，城镇土地使用税，土地增值税，车船税，耕地占用税，契税，烟叶税，印花税（不含证券交易印花税），增值税50%部分，纳入共享范围的企业所得税40%部分，个人所得税40%部分，海洋石油资源税以外的其他资源税，地方非税收入等。

地方一般公共预算支出 包括一般公共服务，公共安全支出，地方统筹的各项社会事业支出等。

存款 指企业、机关、团体或居民把货币资金存入银行或其他信贷机构保管，可随时或按约定时间支取款项，并取得一定利息的一种信用活动形式。根据存款对象或性质的不同可划分为住户存款、非金融企业存款、政府存款、非银行业金融机构存款等科目。它是银行信贷资金的主要来源。

贷款 指银行或其他信贷机构根据资金必须归还的原则，按一定利率，为企业、个人等提供资金的一种信用活动形式。我国银行贷款分为短期贷款、中长期贷款、融资租赁、票据融资、各项垫款、境外贷款等。

保险公司 在中国境内的、经过保险监督管理部门批准设立，并依法登记注册的各类商业保险公司。

保险金额 指保险人承担赔偿或者给付保险金责任的最高限额。

保费 指投保人为取得保险人在约定范围内所承担赔偿责任而支付给保险人的费用。

赔款 指保险人根据保险合同的规定，向被保险人支付的赔偿保险责任损失的金额。

给付 包括死伤医疗给付和满期给付。死伤医疗给付是指保险人根据人寿保险及长期健康保险合同的规定，因被保险人在保险期内发生保险责任范围内的保险事故支付给被保险人（或受益人）的金额。满期给付是指被保险人生存期满，保险人按人寿保险合同规定支付给被保险人的满期保险金额。

Explanatory Notes on Main Statistical Indicators

General Public Budget Revenue of the Local Governments includes city maintenance and construct tax (excluding the part of the Ministry of Railways, head offices of banks, head offices of insurance company, which are handed over to the government in a centralized way), house property tax, urban land use tax, land appreciation tax, tax on vehicles and boat operation, farm land occupation tax, deed tax, and tobacco leaf tax, stamp tax (not including stamp tax on security exchange), 50% of the value added tax, 40% the share part of the corporate income tax, 40% of individual income tax, resource tax other than the tax on offshore petroleum resources, local non-tax revenue, etc.

General Public Budget Expenditure of the Local Governments includes mainly the expenditure for general public services, expenditure for public security, and expenditures for social development which are planed by local governments, etc.

Deposit is a form of credit by which enterprises, institutions, organizations or households can put money into banks and other credit institutions for safekeeping and interest earning, and can withdraw anytime or at appointed time. According to different depositors, deposits are divided into household deposits, non-financial enterprise deposits, government deposits, and non-banking financial institutions deposits. Deposits are major sources of the credit funds of banks.

Loan is a form of credit by which banks and other credit institutions provide funds at certain interest rate to enterprises and individuals under the principle of unconditional repayment. Loans from Chinese banks include short-term loans, medium-term and long-term loans, financial lease, bill financing, various money advanced, and overseas loans.

Insurance Companies refer to commercial insurance companies of various forms registered by law and established in China with the approval of insurance regulatory agencies.

Amount Insured refers to the maximum that the insurant will get for the claim of the case insured.

Premium is the fee paid by the insurant to the insurer to obtain the obligation of compensation from the insurance within the agreed terms.

Settled Claim is the compensation paid by the insurer to the insurant in accordance with the insurance contract.

Payment includes payment for death, injury or medical treatment and mature payment. Payment for death, injury or medical treatment refers to the money paid to the insurant (or the beneficiary) in accordance with the life or health insurance contract when the insurant encounters accidents within the insured period covered in the contract. Mature payment refers to the mature payment to the insurant in accordance with the life insurance contract at the end of the insured period.

11

城市建设和环境保护

Construction of Cities and Environmental Protection

资料整理人员：邹　晨　　周　迅

11-1 城市公用事业基本情况
Basic Statistics for Urban Public Utilities

指 标	Item	2010	2020	2022	2023
城市个数 （个）	**Number of Cities (unit)**				
省辖市	Cities Under the Jurisdiction of Province	13	13	13	13
县级市	Cities at County Level	16	18	19	19
城市规模	**City Size**				
城区人口 （万人）	Population of Cities (10 000 persons)	1151.41	1520.45	1697.15	1650.62
供水	**Water Supply**				
综合生产能力（万立方米/日）	Production Capacity of Tap Water (10 000 cu.m/day)	979	1155	1057	1075
供水管长度 （公里）	Length of Water Supply Pipelines (km)	14400	38420	41225	44509
供水总量 （万立方米）	Total Annual Volume of Water Supply (10 000 cu.m)	189223	224665	248660	250835
#生产用量	# For Production	46904	39644	44224	47034
公共服务用量	For Republic Services	17283	31099	37690	35281
居民家庭用量	Household Consumption	76625	101239	112473	114432
供水普及率 （%）	Water Supply Penetration Rate (%)	95.2	99.1	99.0	99.9
供煤气、液化石油气	**Coal Gas and Liquefied Petroleum Gas Supply**				
供气总量	Total Gas Supply				
液化石油气 （吨）	Liquefied Petroleum Gas (ton)	252906	252371	250661	251441
#居民家庭	# Consumption for Residential Use	196219	198249	178509	179347
天然气 （万立方米）	Natural Gas (10 000 cu.m)		283930	332266	346644
#居民家庭	# Consumption for Residential Use		119480	147883	153390
天然气管道长度 （公里）	Length of Natural Gas Pipelines (km)		24023	32744	34583
燃气普及率 （%）	Percentage of Population with Access to Natural Gas (%)	87.00	95.89	97.70	98.59
公共交通	**Public Traffic**				
运营车辆合计 （辆）	Number of Public Transportation Vehicles (unit)	12298	32229	33266	32136
#汽车	# Buses	12298	32229	33266	32136
标准运营车数 （标台）	Convert into Standard Unit (unit)	13748	37899	37048	37387
运营线路长度 （公里）	Length of Public Transportation Lines (km)	15338	45732	59522	66965
出租汽车总计 （辆）	Total of Taxi (unit)	23668	35561	35481	35913
每万人拥有公共交通车辆 （标台）	Number of Public Transportation Vehicles Per 10 000 Persons (unit)	12	13	12	13
公交客运总量 （万人次）	Number of Passengers Carried (10 000 person-times)	246471	209776	180487	185913

注：城市人口指标2006年起为城区人口，城市面积指标2006年起为城区面积。数据由湖南省住房和城乡建设厅、省交通厅提供。

Figure on population of cities means population of urban districts since 2006. Figure on city areas means urban district areas since 2006. Data were provided by the Hunan Provincial Department of Housing and Urban-Rural Development and the provincial Department of Transportation.

11-1 续表 Continued

指 标	Item	2010	2020	2022	2023
市政设施	**Municipal Engineering**				
道路长度 （公里）	Length of Paved Roads (km)	8585	15242	18907	19395
道路面积 （万平方米）	Area of Paved Roads (10 000 sq.m)	15972	34645	39463	40043
桥梁数 （座）	Number of bridges (unit)	588	1311	1454	1512
# 立交桥	# Cloverleaf Junction	71	104	134	142
路灯 （盏）	Number of Street Lights (unit)	432349	863176	958097	982968
排水管道长度 （公里）	Length of Sewer Pipelines (km)	8882	21665	26431	28770
污水排放量 （万立方米）	Number Volume of Let Sewage (10 000 cu.m)	153696	243174	264396	271865
污水处理厂 （座数）	Number of Sewage Disposal Farm (unit)	55	92	100	101
污水处理厂处理能力 （万立方米／日）	Daily Disposal Capacity of Sewage (10 000 cu.m/day)	376.7	741.5	860.1	914.0
其他污水处理装置处理能力 （万立方米／日）	Capacity of Engineering (10 000 cu.m/day)	170.8	25.1	14.5	44.1
污水处理总量 （万立方米）	Total Sewage Treatment (10 000 cu.m)	115289	237804	259546	268515
人均拥有道路 （平方米）	Per Capita of Road Areas (sq.m)	13.0	22.8	20.4	21.5
建成区排水管道密度 （公里／平方公里）	Density of Drainage Pipes in Built-up Areas (km/sq.km)	6.7	10.0	12.0	12.9
污水处理率 （%）	Rate of Sewage Disposal (%)	75.0	97.8	98.2	98.8
园林绿化	**Parks, Gardens and Green Areas**				
绿化覆盖面积 （公顷）	Coverage Space of Green Areas (hectare)	54509	90846	99626	102762
# 建成区	# Developed Area	48398	81335	89084	90044
园林绿地面积 （公顷）	Area of Parks,Gardens and Green Areas in Cities(hectare)	46028	80964	99439	102211
# 建成区	# Developed Area	43611	72880	81497	82440
公园绿地面积 （公顷）	Park Green Land (hectare)	10969	21368	25315	25800
公园个数 （个）	Number of Parks (unit)	175	456	756	797
公园面积 （公顷）	Area of Parks (hectare)	6763	14244	19448	19690
人均公园绿地面积（平方米）	Park Green Land Per Capita (sq.m)	8.9	14.1	13.1	13.8
建成区绿地率 （%）	Rate of Green Areas Developed (%)	33.0	37.2	38.7	38.4
建成区绿化覆盖率 （%）	Coverage Rate of Green Areas Developed (%)	36.6	41.5	42.3	42.0
环境卫生	**Environmental Sanitation**				
道路清扫保洁面积（万平方米）	Road Cleaning Area (10 000 sq.m)	12331	29576	36743	41552
# 机械化	# Mechanization	6457	23983	30501	36116
生活垃圾清运量 （万吨）	Volume of Garbage Disposal (10 000 tons)	505.22	797.14	860.79	904.16
垃圾无害化处理场 （座数）	Number of Factories to Treat Garbage Harmlessly (unit)	21	43	48	50
# 处理能力 （吨／日）	# Daily Disposal Capacity (ton/day)	11818	32355	38153	40448
垃圾无害处理量 （万吨）	Volume of Garbage Harmlessly Treatment (10 000 tons)	399.09	797.14	860.79	904.00
公共厕所数 （座）	Number of Public Lavatories (unit)	2896	4380	5168	5653
# 三类以上	# Water Closet	2328	3205	3874	4285
市容环卫专用车辆设备总数（辆）	Environmental Sanitation Equipment (unit)	1998	7069	7933	8839
生活垃圾无害化处理率（%）	Ratio of Garbage Harmlessly Treatment (%)	79.0	100.0	100.0	100.0

11－2　城市设施水平（2023年）
Indicators of Municipal Public Utilities Level (2023)

城　市	Cities	人口密度（人／平方公里）Population Density (person/sq.km)	供水普及率（%）Water Penetration Rate (%)	每万人拥有公共交通车辆（标台）Number of Public TransportationVehicles Per 10 000 persons (unit)	燃气普及率（%）Gas Penetration Rate (%)	人均城市道路面积（平方米）Per Capita Area of Urban Roads (sq.m)
长沙市	Changsha	4338	100.00	23.39	99.60	16.63
浏阳市	Liuyang	3520	100.00	4.40	100.00	17.42
宁乡市	Ningxiang	1467	100.00	7.02	100.00	27.06
株洲市	Zhuzhou	4945	100.00	11.48	98.78	26.50
醴陵市	Liling	2175	100.00	3.38	99.39	19.89
湘潭市	Xiangtan	5968	99.92	11.02	99.58	19.99
湘乡市	Xiangxiang	3298	99.51	3.09	99.51	23.63
韶山市	Shaoshan	1528	100.00	8.84	100.00	23.12
衡阳市	Hengyang	7660	99.97	13.18	99.79	20.31
耒阳市	Leiyang	5166	98.93	10.61	93.72	24.28
常宁市	Changning	2239	100.00	2.14	100.00	22.00
邵阳市	Shaoyang	4731	100.00	14.49	98.65	26.94
武冈市	Wugang	6805	100.00	6.52	100.00	14.23
邵东市	Shaodong	8033	100.00	3.12	100.00	24.36
岳阳市	Yueyang	5787	99.76	9.05	99.99	26.34
汨罗市	Miluo	6000	100.00	5.62	96.07	33.52
临湘市	Linxiang	2612	100.00	3.56	100.00	17.90
常德市	Changde	3877	100.00	13.95	98.07	28.95
津市市	Jinshi	1660	100.00	4.96	97.38	15.51
张家界市	Zhangjiajie	4134	98.29	13.20	93.38	21.36
益阳市	Yiyang	5041	100.00	22.67	94.01	30.16
沅江市	Yuanjiang	2875	99.32	5.45	92.20	11.44
郴州市	Chenzhou	5827	99.61	22.31	98.02	21.12
资兴市	Zixing	2996	100.00	8.35	91.67	25.25
永州市	Yongzhou	6146	99.97	12.88	99.79	23.35
祁阳市	Qiyang	2993	99.83	1.74	98.00	18.87
怀化市	Huaihua	9475	99.30	6.65	97.10	11.80
洪江市	Hongjiang	4892	99.54	5.49	90.51	23.54
娄底市	Loudi	8063	99.38	6.81	98.01	25.59
冷水江市	Lengshuijiang	2465	99.00	9.46	94.01	12.50
涟源市	Lianyuan	7604	99.68	2.66	99.32	25.15
吉首市	Jishou	6778	100.00	10.31	95.00	38.88

注：本表数据由湖南省住房和城乡建设厅、省交通厅等部门提供。

The data in this table are provided by Hunan Provincial Department of Housing and Urban-Rural Development and Hunan Provincial Department of Communications.

11−2 续表 Continued

城市	Cities	建成区排水管道密度（公里/平方公里） Density of Drainage Pipe in Built-up Area (km/sq.km)	污水处理率（%） Ratio of Sewage Treatment (%)	园林绿化 Parks, Gardens and Green Areas			生活垃圾无害化处理率（%） Ratio of Garbage Harmlessly Treatment (%)
				人均公园绿地面积（平方米） Park Green Land per Capita (sq.m)	建成区绿地率（%） Ratio of Green Area in Developed Areas (%)	建成区绿化覆盖率（%） Green Area Coverage Rate in Developed Areas (%)	
长沙市	Changsha	13.38	98.61	13.59	42.61	46.96	100.00
浏阳市	Liuyang	13.46	99.25	7.91	22.50	25.56	100.00
宁乡市	Ningxiang	7.43	100.00	12.57	40.35	41.90	99.99
株洲市	Zhuzhou	16.88	98.19	14.02	42.23	44.09	100.00
醴陵市	Liling	11.62	99.99	14.31	38.52	43.96	100.00
湘潭市	Xiangtan	15.91	100.00	16.28	39.01	42.06	100.00
湘乡市	Xiangxiang	15.07	100.00	13.98	34.51	38.28	100.00
韶山市	Shaoshan	18.88	97.65	13.84	40.24	43.93	100.00
衡阳市	Hengyang	11.38	100.00	17.58	40.19	43.33	100.00
耒阳市	Leiyang	6.88	97.82	10.92	27.16	29.32	100.00
常宁市	Changning	6.48	100.00	18.33	23.74	28.14	100.00
邵阳市	Shaoyang	9.10	94.92	17.55	36.04	42.31	100.00
武冈市	Wugang	13.55	95.32	17.76	41.49	45.33	100.00
邵东市	Shaodong	8.04	100.00	11.26	44.06	47.96	100.00
岳阳市	Yueyang	14.73	97.09	14.16	38.86	41.56	100.00
汨罗市	Miluo	12.93	100.00	13.49	35.99	39.65	100.00
临湘市	Linxiang	11.03	100.00	18.53	35.33	38.86	100.00
常德市	Changde	15.95	100.00	14.49	36.35	40.41	100.00
津市市	Jinshi	14.22	98.00	10.94	35.57	39.42	100.00
张家界市	Zhangjiajie	16.81	97.08	13.99	34.82	39.09	100.00
益阳市	Yiyang	9.98	100.00	13.72	40.24	42.01	100.00
沅江市	Yuanjiang	7.50	99.94	13.22	33.38	29.80	100.00
郴州市	Chenzhou	14.19	99.57	15.04	42.07	46.75	100.00
资兴市	Zixing	15.13	97.02	13.42	40.79	43.91	100.00
永州市	Yongzhou	11.38	99.22	12.68	38.36	40.53	100.00
祁阳市	Qiyang	26.69	99.37	12.10	40.20	42.10	100.00
怀化市	Huaihua	12.75	97.06	10.53	35.81	41.78	100.00
洪江市	Hongjiang	14.84	95.39	11.55	29.35	32.86	100.00
娄底市	Loudi	14.57	99.13	10.26	36.30	41.28	100.00
冷水江市	Lengshuijiang	8.21	98.00	15.56	31.09	36.51	97.99
涟源市	Lianyuan	8.20	97.20	9.26	35.86	40.37	100.00
吉首市	Jishou	7.81	100.00	17.19	35.26	39.49	100.00

11-3　城市供水（2023年）
Tap Water Supply in Cities (2023)

城　市	Cities	供水综合生产能力（万立方米/日）Water Supply Comprehensive Production Capacity (10 000 cu.m/day)	供水管道长度（公里）Length of Water Supply Pipelines (km)	供水总量（万立方米）Total Annual Volume of Water Supply (10 000 cu.m)	生产运营用水 Production and Operation Water	公共服务用水 Water for Public Services	居民家庭用水 Water for Family Use	用水人口（万人）Number of Residents with Access to Tap Water (10 000 persons)
长沙市	Changsha	265.00	7182	74540	15983	17855	27457	520.51
浏阳市	Liuyang	34.50	1950	8853	3650	263	3586	56.96
宁乡市	Ningxiang	28.00	1719	6993	2850	94	2808	50.76
株洲市	Zhuzhou	90.00	3507	19426	3081	2494	9343	131.00
醴陵市	Liling	10.00	1082	2717	147	258	1591	24.75
湘潭市	Xiangtan	66.23	3630	12286	3627	461	5629	82.98
湘乡市	Xiangxiang	10.00	780	2085	602	123	1007	18.45
韶山市	Shaoshan	3.80	372	380	60	42	212	4.89
衡阳市	Hengyang	70.00	1717	13752	1356	2944	5556	111.80
耒阳市	Leiyang	13.87	588	4303	112	259	2333	33.22
常宁市	Changning	10.00	1100	1982	330	109	1170	13.91
邵阳市	Shaoyang	38.00	1081	8770	1270	1067	4144	57.80
武冈市	Wugang	12.60	553	2585	360	135	1495	27.90
邵东市	Shaodong	9.50	1040	2696	34	428	1923	34.38
岳阳市	Yueyang	46.00	2392	12891	3243	708	6879	96.42
汨罗市	Miluo	6.00	699	1521	207	3	866	13.50
临湘市	Linxiang	4.00	246	1127	48	100	754	12.80
常德市	Changde	42.54	2709	12034	1203	2346	4649	90.78
津市市	Jinshi	8.74	401	1835	783	120	588	10.69
张家界市	Zhangjiajie	20.00	702	5047	1764	143	2208	22.43
益阳市	Yiyang	42.00	871	8872	1265	569	4428	60.95
沅江市	Yuanjiang	6.94	392	1325	138	107	775	18.97
郴州市	Chenzhou	65.00	2001	9205	584	1868	5290	70.84
资兴市	Zixing	12.00	548	1644	218	138	1093	13.80
永州市	Yongzhou	44.00	1626	9539	1844	1057	4281	62.53
祁阳市	Qiyang	15.00	729	1955	369	132	1067	29.88
怀化市	Huaihua	35.00	1972	7405	495	515	4505	62.38
洪江市	Hongjiang	6.00	313	1120	195	62	613	10.80
娄底市	Loudi	23.00	1220	6740	585	684	3898	50.88
冷水江市	Lengshuijiang	11.00	188	1438	316	8	745	11.91
涟源市	Lianyuan	8.00	416	1648	172	185	925	18.95
吉首市	Jishou	18.00	782	4122	144	5	2616	33.01

注：本表数据由湖南省住房和城乡建设厅提供。

The data in this table are provided by the Department of housing and urban rural development of Hunan province.

11-4 城市公共交通(2023年)
Public Traffic in Cities (2023)

城 市	Cities	公共汽车 Buses				出租汽车数（辆）Number of Taxis (unit)
		运营车数合计（辆）Number of Public Transportation Vehicles (unit)	标准运营车数（标台）Number of Vehicles Convert into Standard unit (unit)	运营线路网长度（公里）Length of Public Transportation Lines (km)	客运总量（万人次）Number of Passengers Carried (10 000 person-times)	
长沙市	Changsha	11345	14031	13773	39618	9648
浏阳市	Liuyang	428	403	2686	1805	
宁乡市	Ningxiang	476	558	2153	1344	
株洲市	Zhuzhou	1429	1753	1112	10523	3159
醴陵市	Liling	167	193	195	1158	
湘潭市	Xiangtan	935	1088	1234	9073	1726
湘乡市	Xiangxiang	115	115	180	618	
韶山市	Shaoshan	52	54	194	182	
衡阳市	Hengyang	1318	1653	1183	10073	1759
耒阳市	Leiyang	570	576	296	2587	
常宁市	Changning	75	87	168	655	
邵阳市	Shaoyang	803	1026	628	5858	2564
武冈市	Wugang	201	209	1909	1223	
邵东市	Shaodong	168	182	323	1241	
岳阳市	Yueyang	845	1041	1371	9225	2944
汨罗市	Miluo	171	165	1396	755	
临湘市	Linxiang	90	90	80	691	
常德市	Changde	1441	1548	3107	8421	2328
津市市	Jinshi	73	69	320	114	
张家界市	Zhangjiajie	419	491	379	3370	1338
益阳市	Yiyang	1411	1752	1372	5218	1854
沅江市	Yuanjiang	154	154	255	894	
郴州市	Chenzhou	1527	1857	5509	12185	1492
资兴市	Zixing	164	180	2720	913	
永州市	Yongzhou	766	911	2600	9683	1534
祁阳市	Qiyang	55	55	132	715	
怀化市	Huaihua	310	397	538	4668	2184
洪江市	Hongjiang	78	78	90	154	
娄底市	Loudi	353	391	696	3892	1866
冷水江市	Lengshuijiang	210	234	614	2116	
涟源市	Lianyuan	91	92	147	681	
吉首市	Jishou	292	336	887	3743	

注：数据由省交通厅提供，从2021年起，出租汽车数只统计到地市一级。

The data, provided by the provincial Department of Transportation, will only be counted at the prefecture-city level from 2021.

11–5 城市市政设施(2023年)
Urban Civil Facilities (2023)

城 市	Cities	道路长度(公里) Length of Streets (km)	道路面积(万平方米) Area of Streets (10 000 sq.m)	桥梁(座) Bridges (unit)	立交桥数 Number of Cloverleaf Junction	道路照明灯盏数(盏) Number of Street Lighting Lamps (unit)	排水管道长度(公里) Length of Sewer Pipelines (km)	污水年排放量(万立方米) Annual Volume of Sewage Discharged (10 000 cu.m)
长沙市	Changsha	3678	8657	301	29	131414	5932	91352
浏阳市	Liuyang	382	992	40	4	21896	848	7760
宁乡市	Ningxiang	714	1374	82		29826	539	5243
株洲市	Zhuzhou	1373	3472	176	15	77994	2633	19037
醴陵市	Liling	252	492	18		21577	353	1712
湘潭市	Xiangtan	908	1660	90	8	40008	1596	17825
湘乡市	Xiangxiang	229	438	10		10767	375	1588
韶山市	Shaoshan	62	113			3322	155	774
衡阳市	Hengyang	1923	2271	54	19	88188	1662	14111
耒阳市	Leiyang	329	815	4		8860	319	3170
常宁市	Changning	444	306	12	2	10210	291	1523
邵阳市	Shaoyang	708	1557	24	2	39582	730	7560
武冈市	Wugang	173	397	12		8933	300	2301
邵东市	Shaodong	316	838	11		16405	329	2042
岳阳市	Yueyang	1197	2546	43	7	66516	1969	11666
汨罗市	Miluo	175	452	9		12163	281	1530
临湘市	Linxiang	122	229	18		7520	338	1500
常德市	Changde	1092	2628	136	18	88203	2351	14796
津市市	Jinshi	148	166	7		8834	243	1468
张家界市	Zhangjiajie	351	487	42	3	20649	653	4631
益阳市	Yiyang	871	1838	4		33146	1074	9435
沅江市	Yuanjiang	332	218	6		5247	207	1598
郴州市	Chenzhou	659	1502	139	17	52045	1157	11485
资兴市	Zixing	188	349	5		6888	336	1153
永州市	Yongzhou	646	1461	29	6	44382	888	12924
祁阳市	Qiyang	373	565	4	1	17177	632	2516
怀化市	Huaihua	298	741	62	9	33179	845	7875
洪江市	Hongjiang	133	255	10		15769	192	905
娄底市	Loudi	447	1310	28		23946	791	6727
冷水江市	Lengshuijiang	62	150	14		6901	123	1030
涟源市	Lianyuan	285	478	52		9116	248	1323
吉首市	Jishou	524	1283	70	2	22305	381	3305

注：本表数据由湖南省住房和城乡建设厅提供。
The data in this table are provided by the Department of housing and urban rural development of Hunan province.

11-5 续表 Continued

城市	Cities	污水处理厂 Sewage Disposal Factory 座数（座）Number of Units (unit)	二级以上 Grade 2 or Above	处理能力（万立方米/日）Disposal Capacity (10 000 cu.m/day)	二级以上 Grade 2 or Above	其他污水处理设施处理能力（万立方米/日）Capacity of Other Sewage Treatment Facilities (10 000 cu.m/day)	污水处理总量（万立方米）Total Amount of Sewage Treated (10 000 cu.m)
长沙市	Changsha	14	14	319.0	319.0		90080
浏阳市	Liuyang	4	4	26.0	26.0	26.5	7702
宁乡市	Ningxiang	3	3	20.0	20.0		5243
株洲市	Zhuzhou	12	12	75.0	75.0		18693
醴陵市	Liling	1	1	5.0	5.0	5.5	1712
湘潭市	Xiangtan	4	4	57.5	57.5		17824
湘乡市	Xiangxiang	1	1	5.0	5.0		1588
韶山市	Shaoshan	1	1	2.0	2.0		756
衡阳市	Hengyang	4	4	52.0	52.0		14111
耒阳市	Leiyang	1	1	10.0	10.0	0.7	3101
常宁市	Changning	1		5.0			1523
邵阳市	Shaoyang	3	3	24.0	24.0		7176
武冈市	Wugang	2	2	8.0	8.0		2194
邵东市	Shaodong	1	1	8.0	8.0		2042
岳阳市	Yueyang	10	10	49.5	49.5		11326
汨罗市	Miluo	1	1	5.0	5.0		1530
临湘市	Linxiang	1	1	4.5	4.5		1500
常德市	Changde	6	6	43.0	43.0	0.3	14796
津市市	Jinshi	2	2	5.5	5.5		1439
张家界市	Zhangjiajie	4	4	14.5	14.5	0.2	4496
益阳市	Yiyang	4	4	32.0	32.0		9435
沅江市	Yuanjiang	1	1	4.5	4.5		1597
郴州市	Chenzhou	3	3	32.5	32.5		11436
资兴市	Zixing	1	1	4.0	4.0		1119
永州市	Yongzhou	2	2	30.0	30.0	10.0	12823
祁阳市	Qiyang	2	2	7.0	7.0		2500
怀化市	Huaihua	3	2	26.0	6.0		7643
洪江市	Hongjiang	3	1	2.5	0.5	1.0	864
娄底市	Loudi	2	2	20.0	20.0		6669
冷水江市	Lengshuijiang	1	1	3.0	3.0		1009
涟源市	Lianyuan	1	1	4.0	4.0		1286
吉首市	Jishou	2	2	10.0	10.0		3305

11-6 城市绿地和园林(2023年)
Urban Green Spaces and Gardens (2023)

城市	Cities	绿化覆盖面积(公顷) Coverage Space of Green Areas (hectare)	建成区 Developed Areas	绿地面积(公顷) Area of Green Areas (hectare)	建成区 Developed Areas	公园绿地面积(公顷) Park Green Land (hectare)	公园个数(个) Number of Parks (unit)	公园面积(公顷) Area of Parks (hectare)
长沙市	Changsha	20818	20818	18892	18892	7076	90	5476
浏阳市	Liuyang	1610	1610	1417	1417	450	19	286
宁乡市	Ningxiang	3040	3040	2928	2928	638	16	558
株洲市	Zhuzhou	6878	6878	6587	6587	1837	26	1134
醴陵市	Liling	3599	1336	3242	1171	354	13	262
湘潭市	Xiangtan	6258	3806	5918	3529	1352	14	702
湘乡市	Xiangxiang	1076	954	9127	860	259	17	236
韶山市	Shaoshan	467	232	361	212	68	13	90
衡阳市	Hengyang	9631	6327	9511	5868	1966	28	863
耒阳市	Leiyang	1330	1330	1232	1232	367	39	367
常宁市	Changning	1182	1182	997	997	255	7	255
邵阳市	Shaoyang	3998	3395	3264	2891	1014	11	775
武冈市	Wugang	1278	1004	1096	919	496	7	362
邵东市	Shaodong	1695	1444	1496	1326	387	3	122
岳阳市	Yueyang	7011	5554	6028	5193	1369	57	1282
汨罗市	Miluo	860	860	781	781	182	4	223
临湘市	Linxiang	1348	646	1198	587	237	26	243
常德市	Changde	5347	5341	4809	4805	1316	16	843
津市市	Jinshi	684	659	624	594	117	9	154
张家界市	Zhangjiajie	1775	1519	1603	1353	319	19	251
益阳市	Yiyang	4089	4089	3917	3917	836	82	836
沅江市	Yuanjiang	968	667	1025	748	253	45	258
郴州市	Chenzhou	3811	3811	3430	3430	1070	61	1070
资兴市	Zixing	1045	974	905	905	185	32	175
永州市	Yongzhou	3161	3161	2992	2992	793	25	597
祁阳市	Qiyang	964	964	920	920	362	14	362
怀化市	Huaihua	2770	2770	2374	2374	661	54	645
洪江市	Hongjiang	647	386	580	345	125	6	98
娄底市	Loudi	2241	2241	1971	1971	525	16	525
冷水江市	Lengshuijiang	558	515	476	439	187	6	187
涟源市	Lianyuan	608	608	540	540	176	12	176
吉首市	Jishou	2014	1923	1969	1717	567	10	275

注：本表数据由湖南省住房和城乡建设厅提供。
The data in this table are provided by the Department of housing and urban rural development of Hunan province.

11-7 城市燃气使用情况(2023年)
Urban Coal Gas and Liquefied Petroleum (2023)

城　市	Cities	液化石油气 Liquefied Petroleum Gas			天然气 Gas			
		供气总量（吨）Total Gas Supply (ton)	居民家庭 Households	用气人口（万人）Population with Access to Gas (10 000 persons)	供气总量（万立方米）Total Gas Supply (10 000 cu.m)	居民家庭 Households	用气人口（万人）Population with Access to Gas (10 000 persons)	供气管道长度（公里）Length of Gas Supply Pipeline (km)
长沙市	Changsha	72693	42005	62	92419	48322	456.04	6737.0
浏阳市	Liuyang	10429	9383	25	10403	4856	32.02	697.0
宁乡市	Ningxiang	6698	6375	9	15352	2816	41.80	715.5
株洲市	Zhuzhou	7800	5100	3	32901	13042	126.42	2709.0
醴陵市	Liling	11982	3511	2	30541	4501	22.50	1500.1
湘潭市	Xiangtan	12200	12200	14	17800	6751	68.40	2516.0
湘乡市	Xiangxiang	425	420	1	3057	637	17.40	469.0
韶山市	Shaoshan	1117	976	1	745	436	3.59	162.6
衡阳市	Hengyang	8520	7150	6	29547	9533	105.85	5222.1
耒阳市	Leiyang	4307	4300	8	1305	948	23.72	678.0
常宁市	Changning	827	810	1	978	710	12.61	513.6
邵阳市	Shaoyang	3719	2950	7	8689	4050	50.22	800.0
武冈市	Wugang	4528	4203	18	1105	740	10.30	260.1
邵东市	Shaodong	5460	4278	14	1646	1645	20.00	131.0
岳阳市	Yueyang	22600	9923	9	25516	13000	87.78	2456.1
汨罗市	Miluo	2150	1415	4	3795	767	9.10	193.1
临湘市	Linxiang	3456	3325	1	1354	1165	12.00	122.0
常德市	Changde	12660	6680	19	18260	7829	70.00	3158.3
津市市	Jinshi	1680	1611	3	722	498	7.31	223.6
张家界市	Zhangjiajie	7691	6412	3	3160	1599	17.99	530.5
益阳市	Yiyang	9800	9800	9	10257	4220	48.10	491.4
沅江市	Yuanjiang	1588	1561	2	2520	1465	15.98	123.6
郴州市	Chenzhou	9168	9167	13	10862	10427	56.49	1559.8
资兴市	Zixing	3431	2912	6	1643	627.16	6.58	366.7
永州市	Yongzhou	5128	4123	17	5102	3990	45.89	502.8
祁阳市	Qiyang	2837	2650	11	825	700	18.37	372.0
怀化市	Huaihua	7200	5900	10	3870	2227	51.00	307.3
洪江市	Hongjiang	1459	1303	5	369.72	170.79	4.72	73.7
娄底市	Loudi	3140	3000	7	6914	3057	42.98	666.0
冷水江市	Lengshuijiang	914	800	4	1251	436	7.30	92.5
涟源市	Lianyuan	3485	3005	14	650	460	4.58	67.0
吉首市	Jishou	2350	2100	15	3086	1766	16.34	166.0

注：本表数据由湖南省住房和城乡建设厅提供。

The data in this table are provided by the Department of housing and urban rural development of Hunan province.

11-8 全省环保产业统计情况(2023年)

Statistical Report of Hunan Environmental Protection Industry (2023)

指 标	Item	合计 Total	长沙 Changsha	株洲 Zhuzhou	湘潭 Xiangtan	衡阳 Hengyang	邵阳 Shaoyang	岳阳 Yueyang	常德 Changde
环保产业单位数（个）	**The Number of Environmental Protection Industry Units (unit)**	**1165**	**229**	**49**	**167**	**20**	**57**	**111**	**52**
环保产业从业人数（万人）	**The Number of Employees in Environmental Protection Industry (10 000 persons)**	**17.0**	**8.7**	**0.7**	**0.7**	**1.0**	**0.4**	**1.1**	**0.3**
环保产业年收入（亿元）	**Annual Income of Environmental Protection Industry (100 million yuan)**	**3502.6**	**1888.6**	**184.7**	**60.1**	**308.0**	**54.8**	**183.2**	**91.1**
#环境服务业	#Environmental Services	340.1	251.7	9.2	8.5	25.5	3.9	10.7	5.1
#环境保护产品生产	#Environmental Protection Products Production	395.6	351.8	7.1	6.6	5.5	0.1	8.7	0.6
#环境友好产品生产	#Environment Friendly Products Production	1771.3	1275.0	152.3	18.2	24.9	9.1	50.9	79.7
#资源综合利用	#Comprehensive Utilization of Resources	995.6	10.1	16.1	26.8	252.1	41.7	112.9	5.7

注：本表数据由湖南省生态环境厅提供。

The data in this table were provided by the Hunan Provincial Department of Ecology and Environment.

11-8 续表 Continued

指 标	Item	张家界 Zhangjiajie	益阳 Yiyang	郴州 Chenzhou	永州 Yongzhou	怀化 Huaihua	娄底 Loudi	湘西州 Xiangxi
环保产业单位数（个）	**The Number of Environmental Protection Industry Units (unit)**	**16**	**23**	**166**	**65**	**82**	**55**	**73**
环保产业从业人数（万人）	**The Number of Employees in Environmental Protection Industry (10 000 persons)**	**0.1**	**0.1**	**1.9**	**0.5**	**0.4**	**0.6**	**0.4**
环保产业年收入（亿元）	**Annual Income of Environmental Protection Industry (100 million yuan)**	**5.6**	**18.8**	**415.6**	**74.4**	**42.9**	**113.2**	**61.6**
#环境服务业	#Environmental Services	2.1	2.4	4.5	8.0	3.8	2.6	2.1
#环境保护产品生产	#Environmental Protection Products Production	0.7	5.3	3.5	0.9	0.6	2.5	1.7
#环境友好产品生产	#Environment Friendly Products Production	0.1		104.8	33.2	5.5	11.4	6.2
#资源综合利用	#Comprehensive Utilization of Resources	2.7	11.1	302.8	32.3	33.0	96.7	51.6

主要统计指标解释

供水综合生产能力 指按供水设施取水、净化、送水、出厂输水干管等环节设计能力计算的综合生产能力。包括在原设计能力的基础上，经挖、革、改增加的生产能力。计算时，以四个环节中最薄弱的环节为主确定能力。

供水管道长度 指从送水泵至用户水表之间所有管道的长度。不包括新安装尚未使用、水厂内以及用户建筑物内的管道。

城市供水总量 指报告期供水企业(单位)供出的全部水量。包括有效供水量和漏损水量。

生活用水 包括公共服务用水和居民家庭用水。公共服务用水指为城区社会公共生活服务的用水。包括行政事业单位、部队营区和公共设施服务、批发零售业、住宿餐饮业以及社会服务业等单位的用水。居民家庭用水指城市范围内所有居民家庭的日常生活用水。包括城市居民、农民家庭、公共供水站用水。

生产用水 指在城区范围内生产、运营的农、林、牧、渔业、工业、建筑业、交通运输业等单位在生产、运营过程中的用水。

用水普及率 指报告期末城区用水人口数与城市人口总数的比率。计算公式：

$$用水普及率=\frac{城区用水人口（含暂住人口）}{城区人口+城区暂住人口}\times 100\%$$

供气管道长度 指报告期末从气源厂压缩机的出口或门站出口至各类用户引入管之间的全部已经通气、投入使用的管道长度。不包括煤气生产厂、输配站、液化气储存站、灌瓶站、储配站、气化站、混气站、供应站等厂(站)内的管道。

城市供气总量 指报告期燃气企业(单位)向用户供应的燃气数量。包括销售量和损失量。

燃气普及率 指报告期末城区使用燃气的城市人口数与城市人口总数的比率。其中燃气包括人工煤气、天然气、液化石油气三种。计算公式为：

$$燃气普及率=\frac{城区用气人口（含暂住人口）}{城区人口+城区暂住人口}\times 100\%$$

道路长度 指道路长度和与道路相通的桥梁、隧道的长度，按车行道中心线计算。

城市桥梁 指为跨越天然或人工障碍物而修建的构筑物。包括跨河桥、立交桥、人行天桥以及人行地下通道等。

城市排水管道长度 指所有排水总管、干管、支管、检查井及连接井进出口等长度之和。

城市污水日处理能力 指污水处理厂(或污水处理装置)每昼夜处理污水量的设计能力。

年末公共交通车辆运营数 指年末城市用于公共交通运营业务的全部车辆数。新购、新制和调入的运营车辆，自投入之日起开始计算；调出、报废和调作他用的运营车辆，自上级主管机关批准之日起不再计入。

城市绿地面积 指报告期末用作园林和绿化的各种绿地面积。包括公园绿地、生产绿地、防护绿地、附属绿地和其他绿地的面积。

公园绿地 城市中向公众开放的、以游憩为主要功能，有一定的游憩设施和服务设施，同时兼有健全生态、美化景观、防灾减灾等综合作用的绿化用地。包括综合公园、社区公园、专类公园、带状公园和街旁绿地。其中综合公园、专类公园和带状公园面积之和为公园面积。

清扫保洁面积 指报告期末对城市道路和公共场所(主要包括城市行车道、人行道、车行隧道、人行过街地下通道、道路附属绿地、地铁站、高架路、人行过街天桥、立交桥、广场、停车场及其他设施等)进行清扫保洁的面积。一天清扫保洁多次的，按清扫保洁面积最大的一次计算。

市容环卫专用车辆设备 指用于环境卫生作业、监察的专用车辆和设备，包括用于道路清扫、冲洗、洒水、除雪、垃圾粪便清运、市容监察以及与其配套使用的车辆和设备。

每万人拥有公共汽电车辆 指按城市人口计算的每万人平均拥有的公共汽电车辆标台数。

Explanatory Notes on Main Statistical Indicators

Production Capacity of Water Supply refers to the designed overall production capacity of water facilities, covering the four segments of water collection, purification, conveyance, and outflow through trunk pipelines. Increased capacity through transformation and innovation projects is included as well. The capacity is determined mainly on the weakest of the above-mentioned four segments.

Length of Water Supply Pipelines refers to the total length of all the pipelines between the water pumps and the user water meters, excluding pipelines newly installed but not used yet, pipeline in the water factory, and pipeline in the user's buildings.

Total Volume of Urban Water Supply refers to the total volume of water supplied by water-works (units) during the reference period, including both the effective water supply and loss during the water supply.

Consumption of Water for Living Use It includes Consumption of Water for Public Service Use and Consumption of Water for Households Use. Consumption of Water for Public Service Use refers to water consumption for public service in the urban areas. It includes water consumption of administrative institutions, army camps, public facilities, wholesale and retail, accommodation and catering industry and social service industry, etc. Consumption of Water for Households Use refers to consumption of water for daily life of all households in cities, including households of urban residents and farmers, and public water supply stations.

Consumption of Water for Production and Operation Use refers to water consumption in the process of production and operation by production and operation units of agriculture, forestry, animal husbandry, fisheries, industry, construction industry, and transportation industry, etc. in urban areas.

Coverage Rate of Urban Population with Access to Tap Water refers to the ratio of the urban population with access to tap water to the total urban population at the end of reference period. The formula is:

$$\text{Coverage of urban population with access to tap water} = \frac{\text{Urban population with access to tap water}}{\text{Urban population}} \times 100\%$$

Length of Gas Pipelines refers to the total length of pipelines in use between the outlet of the compressor of gas-work or outlet of gas stations and the leading pipe of users, excluding pipelines within gasworks, delivery stations, LPG storage stations, refilling stations, gas-mixing stations and supply stations.

Volume of Gas Supply refers to the total volume of gas provided to users by gas-producing enterprises (units) during the reporting period, including the volume sold and the volume lost.

Coverage Rate of Urban Population with Access to Gas refers to the ratio of the urban population with access to gas to the total urban population at the end of the reference period. Gas here includes artificial coal gas, natural gas and liquefied petroleum gas. The formula is:

$$\text{Coverage rate urban population with access to gas} = \frac{\text{Urban population with access to gas}}{\text{Urban population}} \times 100\%$$

Length of Paved Roads refers to the length of roads with paved surface including bridges and tunnels connected with roads. Length of the roads is measured by the central lines.

Urban Bridges refer to bridges built to cross over natural or man-made barriers, including bridges over rivers, overpasses for traffic and for pedestrians, underpasses for pedestrians, etc.

Length of Urban Sewage Pipes refers to the total length of general drainage, trunks, branch and inspection wells, connection wells, inlets and outlets, etc.

Daily Disposal Capacity of Urban Sewage refers to the designed 24-hour capacity of sewage disposal by the sewage treatment works or facilities.

Number of Vehicles under Operation at Year-end refers to the total number of vehicles under operation by public transport enterprises (units) at the end of the year, based on the records of operational vehicles by the enterprises (units).

Area of Urban Green Land refers to the total area occupied for green projects at the end of the reference period, including park green land, production green land, protection green land, green land attached to institutions, and other green areas.

Park Green Area refers to green areas open to the public for amusement and rest with the facilities of amusement, rest and services. Its function includes perfecting ecology, beautifying landscape, and preventing and reducing disaster. Park green areas include comprehensive park, community park, theme park, linear park and roadside green space. Total areas of comprehensive park, topic park and belt-shaped is the area of park.

Road Area Cleaned refers to the area which are regularly cleaned, as at the end of the reference period, at urban roads and public places (mainly including urban roadways, pedestrian walkways, vehicular tunnels, pedestrian underpasses, underground railway stations, lifted roads, pedestrians walk bridges, overpasses, plazas, parking lots and other facilities). If there are several times of cleaning in a day at a location, the area of that time of cleaning with the largest area cleaned will be taken.

Vehicles and Facilities Dedicated to Urban Cleanliness and Environmental Sanitation refer to vehicles and facilities dedicated for use in the operation, management and monitoring of environmental hygiene work. They include vehicles for road cleaning, washing, showering, ice removal, disposal of garbage and human wastes, cleanliness monitoring and related activities.

Public Transportation Vehicles per 10 000 Population refers to the number of public transportation vehicles, calculated by urban population, per 10 000 population in the city district.

12

农　业

Agriculture

资料整理人员：陈晗文　朱　鹏　刘　浪　文益龙
陈　婷　李艺斌　沈　莉　邹　晨

12-1 农林牧渔业总产值和指数
Gross Output Value and Indices of Farming,Forestry, Animal Husbandry and Fishery

年份	农林牧渔业总产值（亿元） Gross Output Value of Farming, Forestry, Animal Husbandry and Fishery (100 million yuan)					指数（1952年=100） Indices of Gross Output Value of Farming, Animal Husbandry and Fishery (year of 1952=100)				
Year	总产值 Total	#农业 Farming	#林业 Forestry	#牧业 Animal Husbandry	#渔业 Fishery	总指数 Total	#农业 Farming	#林业 Forestry	#牧业 Animal Husbandry	#渔业 Fishery
1949	15.84	12.05	0.24	1.42	0.03	59.6	64.4	51.1	45.7	42.9
1950	19.18	14.09	0.30	1.70	0.04	72.2	75.3	63.8	54.7	57.1
1951	21.91	15.66	0.36	2.37	0.04	82.5	83.7	76.6	76.2	57.1
1952	26.57	18.72	0.47	3.11	0.07	100.0	100.0	100.0	100.0	100.0
1953	26.59	18.70	0.37	2.97	0.10	100.1	99.9	78.7	95.5	142.9
1954	24.39	16.59	0.37	2.76	0.10	91.8	88.6	78.7	88.7	142.9
1955	28.89	19.99	0.57	2.36	0.12	108.7	106.8	121.3	75.9	171.4
1956	28.15	18.78	0.84	2.83	0.11	105.9	100.3	178.7	91.0	157.1
1957	35.04	21.14	1.20	5.39	0.28	127.2	112.9	255.3	173.3	400.0
1958	33.25	23.38	2.58	4.30	0.60	132.4	122.8	411.7	108.6	774.2
1959	30.55	21.96	2.62	3.14	0.70	121.7	115.3	418.1	79.3	903.2
1960	25.89	18.98	2.34	1.85	0.48	103.1	99.7	373.4	46.7	619.4
1961	21.95	16.63	1.00	1.56	0.26	87.4	87.3	159.6	39.4	335.5
1962	26.18	20.10	0.96	2.39	0.28	104.3	105.6	153.2	60.4	361.3
1963	24.65	18.09	1.03	3.25	0.31	98.2	95.0	164.4	82.1	400.0
1964	28.07	20.22	1.23	4.24	0.35	111.8	106.2	196.3	107.1	451.6
1965	29.31	21.07	1.31	4.42	0.40	116.7	110.7	209.0	111.7	516.1
1966	32.74	24.29	1.39	4.55	0.45	130.4	127.6	221.8	115.0	580.6
1967	34.40	25.41	1.55	4.89	0.46	137.0	133.5	247.8	123.5	593.5
1968	36.99	27.05	1.80	5.52	0.45	147.3	142.1	287.2	139.5	580.6
1969	36.21	26.48	1.85	5.36	0.34	144.2	139.1	295.2	135.4	438.7
1970	38.03	27.94	1.63	5.85	0.39	151.4	146.8	260.1	147.8	503.2
1971	58.77	43.42	2.72	9.18	0.53	151.3	150.5	295.2	151.1	541.9
1972	62.67	44.88	2.82	11.54	0.45	161.4	155.5	306.1	189.9	460.1
1973	67.86	50.48	2.77	10.93	0.57	174.7	175.0	300.6	179.9	582.8
1974	69.29	51.64	3.21	11.22	0.62	178.4	179.0	348.4	184.7	634.0
1975	72.45	54.41	2.86	11.64	0.64	186.5	188.6	310.4	191.6	654.4
1976	72.72	55.12	2.45	11.77	0.65	187.2	191.0	265.9	193.7	664.6
1977	73.81	55.40	2.98	11.95	0.68	190.0	192.0	323.4	196.7	695.3
1978	81.37	62.72	3.12	12.55	0.70	209.5	217.4	338.6	206.5	715.8
1979	86.51	65.47	3.13	14.27	0.77	222.7	226.9	339.7	234.8	787.3
1980	116.34	81.13	7.31	21.87	1.94	218.4	218.2	391.8	236.3	961.2
1981	123.38	86.05	6.70	23.32	2.18	231.6	231.4	359.1	252.0	1080.1
1982	135.90	95.95	6.45	26.26	2.46	255.1	258.1	345.7	283.8	1218.8
1983	142.70	100.60	6.43	27.87	2.88	267.9	270.6	344.6	301.2	1426.9
1984	150.80	102.32	7.02	32.16	3.37	283.1	275.2	376.3	347.5	1669.7
1985	158.22	101.84	7.25	34.87	3.89	297.0	273.9	388.6	376.8	1927.3

注：本表绝对数按当年价格计算，指数按可比价格计算。
Absolute figures in this table are calculated at current prices while indices are calculated at comparable prices.

12-1 续表 Continued

年份 Year	农林牧渔业总产值(亿元) Gross Output Value of Farming, Forestry, Animal Husbandry and Fishery (100 million yuan)					指数(1952年=100) Indices of Gross Output Value of Farming, Animal Husbandry and Fishery (year of 1952=100)				
	总产值 Total	#农业 Farming	#林业 Forestry	#牧业 Animal Husbandry	#渔业 Fishery	总指数 Total	#农业 Farming	#林业 Forestry	#牧业 Animal Husbandry	#渔业 Fishery
1986	166.83	106.01	6.35	38.42	4.64	313.2	285.1	340.4	415.2	2298.9
1987	172.32	108.48	6.90	38.62	5.42	323.5	291.8	369.8	417.3	2685.3
1988	173.19	103.09	6.74	42.02	5.69	325.2	277.3	361.3	454.1	2819.1
1989	182.09	109.68	7.75	44.18	6.28	341.8	295.0	415.5	477.3	3112.3
1990	430.21	241.32	22.00	120.40	22.13	348.3	296.0	404.7	493.5	3205.7
1991	451.69	249.79	28.22	126.62	22.20	361.8	306.4	434.2	519.2	3215.3
1992	468.73	250.39	31.55	135.67	24.90	375.5	307.0	485.4	556.1	3614.0
1993	493.63	258.70	31.26	147.51	28.59	395.4	317.1	481.0	604.5	4141.6
1994	532.16	266.43	32.92	169.22	32.70	426.2	326.6	506.5	693.4	4738.0
1995	578.73	277.43	33.66	195.25	39.71	463.7	340.3	518.1	800.2	5751.9
1996	627.16	283.37	34.74	224.61	47.91	502.7	347.4	534.7	920.2	6936.8
1997	679.20	306.80	35.26	245.35	52.89	544.4	376.2	542.7	1004.9	7658.2
1998	686.21	297.81	36.12	255.34	56.67	552.6	365.3	555.7	1046.1	8201.9
1999	1200.94	624.70	48.20	458.62	69.42	571.4	383.6	586.3	1048.2	8841.6
2000	1251.89	633.84	51.01	486.13	80.91	596.0	395.8	611.5	1089.1	9858.4
2001	1313.23	665.70	51.88	510.42	85.23	619.6	409.7	630.7	1136.3	10400.7
2002	1349.92	666.65	54.78	538.64	89.85	636.3	410.6	659.5	1194.3	11014.3
2003	1452.96	671.66	81.73	575.08	96.97	659.9	421.6	685.9	1243.3	11818.3
2004	1913.31	874.00	91.31	796.95	119.92	709.4	461.7	734.0	1310.4	12657.4
2005	2056.24	947.70	100.90	834.50	138.40	750.5	482.5	805.9	1393.0	13872.5
2006	1991.81	1040.85	112.45	657.92	130.42	787.3	509.0	855.1	1440.3	14996.2
2007	2584.00	1210.06	144.12	1000.84	152.99	819.1	530.1	924.4	1477.8	15866.0
2008	3204.11	1370.88	155.44	1426.18	165.83	862.8	541.3	964.1	1610.8	16659.3
2009	3035.20	1472.53	174.18	1058.66	182.35	907.3	573.2	1007.5	1681.6	17542.3
2010	3518.10	1848.89	207.43	1062.04	222.58	946.3	597.8	1077.0	1738.8	18501.3
2011	4111.04	2089.89	239.11	1336.67	241.26	986.6	639.1	1151.3	1731.8	18566.1
2012	4390.34	2255.43	259.97	1377.85	261.89	1016.7	647.0	1208.9	1813.2	19587.2
2013	4432.69	2257.55	287.67	1340.83	286.70	1044.5	665.1	1281.4	1825.8	20821.2
2014	4577.08	2324.78	304.81	1356.00	310.03	1093.5	692.8	1356.1	1911.4	21976.6
2015	4682.31	2325.93	317.38	1408.13	328.34	1133.8	723.3	1466.7	1903.6	23537.0
2016	5057.52	2485.49	321.60	1549.59	354.95	1174.5	751.0	1587.8	1913.1	25046.7
2017	5213.48	2597.63	325.01	1505.78	393.06	1221.8	773.6	1731.5	1970.7	26655.9
2018	5361.62	2664.30	387.15	1464.59	417.21	1265.5	798.1	1895.1	1992.1	28665.7
2019	6405.06	3052.06	430.66	2003.09	441.82	1305.8	827.5	2074.8	1953.9	30657.9
2020	7511.96	3364.77	428.00	2721.63	477.55	1360.0	861.7	2246.1	2002.8	31983.4
2021	7662.36	3532.87	455.82	2542.51	570.82	1501.3	892.9	2459.9	2416.0	33358.6
2022	8160.13	3973.21	477.44	2466.86	617.81	1558.5	920.2	2630.1	2490.9	34532.9
2023	8199.35	4141.54	513.65	2232.06	635.03	1616.8	958.1	2847.4	2504.6	36553.0

注：本表绝对数按当年价格计算，指数按可比价格计算。2006-2017年数据按照农业普查结果进行了修正。

Absolute figures in this table are calculated at current prices while indices are calculated at comparable prices. Data for 2006-2017 are revised based on the results of the agricultural census.

12-2 农业基本情况
Basic Indicators of Agriculture

单位：万公顷 (10 000 hectares)

年 份 Year	年末实有耕地面积 Cultivated Areas (year-end)	农作物播种面积 Total Sown Areas	#粮食作物 Grain Corps	造林面积 Afforestation Areas
1978		844.58	582.94	
1979		833.44	570.42	
1980		790.95	545.13	
1981		800.94	542.01	
1982		796.95	540.34	
1983		774.62	542.32	
1984		763.92	539.09	
1985	334.17	747.71	516.14	34.40
1986		753.65	521.04	37.73
1987		747.47	515.10	32.91
1988		749.62	519.63	32.17
1989		774.88	533.05	33.99
1990	331.23	795.18	536.56	37.59
1991		804.02	536.52	37.17
1992		796.08	524.36	37.75
1993		765.39	505.05	27.83
1994		773.05	507.74	13.44
1995	324.97	784.04	511.56	10.95
1996		792.74	513.39	5.29
1997	323.01	800.90	515.53	4.29
1998	321.87	793.63	507.48	2.86
1999	321.32	802.77	513.52	2.74
2000	392.16	800.21	502.99	5.15
2001	391.26	793.17	480.28	7.56
2002	389.10	777.92	465.26	10.09
2003	383.37	773.12	452.98	40.96
2004	381.65	818.87	475.41	33.38
2005	381.60	833.64	483.86	13.65
2006	378.76	853.19	454.54	13.45
2007	378.90	739.70	453.97	7.62
2008	378.94	761.35	460.71	8.04
2009	413.50	785.22	482.72	12.50
2010	413.75	805.80	484.78	21.34
2011	413.77	817.81	493.22	40.24
2012	414.62	829.96	497.53	40.42
2013	414.97	835.27	501.00	34.98
2014	415.32	839.86	506.56	39.19
2015	415.35	835.52	505.37	37.60
2016	414.88	829.20	501.07	33.66
2017	415.10	827.01	497.89	55.41
2018	415.54	810.93	474.79	58.43
2019	362.89	812.28	461.64	57.69
2020	362.11	840.01	475.48	57.65
2021	362.60	850.43	475.84	43.12
2022	365.42	859.15	476.55	30.02
2023	366.66	871.50	476.35	42.49

注：从2000年起，耕地面积为省自然资源厅统计数据（后表同）。

The data of cultivated Areas from Hunan Provincial Department of Natural Resources since 2000 (The following table is the same).

12–3 农村基层组织
Grassroots Units of Rural Areas

指 标	Item	2010	2020	2022	2023
农村基层组织	**Grassroots Units of Rural Areas**				
乡（镇）个数 （个）	Number of Township (Town Governments) (unit)	2161	1525	1522	1522
乡个数	Number of Township	1052	392	388	388
民族乡	Number of National Township	97	83	83	83
镇个数	Number of Town Governments	1109	1133	1134	1134

12–4 耕地面积
Cultivated Areas

单位：千公顷 (1000 hectares)

指 标	Item	2010	2020	2022	2023
年初实有耕地总资源	Actual Cultivated Land Total Resources at The Year Beginning	4135.02	3628.91	3625.98	3654.20
年内增加耕地总资源	Increased Cultivated Land Total Resources This Year		7.52	41.22	43.41
年内减少耕地总资源	Decrease in Cultivated Land Total Resources This Year		15.22	13.00	30.98
年末实有耕地总资源	Actual Cultivated Land Total Resources at The Year End	4137.48	3621.21	3654.20	3666.63

12–5 农业生产条件
Condition of Agricultural Production

年份 Year	农业机械总动力（万千瓦） Total Power of Agricultural Machinery (10 000 kw)	耕地灌溉面积（千公顷） Area of Irrigated Farmland (1000 hectares)	化肥施用量（万吨） Consumption of Chemical Fertilizers (10 000 tons)	每公顷面积产量（公斤） Yield per hectare (kg)		
				粮食 Grain Crops	棉花 Cotton	油料 Oil–bearing Crops
1949	0.11					
1950	0.10					
1951	0.20					
1952	0.33		0.20			
1953	0.38		0.10			
1954	0.43		0.97			
1955	0.76		2.40			
1956	1.95		4.95			
1957	2.45		5.18			
1958	7.44		11.25			
1959	14.58		12.84			
1960	22.43		15.85			
1961	24.60		9.36			
1962	26.57		12.35			
1963	29.06		23.91			
1964	33.91		32.75			
1965	42.89		53.15			
1966	54.47		90.17			
1967	55.66		86.20			
1968	63.93		75.19			
1969	72.95		101.41			
1970	89.50		121.71			
1971	106.68		130.29			
1972	132.77		167.99			
1973	153.42		198.07			
1974	186.16		177.56			
1975	233.18		193.84			
1976	283.42		194.25			
1977	349.56		202.95			
1978	428.64		271.90			
1979	507.67		325.23			
1980	588.99		361.04			
1981	659.74		371.20			
1982	704.94		396.38			
1983	785.57		421.54			
1984	805.43		354.21			
1985	892.02		369.64	4875	990	1005

12-5 续表 Continued

年份 Year	农业机械总动力（万千瓦） Total Power of Agricultural Machinery (10 000 kw)	耕地灌溉面积（千公顷） Area of Irrigated Farmland (1000 hectares)	化肥施用量（万吨） Consumption of Chemical Fertilizers (10 000 tons)	每公顷面积产量（公斤） Yield per hectare (kg)		
				粮食 Grain Crops	棉花 Cotton	油料 Oil-bearing Crops
1986	1059.37		432.12			
1987	1053.56		457.77			
1988	1112.91		490.07			
1989	1168.74		517.88			
1990	1209.17		126.09	5025	1020	990
1991	1270.52		138.66			
1992	1284.37		146.18			
1993	1374.35		148.15			
1994	1459.07		159.41			
1995	1532.54		167.91	5380	1206	1258
1996	1616.29		167.08			
1997	1692.84		175.30	5581	1448	1352
1998	1825.57		179.93	5553	969	1323
1999	2006.97		180.87	5632	1121	1391
2000	2209.74		182.15	5716	1173	1490
2001	2358.02		184.25	5622	1271	1505
2002	2498.09		184.32	5376	1291	1334
2003	2664.45		188.33	5393	1173	1449
2004	2923.93		203.19	5530	1437	1591
2005	3189.86		209.90	5477	1395	1569
2006	3416.61		212.14	5478	1528	1628
2007	3684.43		219.58	5944	1538	1598
2008	4021.14		223.38	6126	1354	1267
2009	4352.64		231.60	6067	1401	1555
2010	4651.55		236.57	5944	1389	1432
2011	4935.59		242.49	6049	1381	1635
2012	5189.24		249.11	6154	1421	1510
2013	5435.93		248.19	5967	1219	1582
2014	5680.34		247.80	6078	1222	1628
2015	5894.05		246.54	6123	1208	1701
2016	6097.54		246.44	6092	1185	1702
2017	6254.83		245.26	6173	1145	1724
2018	6338.57		242.61	6367	1341	1743
2019	6471.82		229.01	6444	1299	1752
2020	6588.95		223.73	6341	1252	1793
2021	6676.40		219.06	6461	1338	1777
2022	6755.95		215.87	6333	1274	1824
2023	6839.51	2917.58	213.34	6441	1360	1815

注：化肥施用量1989年及以前均为实物量，1990年及以后为折纯量。

Data of consumption of fertilizers refer to the consumption in quantity prior to 1989, and the consumption in purity in and after 1990.

12-6 农业机械年末拥有量
Year-end Possession of Agriculture Machinery

指 标		Item		2010	2020	2022	2023
农业机械总动力合计	**（千瓦）**	**Total Power of Agricultural Machinery**	**(kw)**	**46515488**	**65889516**	**67559540**	**68395082**
柴油发动机		Diesel Engines		35478418	49619435	50748361	51118975
汽油发动机		Gasoline Engines		2748316	4234681	4429592	4651433
电动机		Electric Motor		8095821	11646458	11957037	12197389
其他机械		Other Machinery		192933	388942	424550	427285
机械分类		**Machinery by Type**					
大中型拖拉机	（混合台）	Large and Medium Tractors	(mixed unit)	84992	107671	101707	98737
	（千瓦）		(kw)	2465058	4234946	4422063	4427747
小型及手扶拖拉机	（混合台）	Mini and Walking Tractors	(mixed unit)	198611	219231	187613	178468
	（千瓦）		(kw)	2076993	2732386	2362870	2225232
耕整机	（台）	Tillage Machinery	(unit)	1349055	1832664	1735545	1710985
	（千瓦）		(kw)	5034046	7434868	6988465	6899474
大中型拖拉机配套农具	（部）	Farm Tools for Large and Medium Tractors	(unit)	27684	42829	45782	142930
小型拖拉机配套农具	（部）	Necessary Farm Tools for Mini Tractors	(unit)	97051	163513	161726	1522247
#农用水泵	（台）	#Pumps	(unit)	2099818	2325781	2390390	2392009
谷物联合收割机	（台）	Grain Combine	(unit)	69051	131217	131149	127013
	（千瓦）		(kw)	2365043	5058161	5143457	5168806
增氧机	（台）	Machinery for Pond Oxygen Increase	(unit)	21471	117805	124197	117105
农产品初加工动力机械	（千瓦）	Motorized Machinery for Products Processing	(kw)	6562481	7810316	7739515	8285053
#柴油机动力		#Diesel Engines Power		3457597	3541489		
农田基本建设机械	（台）	Machinery for Farmland Capital Construction	(unit)		20260	20739	20937
	（千瓦）		(kw)		1390165	1413683	1431317
农用航空器	（架）	Agricultural Aircraft	(unit)		4967	7564	9135
有人驾驶农用飞机		The Farm Plane was Manned			18		
植保无人机		Plant Protection UAV			4948	7564	9135

12-7 农作物生产情况(2023年)
Basic Indicators of Farm Corp Production (2023)

指 标	Item	播种面积（千公顷）Sown Area (1000 hectares)	单 产（公斤/公顷）Per Unit Area Yield (kg/hectare)	总产量（吨）Total Output (ton)
粮食作物	**Grain Crops**	**4763.50**	**6440.69**	**30680107.10**
#谷物	#Cereal	4395.93	6642.24	29198781.10
#稻谷	#Rice	3947.00	6752.80	26653176.10
#早稻	#Early Season Rice	1204.80	6168.56	7431750.00
中稻与一季晚稻	Middle Season Rice and Late Rice of One-season	1481.70	7593.00	11250800.00
晚稻	Late Season Rice	1260.50	6323.53	7970626.10
小麦	Wheat	22.70	3396.48	77100.00
玉米	Corn	406.98	5893.41	2398540.00
高粱	Sorghum	9.26	4361.44	40380.00
其他谷物	Other Cereal	10.00	2960.89	29585.00
#大麦	#Barley	1.31	3744.27	4905.00
豆类	Soybeans	178.17	2666.40	474844.00
#大豆	#Beans	139.73	2718.04	379800.00
#绿豆	#Mung Beans	11.25	2122.99	23890.00
薯类（按折粮薯类计算）	Tubers(Converted into Grain)	189.39	5314.51	1006482.00
#红薯	#Sweet Potatoes	126.27	5521.63	697182.00
马铃薯	Potatoes	63.12	4900.19	309300.00
油料	**Oil-bearing Crops**	**1614.83**	**1815.34**	**2931454.83**
#花生果	#Peanuts	118.90	2709.98	322213.12
油菜籽	Rapeseeds	1481.38	1746.74	2587578.29
芝麻	Sesame	11.66	1500.94	17500.27
向日葵	Sunflower	1.73	1238.14	2141.03
其他油料	Other Oil-bearing Crops	1.17	1735.23	2022.12
棉花	**Cotton**	**55.89**	**1360.28**	**76025.31**
麻类	**Fiber Crops**	**1.54**	**2406.90**	**3700.05**
#黄、红麻	#Jute and Ambary Hemp	**0.13**	2157.35	282.90
苎麻	Ramie	1.39	2429.17	3384.65
甘蔗	**Sugarcane**	**7.55**	**46298.32**	**349503.37**
烟叶	**Tobacco**	**105.69**	**2066.13**	**218369.07**
#烤烟	#Flue-cured Tobacco	104.85	2068.29	216852.98
药材	**Medicinal Herbs**	**117.92**	**6440.86**	**759511.53**
蔬菜瓜类	**Vegetables and Melons**	**1586.47**	**31148.19**	**49415611.97**
#蔬菜（包括菜用瓜）	#Vegetables(include Snake Melons)	1433.54	31312.78	44888149.48
果用瓜	Fruit Melons	152.93	29605.26	4527462.49
其他作物:	**Other Crops**	**461.59**		
#青饲料	#Succulence	143.34		

12-8 粮食、棉花播种面积
Sown Area of Grain Crops and Cotton

单位：千公顷 (1000 hectares)

年份 Year	粮食 Grain Crops	稻谷 Rice	早稻 Early Rice	中稻 Medium Rice	晚稻 Late Rice	棉花 Cotton
1983	5423.2	4418.9	1895.0	509.7	2014.2	131.3
1984	5390.9	4401.1	1885.4	507.0	2008.7	132.6
1985	5161.4	4246.5	1825.1	495.0	1926.4	101.8
1986	5210.4	4327.6	1838.3	499.4	1989.9	86.1
1987	5150.9	4255.1	1779.5	508.4	1967.2	64.4
1988	5196.3	4293.7	1803.9	505.7	1984.1	91.4
1989	5330.5	4354.1	1827.8	497.8	2028.5	94.4
1990	5365.7	4370.5	1844.1	484.3	2042.1	118.5
1991	5365.2	4298.1	1813.3	512.0	1972.8	133.3
1992	5243.6	4188.0	1741.0	477.5	1969.5	167.6
1993	5050.5	4025.9	1618.0	516.9	1891.0	172.1
1994	5077.4	4040.7	1633.8	525.1	1881.8	209.1
1995	5115.6	4084.1	1675.6	510.2	1898.3	185.3
1996	5133.9	4064.1	1669.3	513.7	1881.1	174.1
1997	5155.3	4075.8	1651.2	515.0	1909.6	176.5
1998	5074.8	3976.4	1610.1	538.1	1828.2	198.7
1999	5135.2	3984.5	1571.1	585.4	1828.0	157.8
2000	5029.9	3896.1	1515.8	632.1	1748.2	146.0
2001	4802.8	3691.6	1361.1	707.4	1623.1	149.4
2002	4652.6	3541.5	1224.5	812.5	1504.5	129.1
2003	4529.8	3410.0	1173.3	834.5	1402.1	139.0
2004	4754.1	3716.8	1288.3	1061.8	1366.7	167.7
2005	4838.6	3795.2	1324.4	1068.6	1402.2	150.9
2006	4545.4	3931.7	1355.9	1156.3	1419.5	158.6
2007	4539.7	3915.1	1303.6	1232.1	1379.5	172.2
2008	4607.1	3968.3	1306.6	1258.3	1403.4	183.0
2009	4827.2	4103.4	1399.8	1225.3	1478.3	152.6
2010	4847.8	4105.2	1385.7	1251.2	1468.3	175.0
2011	4932.2	4160.8	1427.7	1245.6	1487.4	192.4
2012	4975.3	4209.6	1464.5	1216.5	1528.5	172.7
2013	5010.0	4218.5	1494.0	1210.1	1514.5	159.6
2014	5065.6	4275.0	1507.7	1217.6	1549.6	130.1
2015	5053.7	4287.8	1505.9	1228.3	1553.6	103.6
2016	5010.7	4277.6	1487.3	1263.0	1527.3	106.5
2017	4978.9	4238.7	1448.2	1291.3	1499.2	95.7
2018	4747.9	4009.0	1238.2	1472.5	1298.3	63.9
2019	4616.4	3855.2	1094.6	1602.1	1158.5	63.0
2020	4754.8	3993.9	1225.7	1476.1	1292.0	59.5
2021	4758.4	3971.1	1219.6	1479.2	1272.3	60.2
2022	4765.5	3967.7	1212.8	1481.9	1273.0	64.6
2023	4763.5	3947.0	1204.8	1481.7	1260.5	55.9

注：2004 年起为抽样调查数，2006、2007 年为农业普查口径修正数。
From 2004 onwards, it is a sample survey, and in 2006 and 2007, it is a revision of the calibre of the agricultural census.

12-9 粮食、棉花产量
Output of Grain Crops and Cotton

单位：万吨 (10 000 tons)

年份 Year	粮食 Grain Crops	稻谷 Rice	早稻 Early Rice	中稻 Medium Rice	晚稻 Late Rice	棉花 Cotton
1983	2654.0	2458.1	1038.4	280.5	1139.2	9.8
1984	2613.0	2416.5	1069.0	280.8	1066.7	12.8
1985	2514.3	2338.8	991.7	247.3	1099.8	10.1
1986	2631.6	2464.4	1050.6	289.2	1124.6	8.3
1987	2593.7	2414.2	948.7	302.3	1163.2	5.6
1988	2519.8	2343.9	987.8	258.5	1097.6	4.4
1989	2648.2	2445.2	994.2	307.7	1143.3	6.7
1990	2651.4	2468.2	1033.5	302.4	1132.3	12.0
1991	2682.0	2473.3	957.5	314.1	1201.7	14.9
1992	2620.1	2423.1	916.1	305.0	1202.0	20.3
1993	2570.2	2343.5	825.7	324.8	1193.0	21.1
1994	2661.0	2414.9	903.5	350.6	1160.8	23.8
1995	2691.6	2438.5	854.7	336.8	1247.0	22.4
1996	2701.6	2418.6	854.6	344.2	1219.8	19.0
1997	2801.9	2495.8	945.2	359.6	1191.0	25.6
1998	2647.9	2345.1	830.6	357.1	1157.4	19.2
1999	2725.4	2360.6	817.5	404.4	1138.7	17.7
2000	2767.6	2392.5	877.6	436.1	1078.8	15.8
2001	2700.3	2328.9	783.2	478.4	1067.3	19.0
2002	2501.3	2119.2	627.8	590.8	900.6	15.3
2003	2442.7	2070.2	621.2	637.9	811.1	16.3
2004	2640.0	2285.5	716.4	720.0	849.1	20.3
2005	2678.6	2296.2	734.4	723.8	838.0	19.8
2006	2654.2	2414.5	747.6	782.0	884.9	22.7
2007	2698.5	2435.3	743.0	833.5	858.8	22.7
2008	2822.2	2551.3	774.1	890.9	886.3	24.7
2009	2928.8	2614.3	821.0	862.0	931.3	21.2
2010	2881.6	2551.8	779.5	867.1	905.2	22.7
2011	2983.6	2634.2	824.5	883.8	925.9	23.6
2012	3061.9	2704.3	841.6	881.4	981.3	25.1
2013	2989.5	2645.3	888.5	795.6	961.2	19.8
2014	3078.9	2732.7	886.8	847.1	998.8	12.9
2015	3094.2	2756.8	895.2	857.7	1003.9	12.3
2016	3052.3	2724.6	873.5	871.4	979.8	12.6
2017	3073.6	2740.4	846.5	932.6	961.3	11.0
2018	3022.9	2674.0	755.5	1086.7	831.8	8.6
2019	2974.8	2611.5	661.4	1206.8	743.3	8.2
2020	3015.1	2638.9	718.7	1110.2	810.0	7.4
2021	3074.4	2683.1	743.8	1122.2	817.1	8.0
2022	3018.0	2639.9	741.3	1104.2	794.4	8.2
2023	3068.0	2665.3	743.2	1125.1	797.1	7.6

注：粮食产量1988年起为抽样调查数，棉花产量1998年起为抽样调查数。2006、2007年为农业普查口径修正数。

Grain yield has been sampled since 1988, cotton production has been sampled since 1998. The years 2006 and 2007 are corrections to the calibre of the agricultural census.

12—10 茶叶、水果生产情况(2023年)
Output of Tea and Fruit (2023)

单位：吨 (ton)

名 称	Item	数量 Number	名 称	Item	数量 Number
茶叶产量	**Output of Tea**	**275704**	**水果产量**	**Output of Fruits**	**12660899**
绿茶	Green Tea	128138	柑橘	Citrus	6783043
青茶	Oolong Tea	813	桃子	Peaches	281618
红茶	Red Tea	30192	梨	Pears	214134
黑茶	Black Tea	104878	葡萄	Grapes	288701
黄茶	Yellow Tea	827	红枣	Red Chinese Dates	35035
白茶	White Tea	3017	柿子	Fresh Persimmons	26367
其他茶	Other Tea	7838	其他水果	Other Fruits	5032001

12—11 林业情况
Basic Indicators of Forestry

单位：万公顷 (10 000 hectares)

指 标	Item	2010	2020	2022	2023
当年造林面积总计	**Total Afforestation Areas of the Current Year**	**21.34**	**57.65**	**30.02**	**42.49**
按主要林种用途分	**By the Use of Main Forestry**				
封山育林面积	Close Hillsides to Facilitate Afforestation Areas		23.42	7.05	12.53
中幼林抚育面积	Areas of Middle and Young Growth Fostering	20.63	49.91	25.74	17.27
主要林产品产量（万吨）	**Output of Main Forestry Products (10 000 tons)**				
油茶籽	Tea-oil Seeds	39.05	128.26	96.46	126.63
竹笋干	Bamboo Shoots	3.19	8.73	13.70	6.88

12-12 畜牧业年末存栏情况(2023年)
Year-end Animals in Stock (2023)

项 目		Item		合计 Total	能繁母畜 Breeding Dams
牛	(万头)	Cattle and Buffaloes	(10 000 heads)	410.70	
役用牛		Draught Animals			
肉牛		Beef Cattle		406.80	
乳牛(奶牛)		Dairy Cattle(cows)		3.90	
马	(匹)	Horses	(head)	11945	
驴	(匹)	Donkeys	(head)	1373	
骡	(匹)	Mules	(head)	371	
生猪	(万头)	Hogs	(10 000 heads)	3861.30	350.10
羊	(万只)	Goats and Sheep	(10 000 heads)	752.80	
山羊		Goats		752.80	
绵羊		Sheep			

12–13　畜禽出栏量
Amount Over the Slaughter of Livestock and Poultry

年份 Year	生猪（万头） Live Pig (10 000 heads)	牛（万头） Cattle (10 000 heads)	羊（万只） Sheep (10 000 heads)	禽（万只） Birds (10 000 heads)
1983	1850.1	11.9	27.6	
1984	2128.9	10.1	28.8	
1985	2296.6	9.3	30.1	8458.6
1986	2471.8	9.9	28.5	9453.9
1987	2657.4	11.7	30.3	10255.8
1988	2813.7	15.3	32.6	10548.9
1989	2866.5	15.8	35.2	11384.5
1990	3092.1	16.3	35.3	11832.6
1991	3247.9	20.2	42.9	12607.1
1992	3536.3	26.5	50.1	14187.4
1993	3813.2	33.4	71.0	15872.9
1994	4372.6	43.5	101.5	18441.2
1995	5001.7	58.0	157.9	23198.2
1996	4387.5	87.0	319.1	28315.8
1997	5127.0	96.5	291.1	31458.2
1998	5467.3	109.0	331.3	35703.4
1999	5385.3	118.8	354.2	27967.5
2000	5491.3	128.1	397.1	30448.9
2001	5540.5	125.0	435.2	32672.0
2002	5653.1	146.8	526.0	35286.0
2003	5905.8	148.3	604.9	41497.0
2004	6088.7	154.6	662.1	42816.6
2005	6176.3	167.4	763.4	39209.8
2006	5126.9	121.7	638.9	32867.8
2007	4816.7	127.3	648.5	32802.0
2008	5153.1	130.0	655.0	34770.0
2009	5508.7	139.6	680.0	36880.0
2010	5723.5	144.5	656.2	38355.2
2011	5575.9	141.5	633.1	39264.2
2012	5878.8	146.6	638.2	41650.3
2013	5902.3	155.8	657.6	41283.6
2014	6220.3	161.4	676.3	40043.8
2015	6077.2	168.5	699.9	41474.7
2016	5920.9	143.4	725.5	42671.9
2017	6116.3	147.0	901.8	42263.8
2018	5993.7	152.7	911.0	42476.7
2019	4812.9	162.5	971.5	51057.0
2020	4658.9	174.6	983.3	54403.6
2021	6121.8	180.7	1064.1	54025.2
2022	6248.2	183.1	1101.4	55213.2
2023	6286.3	171.4	1018.2	55857.8

注：生猪 2000 年起为抽样调查数，牛 2001 起为抽样调查数，1997 年起禽为农普衔接数。

The hogs number from 2000 is spot check number; the cattle number from 2002 is spot check number; The sheep number is joined number of agriculture surveys; the poultry number from 2003 is spot check number.

12–14 主要畜禽存栏和水产品产量
Number of Live Stocks, Birds and Output of Aquatic Products

年份 Year	年底牛头数（万头） Cattle and Buffaloes (Year–end) (10 000 heads)	年底猪头数（万头） Hogs(Year–end) (10 000 heads)	年底羊只数（万只） Sheep and Goats (Year–end) (10 000 heads)	猪牛羊肉（万吨） Pork,Beef, and Mutton (10 000 tons)	禽（万只） Birds (10 000 heads)	水产品（万吨） Aquatic Products (10 000 tons)
2006	405.67	3452.45	499.14	389.18	24346.50	160.04
2007	399.59	3776.39	511.91	373.31	26099.40	170.09
2008	399.55	3924.46	523.95	395.74	26882.40	178.59
2009	414.32	4046.99	553.80	421.93	27100.00	188.59
2010	401.68	4063.91	552.66	438.98	27262.60	198.89
2011	385.04	4182.65	567.30	432.17	27563.80	200.02
2012	381.75	4275.51	565.59	454.25	29023.40	220.08
2013	384.96	4130.69	590.64	458.89	29920.50	233.91
2014	389.18	4227.81	622.13	487.43	31024.60	247.96
2015	393.91	4122.72	655.38	478.77	32105.80	261.32
2016	374.13	3983.11	648.06	466.39	33101.10	238.35
2017	379.37	3968.10	661.71	480.79	33012.80	242.31
2018	385.40	3822.00	668.30	479.60	32616.00	252.53
2019	410.40	2698.30	712.20	383.40	36333.20	264.85
2020	438.10	3734.60	761.20	374.30	37688.50	258.92
2021	435.10	4202.00	775.10	481.90	37456.10	266.11
2022	441.80	4116.20	801.40	497.70	36332.40	272.59
2023	410.70	3861.30	752.80	499.10	36865.60	285.90

12–15 渔业生产情况
Basic Indicators of Fishery Production

名 称	Item	2010	2020	2022	2023
水产品总产量 （吨）	**Total Aquatic Products (ton)**	**1988859**	**2589158**	**2725944**	**2858964**
淡水产品捕捞产量 （吨）	**Freshwater Aquatic Products Caught (ton)**	**168047**	**24520**	**2039**	**1686**
#鱼类	#Fish	145703	20793	1277	1020
虾蟹类	Shrimps,Prawns and Crabs	12635	2477	253	161
贝类	Shellfish	8137	983	498	491
其他	Others	1572	267	11	14
淡水产品养殖产量 （吨）	**Freshwater Aquatic Products Cultured (ton)**	**1820812**	**2564638**	**2723905**	**2857278**
#鱼类	#Fish	1763313	2109722	2175140	2196113
虾蟹类	Shrimps,Prawns and Crabs	23312	384576	447991	490097
贝类	Shellfish	15848	13629	11539	11779
其他	Others	18039	56711	89235	159289
淡水养殖面积合计 （千公顷）	**Freshwater Cultured Area (1 000 hectares)**	**395.57**	**426.78**	**449.15**	**452.17**
#池塘养殖	#Pond Cultivated	192.10	265.10	277.71	274.37
湖泊养殖	Lake Cultivated	82.70	55.23	63.78	62.19
河沟养殖	Brook Cultivated	6.26	1.06	1.11	1.11
水库养殖	Reservoir Cultivated	111.93	95.58	96.50	103.05
其他养殖	Other Cultivated	2.58	9.81	10.05	11.45
附：稻田养殖	**Enclose: Paddy Cultivated**	**126.14**	**331.43**	**356.02**	**362.58**

12-16 农村主要能源及物资消耗
Consumption of Major Energy and Materials of Rural Areas

指 标		Item		2010	2020	2022	2023
农用化肥施用量		**Consumption of Agricultural Chemical Fertilizer**					
按折纯量计算	(吨)	Calculated at Quantity of 100% Content	(ton)	2365718	2237331	2158736	2133381
# 氮肥		# Nitrogenous Fertilizer		1103546	798969	665280	629247
磷肥		Phosphate Fertilizer		267177	223306	174481	156272
钾肥		Potash Fertilizer		404631	372159	313832	293705
复合肥		Compound Fertilizer		590364	842897	1005143	1054157
农用薄膜使用量	**(吨)**	**Consumption of Agricultural Films**	**(ton)**	**73173**	**83004**	**73837**	**66339**
# 地膜使用量		# Consumption of Ground Films		51083	54857	41719	36720
地膜覆盖面积	(公顷)	Ground Film Covered Areas	(hectare)	706696	630059	518972	439645
农药使用量	**(吨)**	**Consumption of Pesticide**	**(ton)**	**118762**	**101450**	**82380**	**74695**
农用柴油使用量	**(吨)**	**Consumption of Agricultural Diesel Oil**	**(ton)**	**377821**	**452055**	**471647**	**472359**

12-17 自然灾害情况(2023年)
Statistics on Natural Disaster (2023)

名 称		Item		2023
农作物受灾面积	(千公顷)	Areas Affected by Crop Disaster	(1 000 hectares)	279.4
成灾面积	(千公顷)	Areas Disaster-affected	(1 000 hectares)	116.7
因灾死亡人数	(人)	Number of Dead Population in the Disaster	(person)	10
倒塌房屋	(间)	Collapsed Houses	(unit)	1382
严重损坏房屋	(间)	Badly Destroyed Houses	(unit)	4442
一般损坏房屋	(间)	General Destroyed Houses	(unit)	48336
直接经济损失	(万元)	Direct Economic Loss of Disaster	(10 000 yuan)	489437
洪涝灾害损失	(万元)	Flood Damage Loss	(10 000 yuan)	332799

主要统计指标解释

农林牧渔业总产值 指以货币表现的农、林、牧、渔业全部产品和对农林牧渔业生产活动进行的各种支持性服务活动的价值总量，它反映一定时期内农林牧渔业生产总规模和总成果。1957年以前的农林牧渔业总产值中包括了厩肥和农民自给性手工业（如农民自制衣服、鞋、袜，自己从事粮食初步加工等）。1958年及以后，林业中增加了村及村以下竹木采伐产值；牧业中取消了厩肥产值；副业中取消了农民自给性手工业产值，增加了村及村以下办的工业产值； 渔业中增加了海洋捕捞水产品产值。1980年及以后，在副业中增加了农民家庭兼营工业商品部分的产值。从1984年起村及村以下工业产值划归工业。从1993年起取消副业，将野生动物的捕猎划入牧业，野生植物采集和农民家庭兼营商品性工业划归农业。从2003年起，执行新的国民经济行业分类标准，农林牧渔业总产值中包括了农林牧渔服务业产值，2018年以后农林牧渔服务业产值改称农林牧渔专业及辅助性活动产值。林业中增加了森林采运业产值。农业中取消了家庭兼营商品性工业产值，将野生林产品的采集划归林业。第一、二、三次农业普查以后，根据农业普查结果，对农业、畜牧业、渔业年报数据和农业、畜牧业、渔业产值进行了修订。2010年执行《统计用产品分类目录》， 对2009年的农业、林业产值做了相应调整。

农林牧渔业总产值的计算方法通常是按农、林、牧、渔业产品及其副产品的产量分别乘以各自单位产品价格求得；少数生产周期较长，当年没有产品或产品产量不易统计的，则采用间接方法匡算其产值；然后将四业产品产值及农林牧渔专业及辅助性活动产值相加即为农林牧渔业总产值。

粮食产量 指农业生产经营者日历年度内生产的全部粮食数量。按收获季节包括夏收粮食、早稻和秋收粮食，按作物品种包括谷物、薯类和豆类。其产量计算方法：谷物按脱粒后的原粮计算，豆类按去豆荚后的干豆计算；薯类（包括甘薯和马铃薯，不包括芋头和木薯）1963年以前按每4公斤鲜薯折1公斤粮食计算，从1964年开始改为按5公斤鲜薯折1公斤粮食计算；城市郊区作为蔬菜的薯类（如马铃薯等）按鲜品计算，并且不作粮食统计。1989年以前全国粮食产量数据主要靠全面报表取得，1989年开始使用抽样调查数据。

棉花产量 指全社会的产量。包括春播棉和夏播棉。产量按皮棉计算。不包括木棉。

油料产量 指全部油料作物的生产量。包括花生、油菜籽、芝麻、向日葵籽、胡麻籽（亚麻籽）和其他油料。不包括大豆、木本油料和野生油料。花生以带壳干花生计算。

水产品产量 指渔业（捕捞和养殖）生产活动的最终有效成果，包括全部海水和淡水鱼类、甲壳类（虾、蟹）、贝类、头足类、藻类和其他类渔业产品的最终产量。水产品产量是通过各级水产部门逐级上报取得数据。1995年及以前，贝类中牡蛎按鲜肉计算；蚶、蛤、蛙按5斤鲜品折1斤计算。1996年以后则统一按鲜品计算。

猪、牛、羊肉产量 指当年出栏并已屠宰、除去头蹄下水后带骨肉（即胴体重）的重量。包括全社会范围内的产量。1996年以前为全面统计并逐级上报数据。1996年第一次农业普查以后，根据普查结果，对畜牧业主要年报数据进行了修正。1999年以后，国家统计局在部分地区开展了猪、牛、羊、禽等主要畜禽品种的抽样调查，并用抽样数据作为国家定案数据使用。未开展抽样调查的地区和品种，仍使用各级统计部门逐级上报数据。2008年，建立了主要畜禽监测调查制度，猪、牛、羊、禽等主要畜禽数据均以抽样调查数为法定数据。

期初（末）畜禽存栏头（只）数 指报告期初（末）饲养的大牲畜、猪、羊、家禽等畜禽的数量。数据上报方式及数据调整情况同猪、牛、羊、禽肉产量。

农作物播种面积 指农业生产经营者应在日历年度内收获农作物在全部土地（耕地或非耕地）上的播种或移植面积。凡是本年内收获的农作物，无论是本年还是上年播种，都算为播种面积，但不包括本年播种，下年收获的农作物面积。

耕地灌溉面积 指具有一定的水源，地块比较平整，灌溉工程或设备已经配套，在一般年景下能够进行正常灌溉的耕地面积。在一般情况下，耕地灌溉面积应等于灌溉工程或设备已经配套，能够进行正常灌溉的水田和水浇地面积之和。它是反映我国农田水利建设的重要指标。

农用化肥施用量 指本年内实际用于农业生产的化肥

数量，包括氮肥、磷肥、钾肥和复合肥。化肥施用量要求按折纯量计算数量。折纯量是指把氮肥、磷肥、钾肥分别按含氮、含五氧化二磷、含氧化钾的百分之百成分进行折算后的数量。复合肥按其所含主要成分折算。公式为：

折纯量 = 实物量 × 某种化肥有效成分含量的百分比

农业机械总动力 指全部农业机械动力的额定功率之和。农业机械是指用于种植业、畜牧业、渔业、农产品初加工、农用运输和农田基本建设等活动的机械及设备。农机总动力按使用能源不同分为以下四部分：

柴油发动机动力：指全部柴油发动机额定功率之和；

汽油发动机动力：指全部汽油发动机额定功率之和；

电动机动力：指全部电动机（含潜水电泵的电动机）额定功率之和；

其他机械动力：指采用柴油、汽油、电力之外的其他能源，如水力、风力、煤炭、太阳能等动力机械功率之和。

这个指标的统计数据主要来源于农机部门。

Explanatory Notes on Main Statistical Indicators

Gross Output Value of Agriculture, Forestry, Animal Husbandry and Fishery refers to the total value of products of agriculture, forestry, animal husbandry and fishery, and total value of services in support of agriculture, forestry, animal husbandry and fishery activities. It reflects the total scale and results of agricultural production during a given period. Prior to 1957, China's gross agricultural output value included barnyard manure and handicraft products for self-consumption (clothes, shoes, stockings, and initial grain processing undertaken by peasants). Since 1958, cutting and felling of bamboo and trees by villages and other cooperative organizations under villages have been included in forestry; value of barnyard manure has been excluded from animal husbandry; self consumed handicrafts have not been included from sideline occupations, while the output value of industries run by villages and cooperative organizations under village has been included in sideline occupations; and the output value of fish catches by motor fishing boats has been added to fishery. Since 1980, the value of handicraft products made for sale by individuals in households has been added to sideline occupations. Since 1984, industries run by villages and under villages have been included in the sector of industry. Since 1993, the subdivision of sideline occupations has been cancelled, and the hunting of wild animals has been classified into animal husbandry, and the gathering of wild plants and commodity industry run by rural household have been included in farming. A new industrial classification of economic activities was introduced in 2003. Under the new classification, value of services to agriculture, forestry, animal husbandry and fishery is included in the gross output value of agriculture. In 2018, the output value of agriculture, forestry, animal husbandry and fishery services was renamed the output value of professional and auxiliary activities in support of agriculture, forestry, animal husbandry and fishery, value of wood felling and transport is included in forestry, value of industrial output by rural households is not included in agriculture. According to the result of the first, second, third Agriculture Census, efforts were made to adjust the annual reports of animal husbandry and fishery output and the output value of agriculture, animal husbandry and fishery output to make the figures from the annual reports consistent with the census data. "The Classification of Products for Statistical Purposes" implemented in 2010 made relevant revision on the output value of agriculture and forestry in 2009.

Gross output value of agriculture is obtained by multiplying the output of each product or by-product by its price, resulting in the output value of each single item. For a small number of products, annual output of which is not available or difficult to get due to the long production (growing) process involved, the output value is estimated through an indirect approach. The sum of output values of all products of agriculture, forestry, animal husbandry and fishery and professional and auxiliary activities in support of agriculture, forestry, animal husbandry and fishery is then equal to the gross output value of agriculture.

Grain Output refers to the total output of grains produced by agricultural producers within a calendar year. It includes summer grain, early rice and autumn grain if classified by harvest seasons; it covers cereal, tubers and beans if classified by type of crops. Output of cereal should be limited to husked grain only. Output of beans refers to dry beans without pods. The output of tubers (sweet potatoes and potatoes, not including taros and cassava) are converted into that of grain at the ratio 4:1, i.e. 4 kilograms of fresh tubers were equivalent to 1 kilogram of grain up to 1963. Since 1964 the ratio for conversion has been 5:1. Tubers supplied as vegetables (such as potatoes) in cities and suburbs are calculated as fresh vegetables and their output is not included in the output of grain. Data on grain production before 1989 were obtained through the Comprehensive Statistical Reporting System. Since 1989, data from sample surveys are used.

Cotton Output refers to cotton production in the whole country including cotton planted in spring and in autumn. Output is measured as the weight of ginned cotton. Ceiba is not included.

Output of Oil-bearing Crops refers to the total production of oil-bearing crops of various kinds, including peanuts (dry, in shell), rapeseeds, sesame, sunflower seeds, flax seeds, and other oil-bearing crops. Soybeans, oil-bearing woody plants, and wild oil-bearing crops are not included.

Output of Aquatic Products refers to final output actually yielded from fishing production (fishery and breeding), including all output of marine and freshwater fish, crustaceans (shrimps, crabs), shellfish, cephalopod, seaweed and other fishery products. Data on output of aquatic products are reported by aquatic product agencies level by level. Before 1995, among the shellfish, oyster was counted as fresh meat; 5 kilograms of ark shell, clams and frogs are equivalent to 1 kilogram of fresh aquatic products; they have all been counted as fresh aquatic products since 1996.

Output of Pork, Beef, and Mutton refers to the meat of slaughtered hogs, cattle, sheep and goats with head, feet, and offal taken away. Data refers to the production of the whole country. Before 1996, it was a comprehensive reporting from the lower level to the upper one. The First Agricultural Census of China in 1996 revealed some discrepancy between the production of animal products from the annual reports and that from the census. Efforts were made to adjust the output value of animal husbandry to make the figures from the annual reports consistent with the census data. Since 1999, the NBS conducted sample surveys for the major animal husbandry products, such as hogs, cattle, sheep and goats and fowls, and the data from sample surveys are used as national finalized data. Those products, which are not covered by the sample survey, are still reported by statistical agencies level by level. In 2008, A Monitoring and Survey Program was set up on main livestock, the data on the main livestock such as hog, cattle, sheep and poultry became the official data based on the sampling survey.

Number of Livestock or Poultry in Stock at Beginning (or End) of Period refers to the quantity of large livestock, pigs, sheep, poultry and other livestock and poultry raised at the beginning (end) of the reporting period. The data reporting method and data adjustment situation are the same as those of the output of pork, beef, mutton, and poultry meat.

Sown Area of Crops refers to area of all land (cultivated or non-cultivated area) sown or transplanted with crops that are harvested within the calendar year by agricultural producers. All crops harvested within the year are counted as sown area, regardless of being sown in this year or the previous year. Crops sown this year but will be harvested in the coming year are excluded.

Irrigated Area of Cultivated Land refers to area of land that are effectively irrigated, i.e. relatively level land, where there are water sources or complete sets of irrigation facilities to lift and move adequate water for irrigation purpose under normal conditions. Under normal situations, irrigated area of cultivated land is the sum of watered fields and irrigated fields where irrigation systems or equipment have been installed for regular irrigation purpose. It is an important indicator to reflect the farmland water conservancy construction in China.

Consumption of Chemical Fertilizers in Agriculture refers to the quantity of chemical fertilizers applied in agriculture in the year, including nitrogenous fertilizer, phosphate fertilizer, potash fertilizer, and compound fertilizer. The consumption of chemical fertilizers is calculated in terms of volume of effective components by means of converting the gross weight of the respective fertilizers into weight containing effective component (e.g. nitrogen content in nitrogenous fertilizer, phosphorous pentoxide contents in phosphate fertilizer, and potassium oxide contents in potash fertilizer). Compound fertilizer is converted in regard to its major components. The formula is:

Volume of effective component= physical quantity× effective component of certain chemical fertilizer (%)

Total Power of Agricultural Machinery refers to the total rated capacity of all agricultural machinery. Agricultural machinery refers to the machineries and equipments which are used for activities of planting, animal husbandry, fishery, primary processing of agricultural products, agricultural transport and infrastructure construction of farmland. Total power of agricultural machinery is grouped into four parts according to the energy used:

Diesel engine power refers to the total rated capacity of all diesel engines.

Gasoline engine power refers to the total rated capacity of all gasoline engines.

Motor power refers to the total rated capacity of all motors (include submersible pump motors).

Other mechanical powers refer to the total mechanical capacity of the sources of energy besides diesel, gasoline and motor power, such as hydro power, wind power, coal and solar energy.

Data are mainly from agricultural machinery agencies.

13

工 业

Industry

资料整理人员：邓鸿鹄　孙 靖　凌 骞　粟子林
吴彧宇　吕 燕

13-1 规模以上工业企业基本情况
Basic Conditions of Industrial Enterprises above Designated Size

单位：亿元 (100 million yuan)

年份 Year	工业增加值增速（%） The Speed of Value Added of Industry (%)	营业收入 Revenue of Bussiness	利润总额 Total Profits
1978		124.40	14.15
1979		137.89	17.29
1980		159.74	19.02
1981		167.95	17.70
1982		183.52	19.92
1983		198.22	21.85
1984		219.47	23.37
1985		271.98	26.23
1986		313.30	27.32
1987		382.17	30.48
1988		481.22	36.01
1989		527.17	29.24
1990		540.02	9.33
1991		632.96	10.27
1992		782.16	18.91
1993		1102.25	19.91
1994		1120.34	15.93
1995		1340.79	4.77
1996		1487.09	10.90
1997		1520.14	-1.22
1998		1212.79	3.18
1999		1366.59	16.21
2000		1563.26	34.48
2001	13.8	1699.15	51.42
2002	16.1	1980.04	69.02
2003	20.7	2604.98	111.25
2004	24.1	3544.38	154.77

13-1 续表 Continued

单位：亿元 (100 million yuan)

年份 Year	工业增加值增速（%） The Speed of Value Added of Industry (%)	营业收入 Revenue of Bussiness	利润总额 Total Profits
2005	20.6	4585.31	189.25
2006	20.1	5968.67	272.69
2007	24.3	8348.97	488.24
2008	18.4	11285.44	663.56
2009	20.5	13077.27	758.48
2010	23.4	18669.79	1451.45
2011	20.1	25726.21	1832.99
2012	14.6	27823.31	1790.96
2013	11.6	31854.65	2047.87
2014	9.6	33489.44	1688.30
2015	7.8	35410.45	1808.70
2016	6.9	38314.28	1953.67
2017	7.3	38934.23	2093.98
2018	7.4	35086.89	2014.60
2019	8.3	37919.60	2227.27
2020	4.8	38914.75	2559.92
2021	8.4	43408.68	2618.32
2022	7.2	39760.49	2282.93
2023	5.1	39813.98	2377.61

注：1. 规模以上工业企业的统计范围：1998 年至 2006 年为全部国有和年主营业务收入 500 万元及以上的非国有工业法人单位；2007 年至 2010 年为年主营业务收入 500 万元及以上的工业法人单位；从 2011 年开始，为年主营业务收入 2000 万元及以上的工业法人单位。

2. 规模以上工业企业“主营业务收入”指标 2018 年调整为“营业收入”指标。

3. 2017 年以来全国规模以上工业企业主要经济指标数据与上年数据之间存在不可比因素，其主要原因是：（1）根据统计制度，每年定期对规模以上工业企业调查范围进行调整。每年有部分企业达到规模标准纳入调查范围，也有部分企业因规模变小而退出调查范围，还有新建投产企业、破产、注（吊）销企业等变化。（2）加强统计执法，对统计执法检查中发现的不符合规模以上工业统计要求的企业进行了清理，对相关基数依规进行了修正。（3）加强数据质量管理，剔除跨地区、跨行业重复统计数据。

a. The scopes of industrial enterprises above designated size were: all State-owned industrial enterprises and the non-State-owned industrial enterprises with revenue from principal business over 5 million yuan from 1998 to 2006; all industrial enterprises with revenue from principal business over 5 million yuan from 2007 to 2010; and all industrial enterprises with revenue from principal business above 20 million yuan since 2011.

b. Indicators of revenue from principal business for industrial enterprises above designated size change into business revenue in 2018.

c. Since 2017, data of main indicators of industrial enterprises above designated size nationwide are not comparable with previous years, the reasons are as following: (1) According to the statistical system, the investigation scope of industrial enterprises above designated size should be adjusted regularly every year. Every year, some enterprises meet the scale criteria to be included in the scope of investigation, some enterprises withdraw from the scope of investigation because of the smaller scale, and there are other changes: new enterprises, bankruptcy, annotation (cancellation) enterprises, etc. (2) Strengthening of statistical law enforcement, cleaning up enterprises found in the inspection of statistical law enforcement that do not meet the standard of industrial statistics above designated size, and amending the relevant cardinality in accordance with regulations. (3) Strengthening data quality management and eliminating duplicated statistical data across regions and across industries.

13-2 规模以上工业企业主要经济指标(2023年)
Major Economic Indicators of Industrial Enterprises above Designated Size (2023)

单位：亿元 (100 million yuan)

指　标	Item	企　业单位数(个) Number of Enterprises (unit)	亏损企业 Loss-making Enterprises	资产总计 Total Assets	流动资产合计 Total Current Assets
总计	**Total**	**21491**	**2130**	**40265.29**	**19251.78**
按登记注册类型:	**Grouped by Registration**				
内资企业	Internal-invested Enterprises	20998	2025	35836.10	17356.03
国有企业	State-owned Enterprises	61	16	281.04	166.81
中央企业	Central Enterprises	10	2	182.40	115.36
地方企业	Local Enterprises	51	14	98.64	51.44
集体企业	Collective-owned Enterprises	36	2	31.06	3.92
股份合作企业	Enterprises Cooperated by Joint-stock	2		1.91	1.27
联营企业	Cooperative Enterprises				
有限责任公司	Limited Liability Company	19219	1885	28270.50	13125.65
股份有限公司	Company Limited by Shares	944	108	6931.66	3970.57
私营企业	Individual-owned Enterprises	17795	1402	14325.79	7082.49
其他内资企业	Enterprises of Other Domestic-funded	2		0.63	0.18
港、澳、台商投资企业	Enterprises Funded by Entrepreneurs From Hong Kong,Macao and Taiwan	288	48	3378.58	1374.12
外商投资企业	Enterprises Funded by Foreigners	203	57	1050.30	521.33
按企业规模分:	**Grouped by Size of Enterprises**				
大型企业	Large Enterprises	200	15	15888.33	7930.08
中型企业	Medium-sized Enterprises	1256	155	7981.60	4005.85
小型企业	Small Enterprises	16119	1456	14723.78	6525.05
微型企业	Miniature Enterprise	3916	504	1671.58	790.81
国有控股企业	**State Controlling Share Hold Enterprises**	**1035**	**217**	**15984.39**	**6878.89**

注：本表登记注册统计类别按《关于市场主体统计分类的划分规定》（国统字〔2023〕14号）执行。

The Registered statistical categories of this table is implemented in accordance with the Regulations on the Classification of Market Entity Statistics(Guotongzi[2023]No.14).

13-2 续表 1 Continued

单位：亿元 (100 million yuan)

指 标	Item	应收账款 Net Value of Account Received	存货 Stock	产成品 Finished Products	固定资产原价 Original Price of Fixed Assets	累计折旧 Accumulated Depreciation
总计	**Total**	**5796.19**	**3888.88**	**1368.14**	**22030.88**	**9487.74**
按登记注册类型：	**Grouped by Registration**					
内资企业	Internal-invested Enterprises	5264.97	3628.28	1274.31	19292.84	8174.66
国有企业	State-owned Enterprises	18.34	60.22	19.18	118.28	56.93
中央企业	Central Enterprises	13.64	57.46	17.82	71.88	36.69
地方企业	Local Enterprises	4.70	2.76	1.35	46.40	20.23
集体企业	Collective-owned Enterprises	1.03	0.90	0.72	14.47	6.44
股份合作企业	Enterprises Cooperated by Joint-stock	0.05	0.43	0.30	0.84	0.36
联营企业	Cooperative Enterprises					
有限责任公司	Limited Liability Company	3905.62	2822.85	1017.63	17048.29	7203.49
股份有限公司	Company Limited by Shares	1311.47	720.66	221.26	1949.76	841.89
私营企业	Individual-owned Enterprises	2221.77	1612.62	730.15	7136.02	3004.67
其他内资企业	Enterprises of Other Domestic-funded	0.05	0.04		0.47	0.34
港、澳、台商投资企业	Enterprises Funded by Entrepreneurs From Hong Kong,Macao and Taiwan	385.81	179.72	60.91	1913.20	851.08
外商投资企业	Enterprises Funded by Foreigners	145.15	80.87	32.91	824.51	461.76
按企业规模分：	**Grouped by Size of Enterprises**					
大型企业	Large Enterprises	2361.42	1571.94	361.06	8786.11	4125.72
中型企业	Medium-sized Enterprises	1165.95	856.12	327.00	4048.52	1825.67
小型企业	Small Enterprises	2012.50	1356.33	625.94	8285.63	3250.69
微型企业	Miniature Enterprise	256.32	104.49	54.14	910.62	285.65
国有控股企业	**State Controlling Share Hold Enterprises**	**1934.75**	**1524.58**	**315.43**	**11047.24**	**5037.51**

13-2 续表 2 Continued

单位：亿元 (100 million yuan)

指 标	Item	负债合计 Total Liability	流动负债合计 Total Circulating Liability	应付账款 Account Payable	所有者权益合计 Total Rights of Owners
总计	**Total**	**21286.78**	**15463.66**	**5288.46**	**18975.25**
按登记注册类型:	**Grouped by Registration**				
内资企业	Internal-invested Enterprises	19270.87	14200.74	4877.81	16561.97
国有企业	State-owned Enterprises	180.85	130.28	38.92	100.20
中央企业	Central Enterprises	114.95	99.32	35.52	67.45
地方企业	Local Enterprises	65.89	30.96	3.40	32.75
集体企业	Collective-owned Enterprises	6.19	2.76	1.19	24.86
股份合作企业	Enterprises Cooperated by Joint-stock	0.50	0.50		1.41
联营企业	Cooperative Enterprises				
有限责任公司	Limited Liability Company	15394.53	11210.43	3933.55	12872.71
股份有限公司	Company Limited by Shares	3608.39	2806.02	885.67	3323.28
私营企业	Individual-owned Enterprises	6623.63	4965.07	1670.26	7701.46
其他内资企业	Enterprises of Other Domestic-funded	0.18	0.16	0.04	0.45
港、澳、台商投资企业	Enterprises Funded by Entrepreneurs From Hong Kong,Macao and Taiwan	1480.65	823.20	275.13	1897.93
外商投资企业	Enterprises Funded by Foreigners	535.00	439.54	135.36	515.30
按企业规模分:	**Grouped by Size of Enterprises**				
大型企业	Large Enterprises	8954.21	6821.74	2662.29	6931.43
中型企业	Medium-sized Enterprises	4071.06	3036.45	975.42	3910.54
小型企业	Small Enterprises	7213.35	4972.52	1505.75	7510.55
微型企业	Miniature Enterprise	1048.16	632.95	144.99	622.74
国有控股企业	**State Controlling Share Hold Enterprises**	**9426.19**	**6424.67**	**2065.58**	**6555.49**

13-2 续表 3 Continued

单位：亿元 (100 million yuan)

指 标	Item	实收资本 Paid-in Capital	国家资本 National Assets	集体资本 Collective Assets	法人资本 Corporate Assets
总计	**Total**	**8625.18**	**1467.05**	**141.00**	**4757.15**
按登记注册类型：	**Grouped by Registration**				
内资企业	Internal-invested Enterprises	7722.09	1360.47	116.32	4392.67
国有企业	State-owned Enterprises	35.89	11.48	0.48	28.14
中央企业	Central Enterprises	25.34	5.25		20.08
地方企业	Local Enterprises	10.55	6.23	0.48	8.05
集体企业	Collective-owned Enterprises	13.18		0.30	4.67
股份合作企业	Enterprises Cooperated by Joint-stock	0.04		0.04	
联营企业	Cooperative Enterprises				
有限责任公司	Limited Liability Company	6581.64	1159.02	81.71	3944.49
股份有限公司	Company Limited by Shares	970.81	189.96	33.80	384.21
私营企业	Individual-owned Enterprises	3146.07	19.62	45.22	1598.67
其他内资企业	Enterprises of Other Domestic-funded	0.05			
港、澳、台商投资企业	Enterprises Funded by Entrepreneurs From Hong Kong,Macao and Taiwan	632.23	79.69	0.79	277.40
外商投资企业	Enterprises Funded by Foreigners	270.83	26.89	23.88	87.05
按企业规模分：	**Grouped by Size of Enterprises**				
大型企业	Large Enterprises	2616.07	659.56	4.84	1562.74
中型企业	Medium-sized Enterprises	1780.94	391.05	35.54	852.99
小型企业	Small Enterprises	3897.51	368.01	74.57	2180.19
微型企业	Miniature Enterprise	330.66	48.43	26.04	161.22
国有控股企业	**State Controlling Share Hold Enterprises**	**3474.31**	**1390.71**	**42.82**	**1848.29**

13-2 续表 4 Continued

单位：亿元 (100 million yuan)

指 标	Item	实收资本 Paid-in Capital 个人资本 Individual Assets	港澳台资本 Assets from Hongkong, Maco and Taiwan Funded Enterprises	外商资本 Total Rights of Owners Foreign Assets
总计	**Total**	**1872.48**	**272.59**	**126.93**
按登记注册类型：	**Grouped by Registration**			
内资企业	Internal-invested Enterprises	1822.62	35.42	6.61
国有企业	State-owned Enterprises	0.28		
中央企业	Central Enterprises			
地方企业	Local Enterprises	0.28		
集体企业	Collective-owned Enterprises	8.21		
股份合作企业	Enterprises Cooperated by Joint-stock			
联营企业	Cooperative Enterprises			
有限责任公司	Limited Liability Company	1381.67	15.96	6.33
股份有限公司	Company Limited by Shares	343.16	19.40	0.28
私营企业	Individual-owned Enterprises	1469.84	11.10	1.15
其他内资企业	Enterprises of Other Domestic-funded	0.05		
港、澳、台商投资企业	Enterprises Funded by Entrepreneurs From Hong Kong,Macao and Taiwan	38.48	230.95	4.92
外商投资企业	Enterprises Funded by Foreigners	11.38	6.22	115.41
按企业规模分：	**Grouped by Size of Enterprises**			
大型企业	Large Enterprises	185.41	173.98	29.54
中型企业	Medium-sized Enterprises	413.88	33.52	63.03
小型企业	Small Enterprises	1184.00	61.52	32.15
微型企业	Miniature Enterprise	89.18	3.57	2.21
国有控股企业	**State Controlling Share Hold Enterprises**	**111.65**	**64.10**	**28.81**

13−2 续表 5 Continued

单位：亿元 (100 million yuan)

指 标	Item	营业收入 Revenue of Business	营业成本 Cost of Business	营业税金及附加 Tax and Surcharge of Business	销售费用 Operation Expenses	管理费用 Manage-ment Expense
总计	**Total**	**39813.98**	**32042.01**	**1094.01**	**1089.70**	**1510.46**
按登记注册类型：	**Grouped by Registration**					
内资企业	Internal-invested Enterprises	37249.94	29982.59	1070.82	1012.24	1399.16
国有企业	State-owned Enterprises	132.14	107.05	1.18	1.76	13.07
中央企业	Central Enterprises	95.39	79.14	0.92	0.51	8.05
地方企业	Local Enterprises	36.75	27.92	0.27	1.26	5.02
集体企业	Collective-owned Enterprises	33.60	26.88	0.53	1.66	2.11
股份合作企业	Enterprises Cooperated by Joint-stock	6.66	5.00	0.06	0.37	0.32
联营企业	Cooperative Enterprises					
有限责任公司	Limited Liability Company	32435.23	26229.30	920.39	782.19	1201.11
股份有限公司	Company Limited by Shares	4060.72	3170.77	134.73	201.96	153.34
私营企业	Individual-owned Enterprises	21191.92	17066.16	201.26	718.57	908.49
其他内资企业	Enterprises of Other Domestic-funded	0.34	0.25		0.02	0.02
港、澳、台商投资企业	Enterprises Funded by Entrepreneurs From Hong Kong,Macao and Taiwan	1545.31	1217.35	11.93	52.53	67.47
外商投资企业	Enterprises Funded by Foreigners	1018.30	841.72	11.27	24.90	43.79
按企业规模分：	**Grouped by Size of Enterprises**					
大型企业	Large Enterprises	12346.41	9797.78	837.25	280.51	310.92
中型企业	Medium-sized Enterprises	7378.26	6027.89	68.03	219.68	280.26
小型企业	Small Enterprises	19047.14	15358.08	181.17	569.11	867.11
微型企业	Miniature Enterprise	1042.17	858.27	7.56	20.40	52.16
国有控股企业	**State Controlling Share Hold Enterprises**	**10665.89**	**8427.07**	**837.53**	**145.35**	**338.54**

13-2 续表 6 Continued

单位：亿元 (100 million yuan)

指 标	Item	研发费用 Research and Development Costs	财务费用 Financial Expense	利息费用 Interest Charges	利息收入 Interest Income
总计	**Total**	**1355.97**	**287.90**	**243.85**	**50.61**
按登记注册类型：	**Grouped by Registration**				
内资企业	Internal-invested Enterprises	1257.47	265.20	211.58	46.05
国有企业	State-owned Enterprises	6.58	0.74	0.80	0.43
中央企业	Central Enterprises	5.56	0.39	0.54	0.40
地方企业	Local Enterprises	1.03	0.35	0.25	0.03
集体企业	Collective-owned Enterprises	0.84	0.37	0.03	0.01
股份合作企业	Enterprises Cooperated by Joint-stock	0.28	0.19		
联营企业	Cooperative Enterprises				
有限责任公司	Limited Liability Company	1079.58	236.36	172.60	28.43
股份有限公司	Company Limited by Shares	157.59	21.39	37.35	17.15
私营企业	Individual-owned Enterprises	769.76	161.28	83.49	6.75
其他内资企业	Enterprises of Other Domestic-funded	0.01			
港、澳、台商投资企业	Enterprises Funded by Entrepreneurs From Hong Kong,Macao and Taiwan	68.17	16.05	24.02	4.44
外商投资企业	Enterprises Funded by Foreigners	30.33	6.65	8.25	0.13
按企业规模分：	**Grouped by Size of Enterprises**				
大型企业	Large Enterprises	377.58	36.14	87.36	37.00
中型企业	Medium-sized Enterprises	266.97	61.71	47.15	6.01
小型企业	Small Enterprises	686.30	172.25	98.49	7.11
微型企业	Miniature Enterprise	25.12	17.80	10.86	0.49
国有控股企业	**State Controlling Share Hold Enterprises**	**282.46**	**85.74**	**116.72**	**37.83**

13-2 续表 7 Continued

单位：亿元 (100 million yuan)

指 标	Item	营业利润 Operating Profit	投资收益 Income from Investment	营业外收入 Non-operating Income	利润总额 Total Profit
总计	**Total**	**2409.27**	**42.35**	**95.56**	**2377.61**
按登记注册类型:	**Grouped by Registration**				
内资企业	Internal-invested Enterprises	2266.90	61.93	87.62	2235.55
国有企业	State-owned Enterprises	1.78	0.47	0.72	2.25
中央企业	Central Enterprises	0.70	0.40	0.26	0.87
地方企业	Local Enterprises	1.08	0.07	0.46	1.38
集体企业	Collective-owned Enterprises	1.22		0.01	1.07
股份合作企业	Enterprises Cooperated by Joint-stock	0.45			0.43
联营企业	Cooperative Enterprises				
有限责任公司	Limited Liability Company	1944.73	33.49	76.90	1917.63
股份有限公司	Company Limited by Shares	266.81	27.98	9.83	264.04
私营企业	Individual-owned Enterprises	1348.91	15.40	49.72	1319.29
其他内资企业	Enterprises of Other Domestic-funded	0.03			0.03
港、澳、台商投资企业	Enterprises Funded by Entrepreneurs From Hong Kong,Macao and Taiwan	117.76	2.53	3.43	116.22
外商投资企业	Enterprises Funded by Foreigners	24.60	-22.12	4.51	25.84
按企业规模分：	**Grouped by Size of Enterprises**				
大型企业	Large Enterprises	746.04	38.14	18.91	740.45
中型企业	Medium-sized Enterprises	451.85	10.62	15.76	452.44
小型企业	Small Enterprises	1196.39	18.87	56.32	1171.07
微型企业	Miniature Enterprise	15.00	-25.28	4.56	13.64
国有控股企业	**State Controlling Share Hold Enterprises**	**551.33**	**6.32**	**25.27**	**558.44**

13-2 续表 8 Continued

单位：亿元 (100 million yuan)

指 标	Item	亏损企业亏损总额 Total Loss of Enterprises Running under Deficit	本年应付职工薪酬 Total Sum of Wages Payable this Year	平均用工人数（万人） Annual Average Employees (10 000 persons)	百元固定资产原价实现利润（元） Profits per 100 Yuan of Original Value of Fix Assets (yuan)
总计	**Total**	**273.71**	**3524.21**	**290.38**	**10.79**
按登记注册类型:	**Grouped by Registration**				
内资企业	Internal-invested Enterprises	188.40	3214.24	265.24	11.59
国有企业	State-owned Enterprises	6.82	22.74	1.85	1.90
中央企业	Central Enterprises	5.56	12.83	1.00	1.21
地方企业	Local Enterprises	1.25	9.91	0.85	2.97
集体企业	Collective-owned Enterprises	0.45	4.51	0.49	7.39
股份合作企业	Enterprises Cooperated by Joint-stock		1.26	0.14	51.19
联营企业	Cooperative Enterprises				
有限责任公司	Limited Liability Company	148.78	2748.18	229.15	11.25
股份有限公司	Company Limited by Shares	32.16	362.63	25.18	13.54
私营企业	Individual-owned Enterprises	68.23	1956.47	183.19	18.49
其他内资企业	Enterprises of Other Domestic-funded		0.20	0.03	6.38
港、澳、台商投资企业	Enterprises Funded by Entrepreneurs From Hong Kong, Macao and Taiwan	20.14	214.44	18.78	6.07
外商投资企业	Enterprises Funded by Foreigners	65.17	95.44	6.35	3.13
按企业规模分:	**Grouped by Size of Enterprises**				
大型企业	Large Enterprises	33.39	1045.76	65.12	8.43
中型企业	Medium-sized Enterprises	75.26	783.02	66.19	11.18
小型企业	Small Enterprises	100.51	1631.17	150.86	14.13
微型企业	Miniature Enterprise	64.55	64.27	8.22	1.50
国有控股企业	**State Controlling Share Hold Enterprises**	**126.67**	**828.99**	**44.59**	**5.06**

13–2 续表 9 Continued

单位：% (%)

指 标	Item	营业收入利润率 Operating Profit Margin	资产负债率 Assets–Liability Ratio	总资产贡献率 Ratio of Total Assets to Industrial Output Vale	成本费用利润率 Rate of Cost Profits
总计	**Total**	**5.97**	**52.87**	**11.63**	**6.55**
按登记注册类型:	**Grouped by Registration**				
内资企业	Internal–invested Enterprises	6.00	53.78	12.30	6.59
国有企业	State–owned Enterprises	1.70	64.35	2.48	1.74
中央企业	Central Enterprises	0.91	63.02	2.15	0.93
地方企业	Local Enterprises	3.76	66.80	3.09	3.89
集体企业	Collective–owned Enterprises	3.18	19.94	9.13	3.36
股份合作企业	Enterprises Cooperated by Joint–stock	6.41	26.04	31.17	6.94
联营企业	Cooperative Enterprises				
有限责任公司	Limited Liability Company	5.91	54.45	13.41	6.49
股份有限公司	Company Limited by Shares	6.50	52.06	7.58	7.13
私营企业	Individual–owned Enterprises	6.23	46.24	14.32	6.72
其他内资企业	Enterprises of Other Domestic–funded	8.48	28.98	5.78	9.28
港、澳、台商投资企业	Enterprises Funded by Entrepreneurs From Hong Kong,Macao and Taiwan	7.52	43.82	5.95	8.18
外商投资企业	Enterprises Funded by Foreigners	2.54	50.94	6.92	2.73
按企业规模分：	**Grouped by Size of Enterprises**				
大型企业	Large Enterprises	6.00	56.36	12.64	6.85
中型企业	Medium–sized Enterprises	6.13	51.01	9.24	6.60
小型企业	Small Enterprises	6.15	48.99	12.77	6.63
微型企业	Miniature Enterprise	1.31	62.70	3.26	1.40
国有控股企业	**State Controlling Share Hold Enterprises**	**5.24**	**58.97**	**11.46**	**6.02**

13-3 规模以上工业企业行业大类主要经济指标(2023年)

Main Economic indicators of Industrial Enterprises above Designated Size by Industrial Sector (2023)

单位：亿元 (100 million yuan)

指 标	Item	企业单位数（个）Number of Enterprises (unit)	亏损企业 Loss-making Enterprises	资产总计 Total Assets	流动资产合计 Total Current Assets
总计	**Total**	**21491**	**2130**	**40265.29**	**19251.78**
煤炭开采和洗选业	Mining and Washing of Coal	108	5	98.76	34.17
石油和天然气开采业	Petroleum and Natural Gas Extraction				
黑色金属矿采选业	Mining of Ferrous Metal Ores	30	4	36.00	12.65
有色金属矿采选业	Mining of Non-ferrous Metal Ores	117	15	283.16	86.34
非金属矿采选业	Mining and Processing of Nonmetal Ores	368	20	349.52	167.47
开采专业及辅助性活动	Professional and Support Activities for Mining				
其他采矿业	Other Mining and Dressing	1		0.05	0.02
农副食品加工业	Processing of Food from Agricultural Products	1918	118	1585.65	724.55
食品制造业	Manufacture of Foods	644	68	836.81	459.39
酒、饮料和精制茶制造业	Manufacture of Liquor, Beverage and Refined Tea	580	28	475.40	227.65
烟草制品业	Manufacture of Tobacco	9	1	879.84	671.62
纺织业	Manufacture of Textile	307	30	332.68	171.38
纺织服装、服饰业	Manufacture of Textile Wearing and Clothing Apparel	354	19	209.63	69.73
皮革、毛皮、羽毛及其制品和制鞋业	Leather, Fur, Feather and Its Products and Footwear	576	42	297.07	144.68
木材加工和木、竹、藤、棕、草制品业	Processing of Timbers, Manufacture of Wood, Bamboo, Rattan, Palm and Straw Products	525	13	207.45	87.60
家具制造业	Manufacture of Furniture	244	17	114.68	38.68
造纸和纸制品业	Manufacture of Paper and Paper Products	304	24	417.76	197.07
印刷和记录媒介复制业	Printing,Reproduction of Recording Media	295	24	205.02	97.86
文教、工美、体育和娱乐用品制造业	Manufacture of Articles for Culture, Education and Sport Activity	430	29	195.64	100.36
石油、煤炭及其他燃料加工业	Processing of Petroleum, Coal and Other Fuels	105	3	475.34	121.07
化学原料和化学制品制造业	Manufacture of Chemical Raw Material and Chemical Products	1538	108	1653.51	725.89
医药制造业	Manufacture of Medicines	499	75	1011.22	527.02
化学纤维制造业	Manufacture of Chemical Fiber	23	5	36.37	12.05
橡胶和塑料制品业	Manufacture of Rubber and Plastic	641	47	383.58	176.51
非金属矿物制品业	Manufacture of Non-metallic Mineral Products	3179	297	3139.93	1284.17
黑色金属冶炼和压延加工业	Manufacture and Processing of Ferrous Metals	149	24	1311.79	560.14
有色金属冶炼和压延加工业	Manufacture and Processing of Non-ferrous Metals	513	74	1461.48	824.87
金属制品业	Manufacture of Metal Products	1353	136	1106.65	552.43
通用设备制造业	Manufacture of General Purpose Machinery	1268	148	3254.39	2109.39
专用设备制造业	Manufacture of Special Purpose Machinery	1114	157	2183.36	1398.73
汽车制造业	Automobile Industry	471	100	2147.10	1456.95
铁路、船舶、航空航天和其他运输设备制造业	Manufacture of Railway,Marine,Aerospace and Other Transport Equipment	217	35	1613.82	989.51
电气机械和器材制造业	Manufacture of Electrical Machinery and Equipment	1055	112	2456.42	1483.01
计算机、通信和其他电子设备制造业	Manufacture of Communication Equipment, Computer and Other Electronic Equipment	1155	152	3962.17	2028.53
仪器仪表制造业	Manufacture of Measuring Instrument	223	40	379.51	267.25
其他制造业	Other Manufacture	119	11	181.14	91.40
废弃资源综合利用业	Utilization of Waste Resources	242	22	432.58	274.24
金属制品、机械和设备修理业	Mental Products,Machine and Equipment Repair	14		18.45	12.10
电力、热力生产和供应业	Production and Supply of Electric Power and Heat Power	494	77	5271.23	714.33
燃气生产和供应业	Production and Distribution of Gas	97	14	262.89	83.72
水的生产和供应业	Production and Distribution of Water	212	36	997.23	267.26

13–3 续表 1 Continued

单位：亿元 (100 million yuan)

指 标	Item	应收账款 Value of Account Received	存货 Stock	产成品 Finished Products	固定资产原价 Original Price of Fixed Assets	累计折旧 Accumu-lated Dep-reciation
总计	**Total**	**5796.19**	**3888.88**	**1368.14**	**22030.88**	**9487.74**
煤炭开采和洗选业	Mining and Washing of Coal	5.44	2.89	1.88	78.61	34.68
石油和天然气开采业	Petroleum and Natural Gas Extraction					
黑色金属矿采选业	Mining of Ferrous Metal Ores	1.48	1.40	0.97	15.89	6.39
有色金属矿采选业	Mining of Non-ferrous Metal Ores	11.30	19.21	11.23	203.23	85.93
非金属矿采选业	Mining and Processing of Nonmetal Ores	29.29	12.20	7.50	134.50	50.65
开采专业及辅助性活动	Professional and Support Activities for Mining					
其他采矿业	Other Mining and Dressing				0.04	0.02
农副食品加工业	Processing of Food from Agricultural Products	119.85	189.06	73.89	914.41	389.31
食品制造业	Manufacture of Foods	49.82	106.99	26.55	425.45	205.33
酒、饮料和精制茶制造业	Manufacture of Liquor, Beverage and Refined Tea	31.56	91.50	35.13	284.21	127.16
烟草制品业	Manufacture of Tobacco	18.48	345.90	7.33	281.00	181.45
纺织业	Manufacture of Textile	51.75	49.56	29.62	185.61	83.04
纺织服装、服饰业	Manufacture of Textile Wearing and Clothing Apparel	19.18	18.24	11.72	84.24	35.94
皮革、毛皮、羽毛及其制品和制鞋业	Leather, Fur, Feather and Its Products and Footwear	50.28	41.80	14.40	153.42	53.95
木材加工和木、竹、藤、棕、草制品业	Processing of Timbers, Manufacture of Wood, Bamboo, Rattan, Palm and Straw Products	22.24	19.76	10.68	135.23	50.53
家具制造业	Manufacture of Furniture	12.08	11.63	6.92	60.07	22.10
造纸和纸制品业	Manufacture of Paper and Paper Products	31.81	75.60	13.75	290.19	154.53
印刷和记录媒介复制业	Printing,Reproduction of Recording Media	29.84	22.47	9.22	135.78	67.58
文教、工美、体育和娱乐用品制造业	Manufacture of Articles for Culture, Education and Sport Activity	31.90	29.55	15.70	95.93	34.85
石油、煤炭及其他燃料加工业	Processing of Petroleum, Coal and Other Fuels	16.04	34.07	8.75	429.99	193.62
化学原料和化学制品制造业	Manufacture of Chemical Raw Material and Chemical Products	195.93	154.98	87.26	820.53	340.46
医药制造业	Manufacture of Medicines	102.55	107.39	52.00	362.44	140.98
化学纤维制造业	Manufacture of Chemical Fiber	1.71	3.94	1.94	40.93	20.61
橡胶和塑料制品业	Manufacture of Rubber and Plastic	64.88	41.75	21.83	241.00	91.73
非金属矿物制品业	Manufacture of Non-metallic Mineral Products	486.05	209.16	108.98	1661.00	660.10
黑色金属冶炼和压延加工业	Manufacture and Processing of Ferrous Metals	56.77	150.49	54.06	1083.15	567.28
有色金属冶炼和压延加工业	Manufacture and Processing of Non-ferrous Metals	107.73	242.88	82.48	685.94	305.77
金属制品业	Manufacture of Metal Products	193.91	143.54	59.11	576.86	250.72
通用设备制造业	Manufacture of General Purpose Machinery	795.19	319.38	135.21	639.71	269.75
专用设备制造业	Manufacture of Special Purpose Machinery	495.63	338.89	104.32	620.74	249.78
汽车制造业	Automobile Industry	621.89	143.57	57.92	834.42	380.90
铁路、船舶、航空航天和其他运输设备制造业	Manufacture of Railway,Marine,Aerospace and Other Transport Equipment	365.76	236.24	48.75	459.94	193.69
电气机械和器材制造业	Manufacture of Electrical Machinery and Equipment	562.54	247.79	94.97	748.97	305.87
计算机、通信和其他电子设备制造业	Manufacture of Communication Equipment, Computer and Other Electronic Equipment	734.79	341.53	127.01	1525.75	517.25
仪器仪表制造业	Manufacture of Measuring Instrument	103.38	39.75	12.03	101.02	46.01
其他制造业	Other Manufacture	9.32	9.64	4.80	88.67	30.99
废弃资源综合利用业	Utilization of Waste Resources	79.04	34.62	18.17	161.93	60.95
金属制品、机械和设备修理业	Mental Products,Machine and Equipment Repair	4.46	2.81	0.24	6.17	3.77
电力、热力生产和供应业	Production and Supply of Electric Power and Heat Power	209.39	34.58	4.10	6719.55	3033.71
燃气生产和供应业	Production and Distribution of Gas	12.28	8.99	6.03	195.15	61.58
水的生产和供应业	Production and Distribution of Water	60.64	5.14	1.70	549.25	178.80

13-3 续表 2 Continued

单位：亿元 (100 million yuan)

指 标	Item	负债合计 Total Liability	流动负债合计 Total Circulating Liability	应付账款 Account Payable	所有者权益合计 Total Rights of Owners
总计	**Total**	**21286.78**	**15463.66**	**5288.46**	**18975.25**
煤炭开采和洗选业	Mining and Washing of Coal	48.92	29.24	6.57	49.84
石油和天然气开采业	Petroleum and Natural Gas Extraction				
黑色金属矿采选业	Mining of Ferrous Metal Ores	18.64	12.12	3.47	17.35
有色金属矿采选业	Mining of Non-ferrous Metal Ores	128.80	85.83	12.75	154.36
非金属矿采选业	Mining and Processing of Nonmetal Ores	177.65	119.31	20.11	171.87
开采专业及辅助性活动	Professional and Support Activities for Mining				
其他采矿业	Other Mining and Dressing				0.05
农副食品加工业	Processing of Food from Agricultural Products	698.05	489.88	114.98	887.60
食品制造业	Manufacture of Foods	459.74	402.02	91.36	377.08
酒、饮料和精制茶制造业	Manufacture of Liquor, Beverage and Refined Tea	185.55	134.78	32.97	289.85
烟草制品业	Manufacture of Tobacco	101.75	100.51	21.24	778.09
纺织业	Manufacture of Textile	205.15	162.95	47.48	127.53
纺织服装、服饰业	Manufacture of Textile Wearing and Clothing Apparel	60.07	37.35	11.41	149.55
皮革、毛皮、羽毛及其制品和制鞋业	Leather, Fur, Feather and Its Products and Footwear	110.85	69.87	37.44	186.22
木材加工和木、竹、藤、棕、草制品业	Processing of Timbers, Manufacture of Wood, Bamboo, Rattan, Palm and Straw Products	78.15	47.66	16.21	129.30
家具制造业	Manufacture of Furniture	51.37	36.37	10.17	63.31
造纸和纸制品业	Manufacture of Paper and Paper Products	237.65	181.69	42.70	180.06
印刷和记录媒介复制业	Printing,Reproduction of Recording Media	90.36	65.82	21.72	114.66
文教、工美、体育和娱乐用品制造业	Manufacture of Articles for Culture, Education and Sport Activity	80.77	56.57	26.75	114.87
石油、煤炭及其他燃料加工业	Processing of Petroleum, Coal and Other Fuels	288.09	188.54	48.66	187.25
化学原料和化学制品制造业	Manufacture of Chemical Raw Material and Chemical Products	656.30	485.20	145.17	997.20
医药制造业	Manufacture of Medicines	357.00	286.34	67.78	654.22
化学纤维制造业	Manufacture of Chemical Fiber	23.29	20.80	2.11	13.09
橡胶和塑料制品业	Manufacture of Rubber and Plastic	160.30	122.49	38.93	223.27
非金属矿物制品业	Manufacture of Non-metallic Mineral Products	1507.80	1108.65	342.46	1632.13
黑色金属冶炼和压延加工业	Manufacture and Processing of Ferrous Metals	721.27	481.96	116.86	590.52
有色金属冶炼和压延加工业	Manufacture and Processing of Non-ferrous Metals	807.59	627.89	109.76	653.89
金属制品业	Manufacture of Metal Products	580.69	414.06	120.90	525.94
通用设备制造业	Manufacture of General Purpose Machinery	2013.55	1656.21	637.76	1240.36
专用设备制造业	Manufacture of Special Purpose Machinery	1185.68	994.45	380.96	997.68
汽车制造业	Automobile Industry	1763.35	1643.32	724.18	383.76
铁路、船舶、航空航天和其他运输设备制造业	Manufacture of Railway,Marine,Aerospace and Other Transport Equipment	882.12	773.79	412.40	729.00
电气机械和器材制造业	Manufacture of Electrical Machinery and Equipment	1327.52	1071.80	444.05	1128.90
计算机、通信和其他电子设备制造业	Manufacture of Communication Equipment, Computer and Other Electronic Equipment	1589.43	1195.26	570.83	2372.74
仪器仪表制造业	Manufacture of Measuring Instrument	158.83	116.15	48.61	220.69
其他制造业	Other Manufacture	78.09	60.85	10.01	103.05
废弃资源综合利用业	Utilization of Waste Resources	260.16	221.13	40.56	172.41
金属制品、机械和设备修理业	Mental Products,Machine and Equipment Repair	12.20	11.28	4.99	6.25
电力、热力生产和供应业	Production and Supply of Electric Power and Heat Power	3390.71	1527.27	425.98	1880.52
燃气生产和供应业	Production and Distribution of Gas	174.06	139.87	24.14	88.83
水的生产和供应业	Production and Distribution of Water	615.27	284.40	54.03	381.96

13-3 续表 3 Continued

单位：亿元 (100 million yuan)

指 标	Item	实收资本 Paid-in Capital	国家资本 National Assets	集体资本 Collective Assets	法人资本 Corporate Assets
总计	**Total**	**8625.18**	**1467.05**	**141.00**	**4757.15**
煤炭开采和洗选业	Mining and Washing of Coal	14.00	3.46	0.02	6.98
石油和天然气开采业	Petroleum and Natural Gas Extraction				
黑色金属矿采选业	Mining of Ferrous Metal Ores	5.60			2.01
有色金属矿采选业	Mining of Non-ferrous Metal Ores	102.18	34.25	1.37	33.63
非金属矿采选业	Mining and Processing of Nonmetal Ores	84.55	8.87	0.88	30.39
开采专业及辅助性活动	Professional and Support Activities for Mining				
其他采矿业	Other Mining and Dressing	0.01			0.01
农副食品加工业	Processing of Food from Agricultural Products	367.90	6.29	3.49	218.85
食品制造业	Manufacture of Foods	164.47	7.16	2.21	89.78
酒、饮料和精制茶制造业	Manufacture of Liquor, Beverage and Refined Tea	108.06	7.84	1.43	60.64
烟草制品业	Manufacture of Tobacco	76.54	52.22		24.16
纺织业	Manufacture of Textile	75.27	2.14	1.09	53.74
纺织服装、服饰业	Manufacture of Textile Wearing and Clothing Apparel	93.39	0.74	0.08	30.02
皮革、毛皮、羽毛及其制品和制鞋业	Leather, Fur, Feather and Its Products and Footwear	61.74	2.59	0.55	41.56
木材加工和木、竹、藤、棕、草制品业	Processing of Timbers, Manufacture of Wood, Bamboo, Rattan, Palm and Straw Products	57.52	1.57		27.71
家具制造业	Manufacture of Furniture	28.75	0.01	0.15	17.00
造纸和纸制品业	Manufacture of Paper and Paper Products	112.27	45.81	0.05	42.08
印刷和记录媒介复制业	Printing,Reproduction of Recording Media	47.10	0.68	3.34	24.26
文教、工美、体育和娱乐用品制造业	Manufacture of Articles for Culture, Education and Sport Activity	46.57			26.97
石油、煤炭及其他燃料加工业	Processing of Petroleum, Coal and Other Fuels	148.70	89.36	2.42	49.40
化学原料和化学制品制造业	Manufacture of Chemical Raw Material and Chemical Products	428.07	73.72	10.79	159.19
医药制造业	Manufacture of Medicines	174.48	6.42	1.03	83.57
化学纤维制造业	Manufacture of Chemical Fiber	9.70			8.66
橡胶和塑料制品业	Manufacture of Rubber and Plastic	111.82	7.11	0.73	51.48
非金属矿物制品业	Manufacture of Non-metallic Mineral Products	822.67	86.54	12.25	365.33
黑色金属冶炼和压延加工业	Manufacture and Processing of Ferrous Metals	265.72	118.10	0.09	138.07
有色金属冶炼和压延加工业	Manufacture and Processing of Non-ferrous Metals	352.68	117.61	13.07	156.96
金属制品业	Manufacture of Metal Products	236.69	21.85	2.94	135.68
通用设备制造业	Manufacture of General Purpose Machinery	333.73	43.96	11.28	126.63
专用设备制造业	Manufacture of Special Purpose Machinery	346.67	19.21	4.53	187.32
汽车制造业	Automobile Industry	241.56	26.75	21.21	122.50
铁路、船舶、航空航天和其他运输设备制造业	Manufacture of Railway,Marine,Aerospace and Other Transport Equipment	292.75	63.96	0.90	178.72
电气机械和器材制造业	Manufacture of Electrical Machinery and Equipment	474.70	95.38	10.57	256.00
计算机、通信和其他电子设备制造业	Manufacture of Communication Equipment, Computer and Other Electronic Equipment	974.46	73.29	8.95	697.95
仪器仪表制造业	Manufacture of Measuring Instrument	70.57	6.18	5.69	32.00
其他制造业	Other Manufacture	64.48	38.52		20.15
废弃资源综合利用业	Utilization of Waste Resources	53.80	3.16	0.96	29.94
金属制品、机械和设备修理业	Mental Products,Machine and Equipment Repair	2.22	0.24	0.11	1.69
电力、热力生产和供应业	Production and Supply of Electric Power and Heat Power	1538.09	273.13	16.75	1144.08
燃气生产和供应业	Production and Distribution of Gas	42.26	9.23	1.00	23.21
水的生产和供应业	Production and Distribution of Water	193.43	119.71	1.05	58.83

13-3 续表 4 Continued

单位：亿元 (100 million yuan)

指 标	Item	实收资本 Paid-in Capital 个人资本 Individual Assets	港澳台资本 Assets from Hongkong, Maco and Taiwan Funded Enterprises	外商资本 Total Rights of Owners Foreign Assets
总计	**Total**	**1872.48**	**272.59**	**126.93**
煤炭开采和洗选业	Mining and Washing of Coal	3.54		
石油和天然气开采业	Petroleum and Natural Gas Extraction			
黑色金属矿采选业	Mining of Ferrous Metal Ores	3.58		
有色金属矿采选业	Mining of Non-ferrous Metal Ores	31.80		1.14
非金属矿采选业	Mining and Processing of Nonmetal Ores	42.69	1.71	
开采专业及辅助性活动	Professional and Support Activities for Mining			
其他采矿业	Other Mining and Dressing			
农副食品加工业	Processing of Food from Agricultural Products	133.22	1.93	3.74
食品制造业	Manufacture of Foods	50.85	7.04	7.44
酒、饮料和精制茶制造业	Manufacture of Liquor, Beverage and Refined Tea	33.12	2.46	2.57
烟草制品业	Manufacture of Tobacco	0.16		
纺织业	Manufacture of Textile	18.29		
纺织服装、服饰业	Manufacture of Textile Wearing and Clothing Apparel	62.03	0.25	0.28
皮革、毛皮、羽毛及其制品和制鞋业	Leather, Fur, Feather and Its Products and Footwear	12.25	3.75	1.04
木材加工和木、竹、藤、棕、草制品业	Processing of Timbers, Manufacture of Wood, Bamboo, Rattan, Palm and Straw Products	28.24		
家具制造业	Manufacture of Furniture	11.57	0.02	
造纸和纸制品业	Manufacture of Paper and Paper Products	23.35	0.60	0.38
印刷和记录媒介复制业	Printing,Reproduction of Recording Media	16.03	2.19	0.60
文教、工美、体育和娱乐用品制造业	Manufacture of Articles for Culture, Education and Sport Activity	17.33	2.13	0.13
石油、煤炭及其他燃料加工业	Processing of Petroleum, Coal and Other Fuels	7.53		
化学原料和化学制品制造业	Manufacture of Chemical Raw Material and Chemical Products	169.08	9.94	5.34
医药制造业	Manufacture of Medicines	82.92	0.43	0.11
化学纤维制造业	Manufacture of Chemical Fiber	1.03		0.01
橡胶和塑料制品业	Manufacture of Rubber and Plastic	27.11	4.86	20.54
非金属矿物制品业	Manufacture of Non-metallic Mineral Products	351.71	5.81	0.93
黑色金属冶炼和压延加工业	Manufacture and Processing of Ferrous Metals	9.45		
有色金属冶炼和压延加工业	Manufacture and Processing of Non-ferrous Metals	63.10	0.13	1.76
金属制品业	Manufacture of Metal Products	72.96	2.88	0.06
通用设备制造业	Manufacture of General Purpose Machinery	128.62	23.05	5.23
专用设备制造业	Manufacture of Special Purpose Machinery	128.45	1.98	5.18
汽车制造业	Automobile Industry	27.71	4.25	39.14
铁路、船舶、航空航天和其他运输设备制造业	Manufacture of Railway,Marine,Aerospace and Other Transport Equipment	42.59	0.44	6.09
电气机械和器材制造业	Manufacture of Electrical Machinery and Equipment	99.44	11.53	1.79
计算机、通信和其他电子设备制造业	Manufacture of Communication Equipment, Computer and Other Electronic Equipment	82.25	102.95	8.97
仪器仪表制造业	Manufacture of Measuring Instrument	17.57	12.58	0.05
其他制造业	Other Manufacture	10.28		
废弃资源综合利用业	Utilization of Waste Resources	19.34	0.13	0.27
金属制品、机械和设备修理业	Mental Products,Machine and Equipment Repair	0.18		
电力、热力生产和供应业	Production and Supply of Electric Power and Heat Power	30.65	64.36	9.12
燃气生产和供应业	Production and Distribution of Gas	5.39	0.55	2.89
水的生产和供应业	Production and Distribution of Water	7.06	4.63	2.13

13-3 续表 5 Continued

单位：亿元 (100 million yuan)

指 标	Item	营业收入 Revenue of Business	营业成本 Cost of Business	营业税金及附加 Tax and Surcharge of Business	销售费用 Operation Expenses	管理费用 Management Expense
总计	**Total**	**39813.98**	**32042.01**	**1094.01**	**1089.70**	**1510.46**
煤炭开采和洗选业	Mining and Washing of Coal	113.70	82.79	2.44	2.51	6.09
石油和天然气开采业	Petroleum and Natural Gas Extraction					
黑色金属矿采选业	Mining of Ferrous Metal Ores	26.08	21.18	0.63	0.72	1.05
有色金属矿采选业	Mining of Non-ferrous Metal Ores	249.31	186.91	6.77	4.18	17.95
非金属矿采选业	Mining and Processing of Nonmetal Ores	321.40	237.83	6.21	11.73	27.03
开采专业及辅助性活动	Professional and Support Activities for Mining					
其他采矿业	Other Mining and Dressing	0.06	0.05			0.01
农副食品加工业	Processing of Food from Agricultural Products	3136.70	2653.78	21.04	85.56	106.90
食品制造业	Manufacture of Foods	1060.34	860.55	7.23	47.49	46.15
酒、饮料和精制茶制造业	Manufacture of Liquor, Beverage and Refined Tea	630.06	463.12	17.80	36.08	30.92
烟草制品业	Manufacture of Tobacco	1097.65	238.87	650.53	9.30	41.16
纺织业	Manufacture of Textile	481.99	398.04	4.48	18.64	19.01
纺织服装、服饰业	Manufacture of Textile Wearing and Clothing Apparel	348.29	275.91	3.13	12.51	19.36
皮革、毛皮、羽毛及其制品和制鞋业	Leather, Fur, Feather and Its Products and Footwear	713.64	590.06	6.21	19.72	32.64
木材加工和木、竹、藤、棕、草制品业	Processing of Timbers, Manufacture of Wood, Bamboo, Rattan, Palm and Straw Products	527.58	433.01	4.52	15.84	21.47
家具制造业	Manufacture of Furniture	209.77	170.43	1.64	6.54	8.64
造纸和纸制品业	Manufacture of Paper and Paper Products	474.42	399.64	5.39	12.71	17.46
印刷和记录媒介复制业	Printing,Reproduction of Recording Media	318.30	258.93	2.78	9.81	17.44
文教、工美、体育和娱乐用品制造业	Manufacture of Articles for Culture, Education and Sport Activity	466.55	375.13	4.16	13.55	23.22
石油、煤炭及其他燃料加工业	Processing of Petroleum, Coal and Other Fuels	929.87	767.59	122.27	3.62	24.21
化学原料和化学制品制造业	Manufacture of Chemical Raw Material and Chemical Products	2082.42	1609.72	43.38	71.23	101.75
医药制造业	Manufacture of Medicines	753.10	473.22	8.44	110.19	48.53
化学纤维制造业	Manufacture of Chemical Fiber	45.10	38.45	0.29	0.94	1.65
橡胶和塑料制品业	Manufacture of Rubber and Plastic	661.48	536.28	5.83	19.63	28.09
非金属矿物制品业	Manufacture of Non-metallic Mineral Products	3086.82	2447.32	31.37	118.57	160.59
黑色金属冶炼和压延加工业	Manufacture and Processing of Ferrous Metals	2016.42	1833.53	6.42	7.47	19.82
有色金属冶炼和压延加工业	Manufacture and Processing of Non-ferrous Metals	2519.56	2178.08	16.30	17.17	52.89
金属制品业	Manufacture of Metal Products	1394.98	1139.07	10.91	36.29	65.31
通用设备制造业	Manufacture of General Purpose Machinery	1870.16	1510.01	11.65	68.42	82.20
专用设备制造业	Manufacture of Special Purpose Machinery	1636.72	1261.80	11.93	80.84	71.19
汽车制造业	Automobile Industry	2553.12	2165.44	15.28	48.73	67.42
铁路、船舶、航空航天和其他运输设备制造业	Manufacture of Railway,Marine,Aerospace and Other Transport Equipment	888.28	705.96	5.66	22.54	45.32
电气机械和器材制造业	Manufacture of Electrical Machinery and Equipment	2274.58	1870.28	13.57	56.16	78.96
计算机、通信和其他电子设备制造业	Manufacture of Communication Equipment, Computer and Other Electronic Equipment	3094.26	2551.77	22.32	75.19	113.64
仪器仪表制造业	Manufacture of Measuring Instrument	263.90	186.93	2.23	14.08	15.23
其他制造业	Other Manufacture	248.07	210.18	1.28	4.95	8.88
废弃资源综合利用业	Utilization of Waste Resources	605.93	536.08	4.23	6.13	11.65
金属制品、机械和设备修理业	Mental Products,Machine and Equipment Repair	17.87	15.00	0.13	0.14	1.07
电力、热力生产和供应业	Production and Supply of Electric Power and Heat Power	2218.06	1978.13	11.78	3.44	48.40
燃气生产和供应业	Production and Distribution of Gas	267.40	234.01	0.85	7.68	7.35
水的生产和供应业	Production and Distribution of Water	210.05	146.94	2.93	9.42	19.82

13-3 续表 6 Continued

单位：亿元 (100 million yuan)

指 标	Item	研发费用 Research and Development Costs	财务费用 Financial Expense	利息费用 Interest Charges	利息收入 Interest Expense
总计	**Total**	**1355.97**	**287.90**	**243.85**	**50.61**
煤炭开采和洗选业	Mining and Washing of Coal	3.09	0.74	0.39	0.02
石油和天然气开采业	Petroleum and Natural Gas Extraction				
黑色金属矿采选业	Mining of Ferrous Metal Ores	0.75	0.41	0.36	
有色金属矿采选业	Mining of Non-ferrous Metal Ores	8.19	2.22	1.50	0.15
非金属矿采选业	Mining and Processing of Nonmetal Ores	11.12	3.37	1.37	0.06
开采专业及辅助性活动	Professional and Support Activities for Mining				
其他采矿业	Other Mining and Dressing				
农副食品加工业	Processing of Food from Agricultural Products	92.37	23.08	11.44	0.34
食品制造业	Manufacture of Foods	32.43	7.59	5.69	0.3
酒、饮料和精制茶制造业	Manufacture of Liquor, Beverage and Refined Tea	21.36	3.29	2.24	1.16
烟草制品业	Manufacture of Tobacco	3.62	-9.46	0.08	8.9
纺织业	Manufacture of Textile	17.70	5.30	2.84	0.21
纺织服装、服饰业	Manufacture of Textile Wearing and Clothing Apparel	11.77	2.70	0.82	0.12
皮革、毛皮、羽毛及其制品和制鞋业	Leather, Fur, Feather and Its Products and Footwear	24.98	2.85	1.56	0.14
木材加工和木、竹、藤、棕、草制品业	Processing of Timbers, Manufacture of Wood, Bamboo,Rattan, Palm and Straw Products	15.92	3.21	0.97	0.09
家具制造业	Manufacture of Furniture	6.77	1.04	0.44	0.01
造纸和纸制品业	Manufacture of Paper and Paper Products	14.49	7.03	4.96	0.3
印刷和记录媒介复制业	Printing,Reproduction of Recording Media	10.37	2.63	1.25	0.05
文教、工美、体育和娱乐用品制造业	Manufacture of Articles for Culture, Education and Sport Activity	17.38	4.66	1.83	-0.03
石油、煤炭及其他燃料加工业	Processing of Petroleum, Coal and Other Fuels	6.15	2.15	2.11	0.49
化学原料和化学制品制造业	Manufacture of Chemical Raw Material and Chemical Products	68.06	15.91	6.62	1.02
医药制造业	Manufacture of Medicines	42.22	5.13	3.97	1.55
化学纤维制造业	Manufacture of Chemical Fiber	1.93	0.30	0.17	
橡胶和塑料制品业	Manufacture of Rubber and Plastic	25.45	4.55	1.99	0.12
非金属矿物制品业	Manufacture of Non-metallic Mineral Products	106.89	37.06	18.71	1.08
黑色金属冶炼和压延加工业	Manufacture and Processing of Ferrous Metals	81.46	-3.51	7.45	1.01
有色金属冶炼和压延加工业	Manufacture and Processing of Non-ferrous Metals	64.27	11.62	7.62	0.59
金属制品业	Manufacture of Metal Products	53.53	11.30	6.96	0.55
通用设备制造业	Manufacture of General Purpose Machinery	88.22	2.84	13.36	11.85
专用设备制造业	Manufacture of Special Purpose Machinery	87.02	8.75	9.80	3.05
汽车制造业	Automobile Industry	89.35	3.90	5.86	0.11
铁路、船舶、航空航天和其他运输设备制造业	Manufacture of Railway,Marine,Aerospace and Other Transport Equipment	50.51	2.63	4.74	1.76
电气机械和器材制造业	Manufacture of Electrical Machinery and Equipment	85.27	14.24	11.81	2.41
计算机、通信和其他电子设备制造业	Manufacture of Communication Equipment, Computer and Other Electronic Equipment	146.02	8.95	15.58	7.46
仪器仪表制造业	Manufacture of Measuring Instrument	18.94	1.81	1.72	0.57
其他制造业	Other Manufacture	8.27	0.76	0.61	0.51
废弃资源综合利用业	Utilization of Waste Resources	14.72	3.46	3.07	0.76
金属制品、机械和设备修理业	Mental Products,Machine and Equipment Repair	0.69	0.04	0.02	0.01
电力、热力生产和供应业	Production and Supply of Electric Power and Heat Power	16.90	81.98	72.40	3.33
燃气生产和供应业	Production and Distribution of Gas	2.89	2.09	1.75	0.15
水的生产和供应业	Production and Distribution of Water	4.91	11.30	9.79	0.39

13-3 续表 7 Continued

单位：亿元 (100 million yuan)

指　标	Item	营业利润 Operating Profit	投资收益 Income from Investment	营业外收入 Non-operating Income	利润总额 Total Profit
总计	**Total**	**2409.27**	**42.35**	**95.56**	**2377.61**
煤炭开采和洗选业	Mining and Washing of Coal	10.95	-0.01	0.22	10.70
石油和天然气开采业	Petroleum and Natural Gas Extraction				
黑色金属矿采选业	Mining of Ferrous Metal Ores	1.36		0.01	1.36
有色金属矿采选业	Mining of Non-ferrous Metal Ores	21.61	0.36	0.55	21.39
非金属矿采选业	Mining and Processing of Nonmetal Ores	23.79		0.26	23.26
开采专业及辅助性活动	Professional and Support Activities for Mining				
其他采矿业	Other Mining and Dressing				
农副食品加工业	Processing of Food from Agricultural Products	154.11	2.11	3.82	134.50
食品制造业	Manufacture of Foods	61.76	3.92	2.21	62.10
酒、饮料和精制茶制造业	Manufacture of Liquor, Beverage and Refined Tea	57.46	0.32	1.65	57.05
烟草制品业	Manufacture of Tobacco	157.74	3.34	0.11	155.34
纺织业	Manufacture of Textile	20.02	1.06	0.98	19.44
纺织服装、服饰业	Manufacture of Textile Wearing and Clothing Apparel	23.25	0.05	0.34	22.86
皮革、毛皮、羽毛及其制品和制鞋业	Leather, Fur, Feather and Its Products and Footwear	37.61	0.11	0.43	37.87
木材加工和木、竹、藤、棕、草制品业	Processing of Timbers, Manufacture of Wood, Bamboo, Rattan, Palm and Straw Products	32.46	0.01	1.28	28.81
家具制造业	Manufacture of Furniture	14.00		0.21	14.09
造纸和纸制品业	Manufacture of Paper and Paper Products	26.99	0.23	0.66	27.32
印刷和记录媒介复制业	Printing,Reproduction of Recording Media	18.42	0.26	1.98	20.02
文教、工美、体育和娱乐用品制造业	Manufacture of Articles for Culture, Education and Sport Activity	28.17	0.05	1.42	29.44
石油、煤炭及其他燃料加工业	Processing of Petroleum, Coal and Other Fuels	30.28	0.86	1.05	30.47
化学原料和化学制品制造业	Manufacture of Chemical Raw Material and Chemical Products	173.78	6.81	3.87	175.47
医药制造业	Manufacture of Medicines	78.52	10.42	2.02	79.00
化学纤维制造业	Manufacture of Chemical Fiber	1.78	0.05	0.01	1.78
橡胶和塑料制品业	Manufacture of Rubber and Plastic	39.75	0.10	1.98	40.66
非金属矿物制品业	Manufacture of Non-metallic Mineral Products	185.82	0.50	6.21	186.21
黑色金属冶炼和压延加工业	Manufacture and Processing of Ferrous Metals	55.81	4.34	0.96	56.35
有色金属冶炼和压延加工业	Manufacture and Processing of Non-ferrous Metals	146.57	3.03	7.05	138.69
金属制品业	Manufacture of Metal Products	81.83	0.19	2.83	81.38
通用设备制造业	Manufacture of General Purpose Machinery	110.66	0.77	5.06	108.05
专用设备制造业	Manufacture of Special Purpose Machinery	118.58	1.33	4.70	120.53
汽车制造业	Automobile Industry	84.51	-27.02	6.15	79.70
铁路、船舶、航空航天和其他运输设备制造业	Manufacture of Railway,Marine,Aerospace and Other Transport Equipment	63.25	5.58	1.75	63.42
电气机械和器材制造业	Manufacture of Electrical Machinery and Equipment	143.68	-1.02	4.96	144.03
计算机、通信和其他电子设备制造业	Manufacture of Communication Equipment, Computer and Other Electronic Equipment	186.85	1.87	6.61	176.32
仪器仪表制造业	Manufacture of Measuring Instrument	28.14	2.84	2.03	29.21
其他制造业	Other Manufacture	13.75	0.05	0.12	13.34
废弃资源综合利用业	Utilization of Waste Resources	35.20	2.40	3.80	35.86
金属制品、机械和设备修理业	Mental Products,Machine and Equipment Repair	2.10	0.01	0.01	1.93
电力、热力生产和供应业	Production and Supply of Electric Power and Heat Power	108.29	16.73	15.49	117.54
燃气生产和供应业	Production and Distribution of Gas	12.79	0.11	0.50	12.82
水的生产和供应业	Production and Distribution of Water	17.65	0.58	2.26	19.29

13-3 续表 8 Continued

单位：亿元 (100 million yuan)

指 标	Item	亏损企业亏损总额 Total Loss of Enterprises Running under Deficit	本年应付职工薪酬 Total Sum of Wages Payable this Year	平均用工人数（万人） Annual Average Employees (10 000 persons)	百元固定资产原价实现利润（元） Profits per 100 Yuan of Original Value of Fix Assets (yuan)
总计	**Total**	**273.71**	**3524.21**	**290.38**	**10.79**
煤炭开采和洗选业	Mining and Washing of Coal	0.67	25.73	2.73	13.61
石油和天然气开采业	Petroleum and Natural Gas Extraction				
黑色金属矿采选业	Mining of Ferrous Metal Ores	0.23	2.41	0.26	8.56
有色金属矿采选业	Mining of Non-ferrous Metal Ores	1.31	24.02	2.07	10.53
非金属矿采选业	Mining and Processing of Nonmetal Ores	2.09	30.08	2.96	17.29
开采专业及辅助性活动	Professional and Support Activities for Mining				
其他采矿业	Other Mining and Dressing		0.02		
农副食品加工业	Processing of Food from Agricultural Products	8.23	202.96	20.17	14.71
食品制造业	Manufacture of Foods	5.02	120.99	11.18	14.60
酒、饮料和精制茶制造业	Manufacture of Liquor, Beverage and Refined Tea	1.35	51.97	5.3	20.07
烟草制品业	Manufacture of Tobacco	0.02	48.81	1.14	55.28
纺织业	Manufacture of Textile	2.50	47.22	4.55	10.47
纺织服装、服饰业	Manufacture of Textile Wearing and Clothing Apparel	0.36	49.18	5.26	27.14
皮革、毛皮、羽毛及其制品和制鞋业	Leather, Fur, Feather and Its Products and Footwear	1.45	102.08	10.38	24.68
木材加工和木、竹、藤、棕、草制品业	Processing of Timbers, Manufacture of Wood, Bamboo, Rattan, Palm and Straw Products	0.27	48.36	5.02	21.30
家具制造业	Manufacture of Furniture	0.20	19.78	2.07	23.46
造纸和纸制品业	Manufacture of Paper and Paper Products	0.78	36.45	3.49	9.41
印刷和记录媒介复制业	Printing,Reproduction of Recording Media	0.99	36.07	3.49	14.74
文教、工美、体育和娱乐用品制造业	Manufacture of Articles for Culture, Education and Sport Activity	0.45	49.10	4.82	30.69
石油、煤炭及其他燃料加工业	Processing of Petroleum, Coal and Other Fuels	0.10	38.48	1.9	7.09
化学原料和化学制品制造业	Manufacture of Chemical Raw Material and Chemical Products	8.87	208.03	20.2	21.38
医药制造业	Manufacture of Medicines	6.40	81.09	7.11	21.80
化学纤维制造业	Manufacture of Chemical Fiber	0.80	3.76	0.41	4.35
橡胶和塑料制品业	Manufacture of Rubber and Plastic	1.25	53.91	5.03	16.87
非金属矿物制品业	Manufacture of Non-metallic Mineral Products	22.19	314.67	31.12	11.21
黑色金属冶炼和压延加工业	Manufacture and Processing of Ferrous Metals	1.43	83.07	4.12	5.20
有色金属冶炼和压延加工业	Manufacture and Processing of Non-ferrous Metals	11.62	137.55	8.52	20.22
金属制品业	Manufacture of Metal Products	7.82	129.75	11.99	14.11
通用设备制造业	Manufacture of General Purpose Machinery	10.02	191.70	14.56	16.89
专用设备制造业	Manufacture of Special Purpose Machinery	16.84	223.89	14.08	19.42
汽车制造业	Automobile Industry	74.78	184.58	13.19	9.55
铁路、船舶、航空航天和其他运输设备制造业	Manufacture of Railway,Marine,Aerospace and Other Transport Equipment	5.85	135.17	7.25	13.79
电气机械和器材制造业	Manufacture of Electrical Machinery and Equipment	16.67	172.84	14.37	19.23
计算机、通信和其他电子设备制造业	Manufacture of Communication Equipment, Computer and Other Electronic Equipment	32.94	340.00	29.94	11.56
仪器仪表制造业	Manufacture of Measuring Instrument	2.76	32.81	2.31	28.92
其他制造业	Other Manufacture	0.14	30.53	2.47	15.04
废弃资源综合利用业	Utilization of Waste Resources	2.29	21.88	1.97	22.15
金属制品、机械和设备修理业	Mental Products,Machine and Equipment Repair		6.78	0.53	31.28
电力、热力生产和供应业	Production and Supply of Electric Power and Heat Power	18.06	186.73	10.59	1.75
燃气生产和供应业	Production and Distribution of Gas	1.48	12.59	0.96	6.57
水的生产和供应业	Production and Distribution of Water	5.45	39.18	2.85	3.51

13-3 续表 9 Continued

单位：%　　(%)

指　标	Item	营业收入利润率 Operating Income Margin	资产负债率 Assets Liability Ratio	总资产贡献率 Ratio of Per-tax Profits to Total Capital	成本费用利润率 Rate of Cost Profit
总计	**Total**	**5.97**	**52.87**	**11.63**	**6.55**
煤炭开采和洗选业	Mining and Washing of Coal	9.41	49.54	21.04	11.24
石油和天然气开采业	Petroleum and Natural Gas Extraction				
黑色金属矿采选业	Mining of Ferrous Metal Ores	5.22	51.79	9.27	5.65
有色金属矿采选业	Mining of Non-ferrous Metal Ores	8.58	45.49	13.43	9.75
非金属矿采选业	Mining and Processing of Nonmetal Ores	7.24	50.83	11.61	7.99
开采专业及辅助性活动	Professional and Support Activities for Mining				
其他采矿业	Other Mining and Dressing	2.66	4.21	4.05	2.75
农副食品加工业	Processing of Food from Agricultural Products	4.29	44.02	13.34	4.54
食品制造业	Manufacture of Foods	5.86	54.94	11.70	6.25
酒、饮料和精制茶制造业	Manufacture of Liquor, Beverage and Refined Tea	9.05	39.03	19.19	10.28
烟草制品业	Manufacture of Tobacco	14.15	11.57	103.49	54.80
纺织业	Manufacture of Textile	4.03	61.67	10.72	4.24
纺织服装、服饰业	Manufacture of Textile Wearing and Clothing Apparel	6.56	28.66	15.38	7.09
皮革、毛皮、羽毛及其制品和制鞋业	Leather, Fur, Feather and Its Products and Footwear	5.31	37.31	20.80	5.65
木材加工和木、竹、藤、棕、草制品业	Processing of Timbers, Manufacture of Wood, Bamboo, Rattan, Palm and Straw Products	5.46	37.67	20.64	5.89
家具制造业	Manufacture of Furniture	6.72	44.79	17.14	7.28
造纸和纸制品业	Manufacture of Paper and Paper Products	5.76	56.89	12.21	6.05
印刷和记录媒介复制业	Printing,Reproduction of Recording Media	6.29	44.07	14.67	6.69
文教、工美、体育和娱乐用品制造业	Manufacture of Articles for Culture, Education and Sport Activity	6.31	41.28	22.60	6.78
石油、煤炭及其他燃料加工业	Processing of Petroleum, Coal and Other Fuels	3.28	60.61	35.37	3.79
化学原料和化学制品制造业	Manufacture of Chemical Raw Material and Chemical Products	8.43	39.69	17.17	9.40
医药制造业	Manufacture of Medicines	10.49	35.30	11.88	11.63
化学纤维制造业	Manufacture of Chemical Fiber	3.95	64.02	9.68	4.11
橡胶和塑料制品业	Manufacture of Rubber and Plastic	6.15	41.79	16.53	6.62
非金属矿物制品业	Manufacture of Non-metallic Mineral Products	6.03	48.02	9.79	6.49
黑色金属冶炼和压延加工业	Manufacture and Processing of Ferrous Metals	2.79	54.98	8.43	2.91
有色金属冶炼和压延加工业	Manufacture and Processing of Non-ferrous Metals	5.50	55.26	14.47	5.97
金属制品业	Manufacture of Metal Products	5.83	52.47	11.78	6.23
通用设备制造业	Manufacture of General Purpose Machinery	5.78	61.87	4.87	6.17
专用设备制造业	Manufacture of Special Purpose Machinery	7.36	54.31	8.49	7.98
汽车制造业	Automobile Industry	3.12	82.13	6.82	3.36
铁路、船舶、航空航天和其他运输设备制造业	Manufacture of Railway,Marine,Aerospace and Other Transport Equipment	7.14	54.66	6.71	7.67
电气机械和器材制造业	Manufacture of Electrical Machinery and Equipment	6.33	54.04	8.78	6.84
计算机、通信和其他电子设备制造业	Manufacture of Communication Equipment, Computer and Other Electronic Equipment	5.70	40.12	7.51	6.09
仪器仪表制造业	Manufacture of Measuring Instrument	11.07	41.85	11.17	12.33
其他制造业	Other Manufacture	5.38	43.11	11.12	5.73
废弃资源综合利用业	Utilization of Waste Resources	5.92	60.14	15.23	6.27
金属制品、机械和设备修理业	Mental Products,Machine and Equipment Repair	10.82	66.13	17.75	11.41
电力、热力生产和供应业	Production and Supply of Electric Power and Heat Power	5.30	64.32	4.79	5.52
燃气生产和供应业	Production and Distribution of Gas	4.79	66.21	6.98	5.05
水的生产和供应业	Production and Distribution of Water	9.18	61.70	3.72	10.03

13-4 规模以上国有控股工业企业主要经济指标(2023年)
Major Economic Indications of State-owned Share Holding Industrial Enterprises above Designated Size (2023)

单位：个 (unit)

指 标	Item	企业单位数 Number of Enterprises	亏损企业 Loss-making Enterprises
总计	**Total**	**1035**	**217**
在总计中：	Of the Total		
亏损企业	Enterprises Running under Deficit	217	217
在总计中：	Of the Total		
中央企业	Central Enterprises	10	2
地方企业	Local Enterprises	51	14
在总计中：	Of the Total		
大型企业	Large Scale Enterprises	64	8
中型企业	Medium Scale Enterprises	179	36
小型企业	Small Enterprises	625	142
微型企业	Microenterprise	167	31
按行业分	Grouped by Sector		
煤炭开采和洗选业	Mining and Washing of Coal	13	1
石油和天然气开采业	Petroleum and Natural Gas Extraction		
黑色金属矿采选业	Mining of Ferrous Metal Ores	3	1
有色金属矿采选业	Mining of Non-ferrous Metal Ores	17	1
非金属矿采选业	Mining and Processing of Nonmetal Ores	22	4
开采专业及辅助性活动	Professional and Support Activities for Mining		
其他采矿业	Other Mining and Dressing		
农副食品加工业	Processing of Food from Agricultural Products	46	5
食品制造业	Manufacture of Foods	20	11
酒、饮料和精制茶制造业	Manufacture of Liquor, Beverage and Refined Tea	15	2
烟草制品业	Manufacture of Tobacco	7	
纺织业	Manufacture of Textile	4	2
纺织服装、服饰业	Manufacture of Textile Wearing and Clothing Apparel	9	1
皮革、毛皮、羽毛及其制品和制鞋业	Leather, Fur, Feather and Its Products and Footwear	6	1
木材加工和木、竹、藤、棕、草制品业	Processing of Timbers, Manufacture of Wood, Bamboo, Rattan, Palm and Straw Products	4	2
家具制造业	Manufacture of Furniture		
造纸和纸制品业	Manufacture of Paper and Paper Products	6	2
印刷和记录媒介复制业	Printing, Reproduction of Recording Media	6	3
文教、工美、体育和娱乐用品制造业	Manufacture of Articles for Culture,Education and Sport Activity	2	
石油、煤炭及其他燃料加工业	Processing of Petroleum, Coal and Other Fuels	7	
化学原料和化学制品制造业	Manufacture of Chemical Raw Material and Chemical Products	37	5
医药制造业	Manufacture of Medicines	18	5
化学纤维制造业	Manufacture of Chemical Fiber	1	
橡胶和塑料制品业	Manufacture of Rubber and Plastic	7	1
非金属矿物制品业	Manufacture of Non-metallic Mineral Products	93	27
黑色金属冶炼和压延加工业	Manufacture and Processing of Ferrous Metals	9	2
有色金属冶炼和压延加工业	Manufacture and Processing of Non-ferrous Metals	41	10
金属制品业	Manufacture of Metal Products	26	8
通用设备制造业	Manufacture of General Purpose Machinery	37	6
专用设备制造业	Manufacture of Special Purpose Machinery	40	6
汽车制造业	Automobile Industry	39	15
铁路、船舶、航空航天和其他运输设备制造业	Manufacture of Railway,Marine,Aerospace and Other Transport Equipment	25	5
电气机械和器材制造业	Manufacture of Electrical Machinery and Equipment	24	4
计算机、通信和其他电子设备制造业	Manufacture of Communication Equipment, Computer and Other Electronic Equipment	30	6
仪器仪表制造业	Manufacture of Measuring Instrument	8	4
其他制造业	Other Manufacture	7	1
废弃资源综合利用业	Utilization of Waste Resources	11	2
金属制品、机械和设备修理业	Mental Products,Machine and Equipment Repair	1	
电力、热力生产和供应业	Production and Supply of Electric Power and Heat Power	241	45
燃气生产和供应业	Production and Distribution of Gas	20	1
水的生产和供应业	Production and Distribution of Water	133	28

13-4 续表 1 Continued

单位：亿元 (100 million yuan)

指 标	Item	资产总计 Total Assets	流动资产合 计 Total Current Assets	负债合计 Total Liabilities
总计	**Total**	**15984.39**	**6878.89**	**9426.19**
在总计中：	Of the Total			
亏损企业	Enterprises Running under Deficit	1959.46	752.09	1643.05
在总计中：	Of the Total			
中央企业	Central Enterprises	182.40	115.36	114.95
地方企业	Local Enterprises	98.64	51.44	65.89
在总计中：	Of the Total			
大型企业	Large Scale Enterprises	9750.13	4351.16	5712.66
中型企业	Medium Scale Enterprises	2749.18	1351.61	1607.23
小型企业	Small Enterprises	2866.90	988.81	1677.79
微型企业	Microenterprise	618.19	187.31	428.51
按行业分	Grouped by Sector			
煤炭开采和洗选业	Mining and Washing of Coal	47.13	17.46	24.71
石油和天然气开采业	Petroleum and Natural Gas Extraction			
黑色金属矿采选业	Mining of Ferrous Metal Ores	1.51	0.21	1.15
有色金属矿采选业	Mining of Non-ferrous Metal Ores	155.31	39.65	76.24
非金属矿采选业	Mining and Processing of Nonmetal Ores	140.95	88.63	86.16
开采专业及辅助性活动	Professional and Support Activities for Mining			
其他采矿业	Other Mining and Dressing			
农副食品加工业	Processing of Food from Agricultural Products	63.79	26.66	31.82
食品制造业	Manufacture of Foods	31.85	14.86	20.87
酒、饮料和精制茶制造业	Manufacture of Liquor, Beverage and Refined Tea	100.50	64.77	33.68
烟草制品业	Manufacture of Tobacco	878.72	670.97	100.80
纺织业	Manufacture of Textile	5.77	1.19	4.21
纺织服装、服饰业	Manufacture of Textile Wearing and Clothing Apparel	6.97	5.06	2.68
皮革、毛皮、羽毛及其制品和制鞋业	Leather, Fur, Feather and Its Products and Footwear	29.36	10.32	5.81
木材加工和木、竹、藤、棕、草制品业	Processing of Timbers, Manufacture of Wood, Bamboo, Rattan, Palm and Straw Products	7.96	2.23	6.26
家具制造业	Manufacture of Furniture			
造纸和纸制品业	Manufacture of Paper and Paper Products	249.83	119.73	169.42
印刷和记录媒介复制业	Printing, Reproduction of Recording Media	21.95	15.35	6.95
文教、工美、体育和娱乐用品制造业	Manufacture of Articles for Culture,Education and Sport Activity	3.57	1.17	0.47
石油、煤炭及其他燃料加工业	Processing of Petroleum, Coal and Other Fuels	418.08	98.55	265.56
化学原料和化学制品制造业	Manufacture of Chemical Raw Material and Chemical Products	319.32	157.87	132.94
医药制造业	Manufacture of Medicines	85.79	54.07	36.98
化学纤维制造业	Manufacture of Chemical Fiber	1.44	0.40	8.61
橡胶和塑料制品业	Manufacture of Rubber and Plastic	27.19	12.64	14.46
非金属矿物制品业	Manufacture of Non-metallic Mineral Products	478.86	187.40	326.89
黑色金属冶炼和压延加工业	Manufacture and Processing of Ferrous Metals	1039.19	428.87	563.03
有色金属冶炼和压延加工业	Manufacture and Processing of Non-ferrous Metals	473.01	234.24	233.99
金属制品业	Manufacture of Metal Products	169.32	96.45	114.24
通用设备制造业	Manufacture of General Purpose Machinery	1713.33	1087.05	1104.38
专用设备制造业	Manufacture of Special Purpose Machinery	497.40	400.20	347.37
汽车制造业	Automobile Industry	688.25	456.20	661.83
铁路、船舶、航空航天和其他运输设备制造业	Manufacture of Railway,Marine,Aerospace and Other Transport Equipment	1275.38	803.09	699.10
电气机械和器材制造业	Manufacture of Electrical Machinery and Equipment	493.27	323.21	345.34
计算机、通信和其他电子设备制造业	Manufacture of Communication Equipment, Computer and Other Electronic Equipment	881.19	576.04	321.03
仪器仪表制造业	Manufacture of Measuring Instrument	21.22	14.02	13.07
其他制造业	Other Manufacture	107.40	64.66	55.94
废弃资源综合利用业	Utilization of Waste Resources	63.35	56.30	55.33
金属制品、机械和设备修理业	Mental Products,Machine and Equipment Repair	11.61	7.39	8.46
电力、热力生产和供应业	Production and Supply of Electric Power and Heat Power	4558.53	511.48	2954.94
燃气生产和供应业	Production and Distribution of Gas	122.18	46.05	83.89
水的生产和供应业	Production and Distribution of Water	793.91	184.44	507.58

13-4 续表 2 Continued

单位：亿元 (100 million yuan)

指 标	Item	实收资本 Paid-in Capital	所有者权益 Total Rights of Owners	营业收入 Revenue of Business
总计	**Total**	**3474.31**	**6555.49**	**10665.89**
在总计中：	Of the Total			
亏损企业	Enterprises Running under Deficit	440.96	316.40	846.28
在总计中：	Of the Total			
中央企业	Central Enterprises	25.34	67.45	95.39
地方企业	Local Enterprises	10.55	32.75	36.75
在总计中：	Of the Total			
大型企业	Large Scale Enterprises	1652.48	4034.77	7026.80
中型企业	Medium Scale Enterprises	711.33	1141.95	2004.88
小型企业	Small Enterprises	991.66	1189.10	1515.27
微型企业	Microenterprise	118.83	189.67	118.95
按行业分	Grouped by Sector			
煤炭开采和洗选业	Mining and Washing of Coal	6.34	22.42	33.18
石油和天然气开采业	Petroleum and Natural Gas Extraction			
黑色金属矿采选业	Mining of Ferrous Metal Ores		0.36	3.17
有色金属矿采选业	Mining of Non-ferrous Metal Ores	41.39	79.07	79.76
非金属矿采选业	Mining and Processing of Nonmetal Ores	17.17	54.79	54.78
开采专业及辅助性活动	Professional and Support Activities for Mining			
其他采矿业	Other Mining and Dressing			
农副食品加工业	Processing of Food from Agricultural Products	11.09	31.97	114.94
食品制造业	Manufacture of Foods	13.94	10.98	25.55
酒、饮料和精制茶制造业	Manufacture of Liquor, Beverage and Refined Tea	18.98	66.82	54.78
烟草制品业	Manufacture of Tobacco	75.99	777.91	1096.50
纺织业	Manufacture of Textile	2.47	1.56	1.57
纺织服装、服饰业	Manufacture of Textile Wearing and Clothing Apparel	2.17	4.29	7.61
皮革、毛皮、羽毛及其制品和制鞋业	Leather, Fur, Feather and Its Products and Footwear	3.02	23.56	13.51
木材加工和木、竹、藤、棕、草制品业	Processing of Timbers, Manufacture of Wood, Bamboo, Rattan, Palm and Straw Products	4.32	1.71	4.40
家具制造业	Manufacture of Furniture			
造纸和纸制品业	Manufacture of Paper and Paper Products	59.86	80.41	156.10
印刷和记录媒介复制业	Printing, Reproduction of Recording Media	4.87	15.01	20.23
文教、工美、体育和娱乐用品制造业	Manufacture of Articles for Culture,Education and Sport Activity	0.60	3.10	3.36
石油、煤炭及其他燃料加工业	Processing of Petroleum, Coal and Other Fuels	138.07	152.52	826.88
化学原料和化学制品制造业	Manufacture of Chemical Raw Material and Chemical Products	87.37	186.38	230.94
医药制造业	Manufacture of Medicines	15.29	48.81	41.88
化学纤维制造业	Manufacture of Chemical Fiber	1.65	-7.17	3.82
橡胶和塑料制品业	Manufacture of Rubber and Plastic	8.36	12.73	21.16
非金属矿物制品业	Manufacture of Non-metallic Mineral Products	108.43	151.97	222.03
黑色金属冶炼和压延加工业	Manufacture and Processing of Ferrous Metals	220.80	476.16	1647.00
有色金属冶炼和压延加工业	Manufacture and Processing of Non-ferrous Metals	200.82	239.02	983.82
金属制品业	Manufacture of Metal Products	32.41	55.06	99.06
通用设备制造业	Manufacture of General Purpose Machinery	140.92	608.95	435.66
专用设备制造业	Manufacture of Special Purpose Machinery	57.13	150.03	222.84
汽车制造业	Automobile Industry	122.81	26.42	548.66
铁路、船舶、航空航天和其他运输设备制造业	Manufacture of Railway,Marine,Aerospace and Other Transport Equipment	231.18	573.58	640.52
电气机械和器材制造业	Manufacture of Electrical Machinery and Equipment	135.91	147.94	290.69
计算机、通信和其他电子设备制造业	Manufacture of Communication Equipment, Computer and Other Electronic Equipment	119.03	560.16	412.03
仪器仪表制造业	Manufacture of Measuring Instrument	6.94	8.16	4.90
其他制造业	Other Manufacture	39.91	51.46	36.92
废弃资源综合利用业	Utilization of Waste Resources	4.00	8.03	45.40
金属制品、机械和设备修理业	Mental Products,Machine and Equipment Repair	0.61	3.14	6.67
电力、热力生产和供应业	Production and Supply of Electric Power and Heat Power	1371.82	1603.59	1991.38
燃气生产和供应业	Production and Distribution of Gas	16.24	38.29	134.67
水的生产和供应业	Production and Distribution of Water	152.40	286.34	149.51

13-4 续表 3 Continued

单位：亿元 (100 million yuan)

指　标	Item	营业成本 Cost of Business	利润总额 Total Profit
总计	**Total**	**8427.07**	**558.44**
在总计中：	Of the Total		
亏损企业	Enterprises Running under Deficit	818.65	-126.67
在总计中：	Of the Total		
中央企业	Central Enterprises	79.14	0.87
地方企业	Local Enterprises	27.92	1.38
在总计中：	Of the Total		
大型企业	Large Scale Enterprises	5408.97	383.94
中型企业	Medium Scale Enterprises	1664.22	125.40
小型企业	Small Enterprises	1259.76	87.22
微型企业	Microenterprise	94.12	-38.11
按行业分	Grouped by Sector		
煤炭开采和洗选业	Mining and Washing of Coal	20.45	6.44
石油和天然气开采业	Petroleum and Natural Gas Extraction		
黑色金属矿采选业	Mining of Ferrous Metal Ores	2.95	0.02
有色金属矿采选业	Mining of Non-ferrous Metal Ores	47.95	13.88
非金属矿采选业	Mining and Processing of Nonmetal Ores	33.75	5.28
开采专业及辅助性活动	Professional and Support Activities for Mining		
其他采矿业	Other Mining and Dressing		
农副食品加工业	Processing of Food from Agricultural Products	100.19	5.96
食品制造业	Manufacture of Foods	22.02	-0.29
酒、饮料和精制茶制造业	Manufacture of Liquor, Beverage and Refined Tea	21.91	10.49
烟草制品业	Manufacture of Tobacco	237.84	155.35
纺织业	Manufacture of Textile	1.37	-0.24
纺织服装、服饰业	Manufacture of Textile Wearing and Clothing Apparel	4.84	0.30
皮革、毛皮、羽毛及其制品和制鞋业	Leather, Fur, Feather and Its Products and Footwear	9.15	1.11
木材加工和木、竹、藤、棕、草制品业	Processing of Timbers, Manufacture of Wood, Bamboo, Rattan, Palm and Straw Products	3.18	0.41
家具制造业	Manufacture of Furniture		
造纸和纸制品业	Manufacture of Paper and Paper Products	138.62	9.83
印刷和记录媒介复制业	Printing, Reproduction of Recording Media	16.26	0.79
文教、工美、体育和娱乐用品制造业	Manufacture of Articles for Culture,Education and Sport Activity	2.03	0.37
石油、煤炭及其他燃料加工业	Processing of Petroleum, Coal and Other Fuels	682.00	24.40
化学原料和化学制品制造业	Manufacture of Chemical Raw Material and Chemical Products	182.44	21.84
医药制造业	Manufacture of Medicines	19.89	5.78
化学纤维制造业	Manufacture of Chemical Fiber	2.76	0.61
橡胶和塑料制品业	Manufacture of Rubber and Plastic	14.87	3.00
非金属矿物制品业	Manufacture of Non-metallic Mineral Products	190.42	1.52
黑色金属冶炼和压延加工业	Manufacture and Processing of Ferrous Metals	1502.10	39.97
有色金属冶炼和压延加工业	Manufacture and Processing of Non-ferrous Metals	876.23	43.83
金属制品业	Manufacture of Metal Products	83.74	1.87
通用设备制造业	Manufacture of General Purpose Machinery	363.24	15.39
专用设备制造业	Manufacture of Special Purpose Machinery	165.83	25.32
汽车制造业	Automobile Industry	482.94	-30.53
铁路、船舶、航空航天和其他运输设备制造业	Manufacture of Railway,Marine,Aerospace and Other Transport Equipment	507.14	50.64
电气机械和器材制造业	Manufacture of Electrical Machinery and Equipment	256.36	3.06
计算机、通信和其他电子设备制造业	Manufacture of Communication Equipment, Computer and Other Electronic Equipment	309.09	45.04
仪器仪表制造业	Manufacture of Measuring Instrument	3.57	-1.18
其他制造业	Other Manufacture	30.66	2.83
废弃资源综合利用业	Utilization of Waste Resources	42.30	1.06
金属制品、机械和设备修理业	Mental Products,Machine and Equipment Repair	5.70	1.37
电力、热力生产和供应业	Production and Supply of Electric Power and Heat Power	1814.82	76.81
燃气生产和供应业	Production and Distribution of Gas	121.08	7.02
水的生产和供应业	Production and Distribution of Water	107.36	9.10

13-4 续表 4 Continued

指 标	Item	本年应付职工薪酬（亿元）Total Sum of Wages Payable this Year (100 million yuan)	平均用工人数（万人）Annual Average Employees (10 000 persons)
总计	**Total**	**828.99**	**44.59**
在总计中：	Of the Total		
亏损企业	Enterprises Running under Deficit	87.68	6.08
在总计中：	Of the Total		
中央企业	Central Enterprises	12.83	1.00
地方企业	Local Enterprises	9.91	0.85
在总计中：	Of the Total		
大型企业	Large Scale Enterprises	523.61	24.47
中型企业	Medium Scale Enterprises	169.33	11.07
小型企业	Small Enterprises	121.22	8.36
微型企业	Microenterprise	14.83	0.69
按行业分	Grouped by Sector		
煤炭开采和洗选业	Mining and Washing of Coal	13.38	1.63
石油和天然气开采业	Petroleum and Natural Gas Extraction		
黑色金属矿采选业	Mining of Ferrous Metal Ores	0.48	0.05
有色金属矿采选业	Mining of Non-ferrous Metal Ores	12.47	0.92
非金属矿采选业	Mining and Processing of Nonmetal Ores	3.37	0.31
开采专业及辅助性活动	Professional and Support Activities for Mining		
其他采矿业	Other Mining and Dressing		
农副食品加工业	Processing of Food from Agricultural Products	7.11	0.77
食品制造业	Manufacture of Foods	2.48	0.28
酒、饮料和精制茶制造业	Manufacture of Liquor, Beverage and Refined Tea	7.26	0.64
烟草制品业	Manufacture of Tobacco	48.58	1.10
纺织业	Manufacture of Textile	0.59	0.06
纺织服装、服饰业	Manufacture of Textile Wearing and Clothing Apparel	1.66	0.11
皮革、毛皮、羽毛及其制品和制鞋业	Leather, Fur, Feather and Its Products and Footwear	2.38	0.20
木材加工和木、竹、藤、棕、草制品业	Processing of Timbers, Manufacture of Wood, Bamboo, Rattan, Palm and Straw Products	1.28	0.10
家具制造业	Manufacture of Furniture		
造纸和纸制品业	Manufacture of Paper and Paper Products	8.33	0.58
印刷和记录媒介复制业	Printing, Reproduction of Recording Media	3.74	0.25
文教、工美、体育和娱乐用品制造业	Manufacture of Articles for Culture,Education and Sport Activity	0.60	0.07
石油、煤炭及其他燃料加工业	Processing of Petroleum, Coal and Other Fuels	31.05	1.22
化学原料和化学制品制造业	Manufacture of Chemical Raw Material and Chemical Products	19.04	1.14
医药制造业	Manufacture of Medicines	8.87	0.68
化学纤维制造业	Manufacture of Chemical Fiber	0.63	0.09
橡胶和塑料制品业	Manufacture of Rubber and Plastic	2.63	0.17
非金属矿物制品业	Manufacture of Non-metallic Mineral Products	22.91	1.61
黑色金属冶炼和压延加工业	Manufacture and Processing of Ferrous Metals	65.46	2.49
有色金属冶炼和压延加工业	Manufacture and Processing of Non-ferrous Metals	40.35	2.59
金属制品业	Manufacture of Metal Products	12.44	1.03
通用设备制造业	Manufacture of General Purpose Machinery	43.92	2.53
专用设备制造业	Manufacture of Special Purpose Machinery	33.69	1.42
汽车制造业	Automobile Industry	39.99	2.14
铁路、船舶、航空航天和其他运输设备制造业	Manufacture of Railway,Marine,Aerospace and Other Transport Equipment	105.64	4.80
电气机械和器材制造业	Manufacture of Electrical Machinery and Equipment	20.26	1.22
计算机、通信和其他电子设备制造业	Manufacture of Communication Equipment, Computer and Other Electronic Equipment	47.23	1.98
仪器仪表制造业	Manufacture of Measuring Instrument	2.26	0.14
其他制造业	Other Manufacture	11.72	0.38
废弃资源综合利用业	Utilization of Waste Resources	1.34	0.14
金属制品、机械和设备修理业	Mental Products,Machine and Equipment Repair	2.21	0.13
电力、热力生产和供应业	Production and Supply of Electric Power and Heat Power	166.61	9.06
燃气生产和供应业	Production and Distribution of Gas	4.99	0.30
水的生产和供应业	Production and Distribution of Water	32.04	2.28

13-4 续表 5 Continued

单位：% (%)

指 标	Item	总资产贡献率 Ratio of Total Assets to Industrial Output Value	成本费用利润率 Ratio of Profits to Industrial Cost	资产负债率 Assets-Liability Ratio
总计	**Total**	**11.46**	**6.02**	**58.97**
在总计中：	Of the Total			
亏损企业	Enterprises Running under Deficit	-4.17	-13.74	83.85
在总计中：	Of the Total			
中央企业	Central Enterprises	2.15	0.93	63.02
地方企业	Local Enterprises	3.09	3.89	66.80
在总计中：	Of the Total			
大型企业	Large Scale Enterprises	15.15	6.51	58.59
中型企业	Medium Scale Enterprises	7.81	6.80	58.46
小型企业	Small Enterprises	5.82	6.14	58.52
微型企业	Microenterprise	-4.44	-32.25	69.32
按行业分	Grouped by Sector			
煤炭开采和洗选业	Mining and Washing of Coal	23.68	25.31	52.42
石油和天然气开采业	Petroleum and Natural Gas Extraction			
黑色金属矿采选业	Mining of Ferrous Metal Ores	11.05	0.60	76.36
有色金属矿采选业	Mining of Non-ferrous Metal Ores	15.06	23.26	49.09
非金属矿采选业	Mining and Processing of Nonmetal Ores	6.58	11.08	61.13
开采专业及辅助性活动	Professional and Support Activities for Mining			
其他采矿业	Other Mining and Dressing			
农副食品加工业	Processing of Food from Agricultural Products	17.54	5.50	49.88
食品制造业	Manufacture of Foods	2.68	-1.12	65.53
酒、饮料和精制茶制造业	Manufacture of Liquor, Beverage and Refined Tea	21.26	28.39	33.51
烟草制品业	Manufacture of Tobacco	103.63	55.02	11.47
纺织业	Manufacture of Textile	-0.35	-12.99	72.99
纺织服装、服饰业	Manufacture of Textile Wearing and Clothing Apparel	11.91	3.96	38.43
皮革、毛皮、羽毛及其制品和制鞋业	Leather, Fur, Feather and Its Products and Footwear	6.68	8.56	19.77
木材加工和木、竹、藤、棕、草制品业	Processing of Timbers, Manufacture of Wood, Bamboo, Rattan, Palm and Straw Products	6.67	10.07	78.58
家具制造业	Manufacture of Furniture			
造纸和纸制品业	Manufacture of Paper and Paper Products	8.96	6.42	67.82
印刷和记录媒介复制业	Printing, Reproduction of Recording Media	5.48	4.07	31.64
文教、工美、体育和娱乐用品制造业	Manufacture of Articles for Culture,Education and Sport Activity	17.89	12.81	13.25
石油、煤炭及其他燃料加工业	Processing of Petroleum, Coal and Other Fuels	38.04	3.45	63.52
化学原料和化学制品制造业	Manufacture of Chemical Raw Material and Chemical Products	10.06	10.58	41.63
医药制造业	Manufacture of Medicines	11.00	15.62	43.11
化学纤维制造业	Manufacture of Chemical Fiber	52.22	18.53	597.05
橡胶和塑料制品业	Manufacture of Rubber and Plastic	14.45	16.42	53.19
非金属矿物制品业	Manufacture of Non-metallic Mineral Products	2.97	0.69	68.26
黑色金属冶炼和压延加工业	Manufacture and Processing of Ferrous Metals	7.64	2.53	54.18
有色金属冶炼和压延加工业	Manufacture and Processing of Non-ferrous Metals	14.00	4.76	49.47
金属制品业	Manufacture of Metal Products	3.74	1.90	67.47
通用设备制造业	Manufacture of General Purpose Machinery	1.41	3.65	64.46
专用设备制造业	Manufacture of Special Purpose Machinery	7.60	12.90	69.84
汽车制造业	Automobile Industry	-1.41	-5.78	96.16
铁路、船舶、航空航天和其他运输设备制造业	Manufacture of Railway,Marine,Aerospace and Other Transport Equipment	6.75	8.52	54.82
电气机械和器材制造业	Manufacture of Electrical Machinery and Equipment	2.51	1.07	70.01
计算机、通信和其他电子设备制造业	Manufacture of Communication Equipment, Computer and Other Electronic Equipment	6.84	12.06	36.43
仪器仪表制造业	Manufacture of Measuring Instrument	-2.38	-19.14	61.56
其他制造业	Other Manufacture	3.08	8.32	52.09
废弃资源综合利用业	Utilization of Waste Resources	5.21	2.43	87.33
金属制品、机械和设备修理业	Mental Products,Machine and Equipment Repair	15.11	21.35	72.93
电力、热力生产和供应业	Production and Supply of Electric Power and Heat Power	4.27	3.97	64.82
燃气生产和供应业	Production and Distribution of Gas	6.83	5.51	68.66
水的生产和供应业	Production and Distribution of Water	2.86	6.41	63.93

13-5 集体工业企业主要经济指标(2023年)
Major Economic Indications of Collective-owned Industrial Enterprises (2023)

单位：个 (unit)

指 标	Item	企业单位数 Number of Enterprises	亏损企业 Loss-making Enterprises
总计	**Total**	**36**	**2**
在总计中：	Of the Total		
亏损企业	Enterprises Running under Deficit	2	2
在总计中：	Of the Total		
大型企业	Large Scale Enterprises		
中型企业	Medium Scale Enterprises	4	
小型企业	Small Enterprises	22	2
微型企业	Microenterprise	10	
按行业分	Grouped by Sector		
煤炭开采和洗选业	Mining and Washing of Coal	2	
石油和天然气开采业	Petroleum and Natural Gas Extraction		
黑色金属矿采选业	Mining of Ferrous Metal Ores	1	
有色金属矿采选业	Mining of Non-ferrous Metal Ores	1	
非金属矿采选业	Mining and Processing of Nonmetal Ores	9	1
开采专业及辅助性活动	Professional and Support Activities for Mining		
其他采矿业	Other Mining and Dressing		
农副食品加工业	Processing of Food from Agricultural Products	1	
食品制造业	Manufacture of Foods		
酒、饮料和精制茶制造业	Manufacture of Liquor, Beverage and Refined Tea	1	
烟草制品业	Manufacture of Tobacco		
纺织业	Manufacture of Textile		
纺织服装、服饰业	Manufacture of Textile Wearing and Clothing Apparel		
皮革、毛皮、羽毛及其制品和制鞋业	Leather, Fur, Feather and Its Products and Footwear		
木材加工和木、竹、藤、棕、草制品业	Processing of Timbers, Manufacture of Wood, Bamboo, Rattan, Palm and Straw Products		
家具制造业	Manufacture of Furniture		
造纸和纸制品业	Manufacture of Paper and Paper Products	2	
印刷和记录媒介复制业	Printing, Reproduction of Recording Media		
文教、工美、体育和娱乐用品制造业	Manufacture of Articles for Culture,Education and Sport Activity		
石油、煤炭及其他燃料加工业	Processing of Petroleum, Coal and Other Fuels		
化学原料和化学制品制造业	Manufacture of Chemical Raw Material and Chemical Products	3	
医药制造业	Manufacture of Medicines	1	
化学纤维制造业	Manufacture of Chemical Fiber		
橡胶和塑料制品业	Manufacture of Rubber and Plastic		
非金属矿物制品业	Manufacture of Non-metallic Mineral Products	4	
黑色金属冶炼和压延加工业	Manufacture and Processing of Ferrous Metals		
有色金属冶炼和压延加工业	Manufacture and Processing of Non-ferrous Metals	1	
金属制品业	Manufacture of Metal Products	3	
通用设备制造业	Manufacture of General Purpose Machinery		
专用设备制造业	Manufacture of Special Purpose Machinery	2	
汽车制造业	Automobile Industry		
铁路、船舶、航空航天和其他运输设备制造业	Manufacture of Railway,Marine,Aerospace and Other Transport Equipment		
电气机械和器材制造业	Manufacture of Electrical Machinery and Equipment	1	
计算机、通信和其他电子设备制造业	Manufacture of Communication Equipment, Computer and Other Electronic Equipment		
仪器仪表制造业	Manufacture of Measuring Instrument	1	
其他制造业	Other Manufacture		
废弃资源综合利用业	Utilization of Waste Resources		
金属制品、机械和设备修理业	Mental Products,Machine and Equipment Repair		
电力、热力生产和供应业	Production and Supply of Electric Power and Heat Power	2	1
燃气生产和供应业	Production and Distribution of Gas		
水的生产和供应业	Production and Distribution of Water	1	

13-5 续表 1 Continued

单位：亿元 (100 million yuan)

指 标	Item	资产总计 Total Assets	流动资产合 计 Total Current Assets	负债合计 Total Liabilities
总计	**Total**	**31.06**	**3.92**	**6.19**
在总计中：	Of the Total			
亏损企业	Enterprises Running under Deficit	1.24	0.13	0.51
在总计中：	Of the Total			
大型企业	Large Scale Enterprises			
中型企业	Medium Scale Enterprises	17.02	0.76	1.74
小型企业	Small Enterprises	13.60	2.72	4.29
微型企业	Microenterprise	0.43	0.44	0.17
按行业分	Grouped by Sector			
煤炭开采和洗选业	Mining and Washing of Coal	1.29	0.27	0.50
石油和天然气开采业	Petroleum and Natural Gas Extraction			
黑色金属矿采选业	Mining of Ferrous Metal Ores	0.28	0.23	0.13
有色金属矿采选业	Mining of Non-ferrous Metal Ores	0.17	0.06	0.06
非金属矿采选业	Mining and Processing of Nonmetal Ores	2.55	0.41	0.86
开采专业及辅助性活动	Professional and Support Activities for Mining			
其他采矿业	Other Mining and Dressing			
农副食品加工业	Processing of Food from Agricultural Products			
食品制造业	Manufacture of Foods			
酒、饮料和精制茶制造业	Manufacture of Liquor, Beverage and Refined Tea	0.70	0.48	0.42
烟草制品业	Manufacture of Tobacco			
纺织业	Manufacture of Textile			
纺织服装、服饰业	Manufacture of Textile Wearing and Clothing Apparel			
皮革、毛皮、羽毛及其制品和制鞋业	Leather, Fur, Feather and Its Products and Footwear			
木材加工和木、竹、藤、棕、草制品业	Processing of Timbers, Manufacture of Wood, Bamboo, Rattan, Palm and Straw Products			
家具制造业	Manufacture of Furniture			
造纸和纸制品业	Manufacture of Paper and Paper Products	1.24	0.53	0.15
印刷和记录媒介复制业	Printing, Reproduction of Recording Media			
文教、工美、体育和娱乐用品制造业	Manufacture of Articles for Culture,Education and Sport Activity			
石油、煤炭及其他燃料加工业	Processing of Petroleum, Coal and Other Fuels			
化学原料和化学制品制造业	Manufacture of Chemical Raw Material and Chemical Products	2.65	0.04	1.21
医药制造业	Manufacture of Medicines	0.07	0.05	0.06
化学纤维制造业	Manufacture of Chemical Fiber			
橡胶和塑料制品业	Manufacture of Rubber and Plastic			
非金属矿物制品业	Manufacture of Non-metallic Mineral Products	15.69	0.66	1.28
黑色金属冶炼和压延加工业	Manufacture and Processing of Ferrous Metals			
有色金属冶炼和压延加工业	Manufacture and Processing of Non-ferrous Metals	0.18	0.07	0.06
金属制品业	Manufacture of Metal Products	0.38	0.32	0.05
通用设备制造业	Manufacture of General Purpose Machinery			
专用设备制造业	Manufacture of Special Purpose Machinery	1.33	0.30	0.38
汽车制造业	Automobile Industry			
铁路、船舶、航空航天和其他运输设备制造业	Manufacture of Railway,Marine,Aerospace and Other Transport Equipment			
电气机械和器材制造业	Manufacture of Electrical Machinery and Equipment	3.29	0.31	0.58
计算机、通信和其他电子设备制造业	Manufacture of Communication Equipment, Computer and Other Electronic Equipment			
仪器仪表制造业	Manufacture of Measuring Instrument	0.06	0.03	0.03
其他制造业	Other Manufacture			
废弃资源综合利用业	Utilization of Waste Resources			
金属制品、机械和设备修理业	Mental Products,Machine and Equipment Repair			
电力、热力生产和供应业	Production and Supply of Electric Power and Heat Power	1.08	0.15	0.40
燃气生产和供应业	Production and Distribution of Gas			
水的生产和供应业	Production and Distribution of Water	0.12		0.01

13-5 续表 2 Continued

单位：亿元 (100 million yuan)

指 标	Item	实收资本 Paid-in Capital	所有者权益 Total Rights of Owners	营业收入 Revenue of Business
总计	**Total**	**13.18**	**24.86**	**33.60**
在总计中：	Of the Total			
亏损企业	Enterprises Running under Deficit	0.30	0.73	5.14
在总计中：	Of the Total			
大型企业	Large Scale Enterprises			
中型企业	Medium Scale Enterprises	10.84	15.29	12.21
小型企业	Small Enterprises	2.33	9.32	20.40
微型企业	Microenterprise	0.01	0.26	0.99
按行业分	Grouped by Sector			
煤炭开采和洗选业	Mining and Washing of Coal	0.37	0.79	5.96
石油和天然气开采业	Petroleum and Natural Gas Extraction			
黑色金属矿采选业	Mining of Ferrous Metal Ores		0.15	0.27
有色金属矿采选业	Mining of Non-ferrous Metal Ores	0.02	0.11	1.10
非金属矿采选业	Mining and Processing of Nonmetal Ores	0.50	1.69	7.49
开采专业及辅助性活动	Professional and Support Activities for Mining			
其他采矿业	Other Mining and Dressing			
农副食品加工业	Processing of Food from Agricultural Products			
食品制造业	Manufacture of Foods			
酒、饮料和精制茶制造业	Manufacture of Liquor, Beverage and Refined Tea	0.28	0.28	0.86
烟草制品业	Manufacture of Tobacco			
纺织业	Manufacture of Textile			
纺织服装、服饰业	Manufacture of Textile Wearing and Clothing Apparel			
皮革、毛皮、羽毛及其制品和制鞋业	Leather, Fur, Feather and Its Products and Footwear			
木材加工和木、竹、藤、棕、草制品业	Processing of Timbers, Manufacture of Wood, Bamboo, Rattan, Palm and Straw Products			
家具制造业	Manufacture of Furniture			
造纸和纸制品业	Manufacture of Paper and Paper Products	0.69	1.08	0.51
印刷和记录媒介复制业	Printing, Reproduction of Recording Media			
文教、工美、体育和娱乐用品制造业	Manufacture of Articles for Culture,Education and Sport Activity			
石油、煤炭及其他燃料加工业	Processing of Petroleum, Coal and Other Fuels			
化学原料和化学制品制造业	Manufacture of Chemical Raw Material and Chemical Products	0.23	1.44	2.61
医药制造业	Manufacture of Medicines		0.01	0.99
化学纤维制造业	Manufacture of Chemical Fiber			
橡胶和塑料制品业	Manufacture of Rubber and Plastic			
非金属矿物制品业	Manufacture of Non-metallic Mineral Products	10.32	14.40	2.69
黑色金属冶炼和压延加工业	Manufacture and Processing of Ferrous Metals			
有色金属冶炼和压延加工业	Manufacture and Processing of Non-ferrous Metals		0.11	0.37
金属制品业	Manufacture of Metal Products	0.06	0.32	1.34
通用设备制造业	Manufacture of General Purpose Machinery			
专用设备制造业	Manufacture of Special Purpose Machinery	0.02	0.95	2.93
汽车制造业	Automobile Industry			
铁路、船舶、航空航天和其他运输设备制造业	Manufacture of Railway,Marine,Aerospace and Other Transport Equipment			
电气机械和器材制造业	Manufacture of Electrical Machinery and Equipment	0.12	2.70	0.53
计算机、通信和其他电子设备制造业	Manufacture of Communication Equipment, Computer and Other Electronic Equipment			
仪器仪表制造业	Manufacture of Measuring Instrument		0.03	0.11
其他制造业	Other Manufacture			
废弃资源综合利用业	Utilization of Waste Resources			
金属制品、机械和设备修理业	Mental Products,Machine and Equipment Repair			
电力、热力生产和供应业	Production and Supply of Electric Power and Heat Power	0.58	0.68	5.84
燃气生产和供应业	Production and Distribution of Gas			
水的生产和供应业	Production and Distribution of Water		0.11	0.01

13−5 续表 3 Continued

单位：亿元 (100 million yuan)

指 标	Item	营业成本 Cost of Business	利润总额 Total Profit
总计	**Total**	**26.88**	**1.07**
在总计中：	Of the Total		
亏损企业	Enterprises Running under Deficit	4.39	−0.45
在总计中：	Of the Total		
大型企业	Large Scale Enterprises		
中型企业	Medium Scale Enterprises	9.90	0.41
小型企业	Small Enterprises	16.15	0.57
微型企业	Microenterprise	0.83	0.08
按行业分	Grouped by Sector		
煤炭开采和洗选业	Mining and Washing of Coal	5.19	0.13
石油和天然气开采业	Petroleum and Natural Gas Extraction		
黑色金属矿采选业	Mining of Ferrous Metal Ores	0.21	0.01
有色金属矿采选业	Mining of Non−ferrous Metal Ores	0.73	0.07
非金属矿采选业	Mining and Processing of Nonmetal Ores	6.18	−0.12
开采专业及辅助性活动	Professional and Support Activities for Mining		
其他采矿业	Other Mining and Dressing		
农副食品加工业	Processing of Food from Agricultural Products		
食品制造业	Manufacture of Foods		
酒、饮料和精制茶制造业	Manufacture of Liquor, Beverage and Refined Tea	0.72	0.04
烟草制品业	Manufacture of Tobacco		
纺织业	Manufacture of Textile		
纺织服装、服饰业	Manufacture of Textile Wearing and Clothing Apparel		
皮革、毛皮、羽毛及其制品和制鞋业	Leather, Fur, Feather and Its Products and Footwear		
木材加工和木、竹、藤、棕、草制品业	Processing of Timbers, Manufacture of Wood, Bamboo, Rattan, Palm and Straw Products		
家具制造业	Manufacture of Furniture		
造纸和纸制品业	Manufacture of Paper and Paper Products	0.26	0.05
印刷和记录媒介复制业	Printing, Reproduction of Recording Media		
文教、工美、体育和娱乐用品制造业	Manufacture of Articles for Culture,Education and Sport Activity		
石油、煤炭及其他燃料加工业	Processing of Petroleum, Coal and Other Fuels		
化学原料和化学制品制造业	Manufacture of Chemical Raw Material and Chemical Products	2.46	0.05
医药制造业	Manufacture of Medicines	0.69	
化学纤维制造业	Manufacture of Chemical Fiber		
橡胶和塑料制品业	Manufacture of Rubber and Plastic		
非金属矿物制品业	Manufacture of Non−metallic Mineral Products	1.77	0.20
黑色金属冶炼和压延加工业	Manufacture and Processing of Ferrous Metals		
有色金属冶炼和压延加工业	Manufacture and Processing of Non−ferrous Metals	0.28	0.03
金属制品业	Manufacture of Metal Products	1.08	0.09
通用设备制造业	Manufacture of General Purpose Machinery		
专用设备制造业	Manufacture of Special Purpose Machinery	1.84	0.30
汽车制造业	Automobile Industry		
铁路、船舶、航空航天和其他运输设备制造业	Manufacture of Railway,Marine,Aerospace and Other Transport Equipment		
电气机械和器材制造业	Manufacture of Electrical Machinery and Equipment	0.44	0.05
计算机、通信和其他电子设备制造业	Manufacture of Communication Equipment, Computer and Other Electronic Equipment		
仪器仪表制造业	Manufacture of Measuring Instrument	0.07	0.02
其他制造业	Other Manufacture		
废弃资源综合利用业	Utilization of Waste Resources		
金属制品、机械和设备修理业	Mental Products,Machine and Equipment Repair		
电力、热力生产和供应业	Production and Supply of Electric Power and Heat Power	4.94	0.16
燃气生产和供应业	Production and Distribution of Gas		
水的生产和供应业	Production and Distribution of Water	0.01	

13-5 续表 4 Continued

指 标	Item	本年应付职工薪酬（亿元）Total Sum of Wages Payable this Year (100 million yuan)	平均用工人数（万人）Annual Average Employees (10 000 persons)
总计	**Total**	**4.51**	**0.49**
在总计中：	Of the Total		
亏损企业	Enterprises Running under Deficit	0.34	0.03
在总计中：	Of the Total		
大型企业	Large Scale Enterprises		
中型企业	Medium Scale Enterprises	2.01	0.22
小型企业	Small Enterprises	2.42	0.25
微型企业	Microenterprise	0.08	0.03
按行业分	Grouped by Sector		
煤炭开采和洗选业	Mining and Washing of Coal	0.89	0.06
石油和天然气开采业	Petroleum and Natural Gas Extraction		
黑色金属矿采选业	Mining of Ferrous Metal Ores	0.03	
有色金属矿采选业	Mining of Non-ferrous Metal Ores	0.11	0.01
非金属矿采选业	Mining and Processing of Nonmetal Ores	0.53	0.07
开采专业及辅助性活动	Professional and Support Activities for Mining		
其他采矿业	Other Mining and Dressing		
农副食品加工业	Processing of Food from Agricultural Products		
食品制造业	Manufacture of Foods		
酒、饮料和精制茶制造业	Manufacture of Liquor, Beverage and Refined Tea	0.02	
烟草制品业	Manufacture of Tobacco		
纺织业	Manufacture of Textile		
纺织服装、服饰业	Manufacture of Textile Wearing and Clothing Apparel		
皮革、毛皮、羽毛及其制品和制鞋业	Leather, Fur, Feather and Its Products and Footwear		
木材加工和木、竹、藤、棕、草制品业	Processing of Timbers, Manufacture of Wood, Bamboo, Rattan, Palm and Straw Products		
家具制造业	Manufacture of Furniture		
造纸和纸制品业	Manufacture of Paper and Paper Products	0.15	0.02
印刷和记录媒介复制业	Printing, Reproduction of Recording Media		
文教、工美、体育和娱乐用品制造业	Manufacture of Articles for Culture,Education and Sport Activity		
石油、煤炭及其他燃料加工业	Processing of Petroleum, Coal and Other Fuels		
化学原料和化学制品制造业	Manufacture of Chemical Raw Material and Chemical Products	0.52	0.03
医药制造业	Manufacture of Medicines	0.35	0.06
化学纤维制造业	Manufacture of Chemical Fiber		
橡胶和塑料制品业	Manufacture of Rubber and Plastic		
非金属矿物制品业	Manufacture of Non-metallic Mineral Products	0.60	0.08
黑色金属冶炼和压延加工业	Manufacture and Processing of Ferrous Metals		
有色金属冶炼和压延加工业	Manufacture and Processing of Non-ferrous Metals	0.13	0.02
金属制品业	Manufacture of Metal Products	0.10	0.02
通用设备制造业	Manufacture of General Purpose Machinery		
专用设备制造业	Manufacture of Special Purpose Machinery	0.25	0.03
汽车制造业	Automobile Industry		
铁路、船舶、航空航天和其他运输设备制造业	Manufacture of Railway,Marine,Aerospace and Other Transport Equipment		
电气机械和器材制造业	Manufacture of Electrical Machinery and Equipment	0.06	0.01
计算机、通信和其他电子设备制造业	Manufacture of Communication Equipment, Computer and Other Electronic Equipment		
仪器仪表制造业	Manufacture of Measuring Instrument	0.05	
其他制造业	Other Manufacture		
废弃资源综合利用业	Utilization of Waste Resources		
金属制品、机械和设备修理业	Mental Products,Machine and Equipment Repair		
电力、热力生产和供应业	Production and Supply of Electric Power and Heat Power	0.70	0.06
燃气生产和供应业	Production and Distribution of Gas		
水的生产和供应业	Production and Distribution of Water		

13-5 续表 5 Continued

单位：% (%)

指 标	Item	总资产贡献率 Ratio of Total Assets to Industrial Output Value	成本费用利润率 Ratio of Profits to Industrial Cost	资产负债率 Assets-Liability Ratio
总计	**Total**	**9.13**	**3.36**	**19.94**
在总计中：	Of the Total			
亏损企业	Enterprises Running under Deficit	3.93	-8.17	41.32
在总计中：	Of the Total			
大型企业	Large Scale Enterprises			
中型企业	Medium Scale Enterprises	3.67	3.56	10.19
小型企业	Small Enterprises	15.12	2.96	31.51
微型企业	Microenterprise	35.58	9.50	39.39
按行业分	Grouped by Sector			
煤炭开采和洗选业	Mining and Washing of Coal	26.98	2.18	38.53
石油和天然气开采业	Petroleum and Natural Gas Extraction			
黑色金属矿采选业	Mining of Ferrous Metal Ores	14.77	4.90	47.00
有色金属矿采选业	Mining of Non-ferrous Metal Ores	100.68	7.27	35.15
非金属矿采选业	Mining and Processing of Nonmetal Ores	19.64	-1.58	33.61
开采专业及辅助性活动	Professional and Support Activities for Mining			
其他采矿业	Other Mining and Dressing			
农副食品加工业	Processing of Food from Agricultural Products			
食品制造业	Manufacture of Foods			
酒、饮料和精制茶制造业	Manufacture of Liquor, Beverage and Refined Tea	5.51	4.38	60.27
烟草制品业	Manufacture of Tobacco			
纺织业	Manufacture of Textile			
纺织服装、服饰业	Manufacture of Textile Wearing and Clothing Apparel			
皮革、毛皮、羽毛及其制品和制鞋业	Leather, Fur, Feather and Its Products and Footwear			
木材加工和木、竹、藤、棕、草制品业	Processing of Timbers, Manufacture of Wood, Bamboo, Rattan, Palm and Straw Products			
家具制造业	Manufacture of Furniture			
造纸和纸制品业	Manufacture of Paper and Paper Products	5.75	10.25	12.46
印刷和记录媒介复制业	Printing, Reproduction of Recording Media			
文教、工美、体育和娱乐用品制造业	Manufacture of Articles for Culture,Education and Sport Activity			
石油、煤炭及其他燃料加工业	Processing of Petroleum, Coal and Other Fuels			
化学原料和化学制品制造业	Manufacture of Chemical Raw Material and Chemical Products	9.26	2.17	45.79
医药制造业	Manufacture of Medicines	12.08	0.35	85.97
化学纤维制造业	Manufacture of Chemical Fiber			
橡胶和塑料制品业	Manufacture of Rubber and Plastic			
非金属矿物制品业	Manufacture of Non-metallic Mineral Products	1.68	8.09	8.19
黑色金属冶炼和压延加工业	Manufacture and Processing of Ferrous Metals			
有色金属冶炼和压延加工业	Manufacture and Processing of Non-ferrous Metals	28.77	8.60	36.68
金属制品业	Manufacture of Metal Products	34.23	7.00	13.82
通用设备制造业	Manufacture of General Purpose Machinery			
专用设备制造业	Manufacture of Special Purpose Machinery	42.17	11.96	28.92
汽车制造业	Automobile Industry			
铁路、船舶、航空航天和其他运输设备制造业	Manufacture of Railway,Marine,Aerospace and Other Transport Equipment			
电气机械和器材制造业	Manufacture of Electrical Machinery and Equipment	2.91	10.93	17.70
计算机、通信和其他电子设备制造业	Manufacture of Communication Equipment, Computer and Other Electronic Equipment			
仪器仪表制造业	Manufacture of Measuring Instrument	33.87	20.30	52.23
其他制造业	Other Manufacture			
废弃资源综合利用业	Utilization of Waste Resources			
金属制品、机械和设备修理业	Mental Products,Machine and Equipment Repair			
电力、热力生产和供应业	Production and Supply of Electric Power and Heat Power	26.56	2.78	36.69
燃气生产和供应业	Production and Distribution of Gas			
水的生产和供应业	Production and Distribution of Water	0.92	11.95	5.23

13-6 私营工业企业主要经济指标(2023年)
Major Economic Indications of Private Industrial Enterprises (2023)

单位：个 (unit)

指 标	Item	企业单位数 Number of Enterprises	亏损企业 Loss-making Enterprises
总计	**Total**	**17795**	**1402**
在总计中：	Of the Total		
亏损企业	Enterprises Running under Deficit	1402	1402
在总计中：	Of the Total		
大型企业	Large Scale Enterprises	69	5
中型企业	Medium Scale Enterprises	773	61
小型企业	Small Enterprises	13633	965
微型企业	Microenterprise	3320	371
按行业分	Grouped by Sector		
煤炭开采和洗选业	Mining and Washing of Coal	90	4
石油和天然气开采业	Petroleum and Natural Gas Extraction		
黑色金属矿采选业	Mining of Ferrous Metal Ores	22	2
有色金属矿采选业	Mining of Non-ferrous Metal Ores	84	9
非金属矿采选业	Mining and Processing of Nonmetal Ores	303	12
开采专业及辅助性活动	Professional and Support Activities for Mining		
其他采矿业	Other Mining and Dressing	1	
农副食品加工业	Processing of Food from Agricultural Products	1686	83
食品制造业	Manufacture of Foods	548	45
酒、饮料和精制茶制造业	Manufacture of Liquor, Beverage and Refined Tea	513	19
烟草制品业	Manufacture of Tobacco		
纺织业	Manufacture of Textile	273	24
纺织服装、服饰业	Manufacture of Textile Wearing and Clothing Apparel	315	13
皮革、毛皮、羽毛及其制品和制鞋业	Leather, Fur, Feather and Its Products and Footwear	500	25
木材加工和木、竹、藤、棕、草制品业	Processing of Timbers, Manufacture of Wood, Bamboo, Rattan, Palm and Straw Products	493	6
家具制造业	Manufacture of Furniture	231	15
造纸和纸制品业	Manufacture of Paper and Paper Products	280	19
印刷和记录媒介复制业	Printing, Reproduction of Recording Media	259	16
文教、工美、体育和娱乐用品制造业	Manufacture of Articles for Culture,Education and Sport Activity	379	24
石油、煤炭及其他燃料加工业	Processing of Petroleum, Coal and Other Fuels	93	3
化学原料和化学制品制造业	Manufacture of Chemical Raw Material and Chemical Products	1315	77
医药制造业	Manufacture of Medicines	389	47
化学纤维制造业	Manufacture of Chemical Fiber	15	1
橡胶和塑料制品业	Manufacture of Rubber and Plastic	579	42
非金属矿物制品业	Manufacture of Non-metallic Mineral Products	2812	224
黑色金属冶炼和压延加工业	Manufacture and Processing of Ferrous Metals	132	19
有色金属冶炼和压延加工业	Manufacture and Processing of Non-ferrous Metals	392	42
金属制品业	Manufacture of Metal Products	1208	101
通用设备制造业	Manufacture of General Purpose Machinery	1072	106
专用设备制造业	Manufacture of Special Purpose Machinery	922	114
汽车制造业	Automobile Industry	312	53
铁路、船舶、航空航天和其他运输设备制造业	Manufacture of Railway,Marine,Aerospace and Other Transport Equipment	150	18
电气机械和器材制造业	Manufacture of Electrical Machinery and Equipment	855	76
计算机、通信和其他电子设备制造业	Manufacture of Communication Equipment, Computer and Other Electronic Equipment	894	95
仪器仪表制造业	Manufacture of Measuring Instrument	175	26
其他制造业	Other Manufacture	101	7
废弃资源综合利用业	Utilization of Waste Resources	190	12
金属制品、机械和设备修理业	Mental Products,Machine and Equipment Repair	10	
电力、热力生产和供应业	Production and Supply of Electric Power and Heat Power	122	14
燃气生产和供应业	Production and Distribution of Gas	36	4
水的生产和供应业	Production and Distribution of Water	44	5

13-6 续表 1 Continued

单位：亿元 (100 million yuan)

指 标	Item	资产总计 Total Assets	流动资产合 计 Total Current Assets	负债合计 Total Liabilities
总计	**Total**	**14325.79**	**7082.49**	**6623.63**
在总计中：	Of the Total			
亏损企业	Enterprises Running under Deficit	1848.57	992.73	1229.73
在总计中：	Of the Total			
大型企业	Large Scale Enterprises	1744.89	1180.78	1006.57
中型企业	Medium Scale Enterprises	2964.66	1438.42	1342.57
小型企业	Small Enterprises	8905.35	4056.40	3886.67
微型企业	Microenterprise	710.89	406.90	387.82
按行业分	Grouped by Sector			
煤炭开采和洗选业	Mining and Washing of Coal	47.11	15.63	22.52
石油和天然气开采业	Petroleum and Natural Gas Extraction			
黑色金属矿采选业	Mining of Ferrous Metal Ores	32.70	11.37	16.50
有色金属矿采选业	Mining of Non-ferrous Metal Ores	104.22	40.98	39.07
非金属矿采选业	Mining and Processing of Nonmetal Ores	164.65	62.15	70.18
开采专业及辅助性活动	Professional and Support Activities for Mining			
其他采矿业	Other Mining and Dressing	0.05	0.02	
农副食品加工业	Processing of Food from Agricultural Products	1132.08	482.43	469.76
食品制造业	Manufacture of Foods	612.77	339.39	334.99
酒、饮料和精制茶制造业	Manufacture of Liquor, Beverage and Refined Tea	298.81	124.92	120.87
烟草制品业	Manufacture of Tobacco			
纺织业	Manufacture of Textile	279.83	145.99	171.02
纺织服装、服饰业	Manufacture of Textile Wearing and Clothing Apparel	189.08	58.54	52.35
皮革、毛皮、羽毛及其制品和制鞋业	Leather, Fur, Feather and Its Products and Footwear	170.78	85.11	61.03
木材加工和木、竹、藤、棕、草制品业	Processing of Timbers, Manufacture of Wood, Bamboo, Rattan, Palm and Straw Products	179.66	76.81	61.63
家具制造业	Manufacture of Furniture	107.46	35.97	48.20
造纸和纸制品业	Manufacture of Paper and Paper Products	126.12	51.93	47.81
印刷和记录媒介复制业	Printing, Reproduction of Recording Media	137.19	62.53	65.53
文教、工美、体育和娱乐用品制造业	Manufacture of Articles for Culture,Education and Sport Activity	146.77	68.38	55.03
石油、煤炭及其他燃料加工业	Processing of Petroleum, Coal and Other Fuels	31.43	13.81	12.08
化学原料和化学制品制造业	Manufacture of Chemical Raw Material and Chemical Products	947.70	380.96	353.98
医药制造业	Manufacture of Medicines	612.59	359.45	220.52
化学纤维制造业	Manufacture of Chemical Fiber	7.01	2.60	3.21
橡胶和塑料制品业	Manufacture of Rubber and Plastic	277.44	126.54	113.78
非金属矿物制品业	Manufacture of Non-metallic Mineral Products	1904.68	778.04	788.11
黑色金属冶炼和压延加工业	Manufacture and Processing of Ferrous Metals	257.92	125.04	146.17
有色金属冶炼和压延加工业	Manufacture and Processing of Non-ferrous Metals	622.80	365.14	361.13
金属制品业	Manufacture of Metal Products	794.33	390.82	388.96
通用设备制造业	Manufacture of General Purpose Machinery	834.79	527.49	438.77
专用设备制造业	Manufacture of Special Purpose Machinery	1069.45	581.93	561.10
汽车制造业	Automobile Industry	245.46	136.14	143.38
铁路、船舶、航空航天和其他运输设备制造业	Manufacture of Railway,Marine,Aerospace and Other Transport Equipment	202.54	109.60	95.78
电气机械和器材制造业	Manufacture of Electrical Machinery and Equipment	872.82	483.51	431.84
计算机、通信和其他电子设备制造业	Manufacture of Communication Equipment, Computer and Other Electronic Equipment	1037.57	624.22	482.01
仪器仪表制造业	Manufacture of Measuring Instrument	191.70	123.45	78.72
其他制造业	Other Manufacture	69.42	25.30	19.41
废弃资源综合利用业	Utilization of Waste Resources	284.51	173.19	153.46
金属制品、机械和设备修理业	Mental Products,Machine and Equipment Repair	4.04	2.66	2.11
电力、热力生产和供应业	Production and Supply of Electric Power and Heat Power	220.17	57.07	137.67
燃气生产和供应业	Production and Distribution of Gas	35.56	10.05	19.48
水的生产和供应业	Production and Distribution of Water	72.57	23.32	35.46

13-6 续表 2 Continued

单位：亿元 (100 million yuan)

指 标	Item	实收资本 Paid-in Capital	所有者权益 Total Rights of Owners	营业收入 Revenue of Business
总计	**Total**	**3146.07**	**7701.46**	**21191.92**
在总计中：	Of the Total			
亏损企业	Enterprises Running under Deficit	410.07	618.83	1227.51
在总计中：	Of the Total			
大型企业	Large Scale Enterprises	147.35	738.32	1784.87
中型企业	Medium Scale Enterprises	658.15	1622.09	3607.33
小型企业	Small Enterprises	2185.51	5018.67	15001.78
微型企业	Microenterprise	155.05	322.38	797.95
按行业分	Grouped by Sector			
煤炭开采和洗选业	Mining and Washing of Coal	6.56	24.59	71.75
石油和天然气开采业	Petroleum and Natural Gas Extraction			
黑色金属矿采选业	Mining of Ferrous Metal Ores	5.32	16.20	20.25
有色金属矿采选业	Mining of Non-ferrous Metal Ores	49.30	65.15	145.07
非金属矿采选业	Mining and Processing of Nonmetal Ores	54.94	94.47	218.08
开采专业及辅助性活动	Professional and Support Activities for Mining			
其他采矿业	Other Mining and Dressing	0.01	0.05	0.06
农副食品加工业	Processing of Food from Agricultural Products	296.42	662.32	2563.70
食品制造业	Manufacture of Foods	116.87	277.79	838.44
酒、饮料和精制茶制造业	Manufacture of Liquor, Beverage and Refined Tea	67.02	177.93	467.65
烟草制品业	Manufacture of Tobacco			
纺织业	Manufacture of Textile	64.30	108.81	432.76
纺织服装、服饰业	Manufacture of Textile Wearing and Clothing Apparel	85.97	136.73	311.95
皮革、毛皮、羽毛及其制品和制鞋业	Leather, Fur, Feather and Its Products and Footwear	27.06	109.75	459.60
木材加工和木、竹、藤、棕、草制品业	Processing of Timbers, Manufacture of Wood, Bamboo, Rattan, Palm and Straw Products	46.95	118.02	498.02
家具制造业	Manufacture of Furniture	27.40	59.26	204.44
造纸和纸制品业	Manufacture of Paper and Paper Products	35.58	78.26	255.04
印刷和记录媒介复制业	Printing, Reproduction of Recording Media	26.08	71.66	249.37
文教、工美、体育和娱乐用品制造业	Manufacture of Articles for Culture,Education and Sport Activity	36.97	91.74	404.68
石油、煤炭及其他燃料加工业	Processing of Petroleum, Coal and Other Fuels	7.48	19.35	77.18
化学原料和化学制品制造业	Manufacture of Chemical Raw Material and Chemical Products	269.13	593.72	1489.32
医药制造业	Manufacture of Medicines	113.29	392.06	562.82
化学纤维制造业	Manufacture of Chemical Fiber	1.48	3.80	15.97
橡胶和塑料制品业	Manufacture of Rubber and Plastic	70.73	163.66	554.59
非金属矿物制品业	Manufacture of Non-metallic Mineral Products	545.20	1116.57	2501.79
黑色金属冶炼和压延加工业	Manufacture and Processing of Ferrous Metals	40.30	111.75	347.13
有色金属冶炼和压延加工业	Manufacture and Processing of Non-ferrous Metals	111.27	261.67	1186.70
金属制品业	Manufacture of Metal Products	170.03	405.37	1173.48
通用设备制造业	Manufacture of General Purpose Machinery	122.92	395.38	1005.89
专用设备制造业	Manufacture of Special Purpose Machinery	169.67	508.35	1102.07
汽车制造业	Automobile Industry	43.75	102.08	314.13
铁路、船舶、航空航天和其他运输设备制造业	Manufacture of Railway,Marine,Aerospace and Other Transport Equipment	31.09	106.77	168.34
电气机械和器材制造业	Manufacture of Electrical Machinery and Equipment	180.56	440.98	1184.13
计算机、通信和其他电子设备制造业	Manufacture of Communication Equipment, Computer and Other Electronic Equipment	163.96	555.57	1374.54
仪器仪表制造业	Manufacture of Measuring Instrument	32.05	112.98	153.02
其他制造业	Other Manufacture	23.34	50.01	207.56
废弃资源综合利用业	Utilization of Waste Resources	33.67	131.05	476.25
金属制品、机械和设备修理业	Mental Products,Machine and Equipment Repair	0.89	1.93	5.84
电力、热力生产和供应业	Production and Supply of Electric Power and Heat Power	46.23	82.50	83.78
燃气生产和供应业	Production and Distribution of Gas	7.30	16.08	38.12
水的生产和供应业	Production and Distribution of Water	14.96	37.11	28.45

13-6 续表 3 Continued

单位：亿元 (100 million yuan)

指 标	Item	营业成本 Cost of Business	利润总额 Total Profit
总计	**Total**	**17066.16**	**1319.29**
在总计中：	Of the Total		
亏损企业	Enterprises Running under Deficit	1090.66	-68.23
在总计中：	Of the Total		
大型企业	Large Scale Enterprises	1445.78	124.15
中型企业	Medium Scale Enterprises	2924.44	210.00
小型企业	Small Enterprises	12035.11	941.34
微型企业	Microenterprise	660.83	43.79
按行业分	Grouped by Sector		
煤炭开采和洗选业	Mining and Washing of Coal	54.83	3.88
石油和天然气开采业	Petroleum and Natural Gas Extraction		
黑色金属矿采选业	Mining of Ferrous Metal Ores	16.11	1.13
有色金属矿采选业	Mining of Non-ferrous Metal Ores	121.45	6.25
非金属矿采选业	Mining and Processing of Nonmetal Ores	166.38	16.07
开采专业及辅助性活动	Professional and Support Activities for Mining		
其他采矿业	Other Mining and Dressing	0.05	
农副食品加工业	Processing of Food from Agricultural Products	2155.36	110.97
食品制造业	Manufacture of Foods	683.50	50.88
酒、饮料和精制茶制造业	Manufacture of Liquor, Beverage and Refined Tea	358.32	33.11
烟草制品业	Manufacture of Tobacco		
纺织业	Manufacture of Textile	356.57	18.69
纺织服装、服饰业	Manufacture of Textile Wearing and Clothing Apparel	248.26	20.97
皮革、毛皮、羽毛及其制品和制鞋业	Leather, Fur, Feather and Its Products and Footwear	372.78	26.38
木材加工和木、竹、藤、棕、草制品业	Processing of Timbers, Manufacture of Wood, Bamboo, Rattan, Palm and Straw Products	410.20	26.62
家具制造业	Manufacture of Furniture	165.94	13.93
造纸和纸制品业	Manufacture of Paper and Paper Products	203.01	16.47
印刷和记录媒介复制业	Printing, Reproduction of Recording Media	203.72	15.08
文教、工美、体育和娱乐用品制造业	Manufacture of Articles for Culture,Education and Sport Activity	323.51	26.10
石油、煤炭及其他燃料加工业	Processing of Petroleum, Coal and Other Fuels	61.73	4.95
化学原料和化学制品制造业	Manufacture of Chemical Raw Material and Chemical Products	1144.23	124.61
医药制造业	Manufacture of Medicines	364.85	57.68
化学纤维制造业	Manufacture of Chemical Fiber	12.63	1.30
橡胶和塑料制品业	Manufacture of Rubber and Plastic	451.19	32.78
非金属矿物制品业	Manufacture of Non-metallic Mineral Products	1968.24	165.28
黑色金属冶炼和压延加工业	Manufacture and Processing of Ferrous Metals	310.53	16.63
有色金属冶炼和压延加工业	Manufacture and Processing of Non-ferrous Metals	1008.78	79.24
金属制品业	Manufacture of Metal Products	954.31	72.87
通用设备制造业	Manufacture of General Purpose Machinery	800.88	64.45
专用设备制造业	Manufacture of Special Purpose Machinery	857.35	70.21
汽车制造业	Automobile Industry	260.99	15.35
铁路、船舶、航空航天和其他运输设备制造业	Manufacture of Railway,Marine,Aerospace and Other Transport Equipment	132.99	9.32
电气机械和器材制造业	Manufacture of Electrical Machinery and Equipment	962.80	75.05
计算机、通信和其他电子设备制造业	Manufacture of Communication Equipment, Computer and Other Electronic Equipment	1111.72	77.26
仪器仪表制造业	Manufacture of Measuring Instrument	109.05	13.59
其他制造业	Other Manufacture	176.57	10.39
废弃资源综合利用业	Utilization of Waste Resources	422.66	23.64
金属制品、机械和设备修理业	Mental Products,Machine and Equipment Repair	4.59	0.39
电力、热力生产和供应业	Production and Supply of Electric Power and Heat Power	59.29	12.13
燃气生产和供应业	Production and Distribution of Gas	31.00	2.13
水的生产和供应业	Production and Distribution of Water	19.78	3.53

13-6 续表 4 Continued

指 标	Item	本年应付职工薪酬（亿元）Total Sum of Wages Payable this Year (100 million yuan)	平均用工人数（万人）Annual Average Employees (10 000 persons)
总计	**Total**	**1956.47**	**183.19**
在总计中：	Of the Total		
亏损企业	Enterprises Running under Deficit	155.96	13.32
在总计中：	Of the Total		
大型企业	Large Scale Enterprises	208.95	14.74
中型企业	Medium Scale Enterprises	416.35	38.48
小型企业	Small Enterprises	1288.28	123.33
微型企业	Microenterprise	42.87	6.64
按行业分	Grouped by Sector		
煤炭开采和洗选业	Mining and Washing of Coal	10.86	0.98
石油和天然气开采业	Petroleum and Natural Gas Extraction		
黑色金属矿采选业	Mining of Ferrous Metal Ores	1.77	0.18
有色金属矿采选业	Mining of Non-ferrous Metal Ores	9.04	0.87
非金属矿采选业	Mining and Processing of Nonmetal Ores	20.58	2.12
开采专业及辅助性活动	Professional and Support Activities for Mining		
其他采矿业	Other Mining and Dressing	0.02	
农副食品加工业	Processing of Food from Agricultural Products	168.05	16.86
食品制造业	Manufacture of Foods	100.56	9.19
酒、饮料和精制茶制造业	Manufacture of Liquor, Beverage and Refined Tea	37.03	3.85
烟草制品业	Manufacture of Tobacco		
纺织业	Manufacture of Textile	40.08	3.90
纺织服装、服饰业	Manufacture of Textile Wearing and Clothing Apparel	42.35	4.67
皮革、毛皮、羽毛及其制品和制鞋业	Leather, Fur, Feather and Its Products and Footwear	55.90	5.51
木材加工和木、竹、藤、棕、草制品业	Processing of Timbers, Manufacture of Wood, Bamboo, Rattan, Palm and Straw Products	44.70	4.66
家具制造业	Manufacture of Furniture	18.78	1.97
造纸和纸制品业	Manufacture of Paper and Paper Products	25.08	2.56
印刷和记录媒介复制业	Printing, Reproduction of Recording Media	26.68	2.64
文教、工美、体育和娱乐用品制造业	Manufacture of Articles for Culture,Education and Sport Activity	39.55	3.71
石油、煤炭及其他燃料加工业	Processing of Petroleum, Coal and Other Fuels	5.69	0.55
化学原料和化学制品制造业	Manufacture of Chemical Raw Material and Chemical Products	160.85	16.74
医药制造业	Manufacture of Medicines	53.75	4.70
化学纤维制造业	Manufacture of Chemical Fiber	1.07	0.09
橡胶和塑料制品业	Manufacture of Rubber and Plastic	41.80	4.08
非金属矿物制品业	Manufacture of Non-metallic Mineral Products	246.42	25.51
黑色金属冶炼和压延加工业	Manufacture and Processing of Ferrous Metals	16.95	1.56
有色金属冶炼和压延加工业	Manufacture and Processing of Non-ferrous Metals	75.47	4.72
金属制品业	Manufacture of Metal Products	102.71	9.76
通用设备制造业	Manufacture of General Purpose Machinery	107.81	9.28
专用设备制造业	Manufacture of Special Purpose Machinery	149.58	9.89
汽车制造业	Automobile Industry	30.43	2.98
铁路、船舶、航空航天和其他运输设备制造业	Manufacture of Railway,Marine,Aerospace and Other Transport Equipment	19.13	1.56
电气机械和器材制造业	Manufacture of Electrical Machinery and Equipment	93.35	8.91
计算机、通信和其他电子设备制造业	Manufacture of Communication Equipment, Computer and Other Electronic Equipment	141.63	12.85
仪器仪表制造业	Manufacture of Measuring Instrument	19.22	1.47
其他制造业	Other Manufacture	18.20	2.03
废弃资源综合利用业	Utilization of Waste Resources	16.62	1.52
金属制品、机械和设备修理业	Mental Products,Machine and Equipment Repair	0.72	0.08
电力、热力生产和供应业	Production and Supply of Electric Power and Heat Power	8.67	0.78
燃气生产和供应业	Production and Distribution of Gas	1.93	0.18
水的生产和供应业	Production and Distribution of Water	3.46	0.27

13-6 续表 5 Continued

单位：% (%)

指 标	Item	总资产贡献率 Ratio of Total Assets to Industrial Output Value	成本费用利润率 Ratio of Profits to Industrial Cost	资产负债率 Assets-Liability Ratio
总计	**Total**	**14.32**	**6.72**	**46.24**
在总计中：	Of the Total			
亏损企业	Enterprises Running under Deficit	-1.49	-5.32	66.52
在总计中：	Of the Total			
大型企业	Large Scale Enterprises	10.47	7.51	57.69
中型企业	Medium Scale Enterprises	11.31	6.23	45.29
小型企业	Small Enterprises	16.45	6.79	43.64
微型企业	Microenterprise	9.73	5.92	54.55
按行业分	Grouped by Sector			
煤炭开采和洗选业	Mining and Washing of Coal	18.81	6.30	47.80
石油和天然气开采业	Petroleum and Natural Gas Extraction			
黑色金属矿采选业	Mining of Ferrous Metal Ores	8.83	6.10	50.45
有色金属矿采选业	Mining of Non-ferrous Metal Ores	11.57	4.56	37.49
非金属矿采选业	Mining and Processing of Nonmetal Ores	16.20	8.13	42.62
开采专业及辅助性活动	Professional and Support Activities for Mining			
其他采矿业	Other Mining and Dressing	4.05	2.75	4.21
农副食品加工业	Processing of Food from Agricultural Products	15.15	4.59	41.50
食品制造业	Manufacture of Foods	12.61	6.47	54.67
酒、饮料和精制茶制造业	Manufacture of Liquor, Beverage and Refined Tea	17.24	7.80	40.45
烟草制品业	Manufacture of Tobacco			
纺织业	Manufacture of Textile	11.76	4.55	61.12
纺织服装、服饰业	Manufacture of Textile Wearing and Clothing Apparel	15.27	7.28	27.69
皮革、毛皮、羽毛及其制品和制鞋业	Leather, Fur, Feather and Its Products and Footwear	24.16	6.15	35.74
木材加工和木、竹、藤、棕、草制品业	Processing of Timbers, Manufacture of Wood, Bamboo, Rattan, Palm and Straw Products	21.98	5.76	34.31
家具制造业	Manufacture of Furniture	18.03	7.40	44.85
造纸和纸制品业	Manufacture of Paper and Paper Products	20.42	6.98	37.91
印刷和记录媒介复制业	Printing, Reproduction of Recording Media	16.47	6.41	47.76
文教、工美、体育和娱乐用品制造业	Manufacture of Articles for Culture,Education and Sport Activity	26.55	6.95	37.50
石油、煤炭及其他燃料加工业	Processing of Petroleum, Coal and Other Fuels	23.45	6.94	38.44
化学原料和化学制品制造业	Manufacture of Chemical Raw Material and Chemical Products	21.89	9.35	37.35
医药制造业	Manufacture of Medicines	13.97	11.42	36.00
化学纤维制造业	Manufacture of Chemical Fiber	24.01	8.89	45.85
橡胶和塑料制品业	Manufacture of Rubber and Plastic	18.40	6.36	41.01
非金属矿物制品业	Manufacture of Non-metallic Mineral Products	13.45	7.15	41.38
黑色金属冶炼和压延加工业	Manufacture and Processing of Ferrous Metals	12.03	4.98	56.67
有色金属冶炼和压延加工业	Manufacture and Processing of Non-ferrous Metals	18.26	7.33	57.99
金属制品业	Manufacture of Metal Products	13.97	6.69	48.97
通用设备制造业	Manufacture of General Purpose Machinery	11.53	6.92	52.56
专用设备制造业	Manufacture of Special Purpose Machinery	10.45	6.85	52.47
汽车制造业	Automobile Industry	10.08	5.18	58.41
铁路、船舶、航空航天和其他运输设备制造业	Manufacture of Railway,Marine,Aerospace and Other Transport Equipment	7.63	5.88	47.29
电气机械和器材制造业	Manufacture of Electrical Machinery and Equipment	12.59	6.86	49.48
计算机、通信和其他电子设备制造业	Manufacture of Communication Equipment, Computer and Other Electronic Equipment	11.16	6.06	46.46
仪器仪表制造业	Manufacture of Measuring Instrument	11.39	9.76	41.07
其他制造业	Other Manufacture	23.9	5.31	27.95
废弃资源综合利用业	Utilization of Waste Resources	16.25	5.23	53.94
金属制品、机械和设备修理业	Mental Products,Machine and Equipment Repair	19.63	7.28	52.16
电力、热力生产和供应业	Production and Supply of Electric Power and Heat Power	8.40	16.96	62.53
燃气生产和供应业	Production and Distribution of Gas	9.66	5.96	54.78
水的生产和供应业	Production and Distribution of Water	7.61	14.39	48.87

13-7 外商投资和港澳台投资工业企业主要经济指标(2023年)
Main Indicators of Industrial Enterprises with Hong Kong, Taiwan and Foreign Funds (2023)

单位：个 (unit)

指 标	Item	企业单位数 Number of Enterprises	亏损企业 Loss-making Enterprises
总计	**Total**	**491**	**105**
在总计中：	Of the Total		
亏损企业	Enterprises Running under Deficit	105	105
在总计中：	Of the Total		
大型企业	Large Scale Enterprises	31	3
中型企业	Medium Scale Enterprises	106	25
小型企业	Small Enterprises	297	59
微型企业	Microenterprise	57	18
按行业分	Grouped by Sector		
煤炭开采和洗选业	Mining and Washing of Coal		
石油和天然气开采业	Petroleum and Natural Gas Extraction		
黑色金属矿采选业	Mining of Ferrous Metal Ores		
有色金属矿采选业	Mining of Non-ferrous Metal Ores	1	1
非金属矿采选业	Mining and Processing of Nonmetal Ores	2	
开采专业及辅助性活动	Professional and Support Activities for Mining		
其他采矿业	Other Mining and Dressing		
农副食品加工业	Processing of Food from Agricultural Products	26	3
食品制造业	Manufacture of Foods	17	5
酒、饮料和精制茶制造业	Manufacture of Liquor, Beverage and Refined Tea	15	3
烟草制品业	Manufacture of Tobacco	1	
纺织业	Manufacture of Textile	6	
纺织服装、服饰业	Manufacture of Textile Wearing and Clothing Apparel	11	3
皮革、毛皮、羽毛及其制品和制鞋业	Leather, Fur, Feather and Its Products and Footwear	42	10
木材加工和木、竹、藤、棕、草制品业	Processing of Timbers, Manufacture of Wood, Bamboo, Rattan, Palm and Straw Products	3	
家具制造业	Manufacture of Furniture	4	1
造纸和纸制品业	Manufacture of Paper and Paper Products	5	
印刷和记录媒介复制业	Printing, Reproduction of Recording Media	10	2
文教、工美、体育和娱乐用品制造业	Manufacture of Articles for Culture,Education and Sport Activity	30	3
石油、煤炭及其他燃料加工业	Processing of Petroleum, Coal and Other Fuels		
化学原料和化学制品制造业	Manufacture of Chemical Raw Material and Chemical Products	19	2
医药制造业	Manufacture of Medicines	8	2
化学纤维制造业	Manufacture of Chemical Fiber	1	
橡胶和塑料制品业	Manufacture of Rubber and Plastic	14	
非金属矿物制品业	Manufacture of Non-metallic Mineral Products	24	7
黑色金属冶炼和压延加工业	Manufacture and Processing of Ferrous Metals		
有色金属冶炼和压延加工业	Manufacture and Processing of Non-ferrous Metals	8	3
金属制品业	Manufacture of Metal Products	12	
通用设备制造业	Manufacture of General Purpose Machinery	29	6
专用设备制造业	Manufacture of Special Purpose Machinery	19	7
汽车制造业	Automobile Industry	45	17
铁路、船舶、航空航天和其他运输设备制造业	Manufacture of Railway,Marine,Aerospace and Other Transport Equipment	13	4
电气机械和器材制造业	Manufacture of Electrical Machinery and Equipment	12	3
计算机、通信和其他电子设备制造业	Manufacture of Communication Equipment, Computer and Other Electronic Equipment	46	10
仪器仪表制造业	Manufacture of Measuring Instrument	5	
其他制造业	Other Manufacture		
废弃资源综合利用业	Utilization of Waste Resources	3	1
金属制品、机械和设备修理业	Mental Products,Machine and Equipment Repair		
电力、热力生产和供应业	Production and Supply of Electric Power and Heat Power	30	7
燃气生产和供应业	Production and Distribution of Gas	14	4
水的生产和供应业	Production and Distribution of Water	16	1

13-7 续表 1 Continued

单位：亿元 (100 million yuan)

指 标	Item	资产总计 Total Assets	流动资产合 计 Total Current Assets	负债合计 Total Liabilities
总计	**Total**	**4428.88**	**1895.45**	**2015.65**
在总计中：	Of the Total			
亏损企业	Enterprises Running under Deficit	926.60	431.49	480.77
在总计中：	Of the Total			
大型企业	Large Scale Enterprises	2754.50	1102.94	1187.87
中型企业	Medium Scale Enterprises	881.72	433.34	396.62
小型企业	Small Enterprises	739.87	337.80	386.10
微型企业	Microenterprise	52.79	21.36	45.05
按行业分	Grouped by Sector			
煤炭开采和洗选业	Mining and Washing of Coal			
石油和天然气开采业	Petroleum and Natural Gas Extraction			
黑色金属矿采选业	Mining of Ferrous Metal Ores			
有色金属矿采选业	Mining of Non-ferrous Metal Ores	1.97	0.89	4.19
非金属矿采选业	Mining and Processing of Nonmetal Ores	0.88	0.51	0.36
开采专业及辅助性活动	Professional and Support Activities for Mining			
其他采矿业	Other Mining and Dressing			
农副食品加工业	Processing of Food from Agricultural Products	205.12	132.97	94.95
食品制造业	Manufacture of Foods	108.54	65.81	50.30
酒、饮料和精制茶制造业	Manufacture of Liquor, Beverage and Refined Tea	51.45	23.80	19.13
烟草制品业	Manufacture of Tobacco	0.50	0.45	0.49
纺织业	Manufacture of Textile	5.96	2.11	2.24
纺织服装、服饰业	Manufacture of Textile Wearing and Clothing Apparel	3.15	1.52	1.23
皮革、毛皮、羽毛及其制品和制鞋业	Leather, Fur, Feather and Its Products and Footwear	70.55	34.05	29.10
木材加工和木、竹、藤、棕、草制品业	Processing of Timbers, Manufacture of Wood, Bamboo, Rattan, Palm and Straw Products	1.18	0.55	0.35
家具制造业	Manufacture of Furniture	4.69	1.12	1.59
造纸和纸制品业	Manufacture of Paper and Paper Products	31.28	18.70	12.91
印刷和记录媒介复制业	Printing, Reproduction of Recording Media	23.19	10.40	6.59
文教、工美、体育和娱乐用品制造业	Manufacture of Articles for Culture,Education and Sport Activity	19.73	12.96	9.87
石油、煤炭及其他燃料加工业	Processing of Petroleum, Coal and Other Fuels			
化学原料和化学制品制造业	Manufacture of Chemical Raw Material and Chemical Products	122.82	60.10	43.99
医药制造业	Manufacture of Medicines	47.82	28.57	13.51
化学纤维制造业	Manufacture of Chemical Fiber	0.44	0.12	0.16
橡胶和塑料制品业	Manufacture of Rubber and Plastic	50.86	22.04	17.89
非金属矿物制品业	Manufacture of Non-metallic Mineral Products	140.39	52.47	58.17
黑色金属冶炼和压延加工业	Manufacture and Processing of Ferrous Metals			
有色金属冶炼和压延加工业	Manufacture and Processing of Non-ferrous Metals	21.91	18.64	19.61
金属制品业	Manufacture of Metal Products	35.17	16.62	14.60
通用设备制造业	Manufacture of General Purpose Machinery	87.50	36.96	61.20
专用设备制造业	Manufacture of Special Purpose Machinery	63.96	44.88	17.05
汽车制造业	Automobile Industry	420.46	242.02	266.07
铁路、船舶、航空航天和其他运输设备制造业	Manufacture of Railway,Marine,Aerospace and Other Transport Equipment	38.98	17.68	23.49
电气机械和器材制造业	Manufacture of Electrical Machinery and Equipment	77.68	44.51	40.35
计算机、通信和其他电子设备制造业	Manufacture of Communication Equipment, Computer and Other Electronic Equipment	1708.34	795.15	541.70
仪器仪表制造业	Manufacture of Measuring Instrument	61.35	51.06	19.48
其他制造业	Other Manufacture			
废弃资源综合利用业	Utilization of Waste Resources	15.92	5.13	6.75
金属制品、机械和设备修理业	Mental Products,Machine and Equipment Repair			
电力、热力生产和供应业	Production and Supply of Electric Power and Heat Power	880.39	107.98	555.42
燃气生产和供应业	Production and Distribution of Gas	64.75	15.90	46.39
水的生产和供应业	Production and Distribution of Water	61.98	29.80	36.53

13-7 续表 2 Continued

单位：亿元 (100 million yuan)

指 标	Item	实收资本 Paid-in Capital	所有者权益 Total Rights of Owners	营业收入 Revenue of Business
总计	**Total**	**903.06**	**2413.23**	**2563.61**
在总计中：	Of the Total			
亏损企业	Enterprises Running under Deficit	348.79	445.83	415.15
在总计中：	Of the Total			
大型企业	Large Scale Enterprises	497.42	1566.63	1239.53
中型企业	Medium Scale Enterprises	186.92	485.10	736.46
小型企业	Small Enterprises	191.75	353.77	565.22
微型企业	Microenterprise	26.96	7.73	22.40
按行业分	Grouped by Sector			
煤炭开采和洗选业	Mining and Washing of Coal			
石油和天然气开采业	Petroleum and Natural Gas Extraction			
黑色金属矿采选业	Mining of Ferrous Metal Ores			
有色金属矿采选业	Mining of Non-ferrous Metal Ores	2.75	-2.23	1.11
非金属矿采选业	Mining and Processing of Nonmetal Ores	0.34	0.52	0.42
开采专业及辅助性活动	Professional and Support Activities for Mining			
其他采矿业	Other Mining and Dressing			
农副食品加工业	Processing of Food from Agricultural Products	21.78	110.18	131.25
食品制造业	Manufacture of Foods	16.36	58.23	87.93
酒、饮料和精制茶制造业	Manufacture of Liquor, Beverage and Refined Tea	14.03	32.31	67.81
烟草制品业	Manufacture of Tobacco		0.01	0.91
纺织业	Manufacture of Textile	2.03	3.72	10.15
纺织服装、服饰业	Manufacture of Textile Wearing and Clothing Apparel	1.01	1.91	8.91
皮革、毛皮、羽毛及其制品和制鞋业	Leather, Fur, Feather and Its Products and Footwear	25.67	41.45	209.78
木材加工和木、竹、藤、棕、草制品业	Processing of Timbers, Manufacture of Wood, Bamboo, Rattan, Palm and Straw Products	0.70	0.83	6.95
家具制造业	Manufacture of Furniture	0.92	3.10	1.85
造纸和纸制品业	Manufacture of Paper and Paper Products	15.07	18.37	45.61
印刷和记录媒介复制业	Printing, Reproduction of Recording Media	8.88	16.59	20.56
文教、工美、体育和娱乐用品制造业	Manufacture of Articles for Culture,Education and Sport Activity	5.96	9.85	36.57
石油、煤炭及其他燃料加工业	Processing of Petroleum, Coal and Other Fuels			
化学原料和化学制品制造业	Manufacture of Chemical Raw Material and Chemical Products	21.30	78.83	85.84
医药制造业	Manufacture of Medicines	5.60	34.31	15.01
化学纤维制造业	Manufacture of Chemical Fiber	0.01	0.28	4.28
橡胶和塑料制品业	Manufacture of Rubber and Plastic	25.41	32.97	38.41
非金属矿物制品业	Manufacture of Non-metallic Mineral Products	29.12	82.22	49.00
黑色金属冶炼和压延加工业	Manufacture and Processing of Ferrous Metals			
有色金属冶炼和压延加工业	Manufacture and Processing of Non-ferrous Metals	4.54	2.30	42.71
金属制品业	Manufacture of Metal Products	5.67	20.57	23.40
通用设备制造业	Manufacture of General Purpose Machinery	14.58	26.30	62.25
专用设备制造业	Manufacture of Special Purpose Machinery	12.08	46.91	20.10
汽车制造业	Automobile Industry	95.91	154.39	448.43
铁路、船舶、航空航天和其他运输设备制造业	Manufacture of Railway,Marine,Aerospace and Other Transport Equipment	12.79	15.50	36.80
电气机械和器材制造业	Manufacture of Electrical Machinery and Equipment	17.87	37.32	54.20
计算机、通信和其他电子设备制造业	Manufacture of Communication Equipment, Computer and Other Electronic Equipment	331.30	1166.65	778.91
仪器仪表制造业	Manufacture of Measuring Instrument	12.74	41.87	22.42
其他制造业	Other Manufacture			
废弃资源综合利用业	Utilization of Waste Resources	5.89	9.16	4.33
金属制品、机械和设备修理业	Mental Products,Machine and Equipment Repair			
电力、热力生产和供应业	Production and Supply of Electric Power and Heat Power	167.62	324.98	186.31
燃气生产和供应业	Production and Distribution of Gas	7.87	18.36	46.01
水的生产和供应业	Production and Distribution of Water	17.26	25.44	15.38

13-7 续表 3 Continued

单位：亿元 (100 million yuan)

指 标	Item	营业成本 Cost of Business	利润总额 Total Profit
总计	**Total**	**2059.07**	**142.05**
在总计中：	Of the Total		
亏损企业	Enterprises Running under Deficit	379.98	-85.31
在总计中：	Of the Total		
大型企业	Large Scale Enterprises	997.24	92.73
中型企业	Medium Scale Enterprises	581.49	67.60
小型企业	Small Enterprises	457.84	33.61
微型企业	Microenterprise	22.50	-51.89
按行业分	Grouped by Sector		
煤炭开采和洗选业	Mining and Washing of Coal		
石油和天然气开采业	Petroleum and Natural Gas Extraction		
黑色金属矿采选业	Mining of Ferrous Metal Ores		
有色金属矿采选业	Mining of Non-ferrous Metal Ores	0.86	-0.03
非金属矿采选业	Mining and Processing of Nonmetal Ores	0.25	0.09
开采专业及辅助性活动	Professional and Support Activities for Mining		
其他采矿业	Other Mining and Dressing		
农副食品加工业	Processing of Food from Agricultural Products	113.45	7.62
食品制造业	Manufacture of Foods	68.38	5.71
酒、饮料和精制茶制造业	Manufacture of Liquor, Beverage and Refined Tea	52.21	10.86
烟草制品业	Manufacture of Tobacco	0.85	0.02
纺织业	Manufacture of Textile	9.11	0.26
纺织服装、服饰业	Manufacture of Textile Wearing and Clothing Apparel	7.00	0.50
皮革、毛皮、羽毛及其制品和制鞋业	Leather, Fur, Feather and Its Products and Footwear	182.23	8.84
木材加工和木、竹、藤、棕、草制品业	Processing of Timbers, Manufacture of Wood, Bamboo, Rattan, Palm and Straw Products	5.19	0.78
家具制造业	Manufacture of Furniture	1.61	0.05
造纸和纸制品业	Manufacture of Paper and Paper Products	42.52	0.83
印刷和记录媒介复制业	Printing, Reproduction of Recording Media	16.23	0.88
文教、工美、体育和娱乐用品制造业	Manufacture of Articles for Culture,Education and Sport Activity	31.14	1.65
石油、煤炭及其他燃料加工业	Processing of Petroleum, Coal and Other Fuels		
化学原料和化学制品制造业	Manufacture of Chemical Raw Material and Chemical Products	61.14	9.17
医药制造业	Manufacture of Medicines	8.86	0.44
化学纤维制造业	Manufacture of Chemical Fiber	3.61	0.15
橡胶和塑料制品业	Manufacture of Rubber and Plastic	33.03	2.11
非金属矿物制品业	Manufacture of Non-metallic Mineral Products	35.77	2.62
黑色金属冶炼和压延加工业	Manufacture and Processing of Ferrous Metals		
有色金属冶炼和压延加工业	Manufacture and Processing of Non-ferrous Metals	35.71	-0.25
金属制品业	Manufacture of Metal Products	16.81	2.82
通用设备制造业	Manufacture of General Purpose Machinery	47.74	5.07
专用设备制造业	Manufacture of Special Purpose Machinery	15.89	0.29
汽车制造业	Automobile Industry	362.98	-7.27
铁路、船舶、航空航天和其他运输设备制造业	Manufacture of Railway,Marine,Aerospace and Other Transport Equipment	29.89	3.44
电气机械和器材制造业	Manufacture of Electrical Machinery and Equipment	40.59	3.87
计算机、通信和其他电子设备制造业	Manufacture of Communication Equipment, Computer and Other Electronic Equipment	624.28	58.63
仪器仪表制造业	Manufacture of Measuring Instrument	13.10	5.09
其他制造业	Other Manufacture		
废弃资源综合利用业	Utilization of Waste Resources	2.25	4.03
金属制品、机械和设备修理业	Mental Products,Machine and Equipment Repair		
电力、热力生产和供应业	Production and Supply of Electric Power and Heat Power	148.26	9.46
燃气生产和供应业	Production and Distribution of Gas	39.53	0.83
水的生产和供应业	Production and Distribution of Water	8.61	3.51

13-7 续表 4 Continued

指 标	Item	本年应付职工薪酬（亿元）Total Sum of Wages Payable this Year (100 million yuan)	平均用工人数（万人）Annual Average Employees (10 000 persons)
总计	**Total**	**309.88**	**25.13**
在总计中：	Of the Total		
亏损企业	Enterprises Running under Deficit	72.09	6.16
在总计中：	Of the Total		
大型企业	Large Scale Enterprises	173.45	14.60
中型企业	Medium Scale Enterprises	76.87	6.28
小型企业	Small Enterprises	47.49	3.87
微型企业	Microenterprise	12.07	0.38
按行业分	Grouped by Sector		
煤炭开采和洗选业	Mining and Washing of Coal		
石油和天然气开采业	Petroleum and Natural Gas Extraction		
黑色金属矿采选业	Mining of Ferrous Metal Ores		
有色金属矿采选业	Mining of Non-ferrous Metal Ores	0.49	0.05
非金属矿采选业	Mining and Processing of Nonmetal Ores	0.03	
开采专业及辅助性活动	Professional and Support Activities for Mining		
其他采矿业	Other Mining and Dressing		
农副食品加工业	Processing of Food from Agricultural Products	7.00	0.49
食品制造业	Manufacture of Foods	7.89	0.63
酒、饮料和精制茶制造业	Manufacture of Liquor, Beverage and Refined Tea	4.17	0.43
烟草制品业	Manufacture of Tobacco	0.12	0.03
纺织业	Manufacture of Textile	1.96	0.15
纺织服装、服饰业	Manufacture of Textile Wearing and Clothing Apparel	2.05	0.19
皮革、毛皮、羽毛及其制品和制鞋业	Leather, Fur, Feather and Its Products and Footwear	36.11	3.61
木材加工和木、竹、藤、棕、草制品业	Processing of Timbers, Manufacture of Wood, Bamboo, Rattan, Palm and Straw Products	0.51	0.03
家具制造业	Manufacture of Furniture	0.21	0.03
造纸和纸制品业	Manufacture of Paper and Paper Products	1.90	0.19
印刷和记录媒介复制业	Printing, Reproduction of Recording Media	3.16	0.25
文教、工美、体育和娱乐用品制造业	Manufacture of Articles for Culture,Education and Sport Activity	6.74	0.82
石油、煤炭及其他燃料加工业	Processing of Petroleum, Coal and Other Fuels		
化学原料和化学制品制造业	Manufacture of Chemical Raw Material and Chemical Products	5.30	0.35
医药制造业	Manufacture of Medicines	2.15	0.19
化学纤维制造业	Manufacture of Chemical Fiber	0.62	0.06
橡胶和塑料制品业	Manufacture of Rubber and Plastic	4.15	0.39
非金属矿物制品业	Manufacture of Non-metallic Mineral Products	8.90	0.96
黑色金属冶炼和压延加工业	Manufacture and Processing of Ferrous Metals		
有色金属冶炼和压延加工业	Manufacture and Processing of Non-ferrous Metals	0.57	0.05
金属制品业	Manufacture of Metal Products	3.39	0.24
通用设备制造业	Manufacture of General Purpose Machinery	7.03	0.49
专用设备制造业	Manufacture of Special Purpose Machinery	3.97	0.35
汽车制造业	Automobile Industry	38.06	1.72
铁路、船舶、航空航天和其他运输设备制造业	Manufacture of Railway,Marine,Aerospace and Other Transport Equipment	3.83	0.26
电气机械和器材制造业	Manufacture of Electrical Machinery and Equipment	7.27	0.57
计算机、通信和其他电子设备制造业	Manufacture of Communication Equipment, Computer and Other Electronic Equipment	124.21	11.35
仪器仪表制造业	Manufacture of Measuring Instrument	3.53	0.18
其他制造业	Other Manufacture		
废弃资源综合利用业	Utilization of Waste Resources	0.80	0.06
金属制品、机械和设备修理业	Mental Products,Machine and Equipment Repair		
电力、热力生产和供应业	Production and Supply of Electric Power and Heat Power	17.79	0.54
燃气生产和供应业	Production and Distribution of Gas	3.45	0.27
水的生产和供应业	Production and Distribution of Water	2.51	0.20

13-7 续表 5 Continued

单位：% (%)

指 标	Item	总资产贡献率 Ratio of Total Assets to Industrial Output Value	成本费用利润率 Ratio of Profits to Industrial Cost	资产负债率 Assets-Liability Ratio
总计	**Total**	**6.18**	**6.00**	**45.51**
在总计中：	Of the Total			
亏损企业	Enterprises Running under Deficit	-6.66	-18.98	51.89
在总计中：	Of the Total			
大型企业	Large Scale Enterprises	6.03	8.08	43.12
中型企业	Medium Scale Enterprises	10.99	10.19	44.98
小型企业	Small Enterprises	8.28	6.44	52.19
微型企业	Microenterprise	-95.40	-143.85	85.35
按行业分	Grouped by Sector			
煤炭开采和洗选业	Mining and Washing of Coal			
石油和天然气开采业	Petroleum and Natural Gas Extraction			
黑色金属矿采选业	Mining of Ferrous Metal Ores			
有色金属矿采选业	Mining of Non-ferrous Metal Ores	2.08	-2.50	213.12
非金属矿采选业	Mining and Processing of Nonmetal Ores	15.68	28.07	40.65
开采专业及辅助性活动	Professional and Support Activities for Mining			
其他采矿业	Other Mining and Dressing			
农副食品加工业	Processing of Food from Agricultural Products	6.52	6.12	46.29
食品制造业	Manufacture of Foods	9.66	7.06	46.35
酒、饮料和精制茶制造业	Manufacture of Liquor, Beverage and Refined Tea	26.72	19.20	37.19
烟草制品业	Manufacture of Tobacco	-14.93	1.99	97.27
纺织业	Manufacture of Textile	6.19	2.68	37.52
纺织服装、服饰业	Manufacture of Textile Wearing and Clothing Apparel	16.97	5.95	39.20
皮革、毛皮、羽毛及其制品和制鞋业	Leather, Fur, Feather and Its Products and Footwear	22.46	4.44	41.25
木材加工和木、竹、藤、棕、草制品业	Processing of Timbers, Manufacture of Wood, Bamboo, Rattan, Palm and Straw Products	85.72	12.60	29.71
家具制造业	Manufacture of Furniture	1.41	2.66	33.85
造纸和纸制品业	Manufacture of Paper and Paper Products	6.65	1.85	41.26
印刷和记录媒介复制业	Printing, Reproduction of Recording Media	6.90	4.53	28.44
文教、工美、体育和娱乐用品制造业	Manufacture of Articles for Culture,Education and Sport Activity	13.43	4.72	50.05
石油、煤炭及其他燃料加工业	Processing of Petroleum, Coal and Other Fuels			
化学原料和化学制品制造业	Manufacture of Chemical Raw Material and Chemical Products	9.94	12.34	35.82
医药制造业	Manufacture of Medicines	4.81	2.97	28.25
化学纤维制造业	Manufacture of Chemical Fiber	50.29	3.54	35.51
橡胶和塑料制品业	Manufacture of Rubber and Plastic	7.92	5.85	35.17
非金属矿物制品业	Manufacture of Non-metallic Mineral Products	4.59	5.80	41.44
黑色金属冶炼和压延加工业	Manufacture and Processing of Ferrous Metals			
有色金属冶炼和压延加工业	Manufacture and Processing of Non-ferrous Metals	13.33	-0.67	89.51
金属制品业	Manufacture of Metal Products	12.01	13.66	41.51
通用设备制造业	Manufacture of General Purpose Machinery	8.16	9.15	69.94
专用设备制造业	Manufacture of Special Purpose Machinery	2.33	1.47	26.65
汽车制造业	Automobile Industry	2.42	-1.76	63.28
铁路、船舶、航空航天和其他运输设备制造业	Manufacture of Railway,Marine,Aerospace and Other Transport Equipment	12.88	10.42	60.25
电气机械和器材制造业	Manufacture of Electrical Machinery and Equipment	8.10	8.07	51.95
计算机、通信和其他电子设备制造业	Manufacture of Communication Equipment, Computer and Other Electronic Equipment	5.66	8.09	31.71
仪器仪表制造业	Manufacture of Measuring Instrument	9.99	27.10	31.76
其他制造业	Other Manufacture			
废弃资源综合利用业	Utilization of Waste Resources	27.24	118.94	42.41
金属制品、机械和设备修理业	Mental Products,Machine and Equipment Repair			
电力、热力生产和供应业	Production and Supply of Electric Power and Heat Power	4.08	5.41	63.09
燃气生产和供应业	Production and Distribution of Gas	2.96	1.84	71.65
水的生产和供应业	Production and Distribution of Water	7.30	29.06	58.95

13–8 规模以上大中型工业企业主要经济指标及在工业中的地位(2023年)

Main Indicators of Large and Medium-sized Industrial Enterprises above Designated Size & Percentage of Industry Total (2023)

指 标	Item	企业单位数（个） Number of Enterprises (unit)	在工业中的地位（%） Status in Industry (%)	平均用工人数（万人） Annual Average Employees (10 000 persons)	在工业中的地位（%） Status in Industry (%)
总计	**Total**	**1456**	**6.8**	**131.31**	**45.2**
按登记注册类型:	**Grouped by Registration**				
内资企业	Internal-invested Enterprises	1319	6.3	110.43	41.6
国有企业	State-owned Enterprises	9	14.8	1.13	61.1
集体企业	Collective-owned Enterprises	4	11.1	0.22	44.9
股份合作企业	Enterprises Cooperated by Joint-stock	2	100.0	0.14	100.0
联营企业	Cooperative Enterprises				
有限责任公司	Limited Liability Company	1100	5.7	89.92	39.2
股份有限公司	Company Limited by Shares	171	18.1	17.45	69.3
私营企业	Individual-owned Enterprises	842	4.7	53.22	29.1
其他内资企业	Enterprises of Other Domestic-funded				
港、澳、台投资企业	Enterprises Funded by Entrepreneurs From Hong Kong, Macao and Taiwan	81	28.1	16.54	88.1
外商投资企业	Enterprises funded by Foreigners	56	27.6	4.34	68.3
按行业划分:	**Grouped by Sector**				
煤炭开采和洗选业	Mining and Washing of Coal	26	24.1	2.19	80.2
石油和天然气开采业	Petroleum and Natural Gas Extraction				
黑色金属矿采选业	Mining of Ferrous Metal Ores	1	3.3	0.05	19.2
有色金属矿采选业	Mining of Non-ferrous Metal Ores	17	14.5	1.18	57.0
非金属矿采选业	Mining and Processing of Nonmetal Ores	6	1.6	0.38	12.8
开采专业及辅助性活动	Professional and Support Activities for Mining				
其他采矿业	Other Mining and Dressing				
农副食品加工业	Processing of Food from Agricultural Products	88	4.6	5.43	26.9
食品制造业	Manufacture of Foods	59	9.2	6.17	55.2
酒、饮料和精制茶制造业	Manufacture of Liquor, Beverage and Refined Tea	21	3.6	1.48	27.9
烟草制品业	Manufacture of Tobacco	4	44.4	1.04	91.2
纺织业	Manufacture of Textile	44	14.3	2.49	54.7

注：本表登记注册统计类别按《关于市场主体统计分类的划分规定》（国统字〔2023〕14号）执行。

The Registered statistical categories of this table is implemented in accordance with the Regulations on the Classification of Market Entity Statistics(Guotongzi[2023]No.14).

13-8 续表 1 Continued

指 标	Item	企业单位数（个）Number of Enterprises (unit)	在工业中的地位（%）Status in Industry (%)	平均用工人数（万人）Annual Average Employees (10 000 persons)	在工业中的地位（%）Status in Industry (%)
纺织服装、服饰业	Manufacture of Textile Wearing and Clothing Apparel	32	9.0	1.89	35.9
皮革、毛皮、羽毛及其制品和制鞋业	Leather, Fur, Feather and Its Products and Footwear	62	10.8	5.65	54.4
木材加工和木、竹、藤、棕、草制品业	Processing of Timbers, Manufacture of Wood, Bamboo, Rattan, Palm and Straw Products	20	3.8	0.99	19.7
家具制造业	Manufacture of Furniture	6	2.5	0.21	10.1
造纸和纸制品业	Manufacture of Paper and Paper Products	16	5.3	1.32	37.8
印刷和记录媒介复制业	Printing,Reproduction of Recording Media	20	6.8	0.98	28.1
文教、工美、体育和娱乐用品制造业	Manufacture of Articles for Culture, Education and Sport Activity	32	7.4	1.8	37.3
石油、煤炭及其他燃料加工业	Processing of Petroleum, Coal and Other Fuels	7	6.7	1.28	67.4
化学原料和化学制品制造业	Manufacture of Chemical Raw Material and Chemical Products	113	7.3	5.52	27.3
医药制造业	Manufacture of Medicines	50	10.0	3.44	48.4
化学纤维制造业	Manufacture of Chemical Fiber	4	17.4	0.21	51.2
橡胶和塑料制品业	Manufacture of Rubber and Plastic	21	3.3	1.07	21.3
非金属矿物制品业	Manufacture of Non-metallic Mineral Products	138	4.3	8.62	27.7
黑色金属冶炼和压延加工业	Manufacture and Processing of Ferrous Metals	10	6.7	2.90	70.4
有色金属冶炼和压延加工业	Manufacture and Processing of Non-ferrous Metals	54	10.5	4.70	55.2
金属制品业	Manufacture of Metal Products	44	3.3	2.88	24.0
通用设备制造业	Manufacture of General Purpose Machinery	67	5.3	5.93	40.7
专用设备制造业	Manufacture of Special Purpose Machinery	71	6.4	6.28	44.6
汽车制造业	Automobile Industry	51	10.8	9.38	71.1
铁路、船舶、航空航天和其他运输	Manufacture of Railway, Marine, Aerospace and Other	26	12.0	5.62	77.5
电气机械和器材制造业	Manufacture of Electrical Machinery and Equipment	94	8.9	6.73	46.8
计算机、通信和其他电子设备制造业	Manufacture of Communication Equipment, Computer	164	14.2	21.04	70.3
仪器仪表制造业	Manufacture of Measuring Instrument	15	6.7	0.88	38.1
其他制造业	Other Manufacture	11	9.2	1.47	59.5
废弃资源综合利用业	Utilization of Waste Resources	6	2.5	0.48	24.4
金属制品、机械和设备修理业	Mental Products,Machine and Equipment Repair	3	21.4	0.44	83.0
电力、热力生产和供应业	Production and Supply of Electric Power and Heat Power	30	6.1	7.82	73.8
燃气生产和供应业	Production and Distribution of Gas	7	7.2	0.41	42.7
水的生产和供应业	Production and Distribution of Water	16	7.5	0.95	33.3

13-8 续表 2 Continued

指 标	Item	固定资产原价（亿元）Original Value of Fixed Assets (100 million yuan)	在工业中的地位（%）Status in Industry (%)	利润总额（亿元）Total Profits (100 million yuan)	在工业中的地位（%）Status in Industry (%)
总计	**Total**	**12834.63**	**58.3**	**1192.89**	**50.2**
按登记注册类型：	**Grouped by Registration**				
内资企业	Internal-invested Enterprises	10648.71	55.2	1032.56	46.2
国有企业	State-owned Enterprises	74.66	63.1	0.65	28.9
集体企业	Collective-owned Enterprises	4.53	31.3	0.41	38.3
股份合作企业	Enterprises Cooperated by Joint-stock	0.84	100.0	0.43	100.0
联营企业	Cooperative Enterprises				
有限责任公司	Limited Liability Company	9054.71	53.1	841.93	43.9
股份有限公司	Company Limited by Shares	1487.8	76.3	182.64	69.2
私营企业	Individual-owned Enterprises	1843.16	25.8	334.16	25.3
其他内资企业	Enterprises of Other Domestic-funded				
港、澳、台投资企业	Enterprises Funded by Entrepreneurs From Hong Kong, Macao and Taiwan	1656.15	86.6	94.57	81.4
外商投资企业	Enterprises funded by Foreigners	529.77	64.3	65.76	254.5
按行业划分：	**Grouped by Sector**				
煤炭开采和洗选业	Mining and Washing of Coal	50.44	64.2	7.29	68.1
石油和天然气开采业	Petroleum and Natural Gas Extraction				
黑色金属矿采选业	Mining of Ferrous Metal Ores	0.54	3.4	0.03	2.2
有色金属矿采选业	Mining of Non-ferrous Metal Ores	122.12	60.1	13.74	64.2
非金属矿采选业	Mining and Processing of Nonmetal Ores	23.59	17.5	2.87	12.3
开采专业及辅助性活动	Professional and Support Activities for Mining				
其他采矿业	Other Mining and Dressing				
农副食品加工业	Processing of Food from Agricultural Products	196.43	21.5	27.99	20.8
食品制造业	Manufacture of Foods	231.85	54.5	36.66	59.0
酒、饮料和精制茶制造业	Manufacture of Liquor, Beverage and Refined Tea	105.85	37.2	22.13	38.8
烟草制品业	Manufacture of Tobacco	272.07	96.8	154.75	99.6
纺织业	Manufacture of Textile	98.24	52.9	7.61	39.1

13-8 续表 3 Continued

指 标	Item	固定资产原价(亿元) Original Value of Fixed Assets (100 million yuan)	在工业中的地位(%) Status in Industry (%)	利润总额(亿元) Total Profits (100 million yuan)	在工业中的地位(%) Status in Industry (%)
纺织服装、服饰业	Manufacture of Textile Wearing and Clothing Apparel	21.59	25.6	6.41	28.0
皮革、毛皮、羽毛及其制品和制鞋业	Leather, Fur, Feather and Its Products and Footwear	58.77	38.3	13.42	35.4
木材加工和木、竹、藤、棕、草制品业	Processing of Timbers, Manufacture of Wood, Bamboo, Rattan, Palm and Straw Products	18.63	13.8	3.56	12.4
家具制造业	Manufacture of Furniture	3.49	5.8	0.48	3.4
造纸和纸制品业	Manufacture of Paper and Paper Products	196.18	67.6	13.41	49.1
印刷和记录媒介复制业	Printing,Reproduction of Recording Media	47.68	35.1	5.63	28.1
文教、工美、体育和娱乐用品制造业	Manufacture of Articles for Culture, Education and Sport Activity	24.95	26.0	8.67	29.4
石油、煤炭及其他燃料加工业	Processing of Petroleum, Coal and Other Fuels	411.63	95.7	24.40	80.1
化学原料和化学制品制造业	Manufacture of Chemical Raw Material and Chemical Products	275.16	33.5	43.37	24.7
医药制造业	Manufacture of Medicines	172.74	47.7	46.74	59.2
化学纤维制造业	Manufacture of Chemical Fiber	32.68	79.8	0.11	6.2
橡胶和塑料制品业	Manufacture of Rubber and Plastic	73.52	30.5	11.77	28.9
非金属矿物制品业	Manufacture of Non-metallic Mineral Products	433.33	26.1	26.10	14.0
黑色金属冶炼和压延加工业	Manufacture and Processing of Ferrous Metals	998.89	92.2	49.32	87.5
有色金属冶炼和压延加工业	Manufacture and Processing of Non-ferrous Metals	420.32	61.3	62.88	45.3
金属制品业	Manufacture of Metal Products	195.60	33.9	18.07	22.2
通用设备制造业	Manufacture of General Purpose Machinery	327.29	51.2	53.82	49.8
专用设备制造业	Manufacture of Special Purpose Machinery	285.84	46.0	67.05	55.6
汽车制造业	Automobile Industry	638.32	76.5	120.10	150.7
铁路、船舶、航空航天和其他运输	Manufacture of Railway, Marine, Aerospace and Other	387.16	84.2	54.98	86.7
电气机械和器材制造业	Manufacture of Electrical Machinery and Equipment	376.74	50.3	92.33	64.1
计算机、通信和其他电子设备制造业	Manufacture of Communication Equipment, Computer	1229.32	80.6	119.74	67.9
仪器仪表制造业	Manufacture of Measuring Instrument	32.32	32.0	18.56	63.5
其他制造业	Other Manufacture	52.7	59.4	6.14	46.0
废弃资源综合利用业	Utilization of Waste Resources	39.53	24.4	17.63	49.2
金属制品、机械和设备修理业	Mental Products,Machine and Equipment Repair	4.60	74.6	1.52	78.8
电力、热力生产和供应业	Production and Supply of Electric Power and Heat Power	4619.76	68.8	26.65	22.7
燃气生产和供应业	Production and Distribution of Gas	99.70	51.1	4.85	37.8
水的生产和供应业	Production and Distribution of Water	255.07	46.4	2.11	10.9

13-9 规模以上中小微型工业企业主要经济指标及在工业中的地位（2023年）
Main Indicators of Small and Medium-sized Micro Industrial Enterprises above Designated Size & Percentage of Industry Total (2023)

指 标	Item	企业单位数（个）Number of Enterprises (unit)	在工业中的地位（%）Status in Industry (%)	平均用工人数（万人）Annual Average Employees (10 000 persons)	在工业中的地位（%）Status in Industry (%)
总计	**Total**	**21291**	**99.1**	**225.26**	**77.6**
按登记注册类型：	**Grouped by Registration**				
内资企业	Internal-invested Enterprises	20829	99.2	214.72	81.0
国有企业	State-owned Enterprises	58	95.1	1.11	60.0
集体企业	Collective-owned Enterprises	36	100.0	0.49	100.0
股份合作企业	Enterprises Cooperated by Joint-stock	2	100.0	0.14	100.0
联营企业	Cooperative Enterprises				
有限责任公司	Limited Liability Company	19097	99.4	190.07	82.9
股份有限公司	Company Limited by Shares	900	95.3	14.49	57.5
私营企业	Individual-owned Enterprises	17726	99.6	168.45	92.0
其他内资企业	Enterprises of Other Domestic-funded	2	100.0	0.03	100.0
港、澳、台投资企业	Enterprises Funded by Entrepreneurs From Hong Kong, Macao and Taiwan	267	92.7	6.04	32.2
外商投资企业	Enterprises funded by Foreigners	193	95.1	4.49	70.7
按行业划分：	**Grouped by Sector**				
煤炭开采和洗选业	Mining and Washing of Coal	108	100.0	2.73	100.0
石油和天然气开采业	Petroleum and Natural Gas Extraction				
黑色金属矿采选业	Mining of Ferrous Metal Ores	30	100.0	0.26	100.0
有色金属矿采选业	Mining of Non-ferrous Metal Ores	113	96.6	1.57	75.8
非金属矿采选业	Mining and Processing of Nonmetal Ores	368	100.0	2.96	100.0
开采专业及辅助性活动	Professional and Support Activities for Mining				
其他采矿业	Other Mining and Dressing	1	100.0		
农副食品加工业	Processing of Food from Agricultural Products	1904	99.3	18.10	89.7
食品制造业	Manufacture of Foods	629	97.7	7.13	63.8
酒、饮料和精制茶制造业	Manufacture of Liquor, Beverage and Refined Tea	577	99.5	4.80	90.6
烟草制品业	Manufacture of Tobacco	7	77.8	0.22	19.3
纺织业	Manufacture of Textile	303	98.7	4.00	87.9

注：本表登记注册统计类别按《关于市场主体统计分类的划分规定》（国统字〔2023〔14号）执行。

The Registered statistical categories of this table is implemented in accordance with the Regulations on the Classification of Market Entity Statistics(Guotongzi[2023]No.14).

13-9 续表 1 Continued

指 标	Item	企业单位数 (个) Number of Enterprises (unit)	在工业中的地位 (%) Status in Industry (%)	平均用工人数 (万人) Annual Average Employees (10 000 persons)	在工业中的地位 (%) Status in Industry (%)
纺织服装、服饰业	Manufacture of Textile Wearing and Clothing Apparel	353	99.7	5.14	97.7
皮革、毛皮、羽毛及其制品和制鞋业	Leather, Fur, Feather and Its Products and Footwear	565	98.1	7.77	74.9
木材加工和木、竹、藤、棕、草制品业	Processing of Timbers, Manufacture of Wood, Bamboo, Rattan, Palm and Straw Products	525	100.0	5.02	100.0
家具制造业	Manufacture of Furniture	244	100.0	2.07	100.0
造纸和纸制品业	Manufacture of Paper and Paper Products	302	99.3	2.94	84.2
印刷和记录媒介复制业	Printing,Reproduction of Recording Media	295	100.0	3.49	100.0
文教、工美、体育和娱乐用品制造业	Manufacture of Articles for Culture, Education and Sport Activity	430	100.0	4.82	100.0
石油、煤炭及其他燃料加工业	Processing of Petroleum, Coal and Other Fuels	103	98.1	1.02	53.7
化学原料和化学制品制造业	Manufacture of Chemical Raw Material and Chemical Products	1535	99.8	19.88	98.4
医药制造业	Manufacture of Medicines	488	97.8	5.54	77.9
化学纤维制造业	Manufacture of Chemical Fiber	23	100.0	0.41	100.0
橡胶和塑料制品业	Manufacture of Rubber and Plastic	639	99.7	4.82	95.8
非金属矿物制品业	Manufacture of Non-metallic Mineral Products	3172	99.8	29.79	95.7
黑色金属冶炼和压延加工业	Manufacture and Processing of Ferrous Metals	145	97.3	1.56	37.9
有色金属冶炼和压延加工业	Manufacture and Processing of Non-ferrous Metals	501	97.7	6.38	74.9
金属制品业	Manufacture of Metal Products	1348	99.6	11.20	93.4
通用设备制造业	Manufacture of General Purpose Machinery	1256	99.1	11.54	79.3
专用设备制造业	Manufacture of Special Purpose Machinery	1103	99.0	10.95	77.8
汽车制造业	Automobile Industry	457	97.0	5.80	44.0
铁路、船舶、航空航天和其他运输	Manufacture of Railway, Marine, Aerospace and Other	206	94.9	2.39	33.0
电气机械和器材制造业	Manufacture of Electrical Machinery and Equipment	1043	98.9	12.02	83.6
计算机、通信和其他电子设备制造业	Manufacture of Communication Equipment, Computer	1129	97.7	15.56	52.0
仪器仪表制造业	Manufacture of Measuring Instrument	222	99.6	2.16	93.5
其他制造业	Other Manufacture	116	97.5	1.56	63.2
废弃资源综合利用业	Utilization of Waste Resources	241	99.6	1.66	84.3
金属制品、机械和设备修理业	Mental Products,Machine and Equipment Repair	13	92.9	0.41	77.4
电力、热力生产和供应业	Production and Supply of Electric Power and Heat Power	490	99.2	4.00	37.8
燃气生产和供应业	Production and Distribution of Gas	97	100.0	0.96	100.0
水的生产和供应业	Production and Distribution of Water	210	99.1	2.62	91.9

13-9 续表 2 Continued

指 标	Item	固定资产原价（亿元）Original Value of Fixed Assets (100 million yuan)	在工业中的地位（%）Status in Industry (%)	利润总额（亿元）Total Profits (100 million yuan)	在工业中的地位（%）Status in Industry (%)
总计	**Total**	**13244.78**	**60.1**	**1637.16**	**68.9**
按登记注册类型:	**Grouped by Registration**				
内资企业	Internal-invested Enterprises	12171.53	63.1	1587.83	71.0
国有企业	State-owned Enterprises	61.28	51.8	3.06	136.0
集体企业	Collective-owned Enterprises	14.47	100.0	1.07	100.0
股份合作企业	Enterprises Cooperated by Joint-stock	0.84	100.0	0.43	100.0
联营企业	Cooperative Enterprises				
有限责任公司	Limited Liability Company	11014.98	64.6	1394.70	72.7
股份有限公司	Company Limited by Shares	918.77	47.1	138.43	52.4
私营企业	Individual-owned Enterprises	6633.54	93.0	1195.14	90.6
其他内资企业	Enterprises of Other Domestic-funded	0.47	100.0	0.03	100.0
港、澳、台投资企业	Enterprises Funded by Entrepreneurs From Hong Kong, Macao and Taiwan	452.94	23.7	39.32	33.8
外商投资企业	Enterprises funded by Foreigners	619.97	75.2	10.00	38.7
按行业划分:	**Grouped by Sector**				
煤炭开采和洗选业	Mining and Washing of Coal	78.61	100.0	10.70	100.0
石油和天然气开采业	Petroleum and Natural Gas Extraction				
黑色金属矿采选业	Mining of Ferrous Metal Ores	15.89	100.0	1.36	100.0
有色金属矿采选业	Mining of Non-ferrous Metal Ores	148.06	72.9	14.36	67.1
非金属矿采选业	Mining and Processing of Nonmetal Ores	134.50	100.0	23.26	100.0
开采专业及辅助性活动	Professional and Support Activities for Mining				
其他采矿业	Other Mining and Dressing	0.04	100.0		
农副食品加工业	Processing of Food from Agricultural Products	835.05	91.3	123.61	91.9
食品制造业	Manufacture of Foods	346.44	81.4	39.72	64.0
酒、饮料和精制茶制造业	Manufacture of Liquor, Beverage and Refined Tea	258.98	91.1	43.72	76.6
烟草制品业	Manufacture of Tobacco	18.57	6.6	0.82	0.5
纺织业	Manufacture of Textile	157.50	84.9	17.97	92.4

13-9 续表 3 Continued

指 标	Item	固定资产原价（亿元）Original Value of Fixed Assets (100 million yuan)	在工业中的地位（%）Status in Industry (%)	利润总额（亿元）Total Profits (100 million yuan)	在工业中的地位（%）Status in Industry (%)
纺织服装、服饰业	Manufacture of Textile Wearing and Clothing Apparel	84.09	99.8	22.22	97.2
皮革、毛皮、羽毛及其制品和制鞋业	Leather, Fur, Feather and Its Products and Footwear	121.96	79.5	30.74	81.2
木材加工和木、竹、藤、棕、草制品业	Processing of Timbers, Manufacture of Wood, Bamboo, Rattan, Palm and Straw Products	135.23	100.0	28.81	100.0
家具制造业	Manufacture of Furniture	60.07	100.0	14.09	100.0
造纸和纸制品业	Manufacture of Paper and Paper Products	151.64	52.3	20.49	75.0
印刷和记录媒介复制业	Printing,Reproduction of Recording Media	135.78	100.0	20.02	100.0
文教、工美、体育和娱乐用品制造业	Manufacture of Articles for Culture, Education and Sport Activity	95.93	100.0	29.44	100.0
石油、煤炭及其他燃料加工业	Processing of Petroleum, Coal and Other Fuels	79.92	18.6	9.62	31.6
化学原料和化学制品制造业	Manufacture of Chemical Raw Material and Chemical Products	816.50	99.5	174.77	99.6
医药制造业	Manufacture of Medicines	302.59	83.5	48.36	61.2
化学纤维制造业	Manufacture of Chemical Fiber	40.93	100.0	1.78	100.0
橡胶和塑料制品业	Manufacture of Rubber and Plastic	205.92	85.4	39.54	97.2
非金属矿物制品业	Manufacture of Non-metallic Mineral Products	1601.46	96.4	180.11	96.7
黑色金属冶炼和压延加工业	Manufacture and Processing of Ferrous Metals	209.14	19.3	18.38	32.6
有色金属冶炼和压延加工业	Manufacture and Processing of Non-ferrous Metals	440.57	64.2	107.72	77.7
金属制品业	Manufacture of Metal Products	506.91	87.9	77.23	94.9
通用设备制造业	Manufacture of General Purpose Machinery	453.58	70.9	78.47	72.6
专用设备制造业	Manufacture of Special Purpose Machinery	480.19	77.4	91.67	76.1
汽车制造业	Automobile Industry	353.74	42.4	-10.03	-12.6
铁路、船舶、航空航天和其他运输	Manufacture of Railway, Marine, Aerospace and Other	108.68	23.6	11.55	18.2
电气机械和器材制造业	Manufacture of Electrical Machinery and Equipment	579.69	77.4	76.89	53.4
计算机、通信和其他电子设备制造业	Manufacture of Communication Equipment, Computer	522.71	34.3	80.95	45.9
仪器仪表制造业	Manufacture of Measuring Instrument	95.72	94.8	24.46	83.7
其他制造业	Other Manufacture	40.20	45.3	11.12	83.4
废弃资源综合利用业	Utilization of Waste Resources	134.09	82.8	27.21	75.9
金属制品、机械和设备修理业	Mental Products,Machine and Equipment Repair	2.13	34.5	0.57	29.5
电力、热力生产和供应业	Production and Supply of Electric Power and Heat Power	2838.56	42.2	113.19	96.3
燃气生产和供应业	Production and Distribution of Gas	195.15	100.0	12.82	100.0
水的生产和供应业	Production and Distribution of Water	458.04	83.4	19.46	100.9

13-10 规模以上非公有制工业主要经济指标及在工业中的地位(2023年)

Main Indicators of Non-public Industrial Enterprises above Designated Size & Percentage of Industry Total (2023)

指 标	Item	企业单位数（个）Number of Enterprises (unit)	在工业中的地位（%）Status in Industry (%)	平均用工人数（万人）Annual Average Employees (10 000 persons)	在工业中的地位（%）Status in Industry (%)
总计	**Total**	**20328**	**94.6**	**243.34**	**83.8**
按登记注册类型:	**Grouped by Registration**				
内资企业	Internal-invested Enterprises	19868	94.6	220.63	83.2
股份合作企业	Enterprises Cooperated by Joint-stock	1	50.0	0.10	71.4
联营企业	Cooperative Enterprises				
有限责任公司	Limited Liability Company	18257	95.0	194.02	84.7
股份有限公司	Company Limited by Shares	873	92.5	18.07	71.8
私营企业	Individual-owned Enterprises	17770	99.9	182.56	99.7
其他内资企业	Enterprises of Other Types of Ownership	2	100.0	0.03	100.0
港、澳、台投资企业	Enterprises Funded by Entrepreneurs from Hong Kong, Macao and Taiwan	273	94.8	17.41	92.7
外商投资企业	Enterprises Funded by Foreigners	186	91.6	5.29	83.3
按行业划分:	**Grouped by Sector**				
煤炭开采和洗选业	Mining and Washing of Coal	93	86.1	1.04	38.1
石油和天然气开采业	Petroleum and Natural Gas Extraction				
黑色金属矿采选业	Mining of Ferrous Metal Ores	26	86.7	0.20	76.9
有色金属矿采选业	Mining of Non-ferrous Metal Ores	97	82.9	1.08	52.2
非金属矿采选业	Mining and Processing of Nonmetal Ores	337	91.6	2.58	87.2
开采专业及辅助性活动	Professional and Support Activities for Mining				
其他采矿业	Other Mining and Dressing	1	100.0		
农副食品加工业	Processing of Food from Agricultural Products	1867	97.3	19.27	95.5
食品制造业	Manufacture of Foods	621	96.4	10.85	97.0
酒、饮料和精制茶制造业	Manufacture of Liquor, Beverage and Refined Tea	563	97.1	4.65	87.7
烟草制品业	Manufacture of Tobacco	1	11.1	0.03	2.6
纺织业	Manufacture of Textile	301	98.0	4.47	98.2

注：本表登记注册统计类别按《关于市场主体统计分类的划分规定》（国统字〔2023〔14号）执行。

The Registered statistical categories of this table is implemented in accordance with the Regulations on the Classification of Market Entity Statistics(Guotongzi[2023]No.14).

13-10 续表 1 Continued

指 标	Item	企业单位数（个）Number of Enterprises (unit)	在工业中的地位（%）Status in Industry (%)	平均用工人数（万人）Annual Average Employees (10 000 persons)	在工业中的地位（%）Status in Industry (%)
纺织服装、服饰业	Manufacture of Textile Wearing and Clothing Apparel	344	97.2	5.15	97.9
皮革、毛皮、羽毛及其制品和制鞋业	Leather, Fur, Feather and Its Products and Footwear	570	99.0	10.18	98.1
木材加工和木、竹、藤、棕、草制品业	Processing of Timbers,Manufacture of Wood, Bamboo, Rattan, Palm and Straw Products	520	99.0	4.89	97.4
家具制造业	Manufacture of Furniture	244	100.0	2.07	100.0
造纸和纸制品业	Manufacture of Paper and Paper Products	296	97.4	2.88	82.5
印刷和记录媒介复制业	Printing,Reproduction of Recording Media	288	97.6	3.21	92.0
文教、工美、体育和娱乐用品制造业	Manufacture of Articles for Culture, Education and Sport Activity	428	99.5	4.76	98.8
石油、煤炭及其他燃料加工业	Processing of Petroleum, Coal and Other Fuels	98	93.3	0.68	35.8
化学原料和化学制品制造业	Manufacture of Chemical Raw Material and Chemical Products	1485	96.6	18.66	92.4
医药制造业	Manufacture of Medicines	477	95.6	6.35	89.3
化学纤维制造业	Manufacture of Chemical Fiber	21	91.3	0.27	65.9
橡胶和塑料制品业	Manufacture of Rubber and Plastic	632	98.6	4.81	95.6
非金属矿物制品业	Manufacture of Non-metallic Mineral Products	3077	96.8	29.20	93.8
黑色金属冶炼和压延加工业	Manufacture and Processing of Ferrous Metals	139	93.3	1.37	33.3
有色金属冶炼和压延加工业	Manufacture and Processing of Non-ferrous Metals	470	91.6	5.81	68.2
金属制品业	Manufacture of Metal Products	1321	97.6	10.88	90.7
通用设备制造业	Manufacture of General Purpose Machinery	1225	96.6	11.95	82.1
专用设备制造业	Manufacture of Special Purpose Machinery	1071	96.1	12.63	89.7
汽车制造业	Automobile Industry	431	91.5	11.02	83.5
铁路、船舶、航空航天和其他运输设备制造业	Manufacture of Railway,Marine,Aerospace and Other Transport Equipment	186	85.7	2.40	33.1
电气机械和器材制造业	Manufacture of Electrical Machinery and Equipment	1021	96.8	13.01	90.5
计算机、通信和其他电子设备制造业	Manufacture of Communication Equipment, Computer and Other Electronic Equipment	1123	97.2	27.94	93.3
仪器仪表制造业	Manufacture of Measuring Instrument	213	95.5	2.17	93.9
其他制造业	Other Manufacture	112	94.1	2.10	85.0
废弃资源综合利用业	Utilization of Waste Resources	229	94.6	1.78	90.4
金属制品、机械和设备修理业	Mental Products,Machine and Equipment Repair	13	92.9	0.41	77.4
电力、热力生产和供应业	Production and Supply of Electric Power and Heat Power	233	47.2	1.35	12.7
燃气生产和供应业	Production and Distribution of Gas	76	78.4	0.66	68.8
水的生产和供应业	Production and Distribution of Water	78	36.8	0.58	20.4

13-10 续表 2 Continued

指 标	Item	固定资产原价（亿元）Original Value of Fixed Assets (100 million yuan)	在工业中的地位（%）Status in Industry (%)	利润总额（亿元）Total Profits (100 million yuan)	在工业中的地位（%）Status in Industry (%)
总计	**Total**	**10767.38**	**48.9**	**1804.07**	**75.9**
按登记注册类型：	**Grouped by Registration**				
内资企业	Internal-invested Enterprises	9462.87	49.0	1679.14	75.1
股份合作企业	Enterprises Cooperated by Joint-stock	0.22	26.2	0.33	76.7
联营企业	Cooperative Enterprises				
有限责任公司	Limited Liability Company	8374.15	49.1	1442.54	75.2
股份有限公司	Company Limited by Shares	927.30	47.6	186.14	70.5
私营企业	Individual-owned Enterprises	7070.35	99.1	1317.85	99.9
其他内资企业	Enterprises of Other Types of Ownership	0.47	100.0	0.03	100.0
港、澳、台投资企业	Enterprises Funded by Entrepreneurs from Hong Kong, Macao and Taiwan	925.25	48.4	75.67	65.1
外商投资企业	Enterprises Funded by Foreigners	379.03	46.0	49.25	190.6
按行业划分：	**Grouped by Sector**				
煤炭开采和洗选业	Mining and Washing of Coal	40.1	51.0	4.14	38.7
石油和天然气开采业	Petroleum and Natural Gas Extraction				
黑色金属矿采选业	Mining of Ferrous Metal Ores	15.08	94.9	1.33	97.8
有色金属矿采选业	Mining of Non-ferrous Metal Ores	76.37	37.6	6.64	31.0
非金属矿采选业	Mining and Processing of Nonmetal Ores	109.57	81.5	18.10	77.8
开采专业及辅助性活动	Professional and Support Activities for Mining				
其他采矿业	Other Mining and Dressing	0.04	100.0		
农副食品加工业	Processing of Food from Agricultural Products	873.08	95.5	129.21	96.1
食品制造业	Manufacture of Foods	401.22	94.3	62.01	99.9
酒、饮料和精制茶制造业	Manufacture of Liquor, Beverage and Refined Tea	247.27	87.0	46.52	81.5
烟草制品业	Manufacture of Tobacco	0.03		0.02	
纺织业	Manufacture of Textile	180.44	97.2	19.62	100.9

13-10 续表 3 Continued

指 标	Item	固定资产原价（亿元）Original Value of Fixed Assets (100 million yuan)	在工业中的地位（%）Status in Industry (%)	利润总额（亿元）Total Profits (100 million yuan)	在工业中的地位（%）Status in Industry (%)
纺织服装、服饰业	Manufacture of Textile Wearing and Clothing Apparel	81.20	96.4	22.56	98.7
皮革、毛皮、羽毛及其制品和制鞋业	Leather, Fur, Feather and Its Products and Footwear	146.36	95.4	36.76	97.1
木材加工和木、竹、藤、棕、草制品业	Processing of Timbers,Manufacture of Wood, Bamboo, Rattan, Palm and Straw Products	128.57	95.1	28.46	98.8
家具制造业	Manufacture of Furniture	60.07	100.0	14.09	100.0
造纸和纸制品业	Manufacture of Paper and Paper Products	109.27	37.7	17.44	63.8
印刷和记录媒介复制业	Printing,Reproduction of Recording Media	114.87	84.6	19.05	95.2
文教、工美、体育和娱乐用品制造业	Manufacture of Articles for Culture, Education and Sport Activity	92.93	96.9	29.06	98.7
石油、煤炭及其他燃料加工业	Processing of Petroleum, Coal and Other Fuels	32.74	7.6	6.07	19.9
化学原料和化学制品制造业	Manufacture of Chemical Raw Material and Chemical Products	629.85	76.8	146.72	83.6
医药制造业	Manufacture of Medicines	327.81	90.4	73.17	92.6
化学纤维制造业	Manufacture of Chemical Fiber	30.43	74.3	1.49	83.7
橡胶和塑料制品业	Manufacture of Rubber and Plastic	223.29	92.7	37.44	92.1
非金属矿物制品业	Manufacture of Non-metallic Mineral Products	1312.12	79.0	182.63	98.1
黑色金属冶炼和压延加工业	Manufacture and Processing of Ferrous Metals	112.98	10.4	14.32	25.4
有色金属冶炼和压延加工业	Manufacture and Processing of Non-ferrous Metals	402.06	58.6	97.88	70.6
金属制品业	Manufacture of Metal Products	468.97	81.3	79.44	97.6
通用设备制造业	Manufacture of General Purpose Machinery	486.39	76.0	92.47	85.6
专用设备制造业	Manufacture of Special Purpose Machinery	526.63	84.8	94.89	78.7
汽车制造业	Automobile Industry	509.01	61.0	110.19	138.3
铁路、船舶、航空航天和其他运输	Manufacture of Railway, Marine, Aerospace and Other	88.61	19.3	14.59	23.0
电气机械和器材制造业	Manufacture of Electrical Machinery and Equipment	667.00	89.1	137.51	95.5
计算机、通信和其他电子设备制造业	Manufacture of Communication Equipment, Computer	1306.50	85.6	131.32	74.5
仪器仪表制造业	Manufacture of Measuring Instrument	93.66	92.7	30.34	103.9
其他制造业	Other Manufacture	41.36	46.6	10.51	78.8
废弃资源综合利用业	Utilization of Waste Resources	151.50	93.6	34.26	95.5
金属制品、机械和设备修理业	Mental Products,Machine and Equipment Repair	2.13	34.5	0.57	29.5
电力、热力生产和供应业	Production and Supply of Electric Power and Heat Power	501.84	7.5	37.35	31.8
燃气生产和供应业	Production and Distribution of Gas	112.89	57.8	5.71	44.5
水的生产和供应业	Production and Distribution of Water	63.14	11.5	10.19	52.8

13-11　规模以上工业主要产品产量
Output of Industrial Products above Designated Size

产　品		Item		2010	2020	2022	2023
化学纤维	（万吨）	Chemical Fiber	(10 000 tons)	4.55	6.95	6.53	41.99
纱(混合数)	（万吨）	Yarn	(10 000 tons)	78.53	102.60	102.85	83.03
布(混合数)	（亿米）	Cloth	(100 million m)	4.65	1.31	0.80	2.15
棉布	（亿米）	Cotton Cloth	(100 million m)	2.91	0.81	0.50	0.41
毛巾	（万条）	Towel	(10 000 cartons)	111605.57	107729.00	38366.70	8110.27
服装	（万件）	Clothes	(10 000 pieces)	28574.94	133316.68	64681.07	52681.91
纸浆	（万吨）	Paper Pulp	(10 000 tons)	127.76	56.82	90.76	45.52
机制纸及纸板	（万吨）	Machine-made Paper and Paper Boards	(10 000 tons)	384.63	316.10	368.52	438.96
日用玻璃制品	（万吨）	Household Glass Product	(10 000 tons)	23.93	44.76	19.01	21.75
玻璃保温容器	（万个）	Glass Insulated Container	(10 000 units)	22479.00	2879.05	5900.00	3565.00
合成洗涤剂	（万吨）	Synthetic Detergents	(10 000 tons)	36.30	32.15	20.67	30.75
铅酸蓄电池	（万千伏安时）	Lead-acid Dry Cell	(10 000 kva)	60.12	357.89	424.26	149.25
大米	（万吨）	Rice	(10 000 tons)	829.09	1732.23	1850.91	1260.13
原盐	（万吨）	Salt	(10 000 tons)	228.56	330.46	335.11	449.50
成品糖	（万吨）	Refined Sugar	(10 000 tons)	0.40	0.29	0.11	1.18
卷烟	（万箱）	Cigarettes	(10 000 cases)	350.55	324.99	331.55	333.68
罐头	（万吨）	Canned Food	(10 000 tons)	92.28	90.39	81.87	53.02
软饮料	（万吨）	Soft Drinks	(10 000 tons)	141.45	778.31	963.01	999.11

13-11 续表 1 Continued

产品		Item		2010	2020	2022	2023
饮料酒	（万千升）	Liquor	(10 000 kiloliter)	123.10	110.07	88.52	72.72
白酒（商品量）		Spirit		12.95	13.31	12.54	9.91
啤酒		Beer		104.10	66.64	70.81	58.28
乳制品	（吨）	Dairy Products	(ton)	182554.00	283528.26	455783.10	314630.94
食用植物油	（万吨）	Edible Vegetable Oil	(10 000 tons)	219.31	310.39	237.05	189.24
化学药品原药	（吨）	Chemical Medicine	(ton)	6442.10	139413.22	226195.57	95615.81
中成药	（吨）	Traditional Chinese Medicine	(10 000 tons)	114362.00	240861.76	210669.85	259744.80
饲料	（万吨）	Fixed-forage	(10 000 tons)	993.73	1791.02	2260.63	1856.35
塑料制品	（万吨）	Plastics Products	(10 000 tons)	74.27	348.75	353.63	268.57
皮革鞋靴	（万双）	Leather Shoe	(10 000 units)	7142.61	20428.78	13231.34	12046.37
原煤	（万吨）	Coal	(10 000 tons)	7670.12	1053.30	799.56	944.45
原油加工量	（万吨）	Crude Process	(10 000 tons)	590.67	877.85	828.30	903.83
汽油	（万吨）	Gasoline	(10 000 tons)	125.54	257.47	283.39	320.67
柴油	（万吨）	Diesel oil	(10 000 tons)	215.02	211.79	233.93	265.20
发电量	（亿千瓦时）	Electricity	(100 million kw.h)	1186.44	1496.21	1658.96	1700.42
水电		Hydro-power		462.69	538.97	452.51	347.62
火电		Thermal Power		723.75	851.24	1018.49	1123.58
生铁	（万吨）	Pig Iron	(10 000 tons)	1700.64	2105.44	2179.62	2180.78
粗钢	（万吨）	Steel	(10 000 tons)	1766.52	2612.90	2612.68	2415.55
钢材	（万吨）	Steel Products	(10 000 tons)	1811.73	2720.67	3038.30	3080.31
铁道用钢材		Railway Steel		3.83	7.68	12.87	17.41
线材		Wire Rod		332.10	272.42	282.23	270.29
无缝钢管		Seamless Steel Pipe		108.09	181.15	202.24	186.70
焊接钢管		Welding Steel Pipe		12.03	1.14	0.83	1.06
铁矿石（原矿）	（万吨）	Iron Mineral	(10 000 tons)	451.36	109.78	99.43	49.75
水泥	（万吨）	Cement	(10 000 tons)	8691.20	10989.09	9934.51	8234.19
焦炭	（万吨）	Coke	(10 000 tons)	397.91	603.99	662.07	660.73
煤气	（亿立方米）	Gas	(100 million Cu.M)	10.73	358.15	364.60	355.15

13-11 续表 2 Continued

产 品		Item		2010	2020	2022	2023
平板玻璃	（万重量箱）	Plate Glass	(10 000 weight cases)	1756.20	3284.57	5034.11	4286.51
硫酸（折 100%）	（万吨）	Sulfuric Acid	(10 000 tons)	260.34	207.55	219.46	212.00
纯碱	（万吨）	Soda Ash	(10 000 tons)	45.42	32.86	36.38	34.64
烧碱（折 100%）	（万吨）	Caustic Soda	(10 000 tons)	73.49	59.74	65.56	75.83
合成氨	（万吨）	Synthetic Ammonia	(10 000 tons)	164.06	62.51	65.74	59.97
农用化肥（折纯量）	（万吨）	Chemical Fertilizer	(10 000 tons)	333.58	58.69	76.32	58.48
氮肥		Nitrogen Fertilizers	(10 000 tons)	295.99	48.70	59.64	46.08
磷肥		Phosphate Fertilizers	(10 000 tons)	37.59	10.00	16.68	12.32
化学农药原药	（万吨）	Chemical Pesticide	(10 000 tons)	13.19	13.02	17.79	12.05
电石	（万吨）	Calcium Carbide	(10 000 tons)	20.66	13.36	16.83	59.11
初级形态的塑料	（万吨）	Primary Plastics	(10 000 tons)	48.29	58.27	59.44	43.39
合成橡胶	（万吨）	Synthetic Rubber	(10 000 tons)	15.37	41.90	39.76	68.67
矿山专用设备	（万吨）	Mining Special Equipment	(10 000 tons)	17.00	65.84	60.99	74.82
起重机	（万吨）	Crane	(10 000 tons)	87.58	273.99	134.69	131.37
金属冶炼设备	（万吨）	Metal Smelting Equipment	(10 000 tons)	3.26	8.75	10.26	7.42
发电设备	（万千瓦）	Power Generating Equipment	(10 000 kw)	119.97	493.97	1461.47	1493.16
交流电动机	（万千瓦）	AC Electric Motor	(10 000 kw)	1632.16	1654.45	2242.25	1183.84
变压器	（万千伏安）	Transformer	(10 000 kva)	10733.24	13221.39	15748.46	13584.86
泵	（万台）	Pump	(10 000 units)	354.65	137.82	1392.95	1545.48
金属切削机床	（台）	Metal-cutting Machine Tools	(unit)	3904	3331	5573	11421
金属成形机床	（台）	Metal Forming Machine Tools	(unit)	2460	20986	8893	8158
汽车	（辆）	Motor Vehicles	(unit)	240203	635068	916044	960010
摩托车	（辆）	Motorcycles	(unit)	231937	133400	189341	237974
滚动轴承	（万套）	Rolling Bearings	(10 000 sets)	1404.54	13861.10	12652.53	14681.50
小型拖拉机	（万台）	Small Tractor	(10 000 units)	3.19	1.73	1.69	0.38
发动机	（万千瓦）	Engines	(10 000 kw)	20.42	358.54	43.50	12.35
铁路机车	（辆）	Railway Locomotive	(unit)	772	248	276	285
铁路货车	（辆）	Railway Freight Wagons	(unit)	4012	6365	5728	5330
民用钢质船舶	（万载重吨）	Civil Plate Ship	(10 000 tons)	12.77	17.37	18.13	24.64
工业锅炉	（蒸发量吨）	Industrial Boiler	(ton)	59304	12789	11761	70098

注：汽车产量包括在湘非法人汽车企业生产的整车产量。

Automobile output includes the complete vehicle output produced by unincorporated automobile enterprises in Hunan.

13-12 规模以上工业企业主要产品、生产能力及能力利用率综合表(2023年)

产品名称		Item		企业单位数（个）Number of Enterprises (unit)
原煤	（万吨）	Raw Coal	(10 000 tons)	37
卷烟	（亿支）	Cigarette	(100 million pieces)	1
棉纺锭 / 纺纱量	（万锭 / 万吨）	Cotton Spindle/Spinning Capacity	(10 000 ingots/10 000 tons)	51
气流纺锭 / 纺纱量	（万头 / 万吨）	Air Spindle/Spinning Capacity	(10 000 ingots/10 000 tons)	7
棉布织机 / 布	（万台 / 亿米）	Cotton Weaving/Cloth	(10 000 units/100 million m)	13
原油加工能力 / 原油加工量	（万吨 / 万吨）	Crude Oil Processing Capacity/Crude Oil Processing Capacity	(10 000 tons/10 000 tons)	2
焦炭	（万吨）	Coke		4
烧碱(折 100%)	（万吨）	Caustic Soda	(10 000 tons)	3
碳化钙(电石，折 300 升 / 千克)	（万吨）	Calcium Carbide (converted to 300 liters/kg)	(10 000 tons)	3
农用氮、磷、钾化学肥料总计(折纯)	（万吨）	Agricultural Nitrogen,Phosphorus And Potassium Fertilizer Total(off net)	(10 000 tons)	12
初级形态塑料	（万吨）	Primary Form of Plastic	(10 000 tons)	35
化学纤维	（万吨）	Chemical Fiber	(10 000 tons)	8
硅酸盐水泥熟料	（万吨）	Cement Clinker	(10 000 tons)	50
水泥	（万吨）	Cement	(10 000 tons)	124
平板玻璃	（万重量箱）	Plate Glass	(10 000 weight cases)	17
生铁	（万吨）	Pig Iron	(10 000 tons)	9
粗钢	（万吨）	Crude Steel	(10 000 tons)	4
钢材	（万吨）	Steel	(10 000 tons)	24
铁合金	（万吨）	Ferroalloy	(10 000 tons)	59
原铝(电解铝)	（万吨）	Primary Aluminum	(10 000 tons)	
金属切削机床	（万台）	Metal Cutting Machine Tools	(10 000 units)	33
挖掘机	（万台）	Excavator	(10 000 sets)	4
汽车	（万辆）	Car	(10 000 sets)	8
乘用车		Passenger Car		4
新能源乘用车		New Energy Passenger Car		2
商用车		Commercial Vehicles		3
新能源商用车		New Energy Commercial Vehicles		1
民用钢质船舶	（万载重吨）	Civil Steel Ship	(10 000 tons)	14
太阳能电池	（万千瓦）	Solar Battery	(10 000 kw)	2
家用电冰箱	（万台）	Household Refrigerators	(10 000 sets)	
房间空气调节器	（万台）	Room Air Conditioners	(10 000 sets)	1
微型计算机设备	（万台）	Micro Computers	(10 000 sets)	6
移动通信手持机(手机)	（万台）	Mobile Handset (Cell Phone)	(10 000 sets)	10
彩色电视机	（万台）	Color TV	(10 000 sets)	1
发电设备容量总计 / 发电量	（万千瓦 / 万千瓦小时）	Total Capacity of Power Equipment/Power Generation	(10 000 kw/10 000 kw·h)	258
其中：火电设备容量 / 发电量		Of Which: Thermal Power Equipment Capacity/Power Generation		43
水电设备容量 / 发电量		Hydropower Equipment Capacity/Power Generation		111
风电设备容量 / 发电量		Capacity of Wind Power Equipment/Power Generation		80

注：报表制度规定“棉纺锭 / 纱纺量”“气流纺锭 / 纺纱量”“棉布织机 / 布”不计算能力利用率。

Main Products, Production Capacity and Utilization Rate of Industrial Enterprises above Designated Size (2023)

年初生产能力 Early Production	年末生产能力 At the End of Production Capacity	能力利用率（%） Capacity Utilization (%)
1069.59	1126.42	79.64
1740.19	1767.51	95.13
133.38	139.41	
4.99	5.09	
1.58	0.91	
1150.19	1150.24	65.95
476.00	476.00	94.64
70.50	81.00	100.10
63.45	67.04	89.99
106.45	117.65	55.59
77.14	77.98	46.58
50.93	50.15	84.70
8179.40	8009.96	60.00
14989.80	14772.32	54.23
3383.53	3750.78	119.76
1875.51	1875.51	116.28
2055.00	2055.00	117.55
3278.48	3555.42	94.59
218.26	225.72	60.58
2.08	2.43	55.45
5.65	5.80	37.37
73.52	76.52	60.52
69.32	71.32	59.55
19.32	19.32	26.68
1.00	1.00	15.58
4.20	5.20	68.01
34.27	39.42	66.16
85.09	100.77	94.82
980.00	980.00	79.06
365.18	361.47	39.02
2674.74	2463.85	61.55
13.02	13.02	35.37
4109.99	4531.64	43.23
2123.10	2334.04	48.06
1233.63	1439.08	40.00
546.41	551.58	28.32

The report system stipulates that "cotton spindle/spinning capacity ", " air spindle/spinning capacity" and "cotton weaving/cloth " do not calculate the utilization rate of capacity.

13-13 按全省人口平均的主要产品产量
Per Capita Output of Major Industrial Products

产 品		Item		2010	2020	2022	2023
化学纤维	（公斤 / 人）	Chemical Fiber	(kg / person)	0.64	1.05	0.99	6.39
纱（混合数）	（公斤 / 人）	Yarn	(kg / person)	11.08	15.44	15.57	12.64
布（混合数）	（米 / 人）	Cloth	(m / person)	6.56	1.98	1.21	3.28
机制纸及纸板	（公斤 / 人）	Machine-made Paper and Paperboards	(kg/person)	54.25	47.57	55.80	66.83
合成洗涤剂	（公斤 / 人）	Synthetic Detergents	(kg / person)	5.12	4.84	3.13	4.68
原盐	（公斤 / 人）	Salt	(kg / person)	32.24	49.73	50.74	68.44
成品糖	（公斤 / 人）	Refined Sugar	(kg / person)	0.06	0.04	0.02	0.18
卷烟	（箱 / 百人）	Cigarette	(case /100 person)	4.94	4.89	5.02	5.08
原煤	（吨 / 人）	Coal	(ton / person)	1.08	0.16	0.12	0.14
原油加工量	（公斤 / 人）	Processing Output of Crude Oil	(kg / person)	83.32	132.10	125.25	137.24
发电量	（千瓦小时 / 人）	Electricity	(kwh / person)	1673.51	2251.50	2508.63	2581.87
生铁	（公斤 / 人）	Pig Iron	(kg / person)	239.88	316.83	330.05	332.03
粗钢	（公斤 / 人）	Crude Steel	(kg / person)	249.17	393.19	395.62	367.78
钢材	（公斤 / 人）	Steel	(kg / person)	255.55	409.41	460.07	468.99
水泥	（吨 / 人）	Cement	(ton / person)	1.23	1.65	1.50	1.25
平板玻璃	（重量箱 / 人）	Plate Glass	(weight case / person)	0.25	0.49	0.76	0.65
硫酸（折 100）	（公斤 / 人）	Sulfuric Acid	(kg / person)	36.72	31.23	33.23	32.28
纯碱	（公斤 / 人）	Soda Ash	(kg / person)	6.41	4.95	5.51	5.27
烧碱（折 100）	（公斤 / 人）	Caustic Soda	(kg / person)	10.37	8.99	9.93	11.55
合成氨	（公斤 / 人）	Synthetic Ammonia	(kg / person)	23.14	9.41	9.95	9.13
农用化肥（折纯量）	（公斤 / 人）	Chemical Fertilizer	(kg / person)	47.05	8.83	11.56	8.90
氮肥	（公斤 / 人）	Nitrogen Fertilizer	(kg / person)	41.75	7.33	9.03	7.02
磷肥	（公斤 / 人）	Phosphate Fertilizer	(kg / person)	5.30	1.50	2.53	1.88
化学农药原药	（公斤 / 人）	Chemical Pesticide	(kg / person)	1.86	1.96	2.69	1.83
初级形态塑料	（公斤 / 人）	Primary Plastics	(kg / person)	6.81	8.77	9.00	6.61
合成橡胶	（公斤 / 人）	Synthetic Rubber	(kg/person)	2.17	6.30	6.02	10.46
汽车	（辆 / 万人）	Motor Vehicles	(unit/10 000 persons)	33.88	95.57	138.71	146.16
摩托车	（辆 / 万人）	Motorcycles	(unit/10 000 persons)	32.72	20.07	28.67	36.23

注：人均主要产品产量按常住人口计算。
The data are based on the permanent population.

13－14 各市、州规模以上工业主要经济指标(2023年)
Main Indicators of Industrial Enterprises above Designated Size by Region (2023)

单位：亿元 (100 million yuan)

类 别	Item	全省 Total	长沙市 Changsha	株洲市 Zhuzhou	湘潭市 Xiangtan	衡阳市 Hengyang	邵阳市 Shaoyang	岳阳市 Yueyang	常德市 Changde
企业单位数（个）	Number of Enterprises (unit)	21491	3244	2143	1487	1552	1995	2207	1918
大型企业	Largest Enterprise	200	53	26	17	16	11	33	11
中型企业	Medium-sized Enterprises	1256	235	208	66	81	67	129	117
小型企业	Small Enterprises	16119	2487	1514	1141	1212	1578	1614	1441
微型企业	Micro Enterprises	3916	469	395	263	243	339	431	349
#亏损企业	#Loss-making Enterprises	2130	558	213	191	129	69	161	184
实收资本	Total Capital Hold	8625.18	2221.91	1200.79	744.94	485.18	267.78	968.53	468.09
#外商资本	#Foreign Capital	126.93	63.72	7.00	11.21	7.44		14.82	1.79

13－14 续表 1 Continued

单位：亿元 (100 million yuan)

类 别	Item	张家界市 Zhangjiajie	益阳市 Yiyang	郴州市 Chenzhou	永州市 Yongzhou	怀化市 Huaihua	娄底市 Loudi	湘西州 Xiangxi
企业单位数（个）	Number of Enterprises (unit)	246	1564	1400	1360	983	1036	371
大型企业	Largest Enterprise		9	13	8	4	9	2
中型企业	Medium-sized Enterprises	2	73	81	108	30	49	13
小型企业	Small Enterprises	204	1116	963	1033	821	754	241
微型企业	Micro Enterprises	40	366	343	211	128	224	115
#亏损企业	#Loss-making Enterprises	26	113	132	119	65	90	80
实收资本	Total Capital Hold	47.53	264.96	490.20	332.20	586.98	354.82	87.77
#外商资本	#Foreign Capital	0.26	1.25	0.65	1.26	1.39	16.04	0.10

13-14 续表 2 Continued

单位：亿元 (100 million yuan)

指 标	Item	全省 Total	长沙市 Changsha	株洲市 Zhuzhou	湘潭市 Xiangtan	衡阳市 Hengyang
全部从业人员年平均人数（万人）	Annual Average Number of Obtain Employees (10 000 persons)	263.65	60.32	32.20	16.96	18.44
流动资产	Current Assets	19251.78	7187.67	2605.84	1336.59	1107.03
#存货	#Inventory	3888.88	1176.73	483.15	293.87	231.30
产成品	Products	1368.14	394.24	156.88	110.55	89.24
固定资产原价	Original Value of Fixed Assets	22030.88	4635.47	1825.40	1805.21	1492.05
累计折旧	Add up Depreciation of Fixed Assets	9487.74	1891.31	807.19	842.95	637.18
资产总计	Total Assets	40265.29	12883.18	4951.74	2869.36	2332.92
流动负债合计	Total Liquid Liabilities	15463.66	5560.63	2103.35	1159.21	968.83
负债合计	Total Liabilities	21286.78	6943.74	2588.41	1521.85	1299.49
所有者权益	Creditors Equity	18975.25	5881.73	2360.78	1346.80	1033.43
营业收入	Business Revenue	39813.98	8831.91	3116.03	3111.16	2230.90
营业成本	Business Cost	32042.01	6951.03	2442.79	2660.26	1829.32
营业税金及附加	Tax and Surcharge of Business	1094.01	282.32	27.74	17.35	20.77
管理费用	Administrative Expense	1510.46	318.32	156.27	81.69	94.28
利息费用	Interest Charges	243.85	65.37	17.83	15.42	13.94
利息收入	Interest Revenue	50.61	24.58	5.36	3.69	1.74
营业利润	Operating Profit	2409.27	570.69	223.91	120.14	122.05
利润总额	Total Profit	2377.61	582.37	224.40	120.37	124.77
本年应付职工薪酬	Total Wages Payable of the Year	3524.21	855.39	472.56	276.56	228.67
总资产贡献率（%）	Ratio of Total Assets to Output Value (%)	11.63	9.15	7.32	8.79	9.25
营业收入利润率（%）	Operating Profit Margin (%)	5.97	6.59	7.20	3.87	5.59
资产负债率（%）	Asset-liability Ratio (%)	52.87	53.90	52.27	53.04	55.70
成本费用利润率（%）	Ratio of Profits to Cost (%)	6.55	7.31	7.77	4.13	5.99

13-14 续表 3 Continued

单位：亿元 (100 million yuan)

指 标	Item	邵阳市 Shaoyang	岳阳市 Yueyang	常德市 Changde	张家界市 Zhangjiajie	益阳市 Yiyang
全部从业人员年平均人数 （万人）	Annual Average Number of Obtain Employees (10 000 persons)	19.12	25.64	19.33	1.42	15.21
流动资产	Current Assets	547.64	1149.54	1608.08	62.39	809.03
#存货	#Inventory	149.26	319.59	456.43	16.48	168.87
产成品	Products	58.47	126.91	113.40	9.17	67.72
固定资产原价	Original Value of Fixed Assets	890.89	2317.15	1477.01	141.32	1076.96
累计折旧	Add up Depreciation of Fixed Assets	310.77	1096.24	655.91	52.12	525.89
资产总计	Total Assets	1380.64	3052.73	2800.40	194.49	1733.01
流动负债合计	Total Liquid Liabilities	415.03	984.39	999.83	69.35	655.72
负债合计	Total Liabilities	660.51	1500.19	1365.88	112.90	939.59
所有者权益	Creditors Equity	720.13	1552.54	1504.27	81.59	793.43
营业收入	Business Revenue	2580.05	5142.14	3297.38	134.94	2785.00
营业成本	Business Cost	2104.06	4176.84	2347.33	110.13	2336.90
营业税金及附加	Tax and Surcharge of Business	20.89	174.11	390.03	0.74	15.39
管理费用	Administrative Expense	102.45	216.86	125.85	7.81	112.80
利息费用	Interest Charges	14.11	24.47	16.92	1.53	11.66
利息收入	Interest Revenue	0.27	3.24	5.27	-0.03	1.06
营业利润	Operating Profit	178.48	275.59	229.15	5.09	174.73
利润总额	Total Profit	182.59	255.85	236.93	5.82	124.81
本年应付职工薪酬	Total Wages Payable of the Year	211.86	296.18	248.97	11.63	202.64
总资产贡献率 （%）	Ratio of Total Assets to Output Value (%)	19.35	18.39	26.72	5.33	10.27
营业收入利润率 （%）	Operating Profit Margin (%)	7.08	4.98	7.19	4.31	4.48
资产负债率 （%）	Asset-liability Ratio (%)	47.84	49.14	48.77	58.05	54.22
成本费用利润率 （%）	Ratio of Profits to Cost (%)	7.66	5.40	8.84	4.50	4.79

13-14 续表 4 Continued

单位：亿元 (100 million yuan)

指 标	Item	郴州市 Chenzhou	永州市 Yongzhou	怀化市 Huaihua	娄底市 Loudi	湘西州 Xiangxi
全部从业人员年平均人数（万人）	Annual Average Number of Obtain Employees (10 000 persons)	15.06	17.47	8.27	11.12	2.85
流动资产	Current Assets	877.46	525.65	386.92	760.92	209.70
#存货	#Inventory	204.75	118.06	77.86	137.06	54.57
产成品	Products	86.88	45.14	39.04	49.48	20.59
固定资产原价	Original Value of Fixed Assets	1482.83	1152.29	1215.98	1436.87	246.26
累计折旧	Add up Depreciation of Fixed Assets	606.69	453.54	516.72	655.76	113.56
资产总计	Total Assets	2299.96	1560.67	1309.61	1784.21	435.48
流动负债合计	Total Liquid Liabilities	781.47	409.74	390.49	687.00	172.88
负债合计	Total Liabilities	1224.93	802.74	668.67	956.73	248.98
所有者权益	Creditors Equity	1072.07	755.51	640.94	827.48	186.51
营业收入	Business Revenue	2868.54	1856.65	1274.88	2247.18	266.92
营业成本	Business Cost	2259.66	1537.85	1033.36	1987.05	215.26
营业税金及附加	Tax and Surcharge of Business	72.45	43.46	10.96	10.75	6.23
管理费用	Administrative Expense	112.07	58.14	59.94	47.60	12.21
利息费用	Interest Charges	14.31	7.49	12.61	12.06	3.00
利息收入	Interest Revenue	1.85	0.79	2.80	-1.25	1.19
营业利润	Operating Profit	213.36	103.25	77.00	102.82	10.92
利润总额	Total Profit	213.64	105.00	78.34	108.00	12.41
本年应付职工薪酬	Total Wages Payable of the Year	212.10	235.95	86.10	153.35	22.60
总资产贡献率（%）	Ratio of Total Assets to Output Value (%)	15.44	11.68	11.03	10.06	6.10
营业收入利润率（%）	Operating Profit Margin (%)	7.45	5.66	6.14	4.81	4.65
资产负债率（%）	Asset-liability Ratio (%)	53.26	51.44	51.06	53.62	57.17
成本费用利润率（%）	Ratio of Profits to Cost (%)	8.46	6.10	6.57	5.04	4.94

主要统计指标解释

工业 指从事自然资源的开采，对采掘品和农产品进行加工和再加工的物质生产部门。具体包括：(1) 对自然资源的开采，如采矿、晒盐等（但不包括禽兽捕猎和水产捕捞）；(2) 对农副产品的加工、再加工，如粮油加工、食品加工、缫丝、纺织、制革等；(3) 对采掘品的加工、再加工，如炼铁、炼钢、化工生产、石油加工、机器制造、木材加工等，以及电力、燃气及水的生产和供应等；(4) 对工业品的修理、翻新，如机器设备的修理等。

工业统计调查单位为工业法人单位。

工业法人单位指从事工业生产经营活动的法人单位。工业法人单位应同时具备以下条件：①依法成立，有自己的名称、组织机构和场所，能够独立承担民事责任；②独立拥有（或授权）使用资产，承担负债，有权与其他单位签订合同；③具有包括资产负债表在内的账户，或者能够根据需要编制账户。

资产总计 指企业过去的交易或者事项形成的、由企业拥有或者控制的、预期会给企业带来经济利益的资源。资产一般按流动性分为流动资产和非流动资产。其中流动资产可分为货币资金、交易性金融资产、应收票据、应收账款、预付款项、其他应收款、存货等；非流动资产可分为长期股权投资、固定资产、无形资产及其他非流动资产等。来源于会计"资产负债表"中"资产总计"项目的期末余额数。

流动资产合计 资产满足以下条件之一应归为流动资产：（1）预计在一个正常营业周期中变现、出售或耗用，主要包括存货、应收账款等；（2）主要为交易目的而持有；（3）预计在资产负债表日起一年内（含一年）变现；（4）自资产负债日起一年内，交换其他资产或清偿负债的能力不受限制的现金或现金等价物。包括货币资金、应收票据、应收账款、存货等项目。来源于会计"资产负债表"中"流动资产合计"项目的期末余额数。

负债合计 指企业过去的交易或者事项形成的，预期会导致经济利益流出企业的现时义务。负债一般按偿还期长短分为流动负债和非流动负债。来源于会计"资产负债表"中"负债合计"项目的期末余额数。

应收账款 指企业因销售商品、提供劳务等经营活动所形成的债权，包括应向客户收取的货款、增值税款和为客户代垫的运杂费等。来源于会计"资产负债表"中"应收账款"项目的期末余额数。

存货 指企业在日常活动中持有以备出售的产成品或商品、处在生产过程中的在产品、在生产过程或提供劳务过程中耗用的材料或物料等，通常包括原材料、在产品、半成品、产成品、商品以及周转材料等。来源于会计"资产负债表"中"存货"项目的期末余额数。

产成品 指企业已经完成全部生产过程并验收入库，可以按照合同规定的条件送交订货单位，或者可以作为商品对外销售的产品。来源于会计"产成品"科目的借方余额。

营业收入 指企业经营主要业务和其他业务所确认的收入总额。营业收入包括"主营业务收入"和"其他业务收入"。来源于会计"利润表"中"营业收入"项目的本年累计数。

营业成本 指企业经营主要业务和其他业务所发生的成本总额。包括企业（单位）在报告期内从事销售商品、提供劳务等日常活动发生的各种耗费。包括"主营业务成本"和"其他业务成本"。来源于会计"利润表"中"营业成本"项目的本年累计数。

销售费用 指企业在销售商品和材料、提供劳务的过程中发生的各种费用，包括保险费、包装费、展览费和广告费、商品维修费、预计产品质量保证损失、运输费、装卸费等以及为销售本企业商品而专设的销售机构（含销售网点、售后服务网点等）的职工薪酬、业务费、折旧费等经营费用。

管理费用 指企业为组织和管理企业生产经营所发生的费用，包括企业在筹建期间内发生的开办费、董事会和行政管理部门在企业经营管理中发生的，或者应当由企业统一负担的公司经费等。来源于会计"利润表"中"管理费用"项目的本年累计数。

财务费用 指企业为筹集生产经营所需资金等而发生的筹资费用，包括企业生产经营期间发生的利息支出（减利息收入）、汇兑损失（减汇兑收益）以及相关的手续费等。来源于会计"利润表"中"财务费用"项目的本年累计数。

利润总额 指企业在一定会计期间的经营成果，是生产经营过程中各种收入扣除各种耗费后的盈余，反映企业在报告期内实现的盈亏总额。来源于会计"利润表"中"利润总额"项目的本年累计数。

平均用工人数 指报告期企业平均实际拥有的、参与本企业生产经营活动的人员数。

Explanatory Notes on Main Statistical Indicators

Industry refers to the material production sector which is engaged in the extraction of natural resources and processing and reprocessing of minerals and agricultural products, including (1) extraction of natural resources, such as mining, salt production (but not including hunting and fishing); (2) processing and reprocessing of farm and sideline produces, such as grain and oil processing, food processing, silk reeling, spinning and weaving and leather making; (3) processing and reprocessing of mineral products, such as steel making, iron smelting, chemicals manufacturing, petroleum processing, machine building, timber processing, and production and supply of electricity, gas and water; (4) repairing and renovating of industrial products such as the machinery.

In industrial surveys, the units of enquiry are industrial corporate units.

Industrial corporate units refer to corporate units engaging in industrial production and operation activities, which meet the following requirements: (1) They are established legally, having their own names, organizations, location, and are able to take civil liability independently; (2) They possess (or are authorized to use) assets independently, assume liabilities and are entitled to sign contracts with other units; (3) They have accounts including the balance sheets or can compile the accounts according to the need.

Total Assets refer to all resources that are owned or controlled by enterprises through previous trades or transactions with expectation of making economic profits. Classified by the degree of liquidity, total assets include current assets and non-current assets. Current assets can be classified into monetary capital, trading financial assets, notes receivable, accounts receivable, advanced payments, other receivables and inventories. Non-current assets can be divided into long-term equity investment, fixed assets, intangible assets and other non-current assets. Data on this indicator can be obtained from the year-end figures of total assets in the Balance Sheet of accounting records.

Total Current Assets refer to the assets that meet one of the following requirements: (1) expected to be cashed, sold or used in a normal operation cycle, mainly including inventory and accounts receivable; (2) be owned for trading purpose mainly; (3) expected to be cashed in one year (including one year) from the day of the Balance Sheet; (4) unlimited cash or cash equivalents that can be exchanged with other assets or being capable of settling debts during one year since the day of the Balance Sheet. Included are monetary capital, notes receivable, accounts receivable and inventories. Data on this indicator can be obtained from the year-end figures of total current assets in the Balance Sheet of accounting records.

Total Liabilities refer to payable liabilities of enterprises that accumulated from previous trades or transactions with expectation of economic profits leaking out. In terms of payment, it can be divided into liquid liabilities and long-term liabilities. Data on this indicator can be obtained from the year-end figures of total liabilities in the Balance Sheet of accounting records.

Accounts Receivable refers to creditor's rights formed by business activities such as selling goods, providing labor, which include payment for goods that should be charged to the customer, value-added tax and advance freight for the clients. It comes from the ending balance of accounts receivable in balance sheet.

Inventories refers to finished goods or commodities held in preparation for sale in enterprises' daily activities, goods in the production process, material or the physical materials consumed in the production process or in the process of providing labor, usually include raw materials, goods in the production process, semi-finished products, finished products, goods and materials in flow. It comes from the ending balance of inventory in balance sheet.

Finished Goods refers to the products that the enterprises have completed all of the production process and accepted and put in storage, and can be sent to the ordering units in accordance with the contract stipulations, or can be on sale. It come from the debit balance of Finished Products of accounting.

Business Revenue refers to the total revenue recognized by an enterprise in its principal business and other business operations. Business revenue includes " revenue from principal Business" and " revenue from other business". It comes from this year's cumulative report of "business revenue" items from the "income statement".

Business Cost refers to the total cost incurred by an enterprise in its principal business and other business operations. It includes various expenditures incurred by enterprises (units) in their daily activities of selling goods and providing labour services during the reporting period. It includes "Cost of principal business" and "Cost of other business". It comes from this year's cumulative report of "operating cost" items from the "income statement".

Selling Expense refers to the cost during the sale of goods and materials, providing labour services, including insurance, packing, exhibition fees and advertising fees, merchandise maintenance costs, expected product quality

guarantee loss, transportation fees, handling fees, and operating expenses for the sales of the company's products such as employee compensation, business expenses, depreciation costs for dedicated sales offices (including sales outlets, after-sales service outlets, etc.).

Administrative Expense refers to the expenses for the organization and management of enterprise operating, including the start-up costs during the construction of enterprises, funds occurred during enterprises operating by board of directors and executive management in the enterprise management, or burden by enterprises. It comes from this year's cumulative current amount of management cost in income statement.

Financial Expenses refers to cost of raising fund for enterprises to raise funds for production and operation, including interest payments (a reduction in interest income), exchange loss (less exchange gains) and related fees during the period of production. It comes from this year's cumulative current amount of financial expenses in income statement.

Total Profits refers to the operation results in a certain accounting period, and it is the balance of various incomes minus various spendings in the course of operation, reflecting the total profits and losses of enterprises in reference period. Data are obtained from the this year's cumulative amount of total profits in the profit statement of the accounting record of enterprise.

Annual Average Employees refers to the number of person engaged in the enterprise production and operation activities in the reporting period, which are actually owned by the enterprise.

14

建筑业

Construction

资料整理人员：吕　涛

14-1 建筑企业概况
General Survey of Construction Enterprises

单位：亿元 (100 million yuan)

年份 Year	建筑业企业单位数（个） Number of Construction Enterprises (unit)	总产值 Gross Output Value of Construction	企业总收入 Total Income of Enterprises	利税总额合计 Total Pre-tax Profits	利润总额合计 Total Profits
1980	3427	7.97			
1981	2771				
1982	2610				
1983	2822				
1984	3677				
1985	4248	16.48			0.95
1986	4013	20.33			0.92
1987	4083	23.23			0.73
1988	4015	29.95			0.86
1989	3887	32.39			0.48
1990	3713	33.47		1.31	0.26
1991	3718	40.55		1.89	0.53
1992	3967	55.04		2.47	0.92
1993	4759	81.77		3.40	1.04
1994	5262	115.35		4.35	0.94
1995	5169	148.80		5.73	1.05
1996	1656	278.38	248.05	11.96	3.54
1997	1748	296.50	261.67	12.23	2.97
1998	1840	327.32	288.72	11.58	1.95
1999	1812	333.90	303.46	12.10	1.72
2000	1812	354.29	316.13	15.29	4.39
2001	1628	489.79	464.73	25.52	8.64
2002	1442	595.77	552.65	31.89	11.10
2003	1593	818.84	769.26	45.25	15.61
2004	1940	1027.89	966.60	60.95	25.47
2005	1842	1219.35	1136.14	73.14	28.75
2006	1861	1462.88	1370.91	91.51	37.66
2007	1893	1828.81	1720.40	122.05	54.56
2008	1992	2115.44	1994.97	202.77	112.11
2009	1948	2507.40	2333.97	180.28	84.59
2010	2005	3161.73	3010.77	228.87	105.02
2011	2021	3915.01	3600.93	267.00	124.67
2012	2021	4407.92	4102.19	307.30	149.59
2013	2094	5283.84	4947.39	392.54	190.34
2014	2108	6020.97	5699.61	429.37	208.31
2015	2083	6630.82	6131.31	454.45	216.19
2016	2124	7304.22	7010.13	433.03	230.57
2017	2339	8423.00	7688.40	547.83	246.62
2018	2652	9581.44	8695.41	707.63	317.59
2019	2986	10800.62	9693.34	719.09	324.84
2020	3338	11863.77	10278.14	711.46	334.67
2021	3744	13280.16	11254.79	754.54	360.66
2022	4071	14481.00	11875.59	721.09	349.82
2023	4417	15159.17	12139.77	833.24	447.33

14-1 续表 1 Continued

单位：万元 (10 000 yuan)

指 标	Item	2010	2020	2022	2023
总产值	**Gross Output Value of Construction**	**31617292**	**118637745**	**144810029**	**151591737**
内资企业	Domestic-Funded Enterprises				151234341
港澳台商投资企业	Funded by Entrepreneurs from Hong kong,Macao and Taiwan	81757	222741	172951	139937
外商投资企业	Enterprises with Foreign Investment	10050	137606	204458	217460
增加值	**Value Added of Construction**				
#本年内提取的固定资产折旧	#Depreciation of Fixed Assets of the Year	278811	511693	513350	812058
应付工资	Wages Payable	2952164	11635554	12873905	17470321
主营业务税金及附加	Taxes and Extra Charges on Main Business	1192347	1372233	1237935	1135073
实收资本	**Capital Stock**	**4315628**	**13674490**	**15661887**	**12188596**
内资企业	Domestic-Funded Enterprises				12171038
港澳台商投资企业	Funded by Entrepreneurs from Hong kong,Macao and Taiwan	20105	7398	11866	11866
外商投资企业	Enterprises with Foreign Investment	14376	5691	5691	5691
资产合计	**Total Assets**	**17526351**	**79861193**	**98969901**	**108137578**
#流动资产	# Circulating Funds	12773189	59633161	74330375	80190245
#固定资产	# Fixed Assets	3210345	6471444	6686369	6196201
内资企业	Domestic-Funded Enterprises				107710341
港澳台商投资企业	Funded by Entrepreneurs from Hong kong,Macao and Taiwan	76484	85543	113142	51945
外商投资企业	Enterprises with Foreign Investment	62583	222464	342929	375292

注：1995 年至 2001 年，建筑施工企业为资质等级四级及以上的建筑施工企业。从 2002 年起，建筑施工企业的统计范围为具有新资质等级的施工总承包和专业承包企业（后表同）。

Construction enterprises refer to the fourth and higher grade construction enterprises between 1995 and 2001. The Statistical Coverage of Construction Enterprises Just Included the New Grade Construction Enterprises of Overall Contract and Special Contract Since 2002 (The following table is the same).

14-1 续表 2 Continued

单位：万元 (10 000 yuan)

指　标	Item	2010	2020	2022	2023
负债合计	**Total Liabilities**	**11034064**	**53059436**	**67987500**	**76150255**
#流动负债	#Liquid Liabilities	10268489	45332469	58341910	58742216
长期负债	Long-term Liabilities	765575			
内资企业	Domestic-Funded Enterprises				75901318
港澳台商投资企业	Funded by Entrepreneurs from HongKong,Macao and Taiwan	43895	66466	96167	34885
外商投资企业	Enterprises with Foreign Investment	42045	99936	147665	214052
所有者权益	**Creditors' Equity**	**6492317**	**26801756**	**30982401**	**31987323**
内资企业	Domestic-Funded Enterprises				31809023
港澳台商投资企业	Funded by Entrepreneurs from HongKong,Macao and Taiwan	32588	19077	16976	17060
外商投资企业	Enterprises with Foreign Investment	20539	122528	195264	161240
企业总收入	**Total Income of Enterprises**	**30107702**	**102781389**	**118755871**	**121397684**
#主营业务收入	#Revenue of Main Business	29982962	102086709	115859061	109618857
主营业务成本	Costs of Main Business	26700081	94349666	105202691	109027584
内资企业	Domestic-Funded Enterprises				121043056
港澳台商投资企业	Funded by Entrepreneurs from HongKong,Macao and Taiwan	75587	166608	134652	137168
外商投资企业	Enterprises with Foreign Investment	10302	137606	204191	217460
利税总额合计	**Total Pre-tax Profits**	**2288715**	**7114647**	**7210965**	**8332385**
#利润总额	#Total Profits	1050202	3346685	3498236	4473336
主营业务税金及附加	Taxes and Extra Charges on Main Business	1192347	1372233	1237935	1135074
管理费用中的税金	Taxes in Management Expenses	46166	2395729		
产值利税率 （%）	Ratio of Pretax Profits to Output Value (%)	7.0	6.0	5.0	5.5
资产利税率 （%）	Ratio of Tax Profits to Assets (%)	13.0	8.9	7.3	7.7
内资企业	Domestic-Funded Enterprises				8278414
港澳台商投资企业	Funded by Entrepreneurs from HongKong,Macao and Taiwan	5696	6539	4102	17443
外商投资企业	Enterprises with Foreign Investment	3157	38249	52652	54874
利润总额合计	**Total Profits**	**1050202**	**3346685**	**3498236**	**4473336**
内资企业	Domestic-Funded Enterprises				4419365
港澳台商投资企业	Funded by Entrepreneurs from HongKong,Macao and Taiwan	2444	1562	1302	12069
外商投资企业	Enterprises with Foreign Investment	2822	33211	42800	41902

14-2 建筑施工企业个数和平均人数
Number of Construction Enterprises and Its Average Annual Staff and Workers

年份 Year	总计 Total	国有经济 State-owned	集体经济 Collective-owned	其他经济 Others
施工企业个数（个）	**Number of Enterprises (unit)**			
2000	1812	313	1241	258
2001	1628	305	829	494
2002	1442	262	532	648
2003	1593	257	470	866
2004	1940	274	414	1252
2005	1842	229	364	1249
2006	1861	233	350	1278
2007	1893	239	329	1325
2008	1992	253	272	1467
2009	1948	233	221	1495
2010	2005	254	264	1487
2011	2021	247	248	1526
2012	2021	228	233	1560
2013	2094	322	191	1581
2014	2108	316	184	1608
2015	2083	312	176	1595
2016	2124	294	169	1661
2017	2339	296	158	1885
2018	2652	291	131	2230
2019	2986	283	234	2320
2020	3338	291	215	2832
2021	3744	326	201	3217
2022	3951	349	191	3411
2023	4417	392	164	3961
建筑业从业人员（万人）	**Staff and Workers (10 000 persons)**			
2000	76.30	22.66	41.98	11.66
2001	96.73	25.01	38.86	32.86
2002	92.72	21.56	28.70	42.46
2003	111.95	28.67	27.53	55.75
2004	115.53	25.59	20.90	69.04
2005	118.61	35.15	18.41	65.05
2006	125.97	28.90	17.14	79.93
2007	131.62	29.12	15.90	86.60
2008	137.90	27.85	12.78	97.27
2009	144.97	31.07	9.99	103.91
2010	150.41	32.48	12.41	105.51
2011	155.44	35.53	11.97	107.94
2012	118.82	16.79	10.30	91.73
2013	197.46	65.70	79.55	122.21
2014	211.55	70.26	9.48	131.81
2015	221.27	68.94	9.64	142.69
2016	229.15	71.95	10.55	146.65
2017	267.57	78.16	11.78	177.63
2018	275.22	81.00	8.99	185.23
2019	294.62	86.25	18.93	189.44
2020	303.03	91.25	17.35	194.43
2021	300.81	93.60	16.86	190.35
2022	298.98	90.91	15.29	192.78
2023	311.55	100.06	13.61	197.87

14-3 建筑施工企业主要效益指标(2023年)
Major Benefit Indicators of Construction Enterprises (2023)

指 标	Item	总计 Total	内资企业 Domestic-Funded Enterprises	港 澳 台 投资企业 Funded by Entrepreneurs from HongKong, Macao and Taiwan	外商投资 企 业 Enterprises with Foreign Investment
年末固定资产原值（亿元）	Original Value Fixed Assets at the Year-end (100 million yuan)	904.61	904.00	0.11	0.50
年末固定资产净值（亿元）	Net Value of Fixed Assets at the Year-end (100 million yuan)	479.13	478.70	0.02	0.41
流动资产年末合计（亿元）	Circulating Funds at the Year-end (100 million yuan)	8019.02	7978.86	4.50	35.67
利润总额（亿元）	Total Profits (100 million yuan)	447.33	441.94	1.21	4.19
利税总额（亿元）	Total Pre-tax Profits (100 million yuan)	833.24	826.01	1.74	5.49
资金利润率（元/百元）	Ratio of Fund to Profits (yuan/100 yuan)	32.3	32.0	955.4	458.4
产值利润率（%）	Ratio of Profit to Gross Output Value (%)	3.0	2.9	8.6	19.3
产值利税率（%）	Ratio of Pre-tax Profit to Output Value (%)	5.5	5.5	12.5	25.2
按施工产值计算的劳动生产率（元/人）	Overall Labor Productivity in Terms of Total Output Value Productivity (yuan /person)	486576	486484	613490	485618
人均竣工面积（平方米/人）	Floor Space of Buildings Completed per Laborer (sq.m/person)	82.2	82.1	333.1	

注：本表不包括建筑业活动单位。2013年开始，国有经济企业指国有及国有控股企业（后表同）。

This table does not include the construction sector. Beginning in 2013, state-owned economic enterprises refer to state-owned and state holding enterprises (The following table is the same).

14-4 国有建筑企业主要经济指标
Major Economic Indicators on State-owned Construction Enterprises

指 标	Item	2010	2020	2022	2023
国有建筑施工企业	**State-owned**				
施工产值 （亿元）	Output Value of Projects (100 million yuan)	981.71	4776.76	6481.64	7112.50
全员劳动生产率 （元/人）	Overall Labor Productivity (yuan/person)	240748	523465	704068	710797
计算劳动生产率的平均人数 （万人）	Average Number of Staff and Workers by Calculating Labor Productivity (10 000 persons)	40.78	91.25	92.06	100.06
房屋建筑施工面积（万平方米）	Floor Space of Buildings Under Construction (10 000 sq.m)	6158.88	32828.43	43205.33	45864.77
房屋建筑竣工面积（万平方米）	Floor Space of Buildings Completed (10 000 sq.m)	1433.76	5059.20	8180.20	18773.55
#住宅	#Residential Buildings	853.07	3337.83	4455.78	5957.43
地方国有建筑施工企业	**Local State-owned**				
施工产值 （亿元）	Output Value of Projects (100 million yuan)	254.09	1876.88	2616.63	2931.73
全员劳动生产率 （元/人）	Overall Labor Productivity (yuan/person)	164952	440725	587378	633563
计算劳动生产率的平均人数 （万人）	Average Number of Staff and Workers by Calculating Labor Productivity (10 000 persons)	15.40	42.59	44.55	46.27
房屋建筑施工面积（万平方米）	Floor Space of Buildings Under Construction (10 000 sq.m)	2095.68	10240.97	14525.19	16500.90
房屋建筑竣工面积（万平方米）	Floor Space of Buildings Completed (10 000 sq.m)	794.38	1784.08	2443.79	6000.07
#住宅	#Residential Buildings	459.04	1135.09	1383.70	1840.18

注：本表国有建筑企业为国有及国有控股企业。
State owned construction enterprises in this table is the state owned and state holding enterprises.

14-5 房屋建筑面积
Floor Space of Building Construction

单位：万平方米 (10 000 sq.m)

年份 Year	房屋建筑面积 Floor Space of Building Construction		国有经济 State-owned		集体经济 Collective-owned	
	施工面积 Floor Space Under Construction	竣工面积 Floor Space Completed	施工面积 Floor Space Under Construction	竣工面积 Floor Space Completed	施工面积 Floor Space Under Construction	竣工面积 Floor Space Completed
1990	1159.10	558.70	572.40	233.50	586.70	325.20
1991	1282.70	653.20	577.20	269.50	705.50	383.70
1992	1554.00	711.30	699.40	279.80	854.60	431.50
1993	1869.50	802.20	867.90	334.60	1001.60	467.60
1994	2081.50	868.30	1011.10	378.40	1068.40	489.30
1995	4507.41	2313.70	1094.50	361.20	3223.05	1835.33
1996	4662.00	2393.05	1285.16	467.04	3333.59	1898.28
1997	4719.57	2279.89	1236.68	465.95	3444.90	1783.44
1998	5067.56	2382.33	1397.64	530.70	3373.22	1701.44
1999	5180.91	2681.81	1333.55	561.10	3417.60	1900.54
2000	5087.93	2603.08	1287.31	580.12	3017.81	1634.32
2001	6259.27	3204.60	1459.86	575.96	2734.12	1548.82
2002	7167.52	3665.71	1492.90	557.76	2342.29	1375.27
2003	10051.97	4969.67	2403.74	872.54	2667.99	1487.17
2004	12522.96	6250.66	2688.46	1105.49	2283.17	1342.06
2005	13774.87	6846.04	3155.37	1187.33	2310.26	1221.36
2006	15893.25	7451.71	4029.50	1203.42	2184.87	1280.53
2007	18796.15	8202.43	5031.99	1298.72	1885.13	1133.24
2008	21463.02	9077.52	4271.08	1240.98	1883.08	1038.20
2009	22442.34	9809.63	4014.66	1417.89	1617.52	889.23
2010	27680.25	10573.45	6158.88	1433.76	1920.30	1041.96
2011	32795.65	11777.74	10211.94	1870.29	2117.59	1100.78
2012	36412.18	13398.75	4175.97	1199.63	2292.37	1195.18
2013	43528.16	15890.95	15943.34	3831.35	2239.85	1142.34
2014	47433.19	16583.00	18252.67	3567.12	2356.22	1162.44
2015	47504.41	17389.97	18585.29	3873.21	2357.57	1366.82
2016	50329.04	18629.18	20693.91	4247.81	3887.89	2216.64
2017	54593.66	19840.34	23629.92	4756.15	2311.71	1304.30
2018	59253.25	19929.34	26813.25	4754.62	2276.14	1283.16
2019	65247.34	21043.78	29430.18	5199.14	3863.66	1905.06
2020	67978.77	21235.27	32828.43	5059.20	3797.03	1832.11
2021	76367.89	24029.21	41682.95	7854.77	3409.76	1555.73
2022	76159.66	23988.45	43205.33	8180.20	2845.81	1384.93
2023	76671.78	25599.37	45864.77	9386.77	2339.53	1168.15

14-6 国有、集体建筑企业生产指标(2023年)
Production Indicators of State-owned and Collective-owned Construction Enterprises (2023)

指 标	Item	总 计 Total	国有经济 State-owned Economic	中 央 Central	地 方 Local	集体经济 Collective Owned Economic
企业个数 （个）	**Number of Enterprises (unit)**	**4417**	**392**	**34**	**240**	**104**
建筑业总产值 （亿元）	**Gross Output Value of Construction (100 million yuan)**	**15159.17**	**7112.50**	**3650.53**	**2931.73**	**217.25**
#建筑工程	#Construction Projects	13013.52	6316.20	3344.79	2481.57	189.02
安装工程	Installation Projects	1380.66	529.05	218.21	282.39	15.68
其他	Others	765.00	267.24	87.52	167.77	12.55
竣工产值 （亿元）	**Output Value Completed (100 million yuan)**	**8355.89**	**3337.73**	**2050.29**	**1136.49**	**134.94**
房屋建筑施工面积 （万平方米）	**Floor Space of Buildings Under Construction (10 000 sq.m)**	**76671.78**	**45864.77**	**28881.29**	**16501**	**1460.43**
#本年新开工面积	#Floor Space of Buildings Started in Current Year	23486.94	9390.80	5821.72	3337.87	881.52
房屋建筑竣工面积 （万平方米）	**Floor Space of Buildings Completed (10 000 sq.m)**	**51198.74**	**18773.55**	**12279.16**	**6000.07**	**1499.99**
计算建筑业劳动生产率的平均人数 （万人）	**Average of Staff and Workers by Calculating Construction Labor Productivity (10 000 persons)**	**311.60**	**100.06**	**45.64**	**46.27**	**7.20**
按施工产值计算的劳动生产率 （元/人）	**Overall Labor Productivity in Terms of Total Output Value (yuan /person)**	**486490**	**710797**	**799905**	**633563**	**301854**

14-7 建筑业企业分行业生产指标(2023年)

指 标		Item		房屋建筑业 Building Construction	土木工程建筑业 Construction of Civil Engineering
企业个数	(个)	**Number of Enterprises**	(unit)	**2641**	**1085**
建筑业总产值	(亿元)	**Gross Output Value of Construction**	(100 million yuan)	**10872.60**	**3576.47**
#建筑工程		#Construction Projects		9680.66	2928.44
安装工程		Installation Projects		661.51	461.25
其他		Others		530.43	186.78
竣工产值	(亿元)	**Output Value Completed**	(100 million yuan)	**6607.57**	**1388.39**
房屋建筑施工面积	(万平方米)	**Floor Space of Buildings Under Construction**	(10 000 sq.m)	**72222**	**2924**
#本年新开工面积		#Floor Space of Buildings Started in Current Year		22413	621
房屋建筑竣工面积	(万平方米)	**Floor Space of Buildings Completed**	(10 000 sq.m)	**23408**	**1158**

14-7 续表

指 标		Item		建筑安装业 Archi-tectural Installation	电气安装 Electrical Installation
企业个数	(个)	**Number of Enterprises**	(unit)	**351**	**140**
建筑业总产值	(亿元)	**Gross Output Value of Construction**	(100 million yuan)	**424.12**	**198.27**
#建筑工程		#Construction Projects		164.61	59.62
安装工程		Installation Projects		234.01	133.57
其他		Others		25.50	5.07
竣工产值	(亿元)	**Output Value Completed**	(100 million yuan)	**206.15**	**104.77**
房屋建筑施工面积	(万平方米)	**Floor Space of Buildings Under Construction**	(10 000 sq.m)	**829**	**54**
#本年新开工面积		#Floor Space of Buildings Started in Current Year		168	11
房屋建筑竣工面积	(万平方米)	**Floor Space of Buildings Completed**	(10 000 sq.m)	**207**	**29**

Production Indicators of Construction Enterprises by Sector (2023)

铁路公路隧道桥梁建筑业 Construction of Railways, Roads, Tunnels and Bridge works	水利和港口建筑业 Construction of Water Conservancy and Harbor Engineering	海洋工程建筑业 Construction of Ocean Engineering	工矿工程建筑业 Construction of Industry and Mining Projects	架线和管道工程建筑业 Construction of Wire Laying and Pipework	其他土木工程建筑业 Construction of Other Civil Engineering
556	**93**		**22**	**172**	**117**
1961.52	**531.52**		**214.22**	**398.62**	**147.33**
1797.10	505.27		134.76	218.89	103.00
59.63	10.49		72.11	156.38	24.37
104.80	15.76		7.36	23.35	19.96
756.53	**204.29**		**72.27**	**224.22**	**42.27**
1064	**658**		**416**	**103**	**480**
422	112		22	8	47
655	**177**		**123**	**94**	**69**

Continued

		建筑装饰和其他建筑业				
管道和设备安装 Piping and Equipment Installation	其他建筑安装业 Other Architectural Installation	Architectural Decoration	建筑装饰业 Architectural Decoration Industry	工程准备 Engineering Preparation	提供施工设备服务 Service of Supplying Construction Equipment	其他未列明的建筑活动 Other Construction Activities N.E.C
54	**157**	**340**	**247**	**26**	**10**	**57**
47.81	**178.04**	**285.98**	**227.43**	**18.89**	**3.81**	**35.85**
14.86	90.13	239.81	194.45	17.00	0.09	28.26
28.96	71.47	23.89	19.51	0.12	0.66	3.60
3.99	16.44	22.28	13.47	1.77	3.05	4.00
23.18	**78.20**	**153.79**	**125.19**	**6.50**	**0.12**	**21.98**
6	**769**	**696**	**659**	**1**	**3**	**33**
4	152	286	264	1		20
68	**103**	**687**	**390**	**11**	**269**	**17**

主要统计指标解释

建筑业统计单位 指从事房屋、构筑物建造和设备安装活动的法人企业。建筑业法人企业应具有建筑业资质并能够独立核算，同时其应具备以下条件：①依法成立，有自己的名称、组织机构和场所，能够承担民事责任；②独立拥有和使用资产，承担负债，有权与其他单位签订合同；③独立核算盈亏，能够编制资产负债表。

建筑业总产值 是以货币形式表现的建筑业企业在一定时期内生产的建筑业产品和提供的服务的总和。建筑业总产值包括：

(1) 建筑工程产值：指列入建筑工程预算内的各种工程价值。

(2) 安装工程产值：指设备安装工程价值，不包括被安装设备本身的价值。

(3) 其他产值：建筑业总产值中除建筑工程、安装工程以外的产值。包括房屋构筑物修理产值、非标准设备制造产值、总包企业向分包企业收取的管理费以及不能明确划分的施工活动所完成的产值。

a. 房屋构筑物修理产值：指房屋和构筑物修理所完成的产值，但不包括被修理房屋、构筑物本身价值和生产设备的修理价值。

b. 非标准设备制造产值：指加工制造没有定型的非标准生产设备的加工费和原材料价值（如化工厂、炼油厂用的各种罐、槽，矿井生产统一使用的各种漏斗、三角槽、阀门等）以及附属加工厂为本企业承建工程制作的非标准设备的价值。

建筑业增加值 指建筑业企业在报告期内以货币形式表现的建筑业生产经营活动的最终成果。

从2004年第一次全国经济普查开始，建筑业现价增加值按生产法和分配法（收入法）两种方法计算，以收入法的计算结果为准，即从收入的角度出发，根据生产要素在生产过程中应得的收入份额计算。具体计算方法：经济普查年度建筑业增加值按照《经济普查年度GDP核算方案》计算，非经济普查年度建筑业增加值按照《非经济普查年度GDP核算方案》计算。

房屋建筑施工面积 指在报告期内施过工的全部房屋建筑面积，包括本期新开工的房屋面积、上期施工跨入本期继续施工的房屋面积、上期停缓建在本期恢复施工的房屋面积、本期竣工的房屋面积及本期施工后又停缓建的房屋面积。

房屋建筑竣工面积 指在报告期内房屋建筑按照设计要求全部完工，达到了使用条件，经验收鉴定合格，正式移交使用单位的房屋建筑面积。

Explanatory Notes on Main Statistical Indicators

Statistical Unit in the Construction Industry refers to a corporate enterprise engaged in the construction of buildings and structures and in the installation of equipment. A corporate construction enterprise should have qualification certificates with independent accounting system, and should meet the following 3 requirements: a) being set up in line with relevant legal basis, having its full name, organization and location, and capable of taking civil liabilities; b) independently possessing and using its assets and assuming its liabilities, and entitled to sign contracts with other institutions; and c) making independent accounts of its profits and losses, and capable of compiling its own balance sheet.

Gross Output Value of Construction refers to total of construction products and services, expressed in money terms, produced or rendered by construction and installation enterprises during a given period of time. It includes:

(1) Output value of construction projects: the value of projects covered by the project budgets;

(2) Output value of installation projects: the value of the installation of equipment, (excluding the value of the equipment to be installed);

(3) Other output values: the output value of construction industry apart from that of construction projects and installation projects. It includes: output value of repair of buildings and structures; output value of non-standard equipment manufacturing; overhead expenses received by contracted enterprises from the sub-contracted enterprises and the completed output value of construction activities for which there is no clear definition.

a. Output value of repair of buildings and structures: the value created through the repairs of buildings or structures. It does not include the value of buildings or structures being repaired and the value of the repair of production equipment;

b. Output value of manufactured non-standard equipment: the value of non-standard production equipment, including raw materials and manufacturing cost, made for the construction project (i.e., chemical plant; kettles or tanks used by refineries; various fillers, triangle tanks, valves used by mines). It also includes the output value of equipment manufactured by subsidiary workshops.

Value-added of Construction refers to the final result of the activities of production and operation of enterprises of the construction industry in monetary terms during the reference period.

Starting from the 2004 economic census, value-added of construction is calculated by both production approach and income approach, with the figures from the income approach as the final figures., Under the income approach, calculation starts from the perspective of income and is based on the share of income derived from the production process by the relevant factors of production. Specifically, value-added of construction for the Census years is calculated in accordance with the Programme of Compilation of GDP and National Accounts for the Year of Economic Census, and value-added of construction for other years is calculated in accordance with the Programme of Compilation of GDP and National Accounts for the Non Economic Census Years.

Floor Space of Buildings Under Construction refers to floor space of buildings under construction during the reference period, including the floor space of buildings for which construction has newly started; buildings for which construction has started earlier and is continuing during the reference period; and buildings for which construction has been suspended earlier but has restarted during the reference period; buildings completed during the reference period; and buildings under construction but construction has subsequently been during the reference period.

Floor Space of Buildings Completed refers to the floor space of buildings that are completed in the reference period in accordance with the requirements of the design, up to the standard for being put into use, and having been checked and accepted by departments concerned as qualified ones.

15

交通运输、邮电和其他服务业

Transportation, Postal, Telecommunication and other Services

资料整理人员：周　迅　　谢叶青

15-1 运输线路长度和民用汽车拥有量
Length of Transportation Routes and Number of Civil Vehicles Owned

年份 Year	铁路营业里程（公里） Length of Railways in Operation (km)	#高速铁路 High Speed Railway	公路里程（公里） Length of Highways (km)	#高速公路 Expressway	内河航道（公里） Length of Navigable Inland Waterways (km)	民用汽车拥有量（万辆） Number of Civil Vehicles Owned (10 000 units)	#私人汽车 Private-owned
1949	950		3142		10913		
1950	950		3420		10913	0.11	
1951	950		3631		10913	0.16	
1952	950		3790		10913	0.16	
1953	928		4231		10913	0.17	
1954	933		4352		10913	0.17	
1955	933		4469		10952	0.19	
1956	933		5430		11295	0.22	
1957	919		6437		11299	0.24	
1958	919		11282		14202	0.41	
1959	1007		15326		16607	0.57	
1960	1127		17223		17098	0.64	
1961	1193		17340		17098	0.62	
1962	1193		17340		17098	0.60	
1963	1193		18466		15768	0.66	
1964	1193		19487		16586	0.70	
1965	1416		20979		16586	0.78	
1966	1443		22726		16586	0.84	
1967	1464		23875		16586	0.93	
1968	1464		25148		16586	1.04	
1969	1464		27028		16586	1.16	
1970	1464		29437		16586	1.64	
1971	1538		32066		12099	1.77	
1972	1937		32824		10643	2.10	
1973	2053		35978		10828	2.60	
1974	2065		38331		11179	2.86	
1975	2065		46803		11147	3.34	
1976	2065		49943		11499	3.85	
1977	2065		55420		11558	4.39	
1978	2065		59541		10798	4.89	
1979	1681		54678		10137	5.69	
1980	1653		54897		10137	6.52	
1981	1653		55155		10149	7.09	
1982	2236		55289		10154	7.85	
1983	2236		55483		10164	8.70	
1984	2299		55756		10164	9.24	
1985	2299		56002		9941	10.84	

15-1 续表 Continued

年份 Year	铁路营业里程（公里）Length of Railways in Operation (km)	#高速铁路 High Speed Railway	公路里程（公里）Length of Highways (km)	#高速公路 Expressway	内河航道（公里）Length of Navigable Inland Waterways (km)	民用汽车拥有量（万辆）Number of Civil Vehicles Owned (10 000 units)	#私人汽车 Private-owned
1986	2299		56636		10005	12.89	
1987	2302		56930		10051	14.88	2.64
1988	2302		57090		10037	16.91	3.35
1989	2302		57209		10092	18.10	3.68
1990	2302		57460		10110	18.75	3.71
1991	2302		57693		10110	20.35	4.20
1992	2302		58110		10010	22.91	5.55
1993	2273		58421		10010	26.55	7.34
1994	2273		58803	44	10010	32.11	10.01
1995	2273		59125	44	10050	35.24	12.66
1996	2273		59554	100	10050	37.49	13.78
1997	2273		59761	101	10050	38.12	16.55
1998	2275		60077	172	10050	41.58	21.12
1999	2891		60416	280	10065	42.73	22.94
2000	2924		60848	449	10041	46.10	25.98
2001	2894		66593	585	10041	50.43	27.95
2002	2829		84808	1012	10041	57.67	30.72
2003	2771		85233	1218	11968	65.08	36.01
2004	2774		87875	1218	11968	71.78	41.60
2005	2802		88200	1403	11968	82.76	52.13
2006	2806		171848	1403	11968	94.64	61.35
2007	2799		175415	1764	11398	121.72	85.36
2008	2795		184568	2001	11398	142.67	101.89
2009	3693	606	191405	2226	11968	200.07	138.28
2010	3695	606	227998	2386	11968	243.72	179.57
2011	3693	604	232190	2649	11968	290.58	222.93
2012	3825	604	234051	3968	11968	340.18	271.33
2013	4028	786	235396	5084	11968	397.75	327.24
2014	4532	1293	236250	5493	11968	443.42	393.26
2015	4521	1293	236886	5653	11968	516.60	466.14
2016	4716	1374	238273	6080	11968	603.02	551.11
2017	4698	1396	239724	6419	11968	688.89	635.97
2018	5070	1730	240060	6725	11968	786.20	727.45
2019	5579	1986	240566	6802	11968	875.41	812.68
2020	5646	1997	241138	6951	11968	956.60	890.18
2021	5909	2249	241940	7083	11968	1035.01	963.79
2022	6078	2409	242420	7330	11968	1106.38	1030.79
2023	6079	2501	242769	7530	11968	1157.34	1077.62

注：2006年起，公路里程含村道。2019年铁路管界调整。
From 2006, Length of Highways included Village Roads.Railway boundary adjustment in 2019.

15-2 运输线路基本情况
Basic Statistics on Transportation Routes

单位：公里 (km)

指　标	Item	2010	2020	2022	2023
铁路营业里程	**Length of Railways in Operation**	**3695**	**5646**	**6078**	**6079**
高速铁路里程	Length of High Speed Railway	606	1997	2409	2501
公路线路里程	**Length of Highways**	**227998**	**241138**	**242420**	**242769**
有铺装路面（高级）	Paved Highways	131036	223188	227159	227976
未铺装路面（中低无）	Non-paved Highway	89905	16714	14279	14792
等级公路	Expressway and Class Ⅰ to Ⅳ Highway	184045	229192	231495	232205
高速	Expressway	2386	6951	7330	7530
一级	First Class	838	2723	3171	3254
二级	Second Class	8018	15749	16761	16976
等外路	Highway Below Class Ⅳ	43953	11946	10925	10564
内河航道	**Length of Navigable Inland Waterway**	**11968**	**11968**	**11968**	**11968**

注：公路线路里程2006年起包含村道。
The figure on the length of highways includes country road since 2006.

15-3 民用车辆拥有量(2023年) Number of Civil Motor Vehicles (2023)

单位：辆 (unit)

指 标	Item	总计 Total	营业性 Business	非营业性 Non-business	#个体 Individual	#新注册 New Registration
合计	**Total**	**17674373**	**624396**	**16745210**	**16557518**	**1351006**
民用汽车	Civil Motor Vehicles	11573449	524406	10973800	10776177	799304
载客汽车	Passenger Vehicles	10539255	135887	10328125	9986024	724187
#大型	#Large	57058	47856	4900	212	2522
中型	Medium	30984	10807	6190	2054	696
轿车	Cars	6453742	73087	6327781	6178258	420109
载货汽车	Trucks Vehicles	953119	371581	581538	738250	72167
#重型	#Heavy	189659	181655	8004	107764	8976
中型	Medium	30066	25241	4825	21245	1508
摩托车	Motors	5798827	28435	5770392	5746289	541068
拖拉机	Tractors	151526				3732
挂车	Truck Trailer	72573	71555	1018	35052	3836
其他类型车	Other Motors Vehicles	77998				3066

15-4 水路运输工具拥有量(2023年) Ownership of Water Transport Means (2023)

指 标		Item		总计 Total	#个体 Individual	内河运输 River Shipping	#个体 Individual
机动船	**(艘)**	**Motor Vessels**	**(unit)**	**3516**	**265**	**3494**	**265**
净载重量	(吨位)	Net Haulage Capacity	(ton)	4935252	118358	4543015	118358
载客量	(客位)	Passenger Capacity	(seat)	51573		51573	
功率	(千瓦)	Power	(kw)	1549008	55373	1489436	55373
客船	(艘)	Passenger Ship	(unit)	1307		1307	
载客量	(客位)	Passenger Capacity	(seat)	51573		51573	
功率	(千瓦)	Power	(kw)	96440		96440	
货船	(艘)	Cargoboat	(unit)	2205	264	2183	264
净载重量	(吨位)	Net Haulage Capacity	(ton)	4935252	118358	4543015	118358
功率	(千瓦)	Power	(kw)	1459003	54713	1390598	54713
货船中：油船	(艘)	Oil Tanker	(unit)	22		22	
净载重量	(吨位)	Net Haulage Capacity	(ton)	45187		45187	
功率	(千瓦)	Power	(kw)	13512		13512	
拖船	(艘)	Drawing	(unit)	4	1	4	1
功率	(千瓦)	Power	(kw)	2398	660	2398	660
驳船	**(艘)**	**Barges**	**(unit)**	**8**		**8**	
净载重量	(吨位)	Net Haulage Capacity	(ton)	20600		20600	

15–5 旅客运量和旅客周转量
Passenger Traffic and Turnover Volume of Passenger Traffic

年份 Year	合计 Total	铁路 Railway	公路 Highway	水运 Waterway	民用航空 Civil Aviation
客运量（万人）	**Total Passenger Traffic (10 000 persons)**				
2000	87462	5233	81005	1094	130
2001	92381	5202	85971	1063	145
2002	98244	5173	91653	1249	169
2003	96182	4850	90353	793	186
2004	106333	5326	99975	772	260
2005	116457	5423	109728	702	304
2006	118621	5550	112135	573	363
2007	123626	5891	116780	525	430
2008	131442	6239	124274	509	419
2009	141061	6407	133359	747	548
2010	156871	7111	148235	919	606
2011	171886	7915	161980	1327	664
2012	184872	8429	174386	1349	708
2013	197541	9067	149016	1480	757
2014	162540	9639	150583	1449	870
2015	132104	10368	119266	1534	935
2016	122851	11518	108627	1615	1091
2017	116178	12872	100390	1674	1241
2018	108083	13943	91007	1729	1403
2019	102971	15626	84162	1641	1542
2020	57512	11392	44144	840	1136
2021	51811	12865	37031	764	1151
2022	38915	9779	27641	823	671
2023	48373	17552	27953	1358	1510
周转量（亿人公里）	**Total Passenger-kilometers (100 million passenger-km)**				
2000	724.06	394.00	318.37	3.55	8.14
2001	761.62	410.65	337.90	3.23	9.84
2002	827.55	428.84	384.91	3.20	10.60
2003	831.24	431.00	384.67	2.43	13.14
2004	972.57	500.38	449.73	2.35	25.87
2005	1046.27	531.71	480.57	1.94	32.05
2006	1114.86	562.48	512.24	1.42	38.72
2007	1224.57	626.14	548.12	1.19	49.12
2008	1260.17	645.98	565.64	0.82	47.73
2009	1289.93	625.44	601.11	1.01	62.37
2010	1464.96	707.18	683.58	1.69	72.51
2011	1636.15	775.01	778.04	2.74	80.36
2012	1713.94	769.62	853.96	2.63	87.73
2013	1856.51	830.75	721.93	2.85	97.96
2014	1762.41	873.49	776.48	2.84	109.60
2015	1650.45	879.46	635.64	3.07	132.28
2016	1665.50	920.60	577.03	3.22	164.66
2017	1679.47	970.47	526.60	3.47	178.93
2018	1668.36	979.54	479.93	3.63	205.26
2019	1660.98	1006.05	433.47	3.45	218.02
2020	985.61	607.89	224.84	1.89	151.00
2021	1013.34	660.62	195.38	1.69	155.65
2022	780.97	538.72	146.57	1.82	93.87
2023	1345.64	967.78	172.52	2.07	203.27

注：2013 年开始，公路水路客货运输数据，源自交通运输业经济统计专项调查，统计口径有所调整（后表同）。2021 年，水路客运统计方式由行业统计改为企业统计，统计口径有所调整（后表同）。

Beginning in 2013,highway and waterway freight volume data,from traffic transportation economic statistics,special investigation,statistical adjustments(the same below). In 2021, the statistical method of waterway passenger transport was changed from industry statistics to enterprise statistics, and the statistical caliber was adjusted (the same below).

15-6 货物运量和货物周转量
Freight Traffic and Turnover Volume of Freight Traffic

年份 Year	合计 Total	铁路 Railway	公路 Highway	水运 Waterway	民用航空 Civil Aviation
货运量（万吨）	**Total Freight Traffic (10 000 tons)**				
2000	51228	4676	42868	3406	2.00
2001	53035	4965	44340	3572	2.00
2002	52156	4942	42982	3760	2.00
2003	59952	5214	51136	3600	2.00
2004	69680	5400	60291	3986	3.00
2005	76876	5218	67040	4615	3.00
2006	84998	5643	72457	6894	3.74
2007	99501	5831	85432	8234	3.77
2008	115810	5552	98759	11495	3.80
2009	128582	5392	111351	11834	4.62
2010	149168	5716	127635	15811	6.09
2011	168152	5951	144241	17954	6.11
2012	190712	5331	166670	18705	5.80
2013	210659	4890	156268	23097	6.07
2014	202800	4495	172613	25687	6.25
2015	199499	4184	172248	23061	6.08
2016	207553	4114	178968	23445	6.41
2017	226522	4185	198806	22560	6.96
2018	231110	4468	204389	21101	8.13
2019	190958	4554	165096	20090	9.14
2020	201977	4592	176442	19844	10.95
2021	225517	4771	198423	21272	11.22
2022	214266	4827	186123	22301	7.96
2023	229632	5091	200674	22732	9.11
周转量（亿吨公里）	**Total Freight Ton-kilometers (100 million ton-km)**				
2000	1074.50	632.12	297.79	143.76	0.11
2001	1132.18	674.39	316.03	141.22	0.14
2002	1223.09	730.86	355.96	135.48	0.16
2003	1361.12	782.60	455.45	121.74	0.24
2004	1574.21	896.49	513.45	162.21	0.32
2005	1661.97	930.29	538.57	190.32	0.38
2006	1781.11	951.66	592.37	236.66	0.42
2007	1981.63	1038.39	682.69	260.10	0.45
2008	2340.11	971.47	1085.06	283.10	0.48
2009	2505.27	990.00	1259.65	255.03	0.59
2010	2904.98	1022.71	1539.36	342.14	0.77
2011	3345.76	1046.16	1878.57	420.26	0.77
2012	3953.62	998.13	2392.49	562.26	0.74
2013	4227.44	923.76	2329.54	552.45	0.81
2014	4122.58	832.92	2578.90	709.94	0.82
2015	3884.64	749.95	2553.52	580.30	0.87
2016	4072.70	750.82	2686.57	619.47	0.94
2017	4316.43	813.13	2990.55	497.07	1.05
2018	4404.28	812.75	3114.85	458.96	1.26
2019	2612.24	855.38	1316.65	421.55	1.42
2020	2620.41	856.36	1350.55	395.28	1.63
2021	2915.92	986.92	1461.16	449.62	1.76
2022	2950.47	1015.61	1465.02	450.95	1.22
2023	3057.52	1015.42	1574.36	447.12	1.33

注：2019年度公路货运数据采用交通运输部专项调查数据。
Road freight data for 2019 uses data from the Department for Transport's specialised survey.

15-7 邮政业务基本情况
Basic Statistics of Postal Business

指 标		Item		2022	2023
邮政局、所	**（处）**	**Number of Post Offices**	**(unit)**	**2810**	**2819**
#设在农村的局、所		#Rural Post Offices		2172	2162
邮政局		Post Bureaus		136	136
自办邮政所		Post Places		532	2137
代办邮政所		Agency of Post Places		689	546
邮路总长度	**（公里）**	**Length of Postal Routes**	**(km)**	**125006**	**227315**
农村投递路线总长度	**（公里）**	**Length of Rural Delivery Routes**	**(km)**	**205620**	**195796**
邮政业务总量	**（亿元）**	**Revenue of Postal Business**	**(100 million yuan)**	**328.21**	**402.68**
包裹业务合计	**（万件）**	**Total of Parcels**	**(10 000 pieces)**	**19.51**	**62.66**
报刊业务	**（万份）**	**Business of Newspaper and Magazine**	**(10 000 copies)**		
报纸累计份数		Total of Newspapers		60483	60885
杂志累计份数		Total of Magazines		3612	3271
报纸期发份数		Number of Newspapers in One Period		251	238
杂志期发份数		Number of Magazines in One Period		209	188
邮政其他业务量	**（万元）**	**Revenue of Other Postal Business**	**(10 000 yuan)**	**115313**	**132893**

注：邮政业务总量2021年起，由2010年不变价调整为2020年不变价。
From 2021, the index of Revenue From Postal is adjusted from 2010's constant price to 2020's constant price.

15-8 电信业务基本情况
Basic Statistics of Telecommunication

指 标		Item		2022	2023
长途电信设备		**Equipment of Long Distance Telecommunication**			
长途光缆线路长度	（公里）	Length of Long Distance Optical Cables	(km)	42171	46193
移动通信主要设备		**Main Equipment of Mobile Communication**			
移动电话基站	（个）	Basic Station of Mobile Telephone	(unit)	430111	456155
互联网宽带接入端口	（万个）	Broad Band Subscribers Port of Internet	(10 000 ports)	3727.98	4181.63
电信业务总量	**（亿元）**	**Revenue of Telecommunication Business**	**(100 million yuan)**	**666.88**	**721.29**
固定电话用户	（万户）	Fixed Telephone User	(10 000 households)	548.65	548.66
移动电话年末用户	（万户）	Mobile Telephone User at the Year-end	(10 000 households)	7180.59	7680.25
3G 移动电话用户		3G Mobile Phone Subscribers			
4G 移动电话用户		4G Mobile Phone Subscribers		4072.78	3497.41
5G 移动电话用户		5G Mobile Phone Subscribers		2358.64	3605.43
固定互联网上网用户	（万户）	Internet User	(10 000 households)	2475.06	2744.06
移动互联网上网用户	（万户）	Internet User	(10 000 households)	6155.69	6671.18

注：2021 年起，电信业务总量执行上年不变价。
Starting from 2021, the total amount of telecom business will be unchanged from the previous year.

15-9 邮电通信水平(2023年)
Development of Postal and Telecommunications Services (2023)

指 标		Item		2023
平均每一邮政业营业网点服务面积	（平方公里）	Average Area Served by Every Postal Service	(sq.km)	12.3
平均每一邮政业营业网点服务人口	（万人）	Average People Served by Every Post Service	(10 000 persons)	0.40
平均每人每年发函件数	（件）	Annual Average Number of Letters and Mails Per Capita	(piece)	0.13
平均每百人每年订购报刊数	（份）	Annual Average Number of Newspaper and Magazine Subscribers Per 100 Persons	(copy)	0.1
设有邮电局、所的乡镇比重	（%）	Percentage of Townships with Post and Telecommunication Office	(%)	100.0
电话普及率（含移动）	（部/百人）	Popularization Rate of Telephone	(sets/100 persons)	122.5
进入长途电话自动网的县(市)比重	（%）	Percentage of Townships with Connected Auto-exchange Net of Long Distance Call	(%)	100.0
已通电话的乡（镇）比重	（%）	Percentage of Townships with Telephone Communication	(%)	100.0

注：邮政业营业网点含邮政企业和快递企业所属营业网点。
Postal service business outlets include postal enterprises and express enterprises affiliated business outlets.

15—10 规模以上服务业企业分类别经济指标(2023年)
Classification Economic Indicators of Service Enterprises above Designated Size (2023)

单位：亿元 (100 million yuan)

指　标	Item	单位数(个) Number of Enterprises (unit)	年初存货 Inventory Year-early	流动资产合计 Circulating Funds	应收账款 Net Value of Account Received	存　货 Stock
总计	**Total**	**10258**	**5486.34**	**17363.74**	**1446.03**	**6126.97**
按登记注册类型分:	**Grouped by Registration Type**					
国有独资公司	Wholly State-owned Company	185	703.52	2432.16	73.47	790.32
私营有限责任公司	Private Limited Liability Company	6815	101.98	1020.67	267.49	103.51
其他有限责任公司	Other Limited Liability Companies	2078	4620.22	12447.07	940.31	5172.60
私营股份有限公司	Privately-owned Joint-stock Limited Company	149	19.69	478.17	63.97	23.08
其他股份有限公司	Other Joint-stock Limited Companies	69	14.28	447.70	42.48	10.79
全民所有制企业（国有企业）	Enterprises Under Ownership by the Whole People (State-owned Enterprises)	71	20.52	82.53	7.80	20.30
集体所有制企业（集体企业）	Enterprises Under Collective Ownership (Collective Enterprises)	20	0.23	2.00	0.85	0.11
股份合作企业	Cooperative Shareholding Enterprise	3		0.35		
个人独资企业	Individual Proprietorship Enterprise	474	1.77	39.43	9.25	1.99
合伙企业	Partnership Enterprise	120	0.64	25.52	3.58	0.75
其他内资企业	Other Domestic-funded Enterprises	40	0.53	17.25	2.39	0.44
港澳台投资企业	Enterprises with Investment from Hong Kong, Macao and Taiwan	55	0.44	340.87	29.62	0.54
外商投资企业	Foreign-invested Enterprises	21	0.75	23.69	3.28	0.72
农民专业合作社（联合社）	Farmers' Professional Cooperatives (Union)	158	1.77	6.35	1.52	1.82

15-10 续表 1

单位：亿元

指 标	Item	固定资产原　价 Original Price of Fixed Assets	固定资产累计折旧 Accumulated depreciation of fixed assets	本年折旧 Deprecia-tion this Year	资产总计 Total Assets
总计	**Total**	**10550.43**	**2178.00**	**388.97**	**37237.67**
按登记注册类型分:	**Grouped by Registration Type**				
国有独资公司	Wholly State-owned Company	306.88	94.94	14.34	4522.63
私营有限责任公司	Private Limited Liability Company	752.30	274.13	68.38	1962.67
其他有限责任公司	Other Limited Liability Companies	8017.93	1096.81	203.60	26828.06
私营股份有限公司	Privately-owned Joint-stock Limited Company	120.19	44.18	7.27	1108.10
其他股份有限公司	Other Joint-stock Limited Companies	741.85	389.39	48.49	1578.74
全民所有制企业（国有企业）	Enterprises Under Ownership by the Whole People (State-owned Enterprises)	134.76	57.93	8.25	205.11
集体所有制企业（集体企业）	Enterprises Under Collective Ownership (Collective Enterprises)	3.32	1.96	0.26	4.03
股份合作企业	Cooperative Shareholding Enterprise	0.05	0.02	0.01	0.80
个人独资企业	Individual Proprietorship Enterprise	117.10	33.43	9.24	149.01
合伙企业	Partnership Enterprise	23.24	6.89	1.34	49.64
其他内资企业	Other Domestic-funded Enterprises	22.10	8.42	2.55	39.30
港澳台投资企业	Enterprises with Investment from Hong Kong, Macao and Taiwan	256.25	136.21	22.18	593.56
外商投资企业	Foreign-invested Enterprises	43.96	30.18	1.64	180.60
农民专业合作社（联合社）	Farmers' Professional Cooperatives (Union)	10.49	3.52	1.42	15.40

Continued

(100 million yuan)

负债合计 Total Liability	所有者权益合计 Total Rights of Owners	营业收入 Operating Income	营业成本 Operating Cost	税金及附加 Tax and Extra Charges	销售费用 Operation Expenses	管理费用 Management Expense
22547.45	**14690.22**	**6985.13**	**5208.02**	**77.19**	**291.27**	**517.36**
2618.12	1904.52	293.93	238.88	7.36	6.01	26.70
1358.11	604.55	2316.32	1749.34	21.40	89.85	192.97
16818.14	10009.92	3266.91	2486.08	41.56	107.67	189.38
445.90	662.20	225.54	138.21	1.53	16.75	27.68
704.54	874.20	335.72	217.00	2.02	34.62	27.11
101.63	103.48	59.08	42.65	0.59	3.11	8.29
2.68	1.35	4.71	3.54	0.05	0.06	0.88
0.03	0.77	0.13	0.11			0.03
84.72	64.29	104.68	73.55	0.65	2.74	14.37
19.91	29.73	51.11	35.92	0.26	1.32	9.67
35.83	3.47	23.07	19.37	0.04	0.11	3.02
215.44	378.12	174.53	109.72	0.98	22.62	10.45
138.65	41.95	33.56	18.00	0.29	3.45	2.84
3.74	11.66	95.85	75.65	0.46	2.96	3.96

15-10　续表 2

单位：亿元

指　标	Item	财务费用 Financial Expense	利息收入 Interest Revenue	利息费用 Interest Expense	营业利润 Operating Profit
总计	**Total**	**239.06**	**19.61**	**224.81**	**673.03**
按登记注册类型分：	**Grouped by Registration Type**				
国有独资公司	Wholly State-owned Company	7.35	4.50	9.88	23.19
私营有限责任公司	Private Limited Liability Company	24.68	0.83	13.16	209.06
其他有限责任公司	Other Limited Liability Companies	185.75	9.84	176.62	264.70
私营股份有限公司	Privately-owned Joint-stock Limited Company	5.99	1.66	8.03	65.81
其他股份有限公司	Other Joint-stock Limited Companies	8.27	3.18	9.32	51.11
全民所有制企业（国有企业）	Enterprises Under Ownership by the Whole People (State-owned Enterprises)	1.58	0.01	1.47	2.77
集体所有制企业（集体企业）	Enterprises Under Collective Ownership (Collective Enterprises)	0.01	0.01		0.20
股份合作企业	Cooperative Shareholding Enterprise	-0.01	-0.01		
个人独资企业	Individual Proprietorship Enterprise	1.89	0.02	0.85	11.37
合伙企业	Partnership Enterprise	0.44	0.01	0.27	3.53
其他内资企业	Other Domestic-funded Enterprises	0.48	0.01	0.36	0.05
港澳台投资企业	Enterprises with Investment from Hong Kong, Macao and Taiwan	0.27	-0.54	3.16	22.60
外商投资企业	Foreign-invested Enterprises	1.68	0.10	1.68	7.18
农民专业合作社（联合社）	Farmers' Professional Cooperatives (Union)	0.67	0.01	0.02	11.47

Continued

(100 million yuan)

营业外 收　入 Non-operating Income	营业外 支　出 Operating Expense	利润总额 Total Profit	所得税 费　用 Income Tax and Fee	应　　付 职工薪酬 Total Sum of Wages Payable	应　交 增值税 Value-added Tax Payable	期末用工 人　　数 （万人） Number of Employment of the End of The Period (10 000 person)
79.58	**25.18**	**727.43**	**36.15**	**1173.84**	**188.16**	**110.08**
13.51	1.35	35.35	1.55	74.12	7.20	4.46
11.12	5.59	214.59	14.51	415.32	57.67	54.68
48.11	10.51	302.30	12.37	448.62	99.97	33.36
2.24	0.64	67.41	2.53	52.45	3.00	3.47
2.07	2.83	50.35	0.26	68.31	10.00	3.63
1.41	0.87	3.31	0.01	19.96	1.52	1.24
0.01		0.21	0.01	1.45	0.10	0.20
				0.08		0.01
0.32	0.27	11.42	0.25	30.59	1.16	3.81
0.12	0.07	3.58	0.26	11.38	1.08	1.20
0.06	0.13	-0.02		6.75	0.05	0.69
0.37	2.73	20.23	3.05	31.49	4.24	1.97
0.21	0.11	7.28	1.32	6.82	0.73	0.37
0.02	0.07	11.41	0.03	6.50	1.44	0.96

15-11 规模以上服务业企业分行业大类经济指标(2023年)

单位：亿元

指 标	Item	单位数（个）Number of Institutions (unit)	年初存货 Inventory Year-early	流动资产合计 Circulating Funds
总计	**Total**	**10258**	**5486.34**	**17363.74**
铁路运输业	Railway Transport	3	0.17	11.65
道路运输业	Road Transport	831	5.06	1362.18
水上运输业	Water Transport	49	0.11	19.69
航空运输业	Air Transport	11	0.49	45.10
管道运输业	Transport Via Pipelines	5	0.06	5.82
多式联运和运输代理业	Multimodal Transport and Other Transport Services	116	0.42	47.48
装卸搬运和仓储业	Handling Industry and Storage	170	55.17	126.57
邮政业	Post	102	1.69	61.56
电信、广播电视和卫星传输服务	Telecommunications, Radio and Television and Satellite Transmission Services	179	5.27	262.25
互联网和相关服务	Internet and Related Services	201	4.09	189.55
软件和信息技术服务业	Software and IT Services	464	32.90	452.68
物业管理	Property Management	524	6.63	176.09
房地产中介服务	Real Estate Intermediary Services	44	0.01	9.85
房地产租赁经营	Real Estate Leasing	99	142.29	511.98
租赁业	Leasing	169	1.68	43.69
商务服务业	Business Services	1990	886.48	2856.49
研究和试验发展	Research and Experimental Development	71	20.64	154.00
专业技术服务业	Professional Technical Services	754	44.81	777.61
科技推广和应用服务业	Services of Science and Technology Promotion and Application	406	8.18	95.72
水利管理业	Management of Water Conservancy	4		2.04
生态保护和环境治理业	Ecological Protection and Environmental Management	124	8.99	64.59
公共设施管理业	Management of Public Facilities	212	203.00	500.45
土地管理业	Land Management	72	3988.37	8496.76
居民服务业	Services to Households	364	4.82	65.93
机动车、电子产品和日用产品修理业	Motor Vehicles, Electronics and Household Goods Repair Industry	258	0.90	7.91
其他服务业	Other Services	137	0.28	10.36
教育	Education	703	0.82	101.14
卫生	Health	476	10.37	267.65
社会工作	Social Work	135	0.10	5.01
新闻和出版业	Journalism and Publishing Activities	43	7.27	113.44
广播、电视、电影和影视录音制作业	Radio, Television,Film and Video Production Industry Recordings	280	17.66	347.17
文化艺术业	Cultural and Art Activities	266	2.65	44.47
体育	Sports Activities	142	0.22	10.18
娱乐业	Entertainment	854	24.76	116.69

Main Economic Indicators of Service Enterprises above Designated Size by Service Sector (2023)

(100 million yuan)

应收账款 Net Value of Account Received	存 货 Inven-tory	固定资产原 价 Original Price of Fixed Assets	固定资产累计折旧 Accumulated depreciation of fixed assets	本年折旧 Depreciation this Year	资产总计 Total Assets	负债合计 Total liability	所有者权益合计 Total Rights of Owners	营业收入 Operating Income	营业成本 Operating Cost
1446.03	**6126.97**	**10550.43**	**2178.00**	**388.97**	**37237.67**	**22547.45**	**14690.22**	**6985.13**	**5208.02**
0.64	0.19	412.44	81.01	9.17	474.80	307.33	167.47	16.19	24.88
128.04	6.40	5572.73	287.26	49.92	8821.83	5770.47	3051.36	853.88	594.72
3.03	0.12	25.89	7.38	1.18	54.07	23.91	30.16	32.44	26.31
7.58	0.64	136.42	52.80	5.04	373.65	278.45	95.20	43.19	42.11
0.88	0.29	14.10	4.42	0.49	44.04	45.84	–1.80	3.84	2.77
8.25	0.67	43.39	11.40	3.21	113.88	70.42	43.45	118.92	107.60
6.88	56.62	139.71	51.30	8.15	319.62	211.99	107.63	131.28	112.27
23.66	2.65	50.86	29.81	4.49	95.30	63.93	31.38	223.06	189.40
51.74	6.02	1551.11	973.88	120.67	1070.40	413.15	657.25	680.70	449.06
23.62	6.42	27.03	9.68	2.40	294.41	240.10	54.31	211.85	158.67
119.26	35.83	60.26	22.10	5.80	631.02	358.57	272.45	481.02	310.20
34.76	21.09	41.02	15.92	2.69	243.63	166.33	77.30	171.53	133.96
1.64	0.03	0.92	0.29	0.07	12.35	14.96	–2.61	16.07	12.00
9.05	168.45	157.28	34.14	7.11	1277.61	749.88	527.73	48.76	30.20
9.02	2.33	32.16	13.77	4.20	85.69	48.56	37.13	39.26	29.34
194.94	965.31	834.69	155.34	59.39	5941.29	3399.69	2541.61	1396.03	1164.83
59.01	9.68	31.42	13.23	3.19	369.69	182.41	187.28	176.18	152.57
198.50	60.12	151.06	55.09	9.86	1083.11	642.14	440.98	705.72	552.71
10.58	11.16	44.23	14.03	4.36	276.19	148.91	127.28	181.58	141.94
0.06		0.65	0.29	0.04	6.22	3.83	2.39	0.75	0.50
16.81	11.99	32.21	13.58	2.92	160.16	95.73	64.43	46.93	33.51
66.30	219.80	146.64	36.32	9.29	1085.91	590.08	495.83	100.46	59.86
316.91	4470.51	260.58	41.70	18.72	11858.89	7403.06	4455.83	250.71	167.27
9.76	6.65	30.67	9.92	2.74	139.54	110.81	28.72	94.55	67.23
2.00	0.99	6.78	1.95	0.75	14.95	7.12	7.83	32.94	23.02
3.69	0.32	7.20	2.62	0.80	15.81	7.97	7.84	24.55	18.55
23.74	0.99	237.75	58.91	17.20	329.75	218.71	111.05	176.10	117.87
36.62	8.89	194.49	74.26	13.89	626.03	334.87	291.17	254.78	165.84
0.99	0.17	12.37	2.91	1.17	20.69	12.33	8.36	14.30	10.52
4.74	7.82	22.13	10.68	0.98	204.92	43.51	161.42	53.23	34.37
61.17	19.16	41.30	24.61	3.41	719.50	227.38	492.12	194.36	139.33
2.71	2.55	45.64	15.20	3.25	117.42	82.95	34.48	51.58	34.02
0.96	0.26	22.80	6.68	1.46	32.56	26.85	5.71	20.46	12.64
8.49	22.87	162.51	45.53	10.95	322.74	245.22	77.52	137.93	87.95

15-11 续表

单位：亿元

指 标	Item	税 金及附加 Tax and Extra Charges	销售费用 Operation Expense	管理费用 Management Expense
总计	**Total**	**77.19**	**291.27**	**517.36**
铁路运输业	Railway Transport	-0.01		0.47
道路运输业	Road Transport	7.03	9.34	45.50
水上运输业	Water Transport	0.29	0.20	2.05
航空运输业	Air Transport	0.57	0.86	3.54
管道运输业	Transport Via Pipelines	0.03	0.10	0.40
多式联运和运输代理业	Multimodal Transport and Other Transport Services	0.85	2.75	3.81
装卸搬运和仓储业	Handling Industry and Storage	1.09	3.56	11.60
邮政业	Post	0.90	1.42	12.40
电信、广播电视和卫星传输服务	Telecommunications, Radio and Television and Satellite Transmission Services	1.70	70.74	37.23
互联网和相关服务	Internet and Related Services	1.06	14.46	17.80
软件和信息技术服务业	Software and IT Services	2.97	28.53	34.83
物业管理	Property Management	2.02	3.86	16.35
房地产中介服务	Real Estate Intermediary Services	0.09	1.23	1.79
房地产租赁经营	Real Estate Leasing	3.39	1.65	8.22
租赁业	Leasing	0.49	1.33	3.47
商务服务业	Business Services	14.58	36.62	84.68
研究和试验发展	Research and Experimental Development	0.80	4.26	8.93
专业技术服务业	Professional Technical Services	5.32	14.05	54.43
科技推广和应用服务业	Services of Science and Technology Promotion and Application	1.38	5.92	11.10
水利管理业	Management of Water Conservancy			0.10
生态保护和环境治理业	Ecological Protection and Environmental Management	0.58	1.25	4.43
公共设施管理业	Management of Public Facilities	2.86	3.70	9.34
土地管理业	Land Management	18.71	2.02	13.12
居民服务业	Services to Households	1.04	7.37	9.72
机动车、电子产品和日用产品修理业	Motor Vehicles, Electronics and Household Goods Repair Industry	0.34	1.48	2.88
其他服务业	Other Services	0.17	1.03	2.45
教育	Education	1.59	6.09	26.90
卫生	Health	0.80	17.81	38.03
社会工作	Social Work	0.17	0.37	1.80
新闻和出版业	Journalism and Publishing Activities	0.47	8.35	8.71
广播、电视、电影和影视录音制作业	Radio, Television,Film and Video Production Industry Recordings	3.21	24.01	17.43
文化艺术业	Cultural and Art Activities	0.78	3.87	5.86
体育	Sports Activities	0.32	1.21	2.47
娱乐业	Entertainment	1.62	11.85	15.51

Continued

(100 million yuan)

财务费用 Financial Expense	利息收入 Interest Revenue	利息费用 Interest Expense	营业利润 Operating Profit	营业外收入 Non-operating Income	营业外支出 Non-operating Expense	利润总额 Total Profit	所得税费用 Income Tax and Fee	应付职工薪酬 Total Sum of Wages Payable	应交增值税 Value-added Tax Payable	期末用工人数（万人） Number of Employment of the End of The Period (10 000person)
239.06	**19.61**	**224.81**	**673.03**	**79.58**	**25.18**	**727.43**	**36.15**	**1173.84**	**188.16**	**110.08**
4.92	0.10	5.04	-13.87	0.03	0.11	-13.95	-0.01	3.02	0.61	0.13
146.86	1.21	147.99	65.99	7.44	3.49	69.94	6.07	118.97	18.89	12.42
0.20	0.15	0.31	3.48	0.27	0.06	3.68	0.27	3.10	0.85	0.28
3.00	0.16	2.79	-4.54	1.42	1.45	-4.57	0.50	15.47	0.26	0.71
0.26	0.01	0.27	0.01				0.19	0.80	0.13	0.05
0.83	0.08	0.47	9.01	0.56	0.26	9.31	0.72	5.62	2.40	0.51
2.39	0.69	1.71	2.64	1.32	0.93	3.03	0.97	21.24	1.85	1.90
0.51	0.02	0.22	18.32	0.48	0.47	18.33	1.22	56.75	1.99	4.09
3.79	1.51	3.47	111.71	2.49	3.06	111.13	9.10	88.44	25.85	4.42
1.56	0.31	0.73	9.21	0.99	0.34	9.85	1.00	28.35	7.44	1.75
2.41	0.11	2.23	66.08	3.35	1.22	68.21	5.61	91.91	20.26	5.05
0.85	0.09	0.57	14.33	0.51	0.23	14.62	2.21	53.02	5.13	9.01
0.12		0.06	0.35	0.03	0.10	0.28	0.23	3.67	0.57	0.33
7.93	0.18	7.84	1.57	1.07	1.38	1.25	0.55	5.15	1.33	0.34
0.86	0.01	0.39	3.62	0.11	0.16	3.57	0.32	3.84	1.00	0.48
19.26	2.29	15.33	106.55	21.31	2.14	125.72	8.32	222.81	42.91	29.27
0.46	0.41	0.54	6.63	0.61	0.27	6.97	0.09	18.07	4.86	0.76
-0.20	2.68	2.91	56.74	2.84	0.83	58.75	7.06	127.15	18.98	7.90
4.13	0.08	2.14	21.15	0.88	0.84	21.19	0.37	12.99	4.19	1.69
			0.06	0.03		0.08		0.17	0.01	0.02
1.53	-0.04	0.95	6.80	0.16	0.03	6.93	0.58	5.01	1.00	0.49
4.47	0.43	3.28	26.92	1.36	1.06	27.22	2.60	15.02	4.27	2.42
20.78	2.96	14.01	44.40	27.84	2.75	69.49	1.19	8.23	6.26	0.57
1.08	0.14	0.38	7.51	0.33	0.48	7.37	0.46	33.55	2.44	2.97
0.22		0.03	5.53	0.07		5.59	0.18	4.81	0.58	0.65
0.24		0.03	2.01	0.11	0.08	2.05	0.14	9.45	0.83	2.04
4.85	0.16	2.73	18.58	0.76	0.94	18.39	0.61	58.80	2.71	6.47
4.10	1.20	4.61	41.56	0.80	1.20	41.16	1.81	71.05	1.34	6.30
0.13		0.03	1.35	0.12	0.04	1.43	0.03	3.64	0.18	0.60
-1.27	1.13	0.03	-1.93	0.47	0.09	-1.55	-2.16	15.24	1.15	0.59
-2.33	3.46	0.44	20.02	0.64	0.13	20.53	-16.18	35.22	3.45	1.44
1.04	0.01	0.64	6.61	0.33	0.24	6.71	0.44	8.56	1.41	1.14
0.54		0.16	3.27	0.06	0.01	3.32	0.12	3.21	0.47	0.41
3.55	0.07	2.47	11.37	0.78	0.77	11.39	1.54	21.52	2.54	2.89

主要统计指标解释

铁路营业里程 又称营业长度，指投入客货运输营业或临时营业的线路长度。

电气化里程 指具备了电力机车牵引条件，并已交付运营的线路里程。

公路里程 指报告期末公路的实际长度。统计范围：包括城间、城乡间、乡（村）间能行驶汽车的公共道路，公路通过城镇街道的里程，公路桥梁长度、隧道长度、渡口宽度。不包括城市街道里程，断头路里程，农（林）业生产用道路里程，工（矿）企业等内部道路里程。统计原则：按已竣工验收或交付使用的实际里程计算；两条或多条公路共同经由同一路段的重复里程，只计算一次。

货(客)运量 指在一定时期内，各种运输工具实际运送的货物重量(旅客数量)。货运按吨计算，客运按人计算。货物不论运输距离长短、货物类别，均按实际重量统计。旅客不论行程远近或票价多少，均按一人一次客运量统计；半价票、儿童票也按一人统计。

货物(旅客)周转量 指在一定时期内，由各种运输工具运送的货物(旅客)数量与其相应运输距离的乘积之总和。该指标可以反映运输业生产的总成果，也是编制和检查运输生产计划，计算运输效率、劳动生产率以及核算运输单位成本的主要基础资料。计算货物周转量通常按发出站与到达站之间的最短距离，也就是计费距离计算。计算公式为：

货物（旅客）周转量 = Σ（货物（旅客）运输量 × 运输距离）

港口货物吞吐量 指经由水路进、出港区范围，并经过装卸的货物数量。按货物流向分为进港吞吐量和出港吞吐量，按货物的贸易性质分为内贸和外贸吞吐量。货物类别根据现行的交通行业《运输货物分类和代码》标准分类。

民用运输船舶拥有量 指报告期末在水路运输管理部门注册登记的从事水上客、货运输活动的我国企业或私人拥有的营业性运输船舶（含我国企业或私人拥有的悬挂外国旗的船舶）数量。不包括非运输船舶及农业、渔业生产船舶。

民用汽车拥有量 指报告期末，在公安交通管理部门按照《机动车注册登记工作规范》，已注册登记领有民用车辆牌照的全部汽车数量。汽车拥有量统计的主要分类：根据汽车结构分为载客汽车、载货汽车及其他汽车；根据汽车所有者不同分为个人(私人)汽车、单位汽车；根据汽车的使用性质分为营运汽车、非营运汽车；根据汽车大小规格不同，载客汽车分为大型、中型、小型和微型，载货汽车分为重型、中型、轻型和微型。

邮政、电信业务总量 指以货币形式表示的邮政、电信通信企业为社会提供各类邮政、电信通信服务的总数量。计算方法为各类业务的实物量分别乘以相应的不变单价，求出各类业务的货币量加总求得。没有不变单价的业务按其业务收入直接相加。

移动电话用户 指在电信运营企业营业网点办理开户登记手续，通过移动电话交换机进入移动电话网，占用移动电话号码的各类电话用户。包括各类签约用户、智能网预付费用户、无线上网卡用户。

互联网上网人数 指过去半年内使用过互联网的 6 周岁及以上中国居民人数。

固定电话用户 指在电信企业营业网点办理开户登记手续并已接入固定电话网上的全部电话用户。包括普通电话用户、无线市话用户、公用电话用户、窄带综合业务数字网（N–ISDN）用户、智能网专用接入终端用户等。

3G 移动电话用户 指报告期末在计费系统拥有使用信息，占用 3G 网络资源的在网用户。包括使用了 3G 业务或终端的用户。

4G 移动电话用户 指报告期末在计费系统拥有使用信息，占用 4G 网络资源的在网用户。包括使用了 4G 业务或终端的用户。

长途电话交换机容量 指电信企业用于接入长途电话网的电话交换机的设备额定容量。

移动电话交换机容量 指移动电话交换机根据一定话务模型和交换机处理能力计算出来的最大同时服务用户的数量。按报告期末已接入网正式投入使用的设备实际容量统计。

互联网宽带接入端口 指用于接入互联网用户的各类实际安装运行的接入端口的数量，包括 xDSL 用户接入端口、LAN 接入端口、其他类型接入端口等，不包括窄带拨号接入端口。

规模以上服务业统计对象 指营业收入达到一定规模

标准的执行企业会计制度的服务业法人单位。

统计标准分为三类：一是年营业收入 2000 万元及以上的服务业法人单位。包括：交通运输、仓储和邮政业，信息传输、软件和信息技术服务，水利、环境和公共设施管理业，卫生等行业。二是年营业收入 1000 万元及以上的服务业法人单位。包括：租赁和商务服务业，科学研究和技术服务业，教育，物业管理、房地产中介服务、房地产租赁经营和其他房地产业等行业。三是年营业收入 500 万及元以上的服务业法人单位。包括居民服务、修理和其他服务业，文化、体育和娱乐业，社会工作等行业。

Explanatory Notes on Main Statistical Indicators

Length of Railways in Operation refers to the total length of the trunk line for passenger and freight transportation in full operation or temporary operation.

Length of Electrified Trunk Line refers to the length of the trunk line capable for the running of electrified locomotives and having been put into operation.

Length of Highways refers to the actual length of highways at the end of reference period. It covers public roads running vehicles among cities, city and rural areas, township (villages), highways passing through streets at small cities and towns, length of bridges and tunnels, width of ferry piers. It does not include the length of streets in cities, dead end highways, the length of streets built for agricultural (forest) production and inside factories (mines). It can only be calculated with the actual mileage having been completed, checked and accepted or put into operation. If two or more highways go the same section of the way, the length of the section is only calculated for once.

Freight (Passenger) Traffic refers to the weight of freight (number of passenger) transported with various means within a specific period of time. Freight transport is calculated in tons and passenger traffic is calculated in terms of number of person. Freight transport is calculated in terms of the actual weight of the goods and takes no account of the type of freight and distance of travel. Passenger traffic is calculated by the principle that one person can be counted only once in one trip and takes no account of the travelling distance and ticket price. The passengers who travel with a half price ticket or a child's ticket is also calculated as one person.

Freight Ton-kilometres (Passenger-kilometres) refers to the sum of the product of the volume of transported cargo (passengers) multiplied by the transport distance. It is an important indicator to reflect the achievement of the transportation industry. This is an important indicator to show the total results of the transport industry; to prepare and examine the transport plan; and to serve as the main basic data for calculating the efficiency, labour productivity and unit cost of transport. Normally, the shortest distance between the departure station and the destination station (i.e., the payable distance) is the basis in calculating the freight ton-kilometres. The formula is as follows:

$$\frac{\text{Freight ton-kilometres}}{\text{(passenger-kilometres)}} = \sum \frac{\text{freight}}{\text{(passenger)traffic}} \times \frac{\text{distance of}}{\text{transportation}}$$

Volume of Freight Handled in Coastal Ports refers to the volume of cargo passing in and out of the harbour area of the major coastal ports and having been loaded and unloaded. The volume of freight handled may be classified by direction of cargo flow as in-port freight and out-port freight, or by nature of cargo as freight for domestic trade and freight for foreign trade. It can also be classified by type of freight based on the existing standard classification for transportation industry "Classification and Coding for Freight".

Possession of Civil Transport Vessels refers to the total number at the end of reference period of operating transport vessels owned by Chinese enterprises or privately that are registered in the water transportation management institutions and permitted to perform cargo transport activities (including vessels with foreign flags but owned by Chinese enterprises or citizens). Non-transport vessels and vessels used for agriculture and fishery are not included.

Possession of Civil Motor Vehicles refer to the total numbers of vehicles that are registered and received vehicles license tags according to the Work Standard for Motor Vehicles Registration formulated by the Transport Management Office under the department of public security at the end of the reference period. They are divided into categories. According to the structure of motor vehicles, they are divided into passenger vehicles, trucks and others; according to ownership into private vehicles and vehicles for the unit's use; according to kind of usage into working vehicles and non-working vehicles; and according to size of vehicles into large passenger vehicles, medium-sized passenger vehicles, small passenger vehicles and mini passenger vehicles, heavy trucks, light-heavy trucks, light trucks and mini-trucks.

Business Volume of Post and Telecommunications refers to the total amount of postal and telecommunication services, expressed in value terms, provided by the post and telecommunications departments for society. Business volume of post and telecommunications is the sum of each service in kind multiplying with its correspondent unit price (constant price). Business without constant price add their business revenue directly.

Mobile Telephone Subscribers refer to person who have gone through registration procedures in the operation points of enterprises engaged in telecommunications and are hence connected with the mobile telephone communication network through the mobile telephone switchboards and occupy mobile phone numbers. Included are various types of subscriber, prepaid users for intelligent network and wireless network card users.

Internet Users refer to the number of Chinese citizens

aged 6 and over who use the Internet in the past six months.

Local Telephone Subscribers refer to all subscribers who have gone through registration procedures in the operation points of enterprises engaged in telecommunications and are hence connected to the local telecommunications service provider through fixed line network. Included are general subscribers, wireless local telephone subscribers, public telephones subscribers, N-ISDN subscribers and intelligent network terminal subscribers.

3G Mobile Phone Users refers to the final in the billing system with use of information, take up 3 g network resources in the network users. Including the use of 3G services or terminal users.

4G Mobile Phone Users refers to the final in the billing system with use of information, take up 4 g network resources in the network users. Including the use of 4G services or terminal users.

Capacity of Long Distance Telephone Exchanges refers to the rated capacity of telephone exchanges to connect long distance telephone network by enterprises engaged in telecommunications.

Capacity of Mobile Telephone Exchanges refers to the capacity of the maximum services provided to subscribers at any one time as computed based on a certain model of calls distribution and transacting capacity of the mobile telephone exchanges. It is calculated based on the actual capacity of equipments connected to network through cutover and put into operation officially at the end of the reference period.

Broadband Connection Terminals refer to the connection terminals to internet users actually installed and put into operation, including connection terminals for XDSL, connection terminals for LAN, and other types of connection terminals. N-ISDN connection terminals are not included.

The statistical object of the service industry above designated size refers to the service legal entity that implements the enterprise accounting system and its operating income reaches a certain standard of scale.

The statistical standards are divided into three categories: one is the service legal entity with an annual operating income of more than 20 million yuan and above. These industries include transportation, storage and postal services, information transmission, software and information technology services, water conservancy, environment and public facilities management, and health. The second is the service legal entity with an annual operating income of more than 10 million yuan and above. It includes leasing and business services, scientific research and technology services, education, property management, real estate intermediary services, real estate leasing and other real estate industries. The third is the service legal entity with an annual operating income of more than 5 million yuan and above. These include residential, repair and other services, culture, sports and recreation, and social work.

16

批发和零售业、住宿和餐饮业

Wholesale and Retail Trades, Hotels and Catering Services

资料整理人员：陈　慧　　段嘉欣

16-1 社会消费品零售总额
Retail Sale of Consumer Goods

单位：亿元 (100 million yuan)

年份 Year	社会消费品零售总额 Total Retail Sales of Consumer Goods	商品零售 Commodity Retail	餐饮收入 Food and beverage revenue	城 镇 Urban	乡 村 Rural
1950	6.58	6.47	0.11	2.68	3.85
1951	8.72	8.53	0.19	3.91	4.72
1952	10.05	9.78	0.27	4.49	5.47
1953	11.61	11.34	0.27	5.04	7.16
1954	12.95	11.31	0.30	5.37	8.24
1955	13.22	12.77	0.45	5.49	8.49
1956	14.79	14.28	0.51	6.21	9.86
1957	15.73	15.15	0.58	6.73	10.22
1958	18.06	17.39	0.67	7.60	13.30
1959	21.29	20.43	0.86	9.03	16.17
1960	22.86	21.87	0.99	9.99	17.71
1961	21.47	19.91	1.56	10.18	13.59
1962	22.43	20.80	1.63	9.95	14.46
1963	22.46	21.11	1.35	8.99	15.61
1964	23.28	22.14	1.14	9.27	16.35
1965	23.10	22.10	1.00	9.43	16.91
1966	25.38	24.38	1.00	11.31	18.37
1967	28.21	27.11	1.10	11.52	20.50
1968	27.11	26.08	1.03	10.80	19.81
1969	30.01	29.10	0.91	12.26	21.86
1970	32.05	31.07	0.98	13.58	24.10
1971	34.42	33.33	1.09	15.18	26.03
1972	37.37	36.17	1.20	16.48	28.46
1973	41.21	39.93	1.28	18.17	31.65
1974	43.25	41.88	1.37	19.07	32.77
1975	47.01	45.53	1.48	19.97	36.83
1976	48.24	46.66	1.58	20.89	37.66
1977	50.98	49.30	1.68	21.93	40.31
1978	54.84	53.05	1.79	24.53	44.31
1979	65.20	63.03	2.17	30.59	51.21
1980	76.77	74.24	2.53	35.47	60.04
1981	87.24	84.45	2.79	37.31	66.87
1982	95.39	92.19	3.20	41.06	71.34
1983	107.36	91.70	3.69	43.30	81.61
1984	124.36	119.90	4.46	49.29	92.79
1985	157.47	151.84	5.63	68.80	108.50
1986	180.61	174.03	6.58	77.24	127.44
1987	213.81	205.55	8.26	91.10	151.78
1988	277.71	267.14	10.57	123.92	192.32
1989	299.74	288.49	11.25	142.13	199.86

16-1 续表 Continued

单位：亿元 (100 million yuan)

年份 Year	社会消费品零售总额 Total Retail Sales of Consumer Goods	商品零售 Commodity Retail	餐饮收入 Food and beverage revenue	城 镇 Urban	乡 村 Rural
1990	300.95	289.59	11.36	197.84	103.11
1991	341.80	327.56	14.24	228.25	113.55
1992	401.17	383.20	17.97	273.73	127.44
1993	495.09	473.70	21.39	345.81	149.28
1994	669.18	630.24	38.94	468.68	200.50
1995	846.96	792.81	54.15	606.28	240.67
1996	955.41	885.10	70.31	666.39	289.01
1997	1047.38	966.39	80.99	738.97	308.41
1998	1128.22	1031.99	96.23	783.82	344.40
1999	1228.68	1113.90	114.79	867.86	360.82
2000	1359.79	1167.15	192.64	985.35	374.44
2001	1500.90	1344.04	156.86	1079.24	421.66
2002	1662.56	1480.48	182.08	1207.40	455.17
2003	1836.70	1585.53	251.17	1362.22	474.48
2004	2083.50	1784.41	299.09	1557.53	525.97
2005	2391.85	2034.94	356.90	1793.87	597.98
2006	2765.87	2376.12	389.76	2068.44	697.43
2007	3286.37	2825.25	461.13	2481.96	804.42
2008	4047.48	3478.10	569.39	3082.96	964.52
2009	4722.80	4148.84	573.96	4255.28	467.52
2010	5664.27	4962.39	701.88	5121.07	543.20
2011	6830.19	6001.36	828.83	6180.85	649.34
2012	7854.47	6908.83	945.64	7123.16	731.31
2013	8948.43	7852.41	1096.03	8096.00	852.43
2014	10053.24	8846.82	1206.42	9100.79	952.45
2015	11241.41	9892.32	1349.09	10175.47	1065.93
2016	12499.97	10968.63	1531.34	11299.95	1200.02
2017	13793.72	12083.66	1710.06	12453.40	1340.32
2018	15134.27	13271.28	1862.99	13124.24	2010.03
2019	16683.94	14603.71	2080.22	14450.22	2233.72
2020	16258.12	14374.65	1883.47	14043.84	2214.28
2021	18596.85	16326.05	2270.80	16082.30	2514.55
2022	19050.66	16758.04	2292.62	16466.38	2584.28
2023	20203.34	17627.79	2575.55	17445.64	2757.70

注：1. 1992-2019 社会消费品零售总额统计数据根据第四次全国经济普查数据进行了调整，分组的部分数据不可比。

2. 从 2010 年起，社会消费品零售总额统计采用新的分组，即将经营单位所在地分组由“市”“县”，“县以下”改为“城镇”“乡村”。

3. 2008 年及以前，城镇数据为“市”“县”数据、“乡村”为“县以下”数据。

a. Statistics on total retail sales of consumer goods from 1992 to 2019 were adjusted according to the data of the fourth National Economic Census. The grouped partial data is not comparable.

b. From 2010, new grouping method is adopted for the statistics on the total retail sales of consumer goods: grouping according to operation location changes from city, county and below county level to urban and rural areas.

c. In 2008 and before, the urban data contained city and county data, the country data was below county data.

16−2 国内贸易基本情况
Basic Statistics on Domestic Trade

项目	Item	2010	2020	2022	2023
社会消费品零售总额	**Total Retail Sales of Consumer Goods**	**5664.27**	**16258.12**	**19050.66**	**20203.34**
（亿元）	**(100 million yuan)**				
按经营地分	**By Location of Outlets**				
城镇	Urban	5121.07	14043.84	16466.38	17445.64
其中：城区	City Proper	3433.58	9824.84	11440.63	12061.90
乡村	Rural	543.20	2214.28	2584.28	2757.70
按消费形态分	**By Consuming Pattern**				
餐饮收入	Food and Beverage Revenue	701.88	1883.47	2292.62	2575.55
商品零售	Commodity Retail	4962.39	14374.65	16758.04	17627.79
亿元以上商品交易市场个数	**Number of Commodity Transaction Markets**	**290**	**285**	**255**	**245**
（个）	**above 100 Million Yuan (unit)**				
亿元以上商品交易市场成交额	**Turnover of Commodity Transaction Markets**	**2074.56**	**4439.94**	**5874.84**	**6065.77**
（亿元）	**above 100 Million Yuan (100 million yuan)**				
法人单位 （个）	**Number of Corporation Unit (unit)**				
批发零售贸易业	Wholesales and Retail Trades	2625	10467	11300	13175
住宿餐饮业	Hotels and Catering Trades	1205	2595	3268	4226
从业人员 （万人）	**Employed Person (10 000 persons)**				
批发零售贸易业	Wholesales and Retail Trades	23.74	42.88	43.02	45.33
住宿餐饮业	Hotels and Catering Trades	14.05	14.19	14.72	16.30
批发零售贸易业 （亿元）	**Wholesales and Retail Trades (100 million yuan)**				
商品购进总额	Total Purchases	3422.49	10980.73	14276.60	15599.04
商品销售总额	Total Sales	3760.89	12359.29	15435.17	17122.18
商品库存总额	Total Inventory	275.77	789.84	832.25	891.92

注：法人单位、从业人员和批发零售贸易业商品购进、销售、库存总额为限额以上法人企业数据。

Figures on number of corporation unit,person employed , and total purchase, total in inventory of wholesale and retail trade refer to units above designated size.

16–3 限额以上批发零售、住宿餐饮业基本情况(2023年)
Basic Conditions on Gross Value of Purchases, Sales and Inventory of Wholesale and Retail Trade above Designated Size (2023)

指　标	Item	法人单位（个）Number of Corporation (unit)	从业人数（人）Person Engaged (person)
总　计	**Total**	**17401**	**616293**
批发业	**Wholesale Trades**	**4807**	**157126**
内资企业	Domestic Invested Enterprises	4760	153146
有限责任公司	Limited Liability Corporations	4607	123406
股份有限公司	Share–holding Corporations Ltd.	79	10842
非公司企业法人	Non Corporate Legal Entity	28	17966
个人独资企业	Sole Proprietorship Enterprises	37	648
合伙企业	Partnership Enterprises	9	284
其他内资企业	Other Domestic Invested Enterprises		
港澳台投资企业	Enterprises with Investment from Hong Kong, Macao and Taiwan	14	2671
外商投资企业	Foreign Invested Enterprises	21	886
其他统计类别	Other Statistical Categories	12	423
零售业	**Retail Sale Trades**	**8368**	**296147**
内资企业	Domestic Invested Enterprises	8304	261512
有限责任公司	Limited Liability Corporations	6716	201232
股份有限公司	Share–holding Corporations Ltd.	53	41684
非公司企业法人	Non Corporate Legal Entity	57	3247
个人独资企业	Sole Proprietorship Enterprises	1194	12156
合伙企业	Partnership Enterprises	284	3193
其他内资企业	Other Domestic Invested Enterprises		
港澳台投资企业	Enterprises with Investment from Hong Kong, Macao and Taiwan	34	24322
外商投资企业	Foreign Invested Enterprises	29	10190
其他统计类别	Other Statistical Categories	1	123
住宿业	**Hotels Trades**	**1599**	**65702**
内资企业	Domestic Invested Enterprises	1585	63243
有限责任公司	Limited Liability Corporations	1452	58662
股份有限公司	Share–holding Corporations Ltd.	4	178
非公司企业法人	Non Corporate Legal Entity	16	1892
个人独资企业	Sole Proprietorship Enterprises	92	1906
合伙企业	Partnership Enterprises	21	605
其他内资企业	Other Domestic Invested Enterprises		
港澳台投资企业	Enterprises with Investment from Hong Kong, Macao and Taiwan	10	2036
外商投资企业	Foreign Invested Enterprises	4	423
其他统计类别	Other Statistical Categories		
餐饮业	**Catering Trades**	**2627**	**97318**
内资企业	Domestic Invested Enterprises	2615	79668
有限责任公司	Limited Liability Corporations	2315	73814
股份有限公司	Share–holding Corporations Ltd.	13	587
非公司企业法人	Non Corporate Legal Entity	2	67
个人独资企业	Sole Proprietorship Enterprises	251	4396
合伙企业	Partnership Enterprises	34	804
其他内资企业	Other Domestic Invested Enterprises		
港澳台投资企业	Enterprises with Investment from Hong Kong, Macao and Taiwan	5	5548
外商投资企业	Foreign Invested Enterprises	5	12077
其他统计类别	Other Statistical Categories	2	25

注：1. 本表登记注册统计类别按《关于市场主体统计分类的划分规定》（国统字〔2023〕14号）执行。

The registered statistical categories of this table is implemented in accordance with the Regulations on the Classification of Market Entity Statistics (Guotongzi [2023] No. 14).

2. “其他统计类别”分组包括农民专业合作社（联合社）和其他市场主体（以下相关表同）。

The other statistical categories includes professional farmers cooperatives and other market entities. The same applies to the relevant following tables.

16-4 亿元以上商品交易市场基本情况(2023年)

项　目	Item	市场数（个）Number of Markets (unit)
总计	**Total**	**245**
按市场类别分组	By Market Category	
综合市场	Integrated Markets	109
生产资料综合市场	Production Comprehensive Markets	1
工业消费品综合市场	Industrial Consumable Comprehensive Markets	23
农产品综合市场	Farm Produce Comprehensive Markets	37
其他综合市场	Other Comprehensive Markets	48
专业市场	Special Markets	136
生产资料市场	Production Markets	28
农业生产用具市场	Agricultural Production Appliance Market	
农用生产资料市场	Agricultural Production Markets	
木材市场	Wood Markets	2
建材市场	Building Material Markets	16
化工材料及制品市场	Chemical Materials and Products Markets	1
金属材料市场	Metal Materials Markets	4
机械设备市场	Mechanical Equipments Markets	4
其他生产资料市场	Others	1
农产品市场	Farm Produce Markets	35
粮油市场	Grain and Oil Markets	2
肉禽蛋市场	Meat, Poultry and Eggs Markets	7
水产品市场	Aquatic Products Markets	2
蔬菜市场	Vegetables Markets	6
干鲜果品市场	Dried and Fresh Melons and Fruits Markets	6
其他农产品市场	Others	12
食品、饮料及烟酒市场	Food, Beverages, Tobacco and Liquor Markets	5
食品饮料市场	Food and Beverages Markets	1
茶叶市场	Tea Market	1
烟酒市场	Tobacco and Liquor Markets	
其他食品饮料及烟酒市场	Others	3

Basic Statistics on Commodity Exchange Markets of Transaction Value over 100 Million Yuan (2023)

摊位总数（个） Number of Stalls (unit)	出租摊位个数（个） Number of Rented Stall (unit)	营业面积（万平方米） Operation Area (10 000 sq.m)	成交额（亿元） Turnover (100 million yuan)
212051	**169073**	**1316.31**	**6065.77**
129396	98528	622.17	2968.83
191	191	0.62	2.35
30963	27355	187.17	946.19
26115	22329	129.96	1632.92
72127	48653	304.42	387.37
82655	70545	694.14	3096.94
18632	18003	139.83	1476.78
355	354	6.16	2.01
9248	8928	93.26	59.13
264	238	1.20	3.02
2899	2683	31.54	1354.69
5198	5153	5.34	56.15
668	647	2.33	1.79
19980	17133	219.48	782.11
415	394	1.54	27.66
2414	1325	5.62	10.29
416	404	5.76	64.83
2865	2783	10.40	92.40
8219	7232	184.94	546.53
5651	4995	11.21	40.41
2412	1411	6.24	37.93
1159	298	1.54	1.39
205	205	1.56	1.32
1048	908	3.14	35.22

16—4　续表

项　目	Item	市场数（个） Number of Markets (unit)
纺织、服装、鞋帽市场	Textiles, Clothing, Shoes and Hats Markets	20
布料及纺织品市场	Cloth and Textiles Markets	
服装市场	Clothing Markets	16
鞋帽市场	Shoes and Hats Markets	1
其他纺织服装鞋帽市场	Others	3
日用品及文化用品市场	Daily Use Articles and Cultural Goods Markets	4
文具市场	Stationary Markets	
图书、报刊杂志市场	Books, Newspapers and Magazines Markets	1
音像制品及电子出版物市场	Video Products and E–journal Markets	1
其他日用品及文化用品市场	Others	2
黄金、珠宝、玉器等首饰市场	Gold, Jewelry, Jade and Other Jewelry Markets	
电器、通讯器材、电子设备市场	Electrical Appliances, Communication Appliances and Electronical Appliances Markets	12
家电市场	Household Appliances Markets	6
通讯器材市场	Communication Appliances Markets	
照相、摄像器材市场	Photographic and Video Equipment Markets	2
计算机及辅助设备市场	Computer and Auxillary Equipments Markets	4
其他电器、通讯器材、电子设备	Others	
医药、医疗用品及器材市场	Medicine, Medical Materials and Medical Instruments Markets	2
中药材市场	Chinese Medicine Market	2
家具、五金及装饰材料市场	Furniture, Hardware and Decoration Materials Markets	23
家具市场	Furniture Markets	4
装饰材料市场	Decoration Materials Markets	12
五金材料市场	Hardware Materials Markets	5
其他装修市场	Others	2
汽车、摩托车及零配件市场	Cars, Motorcycle and Spare Parts Markets	7
汽车市场	Cars Markets	2
摩托车市场	Motorcycles Markets	2
机动车零配件市场	Vehicle Spare Parts Markets	3
花、鸟、鱼、虫市场	Flower, Bird, Fish and Insects Markets	
旧货市场	Flea Markets	
其他专业市场	Other Professional Markets	
按营业状态分组	By Operating Status	
常年营业	Perennial Operation	244
季节性营业	Seasonal Operation	1
其他	Others	
按经营方式分组	By Operating Mode	
以批发为主	Whole Sale	131
以零售为主	Retail	114
按经营环境分组	By Operating Circumstance	
露天式	Outdoor	15
封闭式	Indoor	197
其他	Others	33

Continued

摊位总数（个） Number of Stalls (unit)	出租摊位个数（个） Number of Rented Stall (unit)	营业面积（万平方米） Operation Area (10 000 sq.m)	成交额（亿元） Turnover (100 million yuan)
20371	15931	58.06	145.64
14199	10537	43.68	98.53
454	266	2.00	2.74
5718	5128	12.38	44.37
961	834	4.01	57.41
420	398	1.26	17.15
163	113	0.65	4.60
378	323	2.10	35.66
2588	2287	19.18	112.04
1135	940	9.18	33.83
370	351	2.36	5.84
1083	996	7.64	72.38
1737	1737	47.77	93.35
1737	1737	47.77	93.35
12934	10645	155.37	218.56
850	766	13.51	7.16
8703	6824	78.96	139.49
2850	2524	50.37	68.38
531	531	12.52	3.53
3040	2564	44.21	173.11
1001	725	37.03	160.81
290	243	1.18	3.98
1749	1596	6.01	8.33
211902	168986	1315.76	6064.77
149	87	0.55	1.00
122073	99885	913.80	5133.31
89978	69188	402.52	932.46
12153	9595	58.87	1365.00
180775	145142	1194.39	4452.97
19123	14336	63.06	247.80

16-5 亿元以上商品交易市场摊位分类情况
Classification of Commodity Exchange Markets of Transaction Value over 100 Million Yuan

项　目	Item	出租摊位个数（个）Number of Booths (unit)		成交额（亿元）Turnover (100 million yuan)	
		2022	2023	2022	2023
总计	**Total**	**159226**	**169073**	**5874.84**	**6065.77**
粮油、食品类	Food	51868	54234	2469.96	2623.10
#粮油类	# Grain and Oil	5943	6388	366.38	386.47
#肉禽蛋类	# Meat,Poultry and Eggs	8257	7664	263.40	306.08
饮料类	Beverages	2799	2822	56.26	55.80
烟酒类	Tobacco and Liquor	3887	3899	187.47	189.36
服装、鞋帽、针纺织品类	Garments,Shoes,Hats,Knit and Textile Goods	32458	30956	295.87	291.98
#服装类	# Garments	22189	21018	202.89	199.42
#鞋帽类	# Shoes and Hats	5647	5672	53.90	54.15
#针、纺织品类	# Knit and Textile Goods	4622	4266	39.08	38.40
化妆品类	Cosmetics	1184	1208	16.77	18.06
金银珠宝类	Gold,Silver and Jewelry	176	157	14.68	1.86
日用品类	Articles for Daily Use	6435	5869	134.10	135.11
五金、电料类	Hardware & Electrical Materials	7602	9325	249.51	251.62
体育、娱乐用品类	Sports & Recreational	1080	1177	17.37	18.74
书报杂志类	Newspapers and Magazines	469	469	12.13	12.78
电子出版物及音像制品类	Electronic Publication and Audiovisual Products	903	661	16.32	14.77
家用电器和音像器材类	Household Appliances and Audiovisual Equipment	2963	2839	80.00	70.82
中西药品类	Traditional Chinese and Western Medicine	2246	2219	177.92	180.99
#西药类	# Western Medicine	126	118	24.21	22.69
#中草药及中成药类	# Chinese Herbal Medicine and Other Traditional Chinese Medicine	2016	1991	153.05	151.41
文化办公用品类	Cultural and Official Goods	2586	2870	142.52	142.00
家具类	Furniture	1694	1684	20.37	20.30
通讯器材类	Communication Appliances	512	512	19.13	17.43
煤炭及制品类	Coal and Related Products	55	57	0.39	0.44
木材及制品类	Wood and Wooden Products	1765	1683	32.59	31.39
石油及制品类	Oil and Related Products	147	14	1.49	0.83
化工材料及制品类	Chemical Materials and Related Products	834	811	32.61	31.39
#化肥类	# Fertilizer	50	53	0.40	0.42
金属材料类	Metal Materials	3197	3164	1316.37	1360.08
建筑及装潢材料类	Building and Decoration Materials	18070	22230	237.96	242.35
机电产品及设备类	Mechanical & Electrical Products and Appliances	4074	4158	65.65	68.50
#农机类	# Agricultural Machinery	51	22	1.32	0.43
汽车类	Automobile	6511	10258	205.08	213.02
种子饲料类	Seed and Feedstuff	194	197	8.39	8.42
棉麻类	Cotton & Linen	70	78	0.38	0.37
其他类	Others	5447	5522	63.54	64.25

16-6 限额以上批发、零售业商品购进、销售、库存总额（2023年）
Total Value of Purchases Sales and Inventory of above Designated Size in Wholesale and Retail Sales Trade (2023)

单位：亿元 (100 million yuan)

指 标	Item	商品购进额 Total Purchases Value	商品销售额 Total Sales Value	期末商品库存额 Stock year-end
总计	**Total**	**15599.04**	**17122.18**	**891.92**
批发业	**Wholesale Trade**	**11219.33**	**11351.53**	**575.76**
按登记注册统计类别分	**By Registered Statistical Categories**			
内资企业	Domestic Invested Enterprises	10245.86	11098.25	541.76
有限责任公司	Limited Liability Corporations	8895.07	9488.73	478.00
股份有限公司	Share-holding Corporations Ltd.	490.49	388.22	17.79
非公司企业法人	Non Corporate Legal Entity	843.51	1202.18	45.30
个人独资企业	Sole Proprietorship Enterprises	13.69	15.12	0.60
合伙企业	Partnership Enterprises	3.09	4.01	0.07
其他内资企业	Other Domestic Invested Enterprises			
港澳台投资企业	Enterprises with Investment from Hong Kong, Macao and Taiwan	189.96	202.06	12.84
外商投资企业	Foreign Invested Enterprises	777.01	43.84	21.03
其他统计类别	Other Statistical Categories	6.51	7.38	0.13
按国民经济行业分组	**By Sector**			
农、林、牧、渔产品批发	Wholesale of Agricultural, Forestry, Livestock and Fishery Products	489.65	504.10	37.14
食品、饮料及烟草制品批发	Wholesale of Foods, Beverages and Tobaccos	1772.21	2243.07	86.43
纺织、服装及家庭用品批发	Wholesale of Textile Clothing and Household Articles	289.67	334.33	20.40
文化、体育用品及器材批发	Wholesale of Cultural and Sporting Goods and Equipment	180.06	198.64	16.07
医药及医疗器材批发	Wholesale of Medicines and Medical Appliances	1311.26	1432.83	117.79
矿产品、建材及化工产品批发	Wholesale of Mineral Products,Building and Chemical Materials	5945.44	5281.87	197.58
机械设备、五金产品及电子产品批发	Wholesale of Machinery, Hardware and Electronic Products	949.31	1044.45	85.13
贸易经纪与代理	Wholesale of Trade Brokers and Agents	85.73	76.98	11.72
其他批发	Other Wholesale Trade	195.99	235.26	3.50
零售业	**Retail Trade**	**4379.71**	**5770.65**	**316.16**
按登记注册统计类别分	**By Registered Statistical Categories**			
内资企业	Domestic Invested Enterprises0	3986.20	4650.73	287.31
有限责任公司	Limited Liability Corporations	3463.60	3847.37	254.73
股份有限公司	Share-holding Corporations Ltd.	241.69	487.95	23.93
非公司企业法人	Non Corporate Legal Entity	31.23	34.89	0.85
个人独资企业	Sole Proprietorship Enterprises	203.93	228.97	6.34
合伙企业	Partnership Enterprises	45.76	51.55	1.45
其他内资企业	Other Domestic Invested Enterprises			
港澳台投资企业	Enterprises with Investment from Hong Kong, Macao and Taiwan	208.06	246.50	19.74
外商投资企业	Foreign Invested Enterprises	185.33	873.18	9.11
其他统计类别	Other Statistical Categories	0.12	0.23	
按国民经济行业分组	**By Sector**			
综合零售	General Retail	622.87	732.91	33.43
食品、饮料及烟草制品零售	Foods, Beverages and Tobaccos	245.90	280.75	10.18
纺织、服装及日用品零售	Textiles, Garments and Daily Consumer Goods	97.73	116.33	9.93
文化、体育用品及器材专业零售	Cultural and Sporting Goods and Equipment	159.42	177.74	15.20
医药及医疗器材专门零售	Medicines and Medical Appliances	238.52	305.81	24.34
汽车、摩托车、零配件和燃料及其他动力销售	Retail of Motor Vehicles, Motorcycles, Parts, and Fuel and Other Powers	2238.65	3247.20	178.48
家用电器及电子产品专门零售	Special Retail of Household Electric Appliances and Electronic Products	261.01	289.08	16.49
五金、家具及室内装饰材料专门零售	Special Retail of Hardware, Furniture and Interior Decoration Materials	93.26	111.44	4.33
货摊、无店铺及其他零售业	Stalls, Non-shop and Other Retails	422.35	509.39	23.79

16-7 限额以上批发和零售业企业财务状况(2023年)

单位：万元

项 目	Item	资产总计 Total Assets	流动资产合计 Total Current Assets
总 计	**Total**	**84479401**	**59362598**
批发业	**Wholesale Trade**	**54520296**	**43045525**
按登记注册统计类别分	**By Registered Statistical Categories**		
内资企业	Domestic Invested Enterprises	53688933	42389520
有限责任公司	Limited Liability Corporations	44973059	37959519
股份有限公司	Share-holding Corporations Ltd.	5859852	2716834
非公司企业法人	Non Corporate Legal Entity	2786468	1658086
个人独资企业	Sole Proprietorship Enterprises	45065	32240
合伙企业	Partnership Enterprises	24489	22840
其他内资企业	Other Domestic Invested Enterprises		
港澳台投资企业	Enterprises with Investment from Hong Kong, Macao and Taiwan	438684	387086
外商投资企业	Foreign Invested Enterprises	378736	261621
其他统计类别	Other Statistical Categories	13943	7298
按国民经济行业分组	**By Sector**		
农、林、牧、渔产品批发	Wholesale of Agricultural, Forestry, Livestock and Fishery Products	3353599	2225661
食品、饮料及烟草制品批发	Wholesale of Foods,Beverages and Tobaccos	7742668	4994142
纺织、服装及家庭用品批发	Wholesale of Textile Clothing and Household Articles	1541714	1337770
文化、体育用品及器材批发	Wholesale of Cultural and Sporting Goods and Equipment	783500	670500
医药及医疗器材批发	Wholesale of Medicines and Medical Appliances	8979605	7862730
矿产品、建材及化工产品批发	Wholesale of Mineral Products,Building and Chemical Materials	24025607	19167258
机械设备、五金产品及电子产品批发	Wholesale of Machinery,Hardware and Electronic Products	7115842	5912633
贸易经纪与代理	Wholesale of Trade Brokers and Agents	441360	425161
其他批发	Other Wholesale Trade	536402	449670
零售业	**Retail Trade**	**29959105**	**16317073**
按登记注册统计类别分	**By Registered Statistical Categories**		
内资企业	Domestic Invested Enterprises	22267020	12534087
有限责任公司	Limited Liability Corporations	14668998	10081986
股份有限公司	Share-holding Corporations Ltd.	6722847	2026059
非公司企业法人	Non Corporate Legal Entity	99424	51032
个人独资企业	Sole Proprietorship Enterprises	591374	288496
合伙企业	Partnership Enterprises	184378	86515
其他内资企业	Other Domestic Invested Enterprises		
港澳台投资企业	Enterprises with Investment from Hong Kong, Macao and Taiwan	4731580	3239693
外商投资企业	Foreign Invested Enterprises	2958902	542600
其他统计类别	Other Statistical Categories	1604	692
按国民经济行业分组	**By Sector**		
综合零售	General Retail	8023762	2911173
食品、饮料及烟草制品零售	Foods,Beverages and Tobaccos	1004684	683873
纺织、服装及日用品零售	Textiles,Garments and Daily Consumer Goods	376693	273775
文化、体育用品及器材专业零售	Cultural and Sporting Goods and Equipment	1381772	1040178
医药及医疗器材专门零售	Medicines and Medical Appliances	5384228	3670919
汽车、摩托车、零配件和燃料及其他动力销售	Retail of Motor Vehicles, Motorcycles, Parts, and Fuel and Other Powers	10969157	5720254
家用电器及电子产品专门零售	Special Retail of Household Electric Appliances and Electronic Products	879788	655772
五金、家具及室内装饰材料专门零售	Special Retail of Hardware, Furniture and Interior Decoration Materials	351805	227431
货摊、无店铺及其他零售业	Stalls, Non-shop and Other Retails	1587218	1133697

注：限额以上批发和零售业企业中，由于包含了部分视同法人单位，因此财务指标数据资产≠负债＋所有者权益。

For the financial data of wholesale enterprises above designated size, total assets may not equal to liabilities plus total owner's equities, due to the fact that there are some establishments which are regarded as enterprises.

Financial Affairs of above Designated Size in Wholesale and Retail Trade Enterprises (2023)

(10 000 yuan)

固定资产净额 Net Value of Fixed Assets	负债合计 Total Liabilities	所有者权益合计 Total Owners' Equities	营业收入 Business Revenue	营业成本 Business Cost	税金及附加 Taxes and Other Charges	利润总额 Total Profits
3846633	**57679256**	**26896106**	**156933367**	**140067852**	**1979961**	**5327009**
1455611	**38777022**	**15839235**	**104003765**	**94144437**	**1683925**	**3366893**
1445499	38129463	15655431	101719692	92034169	1665575	3361524
885210	34955777	10017282	86689650	80434413	349771	2157637
165868	2804219	3151594	4296081	4045225	53074	75547
387817	322668	2463800	10551318	7399609	1259992	1115143
5979	25948	19117	143752	120815	2233	11320
625	20851	3638	38891	34108	504	1877
3652	301670	137014	1813559	1657197	17290	42587
5479	342180	36556	398688	397704	652	-46938
982	3709	10235	71827	55367	408	9722
117528	2455912	897688	5074080	4851078	42989	24906
554126	3070726	4671942	20300928	15828505	1318019	1607656
58171	1155514	386200	3256803	2721953	24099	136751
29615	493892	289608	1859466	1664214	9804	62354
226447	6775741	2203863	13040278	11629499	85459	328006
371696	17998711	6122857	47960371	45903557	158931	878805
77479	6235786	880056	9881407	9202764	34058	218896
340	389049	52312	707722	688906	1452	9701
20211	201692	334710	1922711	1653960	9115	99821
2391022	**18902234**	**11056871**	**52929602**	**45923416**	**296036**	**1960116**
1685017	13847094	8419926	42671809	36683991	270787	1768370
1114579	9897712	4771286	35496308	30538907	220609	1348324
423914	3657661	3065186	4241347	3717190	21396	168468
16918	49955	49468	325414	285619	2046	7494
93490	181443	409931	2125369	1746496	21778	200764
36116	60323	124055	483371	395780	4958	43320
110544	3475321	1256258	2301912	1783468	10932	99695
594549	1579615	1379286	7953641	7454428	14317	91772
912	203	1400	2239	1528	1	279
599101	5009602	3014160	6401247	5078539	63930	376105
69346	621248	383436	2649283	2212116	19491	161709
14605	253726	122967	1029133	803584	7723	53937
108984	856451	525320	1709593	1258843	9618	151540
90795	3870388	1513840	2896290	2176346	14146	195056
1340919	6674740	4294417	29998942	27552275	119914	651686
35895	578409	301378	2649644	2242907	23145	135028
22821	205571	146234	1032592	844500	9098	77014
108556	832097	755120	4562878	3754307	28971	158040

16–8 限额以上住宿和餐饮企业财务状况(2023年)

单位：万元

项 目	Item	资产总计 Total Assets	流动资产合计 Total Current Assets
总 计	**Total**	**6383710**	**2281119**
住宿业	**Wholesale Trade**	**4230295**	**1364442**
按登记注册统计类别分	**By Registered Statistical Categories**		
内资企业	Domestic Invested Enterprises	3990274	1315737
有限责任公司	Limited Liability Corporations	3788534	1238959
股份有限公司	Share–holding Corporations Ltd.	8823	3740
非公司企业法人	Non Corporate Legal Entity	99396	42882
个人独资企业	Sole Proprietorship Enterprises	67766	22081
合伙企业	Partnership Enterprises	25755	8074
其他内资企业	Other Domestic Invested Enterprises		
港澳台投资企业	Enterprises with Investment from Hong Kong, Macao and Taiwan	214695	47765
外商投资企业	Foreign Invested Enterprises	25326	941
其他统计类别	Other Statistical Categories		
按国民经济行业分组	**By Sector**		
旅游饭店	Restaurant for Tourism	2801791	930555
一般旅馆	Ordinary Hotels	1276163	382221
民宿服务	A Home Stay Facility Service	41602	17850
露营地服务	Campsite Services	418	55
其他住宿业	Others	110323	33762
餐饮业	**Retail Trade**	**2153415**	**916676**
按登记注册统计类别分	**By Registered Statistical Categories**		
内资企业	Domestic Invested Enterprises	1937239	893443
有限责任公司	Limited Liability Corporations	1758857	845768
股份有限公司	Share–holding Corporations Ltd.	86653	16119
非公司企业法人	Non Corporate Legal Entity	1215	590
个人独资企业	Sole Proprietorship Enterprises	76746	26887
合伙企业	Partnership Enterprises	13768	4080
其他内资企业	Other Domestic Invested Enterprises		
港澳台投资企业	Enterprises with Investment from Hong Kong, Macao and Taiwan	81818	4610
外商投资企业	Foreign Invested Enterprises	133669	18208
其他统计类别	Other Statistical Categories	688	416
按国民经济行业分组	**By Sector**		
正餐服务	Dinner	1810567	808260
快餐服务	Snack	220726	33320
饮料及冷饮服务	Beverage and Cold Drinks	57711	33165
餐饮配送及外卖送餐服务	Food Delivery and Food Delivery Services	42632	31191
其他餐饮业	Others	21779	10740

Financial Conditions of Hotels and Catering Services Enterprises above Designated Size (2023)

(10 000 yuan)

固定资产净额 Net Value of Fixed Assets	负债合计 Total Liabilities	所有者权益合计 Total Owners' Equities	营业收入 Business Revenue	营业成本 Business Cost	税金及附加 Taxes and Other Charges	利润总额 Total Profits
1058573	**4579283**	**1804427**	**4889870**	**3027157**	**54650**	**370321**
783920	**3211426**	**1018869**	**1844060**	**1064640**	**29989**	**105137**
767893	2963062	1027212	1785430	1042521	29225	109359
740207	2861704	926830	1628627	944990	27536	93417
3	17085	-8262	3868	1891	96	92
12373	47258	52137	45525	26217	577	2533
11648	26596	41170	84438	57564	786	10648
3663	10418	15337	22972	11860	231	2669
9990	224777	-10081	49511	19725	673	-4257
6038	23588	1738	9119	2394	92	35
584110	2364230	437560	1078711	601053	20689	49462
180615	738513	537650	624007	368094	7724	43790
4885	25346	16256	32864	23119	266	3938
		418	678	438	30	141
14310	83337	26985	107800	71936	1280	7806
274652	**1367857**	**785559**	**3045810**	**1962517**	**24661**	**265184**
221359	1187230	750010	2682750	1761869	24069	238225
200405	1127002	631855	2440418	1588177	20930	206027
3411	33809	52844	16143	10975	226	871
491	474	741	2228	1696	68	180
12944	21727	55020	188722	135557	2604	27445
4109	4218	9551	35240	25463	243	3702
21677	75301	6518	84679	27586	69	1622
31616	105164	28506	277329	172317	498	25112
	163	526	1053	745	25	225
208817	1111089	699478	2435383	1596004	23145	218923
55462	178491	42235	377719	212453	668	26276
1720	32779	24932	116080	70177	209	11849
4622	31602	11030	61915	48984	244	1752
4031	13896	7884	54713	34900	395	6384

16-9 限额以上住宿和餐饮企业经营情况(2023年)
Business Statistics of Hotels and Catering Services Enterprises above Designated Size (2023)

单位：万元 (10 000 yuan)

指 标	Item	营业额 Total Operating Revenue	商品零售额 Retail Trade
总 计	**Total**	**5105651**	**3671799**
住宿业	**Hotels Trade**	**1921310**	**684561**
按登记注册类型分组	**By Status of Registration**		
内资企业	Domestic Invested Enterprises	1860914	659992
有限责任公司	Limited Liability Corporations	1701018	586491
股份有限公司	Share-holding Corporations Ltd.	4065	1041
非公司企业法人	Non Corporate Legal Entity	45209	21402
个人独资企业	Sole Proprietorship Enterprises	86861	40159
合伙企业	Partnership Enterprises	23761	10899
其他内资企业	Other Domestic Invested Enterprises		
港澳台投资企业	Enterprises with Investment from Hong Kong, Macao and Taiwan	51247	19266
外商投资企业	Foreign Invested Enterprises	9150	5303
其他统计类别	Other Statistical Categories		
按国民经济行业分组	**By Sector**		
旅游饭店	Restaurant for Tourism	1130368	469136
一般旅馆	Ordinary Hotels	643179	158984
民宿服务	A Home Stay Facility Service	34739	14915
露营地服务	Campsite Services	678	
其他住宿业	Others	112347	41526
餐饮业	**Catering Trade**	**3184341**	**2987238**
按登记注册类型分组	**By Status of Registration**		
内资企业	Domestic Invested Enterprises	2799140	2621662
有限责任公司	Limited Liability Corporations	2548628	2388094
股份有限公司	Share-holding Corporations Ltd.	16271	14644
非公司企业法人	Non Corporate Legal Entity	2280	1487
个人独资企业	Sole Proprietorship Enterprises	195656	184929
合伙企业	Partnership Enterprises	36305	32507
其他内资企业	Other Domestic Invested Enterprises		
港澳台投资企业	Enterprises with Investment from Hong Kong, Macao and Taiwan	89711	86948
外商投资企业	Foreign Invested Enterprises	294218	277356
其他统计类别	Other Statistical Categories	1272	1272
按国民经济行业分组	**By Sector**		
正餐	Dinner	2542788	2372985
快餐	Snack	399313	380275
饮料及冷饮服务	Beverage and Cold Drinks	122398	119566
餐饮配送及外卖送餐服务	Food Delivery and Food Delivery Services	63273	59587
其他餐饮业	Others	56569	54826

16—10 批发和零售业连锁经营情况（2023年）
Wholesale and Retail Chain Operations (2023)

项　目		Item		合计 Total	直营店 Under Direct Management	加盟店 Through License Arrangement
门店总数	（个）	Number of Stores	(unit)	18616	12571	6045
从业人数	（人）	Employed Person	(person)	103002	86324	16678
商品购进总额	（万元）	Total Purchases	(10 000 yuan)	10811003	10297161	513842
#统一配送商品购进额		#by Centralized Purchase and Delivery		8445999	7982307	463693
零售营业面积	（万平方米）	Operational Area of Retail	(10 000 sq.m)	895.43	844.33	51.10
商品销售额	（万元）	Sales of Goods	(10 000 yuan)	17136134	16268692	867443

注：2023 年，根据第五次全国经济普查有关资料，更加全面掌握连锁企业的经营情况，统计单位增加较多（后表同）。

In 2023, according to the relevant data of the fifth national economic census,a more comprehensive understanding of the operation of chain enterprises has been obtained and the number of statistical units has increased significantly.Then same applies to the tables following.

16—11 住宿和餐饮业连锁经营情况（2023年）
Hotel and Catering Chain Operations (2023)

项　目		Item		合计 Total	直营店 Under Direct Management	加盟店 Through License Arrangement
门店总数	（个）	Number of Stores	(unit)	2560	1990	570
从业人数	（人）	Employed Person	(person)	47643	33255	14388
商品购进总额	（万元）	Total Purchases	(10 000 yuan)	318698	304696	14002
#统一配送商品购进额		#by Centralized Purchase and Delivery		286523	281705	4818
餐饮营业面积	（万平方米）	Operational Area of Catering	(10 000 sq.m)	77.73	38.23	39.50
客房数	（间）	Number of Rooms	(unit)	8479	6750	1729
床位数	（张）	The Number of Beds	(unit)	12733	9726	3007
餐位数	（个）	Number of Seats	(unit)	281375	128672	152703
营业额	（万元）	Total Sales	(10 000 yuan)	982601	788213	194389
餐费收入和商品销售额	（万元）	Revenue of Catering and Total Sales	(10 000 yuan)	958970	764644	194325

主要统计指标解释

批发业 指向其他批发或零售单位（含个体经营者）及其他企事业单位、机关团体等批量销售生活用品、生产资料的活动，以及从事进出口贸易和贸易经纪与代理的活动，包括拥有货物所有权，并以本单位（公司）的名义进行交易活动，也包括不拥有货物的所有权，收取佣金的商品代理、商品代售活动；还包括各类商品批发市场中固定摊位的批发活动，以及以销售为目的的收购活动。

零售业 指百货商店、超级市场、专门零售商店、品牌专卖店、售货摊等主要面向最终消费者（如居民等）的销售活动，以互联网、邮政、电话、售货机等方式的销售活动，还包括在同一地点，后面加工生产，前面销售的店铺（如面包房）；谷物、种子、饲料、牲畜、矿产品、生产用原料、化工原料、农用化工产品、机械设备（乘用车、计算机及通信设备除外）等生产资料的销售不作为零售活动；多数零售商对其销售的货物拥有所有权，但有些则是充当委托人的代理人，进行委托销售或以收取佣金的方式进行销售。

社会消费品零售总额 指企业（单位、个体户）通过交易直接售给个人、社会集团非生产、非经营用的实物商品金额，以及提供餐饮服务所取得的收入金额。个人包括城乡居民和入境人员，社会集团包括机关、社会团体、部队、学校、企事业单位、居委会或村委会等。

商品购进额 指从本企业以外的单位和个人购进（包括从国外直接进口）作为转卖或加工后转卖的商品金额（含增值税）。商品购进包括：(1) 从工农业生产者、批发和零售业、住宿和餐饮业、出版社或报社的出版发行部门和其他服务业等企事业单位和个体经营户购进的商品；(2) 从机关、社会团体购进的商品；(3) 从海关、市场管理部门购进的缉私和没收的商品；(4) 从居民收购的废旧商品等。不包括：(1) 企业为本单位自身经营用，不是作为转卖而购进的商品，如材料物资、包装物、低值易耗品、办公用品等；(2) 未通过买卖行为而收入的商品，如接受其他部门移交的商品、借入的商品、收入代其他单位保管的商品、其他单位赠送的样品、加工回收的成品等；(3) 经本单位介绍，由买卖双方直接结算，本单位只收取手续费的业务；(4) 销售退回和买方拒付货款的商品；(5) 商品溢余；(6) 期货交易商品。

商品销售额 指对本单位以外的单位和个人出售的商品金额（包括售给本单位消费用的商品，含增值税）。商品销售包括：(1) 售给个人和社会集团消费用的商品；(2) 售给农业、工业、建筑业、服务业等国民经济各行业用于生产、经营用的商品，包括售予批发和零售业作为转卖或加工后转卖的商品；(3) 对国（境）外直接出口的商品。不包括：(1) 未通过买卖行为付出的商品，如因机构变动移交给其他企业单位的商品、借出的商品、归还受其他单位委托代保管的商品、付出的加工原料和赠送给其他单位的样品等；(2) 促销返券所销售的、不计入营业收入的商品；(3) 经本单位介绍，由买卖双方直接结算，本单位只收取手续费的业务；(4) 未发生所有权转移的商品预付卡销售，如加油卡；(5) 汽车维修、电话卡销售等服务性经济活动；(6) 购货退回的商品；(7) 商品损耗和损失；(8) 出售本单位自用的废旧物资；(9) 期货交易商品；(10) 自来水供应企业、电力企业、天然气供应企业提供的水、电、气。

商品库存额 对于批发和零售业法人单位和个体经营户，是指报告期末取得所有权的全部商品金额（含增值税）；对于批发和零售业产业活动单位，是指报告期末实际在库且归属法人具有所有权的全部商品金额（含增值税）。库存商品包括：(1) 存放在本单位（如门市部、批发站、采购站、经营处）的仓库、货场、货柜和货架中的商品；(2) 挑选、整理、包装中的商品；(3) 已记入购进而尚未运到本单位的商品，即发货单或银行承兑凭证已到而货未到的商品；(4) 寄放他处的商品，如因购货方拒绝付款而暂时存在购货方的商品；(5) 委托其他单位代销（未作销售或调出）尚未售出的商品；(6) 代其他单位购进尚未交付的商品。不包括：(1) 所有权不属于本单位的商品，如商品已做销售但买方尚未取走的商品，代替他人保管、运输、加工的商品，代其他单位销售（未做购进或调入）而未售出的商品；(2) 委托外单位加工的商品（包括本单位所属加工厂和其他生产单位加工生产尚未收回成品的商品）；(3) 外贸企业代理其他单位从国外进口，尚未付给订货单位的商品；(4) 代国家储备部门保管的商品。

住宿业 指为旅行者提供短期留宿场所的活动，有些单位只提供住宿，也有些单位提供住宿、饮食、商务、娱乐一体的服务，不包括主要按月或按年长期出租房屋住所的活动。

餐饮业 指通过即时制作加工、商业销售和服务性劳动等，向消费者提供食品和消费场所及设施的服务。

营业额 指住宿和餐饮业单位在经营活动中，因提供服务或销售商品等取得的全部收入（含增值税），收入主要来源于提供客房、餐费服务、商品销售和其他服务，如商务服务。不包括多产业法人企业附营的其他行业产业活动单位的餐费收入、商品销售收入等各项收入。

客房收入 指住宿和餐饮业单位在经营活动中因提供住宿服务取得的收入（含增值税）。不包括多产业法人企业附营的其他行业产业活动单位的客房收入。

餐费收入 指本单位为顾客提供就餐服务取得的收入（含增值税）。包括：经烹饪、调制加工后出售的各种食品，如主食、炒菜、凉拌菜等的收入。不包括多产业法人企业附营的其他行业产业活动单位的餐费收入。

连锁总店（总部） 负责连锁企业资源（商号、商誉、经营模式、服务标准、管理模式等）的开发、配置、控制或使用等功能的企业核心管理机构。连锁经营是指经营同类商品或服务，使用统一商号的若干店铺，在同一总店（总部）的管理下，采取统一采购或特许经营等方式，实现规模效益的组织形式，包括直营连锁、特许连锁和自愿连锁三种形式。系统内企业，如新华书店、烟草公司、石油公司等，应注意是否具备连锁经营特征，如果不具备连锁经营特征，则不能纳入连锁统计范畴。其中，直营连锁是指连锁店铺由连锁公司全资或控股开设，在总部的直接控制下，开展统一经营的连锁经营形式；特许连锁是指拥有注册商标、企业标志、专利、专有技术等经营资源的企业（特许人），以合同形式将其拥有的经营资源许可其他经营者（被特许人）使用，被特许人按合同约定在统一的经营模式下开展经营，并向特许人支付特许经营费用的连锁经营形式；自愿连锁是指若干个店铺或企业自愿组合起来，在不改变各自资产所有权关系的情况下，以同一个品牌形象面对消费者，以共同进货为纽带开展的连锁经营形式。

亿元以上商品交易市场 指年成交额在亿元及以上的商品交易市场。商品交易市场是指经有关部门和组织批准设立，有固定场所、设施，有经营管理部门和监管人员，若干市场经营者入内，常年或实际开业三个月以上，集中、公开、独立地进行生活消费品、生产资料等现货商品交易以及提供相关服务的交易场所，包括各类消费品市场、生产资料市场等。

亿元以上商品交易市场成交额 指市场内所有摊位、写字间或门面的全年商品交易额之合计。

Explanatory Notes on Main Statistical Indicators

Wholesale Trade refers to the activities of selling wholesale commodities for daily use and capital goods to enterprises of wholesale and retail trades (including self-employed individuals) and other enterprises, institutions and government organs and organizations, and the activities of engaging in import and export and acting as a trade agent. The wholesaler may have the ownership of the commodities for wholesale and trade in the name of its own (a company), and the wholesaler can act as commission agent or commodity broker without the ownership of commodities. Also included are the wholesale activities at the fixed stalls in wholesale market and the acquisition for sales purpose.

Retail Trade refers to the activities of department store, supermarket, franchised store, brand store, retail stall and on-the-spot-making-selling store selling commodities to the final consumers (residents) by any means including internet, post, telephone, sales machine. It also includes shops with sales and production located in the same places (such as bakeries). Retail trade excludes the activities of sales of capital goods such as grain, seed, feed, livestock, mineral products, raw material for production, industrial chemicals, chemical products for agricultural use, machine and equipment (excluding vehicles, computers and communication equipment). Most retailers have the ownership of commodities to sell, but some are acting as agents or brokers to make transactions for a commission.

Total Retail Sales of Consumer Goods refer to the amount obtained by enterprises (units, self-employed individuals) through direct sales of non-production and non-business physical commodity to individuals, social institutions, and revenue from providing catering services. Individuals include rural and urban households, population from abroad, social institutions include government agencies, social organizations, military units, schools, institutions, neighbourhood (village) committees.

Purchases of Commodities The amount of commodities (including VAT) purchased (including direct imports from abroad) from units and individuals other than the enterprise for resale or resale after processing. Commodity purchases include: (1) commodities purchased from industrial and agricultural producers, wholesale and retail trade, accommodation and catering, publishing houses or newspaper publishing and distribution departments and other service industries, and other enterprises and institutions, and self-employed households; (2) commodities purchased from authorities and social organisations; (3) anti-smuggling and confiscated commodities purchased from Customs and market management departments; and (4) used commodities purchased from residents. Excluding: (1) commodities purchased by the enterprise for the unit's own business use, not as resale, such as materials and supplies, packaging, low-value consumables, office supplies, etc.; (2) commodities that have not been revenue through the act of buying and selling, such as accepting commodities transferred from other departments, borrowed commodities, commodities whose revenues are held in custody on behalf of other units, samples gifted by other units, and processed and recycled finished products; (3) commodities that are introduced by the unit and settled directly by the buyer and seller; and (4) commodities acquired from residents as used and scrap. introduced by the unit and settled directly by the buyer and seller, and the unit only receives the handling fee; (4) commodities returned by sales and the buyer's refusal to pay for the goods; (5) commodities overflow; and (6) commodities traded in futures.

Merchandise Sales refers to the amount of merchandise sold to units and individuals other than the unit (including merchandise sold for the unit's consumption, including value-added tax). Commodity sales include: (1) commodities sold to individuals and social groups for consumption; (2) commodities sold to various sectors of the national economy, such as agriculture, industry, construction, services, etc., for production and operation, including commodities sold to the wholesale and retail industry for resale or processed for resale; and (3) commodities directly exported to foreign countries (territories). Excluded are: (1) commodities not paid for through the act of buying and selling, such as commodities transferred to other business units due to changes in organisations, commodities on loan, return of commodities entrusted by other units for safekeeping, payment of raw materials for processing, and samples given to other units; (2) commodities sold by promotional coupons that are not counted as operating income; (3) businesses introduced by the unit and settled directly between buyer and seller, with the unit only receiving a handling fee; (4) sales of prepaid cards for commodities for which no transfer of ownership has occurred, such as gasoline cards; (5) service economic activities such as automobile repairs and sales of telephone cards; (6) commodities returned from purchases; (7) losses and damages to commodities; (8) sales of used materials for the unit's own use; (9) commodities traded in futures; and (10) water supplied by water supply enterprises, electric power enterprises, natural gas supply enterprises, and water , electricity and gas.

Commodity Inventory For legal entities and individual operators in the wholesale and retail industry, it refers to the amount of all commodities (including value-added tax (VAT)) for which ownership has been acquired at the end of the reporting period; for industrially active units in the wholesale and retail industry, it refers to the amount of all commodities (including VAT) that are actually in stock at the end of the reporting period and that are attributable to the legal entity with ownership. Commodities in stock include: (1) commodities stored in warehouses, yards, containers and shelves of the unit (e.g. stores, wholesale stations, purchasing stations, business offices); (2) commodities in the process of selecting, arranging and packaging; (3) commodities that have been recorded as purchases but have not yet been shipped to the unit, i.e. commodities for which the delivery note or bank acceptance has already arrived but the goods have not yet arrived; (4) commodities consigned elsewhere, e.g. commodities temporarily in the possession of the purchaser because of the purchaser's refusal to make payment; (5) commodities temporarily held by the purchaser, such as commodities temporarily held by the purchaser, and those temporarily held in the possession of the purchaser because the purchaser refuses to make payment; and (6) commodities temporarily held by the purchaser. temporarily in the purchaser's possession; (5) merchandise entrusted to other units for sale (not for sale or transfer) that has not yet been sold; and (6) merchandise purchased on behalf of other units that has not yet been delivered. Excluding: (1) the ownership does not belong to the unit of goods, such as goods have been made for sale but the buyer has not yet taken the goods, instead of other people's custody, transport, processing of goods, sales on behalf of other units (not made for sale or transfer) and not yet sold goods; (2) entrusted to external units of processing of commodities (including the unit belongs to the processing plant and other production units to process and produce the finished product is not yet recovered commodities); (3) Foreign trade enterprises on behalf of other units imported from abroad, has not been paid to the ordering unit of the goods; (4) on behalf of the national reserve department to keep the goods.

Accommodation Refers to activities that provide short-term accommodation for travellers, with some establishments providing only lodging and others providing a combination of lodging, food, business and recreation, excluding activities that rent out housing accommodations on a long-term basis, primarily on a monthly or annual basis.

Catering Refers to services that provide food and places and facilities for consumption to consumers through immediate preparation and processing, commercial sales and service labour.

Turnover Refers to all revenues (including value-added tax) obtained by accommodation and catering industry units from the provision of services or the sale of commodities, etc., in the course of their business activities, with revenues mainly derived from the provision of guest rooms, meal services, the sale of commodities and other services such as business services. It does not include the revenues from meals, sales of goods and other revenues of industrial activity units in other industries attached to multi-industry legal entities.

Room Revenue Refers to the income (including VAT) derived by accommodation and catering industry units from the provision of accommodation services in the course of their business activities. It does not include the room revenue of industrial activity units in other industries attached to multi-industry legal entities.

Revenue from Meals This refers to the income (including VAT) obtained by the organisation from the provision of meal services to customers. Including: income from various foodstuffs, such as staple food, stir-fry and coleslaw, which are sold after cooking, modification and processing. It does not include the income from meals of industrial activity units in other industries attached to multi-industry legal entities.

Chain Shop (headquarters) The core management organisation of the enterprise responsible for the development, configuration, control or use of the resources of the chain enterprise (trade name, goodwill, business model, service standards, management model, etc.). Chain operation refers to the organisational form of achieving economies of scale by operating a number of shops of the same kind of goods or services, using a uniform trade name, under the management of the same head office (headquarters), and adopting such methods as unified purchasing or franchising, including three forms of directly-managed chain, franchised chain and voluntary chain. Enterprises in the system, such as new bookstores, tobacco companies, oil companies, etc., should pay attention to whether they have the characteristics of chain operation, if not, they can not be included in the chain statistics. Among them, the direct chain refers to the chain shops opened by the chain company wholly owned or controlled by the headquarters of the direct control, to carry out a unified form of chain operation; franchise chain refers to the ownership of registered trademarks, corporate logos, patents, proprietary technology and other business resources of the enterprise (the franchisor), in the form of a contract will have the business resources licensed to other operators (franchisee) to use the franchised person according to the contract agreed to carry out business under a unified business model, the franchised person is the only one of the three forms of chain operation, the franchisor will not be included in the statistical category. The franchisee is contractually agreed to operate under a unified business model and pay franchise fees to the franchisor; voluntary chain refers to a number of shops or enterprises voluntarily combined, without changing the ownership of their respective assets, to face consumers with the same brand image, and to carry out the chain business form of common purchasing as a link.

Commodity Exchange Market with Turnover of Over 100 Million Yuan It refers to commodity trading markets with an annual turnover of RMB 100 million and above. Commodity trading market means a trading place approved and established by relevant departments and organisations, with fixed premises and facilities, business management departments and supervisory personnel, in which a number of market operators are admitted, which is open all year round or has actually been in operation for more than three months, and which centrally, openly and independently carries out trading in consumer goods, means of production and other commodities in spot, as well as provides related services, including all kinds of consumer goods markets, means of production markets, and so on.

Turnover of Commodity Trading Market Over 100 Million Yuan Refers to the total annual commodity turnover of all stalls, offices or facades in the market.

17

教育和科技

Education, Science and Technology

资料整理人员：王　丹　　甘杨辉　　郭开金

17-1 教育基本情况
Basic Statistics for Education

年份 Year	专任教师数（人） Number of Full-time Teachers (person)				在校学生数（万人） Student Enrollment (10 000 persons)				每万人口在校大学生数(人) University & College Student Enrollment per 10 000 Population (person)
	普通高等学校 Institutions of Higher Education	普通中等学校 Secondary Schools	普通中学 Regular Secondary Schools	小学 Primary Schools	普通本专科 Institutions of Higher Education	普通中等学校 Secondary Schools	普通中学 Regular Secondary Schools	小学 Primary Schools	
1949	500	1700	4400	92900	0.26	3.00	11.43	192.26	1.0
1950	600	600	3300	70300	0.26	0.90	5.00	116.88	1.0
1951	700	900	3500	90700	0.37	2.00	5.07	218.75	1.0
1952	800	1000	4700	96500	0.63	2.30	12.34	274.86	2.0
1953	900	1300	5800	102700	0.65	2.40	13.75	295.92	2.0
1954	1000	1400	6800	99200	0.79	2.20	15.48	276.40	2.0
1955	1200	1300	6900	100600	0.84	1.90	15.58	314.74	2.3
1956	1500	1500	7800	105600	1.18	2.20	20.28	383.65	3.4
1957	1800	1700	9100	110100	1.36	2.60	23.16	385.20	4.0
1958	2100	2900	16200	136700	2.24	7.90	47.22	525.71	6.0
1959	2600	3200	15400	142400	2.76	6.20	41.47	528.84	6.0
1960	4100	6200	20000	154000	3.94	12.70	54.73	573.35	11.0
1961	4600	4200	18800	142000	3.41	4.30	36.04	448.27	9.6
1962	4600	2200	18000	135300	2.91	2.20	30.30	376.09	8.0
1963	4400	2400	17900	135900	2.60	2.00	30.84	385.87	7.0
1964	3900	2600	18800	140400	2.09	1.90	36.83	494.80	5.5
1965	4000	2500	19800	142700	2.18	2.30	40.84	497.74	6.0
1966	3700	2800	22900	159300	1.92	3.10	49.99	550.61	5.0
1967	3700	2800	21500	161900	1.57	2.40	49.45	518.02	4.0
1968	3800	2600	28300	161900	1.10	1.40	54.54	476.93	3.0
1969	3700	1400	41700	176600	0.70	0.20	86.19	480.11	2.0
1970	4000	1200	56800	171100	0.43	0.80	123.58	516.91	1.0
1971	3600	1600	78500	186100	0.32	1.30	149.74	563.25	0.7
1972	4700	2000	81400	213600	1.03	1.60	171.72	650.79	2.0
1973	5200	2100	80100	236300	1.67	2.70	162.45	711.35	4.0
1974	5600	3000	79000	263600	2.18	3.50	165.86	809.73	4.5
1975	6000	3100	103600	274700	2.44	3.70	231.60	837.54	5.0
1976	6800	3400	151800	281600	2.55	3.20	320.47	842.69	5.0
1977	7300	3900	173500	280500	2.81	3.10	368.93	825.73	5.0
1978	8200	4200	166600	284800	3.57	3.50	346.44	829.32	7.0
1979	9200	5000	152800	293200	4.32	5.40	305.23	830.33	8.0
1980	9800	5700	149100	303200	5.45	5.40	281.77	832.24	10.0
1981	8900	6000	139900	311500	5.47	4.50	251.95	830.48	10.0
1982	10000	6500	134600	308500	4.82	4.40	243.59	810.64	8.8
1983	10600	6900	130000	311800	5.15	5.00	233.14	798.48	9.0
1984	11200	6700	129700	311400	5.82	5.70	242.36	791.56	10.0
1985	12700	6700	136400	313400	7.13	6.70	248.15	773.44	13.0

17-1 续表 Continued

年份 Year	专任教师数（人）Number of Full-time Teachers (person)				在校学生数（万人）Student Enrollment (10 000 persons)				每万人口在校大学生数(人)
	普通高等学校 Institutions of Higher Education	普通中等学校 Secondary Schools	普通中学 Regular Secondary Schools	小学 Primary Schools	普通本专科 Institutions of Higher Education	普通中等学校 Secondary Schools	普通中学 Regular Secondary Schools	小学 Primary Schools	University & College Student Enrollment per 10 000 Population (person)
1986	13500	7400	142600	308300	7.82	7.30	262.53	759.23	14.0
1987	14300	8300	150400	306700	8.34	7.70	267.17	738.43	14.0
1988	14500	8700	153600	308600	8.73	9.20	251.88	721.65	14.7
1989	14500	9100	159000	321700	8.90	10.20	249.62	705.82	15.0
1990	14400	9100	158100	306600	8.82	9.90	253.78	693.96	14.0
1991	14200	9100	163100	305700	8.86	9.90	257.03	687.63	14.0
1992	14300	9200	166200	300400	9.54	10.70	252.87	685.04	15.0
1993	14500	9500	168600	300300	11.10	12.90	250.45	697.32	17.7
1994	15000	9700	172000	298800	12.31	15.40	265.35	715.35	19.5
1995	15300	10600	179100	298000	13.04	18.60	285.41	736.65	20.0
1996	15700	11600	187100	298500	13.57	21.30	305.22	765.91	21.2
1997	15900	12300	194800	299500	14.37	23.70	323.24	787.13	22.0
1998	16500	12400	201800	304100	15.67	25.90	336.23	769.35	24.0
1999	17990	11934	212435	307404	19.40	27.30	356.00	721.40	30.0
2000	20317	10775	223693	306387	25.31	25.83	391.73	663.93	38.7
2001	23878	9036	236161	291574	33.13	24.09	425.59	601.26	50.2
2002	30557	8598	248245	276535	41.94	22.37	466.91	529.49	63.3
2003	33229	6377	259281	260704	53.72	22.65	488.78	468.69	80.6
2004	38345	5362	260897	248345	62.60	24.60	471.90	432.60	93.5
2005	45272	25962	261449	246112	74.24	70.56	429.11	419.83	110.3
2006	49470	28099	256047	247567	81.95	75.78	384.62	429.31	121.0
2007	54751	30628	251451	249994	89.05	83.10	354.31	444.84	130.9
2008	57651	30040	246257	250229	94.86	76.35	333.92	458.44	138.6
2009	58846	29514	243831	250365	101.38	80.87	320.78	469.15	146.9
2010	59557	28004	240494	250039	104.43	76.48	316.82	479.16	147.3
2011	61156	27977	268602	222630	106.79	77.88	317.72	490.32	161.9
2012	62541	27293	238277	246859	108.05	73.42	313.77	473.79	162.7
2013	63869	24827	236461	246273	110.08	65.07	318.39	467.81	210.6
2014	64919	25106	238543	248118	113.50	64.48	326.34	473.84	214.5
2015	66615	26047	238254	226087	117.98	64.80	329.85	488.86	221.4
2016	68726	25620	241508	253718	122.47	66.09	335.96	501.81	225.1
2017	70249	27001	247395	265887	127.32	68.65	344.26	511.66	238.8
2018	72689	29029	255386	274527	132.68	65.82	358.01	521.98	258.4
2019	76527	31027	266201	287097	140.71	67.00	370.39	528.77	296.5
2020	79598	32384	278936	300033	151.03	68.30	379.31	534.25	313.4
2021	79247	37461	290633	311039	159.61	74.66	392.81	530.06	348.7
2022	84418	39648	301339	313275	168.51	74.63	405.97	523.10	373.8
2023	89820	40428	308448	310354	177.80	70.37	418.08	518.49	399.0

注：2005年之后普通中等专业学校数为中等职业教育学校数据。

Prior to 2005 number of secondary vocation in schools as number of regular specialized secondary schools.

17–2 各级学校单位数及教职工数
Number of Schools and School Staff

年份 Year	普通高等学校 Regular Institution of Higher Education	中等职业教育学校 Secondary Vocational Schools	职业中学 Vocational Secondary Schools	技工学校 Technical Schools	普通中学 Regular Secondary Schools	普通小学 Primary Schools	特殊教育学校 Special Education Schools	学前教育 Pre-school Education
单位数（所）	**Number of Schools (unit)**							
1980	46	117	179	115	7411	53400		15295
2000	52	144	539	167	4505	34521	57	5473
2005	93	665	477	147	4560	17108	53	4359
2006	96	677	496	138	4394	15859	52	4528
2007	99	708	534	140	4257	14677	51	4751
2008	100	687	539	144	4129	13929	50	5516
2009	115	682	533	128	4032	13263	51	6453
2010	117	626	486	129	3933	12692	54	7829
2011	120	567		129	3904	10824	58	9488
2012	106	525		129	3885	10165	61	11030
2013	107	496		129	3878	9270	69	12236
2014	109	501		129	3894	8560	76	12935
2015	109	471		129	3906	8412	78	13944
2016	109	460		130	3901	8272	79	14365
2017	109	467		131	3912	7757	79	14670
2018	109	472		133	3957	7335	85	15166
2019	110	487		139	4010	7245	86	15717
2020	114	494		147	4044	7245	95	16285
2021	114	496		146	4098	7132	99	16312
2022	116	495		87	4145	6835	100	15998
2023	123	497		85	4140	6604	98	15327
教职工数（人）	**Number of Teachers and Staff (person)**							
1980	24462	13262	1242	6391	192400	321900		39900
2000	46642	21078	22375	10050	259989	324199	1203	39790
2005	80766	39753	26081	8955	305413	261560	1213	37864
2006	86031	43243	30020	8890	300958	263305	1245	42932
2007	90417	46733	33309	8669	294108	264623	1314	49181
2008	93303	45475	32686	9217	288168	265680	1338	58230
2009	94428	44459	32023	9394	285576	266878	1397	69731
2010	94871	41822	29926	10074	281722	266854	1531	88538
2011	95652	40070		11097	312162	235773	1656	107361
2012	96322	38410		11552	309794	231358	1673	126187
2013	96915	33342		11820	301044	226699	1733	143739
2014	97652	33272		11229	301432	226307	1826	157461
2015	98746	34134		10946	302504	226087	1936	175737
2016	100543	33290		11056	304863	227973	2016	195150
2017	102318	34447		11128	313347	235374	2258	212635
2018	104086	36678		10573	325006	238800	2479	228288
2019	108434	39075		10803	340714	247537	2711	244405
2020	111678	40486		9942	356161	257148	2911	258805
2021	113308	43575		11343	373112	269133	3328	268230
2022	117276	45729		11153	384361	270671	3491	261226
2023	120418	46354		10866	391497	266440	3556	235176

注：本表高等学校含3所部属院校，不含军事院校、分院校和大专班。2022年技工学校指标统计口径为现确有招生的院校，非历史注册院校。

Regular institutions of higher education includes three institutions managed by the national ministry,excluding military institutions, branches and Specialized Subject class.The 2022 technical school indicator statistics are for institutions that do have current enrolments, not historically registered institutions.

17-3 各级学校招生及毕业生数
New Student Enrollment and Graduates

单位：人 (person)

年份 Year	普通高等学校 Regular Institution of Higher Education	中等职业教育学校 Secondary Vocational Schools	职业中学 Vocational Secondary Schools	技工学校 Technical Schools	普通中学 Regular Secondary Schools	高中 Senior Secondary Schools	初中 Junior Secondary Schools	普通小学 Primary Schools	特殊教育学校 Special Education	学前教育 Pre-school Education
招生数	**New Student Enrollment**									
1980	13004	20515	9267	16071	934300			1657300		
2000	101020	63625	93447	26683	1518734	260515	1258219	717496	2090	583324
2005	246520	317819	192156	60779	1325504	512714	812790	710905	1181	687422
2006	263799	314465	203364	59657	1216865	489621	727244	785684	1347	723322
2007	288712	336757	220657	56460	1171706	438131	733575	862812	2317	749784
2008	307575	280488	200876	61200	1111499	392351	719148	847528	2443	825608
2009	323592	348884	195299	60378	1076485	356521	719964	833027	2246	878680
2010	309776	302889	173050	59516	1104881	370508	734373	863796	2174	1001644
2011	310172	279918		51484	1104813	369889	734924	869704	1117	1035175
2012	324526	253092		46643	1112562	370069	742493	880773	1132	1082809
2013	325880	228682		40878	1140231	373754	766477	847605	2240	974589
2014	344724	227065		37444	1110833	365462	745371	813950	2924	1061997
2015	360030	237759		40291	1118969	380349	738620	886705	4625	989791
2016	376279	251324		47606	1174079	393932	780147	899873	5446	937912
2017	391611	250215		39563	1189640	398100	791540	884161	6295	862373
2018	416228	229118		38271	1249377	406744	842633	930488	4730	785219
2019	456160	253467		45870	1288589	437339	851250	895433	8262	794812
2020	489163	248228		55039	1273195	448890	824305	848870	8040	813618
2021	494085	282461		57701	1377485	480904	896581	840357	8333	724842
2022	552289	260676		58122	1415019	504382	910637	820842	7385	634311
2023	571132	230421		52232	1401427	502641	898786	844762	7980	519517
毕业生数	**Graduates**									
1980	1306	21260	2469	6114	522900			1297800		
2000	42428	73076	68800	20479	1000980	145587	855393	1302004	1138	
2005	147642	187911	98870	37958	1591964	340207	1251757	815684	760	
2006	187456	215907	119210	39551	1540757	378477	1162280	716297	937	
2007	207604	256378	152676	42407	1357555	408711	948844	712920	1538	
2008	240027	269438	181021	43441	1204202	429998	774204	702820	1551	
2009	253795	273181	184098	47353	1108959	415666	693293	718528	1606	
2010	275285	282883	172902	44142	1059256	361786	697470	723227	1378	
2011	284178	225490		45149	1018307	325598	692709	730155	613	516842
2012	305674	251480		41949	998786	310055	688731	770212	634	735088
2013	325880	237119		40248	983228	316720	666508	770482	1286	799267
2014	295442	205099		28593	972811	320363	652448	741023	1202	827392
2015	300161	204137		29936	1034745	334954	699791	730191	1768	903774
2016	316123	199567		29207	1081856	341973	739883	769729	3328	923857
2017	332792	194901		28339	1076681	344076	732605	781279	3070	949433
2018	347641	204504		30746	1089422	364539	724883	832334	4730	983284
2019	361908	209896		34656	1149037	379575	769462	839304	5550	997220
2020	376043	207929		34237	1172445	385595	786850	812917	7332	1000295
2021	394182	206223		46685	1234405	394244	840161	886737	6977	937168
2022	449235	226792		46503	1271830	425201	846629	902495	7553	906555
2023	462819	226885		38565	1267414	440247	827167	894578	8244	903264

注：2005 年之前中等职业教育学校数据为普通中等专业学校数。

Prior to 2005 number of secondary vocational education in schools as number of regular specialized secondary schools.

17-4 硕士研究生在校学生、招生及毕业生数
Student Enrollment, New Student Enrollment and Graduates of Postgraduates

单位：人 (person)

年份 Year	招生数 New Student Enrollment	毕业生数 Graduates	在校学生数 Student Enrollment
1980	77		347
1990	705	812	2165
2000	3475	1311	7729
2001	4575	1639	10589
2002	4899	1641	11385
2003	7187	2715	15965
2004	9051	3637	21341
2005	10039	4654	26839
2006	11550	6542	31954
2007	12323	8507	35846
2008	13067	9847	38628
2009	15462	11250	42983
2010	16358	11682	46970
2011	16956	12974	50307
2012	17768	14743	52344
2013	18473	15745	54454
2014	18795	17414	55121
2015	19504	17031	57237
2016	20034	17273	59026
2017	25075	17307	66122
2018	25801	18552	72290
2019	26714	19628	78684
2020	31051	22843	86108
2021	32373	24322	93186
2022	34326	25965	99285
2023	35474	29011	104248

17-5 普通高等学校本科在校学生、招生及毕业生数
Student Enrollment, New Student Enrollment and Graduates of Colleges and Universities

单位：人 (person)

项 目	Item	在校学生数 Student Enrollment		招收学生数 New Student Enrollment		毕业生数 Graduates	
		2022	2023	2022	2023	2022	2023
总 计	**Total**	**867601**	**913956**	**248017**	**255182**	**194962**	**204927**
哲 学	Philosophy	564	672	187	216	75	103
经济学	Economics	40129	40844	11143	11040	9659	9691
法 学	Law	32052	34875	9209	8798	6452	7142
教育学	Education	35345	40458	11255	12855	7751	7447
文 学	Literature	93133	95691	25726	24623	20487	22488
历史学	History	4707	5452	1554	1517	596	763
理 学	Science	67217	72428	18594	19537	13484	14872
工 学	Engineering	294721	316883	87803	92484	64037	67658
农 学	Agriculture	12031	13455	3918	4467	2624	2872
医 学	Medicine	87729	91886	23241	24186	17958	19849
管理学	Management	120245	121291	34354	34670	32375	32060
艺术学	Art	79728	80021	21033	20789	19464	19982

17-6 普通高等学校、中等职业教育学校教职工情况
Staff and Workers in General Institutions of Higher Education and Specialized Secondary Schools

单位：人 (person)

类　别	Item	高等学校 General Institutions of Higher Education		中等职业教育学校 Specialized Secondary Schools	
		2022	2023	2022	2023
教职工	**Staffs and Teachers**	**118404**	**120418**	**45729**	**46354**
专任教师	Full-time Teachers	86921	91376	37918	38930
教辅人员	Auxiliary Teaching Staff	9816	8710	2193	2061
行政人员	Administrative Personnel	14786	14182	3093	2907
工勤人员	Logistics Personnel	4810	4262	2520	2449
其他附设机构人员	Personnel of Other Affiliated Institutions	2071	1888	5	7

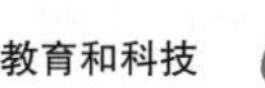

17-7 普通高等学校分科专任教师情况（2023年）
Full-time Teachers in General Institutions of Higher Education by Field of Study (2023)

单位：人 (person)

类 别	Item	合 计 Total	正高级 Professors	副高级 Associate Professors	中 级 Lecturers	初 级 Assistants	未定职级 No Assessment
总 计	**Total**	**53100**	**8131**	**15603**	**20825**	**2707**	**5834**
哲 学	Philosophy	1686	260	413	679	87	247
经济学	Economics	2193	351	629	833	85	295
法 学	Law	2636	338	678	1169	139	312
教育学	Education	4365	400	1140	1838	304	683
文 学	Literature	6292	600	1727	2976	354	635
历史学	History	498	104	159	171	20	44
理 学	Science	6186	1305	1925	2149	222	585
工 学	Engineering	14536	2776	4719	5334	419	1288
农 学	Agriculture	1280	258	368	417	43	194
医 学	Medicine	4836	854	1695	1634	378	275
管理学	Management	4485	607	1255	1742	304	577
艺术学	Art	4107	278	895	1883	352	699

17–8 中等职业教育分科专任教师和学生数（2023年）
Students and Full-time Teachers in General Specialized Secondary Schools (2023)

单位：人　(person)

类 别	Item	招生数 New Student Enrollment	毕业生数 Graduates	在校学生数 Student Enrollment	专任教师 Full-time Teachers
总 计	**Total**	**230421**	**226885**	**703675**	**40428**
农林牧渔大类	Agriculture, Forestry, Animal Husbandry and Fishery	6726	8290	23959	688
资源环境与安全大类	Resource Environment and Security Categories	1294	486	3030	103
能源动力与材料大类	Energy, Power and Materials	407	59	688	193
土木建筑大类	Civil Construction Category	2495	3409	10014	492
水利大类	Water Conservancy Categories	181	274	515	45
装备制造大类	Equipment Manufacturing Category	33475	27729	96992	2710
生物与化工大类	Biology and Chemical Industry	265	168	975	136
轻工纺织大类	Light Textile Category	4336	4627	13726	442
食品药品与粮食大类	Food, Drugs and Food Categories	425	123	1067	100
交通运输大类	Transportation Categories	19693	17576	56661	1341
电子与信息大类	Electronics and Information	62258	63788	188395	5880
医药卫生大类	Medical and Health Care Categories	16360	11208	45970	1611
财经商贸大类	Finance and Commerce Category	28640	28389	86276	2521
旅游大类	Tourism Categories	12708	12307	36159	1497
文化艺术大类	Culture and Art Category	11449	13578	37037	3219
新闻传播大类	Major Categories of News Communication	250	315	811	81
教育与体育大类	Education and Physical Education	22809	28503	82864	4306
公安与司法大类	Public Security and Justice Categories	110		198	42
公共管理与服务大类	Public Administration and Service Category	6540	6056	18338	793

注：专任教师中含文化基础课教师和实习指导课教师。
Full–time teachers included teachers of basic culture and intern guide.

17–9 普通中学、小学按城乡和主办部门分组的情况(2023年)

Basic Statistics on General Secondary Schools, Primary Schools by Urban and Rural Area and by Department (2023)

单位：人 (person)

类别	Item	合计 Total	按城乡分 By Urban and Rural Areas 城市 Urban Areas	县镇 Counties and Towns	农村 Rural Areas	按主办部门分 By Departments 教育部门和集体办 Schools Run by Educational Departments	其他部门和民办 Schools Run by Other Departments
普通中学	**Regular Secondary Schools**						
学校数（所）	Number of Schools (unit)	4140	872	2097	1171	3609	531
教职工数	Number of Staffs and Teachers	391497	135747	206095	49655	327572	63925
#专任教师数	# Full-time Teachers	308448	107568	165721	35159	268031	40417
招生数	New Student Enrollment	1401427	515253	755924	130250	1194813	206614
毕业生数	Number of Graduates	1267414	434534	702973	129907	1076941	190473
在校学生数	Student Enrollment	4180814	1493703	2283116	403995	3565822	614992
普通中学中：高中	**Senior Secondary Schools**						
学校数（所）	Number of Schools (unit)	750	318	381	51	486	264
专任教师数	Full-time Teachers	106416	43088	57835	5493	83895	22521
招生数	New Student Enrollment	502641	196114	277672	28855	372051	130590
毕业生数	Number of Graduates	440247	171805	248425	20017	355950	84297
在校学生数	Student Enrollment	1473029	577991	817780	77258	1120371	352658
普通中学中：初中	**Junior Secondary Schools**						
学校数（所）	Number of Schools (unit)	3390	554	1716	1120	3123	267
专任教师数	Full-time Teachers	202032	64480	107886	29666	184136	17896
招生数	New Student Enrollment	898786	319139	478252	101395	822762	76024
毕业生数	Number of Graduates	827167	262729	454548	109890	720991	106176
在校学生数	Student Enrollment	2707785	915712	1465336	326737	2445451	262334
小　学	**Primary Schools**						
学校数（所）	Number of Schools (unit)	6604	1281	2457	2866	6470	134
教职工数	Number of Staffs and Teachers	266440	94532	120535	51373	259164	7276
#专任教师数	# Full-time Teachers	310354	107986	142482	59886	295338	15016
招生数	New Student Enrollment	844762	365243	384758	94761	820342	24420
毕业生数	Number of Graduates	894578	299391	447902	147285	832278	62300
在校学生数	Student Enrollment	5184911	2027438	2471692	685781	4951161	233750

注：1. 普通初中学校数包括初级中学、九年一贯制学校和职业初中；普通高中包括完全中学、高级中学和十二年一贯制学校。

2. 所有教职工数据均按学校类型统计，专任教师按教育层次统计。以九年一贯制学校为例，教职工全部统计为普通中学教职工，专任教师则分别统计为小学、初中专任教师。

a. Junior Secondary Schools include regular junior secondary schools、nine–year coherent schools and vocational junior secondary school; Senior secondary schools include regular senior secondary schools、full secondary schools and twelve–year coherent schools.

b. All data of staff statistics are according to the school type,full–time teachers in education level statistics. Take nine–year coherent schools as example, all school staff count as secondary school staff, and full–time teachers are respectively primary and junior secondary teachers.

17-10 各级学校在校女学生和女教职工数
Number of Female Students and Faculties by Level of School

类 别	Item	2010	2020	2022	2023
女学生 （万人）	**Number of Female Students (10 000 persons)**	**457.35**	**537.80**	**556.71**	**562.29**
普通高等学校	Regular Institutions of Higher Education	53.05	78.85	85.83	89.56
中等职业学校	Secondary Vocational Schools	11.71	31.56	35.16	33.21
普通中学	Regular Secondary Schools	149.80	178.98	191.36	196.69
普通小学	Primary Schools	220.51	248.42	244.35	242.83
女学生占全部学生 （%）	**Percentage of Female Students to Total Students (%)**	**47.4**	**47.5**	**47.5**	**47.5**
普通高等学校	Regular Institutions of Higher Education	50.8	52.2	50.9	50.4
中等职业学校	Secondary Vocational Schools	63.3	46.2	47.1	47.2
普通中学	Regular Secondary Schools	47.3	47.2	47.1	47.0
普通小学	Primary Schools	46.0	46.5	46.7	46.8
女教职工 （万人）	**Number of Female faculties (10 000 persons)**	**30.79**	**46.04**	**51.11**	**52.47**
普通高等学校	Regular Institutions of Higher Education	4.27	5.57	6.02	6.27
中等职业学校	Secondary Vocational Schools	0.23	2.08	2.48	2.57
普通中学	Regular Secondary Schools	11.17	19.97	22.60	23.57
普通小学	Primary Schools	13.85	18.43	20.02	20.06
女教职工占全部教职工 （%）	**Percentage of Female Faculties to Total Faculties (%)**	**45.4**	**60.1**	**62.5**	**63.6**
普通高等学校	Regular Institutions of Higher Education	45.0	49.8	51.3	52.1
中等职业学校	Secondary Vocational Schools	43.5	51.4	54.1	55.4
普通中学	Regular Secondary Schools	39.7	56.1	58.8	60.2
普通小学	Primary Schools	51.9	71.7	74.0	75.3

17-11 平均每万人口中在校学生
Student Enrollment per 10 000 Population

项 目	Item	2010	2020	2022	2023
各级各类在校生学生占全省人口比重（%）	**Students as Percentage of Total Population (%)**	**13.8**	**21.0**	**22.2**	**22.1**
平均每万人口中在校学生（人）	**Student Enrollment Per 10 000 Population (person)**				
普通高等学校	Regular Institutions of Higher Education	152	218	255	271
中等职业教育学校	Secondary Vocational Schools	111	99	113	107
普通小学	Primary Schools	694	772	790	789

注：1. 本表未包括技工学校在校学生。
2. 2006 年起中等学校改为中等职业教育。
a. Secondary schools excludes schools for skilled workers.
b. From 2006,Secondary Schools change Secondary Vocational Schools.

17-12 民办（私立）学校情况
Statistics on Private Schools

单位：人 (person)

项 目	Item	2010	2020	2022	2023
普通中学	**Regular Secondary Schools**				
学校数（所）	Number of Schools (unit)	252	453	494	520
教职工数	Staffs and Teachers	18959	59918	62056	63180
专任教师数	Full-time Teachers	13629	35039	37520	39806
毕业生数	Graduates	90021	170868	182411	188128
招生数	New Student Enrollment	106538	225341	200818	204574
在校学生数	Student Enrollment	290702	627467	600904	608118
普通小学	**Primary Schools**				
学校数（所）	Number of Schools (unit)	121	152	126	123
教职工数	Staff and Teachers	9439	7647	7430	6627
专任教师数	Full-time Teachers	6099	18380	15646	14403
毕业生数	Graduates	20039	61376	69250	60772
招生数	New Student Enrollment	25136	43993	23667	22466
在校学生数	Student Enrollment	141929	343557	260281	221906

17–13 特殊教育学校基本情况
Basic Statistics on Schools for Special Education

单位：人 (person)

项　目	Item	2010	2020	2022	2023
各类特殊学校数　（所）	Number of Schools for Special Education (unit)	54	95	100	98
教职工数	Staffs and Teachers	1531	2911	3491	3556
专任教师数	Full-time Teachers	1168	2624	3086	3201
毕业生数	Graduates	1378	7332	7553	8244
招生数	New Student Enrollment	2174	8040	7385	7980
在校学生数	Student Enrollment	13209	54119	53573	51740

17–14 平均每一教职工负担学生
Student-educational Personnel and Full-time Teacher Ratio

单位：人 (person)

项　目	Item	2010	2020	2022	2023
平均每一教职工负担的学生	**Student - educational Personnel Ratio**				
普通高等学校	Regular Institutions of Higher Education	13.49	13.52	16.80	17.22
中等职业学校	Secondary Vocational Schools	18.29	16.87	16.32	15.18
普通中学	Regular Secondary Schools	11.25	10.65	10.56	10.68
普通小学	Primary Schools	17.96	20.78	19.33	19.46
平均每一专任教师负担的学生	**Student-full-time Teacher Ratio**				
普通高等学校	Regular Institutions of Higher Education	17.72	18.73	18.28	18.18
中等职业学校	Secondary Vocational Schools	25.62	21.09	18.82	17.41
普通中学	Regular Secondary Schools	13.17	13.60	13.47	13.55
普通小学	Primary Schools	19.16	17.81	16.70	16.71

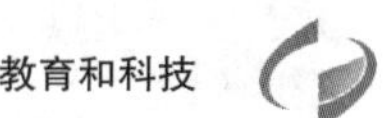

17−15　初中和小学毕业生升学率及学龄儿童入学率
Percentage of Graduates of Junior Middle Schools and Primary Schools Entering Higher Level Schools, Percentage of School-age Children Enrolled

单位：万人　　　　(10 000 persons)

项　目	Item	2010	2020	2022	2023
初　中	**Junior Middle Schools**				
毕业生数	Number of Graduates	69.75	78.69	84.66	82.72
高级中等学校招生数	New Student Enrollment of Senior Secondary Schools	68.58	74.18	80.57	73.31
升学率　(%)	Percentage of Graduates (%)	98.32	94.28	95.17	88.62
小　学	**Primary Schools**				
毕业生数	Number of Graduates	72.81	81.29	90.25	89.46
初级中等学校招生数	New Student Enrollment of Junior Secondary Schools	73.44	82.43	91.06	89.88
升学率　(%)	Percentage of Graduates (%)	100.86	101.40	100.90	100.47
学龄儿童	**School-age Children**	**462.07**	**758.94**	**763.52**	**765.74**
已入学学龄儿童	School-age Children Enrolled in Schools	461.69	758.93	763.52	765.74
入学率　(%)	Enrollment Rate (%)	99.92	100.00	100.00	100.00

注：2006年起初中升学率包括：普通高中招生数。职业高中招生数。技工学校招生数。普通中专招收初中应届毕业生数。成人中专招收初中应届毕业生数。

From 2006, the percentage of graduates in junior middle schools includes: the number of new student enrollment in senior schools, vocational high schools, technical training schools, vocational secondary schools and adult vocational schools.

17−16　学前教育基本情况
Basic Statistics on Pre-school Education

项　目	Item	2010	2020	2022	2023
幼儿园个数　(所)	Number of Kindergartens (unit)	7829	16285	15998	15327
班数　(个)	Number of Classes (unit)	45426	84019	79245	69730
在园幼儿数　(万人)	Student Enrollment (10 000 persons)	141.91	231.39	216.00	183.70
教职工数　(万人)	Number of Staffs and Teachers (10 000 persons)	8.85	25.88	26.12	23.52
#专任教师	#Full-time Teachers	4.80	12.21	12.54	11.13

17-17 各类专业技术人员

Various Specialized Technical Personnel

单位：人 (person)

项　目	Item	2022 合计 Total	2022 企业 Enterprise	2022 事业 Institutions	2023 合计 Total	2023 企业 Enterprise	2023 事业 Institutions
总　计	**Total**	**1110945**	**143523**	**967422**	**1130560**	**154295**	**976265**
#高级职称	#Senior	192122	11695	180427	195076	13244	181832
中级职称	Secondary	459063	40562	418501	465373	44385	420988
#女性	#Female	612716	53218	559498	635063	56017	579046
#自然科学	#Natural Sciences	969182	75933	893249	978836	84992	893844
#社会及人文科学	#Social Sciences and Humanities	141763	67590	74173	151724	69303	82421

注：此表未包括国家机关与人民团体中的专业技术人员。2008 年起，本表数据不含中央在湘单位，国有单位改为公有经济企业，集体单位改为事业单位（下表同）。事业单位自然科学和社会及人文科学只统计正式在册人员。

Technicians from government offices and mass organizations were excluded. Form 2008, Technicians from center units in Hunan province were excluded. State-Owned units changed into State-Owned Enterprises , Collective-Owned units changed into Institutions(The same as the following). Natural Sciences and Social Sciences and Humanities of Institutions only count Officially registered workers.

17-18 自然科学研究获奖成果

Number of Achievements in Natural Scientific Research

单位：项 (item)

项　目	Item	2010	2020	2023
省自然科学奖	Provincial Natural Sciences Prize	45	83	98
省技术发明奖	Provincial Invention Prize	11	23	22
省科技进步奖	Provincial Scientific Technological Progress Prize	170	152	180
国家科学技术进步奖	National Scientific Technological Progress Prize	19	13	13
国家技术发明奖	National Invention Prize	1	1	4
国家自然科学奖	National Natural Sciences Prize	1	1	2

注：2024 年颁发的省级有关奖励为 2022-2023 年省科技奖励，未单独颁发 2022 年省科技奖励。

The provincial awards issued in 2024 were the provincial science and technology awards for the period of 2022 - 2023. There was no separate issuance of the provincial science and technology award for 2022.

17–19 科技成果情况（2023年）
Statistics on Achievements of Science and Technology (2023)

单位：项 (item)

项　目	Item	总　计 Total	科研院所 Research Institutions	大专院校 Universities and Colleges	工矿企业 Industrial and Mining Enterprises	其　他 Others
项目基本情况	**Basic Statistics on Items**					
登记项目数	Number of Registered Items	911	30	64	749	68
#基础理论成果	#Results of Foundation Theories	10	1	4	1	4
软科学成果	Results of Soft Science	17	6		3	8
应用技术成果	Results of Applied Technique	884	23	60	745	56
#鉴定项目数	#Number of Appraised Items	13		1	12	
奖励项目数	Number of Prized Items	293	77	142	62	
项目计划管理情况	**Statistics of Items Planned Management**					
国家计划项目	National Plan Items	21	3	12	6	
省部计划项目	Provincial Plan Items	125	15	15	58	37
计划外项目	Non-plan Items	765	12	37	685	31
应用成果水平	**Level of Achievements**					
国际首创或领先	Originate and Keep Ahead at International	32	3	4	25	
国际先进	International Advanced Level	56	3	8	45	
国内首创或领先	Originate and Keep Ahead at National	56	2	1	52	1
国内先进	Domestically Advanced Level	23	1		21	1
其他	Others	717	14	47	602	54

17–20 三种专利批准项数
The Number of Patent Approval in The Three Categories

单位：项 (item)

项 目	Item	批 准 数 Patent Approval 2022	2023
总 计	**Total**	**92916**	**74940**
按种类分	**By Types**		
发明	Creation and Inventions	20423	20133
实用新型	Utility Models	54686	39760
外观设计	Designs	17807	15047
按申请人类别分	**By Proposer**		
个人	Personal	17608	12142
大专院校	Universities and Colleges	12763	9153
科研单位	Research Institutions	836	673
工矿企业	Industrial and Mining Enterprises	60706	51332
机关团体	Agencies and Organizations	1003	1640

17–21 各类技术合同签订及执行情况 (2023年)
Statistics on Contracts Signed and Performed (2023)

项 目	Item	合同数（项）Number of Contracts (item)	合同金额（万元）Contracted Value (10 000 yuan)	#技术交易额 Value of Technical Trade
总 计	**Total**	**55295**	**39952928**	**7280483**
技术开发合同	Contracts of Technical Development	4985	3073920	1158137
技术转让合同	Contracts of Technical Alienation	715	117038	108700
技术服务合同	Contracts of Technical Services	2920	366590	138553
技术咨询合同	Contracts of Technical Consultative	46207	36341976	5841702
技术许可合同	Contracts of Technical Licensing	468	53405	33391

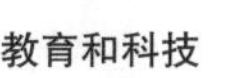

17–22 各级科技计划项目进入技术市场情况(2023年)

Statistics on Different Levels of Scientific Plan Items Put into Technical Markets (2023)

项 目	Item	总计 Total	国家计划 Country Level	部门计划 Department Level	省、自治区、直辖市及计划单列市计划 Provinces, Autonomous Regions, Municipality and Cities Listed Separately Level	地市县计 划 Cities and Counties Level	计划外 Unplanned Level	院校计划 Colleges Level
项目个数合计(项)	**Total (item)**	**55295**	**568**	**378**	**2099**	**3603**	**48495**	**152**
#机关法人	#Official Organ as a Legal Person	257		27	155	19	56	
事业法人	Corporation of Public Utility	11544	522	121	968	683	9139	111
社团法人	Juridical Association	40		2	2	6	30	
企业法人	Legal Body of Enterprise	42544	46	221	960	2759	38518	40
自然人	Natural Personal	499		4	6	131	357	1
其他组织	Other Organizations	411		3	8	5	395	
金额合计 (万元)	**Total (10 000 yuan)**	**39952928**	**108926**	**1663766**	**7258072**	**5206947**	**25616886**	**98331**
#机关法人	#Official Organ as a Legal Person	658086		109085	474939	49057	25005	
事业法人	Corporation of Public Utility	1550838	58123	52964	129022	99618	1207008	4104
社团法人	Juridical Association	15489		46	405	4615	10424	
企业法人	Legal Body of Enterprise	37277989	50803	1500902	6562543	4991937	24077636	94169
自然人	Natural Personal	398697		740	69013	61478	267465	
其他组织	Other Organizations	51828		30	22150	242	29348	59

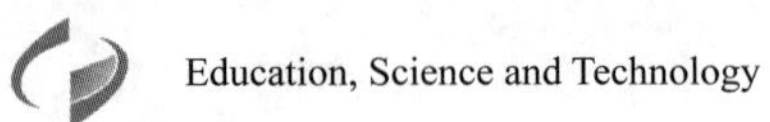

17−23 研究与试验发展（R&D）经费内部支出
Intramural Expenditures on R&D

单位：万元 (10 000 yuan)

年 份 Year	R&D 经费内部支出 Intramural Expenditure on R&D	基础研究 Basic Research	应用研究 Applied Research	试验发展 Experiment Development
2016	4688418	131039	493659	4063720
2017	5685310	162137	587051	4936122
2018	6582729	227831	724941	5629957
2019	7871638	315091	869699	6686848
2020	8987001	344758	1111401	7530842
2021	10289088	516438	1134250	8638400
2022	11752512	772349	1270860	9709303
2023	12839424	882411	1289979	10667033

17–24 R&D 活动基本情况(2023年)
Basic Information on R&D Activities (2023)

项 目	Item	总计 Total	科研机构 Scientific Research Institution	高等学校 Higher Edu-cation	工业企业 Industrial Enterp-rises	非工业企业 Non Industrial Enterprises	事业单位 Institu-tions
有 R&D 活动的单位数(个)	**Number of Units Having R&D Activities (unit)**	**10935**	**87**	**236**	**9649**	**786**	**177**
R&D 人员 (人)	**R&D Personnel (person)**	420965	8713	76767	283412	44440	7633
#女性	# Female	106997	2865	30817	62120	8706	2489
#全时人员	# Full-time Personnel	277049	7376	30309	206063	28662	4639
R&D 人员全时当量 (人年)	**Full-time Equivalent of R&D Personnel (man-year)**	**293642**	**7779**	**35015**	**209066**	**35781**	**6001**
基础研究人员	Basic Research	19250	1507	16703	209	488	343
应用研究人员	Applied Research	26886	2141	15972	5635	1773	1365
试验发展人员	Experimental Development	247509	4131	2340	203222	33520	4295
R&D 经费内部支出 (万元)	**Intramural Expenditure on R&D (10 000 yuan)**	**12839424**	**515244**	**1563138**	**9474938**	**1043257**	**242847**
#政府资金	# Government Funds	1741259	439807	935128	197179	18069	151077
按支出用途分	By Use						
日常性支出	Daily Expenses	11771796	455854	1170441	8949002	1020406	176093
#人员劳务费	# Service Fees	3715643	149267	596024	2398828	459802	111722
资产性支出	Capital Expenditures	1067627	59390	392697	525936	22851	66754
按活动类型分	By Activity						
基础研究支出	Basic Research	882411	57919	697858	69063	12040	45531
应用研究支出	Applied Research	1289979	190557	752448	226334	49544	71097
试验发展支出	Experimental Development	10667033	266768	112831	9179541	981673	126219
R&D 经费外部支出 (万元)	**External Expenditure on R&D (10 000 yuan)**	**772920**	**203367**	**69239**	**467870**	**25359**	**7085**

17-25 R&D 人员情况(2023年)
R&D Personnel (2023)

项 目	Item	有R&D活动的单位数(个) Number of Enterprises Having R&D Activities (unit)	R&D人员(人) R&D Personnel (person)	#女性 Female	全时人员 Full-time Personnel	非全时人员 Part-time Personnel
总 计	**Total**	**10935**	**420965**	**106997**	**277049**	**143916**
按执行部门分组	**By Performer**					
科研机构	Scientific Research Institution	87	8713	2865	7376	1337
高等学校	Higher Education	236	76767	30817	30309	46458
企业	Enterprises	10435	327852	70826	234725	93127
工业企业	Industrial Enterprises	9649	283412	62120	206063	77349
非工业企业	Non Industrial Enterprises	786	44440	8706	28662	15778
事业单位	Institution	177	7633	2489	4639	2994
按国民经济行业分组	**By Sector**					
农、林、牧、渔业	Agriculture, Forestry, Farming of Animals and Fishing	19	119	9	67	52
采矿业	Mining	231	5837	891	3802	2035
制造业	Manufacturing	9139	270135	59754	198986	71149
电力、燃气及水的生产和供应业	Production and Distribution of Electricity, Gas and Water	279	7440	1475	3275	4165
建筑业	Construction	144	17192	1906	9918	7274
批发和零售业	Wholesale and Retail Trade	3	31	6	23	8
交通运输、仓储和邮政业	Traffic,Transport,Storage and Post	87	2812	589	1289	1523
信息传输、计算机服务和软件业	Information Transfer,Computer Services and Software	161	10044	2215	7616	2428
金融业	Finance	3	243	37	190	53
租赁和商务服务业	Tenancy and Business Services	59	1015	299	675	340
科学研究、技术服务和地质勘查业	Scientific Research,Technical Service and Geologic Perambulation	428	24443	6939	18323	6120
水利、环境和公共设施管理业	Management of Water Conservancy,Environment and Public Establishment	39	838	212	585	253
教育	Education	210	68854	27257	23857	44997
卫生、社会保障和社会福利业	Sanitation,Social Security&Social Welfare	90	10632	4991	7472	3160
文化、体育和娱乐业	Culture,Sports and Entertainment	43	1330	417	971	359
按地区分组	**By Region**					
长沙市	Changsha	2154	164838	43184	108784	56054
株洲市	Zhuzhou	649	36320	7757	26323	9997
湘潭市	Xiangtan	658	32192	9270	19802	12390
衡阳市	Hengyang	738	27974	7307	18334	9640
邵阳市	Shaoyang	1217	24350	5992	16512	7838
岳阳市	Yueyang	1144	25480	5685	16592	8888
常德市	Changde	1030	25288	6785	15623	9665
张家界市	Zhangjiajie	63	1383	466	821	562
益阳市	Yiyang	629	15704	4272	10275	5429
郴州市	Chenzhou	802	20024	4825	13395	6629
永州市	Yongzhou	753	16392	4194	11458	4934
怀化市	Huaihua	582	14473	3285	8668	5805
娄底市	Loudi	390	12691	2726	8316	4375
湘西州	Xiangxi	126	3857	1249	2147	1710

17-26 R&D 人员全时当量情况(2023年)
Full-time Equivalent of R&D Personnel (2023)

单位：人年 (man-year)

项 目	Item	R&D 人员全时当量 Full-time Equivalent of R&D Personnel	基础研究人员 Basic Research Personnel	应用研究人员 Applied Research Personnel	试验发展人员 Experimental Development Personnel
总 计	**Total**	**293642**	**19250**	**26886**	**247509**
按执行部门分组	**By Performer**				
科研机构	Scientific Research Institution	7779	1507	2141	4131
高等学校	Higher Education	35015	16703	15972	2340
企业	Enterprises	244847	697	7408	236742
工业企业	Industrial Enterprises	209066	209	5635	203222
非工业企业	Non Industrial Enterprises	35781	488	1773	33520
事业单位	Institution	6001	343	1365	4295
按国民经济行业分组	**By Sector**				
农、林、牧、渔业	Agriculture, Forestry, Farming of Animals and Fishing	79			79
采矿业	Mining	4171		133	4038
制造业	Manufacturing	199490	203	5168	194119
电力、燃气及水的生产和供应业	Production and Distribution of Electricity, Gas and Water	5404	6	333	5065
建筑业	Construction	14306	9	410	13887
批发零售业	Wholesale and Retail Trade	18			18
交通运输、仓储和邮政业	Traffic, Transport, Storage and Post	2061		3	2059
信息传输、计算机服务和软件业	Information Transfer, Computer Services and Software	8909	296	33	8581
金融业	Finance	100			100
租赁和商务服务业	Tenancy and Business Services	755		19	736
科学研究、技术服务和地质勘查业	Scientific Research, Technical Service and Geologic Perambulation	19908	1987	4330	13592
水利、环境和公共设施管理业	Management of Water Conservancy,Environment and Public Establishment	596	19		577
教育	Education	29543	14733	13429	1381
卫生、社会保障和社会福利业	Sanitation,Social Security&Social Welfare	7216	1998	2997	2224
文化、体育和娱乐业	Culture,Sports and Entertainment	1084		31	1053
按地区分组	**By Region**				
长沙市	Changsha	115957	11897	14847	89214
株洲市	Zhuzhou	26488	643	2133	23712
湘潭市	Xiangtan	22352	2658	2133	17562
衡阳市	Hengyang	19526	1573	1905	16048
邵阳市	Shaoyang	15684	143	544	14997
岳阳市	Yueyang	17452	250	846	16356
常德市	Changde	17099	491	980	15629
张家界市	Zhangjiajie	1057	21	53	983
益阳市	Yiyang	11123	170	495	10457
郴州市	Chenzhou	15330	260	685	14386
永州市	Yongzhou	10473	320	421	9733
怀化市	Huaihua	10667	321	1235	9112
娄底市	Loudi	8118	269	397	7453
湘西州	Xiangxi	2317	236	212	1867

17–27 按经费来源分 R&D 经费内部支出情况 (2023年)
Intramural Expenditure on R&D by Sources (2023)

单位：万元 (10 000 yuan)

项 目	Item	R&D经费内部支出 Intramural Expenditure on R&D	政府资金 Government Funds	企业资金 Self-raised Funds by Enterprises	境外资金 Foreign Funds	其他 Other Funds
总 计	**Total**	**12839424**	**1741259**	**10862504**	**2386**	**233275**
按执行部门分组	**By Performer**					
科研机构	Scientific Research Institution	515244	439807	13478	244	61715
高等学校	Higher Education	1563138	935128	510296	571	117143
企业	Enterprises	10518195	215248	10298940	1515	2493
工业企业	Industrial Enterprises	9474938	197179	9273949	1515	2295
非工业企业	Non Industrial Enterprises	1043257	18069	1024991		197
事业单位	Institution	242847	151077	39791	55	51924
按国民经济行业分组	**By Sector**					
农、林、牧、渔业	Agriculture, Forestry, Farming of Animals and Fishing	1835	298	1527		10
采矿业	Mining	155582	408	155174		
制造业	Manufacturing	9116715	196062	8917663	843	2147
电力、燃气及水的生产和供应业	Production and Distribution of Electricity, Gas and Water	202641	710	201111	673	148
建筑业	Construction	384573	1148	383426		
批发零售业	Wholesale and Retail Trade	1386	70	1226		90
交通运输、仓储和邮政业	Traffic,Transport,Storage and Post	60607	111	60497		
信息传输、计算机服务和软件业	Information Transfer,Computer Services and Software	308829	1420	307410		
金融业	Finance	2506		2506		
租赁和商务服务业	Tenancy and Business Services	29645	982	28566		97
科学研究、技术服务和地质勘查业	Scientific Research,Technical Service and Geologic Perambulation	843171	551353	182089	244	109485
水利、环境和公共设施管理业	Management of Water Conservancy,Environment and Public Establishment	21521	1421	20100		
教育	Education	1298962	777392	416881	399	104289
卫生、社会保障和社会福利业	Sanitation, Social Security&Social Welfare	372789	209230	146324	227	17008
文化、体育和娱乐业	Culture, Sports and Entertainment	38660	657	38004		
按地区分组	**By Region**					
长沙市	Changsha	4727529	1066636	3510977	2347	147569
株洲市	Zhuzhou	1154857	230971	912055	2	11829
湘潭市	Xiangtan	853350	123015	709283	9	21043
衡阳市	Hengyang	920416	130271	773279	4	16861
邵阳市	Shaoyang	615230	9822	605040	1	367
岳阳市	Yueyang	1062678	24451	1032301	11	5915
常德市	Changde	802152	31051	758344	3	12755
张家界市	Zhangjiajie	18305	1449	16416		439
益阳市	Yiyang	530968	14136	516373	1	458
郴州市	Chenzhou	740840	30567	709820	2	451
永州市	Yongzhou	434929	14159	410770	2	9998
怀化市	Huaihua	467273	45353	418115	2	3803
娄底市	Loudi	440928	5657	434558	1	712
湘西州	Xiangxi	69969	13720	55173	1	1074

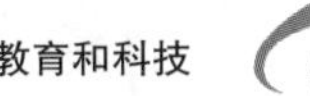

17—28 按支出用途分 R&D 经费内部支出情况(2023年)
Intramural Expenditure on R&D by Use (2023)

单位：万元 (10 000 yuan)

项　目	Item	R&D 经费内部支出 Intramural Expenditure on R&D	日常性支出 Daily Expenses	#人员劳务费 Service Fees	资产性支出 Capital Expenditures
总　计	**Total**	**12839424**	**11771796**	**3715643**	**1067627**
按执行部门分组	**By Performer**				
科研机构	Scientific Research Institution	515244	455854	149267	59390
高等学校	Higher Education	1563138	1170441	596024	392697
企业	Enterprises	10518195	9969408	2858630	548787
工业企业	Industrial Enterprises	9474938	8949002	2398828	525936
非工业企业	Non Industrial Enterprises	1043257	1020406	459802	22851
事业单位	Institution	242847	176093	111722	66754
按国民经济行业分组	**By Sector**				
农、林、牧、渔业	Agriculture, Forestry, Farming of Animals and Fishing	1835	1443	343	392
采矿业	Mining	155582	151260	30083	4322
制造业	Manufacturing	9116715	8602348	2323664	514367
电力、燃气及水的生产和供应业	Production and Distribution of Electricity, Gas and Water	202641	195394	45081	7247
建筑业	Construction	384573	383262	97293	1311
批发零售业	Wholesale and Retail Trade	1386	1386	235	
交通运输、仓储和邮政业	Traffic, Transport, Storage and Post	60607	59279	23778	1329
信息传输、计算机服务和软件业	Information Transfer, Computer Services and Software	308829	297184	190026	11645
金融业	Finance	2506	1232	1107	1275
租赁和商务服务业	Tenancy and Business Services	29645	29176	5643	469
科学研究、技术服务和地质勘查业	Scientific Research, Technical Service and Geologic Perambulation	843171	738062	331227	105109
水利、环境和公共设施管理业	Management of Water Conservancy, Environment and Public Establishment	21521	21187	4317	335
教育	Education	1298962	984294	484853	314667
卫生、社会保障和社会福利业	Sanitation, Social Security&Social Welfare	372789	267779	158880	105010
文化、体育和娱乐业	Culture, Sports and Entertainment	38660	38509	19113	152
按地区分组	**By Region**				
长沙市	Changsha	4727529	4230414	1918226	497115
株洲市	Zhuzhou	1154857	1026969	397101	127889
湘潭市	Xiangtan	853350	762816	230857	90535
衡阳市	Hengyang	920416	842809	210012	77607
邵阳市	Shaoyang	615230	601768	144112	13462
岳阳市	Yueyang	1062678	1011775	169586	50904
常德市	Changde	802152	744262	153781	57889
张家界市	Zhangjiajie	18305	16961	4210	1344
益阳市	Yiyang	530968	506952	93185	24016
郴州市	Chenzhou	740840	709108	123865	31732
永州市	Yongzhou	434929	419471	85668	15457
怀化市	Huaihua	467273	444310	92602	22963
娄底市	Loudi	440928	393996	75468	46932
湘西州	Xiangxi	69969	60186	16970	9783

17–29 按活动类型分 R&D 经费内部支出情况 (2023年)
Intramural Expenditure on R&D by Activities (2023)

单位：万元 (10 000 yuan)

项　目	Item	R&D 经费内部支出 Intramural Expenditure on R&D	基础研究支出 Basic Research	应用研究支出 Applied Research	试验发展支出 Experimental Development
总　计	**Total**	**12839424**	**882411**	**1289979**	**10667033**
按执行部门分组	**By Performer**				
科研机构	Scientific Research Institution	515244	57919	190557	266768
高等学校	Higher Education	1563138	697858	752448	112831
企业	Enterprises	10518195	81104	275877	10161215
工业企业	Industrial Enterprises	9474938	69063	226334	9179541
非工业企业	Non Industrial Enterprises	1043257	12040	49544	981673
事业单位	Institution	242847	45531	71097	126219
按国民经济行业分组	**By Sector**				
农、林、牧、渔业	Agriculture, Forestry, Farming of Animals and Fishing	1835			1835
采矿业	Mining	155582		5043	150539
制造业	Manufacturing	9116715	68843	216473	8831399
电力、燃气及水的生产和供应业	Production and Distribution of Electricity, Gas and Water	202641	220	4818	197603
建筑业	Construction	384573	280	16465	367829
批发零售业	Wholesale and Retail Trade	1386			1386
交通运输、仓储和邮政业	Traffic,Transport,Storage and Post	60607		81	60526
信息传输、计算机服务和软件业	Information Transfer,Computer Services and Software	308829	5376	1271	302182
金融业	Finance	2506			2506
租赁和商务服务业	Tenancy and Business Services	29645		1181	28464
科学研究、技术服务和地质勘查业	Scientific Research,Technical Service and Geologic Perambulation	843171	72239	251821	519111
水利、环境和公共设施管理业	Management of Water Conservancy,Environment and Public Establishment	21521	393		21128
教育	Education	1298962	583097	637250	78615
卫生、社会保障和社会福利业	Sanitation,Social Security&Social Welfare	372789	151962	155086	65741
文化、体育和娱乐业	Culture,Sports and Entertainment	38660		492	38168
按地区分组	**By Region**				
长沙市	Changsha	4727529	548171	750768	3428590
株洲市	Zhuzhou	1154857	49015	118232	987610
湘潭市	Xiangtan	853350	89710	72457	691183
衡阳市	Hengyang	920416	106222	97226	716967
邵阳市	Shaoyang	615230	4184	12564	598482
岳阳市	Yueyang	1062678	23961	46389	992329
常德市	Changde	802152	14219	35747	752186
张家界市	Zhangjiajie	18305	382	972	16951
益阳市	Yiyang	530968	6017	30778	494173
郴州市	Chenzhou	740840	4613	33003	703225
永州市	Yongzhou	434929	7008	15414	412506
怀化市	Huaihua	467273	11316	56726	399231
娄底市	Loudi	440928	9173	13138	418617
湘西州	Xiangxi	69969	8420	6567	54982

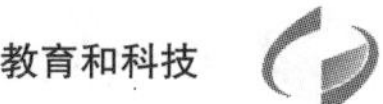

17—30 R&D 经费外部支出情况（2023年）

External Expenditure on R&D (2023)

单位：万元 (10 000 yuan)

项 目	Item	R&D 经费外部支出 External Expenditure on R&D	对境内研究机构支出 To Domestic Research Institutions	对境内高等学校支出 To Domestic Higher Education	对境内企业支出 To Domestic Enterprises	对境外机构支出 To Foreign Institutions
总 计	**Total**	**772920**	**111982**	**73269**	**567565**	**17795**
按执行部门分组	**By Performer**					
科研机构	Scientific Research Institution	203367	28887	7514	166902	
高等学校	Higher Education	69239	14140	24424	25258	3343
企业	Enterprises	493228	66335	38088	374354	14451
工业企业	Industrial Enterprises	467870	58070	35182	360281	14336
非工业企业	Non Industrial Enterprises	25359	8265	2906	14073	115
事业单位	Institution	7085	2619	3244	1051	
按国民经济行业分组	**By Sector**					
农、林、牧、渔业	Agriculture, Forestry, Farming of Animals and Fishing	66	41	25		
采矿业	Mining	1851	650	199	429	574
制造业	Manufacturing	443868	46194	34545	349367	13762
电力、燃气及水的生产和供应业	Production and Distribution of Electricity, Gas and Water	22150	11226	439	10486	
建筑业	Construction	4083	2132	275	1676	
批发零售业	Wholesale and Retail Trade					
交通运输、仓储和邮政业	Traffic,Transport,Storage and Post	2010	543		1466	
信息传输、计算机服务和软件业	Information Transfer,Computer Services and Software	7808	1430	41	6327	10
金融业	Finance	342	342			
租赁和商务服务业	Tenancy and Business Services	278			278	
科学研究、技术服务和地质勘查业	Scientific Research,Technical Service and Geologic Perambulation	220329	34886	13129	171973	106
水利、环境和公共设施管理业	Management of Water Conservancy,Environment and Public Establishment	169		127	41	
教育	Education	60329	13394	17327	24600	2934
卫生、社会保障和社会福利业	Sanitation,Social Security&Social Welfare	9363	1054	7107	793	409
文化、体育和娱乐业	Culture,Sports and Entertainment	274	90	56	129	
按地区分组	**By Region**					
长沙市	Changsha	509707	64309	43648	386248	13278
株洲市	Zhuzhou	136168	15060	6394	110864	3846
湘潭市	Xiangtan	55042	4667	2903	47472	
衡阳市	Hengyang	12679	1069	6299	5287	
邵阳市	Shaoyang	2060	609	72	1307	61
岳阳市	Yueyang	27794	14743	8323	4694	14
常德市	Changde	4863	2033	1036	1783	6
张家界市	Zhangjiajie	380	45	260	75	
益阳市	Yiyang	4287	723	1984	1006	574
郴州市	Chenzhou	7509	714	736	6059	
永州市	Yongzhou	2224	408	69	1743	
怀化市	Huaihua	1702	1334	126	226	16
娄底市	Loudi	7211	5255	1327	614	
湘西州	Xiangxi	1294	1014	92	188	

17−31 规模以上工业企业科技活动情况(2023年)
Basic Statistics on Scientific and Technological Activities in Industrial Enterprises above Designated Size (2023)

指标	Item	合计 Total	大型 Large	中型 Medium	小型 Small	微型 Miniature
企业基本情况	**Statistics on Industrial Enterprises**					
工业企业个数 (个)	Number of Industrial Enterprises (unit)	21490	190	1457	17290	2553
#有R&D活动的企业个数	#Number of Units Having R&D Activities	9649	161	1050	8044	394
R&D人员 (人)	R&D Personnel (person)	283412	72208	63763	142750	4691
#女性	#Female	62120	15268	13591	31938	1323
#全时人员	#Full-time Personnel	206063	55096	45992	101663	3312
R&D活动情况	**Statistics on R&D Activities**					
R&D人员全时当量 (人年)	Full-time Equivalent of R&D Personnel (man-year)	209066	55409	47106	103039	3511
R&D经费内部支出 (万元)	Intramural Expenditure on R&D (10 000 yuan)	9419834	2704539	2057156	4530729	127411
按经费来源分	by Sources					
政府资金	Government Funds	192319	98005	26330	67718	266
企业资金	Self-raised Funds by Enterprises	9223705	2604014	2030826	4461869	126997
境外资金	Foreign Funds	1515	1515			
其他	Other Funds	2295	1005		1143	148
按支出用途分	by Use					
日常性支出	Daily Expenses	8896719	2537241	1938760	4305496	115223
#人员劳务费	#Service Fees	2384655	896057	589196	876883	22519
资产性支出	Capital Expenditures	523115	167298	118396	225233	12188
R&D经费外部支出 (万元)	External Expenditure on R&D (10 000 yuan)	467870	350981	51509	64081	1298
新产品开发及生产情况	**Statistics on New Products Development and Production**					
新产品开发项目数 (项)	Number of New Products (item)	53825	5331	8912	37498	2084
新产品开发经费支出 (万元)	Expenditure on New Products Development (10 000 yuan)	11203893	3132934	2260578	5623734	186647
新产品销售收入 (万元)	Sales Revenue of New Products (10 000 yuan)	156312569	53592035	32032811	68883358	1804365
#出口	#Exported	7371846	5195149	1083777	1087471	5450
专利情况	**Statistics on Patents**					
专利申请数 (件)	Patent Applications (item)	40317	9156	7917	22241	1003
有效发明专利数 (件)	Inventions in Force (item)	60535	19994	11403	28209	929
发表科技论文 (篇)	Number of Published Scientific Papers (piece)	3279	1849	761	659	10
拥有注册商标数 (件)	Number of Registered Trademark (item)	33449	11239	7330	14476	404

17-32 规模以上工业企业 R&D 人员情况（2023年）
R&D Personnel in Industrial Enterprises above Designated Size (2023)

类　别	Item	有 R&D 活动的单位数（个）Number of Enterprises Having R&D Activities (unit)	R&D 人员（人）R&D Personnel (person)	# 全时人员 Full-time Personnel	R&D 人员全时当量（人年）Full-time Equivalent of R&D Personnel (man-year)
总计	**Total**	**9649**	**283412**	**206063**	**209066**
按企业规模分组	**By Size**				
大型	Large	161	72208	55096	55409
中型	Medium	1050	63763	45992	47106
小型	Small	8044	142750	101663	103039
微型	Miniature	394	4691	3312	3511
按工业行业大类分组	**By Industrial Branch**				
煤炭开采和洗选业	Mining and Washing of Coal	29	1537	997	1003
黑色金属矿采选业	Mining and Processing of Ferrous Metal Ores	9	134	98	102
有色金属矿采选业	Mining and Processing of Non-ferrous Metal Ores	66	1889	1131	1363
非金属矿采选业	Mining Processing of Nonmetal Ores	127	2277	1576	1704
其他采矿业	Mining of Other Ores N.E.C	0	0	0	0
农副食品加工业	Processing of Food from Agricultural Products	712	14733	10190	10640
食品制造业	Manufacture of Foods	261	7814	5487	6030
酒、饮料和精制茶制造业	Manufacture of Liquor, Beverage and Refined Tea	120	3383	2325	2425
烟草制品业	Manufacture of Tobacco	5	694	182	654
纺织业	Manufacture of Textile	143	3837	2661	2648
纺织服装、服饰业	Manufacture of Textile Wearing and Clothing Apparel	139	2838	2067	1953
皮革、毛皮、羽毛及其制品和制鞋业	Leather, Fur, Feather and Its Products and Footwear	300	7585	5534	4781
木材加工和木、竹、藤、棕、草制品业	Processing of Timbers, Manufacture of Wood, Bamboo, Rattan, Palm and Straw Products	218	3700	2551	2638
家具制造业	Manufacture of Furniture	97	1546	1054	1109
造纸和纸制品业	Manufacture of Paper and Paper Products	117	2311	1633	1707
印刷和记录媒介复制业	Printing, Reproduction of Recording Media	122	3052	1780	2043
文教、工美、体育和娱乐用品制造业	Manufacture of Articles for Culture, Education, Artwork, Sport and Entertainment Activity	230	4708	3294	3353
石油、煤炭及其他燃料加工业	Processing of Petroleum, Coal and Other Fuels	51	1448	859	924
化学原料和化学制品制造业	Manufacture of Chemical Raw Material and Chemical Products	744	15232	11137	11298
医药制造业	Manufacture of Medicines	306	9768	7116	7447
化学纤维制造业	Manufacture of Chemical Fiber	12	447	306	312
橡胶和塑料制品业	Manufacture of Rubber and Plastic Products	308	5256	3477	3492
非金属矿物制品业	Manufacture of Non-metallic Mineral Products	1317	24272	16241	17321
黑色金属冶炼和压延加工业	Manufacture and Processing of Ferrous Metals	76	6060	3972	4414
有色金属冶炼和压延加工业	Manufacture and Processing of Non-ferrous Metals	254	9662	6549	7436
金属制品业	Manufacture of Metal Products	623	12404	8594	9046
通用设备制造业	Manufacture of General Purpose Machinery	582	20276	14807	14340
专用设备制造业	Manufacture of Special Purpose Machinery	543	19642	15138	14662
汽车制造业	Manufacture of Automobile	215	13175	10769	10680
铁路、船舶、航空航天和其他运输设备制造业	Manufacture of Railways, Ships, Aerospace and Other Transport Equipment	105	9964	8266	7616
电气机械和器材制造业	Manufacture of Electrical Machinery and Equipment	561	18592	14356	13884
计算机、通信和其他电子设备制造业	Manufacture of Computer, Communication and Other Electronic Equipment	666	39664	32478	30843
仪器仪表制造业	Manufacture of Measuring Instrument	123	4115	3431	3209
其他制造业	Other Manufacture	66	1643	1191	871
废弃资源综合利用业	Utilization of Waste Resources	116	1929	1293	1453
金属制品、机械和设备修理业	Maintenance of Metal Products, Machinery and Equipment	7	385	248	262
电力、热力生产和供应业	Production and Supply of Electric Power and Heat Power	176	5609	2067	4062
燃气生产和供应业	Production and Distribution of Gas	36	517	313	376
水的生产和供应业	Production and Distribution of Water	67	1314	895	966

17-33 规模以上工业企业按经费来源分 R&D 经费内部支出情况 (2023年)

Intramural R&D Expenditures in Industrial Enterprises above Designated Size by Sources (2023)

单位：万元 (10 000 yuan)

类别	Item	R&D 经费内部支出 Intramural Expenditure on R&D	政府资金 Government Funds	企业资金 Self-raised Funds by Enterprises	境外资金 Foreign Funds	其他 Other Funds
总计	**Total**	**9419834**	**192319**	**9223705**	**1515**	**2295**
按企业规模分组	**By Size**					
大型	Large	2704539	98005	2604014	1515	1005
中型	Medium	2057156	26330	2030826		
小型	Small	4530729	67718	4461869		1143
微型	Miniature	127411	266	126997		148
按工业行业大类分组	**By Industrial Branch**					
煤炭开采和洗选业	Mining and Washing of Coal	15927		15927		
黑色金属矿采选业	Mining and Processing of Ferrous Metal Ores	4467		4467		
有色金属矿采选业	Mining and Processing of Non-ferrous Metal Ores	64591	119	64471		
非金属矿采选业	Mining and Processing of Nonmetal Ores	70598	289	70309		
其他采矿业	Mining of Other Ores N.E.C					
农副食品加工业	Processing of Food from Agricultural Products	448191	2485	445706		
食品制造业	Manufacture of Foods	183766	611	183155		
酒、饮料和精制茶制造业	Manufacture of Liquor, Beverage and Refined Tea	52037	93	51943		
烟草制品业	Manufacture of Tobacco	21462		21462		
纺织业	Manufacture of Textile	106726	302	106423		
纺织服装、服饰业	Manufacture of Textile Wearing and Clothing Apparel	74406		74406		
皮革、毛皮、羽毛及其制品和制鞋业	Leather, Fur, Feather and Its Products and Footwear	160255	240	160014		
木材加工和木、竹、藤、棕、草制品业	Processing of Timbers, Manufacture of Wood, Bamboo, Rattan, Palm and Straw Products	110477	355	110122		
家具制造业	Manufacture of Furniture	50226	142	50040		45
造纸和纸制品业	Manufacture of Paper and Paper Products	82580	432	82148		
印刷和记录媒介复制业	Printing, Reproduction of Recording Media	63056	192	62864		
文教、工美、体育和娱乐用品制造业	Manufacture of Articles for Culture, Education, Artwork, Sport and Entertainment Activity	132117	447	131670		
石油、煤炭及其他燃料加工业	Processing of Petroleum, Coal and Other Fuels	72734		72734		
化学原料和化学制品制造业	Manufacture of Chemical Raw Material and Chemical Products	480967	2542	478235		191
医药制造业	Manufacture of Medicines	303539	4094	299445		
化学纤维制造业	Manufacture of Chemical Fiber	13661		13661		
橡胶和塑料制品业	Manufacture of Rubber and Plastic Products	195013	1243	193770		
非金属矿物制品业	Manufacture of Non-metallic Mineral Products	717819	2559	715261		
黑色金属冶炼和压延加工业	Manufacture and Processing of Ferrous Metals	384554	4280	380274		
有色金属冶炼和压延加工业	Manufacture and Processing of Non-ferrous Metals	540482	18777	521690		14
金属制品业	Manufacture of Metal Products	392618	6457	386068		93
通用设备制造业	Manufacture of General Purpose Machinery	714911	18714	694900		1297
专用设备制造业	Manufacture of Special Purpose Machinery	664381	6654	657008	645	74
汽车制造业	Manufacture of Automobile	538172	1574	536554		44
铁路、船舶、航空航天和其他运输设备制造业	Manufacture of Railways, Ships, Aerospace and Other Transport Equipment	408604	48540	360064		
电气机械和器材制造业	Manufacture of Electrical Machinery and Equipment	687223	5268	681955		
计算机、通信和其他电子设备制造业	Manufacture of Computer, Communication and Other Electronic Equipment	1145443	61634	1083611	198	
仪器仪表制造业	Manufacture of Measuring Instrument	134650	3462	131029		158
其他制造业	Other Manufacture	40651	80	40571		
废弃资源综合利用业	Utilization of Waste Resources	135014	6	135008		
金属制品、机械和设备修理业	Maintenance of Metal Products, Machinery and Equipment	5881	20	5629		232
电力、热力生产和供应业	Production and Supply of Electric Power and Heat Power	140064	617	138626	673	148
燃气生产和供应业	Production and Distribution of Gas	22703	16	22687		
水的生产和供应业	Production and Distribution of Water	39874	77	39798		

17-34 规模以上工业企业按支出用途分 R&D 经费内部支出情况 (2023年)
Intramural R&D Expenditures in Industrial Enterprises above Designated Size by Use (2023)

单位：万元 (10 000 yuan)

类别	Item	R&D 经费内部支出 Intramural Expenditure on R&D	日常性支出 Daily Expenses	#人员劳务费 Service Fees	资产性支出 Capital Expenditures
总计	**Total**	**9419834**	**8896719**	**2384655**	**523115**
按企业规模分组	**By Size**				
大型	Large	2704539	2537241	896057	167298
中型	Medium	2057156	1938760	589196	118396
小型	Small	4530729	4305496	876883	225233
微型	Miniature	127411	115223	22519	12188
按工业行业大类分组	**By Industrial Branch**				
煤炭开采和洗选业	Mining and Washing of Coal	15927	15620	5307	307
黑色金属矿采选业	Mining and Processing of Ferrous Metal Ores	4467	4309	340	158
有色金属矿采选业	Mining and Processing of Non-ferrous Metal Ores	64591	62629	12879	1962
非金属矿采选业	Mining and Processing of Nonmetal Ores	70598	68702	11558	1896
其他采矿业	Mining of Other Ores N.E.C				
农副食品加工业	Processing of Food from Agricultural Products	448191	436288	65743	11903
食品制造业	Manufacture of Foods	183766	173548	43328	10218
酒、饮料和精制茶制造业	Manufacture of Liquor, Beverage and Refined Tea	52037	49336	8595	2701
烟草制品业	Manufacture of Tobacco	21462	21318	15843	144
纺织业	Manufacture of Textile	106726	102431	16013	4295
纺织服装、服饰业	Manufacture of Textile Wearing and Clothing Apparel	74406	70783	13154	3623
皮革、毛皮、羽毛及其制品和制鞋业	Leather, Fur, Feather and Its Products and Footwear	160255	157657	35403	2598
木材加工和木、竹、藤、棕、草制品业	Processing of Timbers, Manufacture of Wood, Bamboo, Rattan, Palm and Straw Products	110477	105545	14984	4932
家具制造业	Manufacture of Furniture	50226	48398	8595	1828
造纸和纸制品业	Manufacture of Paper and Paper Products	82580	78500	10856	4079
印刷和记录媒介复制业	Printing, Reproduction of Recording Media	63056	60908	16303	2148
文教、工美、体育和娱乐用品制造业	Manufacture of Articles for Culture, Education, Artwork, Sport and Entertainment Activity	132117	129449	26205	2667
石油、煤炭及其他燃料加工业	Processing of Petroleum, Coal and Other Fuels	72734	66236	9854	6498
化学原料和化学制品制造业	Manufacture of Chemical Raw Material and Chemical Products	480967	452339	113641	28628
医药制造业	Manufacture of Medicines	303539	277201	75979	26338
化学纤维制造业	Manufacture of Chemical Fiber	13661	13639	2975	22
橡胶和塑料制品业	Manufacture of Rubber and Plastic Products	195013	185539	34097	9475
非金属矿物制品业	Manufacture of Non-metallic Mineral Products	717819	674479	130028	43340
黑色金属冶炼和压延加工业	Manufacture and Processing of Ferrous Metals	384554	376444	58307	8110
有色金属冶炼和压延加工业	Manufacture and Processing of Non-ferrous Metals	540482	510518	74120	29964
金属制品业	Manufacture of Metal Products	392618	373650	85583	18968
通用设备制造业	Manufacture of General Purpose Machinery	714911	656378	218902	58533
专用设备制造业	Manufacture of Special Purpose Machinery	664381	637505	244804	26876
汽车制造业	Manufacture of Automobile	538172	503446	171735	34726
铁路、船舶、航空航天和其他运输设备制造业	Manufacture of Railways, Ships, Aerospace and Other Transport Equipment	408604	342673	164183	65931
电气机械和器材制造业	Manufacture of Electrical Machinery and Equipment	687223	647112	164974	40111
计算机、通信和其他电子设备制造业	Manufacture of Computer, Communication and Other Electronic Equipment	1145443	1090763	395670	54680
仪器仪表制造业	Manufacture of Measuring Instrument	134650	130529	61212	4121
其他制造业	Other Manufacture	40651	39780	9732	871
废弃资源综合利用业	Utilization of Waste Resources	135014	132147	16217	2866
金属制品、机械和设备修理业	Maintenance of Metal Products, Machinery and Equipment	5881	5525	2458	356
电力、热力生产和供应业	Production and Supply of Electric Power and Heat Power	140064	135254	31486	4809
燃气生产和供应业	Production and Distribution of Gas	22703	22106	3663	597
水的生产和供应业	Production and Distribution of Water	39874	38034	9932	1840

17－35 规模以上工业企业科技活动产出情况(2023年)
Basic Statistics on Scientific and Technological Outputs in Industrial Enterprises above Designated Size (2023)

类 别	Item	新产品销售收入(万元) Sales Revenue of New Products (10 000 yuan)	#出口 Exported	专利申请数(件) Patent Applic-ations (item)	有效发明专利数(件) Inventions In Force (item)
总计	**Total**	**156312569**	**7371846**	**40317**	**60535**
按企业规模分组	**By Size**				
大型	Large	53592035	5195149	9156	19994
中型	Medium	32032811	1083777	7917	11403
小型	Small	68883358	1087471	22241	28209
微型	Miniature	1804365	5450	1003	929
按工业行业大类分组	**By Industrial Branch**				
煤炭开采和洗选业	Mining and Washing of Coal	250691		96	37
黑色金属矿采选业	Mining and Processing of Ferrous Metal Ores	104593	2219	8	12
有色金属矿采选业	Mining and Processing of Non-ferrous Metal Ores	909251	15701	122	149
非金属矿采选业	Mining and Processing of Nonmetal Ores	877815	8629	217	81
其他采矿业	Mining of Other Ores N.E.C				
农副食品加工业	Processing of Food from Agricultural Products	11262129	10002	1566	1978
食品制造业	Manufacture of Foods	3907426	26089	791	982
酒、饮料和精制茶制造业	Manufacture of Liquor, Beverage and Refined Tea	2018930	3350	753	625
烟草制品业	Manufacture of Tobacco	697390	9096	163	493
纺织业	Manufacture of Textile	2077528	14224	277	255
纺织服装、服饰业	Manufacture of Textile Wearing and Clothing Apparel	1226833	18934	243	177
皮革、毛皮、羽毛及其制品和制鞋业	Leather, Fur, Feather and Its Products and Footwear	2777833	156857	425	262
木材加工和木、竹、藤、棕、草制品业	Processing of Timbers, Manufacture of Wood, Bamboo, Rattan, Palm and Straw Products	1674256	20316	399	352
家具制造业	Manufacture of Furniture	666806	8944	198	241
造纸和纸制品业	Manufacture of Paper and Paper Products	1900642	10335	325	388
印刷和记录媒介复制业	Printing, Reproduction of Recording Media	1047144	6497	231	455
文教、工美、体育和娱乐用品制造业	Manufacture of Articles for Culture, Education, Artwork, Sport and Entertainment Activity	1950363	134283	496	436
石油、煤炭及其他燃料加工业	Processing of Petroleum, Coal and Other Fuels	3651248		190	394
化学原料和化学制品制造业	Manufacture of Chemical Raw Material and Chemical Products	7661168	158866	1866	3322
医药制造业	Manufacture of Medicines	3620061	119000	1086	2634
化学纤维制造业	Manufacture of Chemical Fiber	151200	5	34	55
橡胶和塑料制品业	Manufacture of Rubber and Plastic Products	2331694	25278	893	1146
非金属矿物制品业	Manufacture of Non-metallic Mineral Products	10785940	284142	2907	2734
黑色金属冶炼和压延加工业	Manufacture and Processing of Ferrous Metals	11484879	495190	925	565
有色金属冶炼和压延加工业	Manufacture and Processing of Non-ferrous Metals	11238593	273059	1087	2540
金属制品业	Manufacture of Metal Products	5015683	91456	1653	2258
通用设备制造业	Manufacture of General Purpose Machinery	7655512	876057	3881	6964
专用设备制造业	Manufacture of Special Purpose Machinery	8255825	328593	5331	6792
汽车制造业	Manufacture of Automobile	11642621	192722	1199	2161
铁路、船舶、航空航天和其他运输设备制造业	Manufacture of Railways, Ships, Aerospace and Other Transport Equipment	3661282	270592	2569	5091
电气机械和器材制造业	Manufacture of Electrical Machinery and Equipment	11972748	405500	3167	3802
计算机、通信和其他电子设备制造业	Manufacture of Computer, Communication and Other Electronic Equipment	17385941	3397289	4240	9067
仪器仪表制造业	Manufacture of Measuring Instrument	1045818	4279	910	1584
其他制造业	Other Manufacture	1034533	4344	123	99
废弃资源综合利用业	Utilization of Waste Resources	2521656		303	251
金属制品、机械和设备修理业	Maintenance of Metal Products, Machinery and Equipment	14517		37	58
电力、热力生产和供应业	Production and Supply of Electric Power and Heat Power	1169844		1434	1900
燃气生产和供应业	Production and Distribution of Gas	383132		54	67
水的生产和供应业	Production and Distribution of Water	279048		118	128

17—36 大中型工业企业科技活动情况(2023年)
Basic Statistics on Scientific and Technological Activities in Large and Medium-sized Industrial Enterprises (2023)

指 标		Item		合 计 Total	#大型 Large	#中型 Medium
企业基本情况		**Statistics on Industrial Enterprises**				
大中型工业企业个数	(个)	Number of Large and Medium-Sized Industrial Enterprises	(unit)	1647	190	1457
#有R&D活动的企业个数		#Number of Units Having R&D Activities		1211	161	1050
R&D人员	(人)	R&D Personnel	(person)	135971	72208	63763
#女性		#Female		28859	15268	13591
#全时人员		#Full-time Personnel		101088	55096	45992
R&D活动情况		**Statistics on R&D Activities**				
R&D人员全时当量	(人年)	Full-time Equivalent of R&D Personnel	(man-year)	102516	55409	47106
R&D经费内部支出	(万元)	Intramural Expenditure on R&D	(10 000 yuan)	4761694	2704539	2057156
按经费来源分		by Sources				
政府资金		Government Funds		124335	98005	26330
企业资金		Self-raised Funds by Enterprises		4634840	2604014	2030826
境外资金		Foreign Funds		1515	1515	
其他		Other Funds		1005	1005	
按支出用途分		by Use				
日常性支出		Daily Expenses		4476000	2537241	1938760
#人员劳务费		#Service Fees		1485252	896057	589196
资产性支出		Capital Expenditures		285694	167298	118396
R&D经费外部支出	(万元)	External Expenditure on R&D	(10 000 yuan)	402490	350981	51509
新产品开发及生产情况		**Statistics on New Products Development and Production**				
新产品开发项目数	(项)	Number of New Products	(item)	14243	5331	8912
新产品开发经费支出	(万元)	Expenditure on New Products Development	(10 000 yuan)	5393512	3132934	2260578
新产品销售收入	(万元)	Sales Revenue of New Products	(10 000 yuan)	85624846	53592035	32032811
#出口		#Exported		6278926	5195149	1083777
专利情况		**Statistics on Patents**				
专利申请数	(件)	Patent Applications	(item)	17073	9156	7917
有效发明专利数	(件)	Inventions In Force	(item)	31397	19994	11403
发表科技论文	(篇)	Number of Published Scientific Papers	(piece)	2610	1849	761
拥有注册商标数	(件)	Number of Registered Trademark	(item)	18569	11239	7330

17-37 大中型工业企业 R&D 人员情况 (2023年)

R&D Personnel in Large and Medium-sized Industrial Enterprises (2023)

类 别	Item	有R&D活动的单位数(个) Number of Enterprises Having R&D Activities (unit)	R&D人员(人) R&D Personnel (person)	#全时人员 Full-time Personnel	R&D人员全时当量(人年) Full-time Equivalent of R&D Personnel (man-year)
总计	**Total**	**1211**	**135971**	**101088**	**102516**
按企业规模分组	**By Size**				
大型企业	Large	161	72208	55096	55409
中型企业	Medium	1050	63763	45992	47106
按工业行业大类分组	**By Industrial Branch**				
煤炭开采和洗选业	Mining and Washing of Coal	18	1303	844	869
黑色金属矿采选业	Mining and Processing of Ferrous Metal Ores		10	8	5
有色金属矿采选业	Mining and Processing of Non-ferrous Metal Ores	18	1222	677	870
非金属矿采选业	Mining and Processing of Nonmetal Ores	7	501	399	430
其他采矿业	Mining of Other Ores N.E.C				
农副食品加工业	Processing of Food from Agricultural Products	66	3172	2263	2252
食品制造业	Manufacture of Foods	46	4106	2860	3306
酒、饮料和精制茶制造业	Manufacture of Liquor, Beverage and Refined Tea	11	694	495	495
烟草制品业	Manufacture of Tobacco	3	667	159	642
纺织业	Manufacture of Textile	37	2004	1411	1362
纺织服装、服饰业	Manufacture of Textile Wearing and Clothing Apparel	23	709	500	512
皮革、毛皮、羽毛及其制品和制鞋业	Leather, Fur, Feather and Its Products and Footwear	44	3480	2422	2070
木材加工和木、竹、藤、棕、草制品业	Processing of Timbers, Manufacture of Wood, Bamboo, Rattan, Palm and Straw Products	15	562	408	399
家具制造业	Manufacture of Furniture	6	145	84	112
造纸和纸制品业	Manufacture of Paper and Paper Products	13	761	509	613
印刷和记录媒介复制业	Printing, Reproduction of Recording Media	16	1122	578	769
文教、工美、体育和娱乐用品制造业	Manufacture of Articles for Culture, Education, Artwork, Sport and Entertainment Activity	25	1363	1057	944
石油、煤炭及其他燃料加工业	Processing of Petroleum, Coal and Other Fuels	5	789	396	416
化学原料和化学制品制造业	Manufacture of Chemical Raw Material and Chemical Products	92	4425	3231	3173
医药制造业	Manufacture of Medicines	51	4835	3581	3848
化学纤维制造业	Manufacture of Chemical Fiber	3	320	216	227
橡胶和塑料制品业	Manufacture of Rubber and Plastic Products	19	1028	683	582
非金属矿物制品业	Manufacture of Non-metallic Mineral Products	119	6733	4319	4706
黑色金属冶炼和压延加工业	Manufacture and Processing of Ferrous Metals	12	5018	3248	3603
有色金属冶炼和压延加工业	Manufacture and Processing of Non-ferrous Metals	44	4989	3103	3830
金属制品业	Manufacture of Metal Products	48	3579	2514	2686
通用设备制造业	Manufacture of General Purpose Machinery	65	11089	8197	7714
专用设备制造业	Manufacture of Special Purpose Machinery	60	9805	7673	7541
汽车制造业	Manufacture of Automobile	42	9623	8222	8059
铁路、船舶、航空航天和其他运输设备制造业	Manufacture of Railways, Ships, Aerospace and Other Transport Equipment	16	7483	6389	5745
电气机械和器材制造业	Manufacture of Electrical Machinery and Equipment	83	9879	7889	7770
计算机、通信和其他电子设备制造业	Manufacture of Computer, Communication and Other Electronic Equipment	134	27734	23423	22089
仪器仪表制造业	Manufacture of Measuring Instrument	14	1336	1153	1144
其他制造业	Other Manufacture	9	783	581	257
废弃资源综合利用业	Utilization of Waste Resources	4	438	360	321
金属制品、机械和设备修理业	Maintenance of Metal Products, Machinery and Equipment	3	271	156	162
电力、热力生产和供应业	Production and Supply of Electric Power and Heat Power	26	3554	770	2644
燃气生产和供应业	Production and Distribution of Gas	5	92	66	71
水的生产和供应业	Production and Distribution of Water	9	347	244	278

17-38 大中型工业企业按经费来源分R&D经费内部支出情况(2023年)
Intramural R&D Expenditures in Large and Medium-sized Industrial Enterprises by Sources (2023)

单位：万元 (10 000 yuan)

类 别	Item	R&D经费内部支出 Intramural Expenditure on R&D	政府资金 Government Funds	企业资金 Self-raised Funds by Enterprises	境外资金 Foreign Funds	其 他 Other Funds
总计	**Total**	**4761694**	**124335**	**4634840**	**1515**	**1005**
按企业规模分组	**By Size**					
大型企业	Large	2704539	98005	2604014	1515	1005
中型企业	Medium	2057156	26330	2030826		
按工业行业大类分组	**By Industrial Branch**					
煤炭开采和洗选业	Mining and Washing of Coal	9519		9519		
黑色金属矿采选业	Mining and Processing of Ferrous Metal Ores					
有色金属矿采选业	Mining and Processing of Non-ferrous Metal Ores	28626	38	28587		
非金属矿采选业	Mining and Processing of Nonmetal Ores	11443		11443		
其他采矿业	Mining of Other Ores N.E.C					
农副食品加工业	Processing of Food from Agricultural Products	106146	362	105784		
食品制造业	Manufacture of Foods	88738	232	88506		
酒、饮料和精制茶制造业	Manufacture of Liquor, Beverage and Refined Tea	11104		11104		
烟草制品业	Manufacture of Tobacco	21082		21082		
纺织业	Manufacture of Textile	46159	227	45932		
纺织服装、服饰业	Manufacture of Textile Wearing and Clothing Apparel	18841		18841		
皮革、毛皮、羽毛及其制品和制鞋业	Leather, Fur, Feather and Its Products and Footwear	58064	230	57834		
木材加工和木、竹、藤、棕、草制品业	Processing of Timbers, Manufacture of Wood, Bamboo, Rattan, Palm and Straw Products	14110		14110		
家具制造业	Manufacture of Furniture	4314	138	4176		
造纸和纸制品业	Manufacture of Paper and Paper Products	32483		32483		
印刷和记录媒介复制业	Printing, Reproduction of Recording Media	20960		20960		
文教、工美、体育和娱乐用品制造业	Manufacture of Articles for Culture, Education, Artwork, Sport and Entertainment Activity	25470	74	25396		
石油、煤炭及其他燃料加工业	Processing of Petroleum, Coal and Other Fuels	51860		51860		
化学原料和化学制品制造业	Manufacture of Chemical Raw Material and Chemical Products	154943	594	154349		
医药制造业	Manufacture of Medicines	149943	3450	146493		
化学纤维制造业	Manufacture of Chemical Fiber	8123		8123		
橡胶和塑料制品业	Manufacture of Rubber and Plastic Products	43908	730	43178		
非金属矿物制品业	Manufacture of Non-metallic Mineral Products	189178	418	188760		
黑色金属冶炼和压延加工业	Manufacture and Processing of Ferrous Metals	339900	4269	335631		
有色金属冶炼和压延加工业	Manufacture and Processing of Non-ferrous Metals	250653	10190	240463		
金属制品业	Manufacture of Metal Products	122496	4939	117558		
通用设备制造业	Manufacture of General Purpose Machinery	454757	16669	437084		1005
专用设备制造业	Manufacture of Special Purpose Machinery	379867	4899	374323	645	
汽车制造业	Manufacture of Automobile	447677	1486	446191		
铁路、船舶、航空航天和其他运输设备制造业	Manufacture of Railways, Ships, Aerospace and Other Transport Equipment	295856	13722	282134		
电气机械和器材制造业	Manufacture of Electrical Machinery and Equipment	390277	3192	387085		
计算机、通信和其他电子设备制造业	Manufacture of Computer, Communication and Other Electronic Equipment	761660	55939	705523	198	
仪器仪表制造业	Manufacture of Measuring Instrument	64402	2312	62091		
其他制造业	Other Manufacture	14837		14837		
废弃资源综合利用业	Utilization of Waste Resources	62096	6	62091		
金属制品、机械和设备修理业	Maintenance of Metal Products, Machinery and Equipment	3814		3814		
电力、热力生产和供应业	Production and Supply of Electric Power and Heat Power	67672	212	66788	673	
燃气生产和供应业	Production and Distribution of Gas	2135		2135		
水的生产和供应业	Production and Distribution of Water	8582	9	8574		

17－39 大中型工业企业按支出用途分R&D经费内部支出情况(2023年)
Intramural R&D Expenditures in Large and Medium-sized Industrial Enterprises by Use (2023)

单位：万元 (10 000 yuan)

类别	Item	R&D经费内部支出 Intramural Expenditure on R&D	日常性支出 Daily Expenses	#人员劳务费 Service Fees	资产性支出 Capital Expenditures
总计	**Total**	**4761694**	**4476000**	**1485252**	**285694**
按企业规模分组	**By Size**				
大型企业	Large	2704539	2537241	896057	167298
中型企业	Medium	2057156	1938760	589196	118396
按工业行业大类分组	**By Industrial Branch**				
煤炭开采和洗选业	Mining and Washing of Coal	9519	9471	4349	49
黑色金属矿采选业	Mining and Processing of Ferrous Metal Ores				
有色金属矿采选业	Mining and Processing of Non-ferrous Metal Ores	28626	27956	9184	670
非金属矿采选业	Mining and Processing of Nonmetal Ores	11443	11331	3094	112
其他采矿业	Mining of Other Ores N.E.C				
农副食品加工业	Processing of Food from Agricultural Products	106146	104778	16797	1367
食品制造业	Manufacture of Foods	88738	84202	27613	4536
酒、饮料和精制茶制造业	Manufacture of Liquor, Beverage and Refined Tea	11104	10513	2933	591
烟草制品业	Manufacture of Tobacco	21082	21053	15622	28
纺织业	Manufacture of Textile	46159	44656	7275	1504
纺织服装、服饰业	Manufacture of Textile Wearing and Clothing Apparel	18841	17442	3475	1399
皮革、毛皮、羽毛及其制品和制鞋业	Leather, Fur, Feather and Its Products and Footwear	58064	56675	15022	1389
木材加工和木、竹、藤、棕、草制品业	Processing of Timbers, Manufacture of Wood, Bamboo, Rattan, Palm and Straw Products	14110	14023	1458	87
家具制造业	Manufacture of Furniture	4314	3839	729	476
造纸和纸制品业	Manufacture of Paper and Paper Products	32483	31348	3254	1135
印刷和记录媒介复制业	Printing, Reproduction of Recording Media	20960	20395	7930	565
文教、工美、体育和娱乐用品制造业	Manufacture of Articles for Culture, Education, Artwork, Sport and Entertainment Activity	25470	25132	6924	338
石油、煤炭及其他燃料加工业	Processing of Petroleum, Coal and Other Fuels	51860	45627	6599	6233
化学原料和化学制品制造业	Manufacture of Chemical Raw Material and Chemical Products	154943	148251	44561	6693
医药制造业	Manufacture of Medicines	149943	131181	45630	18762
化学纤维制造业	Manufacture of Chemical Fiber	8123	8123	2210	
橡胶和塑料制品业	Manufacture of Rubber and Plastic Products	43908	39004	10885	4903
非金属矿物制品业	Manufacture of Non-metallic Mineral Products	189178	171904	46090	17275
黑色金属冶炼和压延加工业	Manufacture and Processing of Ferrous Metals	339900	333050	52748	6850
有色金属冶炼和压延加工业	Manufacture and Processing of Non-ferrous Metals	250653	232598	39334	18054
金属制品业	Manufacture of Metal Products	122496	114194	37976	8302
通用设备制造业	Manufacture of General Purpose Machinery	454757	408916	156951	45842
专用设备制造业	Manufacture of Special Purpose Machinery	379867	362777	167048	17090
汽车制造业	Manufacture of Automobile	447677	418566	149466	29110
铁路、船舶、航空航天和其他运输设备制造业	Manufacture of Railways, Ships, Aerospace and Other Transport Equipment	295856	273209	141778	22647
电气机械和器材制造业	Manufacture of Electrical Machinery and Equipment	390277	363988	99648	26289
计算机、通信和其他电子设备制造业	Manufacture of Computer, Communication and Other Electronic Equipment	761660	722037	291784	39622
仪器仪表制造业	Manufacture of Measuring Instrument	64402	62659	32791	1744
其他制造业	Other Manufacture	14837	14657	3116	180
废弃资源综合利用业	Utilization of Waste Resources	62096	61957	6654	139
金属制品、机械和设备修理业	Maintenance of Metal Products, Machinery and Equipment	3814	3486	1875	328
电力、热力生产和供应业	Production and Supply of Electric Power and Heat Power	67672	66611	17987	1061
燃气生产和供应业	Production and Distribution of Gas	2135	2057	719	78
水的生产和供应业	Production and Distribution of Water	8582	8337	3747	246

17-40 大中型工业企业科技活动产出情况(2023年)
Basic Statistics on Scientific and Technological Outputs in Large and Medium-sized Industrial Enterprises (2023)

类别	Item	新产品销售收入(万元) Sales Revenue of New Products (10 000 yuan)	#出口 Exported	专利申请数(件) Patent Applic-ations (item)	有效发明专利数(件) Inventions In Force (item)
总计	**Total**	**85624846**	**6278926**	**17073**	**31397**
按企业规模分组	**By Size**				
大型企业	Large	53592035	5195149	9156	19994
中型企业	Medium	32032811	1083777	7917	11403
按工业行业大类分组	**By Industrial Branch**				
煤炭开采和洗选业	Mining and Washing of Coal	151974		67	30
黑色金属矿采选业	Mining and Processing of Ferrous Metal Ores	1280			
有色金属矿采选业	Mining and Processing of Non-ferrous Metal Ores	426997		42	92
非金属矿采选业	Mining and Processing of Nonmetal Ores	104544	18	59	33
其他采矿业	Mining of Other Ores N.E.C				
农副食品加工业	Processing of Food from Agricultural Products	3100705	269	234	363
食品制造业	Manufacture of Foods	2074851		232	267
酒、饮料和精制茶制造业	Manufacture of Liquor, Beverage and Refined Tea	645939		96	70
烟草制品业	Manufacture of Tobacco	677901		127	488
纺织业	Manufacture of Textile	1192115	14224	113	83
纺织服装、服饰业	Manufacture of Textile Wearing and Clothing Apparel	377504	11933	61	25
皮革、毛皮、羽毛及其制品和制鞋业	Leather, Fur, Feather and Its Products and Footwear	1105138	55645	145	51
木材加工和木、竹、藤、棕、草制品业	Processing of Timbers, Manufacture of Wood, Bamboo, Rattan, Palm and Straw Products	225008	1717	35	84
家具制造业	Manufacture of Furniture	47006	8381	10	
造纸和纸制品业	Manufacture of Paper and Paper Products	917020		105	156
印刷和记录媒介复制业	Printing, Reproduction of Recording Media	239129	857	48	116
文教、工美、体育和娱乐用品制造业	Manufacture of Articles for Culture, Education, Artwork, Sport and Entertainment Activity	391327	43739	107	77
石油、煤炭及其他燃料加工业	Processing of Petroleum, Coal and Other Fuels	3326682		133	329
化学原料和化学制品制造业	Manufacture of Chemical Raw Material and Chemical Products	2456693	74006	446	900
医药制造业	Manufacture of Medicines	1815616	40445	387	1278
化学纤维制造业	Manufacture of Chemical Fiber	68875		2	37
橡胶和塑料制品业	Manufacture of Rubber and Plastic Products	373411	11738	162	442
非金属矿物制品业	Manufacture of Non-metallic Mineral Products	3183999	173160	812	820
黑色金属冶炼和压延加工业	Manufacture and Processing of Ferrous Metals	10866220	471965	785	455
有色金属冶炼和压延加工业	Manufacture and Processing of Non-ferrous Metals	5104915	234480	428	1225
金属制品业	Manufacture of Metal Products	1171205	32756	347	604
通用设备制造业	Manufacture of General Purpose Machinery	4070585	832475	1928	4256
专用设备制造业	Manufacture of Special Purpose Machinery	4618242	290460	2842	3304
汽车制造业	Manufacture of Automobile	10342744	172407	690	1267
铁路、船舶、航空航天和其他运输设备制造业	Manufacture of Railways, Ships, Aerospace and Other Transport Equipment	2945740	163378	2013	3945
电气机械和器材制造业	Manufacture of Electrical Machinery and Equipment	7978910	318940	1197	1679
计算机、通信和其他电子设备制造业	Manufacture of Computer, Communication and Other Electronic Equipment	12850079	3324604	1931	6347
仪器仪表制造业	Manufacture of Measuring Instrument	481143	1331	243	620
其他制造业	Other Manufacture	399995		7	4
废弃资源综合利用业	Utilization of Waste Resources	1404476		49	63
金属制品、机械和设备修理业	Maintenance of Metal Products, Machinery and Equipment	9634			6
电力、热力生产和供应业	Production and Supply of Electric Power and Heat Power	358536		1134	1788
燃气生产和供应业	Production and Distribution of Gas	52566		8	34
水的生产和供应业	Production and Distribution of Water	66146		48	59

17-41 企业创新基本情况(2023年)
Basic Situation of Enterprise Innovation (2023)

指标	Item	合计 Total	#工业 Industry	#建筑业 Construction	#服务业 Services
企业创新基本情况	**The Basic Situation of Enterprise Innovation**				
企业数 (个)	Companies (unit)	40060	20160	1795	18105
开展创新活动企业数 (个)	Carry Out Innovation Activities (unit)	21850	16907	683	4260
实现创新企业	Realize Innovative Enterprises	19090	14429	638	4023
同时实现四种创新企业	Four Innovative Enterprises are Implemented Simultaneously	4130	3387	72	671
产品和工艺创新情况	**Product and Process Innovation**				
(一)产品和工艺创新分布情况	**The Distribution of Product and Process Innovation**				
1.开展产品或工艺创新活动企业数 (个)	Number of Enterprises in Product or Process Innovation Activities (unit)	19545	16599	515	2431
实现产品创新企业	Implement Product Innovation Enterprise	12489	10905	206	1378
实现工艺创新企业	Implement Innovation Enterprise	11806	9779	412	1615
(二)产品创新开发情况	**Product Innovation and Development**				
在实现产品创新企业中,以下列形式进行开发的企业占比 (%)	In the Implementation of Product Innovation Enterprises, the Proportion of Enterprises Developed in the Following Form (%)				
本企业独立开发或与集团内企业合作开发	Independently Developed by the Enterprise or in Cooperation with Enterprises in the Group	89.3	92.2	63.6	70.0
与境内其他企业合作开发	Develop Cooperation with Other Enterprises in China	8.7	7.4	17.0	17.4
本企业与境内研究机构或高等学校合作开发	The Enterprise and Domestic Research Institutions or Institutions of Higher Learning Cooperation Development	5.8	5.5	7.3	7.5
与境外企业或机构合作开发	Working with Overseas Enterprises or Institutions	0.7	0.5	0.5	1.7
在其他单位开发的基础上调整或改进,或委托其他企业或机构开发	Adjust or Improve on the Basis of the Development of Other Units, or Entrust Other Enterprises or Institutions to Develop	5.0	3.3	25.7	15.7
其他	Other	5.4	4.1	17.5	14.4
(三)工艺创新开发情况	**Development of Technological Innovation**				
在实现工艺创新企业中,以下列形式进行开发的企业占比 (%)	In the Implementation of Technological Innovation Enterprises, the Proportion Enterprises Developed in the Following Form (%)				
本企业独立开发或与集团内企业合作开发	Independently Developed by the Enterprise or in Cooperation with Enterprises in the Group	82.0	86.7	61.7	58.4
本企业与境内其他企业合作开发	The Company is Cooperating with Other Enterprises in China	11.7	10.7	14.1	17.3
本企业与境内研究机构或高等学校合作开发	The Enterprise and Domestic Research Institutions or Institutions of Higher Learning Cooperation Development	6.3	6.0	9.2	7.6
本企业与境外企业或机构合作开发	The Company is Cooperating with Overseas Enterprises or Institutions	0.8	0.7	0.7	1.4
在其他单位开发的基础上调整或改进,或委托其他企业或机构开发	Adjust or Improve on the Basis of the Development of Other Units, or Entrust Other Enterprises or Institutions to Develop	9.0	6.3	23.8	21.5
其他	Other	8.0	5.8	19.7	17.8

17-41 续表 1 Continued

指 标	Item	合 计 Total	#工业 Industry	#建筑业 Construction	#服务业 Services
产品或工艺创新活动类型及创新费用情况	**Product or Process Innovation Activity Type and Innovation Cost Situation**				
(一)产品或工艺创新活动类型	**Type of Product or Process Innovation**				
在开展产品或工艺创新活动企业中,有下列活动形式的企业占比(%)	Among the Enterprises that Carry Out Product or Process Innovation Activities, the Proportion of Enterprises with The Following Activities (%)				
内部研发	Internal Research and Development	54.9	58.1	48.4	34.9
外部研发	The External Research and Development	5.2	4.7	8.0	7.7
获得机器设备和软件	Get Machine Equipment and Software	85.1	96.6		0.1
从外部获取相关技术	Get the Technology from The Outside	2.0	0.5		
相关培训	Related Training	22.7	20.6	37.7	33.8
市场推介	Market Introduction	9.4	8.8	6.8	14.4
相关设计	Related Design	10.0	10.3	3.7	9.1
其他创新活动	Other Innovative Activities	12.7	11.6	26.6	17.4
(二)企业创新费用支出情况	**Expenditure on Innovation Expenses of Enterprises**				
创新费用支出合计(亿元)	Total Expenditure on Innovation Expenses (100 million yuan)	1502.5	1295.9	117.4	89.2
1.内部研发经费支出所占比重 (%)	Proportion of Internal r&d Expenditure (%)	69.2	72.6	32.8	66.5
2.外部研发经费支出所占比重 (%)	Proportion of External r&d Expenditure (%)	3.3	3.6	0.3	2.2
3.获得机器设备和软件经费支出所占比重 (%)	Account for the Proportion of Equipment and Software Expenditure (%)	27.1	23.3	66.9	31.2
4.从外部获取相关技术经费支出所占比重 (%)	The Proportion of Relevant Technical Expenses from External Access (%)	0.4	0.5		0.1
产品或工艺创新信息来源情况	**Product or Process Innovation Information Source Situation**				
在开展产品或工艺创新活动企业中,下列信息对创新影响较大的企业占比 (%)	Among the Enterprises that Carry Out Product or Process Innovation Activities, the Following Information will Make up the Proportion of Enterprises with Greater Impact on Innovation (%)				
企业内部信息或企业集团内部信息	Enterprise Internal Information or Enterprise Group Internal Information	35.1	35.4	38.4	33.5
高等学校或研究机构的信息	Information about Institutions of Higher Learning or Research Institutes	9.2	9.7	11.9	6.6
政府部门或行业协会的信息	Information From Government Departments or Trade Associations	21.1	18.8	36.8	27.9
设备、原材料、组件或软件供应商的信息	Information about Suppliers of Equipment, Raw Materials, Components or Software	17.8	18.7	18.3	14.1
客户或消费者的信息	Customer or Consumer Information	33.9	32.6	21.1	40.8
竞争对手、同行业其他企业的信息	Information about Competitors and Other Enterprises in the Same Industry	21.7	20.2	23.4	27.6
咨询顾问、市场分析及中介机构的信息	Information on Consultants, Market Analysis and Intermediaries	6.9	5.5	12.2	11.4
商品交易会、展览会的信息,或来自文献、期刊、出版物的信息或互联网媒体的信息	Information on Trade Fairs, Exhibitions, or Information from Literature, Journals, Publications, or Internet Media	11.6	11.2	13.2	12.9
其他	Other	3.2	2.6	6.0	5.3

17-41 续表 2 Continued

指 标	Item	合 计 Total	#工业 Industry	#建筑业 Construction	#服务业 Services
产品或工艺创新合作情况	**Product or Process Innovation Cooperation**				
(一)产品或工艺创新合作开展情况	**Product or Process Innovation Cooperation**				
开展创新合作的企业数 (个)	Number of Enterprises Engaged in Innovative Cooperation (unit)	12487	9480	398	2609
创新合作企业占全部企业的比重 (%)	Innovative Cooperative Enterprises Account for the Proportion of All Enterprises. (%)	31.2	47.0	22.2	14.4
在创新合作企业中,与下列伙伴开展合作的企业占比 (%)	The Proportion of Enterprises Engaged in Cooperation with the Following Partners in Innovative Cooperative Enterprises (%)				
集团内其他企业	Other Enterprises Within the Group	42.7	44.7	49.5	34.5
高等学校	Institutions of Higher Learning	25.0	26.5	30.7	18.9
研究机构	Research Institution	14.8	16.0	15.1	10.2
政府部门或行业协会	Government Departments or Trade Associations	21.0	18.5	33.9	28.3
供应商	Suppliers	35.7	37.4	37.7	29.1
客户	Clients	41.4	40.2	26.6	47.9
竞争对手或同行业企业	Competitors or Companies in the Same Industry	19.1	17.7	21.1	24.1
咨询顾问、市场分析及中介机构	Consultants, Market Analysts and Intermediaries	14.1	12.8	20.6	17.7
其他合作对象	Other Cooperative Objects	14.0	11.9	21.1	20.7
(二)产品或工艺创新合作伙伴	**Product or Process Innovation Cooperation Partner**				
在创新合作企业中,下列合作伙伴对企业创新有较大价值的企业占比 (%)	Among the Innovative Cooperative Enterprises, the Following Partners Make up the Proportion of Enterprises with Greater Value for Enterprise Innovation (%)				
集团内其他企业	Other Enterprises Within the Group	38.0	39.7	43.0	31.0
高等学校	Institutions of Higher Learning	21.9	23.3	27.1	16.2
研究机构	Research Institution	11.9	13.2	10.6	7.5
政府部门或行业协会	Government Departments or Trade Associations	18.0	15.6	30.2	25.0
供应商	Suppliers	30.6	32.1	31.9	24.9
客户或消费者	Customer or Consumer	37.4	36.3	22.6	43.4
竞争对手或同行业企业	Competitors or Companies in the Same Industry	15.1	13.8	16.6	19.4
咨询顾问、市场分析及中介机构	Consultants, Market Analysts and Intermediaries	10.4	9.3	16.8	13.5
其他合作对象	Other Cooperative Objects	10.6	8.8	16.8	16.3
(三)产学研合作形式	**Cooperation in Production and Study**				
开展产学研合作的企业数 (个)	The Number of Enterprises Engaged in the Cooperation of Production and Academic Research (unit)	3747	3025	143	579
在创新合作企业中产学研合作企业占比 (%)	The Proportion of Industry-university-research Cooperation Enterprises Among Innovative Cooperation Enterprises (%)	30.0	31.9	35.9	22.2

17-41 续表 3 Continued

指 标	Item	合 计 Total	#工业 Industry	#建筑业 Construction	#服务业 Services
在产学研合作企业中，以下列为主要合作形式的企业占比 （%）	**In the Cooperative Enterprise of Production and Research, the Following are Listed as the Proportion of Enterprises in the Form of Major Cooperation (%)**				
共同完成科研项目	To Jointly Complete the Research Project	60.8	62.1	67.1	52.5
合作建立研发机构	Cooperative Establishment of R&D Organizations	19.3	19.7	18.9	17.1
开展联合人才培养	Joint Talent Development	39.3	38.1	40.6	45.1
聘用高校或研究机构人员到企业兼职	Hire University or Research Staff to Work Part-time	24.5	24.8	15.4	25.4
其他形式	Other Forms	11.3	10.1	21.7	15.0
创新阻碍因素情况	**Innovation Hinders the Situation**				
在全部企业中，下列各项是创新主要阻碍因素的企业占比 （%）	Among All Enterprises, the Following are the Proportion of Enterprises that are the Main Obstacles to Innovation (%)				
缺乏内部资金	Lack of Internal Funding	13.8	17.2	18.2	9.5
缺乏风险投资	Lack of Venture Capital	8.7	9.7	8.9	7.6
缺乏银行贷款	Lack of Bank Loans	8.6	10.9	9.0	6.0
创新成本过高	The Cost of Innovation is too High	25.3	32.5	27.5	17.2
缺乏人才或人才流失	Lack of Talent or Brain Drain	27.5	36.2	27.0	17.9
缺乏技术信息	Lack of Technical Information	17.4	22.6	20.3	11.3
缺乏市场信息	Lack of Market Information	9.8	10.6	8.4	8.9
难以找到创新合作伙伴	Find an Innovative Partner is Hard	6.0	6.3	6.9	5.7
市场已被占领	The Market has been Occupied	3.1	3.0	2.9	3.2
不能确定市场需求	Cannot Determine Market Demand	10.5	12.0	14.0	8.5
创新成果易被低成本模仿	Innovation is Easily Copied by Low Cost	4.0	5.9	2.5	2.1
没有创新的必要	There is no Need for Innovation	8.4	4.4	14.2	12.3
知识产权及相关情况	**Intellectual Property and Related Conditions**				
采取了知识产权保护或相关措施的企业数 （个）	The Number of Enterprises(s) Taking Intellectual Property Protection or Related Measures (unit)	20305	14280	701	5324
采取了知识产权保护或相关措施的企业占全部企业的比重 （%）	Enterprises Taking Intellectual Property Protection or Related Measures Account for The Proportion of all Enterprises (%)	50.7	70.8	39.1	29.4
在全部企业中，采取下列知识产权保护或相关措施的企业占比 （%）	In all Enterprises, the Proportion of Enterprises Taking The Following Intellectual Property Protection or Related Measures (%)				
申请了发明专利	Applied for the Invention Patent	10.5	18.7	5.6	2.0
申请了注册商标	Apply for a Registered Trademark	9.6	13.6	3.7	5.6
进行了版权登记	Copyright Registration	2.2	2.5	1.8	2.0
形成了国家或行业技术标准	A National or Industry Technical Standard is Formed	4.1	5.6	4.5	2.3
对技术秘密进行内部保护	Internal Protection of Technical Secrets	12.0	19.2	6.6	4.5
应用了难以复制的复杂技术	Applies Complex Technologies that are Difficult to Replicate	4.1	6.5	2.8	1.6
发挥了时间上的先发优势	Play the First Mover Advantage of Time	15.5	16.0	12.2	15.2
组织和营销创新情况	**Organizing and Marketing Innovation**				
实现组织或营销创新企业数 （个）	To Achieve Organizational or Marketing Innovation Enterprises (unit)	12569	8675	446	3448
在全部企业中，实现组织或营销创新企业占比 （%）	In all Enterprises, the Proportion of Organizational or Marketing Innovation Enterprises is Realized. (%)	31.4	43.0	24.8	19.0
实现组织创新企业占比	Realize the Proportion of Innovation Enterprises	23.9	32.1	23.3	14.8
实现营销创新企业占比	Realize the Proportion of Marketing Innovation Enterprises	24.7	35.5	10.7	14.1
同时实现组织和营销创新企业占比	The Company also Realizes the Proportion of Organization and Marketing Innovation Enterprises	17.2	24.6	9.1	9.9

17−42 规模以上工业企业创新活动总体情况(2023年)
The Overall Situation of Large-scale Industrial Enterprises Innovation Activities (2023)

类别	Item	开展创新活动企业数（个）Carry Out Innovation Activities (Unit)	#实现创新企业 Realize Innovative Enterprises	#同时实现四种创新企业 Four Innovative Enterprises are Implemented Simultaneously
总计	**Total**	**16907**	**14429**	**3387**
按企业规模分组	**By Size**			
大型	Large	172	165	66
中型	Medium	1289	1181	325
小型	Small	14219	12115	2790
微型	Miniature	1227	968	206
按登记注册类型分组	**By Registration Status**			
内资企业	Domestic-funded Enterprises	16537	14111	3313
国有	State-owned Enterprises	30	23	
集体	Collective-owned Enterprises	23	18	4
股份合作	Cooperative Enterprises	185	169	21
国有联营	State Joint Ownership Enterprises			
集体联营	Collective Joint Ownership Enterprises			
国有与集体联营	Joint State-collective Enterprises			
其他联营	Other Joint Ownership Enterprises			
国有独资公司	State-funded Corporations	76	59	18
其他有限责任公司	Other Limited Liability Corporations	2223	1878	453
股份有限公司	Share-holding Corporations Ltd.	158	151	49
私营企业	Private Enterprises	13840	11813	2768
其他内资	Other Enterprises	2		
港澳台商投资	Enterprises With Investment from Hong Kong, Macao and Taiwan	227	201	49
外商投资	Enterprises With Foreign Investment	143	117	25

17-42 续表

指 标	Item	开展创新活动企业数（个）Carry Out Innovation Activities (Unit)	#实现创新企业 Realize Innovative Enterprises	#同时实现四种创新企业 Four Innovative Enterprises are Implemented Simultaneously
按工业行业大类分组	**By Industrial Branch**			
煤炭开采和洗选业	Mining and Washing of Coal	53	44	5
黑色金属矿采选业	Mining of Ferrous Metal Ores	24	18	6
有色金属矿采选业	Mining of Non-ferrous Metal Ores	91	70	8
非金属矿采选业	Mining and Processing of Nonmetal Ores	240	183	37
其他采矿业	Mining of Other Ores N.E.C	1530	1355	343
农副食品加工业	Processing of Food from Agricultural Products	517	462	109
食品制造业	Manufacture of Foods	475	412	98
酒、饮料和精制茶制造业	Manufacture of Liquor, Beverage and Refined Tea	6	5	1
烟草制品业	Manufacture of Tobacco	229	198	51
纺织业	Manufacture of Textile	254	233	47
纺织服装、服饰业	Manufacture of Textile Wearing and Clothing Apparel	413	351	71
皮革、毛皮、羽毛及其制品和制鞋业	Leather, Fur, Feather and Its Products and Footwear	403	345	91
木材加工和木、竹、藤、棕、草制品业	Processing of Timbers, Manufacture of Wood, Bamboo, Rattan, Palm and Straw Products	187	159	38
家具制造业	Manufacture of Furniture	217	187	35
造纸和纸制品业	Manufacture of Paper and Paper Products	227	194	41
印刷和记录媒介复制业	Printing,Reproduction of Recording Media	340	293	92
文教、工美、体育和娱乐用品制造业	Manufacture of Articles for Culture, Education, Artwork, Sport and Entertainment Activity	86	74	16
石油、煤炭及其他燃料加工业	Processing of Petroleum, Coal and Other Fuels	1286	1135	243
化学原料和化学制品制造业	Manufacture of Chemical Raw Material and Chemical Products	428	389	108
医药制造业	Manufacture of Medicines	19	17	4
化学纤维制造业	Manufacture of Chemical Fiber	518	448	107
橡胶和塑料制品业	Manufacture of Rubber and Plastic Products	2405	1988	416
非金属矿物制品业	Manufacture of Non-metallic Mineral Products	117	99	28
黑色金属冶炼和压延加工业	Manufacture and Processing of Ferrous Metals	391	328	86
有色金属冶炼和压延加工业	Manufacture and Processing of Non-ferrous Metals	1112	927	207
金属制品业	Manufacture of Metal Products	1029	884	197
通用设备制造业	Manufacture of General Purpose Machinery	946	813	212
专用设备制造业	Manufacture of Special Purpose Machinery	360	320	59
汽车制造业	Manufacture of Automobile	171	147	38
铁路、船舶、航空航天和其他运输设备制造业	Manufacture of Railways, Ships, Aerospace and Other Transport Equipment	892	763	217
电气机械和器材制造业	Manufacture of Electrical Machinery and Equipment	971	857	235
计算机、通信和其他电子设备制造业	Manufacture of Computer, Communication and Other Electronic Equipment	199	171	48
仪器仪表制造业	Manufacture of Measuring Instrument	91	81	20
其他制造业	Other Manufacture	179	150	43
废弃资源综合利用业	Utilization of Waste Resources	10	7	1
金属制品、机械和设备修理业	Maintenance of Metal Products, Machinery and Equipment	305	199	14
电力、热力生产和供应业	Production and Supply of Electric Power and Heat Power	58	41	7
燃气生产和供应业	Production and Distribution of Gas	128	82	8
水的生产和供应业	Production and Distribution of Water	107		

主要统计指标解释

普通高等学校 指按国家规定的设置标准和审批程序批准举办的，通过全国普通高等学校统一招生考试，招收高中毕业生为主要培养对象，实施高等学历教育的全日制大学、独立设置的学院和高等专科学校、高等职业学校及其他机构（独立学院和分校、大专班）。

大学、独立设置的学院主要实施本科层次以上教育。高等专科学校、高等职业学校实施专科层次教育。其他机构是承担国家普通招生计划任务不计校数的机构，包括独立学院、普通高等学校分校、大专班和批准筹建的普通高等学校等。独立学院指由普通本科高校按新机制、新模式举办的本科层次的二级学院，一些普通本科高校按公办机制和模式建立的二级学院，“分校”或其他类似的二级办学机构不属此范畴。

小学学龄儿童净入学率 指调查范围内已入小学学习的学龄儿童占校内外学龄儿童总数（包括弱智儿童，不包括盲聋哑儿童）的比重。计算公式为：

$$\text{小学学龄儿童净入学率}=\frac{\text{已入学的小学学龄儿童数}}{\text{校内外小学学龄儿童总数}}\times 100\%$$

科技活动 指在自然科学、农业科学、医药科学、工程与技术科学、人文与社会科学领域（简称科学技术领域）中，与科技知识的产生、发展、传播和应用密切相关的有组织的活动。可分为研究与试验发展(R&D)、研究与试验发展成果应用及相关的科技服务三类活动。该定义是联合国教科文组织考虑成员国特别是发展中国家开展科技统计工作的需要，而对科技活动所作的统计界定。

科技活动经费内部支出 指报告年内用于科技活动的实际支出，包括劳务费、科研业务费、科研管理费，非基建投资购建的固定资产、科研基建支出以及其他用于科技活动的支出。不包括生产性活动支出、归还贷款支出及转拨外单位支出。反映科技投入实际完成情况。

研究与试验发展(R&D) 指在科学技术领域，为增加知识总量，以及运用这些知识去创造新的应用进行的系统的创造性的活动，包括基础研究、应用研究、试验发展三类活动。国际上通常采用R&D活动的规模和强度指标反映一国的科技实力和核心竞争力。

基础研究 指一种不预设任何特定应用或使用目的的实验性或理论性工作，其主要目的是为获得（已发生）现象和可观察事实的基本原理、规律和新知识。其成果通常表现为提出一般原理、理论或规律，并以论文、著作、研究报告等形式为主。

应用研究 指为获取新知识，达到某一特定的实际目的或目标而开展的初始性研究。应用研究是为了确定基础研究成果的可能用途，或确定实现特定和预定目标的新方法。其研究成果以论文、著作、研究报告、原理性模型或发明专利等形式为主。

试验发展 指利用从科学研究、实际经验中获取的知识和研究过程中产生的其他知识，开发新的产品、工艺或改进现有产品、工艺而进行的系统性研究。其研究成果以专利、专有技术，以及具有新颖性的产品原型、原始样机及装置等形式为主。

产品创新 指企业推出了全新的或有重大改进的产品。产品创新的“新”要体现在产品的功能或特性上，包括技术规范、材料、组件、用户友好性等方面的重大改进。不包括产品仅有外观变化或其他微小改变的情况，也不包括直接转销。此处的“新”是指该产品对本企业而言必须是新的，但对于其他企业或整个市场而言不一定是新的。这里的产品既包括货物，也包括服务。货物方面产品创新的例子有新能源汽车、新功能手机等；服务方面产品创新的例子有新的保修服务，如显著延长的新产品保修期限等。

工艺创新 指企业采用了全新的或有重大改进的生产方法、工艺设备或辅助性活动。工艺创新的“新”要体现在技术、设备或流程上；它对本企业而言必须是新的，但对于其他企业或整个市场而言不一定是新的。不包括单纯的组织管理方式的变化。此处的辅助性活动指企业的采购、物流、财务、信息化等活动。

组织（管理）创新 指企业采取了此前从未使用过的全新的组织管理方式，主要涉及企业的经营模式、组织结构或外部关系等方面。不包括单纯的合并或收购。组织（管理）创新应是企业管理层战略决策的结果。此处的“新”是指它对本企业而言必须是新的，但对于其他企业或整个市场而言不一定是新的。

营销创新 指企业采用了此前从未使用过的全新的营销概念或营销策略，主要涉及产品（服务）设计或包装、产品（服务）推广、产品（服务）销售渠道、产品（服务）定价等方面。不包括季节性、周期性变化和其他常规的营销方式变化。此处的“新”是指它对本企业而言必须是新的，

但对于其他企业或整个市场而言不一定是新的。

R&D 人员 指报告期 R&D 活动单位中从事基础研究、应用研究和试验发展活动的人员。包括直接参加上述三类 R&D 活动的人员，以及与上述三类 R&D 活动相关的管理人员和直接服务人员，即直接为 R&D 活动提供资料文献、材料供应、设备维护等服务的人员。不包括为 R&D 活动提供间接服务的人员，如餐饮服务、安保人员等。

R&D 人员全时当量 指报告期 R&D 人员按实际从事 R&D 活动时间计算的工作量，以“人年”为计量单位。为国际上比较科技人力投入而制定的可比指标。

R&D 经费支出 指报告期调查单位内部为实施 R&D 活动而实际发生的全部经费，按支出性质分为日常性支出和资产性支出。不包括调查单位委托其他单位或与其他单位合作开展 R&D 活动而转拨给其他单位的全部经费。

R&D 经费支出中政府资金 指 R&D 经费支出中来自各级政府财政的各类资金，包括财政科学技术支出和财政其他功能支出的资金用于 R&D 活动的实际支出。

R&D 经费支出中企业资金 指 R&D 经费支出中来自于企业的各类资金。对企业而言，企业资金指企业自有资金、接受其他企业委托开展 R&D 活动而获得的资金，以及从金融机构贷款获得的开展 R&D 活动的资金；对科研院所、高校等事业单位而言，企业资金是指因接受从企业委托开展 R&D 活动而获得的各类资金。

R&D 项目（课题）数 R&D 项目（课题）是进行 R&D 活动的基本组织形式，通常由 R&D 活动执行单位依据项目立项书或合同书等形式明确项目任务、目标、人员和经费等。

R&D 项目（课题）人员全时当量 指实际参加研发项目（课题）活动人员折合的全时当量。

R&D 项目（课题）经费支出 指调查单位内部在报告年度进行研发项目（课题）研究和试制等的实际支出。包括劳务费、其他日常支出、固定资产购建费、外协加工费等，不包括委托或与外单位合作进行项目（课题）研究而拨付给对方使用的经费。

新产品销售收入 指报告期企业销售新产品实现的销售收入。新产品是指采用新技术原理、新设计构思研制、生产的全新产品，或在结构、材质、工艺等某一方面比原有产品有明显改进，从而显著提高了产品性能或扩大了使用功能的产品。既包括经政府有关部门认定并在有效期内的新产品，也包括企业自行研制开发，未经政府有关部门认定，从投产之日起一年之内的新产品。

专利 是专利权的简称，是对发明人的发明创造经审查合格后，由专利局依据专利法授予发明人和设计人对该项发明创造享有的专有权。包括发明、实用新型和外观设计。反映拥有自主知识产权的科技和设计成果情况。

发明（专利） 指对产品、方法或者其改进所提出的新的技术方案。是国际通行的反映拥有自主知识产权技术的核心指标。

实用新型（专利） 指对产品的形状、构造或者其结合所提出的适于实用的新的技术方案。反映具有一定技术含量的技术成果情况。

外观设计（专利） 指对产品的形状、图案、色彩或者其结合所作出的富有美感并适于工业上应用的新设计。反映拥有自主知识产权的外观设计成果情况。

Explanatory Notes on Main Statistical Indicators

Regular Institutions of Higher Education refer to educational establishments set up according to the government evaluation and approval procedures, recruiting graduates from senior secondary schools as the main target by National Matriculation TEST. They include full-time universities, colleges, institutions of higher professional education, institutions of higher vocational education, institutions of higher vocational education and others (non-university tertiary, branch schools and undergraduate classes).

Universities and colleges primarily provide undergraduate courses; institutions of higher professional education and institutions of higher vocational education primarily provide professional trainings; and others refer to educational establishments, which are responsible for enrolling higher education students under the State Plan but not enumerated in the total number of schools, including: branch schools of universities and colleges, and universities and colleges that have been approved and under plan for construction. Non-university tertiary refers to the regular undergraduate branch college which is running in new mechanism and mode, excluding the branch schools and other similar branches of educational institutions.

Net Enrolment Ratio of Primary Schools refers to the proportion of school age children enrolled at schools to the total number of school age children both in and outside schools (including retarded children, but excluding blind, deaf and mute children). The formula is:

$$\text{Net Enrolment Ratio of Primary Schools} = \frac{\text{Total Primary School - age Children at Schools}}{\text{Total Primary School - age Children Whether or Not Attending School}} \times 100\%$$

Scientific and Technological Activities (S&T Activities) refer to organized activities which are closely related with the creation, development, dissemination and application of the scientific and technical knowledge in the fields of natural sciences, agricultural science, medical science, engineering and technological science, humanities and social sciences (referred to as scientific and technological fields). S&T activities can be classified in to 3 categories: research and development (R&D) activities, application of R&D results, and related S&T services. This statistical definition is made by UNICHIEF for scientific and technological activities to meet the need of carrying out statistical work in this field for its member countries in particular those developing countries.

Internal Expenditures for Scientific and Technological Activities refers to the actual expenditure for scientific and technological activities during the year of the report, including labor, scientific research, business expenses, the scientific research management fees, the infrastructure investment and construction of fixed assets for science and technology activities, scientific research infrastructure spending and other spending. Excluding productive activity expenditures, repayment of loan expenditures and transfer of out-of-unit expenditures. To reflect the actual completion of technology input.

Research and Development (R&D) refers to systematic and creative activities in the field of science and technology aiming at increasing the knowledge and using the knowledge for new application. R&D includes 3 categories of activities: basic research, applied research and experimentation for development. The scale and intensity of R&D are widely used internationally to reflect the strength of S&T and the core competitiveness of a country in the world.

Basic Research refers to experimental or theoretical work undertaken primarily to acquire new knowledge of the underlying foundations of phenomena and observable facts, without any particular application or use in view. Basic research usually formulates hypotheses, theories or laws , and its results are mainly released or disseminated in the form of scientific papers or monographs or research reports.

Applied Research refers to original investigation undertaken in order to acquire new knowledge. It is directed primarily towards a specific, practical aim or objective. Purpose of the applied research is to identify the possible uses of results from basic research, or to explore new (fundamental) methods or new approaches. Results of applied research are expressed in the form of scientific papers, monographs, fundamental models or invention patents.

Experimental Development refers to systematic work, drawing on knowledge gained from research and practical experience and producing additional knowledge, which is directed to producing new products or processes or to improving existing products or processes. Results of experimental development activities are embodied in patents, exclusive technology, and monotype of new products or equipment.

Product Innovation refers to the introduction of new or significantly improved products by enterprises. The innovation should be reflected by the functions or features of the products, including improvement on technical specifications, materials, parts, user-friendliness etc. Simple appearance change or other subtle changes are not included, neither is direct reselling. The product must be new to the enterprise, but it is not necessarily new to other enterprises or the whole market.

The products here cover both goods and services. Examples of innovation on goods include new energy vehicles and mobile phones with new functions; examples of innovation on services include new warranty service, such as significantly extended new warranty period of products.

Process Innovation refers to the implementation of new or significantly improved production methods, process equipments or supporting activities by enterprises. The innovation should be reflected by technology, equipment or process. It must be new to the enterprise, but it is not necessarily new to other enterprises or the whole market. Simple change of organization and management mode is not included. Supporting activities cover purchase, logistics, account and compute activities.

Organizational (management) Innovation refers to the adoption of a completely new organizational management mode, which has never been used before. It mainly involves the business model, organizational structure or external relations of enterprises. It does not include pure mergers or acquisitions. Organizational (management) innovation should be the result of strategic decision-making of enterprise management. The term "new" here means that it must be new to the enterprise, but not necessarily new to other enterprises or the whole market.

Marketing Innovation refers to the implementation of completely new marketing concepts or marketing strategies that have never been used before. It mainly involves product (service) design or packaging, product (service) promotion, product (service) sales channels, product (service) pricing and so on. It does not include seasonal, cyclical and other conventional marketing changes. The term "new" here means that it must be new to the enterprise, but not necessarily new to other enterprises or the whole market.

R&D Personnel refer to person of R&D activities units engaged in basic research, applied research, and experimental development at the reference period, including person of directly participating in the three activities above, as well as managment and direct service staff related to R&D activities, such as literature provision, material supply,equipment maintenance staff, it excludes person providing indirect support and ancillary services, such as canteen and security staff.

Full-time Equivalent of R&D Personnel refers to the ratio of working hours actually spent on R&D during a specific reference period (usually a calendar year) divided by the total number of hours conventionally worked in the same period by an individual or by a group. The measurement unit of the ratio is “man-years”. This is an internationally comparable indicator of S&T manpower input.

Expenditure on R&D refers to the real expenditure of surveyed units on their own R&D activities in reporting period. It is divided into current expenditures and gross fixed capital expenditures for R&D according to the nature of expenditure. It doesn’t include the fees transferred to cooperated or entrusted agencies on R&D activities.

Expenditure on R&D from Government Funds refers to the expenditure of funds on R&D activities from government agencies at different levels, including appropriate funds on science and technology from financial departments, and the real expenditure of other fiscal functional funds on R&D activities from government agencies.

Expenditure on R&D from Enterprises funds refers to the expenditure of all kinds of funds on R&D activities from enterprises. In terms of enterprises, it refers to the expenditure of self-raised funds of enterprises, funds from other enterprises through entrustment, loans from financial institutions on R&D activities. In terms of public institutions, such as institution of scientific research and universities, it refers to the expenditure of funds from enterprises through entrustment.

Number of R&D Projects (subjects) R&D Projects (subjects) are the basic forms of R&D activities, The project task, target, personnel and expenditure are usually defined by R&D activity execution unit according to project approval specification or contract document.

Full-time Equivalent of Personnel on R&D Projects (subjects) refers to the full-time equivalent of person actually engaged in R&D projects (subjects).

Expenditure on R&D Projects (subjects) refers to the real expenditure of internal funds of the surveyed units on research and test of R&D projects (subjects) at the reference year, including service fee, other daily expenditure, cost for fixed assets, cost of external process, it excludes expenditure of funds transferred to other cooperated or entrusted units of the projects.

Sales Income of New Products refers to the sales income of new products of the enterprises at the reference period. New products refer to products developed and produced with new technologies and designs or improved in structure, material, process or other aspects so that their performance are improved or their functions expanded. New products include those affirmed by government authorities in their validity period and also those developed by enterprises without the affirmation of government authorities within one year after they are put into production.

Patent is an abbreviation for the patent right and refers to the exclusive right of ownership by the inventors or designers for the creation or inventions, given from the patent offices after due process of assessment and approval in accordance with the Patent Law. Patents are granted for inventions, utility models and designs. This indicator reflects the achievements of S&T and design with independent intellectual property.

Patented Inventions refer to new technical proposals to the products or methods or their modifications. This is universal core indicator reflecting the technologies with independent intellectual property.

Patented Utility Models refer to the practical and new technical proposals on the shape and structure of the product or the combination of both. This indicator reflects the condition of technological results with certain technical content.

Designs refer to the aesthetics and industrially applicable new designs for the shape, pattern and colour of the product, or their combinations. This indicator reflects the appearance design achievements with independent intellectual property.

18

文化、体育和卫生

Culture, Sports and Public Health

资料整理人员：肖首雄　　甘杨辉

18-1 文化事业基本情况
Basic Statistics on Culture

年份 Year	艺术表演团体 (个) Art Performance Troupes (unit)	公共图书馆 (个) Public Libraries (unit)	博物馆 (个) Museums (unit)	图书出版总印数 (万册) Number of Books Published (10 000 copies)	杂志出版总印数 (万册) Number of Magazines Published (10 000 copies)	报纸出版总印数 (万份) Number of Newspapers Published (10 000 copies)	广播人口覆盖率 (%) Listener Rating (%)	电视人口覆盖率 (%) Viewer Rating (%)
1949	53	1						
1950	53	1						
1951	75	1	1	484	43			
1952	90	1	1	1647	245	5785		
1953	108	2	1	1489	40	4719		
1954	113	2	1	1976	6	4503		
1955	111	3	1	2671	52	5402		
1956	114	13	2	3237	116	6851		
1957	116	15	3	3610	169	6530		
1958	118	35	4	9591	371	19317		
1959	137	36	7	8326	678	25253		
1960	134	53	9	6347	402	33318		
1961	135	46	9	4190	165	9024		
1962	136	34	9	3298	150	6983		
1963	144	30	10	3950	172	6771		
1964	143	29	12	5889	228	15911		
1965	134	43	11	7563	211	17000		
1966	131	42	12	12797	271	20571		
1967	137	35	15	12074		12054		
1968	124	35	17	8811		15185		
1969	104	26	18	6551		10694		
1970	106	25	19	15149		10028		
1971	119	28	20	7886	293	10799		
1972	137	42	15	10072	515	20134		
1973	134	40	20	11340	1056	31744		
1974	136	49	18	12170	1226	33662		
1975	137	40	17	15181	1656	33861		
1976	137	72	19	9457	10239	38363		
1977	137	74	20	14588	822	36931		
1978	141	72	19	16479	1296	31921		
1979	137	76	20	16685	1372	33685		
1980	138	77	22	21745	1169	34801		
1981	140	85	19	28012	1437	33070		
1982	139	91	13	30514	1656	36050		
1983	137	98	15	30013	1925	52655		
1984	126	101	19	30240	3019	63653		
1985	115	110	31	35629	5944	67727	50.3	75.1
1986	108	113	31	30202	5437	62209	50.3	78.0
1987	107	113	38	33376	6632	72898	54.0	85.0

18–1 续表 Continued

年份 Year	艺术表演团体 （个） Art Performance Troupes (unit)	公共图书馆 （个） Public Libraries (unit)	博物馆 （个） Museums (unit)	图书出版总印数 （万册） Number of Books Published (10 000 copies)	杂志出版总印数 （万册） Number of Magazines Published (10 000 copies)	报纸出版总印数 （万份） Number of Newspapers Published (10 000 copies)	广播人口覆盖率 （%） Listener Rating (%)	电视人口覆盖率 （%） Viewer Rating (%)
1988	96	114	42	37715	6556	71960	54.8	86.5
1989	91	116	43	35055	5235	47146	54.8	86.5
1990	91	116	42	32134	5226	51749	54.8	86.5
1991	89	116	50	35085	6430	60658	54.8	86.9
1992	90	116	51	36436	7002	67890	54.8	86.9
1993	89	116	54	33503	8022	73754	54.8	86.9
1994	89	116	55	29597	7400	57718	54.8	86.9
1995	89	116	57	33677	7768	62425	54.8	86.9
1996	88	115	60	39393	7844	63585	68.5	88.1
1997	86	115	67	37494	7686	68726	78.6	87.7
1998	88	115	68	36582	8920	75879	79.1	88.2
1999	88	115	68	30765	12437	84995	81.1	90.4
2000	91	115	71	24844	10504	83467	81.5	91.4
2001	87	115	72	23808	10051	92273	81.6	91.7
2002	87	115	74	32600	11207	95198	81.7	91.8
2003	86	115	73	29556	12577	113514	81.8	91.9
2004	91	115	71	30525	19133	104165	82.1	92.1
2005	91	120	73	33238	11708	106428	82.5	92.4
2006	93	120	73	27946	9957	103489	88.4	94.0
2007	96	120	73	31310	8849	110207	89.0	94.7
2008	98	120	74	29103	9063	104235	91.1	95.7
2009	110	120	75	26192	11373	126346	91.7	96.1
2010	201	124	81	31153	12762	129101	92.0	96.4
2011	114	130	85	34528	12584	122640	92.6	96.8
2012	141	136	95	36290	12680	131889	93.0	97.2
2013	227	136	103	35803	12991	134113	93.3	97.4
2014	271	136	109	42194	13442	136738	93.5	97.5
2015	273	137	113	48545	14099	133554	94.1	98.0
2016	439	137	115	51704	13966	98425	94.7	98.3
2017	534	139	120	45901	11684	92912	98.5	99.3
2018	510	140	121	45340	8768	85143	99.0	99.6
2019	575	141	117	48747	9451	79440	99.4	99.7
2020	631	143	122	48269	9549	72306	99.4	99.7
2021	675	144	162	50978	9218	66948	99.4	99.8
2022	655	148	180	60570	8628	52950	99.4	99.8
2023	586	150	159	64268	7341	49885	99.4	99.8

注：2010 年起，艺术表演团体含民间职业剧团，此前为文化部门专业剧团数据。

From 2010, arts performance troupes included folk troupes. And before that, arts performance troupes included professional troupes of cultural department only.

18–2 文化和旅游机构及人员(2023年)
Cultural and Tourism Organizations and Personnel (2023)

类 别	Item	合 计 Total		文化和旅游部门 Ministry of Culture and Tourism		其他部门 Other Department	
		机构（个） Institutions (unit)	人员（人） Personnel (person)	机构（个） Institutions (unit)	人员（人） Personnel (person)	机构（个） Institutions (unit)	人员（人） Personnel (person)
总计	**Total**	**12289**	**125516**	**3254**	**33116**	**9035**	**92400**
艺术表演团体	Art Performance Troupes	586	14390	100	3993	486	10397
艺术表演场馆	Art Performance Places	120	2771	66	1506	54	1265
公共图书馆	Public Libraries	150	2204	150	2204		
文化馆	Cultural Centers	150	2099	150	2099		
文化站	Cultural Stations	2133	8423	2133	8423		
其中：乡镇综合文化站	Cultural Stations in Townships	1777	7156	1777	7156		
艺术展览创作机构	Art Exhibition & Authoring Institutions	39	264	38	210	1	54
文化和旅游部门教育机构	Culture and Tourism Sector Educational Institutions	2	576	2	576		
文化和旅游科研机构	Cultural and Tourism Research Institutes	6	82	6	82		
文化市场经营机构	Cultural Marketing Institutions	6930	45360			6930	45360
文化和旅游行政部门	Culture and Tourism Administration	142	6091	142	6091		
其他文化和旅游机构	Others	163	3061	163	3061		

18-3 艺术业机构和人员
Art Institutions and Personnel

类 别	Item	2022		2023	
		机构（个）Institutions (unit)	人员（人）Personnel (person)	机构（个）Institutions (unit)	人员（人）Personnel (person)
艺术表演团体	**Art Performance Troupes**	**655**	**16215**	**586**	**14390**
话剧、儿童剧、滑稽剧类	Drama,Children's Play and Comedy Troupes	4	235	1	105
歌舞团、音乐类	Song and Dance Troupe, Music	154	4491	29	911
京剧、昆曲类	Beijing Opera,Kunqu Opera	5	294	2	161
地方戏曲类	Local Opera	265	5966	81	2602
曲艺类	Folk Arts	28	840	1	89
杂技、魔术、马戏类	Acrobatics，Magic and Circus	7	222	1	92
综合性艺术表演团体	Comprehensive Performing Arts Groups	192	4167	470	10319
艺术表演场馆	**Art Performance Places(Theaters and Music Halls)**	**117**	**3198**	**120**	**2771**
文化和旅游部门教育机构	**Culture and Tourism Sector Educational Institutions**	**3**	**606**	**2**	**576**
文化和旅游科研机构	**Cultural and Tourism Research Institutes**	**6**	**88**	**6**	**82**

18–4　出版发行、文物、图书馆、群众文化业机构人员(2023年)
Number of Institutions and Personnel in Publishing and Distribution, Cultural Relics, Libraries and Mass Culture (2023)

类　别	Item	合　计 Total		文化部门 Culture Department		其他部门 Other Department	
		机构（个）Institutions (unit)	人员（人）Personnel (person)	机构（个）Institutions (unit)	人员（人）Personnel (person)	机构（个）Institutions (unit)	人员（人）Personnel (person)
出版发行事业	**Publishing and Distribution**						
图　书	Books Published	14	1597				
报　纸	Newspaper Published	71	4762				
杂　志	Magazines Published	253	1443				
音像出版（不含电子出版权）	Audio-visual Publishing (Excluding Electronic Publishing Rights)	6	177				
音像电子出版（含两个出版权）	Audiovisual Electronic Publishing (Including Two Publishing Rights)	6	67				
复制	Copy	1	36				
出版物印刷	Publication to Print	500	14929				
发行（邮政不计入）	Distribution(Postal Service Excluded)	3491	19855				
印刷物质供销	Print Material Supply and Marketing	1	157				
文物事业	**Cultural Relics**	**326**	**5795**	**304**	**4871**	**22**	**924**
文物保护管理机构	Protection and Management Agencies	28	598	28	598		
博物馆	Museums	159	4017	137	3093	22	924
文物科研机构	Relics Scientific Research Institutions	8	294	8	294		
文物行政部门	Cultural Heritage Administration Department	129	878	129	878		
其他文物机构	Others	2	8	2	8		
图书馆事业	**Libraries**	**150**	**2204**	**150**	**2204**		
群众文化服务	**Mass Culture**	**2283**	**10522**	**2283**	**10522**		
文化馆	Cultural Centers	150	2099	150	2099		
文化站	Cultural Stations	2133	8423	2133	8423		

注：文物保护管理机构的人员包含文物行政主管机关中文物事业编制的人员。
Protection and management agencies include administrative departments and other agencies.

18–5 图书、杂志、报纸出版情况
Statistics on Books, Magazines and Newspapers Published

年份 Year	图书 Books Published			杂志 Magazines Published			报纸 Newspaper Published		
	种数（种） Number of Publica–tions(kind)	总印数（万册） Printed Copies (10 000 copies)	总印张（亿印张） Printed Sheets (100 million sheets)	种数（种） Number of Publica–tions(kind)	总印数（万册） Printed Copies (10 000 copies)	总印张（亿印张） Printed Sheets(100 million sheets)	种数（种） Number of Publica–tions(kind)	总印数（万份） Printed Copies (10 000 copies)	总印张（亿印张） Printed Sheets (100 million sheets)
1995	2357	33677	14.90	208	7768	1.75	63	62425	6.90
2000	3156	24844	12.37	244	10504	2.11	95	83467	12.75
2001	3346	23808	12.70	251	10051	2.27	109	92273	18.65
2002	3504	32600	18.10	263	11207	2.66	109	95198	21.59
2003	3702	29556	16.80	269	12577	3.20	106	113514	31.50
2004	3896	30525	16.11	247	19133	3.96	86	104165	34.60
2005	4068	33238	17.99	233	11708	4.20	88	106428	34.87
2006	4163	27946	15.96	244	9957	3.35	61	103489	38.06
2007	4354	31310	17.39	237	8849	3.72	85	110207	38.77
2008	5095	28094	18.72	235	9063	3.52	84	104235	40.14
2009	5938	26192	17.22	240	11508	5.45	86	126807	45.02
2010	7396	31153	18.71	247	12762	5.82	88	129101	54.52
2011	9949	34528	22.40	248	12584	5.63	87	122640	46.11
2012	10823	36290	24.10	248	12680	5.59	87	131889	52.57
2013	11418	35803	24.67	247	12991	2.66	86	134113	52.70
2014	10931	42194	29.89	247	13442	6.28	48	136738	51.45
2015	11364	48545	37.66	248	14099	6.86	48	133554	47.86
2016	12618	51704	39.32	250	13966	6.41	48	98425	28.30
2017	12219	45901	38.48	253	11684	5.44	48	92913	23.38
2018	9805	45340	39.44	253	8768	4.33	48	84801	20.64
2019	10397	48747	41.38	254	9451	4.70	47	79440	18.98
2020	10167	48269	40.49	254	9549	4.43	44	72306	16.28
2021	11045	50978	43.91	253	9218	4.25	43	66948	15.64
2022	11012	60570	51.09	253	8628	3.97	44	52950	12.01
2023	11971	64268	55.57	253	7341	3.37	44	49886	11.27

注：图书种数不包括租型图书。

The total collection books excludes the books for rental.

18-6 广播、电视事业情况
Statistics on Broadcasting and Television Stations

项 目	Item	2010	2020	2022	2023
广播电视从业人员 （万人）	**Number of Employees of Broadcasting and Television (10 000 persons)**	**3.30**	**4.79**	**4.45**	**4.64**
广播电视台 （座）	**Radio and Television Station (set)**		**104**	**104**	**104**
广播	**Broadcasting**				
广播电台节目套数 （套）	Number of Broadcasting Program (set)	97	120	125	125
平均每日公共广播节目播出时间 （小时）	Public Service Broadcasting Hours Per Day (hour)	917	1441	1497	1543
中、短波转播发射台数 （座）	Transmission and Relaying Stations of Medium and Short Ware Broad Cast (set)	25	18	18	18
中、短波发射机 （部）	Medium Wave and Short Wave Broadcast Transmitters (set)	46	54	54	55
中、短波发射机功率（千瓦）	Power of Medium and Short Wave Broadcast Transmitters (kw)	591	542	740	741
广播节目综合人口覆盖率（%）	The Comprehensive Population Coverage Rate of Radio Programs (%)	91.99	99.37	99.42	99.43
电视	**Television**				
电视台数 （座）	Number of Television Stations (set)	15	4	4	4
电视节目套数 （套）	Number of Television Program (set)	139	144	137	133
平均公共电视节目每周播出时间 （小时）	Public Service Television Hours Per Week (hour)	13740	15053	15399	15650
调频、电视转播发射台 （座）	FM and TV Transmitting Station (set)	195	134	132	132
电视发射机 （部）	Television Transmitters (set)	403	393	404	398
电视发射机功率 （千瓦）	Power of Television Transmitters (kw)	434.37	368.07	368.37	359.67
电视节目综合人口覆盖率（%）	The Comprehensive Population Coverage Rate of Television Programs (%)	96.43	99.74	99.76	99.77

注：1. 根据国家广电总局修订的《广播电视和网络视听统计调查制度》，2019 年起，广播电台、电视台以呼号编码进行区分。
2. 2020 年报专门对调频、电视转播发射台情况进行了调查，按实际地址进行计算。

a. According to the Radio, Television and Internet Audio-visual Survey System, revised by the State Administration of Press, Publication, Radio, Film and Television (SARFT), starting in 2019.

b. The 2020 annual report specifically investigated the situation of FM and TV transmission stations, and calculated according to the actual address.

18–7 卫生事业基本情况
Basic Statistics on Health Institutions

年份 Year	卫生机构数（个） Number of Health Institutions (unit)	#医院、卫生院 Hospitals	卫生机构床位数（万床） Number of Beds in Health Institution (10 000 beds)	#医院、卫生院 Hospitals	卫生技术人员数（万人） Medical Technical Personnel (10 000 persons)	#医生 Doctors	每千人口拥有 Per 1000 Persons 床位数（张） Number of Beds (bed)	执业（助理）医师数（人） Number of Professional (Assistant) Doctors (person)
1949	239	113	0.39	0.27	1.69	1.48	0.13	0.50
1950	264	123	0.39	0.28	1.67	1.48	0.13	0.48
1951	443	130	0.52	0.39	1.81	1.52	0.16	0.48
1952	2531	149	0.64	0.48	2.39	1.67	0.20	0.51
1953	3209	153	0.64	0.48	2.79	1.82	0.19	0.54
1954	3966	164	0.65	0.48	3.70	2.19	0.19	0.64
1955	4587	176	0.69	0.51	4.37	2.69	0.20	0.78
1956	7741	235	0.87	0.61	5.22	2.73	0.25	0.78
1957	8079	330	1.04	0.67	5.53	2.83	0.29	0.79
1958	12705	5307	5.00	1.75	6.44	3.04	1.36	0.83
1959	22495	5370	4.95	1.66	6.76	3.24	1.34	0.88
1960	21987	4289	5.01	2.35	6.97	3.29	1.40	0.92
1961	18517	3390	4.12	2.44	7.08	3.43	1.17	0.98
1962	12118	416	2.67	2.25	6.29	3.33	0.74	0.93
1963	11613	388	2.63	2.29	6.39	3.34	0.71	0.90
1964	11240	395	2.88	2.28	6.24	3.31	0.76	0.87
1965	11124	484	3.11	2.44	6.28	3.34	0.80	0.86
1966	10424	1014	3.68	2.69	6.29	3.24	0.92	0.81
1967	6285	3983	4.06	2.55	6.11	3.11	0.99	0.75
1968	6161	3945	4.27	2.45	6.25	3.31	1.01	0.78
1969	6144	4026	4.62	2.52	6.29	3.36	1.06	0.77
1970	7056	4447	5.83	3.31	6.54	3.54	1.30	0.79
1971	7042	4280	6.63	3.73	7.10	3.62	1.44	0.79
1972	7372	4264	7.28	4.96	7.95	3.72	1.55	0.79
1973	7898	4309	7.93	3.75	8.53	4.14	1.65	0.86
1974	8239	4340	8.67	4.02	9.26	4.43	1.77	0.90
1975	8707	4365	9.36	4.34	10.04	4.85	1.88	0.97
1976	8987	4383	9.88	4.45	10.73	5.23	1.95	1.03
1977	9259	4397	10.49	5.25	11.20	5.23	2.05	1.02
1978	9477	4374	11.14	5.52	11.54	5.38	2.16	1.04
1979	9753	4387	11.56	5.93	12.54	5.80	2.21	1.11
1980	9871	4402	11.58	6.05	13.16	5.88	2.19	1.11
1981	10222	4375	11.26	6.11	13.96	6.20	2.10	1.16
1982	10262	4334	11.41	6.28	14.29	6.40	2.09	1.17
1983	10324	4335	11.54	6.45	14.84	6.59	2.10	1.20
1984	10507	4357	11.80	6.75	15.26	6.76	2.12	1.22
1985	10552	4226	11.93	6.97	15.54	6.90	2.12	1.23
1986	10352	4112	12.22	7.35	15.81	6.91	2.15	1.21
1987	10392	4132	12.69	7.76	16.28	7.06	2.20	1.22
1988	10376	4114	12.93	8.12	16.89	7.83	2.19	1.32
1989	10492	4197	13.16	8.32	17.27	8.15	2.19	1.36
1990	10552	4191	13.36	8.48	17.63	8.26	2.19	1.35

18-7 续表 Continued

年份 Year	卫生机构数（个） Number of Health Institutions (unit)	#医院、卫生院 Hospitals	卫生机构床位数（万床） Number of Beds in Health Institution (10 000 beds)	#医院、卫生院 Hospitals	卫生技术人员数（万人） Medical Technical Personnel (10 000 persons)	#医生 Doctors	每千人口拥有 Per 1000 Persons 床位数（张） Number of Beds (bed)	每千人口拥有 Per 1000 Persons 执业（助理）医师数（人） Number of Professional (Assistant) Doctors (person)
1991	10557	4219	13.52	8.67	17.81	8.17	2.19	1.33
1992	10579	4229	13.65	8.85	18.29	8.23	2.20	1.43
1993	9604	4187	13.64	9.03	18.38	8.13	2.18	1.30
1994	9931	4314	13.42	8.92	18.98	8.39	2.13	1.33
1995	9137	3879	13.52	9.04	19.25	8.46	2.13	1.33
1996	9031	3423	13.36	9.08	20.22	9.57	2.08	1.41
1997	9177	3349	13.47	9.24	20.56	10.61	2.08	1.64
1998	9711	3318	13.43	9.28	21.25	9.32	2.07	1.43
1999	4259	3359	14.00	13.46	19.50	8.00	2.23	1.29
2000	4286	3339	14.34	13.21	19.88	8.80	2.19	1.35
2001	4205	3335	14.62	13.43	19.89	8.90	2.20	1.35
2002	4272	3332	14.00	13.00	19.00	8.00	2.16	1.19
2003	4016	3348	14.49	13.00	18.95	7.90	2.18	1.20
2004	4039	3340	14.79	13.70	18.89	7.90	2.21	1.19
2005	4097	3324	15.22	14.16	18.94	7.99	2.26	1.19
2006	4082	3242	16.02	14.97	19.00	8.05	2.37	1.19
2007	14521	3165	17.24	16.17	22.06	9.25	2.53	1.35
2008	14455	3111	18.79	17.47	23.21	9.63	2.75	1.41
2009	14374	3103	21.20	19.73	24.81	10.07	3.07	1.46
2010	14175	3066	23.33	21.59	26.26	10.42	3.29	1.47
2011	14266	3096	26.14	24.20	27.55	10.59	3.96	1.61
2012	14225	3092	29.44	26.78	29.71	11.67	4.43	1.76
2013	17364	3226	31.70	29.25	32.34	12.74	4.74	1.91
2014	16872	3318	35.55	33.05	34.14	13.34	5.28	1.98
2015	17824	3470	39.65	36.85	37.08	15.08	5.84	2.22
2016	16717	3534	42.81	39.56	39.27	16.07	6.28	2.36
2017	16500	3542	45.22	41.99	41.56	17.31	6.59	2.52
2018	16262	3764	48.46	45.02	43.76	18.10	7.02	2.62
2019	57232	3789	50.63	47.07	50.24	19.05	7.32	2.75
2020	56042	3796	51.98	48.43	50.00	19.04	7.82	2.87
2021	55677	3815	53.23	49.61	50.61	19.25	8.04	2.91
2022	55338	3824	54.45	50.63	51.92	19.87	8.25	3.01
2023	57510	3856	53.39	49.59	56.97	21.96	8.13	3.34

注：1. 2002 年及以后卫生机构数为登记注册数，医生系执业（助理）医师数。机构数不含村卫生室。

2. 2007 年起卫健委网络直报数据包含了诊所、医务室、卫生所、社区服务站；而 2007 年以前是没有包括的。

3. 2019 年起卫生机构数为登记注册数，机构数包含村卫生室。

a. Number of health institutions since 2002 are the number of registration, doctors refer to the certified (assistant) doctors.

b. From 2007 onwards, the NHSC network direct reporting data of the People's Republic of China includes clinics, dispensaries, health clinics, and community service stations; prior to 2007, they were not included.

c. Since 2019, the number of health institutions has been registered, including village clinics.

18-8 各类卫生机构、床位和人员(2023年)

项　目	Item	机　构（个）Number of Institutions (unit)	床位数（张）Number of Reality Beds (bed)
总　计	**Total**	**57510**	**533935**
医院	Hospitals	1783	389753
综合医院	General Hospitals	841	217286
中医医院	Hospitals of Chinese Medicine	225	66269
中西医结合医院	Hospitals of Traditional Chinese and Western Medicine	28	4560
民族医院	National Hospitals	1	30
专科医院	Specialized Hospitals	666	100010
口腔医院	Hospitals for Oral Cavity Diseases	100	1313
眼科医院	Ophthalmology Hospitals	79	3694
耳鼻喉科医院	Otorhinolaryngology Hospitals	8	586
肿瘤医院	Tumor Hospitals	10	5818
心血管病医院	Cardiovascular Hospitals	2	405
妇产（科）医院	Hospitals for Maternity and Child Care	35	2559
儿童医院	Children's Hospitals	3	1866
精神病医院	Mental Hospitals	145	54606
传染病医院	Hospitals for Infectious Diseases	2	890
皮肤病医院	Hospitals for Occupational Diseases	13	447
结核病医院	Tuberculosis Hospitals	1	896
骨科医院	Orthopaedics Hospitals	38	3587
康复医院	Rehabilitation Hospitals	60	11487
整形外科医院	Plastic Hospitals	3	145
美容医院	Cosmetic Hospitals	23	657
其他专科医院	Other Specialized Hospitals	144	11054
社区卫生服务中心（站）	Health Service Center and Station for Community	1053	18789
卫生院	Health Centers	2073	106156
村卫生室	The Village Health Room	36126	
门诊部	Clinics	1824	404
诊所、卫生所、医务室	Outpatient Departments, Clinics and Medical Stations	14032	2
急救中心（站）	First-aid Stations	8	1
采供血机构	Institutions for Collection and Supply of Blood	20	
妇幼保健院（所、站）	Maternity and Child Care Centers	140	14353
专科疾病防治院（所、站）	Specialized Disease Prevention and Treatment Institute	67	4013
疾病预防控制中心	Disease Prevention & Control Centers	146	
卫生监督所（中心）	Medical Supervision Institutes	129	
医学科学研究机构	Research Institutes of Medical Sciences	1	
医学在职培训机构	Medical In-service Training Institute	1	
健康教育所（站、中心）	Health Education Institute (Station, Centre)	8	
其他卫生机构	Other Health Care Institutions	101	464

Health Care Institutions, Beds and Personnel by Type (2023)

卫生工作人员（人）Health Personnel (person)	#卫生技术人员 Medical Technical Personnel	执业（助理）医师 Professional (Assistant) Doctors	执业医师 Doctors	注册护士 Senior Nurse & Nurse	药师（士） Pharmacist	技师（士） Laboratory Technician	卫生监督员 Health Supervisor	其他 Others
683165	**569660**	**219645**	**174336**	**270467**	**24799**	**32909**	**2278**	**19562**
393576	335936	110200	103201	181288	14380	20907		9161
249402	217376	72019	68239	117966	8302	13285		5804
69102	60489	20271	19127	30810	3782	3886		1740
4223	3616	1178	1057	1952	199	202		85
25	19	7	4	8	2	2		
69876	53962	16592	14662	30296	2068	3480		1526
4550	3461	1486	1232	1757	37	98		83
6393	4271	1254	1119	2330	170	196		321
410	347	139	115	164	22	13		9
5866	4909	1498	1466	2636	220	385		170
481	435	155	153	234	26	20		
3904	2821	974	897	1435	121	224		67
2124	1855	560	550	1060	79	124		32
20529	15563	4226	3656	9707	594	663		373
946	754	208	204	427	41	60		18
458	386	132	113	190	28	31		5
627	548	191	191	274	21	46		16
3371	2721	825	653	1500	103	206		87
8165	6567	2043	1836	3298	248	839		139
279	215	80	69	121	8	6		
1643	1039	345	318	648	27	18		1
10130	8070	2476	2090	4515	323	551		205
29818	26336	10699	8123	11469	1561	1433		1174
102737	91556	38428	21129	36716	5102	4855		6455
46000	19609	16545	3909	2565	499			
19313	16228	7844	6631	7290	410	438		246
39481	37123	20760	17722	14248	1470	265		380
168	98	40	39	57		1		
1873	1410	139	116	928	7	316		20
30718	26701	9784	9050	12963	1000	2273		681
3352	2561	957	748	1136	140	219		109
10251	7680	3795	3270	983	196	1673	55	978
3038	2454						2212	242
11	8	4	3	1	3			
8	2	1	1		1			
60	16	8	7	3	1	3		1
2780	1952	446	391	821	33	526	11	115

18-9 医疗机构运营情况(2023年)
Basic Statistics of Operation on Health Care Institutions (2023)

类 别	Item	诊疗人次（人次）Number of Patients Treated (person-time)	#门诊、急诊人次 Out-patients and Emergency Patients	病床周转次数（次）Turn Over of Beds (time)	病床工作日（天）Days Per Bed in Use (day)	病床使用率（%）Utilization Rate of Beds (%)
总　计	**Total**	**403970447**	**368693543**	**31.3**	**272.0**	**74.5**
医院	**Hospitals**	**131860428**	**126584620**	**30.1**	**290.6**	**79.6**
综合医院	General Hospitals	92925922	89710420	36.9	295.1	80.9
中医医院	Hospitals of Chinese Medicine	21771563	21060342	32.0	288.3	79.0
中西医结合医院	Hospitals of Traditional Chinese and Western Medicine	1112802	1035173	25.9	253.0	69.3
民族医院	National Hospitals	518	518	0.8	9.0	2.5
专科医院	Specialized Hospitals	15969731	14735210	14.0	285.6	78.2
口腔医院	Hospitals for Oral Cavity Diseases	2106102	2025646	13.8	42.4	11.6
眼科医院	Ophthalmology Hospitals	2607815	2425632	39.7	143.1	39.2
耳鼻喉科医院	Otorhinolaryngology Hospitals	78763	68519	25.6	169.8	46.5
肿瘤医院	Tumor Hospitals	1287213	1273862	51.1	389.8	106.8
心血管病医院	Cardiovascular Hospitals	128834	126701	33.1	328.4	90.0
妇产（科）医院	Hospitals for Maternity and Child Care	1269421	1189278	20.5	123.2	33.7
儿童医院	Children's Hospitals	1837719	1837719	41.9	285.5	78.2
精神病医院	Mental Hospitals	2085871	1915296	5.2	325.5	89.2
传染病医院	Hospitals for Infectious Diseases	150862	150862	18.1	243.4	66.7
皮肤病医院	Hospitals for Occupational Diseases	151866	146644	23.9	152.1	41.7
结核病医院	Tuberculosis Hospitals	83348	79228	39.4	444.1	121.7
骨科医院	Orthopaedics Hospitals	495628	468490	22.1	217.9	59.7
康复医院	Rehabilitation Hospitals	1001236	841826	12.3	261.4	71.6
整形外科医院	Plastic Hospitals	47832	47812	28.1	143.8	39.4
美容医院	Cosmetic Hospitals	397719	384410	20.5	63.7	17.4
其他专科医院	Other Specialized Hospitals	2239502	1753285	17.5	172.7	47.3
护理院	Nursing Home	73629	36791	6.9	142.7	39.1
疗养院	Sanatorium	46367	42878	6.4	341.8	93.6
社区卫生服务中心（站）	**Health Service Center for Community**	**34988214**	**30384895**	**25.1**	**181.2**	**49.7**
卫生院	**Health Centers**	**67127459**	**59635696**	**35.6**	**224.6**	**61.5**
村卫生室	**The Village Health Room**	**77140478**	**66916966**			
门诊部	**Clinics**	**11705273**	**8946074**			
妇幼保健院（所、站）	**Maternity and Child Care Centers**	**13003214**	**12716337**	**42.1**	**217.6**	**59.6**
专科疾病防治院（所、站）	**Specialized Disease Prevention and Treatment Institute**	**553941**	**477821**	**21.0**	**292.1**	**80.0**

18-10 诊所、卫生所、医务室基本情况(2023年)
Statistics on Clinics, Health Service Stations and Health Center (2023)

项 目	Item	诊 所 Clinics	医务室、卫生所 Health Center and Health-room、Health Service Stations for Community
机构总数 （个）	**Number of Institutions (unit)**	**12535**	**1496**
总人员数 （人）	**Number of Personnel (person)**	**35640**	**3835**
卫生技术人员	Medical Technical Personnel	33495	3624
执业（助理）医师	Professional (Assistant) Doctors	18661	2099
执业医师	Doctors	16064	1658
注册护士	Registered Nurse	12895	1350
药剂师（士）	Pharmacist	1385	85
技师（士）	Skilled Technician	243	21
#检验人员	# Laboratory Technician	84	13
其他	Others	311	69
工勤技能人员	Logistic Personnel	768	46
总收入 （万元）	**Annual Income (10 000 yuan)**	**403461**	**26152**
总支出 （万元）	**Annual Expenditure (10 000 yuan)**	**319904**	**23137**
诊疗人次数 （万人次）	**Number of Visits (10 000 person-times)**	**6122**	**619**

18-11 村卫生室基本情况(2023年)
Statistics on Village Health Center (2023)

项 目	Item	合计 Total	按主办单位分 Grouped by Organizers 村办 Village	乡医院设点 Township	联合办 Combine	私人办 Private	其他 Other
机构数 （个）	Number of Institutions (unit)	36126	24546	1574	690	5917	3399
执业(助理)医师 （人）	Number of Doctors and Assistant Doctors (person)	16545	12227	785	268	2612	1438
注册护士 （人）	Registered Nurses (Person)	2565	1473	78	24	848	220
乡村医生和卫生员（人）	Number of Village Doctors & Assistants (person)	26391	17576	1786	510	4106	2413
#乡村医生	# Number of Village Doctors	25746	17257	1656	507	3976	2350
卫生员	Health Professional	645	319	130	3	130	63
总收入 （万元）	Annual Income (10 000 yuan)	266089.9	181412.3	11758.2	4682.7	44152.8	24083.9
总支出 （万元）	Annual Expenditure (10 000 yuan)	197496.6	135067.9	8218.2	3775.7	33671.6	16763.2
诊疗人次数 （万人次）	Number of Children Vaccinate (10 000 person-times)	7714.1	5354.2	330.7	130.1	1210.8	688.4

18-12 体育事业情况
Statistics on Sports

项 目	Item	2010	2020	2022	2023
体育系统从业人数 （人）	**Staff and Workers in Sports Commissions (person)**	**5341**	**5559**	**6652**	**5740**
体育场地数 （个）	**Stadiums (unit)**	**24216**	**149461**	**173677**	**194745**
体育馆 （个）	**Gymnasiums (unit)**	**186**	**264**	**287**	**316**
游泳跳水场（馆） （个）	**Swimming and Diving (Pavilion) (unit)**	**180**	**784**	**1200**	**1546**
举办县级以上运动会 （次）	**Number of Sports Meets Above County Level (time)**	**436**	**208**	**597**	**690**
等级运动员发展人数 （人）	**Number of Athletes in Grades (person)**	**1152**	**2088**	**3282**	**3860**
#国际级运动健将	#International Master of Sports	2	1		6
国家级运动健将	National Master of Sports	17	45	28	105
一 级	First Grade Sportsmen	274	445	631	871
二 级	Second Grade Sportsmen	859	1597	2623	2876
等级裁判员发展人数 （人）	**Number of Referees in Grades (person)**	**2901**	**6608**	**7305**	**9230**
#国家级裁判员	#National Referees	33			
打破纪录情况 （人/次/项）	**Basic Situation of Records Chalked Up (person/time/event)**				
#世界纪录	#World Records	2/3/3			1/1/1
亚洲纪录	Asia Records	2/3/3		1/1/1	2/2/2
全国纪录	National Records	1/1/1	4/2/2	3/3/3	1/1/1
获奖情况 （枚）	**Basic Situation of Medallion Won (piece)**				
参加全国比赛获奖	National Competitions	117	103	137	160
#金 牌	#Gold-plate	44	34	50	64
银 牌	Silver-plate	21	40	35	42
铜 牌	Copper-plate	52	29	52	54
参加国际比赛获奖	International Competitions	40		27	77
#金 牌	#Gold-plate	22		14	48
银 牌	Silver-plate	12		6	22
铜 牌	Copper-plate	6		7	7

注：1. 参加全国比赛指参加全国性的成人竞技比赛。参加国际比赛指参加世界锦标赛、世界杯赛、奥运会、亚洲锦标赛和亚运会。

2. 奖牌数包括我省运动员参加国家队集体项目所得的奖牌。

a. National games refer to nation-wide adult athletics. International games include the world championship, the world cup, the Olympics,the Asia championship and the Asian Games.

b. The number of medals includes that of medals won by athletes of our province in national collective events.

主要统计指标解释

广播/电视节目综合人口覆盖率 指根据国家广播电视总局制定的《广播电视人口覆盖率统计技术标准和方法》进行统计调查的，在对象区内能接收到由中央、省、地市或县通过无线、有线或卫星等各种技术方式转播的各级广播/电视节目的人口数占对象区总人口数的百分比。

艺术表演团体 指由文化部门主办或实行行业管理（经文化行政部门审批并领取营业性演出许可证），专门从事表演艺术等活动的各类专业艺术表演团体，含民间职业剧团。不包括群众业余文艺表演团队。

艺术表演场馆 指由文化部门主办或实行行业管理（向文化行政部门备案或领取合资/合作演出场所许可证），有观众席、舞台、灯光设备，公开售票、专供文艺团体演出的文化活动场所。

文化市场经营机构 指经文化市场行政部门审批或备案并领取相关许可或备案文件的、从事文化经营和文化服务活动的机构。

医疗卫生机构 指从卫生（卫生计生）行政部门取得《医疗机构执业许可证》《中医诊所备案证》《计划生育技术服务许可证》，或从民政、工商行政、机构编制管理部门取得法人单位登记证书，为社会提供医疗服务、公共卫生服务或从事医学科研和医学在职培训等工作的单位。医疗卫生机构包括医院、基层医疗卫生机构、专业公共卫生机构、其他医疗卫生机构。

医院 包括综合医院、中医医院、中西医结合医院、民族医院、各类专科医院和护理院，不包括专科疾病防治院、妇幼保健院和疗养院，包括医学院校附属医院。

基层医疗卫生机构 包括社区卫生服务中心、社区卫生服务站、街道卫生院、乡镇卫生院、村卫生室、门诊部、诊所（医务室）。

专业公共卫生机构 包括疾病预防控制中心、专科疾病防治机构、妇幼保健机构（含妇幼保健计划生育服务中心）、健康教育机构、急救中心（站）、采供血机构、卫生监督机构、取得《医疗机构执业许可证》或《计划生育技术服务许可证》的计划生育技术服务机构。

卫生人员 指在医院、基层医疗卫生机构、专业公共卫生机构及其他医疗卫生机构工作的职工，包括卫生技术人员、乡村医生和卫生员、其他技术人员、管理人员和工勤人员。一律按支付年底工资的在岗职工统计，包括各类聘任人员（含合同工）及返聘本单位半年以上人员，不包括临时工、离退休人员、退职人员、离开本单位仍保留劳动关系人员、本单位返聘和临聘不足半年人员。

卫生技术人员 包括执业医师、执业助理医师、注册护士、药师（士）、检验技师（士）、影像技师、卫生监督员和见习医（药、护、技）师（士）等卫生专业人员。不包括从事管理工作的卫生技术人员（如院长、副院长、党委书记等）。

执业医师 指《医师执业证》"级别"为"执业医师"且实际从事医疗、预防保健工作的人员，不包括实际从事管理工作的执业医师。执业医师类别分为临床、中医、口腔和公共卫生四类。

执业助理医师 指《医师执业证》"级别"为"执业助理医师"且实际从事医疗、预防保健工作的人员，不包括实际从事管理工作的执业助理医师。执业助理医师类别分为临床、中医、口腔和公共卫生四类。

每千人口卫生技术人员 每千人口卫生技术人员=卫生技术人员数/人口数×1000。人口数系年末常住人口。

每千人口执业（助理）医师 每千人口执业（助理）医师=（执业医师数+执业助理医师数）/人口数×1000。人口数系年末常住人口。

床位数 指年底固定实有床位（非编制床位），包括正规床、简易床、监护床、超过半年加床、正在消毒和修理床位、因扩建或大修而停用的床位，不包括产科新生儿床、接产室待产床、库存床、观察床、临时加床和病人家属陪待床。

每千人口医疗卫生机构床位 每千人口医疗卫生机构床位=医疗卫生机构床位数/人口数×1000。人口数系年末常住人口。

Explanatory Notes on Main Statistical Indicators

Population Coverage Rate of Radio/Television Programs refers to the percentage of population in the target region who can receive radio/television programmes transmitted by national, provincial, municipal or county stations through wireless, cable or satellite techniques, according to Statistical Standard and Method on Television and Radio Coverage of Population established by the State Administration of Radio and Television.

Arts Performance Troupes refer to the various professional performing arts groups, sponsored by the cultural departments or guided by the cultural societies (approved by the cultural administration authority, or permitted with the commercial performance certificate), including non-public troupes. The mass amateur arts performance troupes are not included.

Arts Performance Venues refer to the various venues for cultural activities, which are sponsored by the cultural departments or guided by the cultural societies (registered in the cultural market administration, or permitted with the cooperative performance certificate), with the facility of auditorium, stage and lighting, and selling tickets to the public.

Institutions of Cultural Market Management refer to the institutions engaged in cultural management and cultural services, with registration and permits certificate and documents from cultural market administration.

Health Care Institutions refer to the units which have been qualified with the Certification of Health Care Institution, filing certificate of traditional Chinese medicine clinic, certification of family planning technical service by the administration of health (family planning), or qualified with the Certification of Corporate Unit by the civil affairs, administration for industry and commerce, and engaging in medical care services, public health services, or medicine research and on-job training, etc., including: hospitals, health care institutions at grass-root level, specialized public health institutions, and other health care institutions.

Hospitals include general hospitals, traditional Chinese medicine hospitals, hospitals of integrated traditional Chinese and western medicine, nationalities hospitals, specialized hospitals and nursing hospitals, as well as affiliated hospitals of medical colleges, excluding specialized disease prevention and treatment institutes, maternal and child health centers and convalescent hospitals.

Health Care Institutions at Grass-root Level include community health service centers, community health service stations, sub-district health centers, township health centers, village clinics, outpatient departments and clinics.

Specialized Public Health Institutions include CDC, specialized disease prevention and treatment institutions, maternal and children health centers (including maternal and children health care and family planning service centers), health education institutions, emergency centers (first-aid stations), blood gathering and supplying institutions, health inspection institutions, and family planning technical service institutions that obtained the Certification of Health Care Institution or certification of family planning technical service.

Health Personnel refer to all employees engaged in the health care institutions, such as hospitals, health care institutions at grass-root level, specialized public health institutions, and other health care institutions, including health technical personnel, village doctors and assistants, other technical personnel, administrative staffs and logistics technical workers. Data are based on the year end payroll, including personnel employed (including contract workers) and re-employed after retirement by the institution for more than 6 months, excluding temporary workers, retired personnel, resigned personnel, personnel who have left the institution but kept the contract relation and personnel who are re-employed after retirement or temporarily employed for less than 6 months.

Health Technical Personnel refer to the professional staff engaged in health care, including licensed physicians and physician assistants, registered nurses, pharmacists, laboratory and imaging technicians, health care supervisors and intern doctors, pharmacists, nurses, and technical personnel, excluding health technical personnel engaged in management (e.g. president, vice president and secretary of the party committee etc).

Licensed Physicians refer to the medical workers with licenses of qualified doctors and are employed in medical treatment, disease prevention or healthcare institutions, excluding the licensed doctors engaged in management. The physicians are divided into 4 categories: clinician, Chinese medicine, stomatology and public health.

Licensed Physician Assistants refer to the medical workers with licenses of qualified assistant doctors and are employed in medical treatment, disease prevention or healthcare institutions, excluding the licensed assistant doctors engaged in management. Physician assistants are divided into 4 categories: clinician, Chinese medicine, stomatology and public health.

Number of Health Technical Personnel per 1000 Population The formula is:

Number of health technical personnel per 1000 population = number of health technical personnel / population *1000

The population refer to permanent population at year-end.

Number of Licensed Physicians & Physician Assistants

per 1000 Population The formula is:

Number of licensed physicians & physician assistants per 1000 population = (number of licensed physicians + number of licensed physician assistants) / population *1000

The population refer to permanent resident population at year-end.

Number of Beds refer to the actual fixed beds (not the authorized beds) at year-end, including regular beds, simple beds, monitoring beds, extra bed over 6 months, beds under disinfection or repairing, beds deactivated due to expansion or overhaul, not including neonatal beds, pre-delivery beds, inventory beds, observation beds, temporary beds and family accompany beds.

Number of Beds of Health Care Institutions per 1000 Population the formula is:

Number of beds of health care institutions per 1000 population = number of beds of health care institutions / population *1000

The population refer to permanent resident population at year-end.

19

党群、政法和社会服务

Party and Mass, Politics and Law, Social Service

资料整理人员：肖首雄　　甘杨辉

19-1 历届省人民代表大会的代表人数
Number of Deputies to All the Previous Provincial People' s Congress

单位：人 (person)

项 目	Item	代表总数 Total Number of All Deputies	#女性代表 Female Deputies	占代表总数（%） As Percentage to Total (%)	#少数民族代表 Deputies From National Minorities	占代表总数（%） As Percentage to Total (%)
第一届（1954）	First Congress (1954)	552	36	6.5	9	1.6
第二届（1958）	Second Congress (1958)	552	36	6.5	9	1.6
第三届（1964）	Third Congress (1964)	662	148	22.4	57	8.6
省革命委员会（1968）	The Provincial Revolutionary Committee (1968)	160				
第五届（1977）	Fifth Congress (1977)	1252	274	21.9	72	5.8
第六届（1983）	Sixth Congress (1983)	988	225	22.8	84	8.5
第七届（1988）	Seventh Congress (1988)	874	210	24.0	78	8.9
第八届（1993）	Eighth Congress (1993)	870	191	22.0	87	10.0
第九届（1997）	Ninth Congress (1997)	763	175	22.9	85	11.1
第十届（2003）	Tenth Congress (2003)	772	149	19.3	82	10.8
第十一届（2007）	Eleventh Congress (2007)	774	149	19.3	82	10.8
第十二届（2012）	Twelfth Congress (2012)	768	130	16.9	83	10.8
第十三届（2018）	Thirteenth Congress (2018)	764	207	27.1	97	12.7
第十四届（2023）	Fourteen Congress (2023)	755	238	31.5	105	13.9

注：1968 年省革命委员会召开了全体委员会议，代表人数为委员人数。
The plenary meeting was held by the provincial revolutionary committee in 1968, and the number of delegates was that of committee members.

19–2 历届省政治协商会议的委员人数
Number of Deputies to All the Previous Provincial People' s Political Consultative Conferences

单位：人 (person)

项 目	Item	委员总数 Total Number of All Deputies	#中国共产党代表 Deputies from the Communist Party of China	占代表总数（%） As Percentage to Total (%)	#少数民族代表 Deputies From National Minorities	占代表总数（%） As Percentage to Total (%)
第一届（1955）	First Congress (1955)	175	39	22.3	6	3.4
第二届（1959）	Second Congress (1959)	396	131	33.1	15	3.8
第三届（1964）	Third Congress (1964)	398	134	33.7	20	5.0
第四届（1977）	Fourth Congress (1977)	500	222	44.4	26	5.2
第五届（1983）	Fifth Congress (1983)	732	270	36.9	38	5.2
第六届（1988）	Sixth Congress (1988)	703	280	39.8	58	8.3
第七届（1993）	Seventh Congress (1993)	724	288	39.8	61	8.4
第八届（1997）	Eighth Congress (1997)	716	280	39.1	70	9.8
第九届（2003）	Ninth Congress (2003)	728	281	38.6	72	10.6
第十届（2007）	Tenth Congress (2007)	750	289	38.5	65	8.7
第十一届（2012）	Eleventh Congress (2012)	749	278	37.1	69	9.2
第十二届（2018）	Twelfth Congress (2018)	751	281	37.4	73	9.7
第十三届（2023）	Thirteenth Congress (2023)	742	275	37.1	82	11.1

19–3 工会工作情况
Labor Union Work

项 目	Item	2010	2020	2022	2023
工会基层组织个数 （万个）	Number of Grassroots Unions (10 000 unit)	9.01	14.87	11.26	10.66
工会会员人数 （万人）	Union Membership (10 000 persons)		1168.92	1037.18	1005.32
其中：女性	# Female		421.14	377.46	371.88
已建工会组织的基层单位在岗职工人数 （万人）	Number of Staff and Workers in Grassroots Unions (10 000 persons)	1067.85	1279.00	1089.99	1033.07
工会专职干部数 （万人）	Full-time Cadres (10 000 persons)	4.41	6.34	5.63	5.41
其中：女性	# Female			2.36	2.33
已建立职代会制度的单位个数 （万个）	Number of Units Established With Workers Delegating Congress System (10 000 units)	2.67	13.97	8.91	8.28
本年度提出合理化建议 （万件）	Advanced Rationalization Proposals This Year (10 000 pieces)	17.66	25.57	18.64	22.24
实行厂务公开的企业单位 （万个）	Implementation of Factory Affairs of the Business Units (10 000 units)		13.69	8.80	8.02
签订集体合同的企业单位 （万个）	Sign a Collective Contract of the Business Units (10 000 units)		9.42	7.80	8.87
建立劳动争议调解组织 （万个）	Establish a Labor Dispute Mediation Organizations (10 000 units)		1.71	1.09	1.09
建立工会劳动法律监督组织 （个）	Number of Units Established With Labor Law Supervision Organization (unit)	6746	22301	12200	13423

19–4 其他社会福利事业单位机构和人员
Institution and Personnel in Social Welfare and Special Care

项 目	Item	机构数（个） Number of Institutions (unit)		职工人数（人） Staff and Workers (person)	
		2022	2023	2022	2023
福利企业单位	**Social Welfare Institutions and Enterprises**				
假肢厂	Artificial Limb Factories	1	1	81	89
安置农场	Placement Farm	1	1	22	22
救助类社会服务机构	**Relief Type of Social Service Agencies**				
救助管理站	Salvation Management Station	104	104	951	905
流浪儿童救助保护中心	The Centers of Salvation and Safeguard Children on the Tramp	20	21	169	197
殡仪事业单位	**Funeral and Interment Institutions**	**153**	**156**	**2904**	**2854**

19−5 提供住宿的社会服务机构基本情况 (2023年)
Basic Statistics of Social Service Agencies with Accommodate (2023)

项 目	Item	机构（个）Institution (unit)	职 工（人）Staff and Workers (person)	床 位（张）Beds (unit)	年末在院、服务人数（人）Number of people in the hospital and serving at the end of the year (person)
民政服务机构总计	**Total Civil Service Agencies**	**2253**	**26909**	**245073**	**114296**
市场监管部门登记的提供住宿单位	Accommodation Units Registered by the Market Supervision Department	287	5586	46418	17826
编制部门提供住宿单位	Compiling Department Provide Accommodation Units	1625	14934	147144	76010
民政部门登记提供住宿单位	Civil Affairs Department Registration Provide Accommodation Units	313	5606	48536	18882
一个机构多块牌子的提供住宿单位	A Multi−brand Residential Unit of an Organization	28	783	2975	1578
在总计中	**Among Total**				
养老机构	Elderly and Disabled Service Agencies	2092	23437	230386	107871
#社会福利院	#City Pension Service Agencies	89	3381	22424	11831
#特困人员供养机构	#Pension Services in Rural Areas	1391	7647	108403	56913
#养老公寓等各类养老机构	#Psychopathic Welfare Homes	612	12409	99559	39127
精神疾病服务机构	Service Organization on Mental Retardation and Mental Illness	10	1692	5176	3884
儿童福利和救助保护机构	Child Welfare Agencies	32	548	3258	1048
其他提供住宿机构	Other Adoption Agencies	119	1232	6253	1493
退役军人	**Veterans**				
复退军人精神病院	Reinstate a Military Psychiatric Hospital	1	346	450	899
荣誉军人康复医院	Honorary Military Rehabilitation Hospital	1	37	215	
复员军人疗养院	Nursing Home for Ex−servicemen				
光荣院	Glorious Institute	87	448	2987	845
军休所	Soldier's Rest House	117	861		7818
退役军人服务中心（站）	Veterans' service Centres (stations)	30981	42934		1559423

注：1. 民政提供住宿机构分为：养老机构，精神疾病服务机构，儿童福利和救助保护机构，其他提供住宿机构这四大类。

2. 我省暂时没有复员军人疗养院，由荣军医院承担复员军人疗养任务，1−4级残疾军人集中供养。

a. The residential institutions provided by the civil administration are divided into four categories: old−age care institutions, mental illness service institutions, child welfare and rescue and protection institutions, and other residential institutions.

b. There is no convalescent homes for demobilized soldiers,and Rongjun Hospital provides convalescence services for demobilized soldiers soldiers and disabled soldiers of level 1−4.

19-6 社会救济和福利主要费用
Value of Major Social Relief and Welfare Funds

单位：万元 (10 000 yuan)

项　目	Item	2022	2023
社会救助	Social Assistance	1112715	1081186
其中：城市居民最低生活保障事业费	Among: Funds for Urban Residents Receiving Minimum Income Relief	197351	173727
农村居民最低生活保障事业费	Funds for Rural Residents Receiving Minimum Income Relief	497987	481922
其他社会救助	Other Social Assistance	12424	16551
社会福利事业费	Social Welfare Funds	469634	541016
民政管理事务事业费	Civil Administration Affairs Funds	209617	210861
行政事业单位离退休人员经费	Administration Institution Retired Persons Funds	8372	5583
其他款项用于民政支出	Other Funds Use in the Civil Administration	92928	56716
抚恤事业费	Commiserate	626961	660544
退役安置事业费	Settle Down	372327	415167
医疗救助	Medical Assistance	227026	247956
自然灾害生活救助资金	Relief Funds for Natural Disasters	61931	28208

19-7 婚姻登记情况
Basic Statistics on Marriage Registration

项　目		Item		2010	2020	2022	2023
准予登记结婚	**（万对）**	**Registered Marriages**	**(10 000 couples)**	**63.46**	**35.75**	**28.44**	**30.27**
初婚	（万人）	First Marriages	(10 000 persons)	113.53	52.99	46.49	45.49
再婚	（万人）	Remarriages	(10 000 persons)	13.39	18.51	10.39	15.06
离婚人数	**（万对）**	**Number of Divorces**	**(10 000 couples)**	**15.37**	**19.80**	**14.02**	**16.57**
离婚率	（‰）	Divorce Rate	(‰)	4.39	2.98	2.12	2.52

注：数据不包含涉港澳台和涉外的婚姻登记。
The data do not include marriage registrations involving Hong Kong, Macao, Taiwan and foreign nationals.

19-8 律师、公证、调解工作基本情况
Basic Statistics on Lawyers, Notarization and Mediation

项 目		Item		2010	2020	2022	2023
律师工作		**Lawyers**					
律师事务所	（个）	Number of Law Offices	(unit)	529	942	1046	1088
律师	（人）	Number of Lawyers	(person)	7059	18191	23182	25894
担任法律顾问工作	（家）	Number of Units with Permanent Legal Advisors	(unit)	9310	23606	23958	25210
刑事案件代理及辩护	（件）	Agent & Defender of Criminal Cases	(case)	18804	46565	38864	48371
民事案件诉讼代理	（件）	Agent of Civil Cases	(case)	40756	160950	201313	229793
经济案件诉讼代理	（件）	Agent in Litigation of Economic Cases	(case)		79652	95446	105910
非诉讼法律事务	（件）	Agent of Non-litigious Legal Affairs	(case)	26509	53369	49901	48550
行政案件诉讼代理	（件）	Agent of Administrative Action	(case)	2032	8145	7887	8317
公证工作		**Notarization**					
公证处	（个）	Number of Notary Offices	(unit)	121	111	110	110
公证人员	（人）	Notarization Personnel	(person)	620	454	483	451
出证公证文书	（件）	Number of Show Notarized Documents	(case)	126398	288764	257202	309317
国内经济合同公证	（件）	Notarization of Domestic Economic Contracts	(case)		10708	9267	11582
基层司法工作		**Grassroots Judicial Work**					
基层法律服务所	（个）	Primary Legal Service Office	(person)		502	487	482
基层法律工作人员	（人）	Grassroots Legal Staff	(person)		3047	2925	2879
人民调解工作		**Number of People's Mediation**					
专职司法助理员	（人）	Number of Full-time Judicial Assistants	(person)	5210	4609	4323	4691
人民调解委员会	（个）	Number of People's Mediation Committees	(person)	54535	33301	32536	32667
调解人员	（人）	Number of Mediators	(person)	254881	140653	130134	131645
调解民间纠纷	（件）	Number of Civil Disputes Mediated	(case)	374123	313370	280006	443210

主要统计指标解释

律　师　指依法取得律师执业证书，担任法律顾问，民事（刑事、行政）案件代理人、刑事案件辩护人、办理非诉讼业务，解答法律询问，代写法律事务文书等，为社会提供法律服务的人员。

公证人员　指在公证处工作的人员总称，包括公证处主任、副主任、公证员、公证员助理（助理公证员）和其他从事辅助性工作的人员。

公证文书　指公证处根据当事人申请，依照事实和法律，按照法定程序制作的，具有法律效力的司法证明文书。

调解员　指在人民调解委员会担负调解民间纠纷工作的人员，包括调解委员会的委员和调解小组的调解员。该指标主要反映从事人民调解工作的人员数量。

调解民间纠纷　指调解委员会按照法律规定，根据自愿原则，用说服教育的方法调解民间发生的有关民事权利和义务争执的件数，包括调解成功数和调解未成功数。该指标主要反映人民调解委员会的工作量。

Explanatory Notes on Main Statistical Indicators

Lawyers　are certified legal workers according to law, and who are employed by legal counseling firms to act as legal advisers, agents in criminal or civil lawsuits, or defenders in criminal lawsuits, or to handle non litigious legal affairs, to advise on matters of law or to write legal papers for others, and provide service to the public.

Notary Personnel　refers to people working for notary offices including: directors, deputy directors, notaries, assistant notaries and other people providing assistance.

Notary Documents　refer to the judicial notary documents drawn up at the request of the interested party and are in accordance with facts and the law and following certain legal proceedings.

Mediators　refers to the personnel who are responsible for the mediation of civil disputes in the people's mediation committee, including members of the mediation committee and mediators of mediation teams. The index mainly reflects the number of people engaged in mediation work of the people.

Mediating Civil Disputes　refers to the mediation committee shall, in accordance with the law and on a voluntary basis, use persuade education method on civil rights and obligations dispute mediation folk, the number of successful and unsuccessful mediation including mediation. The index mainly reflects the workload of the people's mediation committee.

20

区域经济

Regional Economy

资料整理人员：陈晗文　屈雄英　郑一璞　杨　耒
田杰平　陈　慧　段嘉欣　廖闻菲
粟子林　罗金城

20−1 “长株潭城市群”主要经济指标情况(2023年)
Main Economic Indicators of "Chang-Zhu-Tan City Clusters" (2023)

指 标		Item		绝对值 Value	比上年增长 Increase over 2022 (%)	全省比重 Percentage (%)
常住人口	（万人）	Resident Population	(10 000 persons)	1706.63	0.4	26.0
生产总值	（亿元）	Gross Regional Product	(100 million yuan)	20994.35	5.0	41.4
第一产业增加值		Primary Industry		911.19	3.6	19.7
第二产业增加值		Secondary Industry		8151.03	5.4	43.7
第三产业增加值		Tertiary Industry		11932.13	4.8	43.5
人均地区生产总值	（元）	Per Capita Gross Regional Product	(yuan)	123275	4.3	
固定资产投资	（亿元）	Fixed Assets Investment	(100 million yuan)		−4.3	37.9
地方一般公共预算收入	（亿元）	General Public Budget Revenue	(100 million yuan)	1543.44	1.5	45.9
一般公共预算支出	（亿元）	General Public Budget Expenditure	(100 million yuan)	2505.02	5.4	26.1
全体居民人均可支配收入	（元）	Per Capita Disposable Income of All Residents	(yuan)	54069	4.4	
城镇居民人均可支配收入	（元）	Per Capita Disposable Income of Urban Households	(yuan)	61808	3.4	
农村居民人均可支配收入	（元）	Per Capita Disposable Income of Rural Households	(yuan)	35993	6.4	
农林牧渔业总产值	（亿元）	Gross Output Value of Farming, Forestry, Animal, Husbandry and Fishery	(100 million yuan)	1532.73	3.8	18.7
规模以上工业企业单位数	（个）	Number of Industrial Enterprises above Designated Size	(unit)	6877	5.9	32.0
规模以上工业企业利润总额	（亿元）	Total Profits of Industrial Enterprises above Designated Size	(100 million yuan)	1086.19	38.5	45.7
社会消费品零售总额	（亿元）	Total Retail Sales of Consumer Goods	(100 million yuan)	7808.52	5.5	38.6
进出口总额	（万美元）	Total Exports and Imports	(USD 10 000)	4807283	−17.9	54.6
出口额		Exports		3248402	−25.0	56.8
实际使用外资	（万美元）	Actually Used Foreign Capital	(USD 10 000)	94266	−70.4	65.6
金融机构人民币存款余额	（亿元）	Deposits in Financial Organizations	(100 million yuan)	38463.42	10.9	49.7
金融机构人民币贷款余额	（亿元）	Loans in Financial Organizations	(100 million yuan)	39670.54	10.5	57.3

注：1. 地区生产总值、农林牧渔总产值占全省比重为占全省市州汇总数据比重。

2. 实际使用外资金额2021年前包括直接投资和间接投资，2021年不包括外商投资企业在湘设立内资企业的投资数据（后表同）。

a. The proportion of regional GDP、Gross Output Value of Farming、Forestry、Animal Husbandry and Fishery in the province is the proportion of the total data of the provinces and cities.

b. The actual amount of foreign capital used before 2021 includes direct investment and indirect investment. The year 2021 does not include the investment data of foreign−invested enterprises setting up domestic enterprises in Hunan (the following table is the same).

20–2 “环长株潭城市群”主要经济指标情况（2023年）
Main Economic Indicators of "The Rim Chang-Zhu-Tan City Clusters" (2023)

指 标	Item	绝对值 Value	比上年增长 Increase over 2022(%)	全省比重 Percentage (%)
常住人口（万人）	Resident Population (10 000 persons)	4124.39	-0.3	62.8
生产总值（亿元）	Gross Regional Product (100 million yuan)	38736.91	4.8	76.5
第一产业增加值	Primary Industry	2923.62	3.4	63.3
第二产业增加值	Secondary Industry	14665.13	4.7	78.7
第三产业增加值	Tertiary Industry	21148.16	5.1	77.2
人均地区生产总值（元）	Per Capita Gross Regional Product (yuan)	93794	5.0	
固定资产投资（亿元）	Fixed Assets Investment (100 million yuan)		-3.4	70.1
地方一般公共预算收入（亿元）	General Public Budget Revenue (100 million yuan)	2339.52	1.8	69.6
一般公共预算支出（亿元）	General Public Budget Expenditure (100 million yuan)	5219.36	5.2	54.5
全体居民人均可支配收入（元）	Per Capita Disposable Income of All Residents (yuan)	41276	4.9	
城镇居民人均可支配收入（元）	Per Capita Disposable Income of Urban Households (yuan)	51712	3.8	
农村居民人均可支配收入（元）	Per Capita Disposable Income of Rural Households (yuan)	27010	6.5	
农林牧渔业总产值（亿元）	Gross Output Value of Farming, Forestry, Animal，Husbandry and Fishery (100 million yuan)	5138.15	3.7	62.7
规模以上工业企业单位数（个）	Number of Industrial Enterprises above Designated Size (unit)	15154	8.5	70.5
规模以上工业企业利润总额（亿元）	Total Profits of Industrial Enterprises above Designated Size (100 million yuan)	1936.56	19.1	81.4
社会消费品零售总额（亿元）	Total Retail Sales of Consumer Goods (100 million yuan)	15352.42	6.3	76.0
进出口总额（万美元）	Total Exports and Imports (USD 10 000)	7048872	-18.5	80.1
出口额	Exports	4260743	-29.4	74.5
实际使用外资（万美元）	Actually Used Foreign Capital (USD 10 000)	112384	-66.3	78.3
金融机构人民币存款余额（亿元）	Deposits in Financial Organizations (100 million yuan)	59553.54	10.9	77.0
金融机构人民币贷款余额（亿元）	Loans in Financial Organizations (100 million yuan)	54825.15	10.9	79.2

20–3 “湘南地区”主要经济指标情况（2023年）
Main Economic Indicators of "Southern Hunan" (2023)

指 标	Item	绝对值 Value	比上年增长 Increase over 2022 (%)	全省比重 Percentage (%)
常住人口 （万人）	Resident Population (10 000 persons)	1617.37	–1.1	24.6
生产总值 （亿元）	Gross Regional Product (100 million yuan)	9942.60	5.0	19.6
第一产业增加值	Primary Industry	1226.91	3.6	26.6
第二产业增加值	Secondary Industry	3405.22	5.7	18.3
第三产业增加值	Tertiary Industry	5310.47	4.9	19.4
人均地区生产总值 （元）	Per Capita Gross Regional Product (yuan)	61125	6.0	
固定资产投资 （亿元）	Fixed Assets Investment (100 million yuan)		3.5	23.1
地方一般公共预算收入 （亿元）	General Public Budget Revenue (100 million yuan)	546.93	3.7	16.3
一般公共预算支出 （亿元）	General Public Budget Expenditure (100 million yuan)	1799.28	9.0	18.8
全体居民人均可支配收入 （元）	Per Capita Disposable Income of All Residents (yuan)	33228	5.5	
城镇居民人均可支配收入 （元）	Per Capita Disposable Income of Urban Households (yuan)	43383	4.2	
农村居民人均可支配收入 （元）	Per Capita Disposable Income of Rural Households (yuan)	23225	6.7	
农林牧渔业总产值 （亿元）	Gross Output Value of Farming, Forestry, Animal, Husbandry and Fishery (100 million yuan)	2281.17	3.9	27.8
规模以上工业企业单位数 （个）	Number of Industrial Enterprises above Designated Size (unit)	4312	9.8	20.1
规模以上工业企业利润总额（亿元）	Total Profits of Industrial Enterprises above Designated Size (100 million yuan)	443.42	12.5	18.6
社会消费品零售总额 （亿元）	Total Retail Sales of Consumer Goods (100 million yuan)	4036.96	4.4	20.0
进出口总额 （万美元）	Total Exports and Imports (USD 10 000)	1894443	–9.7	21.5
出口额	Exports	1404929	–12.6	24.6
实际使用外资 （万美元）	Actually Used Foreign Capital (USD 10 000)	24921	53.6	17.4
金融机构人民币存款余额 （亿元）	Deposits in Financial Organizations (100 million yuan)	12932.37	11.0	16.7
金融机构人民币贷款余额 （亿元）	Loans in Financial Organizations (100 million yuan)	8983.74	11.8	13.0

20-4 "大湘西地区"主要经济指标情况（2023年）
Main Economic Indicators of "Great Xiangxi Region" (2023)

指 标	Item	绝对值 Value	比上年增长 Increase over 2022 (%)	全省比重 Percentage (%)
常住人口（万人）	Resident Population (10 000 persons)	1915.28	-0.9	29.2
生产总值（亿元）	Gross Regional Product (100 million yuan)	8528.48	4.9	16.8
第一产业增加值	Primary Industry	1217.29	3.4	26.4
第二产业增加值	Secondary Industry	2757.40	4.6	14.8
第三产业增加值	Tertiary Industry	4553.80	5.6	16.6
人均地区生产总值（元）	Per Capita Gross Regional Product (yuan)	44327	5.8	
固定资产投资（亿元）	Fixed Assets Investment (100 million yuan)		1.2	17.5
地方一般公共预算收入（亿元）	General Public Budget Revenue (100 million yuan)	483.66	3.7	14.4
一般公共预算支出（亿元）	General Public Budget Expenditure (100 million yuan)	2282.82	6.8	23.8
全体居民人均可支配收入（元）	Per Capita Disposable Income of All Residents (yuan)	25110	6.3	
城镇居民人均可支配收入（元）	Per Capita Disposable Income of Urban Households (yuan)	35968	4.9	
农村居民人均可支配收入（元）	Per Capita Disposable Income of Rural Households (yuan)	16495	7.6	
农林牧渔业总产值（亿元）	Gross Output Value of Farming, Forestry, Animal, Husbandry and Fishery (100 million yuan)	2114.84	3.6	25.8
规模以上工业企业单位数（个）	Number of Industrial Enterprises above Designated Size (unit)	4631	5.8	21.5
规模以上工业企业利润总额（亿元）	Total Profits of Industrial Enterprises above Designated Size (100 million yuan)	387.17	-15.0	16.3
社会消费品零售总额（亿元）	Total Retail Sales of Consumer Goods (100 million yuan)	3735.28	6.5	18.5
实际使用外资（万美元）	Actually Used Foreign Capital (USD 10 000)	14341	47.8	10.0
金融机构人民币存款余额（亿元）	Deposits in Financial Organizations (100 million yuan)	13884.38	10.5	17.9
金融机构人民币贷款余额（亿元）	Loans in Financial Organizations (100 million yuan)	10347.62	13.7	15.0

20−5 “洞庭湖区”主要经济指标情况(2023年)
Main Economic Indicators of "Dongting Lake" (2023)

指 标		Item		绝对值 Value	比上年增长 Increase over 2022 (%)	全省比重 Percentage (%)
常住人口	(万人)	Resident Population	(10 000 persons)	1492.17	−0.4	22.7
生产总值	(亿元)	Gross Regional Product	(100 million yuan)	12624.53	4.2	24.9
第一产业增加值		Primary Industry		1391.55	3.3	30.1
第二产业增加值		Secondary Industry		4883.92	3.0	26.2
第三产业增加值		Tertiary Industry		6349.06	5.4	23.2
人均地区生产总值	(元)	Per Capita Gross Regional Product	(yuan)	84420	4.6	
固定资产投资	(亿元)	Fixed Assets Investment	(100 million yuan)		−6.1	19.4
地方一般公共预算收入	(亿元)	General Public Budget Revenue	(100 million yuan)	552.28	−5.6	16.4
一般公共预算支出	(亿元)	General Public Budget Expenditure	(100 million yuan)	1803.48	4.0	18.8
全体居民人均可支配收入	(元)	Per Capita Disposable Income of All Residents	(yuan)	32744	5.4	
城镇居民人均可支配收入	(元)	Per Capita Disposable Income of Urban Households	(yuan)	42036	4.2	
农村居民人均可支配收入	(元)	Per Capita Disposable Income of Rural Households	(yuan)	23046	6.5	
农林牧渔业总产值	(亿元)	Gross Output Value of Farming, Forestry, Animal, Husbandry and Fishery	(100 million yuan)	2509.58	3.7	30.6
规模以上工业企业单位数	(个)	Number of Industrial Enterprises above Designated Size	(unit)	5689	11.5	26.5
规模以上工业企业利润总额	(亿元)	Total Profits of Industrial Enterprises above Designated Size	(100 million yuan)	617.59	−3.0	26.0
社会消费品零售总额	(亿元)	Total Retail Sales of Consumer Goods	(100 million yuan)	5218.89	7.5	25.8
实际使用外资	(万美元)	Actually Used Foreign Capital	(USD 10 000)	14727	9.6	10.3
金融机构人民币存款余额	(亿元)	Deposits in Financial Organizations	(100 million yuan)	13448.35	11.4	17.4
金融机构人民币贷款余额	(亿元)	Loans in Financial Organizations	(100 million yuan)	10611.87	11.8	15.3

20-6 各地市市辖区人口情况(2023年)
The Population of Municipal Districts of Each City (2023)

市　州	Cities	年末总户籍户数（万户） The Household Registration Number (10 000 households)	年末户籍人口（万人） Registered Population at the Year-end (10 000 persons)
长沙市	Changsha	143.61	403.17
株洲市	Zhuzhou	46.23	131.27
湘潭市	Xiangtan	30.62	83.13
衡阳市	Hengyang	39.55	102.83
邵阳市	Shaoyang	24.17	67.83
岳阳市	Yueyang	44.58	108.96
常德市	Changde	46.95	137.72
张家界市	Zhangjiajie	22.24	54.03
益阳市	Yiyang	46.15	130.24
郴州市	Chenzhou	31.65	80.89
永州市	Yongzhou	39.64	115.62
怀化市	Huaihua	16.74	41.68
娄底市	Loudi	24.83	60.33

20—7 各地市市辖区土地面积情况(2023年)
Land Area of Municipal Districts of Each City (2023)

单位：平方公里 (sq.km)

市 州	Cities	建成区面积 Developed Areas	城市现状建设用地面积 City Status Construction Land Area	居住用地面积 Living Space
长沙市	Changsha	571	749	190
株洲市	Zhuzhou	166	352	173
湘潭市	Xiangtan	79	238	88
衡阳市	Hengyang	153	170	58
邵阳市	Shaoyang	80	79	32
岳阳市	Yueyang	134	124	65
常德市	Changde	131	97	36
张家界市	Zhangjiajie	39	39	17
益阳市	Yiyang	97	92	32
郴州市	Chenzhou	82	68	31
永州市	Yongzhou	78	75	29
怀化市	Huaihua	66	64	29
娄底市	Loudi	54	54	17

20−8 各地市市辖区生产总值情况(2023年)
GDP of Municipal Districts of Each City (2023)

市 州	Cities	地区生产总值（当年价格）（亿元） Gross Domestic Product (100 million yuan)	第一产业增加值 Value added of the First Primary Industry	第二产业增加值 Added value of the Secondary Industry	第三产业增加值 Added value of the Tertiary Industry
长沙市	Changsha	9196.88	80.23	2994.67	6121.98
株洲市	Zhuzhou	1940.18	60.46	889.18	990.54
湘潭市	Xiangtan	1490.07	26.46	745.87	717.74
衡阳市	Hengyang	1510.07	19.96	485.74	1004.37
邵阳市	Shaoyang	508.32	16.57	214.54	277.20
岳阳市	Yueyang	2239.90	66.43	933.30	1240.17
常德市	Changde	1910.38	94.13	888.63	927.61
张家界市	Zhangjiajie	299.53	29.40	26.43	243.70
益阳市	Yiyang	908.38	85.57	475.76	347.06
郴州市	Chenzhou	938.35	40.58	356.34	541.43
永州市	Yongzhou	700.31	98.77	226.66	374.88
怀化市	Huaihua	441.07	13.12	92.49	335.46
娄底市	Loudi	727.85	26.95	348.61	352.29

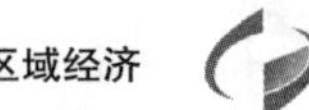

20-9　各地市市辖区财政收支情况（2023年）
Revenue and Expenditure of Municipal Districts of Each City (2023)

单位：万元　　(10 000 yuan)

市　州	Cities	地方一般公共预算收入 General Public Budget Revenue	税收收入 Taxes Revenue	一般公共预算支出 Public Budgetary Expenditure
长沙市	Changsha	3778572	2534192	5532157
株洲市	Zhuzhou	1302517	943610	3926213
湘潭市	Xiangtan	223319	178167	1032386
衡阳市	Hengyang	913840	624543	2556204
邵阳市	Shaoyang	480658	305252	2048601
岳阳市	Yueyang	1114388	716352	2440555
常德市	Changde	409860	194158	1164639
张家界市	Zhangjiajie	107171	73328	638012
益阳市	Yiyang	583120	389614	1738756
郴州市	Chenzhou	745194	510685	1917784
永州市	Yongzhou	251007	153319	937852
怀化市	Huaihua	69764	51176	281611
娄底市	Loudi	540083	323590	1291699

20—10 各地市市辖区规模以上工业情况（2023年）
Above Scale Industry of Municipal Districts of Each City (2023)

市州	Cities	营业收入（万元） Operating Income (10 000 yuan)	营业成本（万元） Operating Cost (10 000 yuan)	利润总额（万元） Total Profits (10 000 yuan)
长沙市	Changsha	47461732	32355711	3924557
株洲市	Zhuzhou	16666490	13947024	870074
湘潭市	Xiangtan	17124400	15072300	798300
衡阳市	Hengyang	6893767	5878626	291892
邵阳市	Shaoyang	4756300	4004600	274100
岳阳市	Yueyang	21746857	18359268	814691
常德市	Changde	14817100	8453100	1424200
张家界市	Zhangjiajie	413850	328210	8608
益阳市	Yiyang	15679386	13584075	609700
郴州市	Chenzhou	5956956	4744429	293899
永州市	Yongzhou	4132900	3232300	175500
怀化市	Huaihua	1045027	804590	55682
娄底市	Loudi	14193500	12991467	560874

 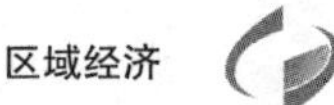

20-11 各地市市辖区贸易主要情况(2023年)
Trade of Municipal Districts of Each City (2023)

市 州	Cities	社会消费品零售总额（万元） Total Retail Sales of Consumer Goods (10 000 yuan)	限额以上批发零售企业商品销售总额（万元） Total Sales Amount of Commodities of Wholesale and Retail Enterprises Above the Quota Limit (10 000 yuan)
长沙市	Changsha	38505440	15352853
株洲市	Zhuzhou	7204589	2519312
湘潭市	Xiangtan	5415412	2890610
衡阳市	Hengyang	9442418	2383517
邵阳市	Shaoyang	2949717	1630705
岳阳市	Yueyang	10571865	2798023
常德市	Changde	7191897	2528931
张家界市	Zhangjiajie	1251591	452861
益阳市	Yiyang	4040066	1751982
郴州市	Chenzhou	4385516	1901490
永州市	Yongzhou	3087257	1284632
怀化市	Huaihua	3219543	1401477
娄底市	Loudi	2583938	1213344

20-12 各地市市辖区教育情况 (2023年)
Education of Municipal Districts of Each City (2023)

市　州	Cities	普通中学在校学生数（万人）Regular Secondary Schools Students (10 000 persons)	初中阶段在校生数（万人）Junior High School Students (10 000 persons)	小学阶段在校生数（万人）Primary Schools Students (10 000 persons)
长沙市	Changsha	11.23	20.12	55.84
株洲市	Zhuzhou	3.33	6.02	14.24
湘潭市	Xiangtan	1.31	2.76	7.29
衡阳市	Hengyang	3.23	5.11	11.95
邵阳市	Shaoyang	2.38	3.36	7.26
岳阳市	Yueyang	2.18	3.81	8.97
常德市	Changde	2.27	4.02	9.29
张家界市	Zhangjiajie	1.17	2.22	4.33
益阳市	Yiyang	2.82	4.19	9.10
郴州市	Chenzhou	2.29	5.13	10.49
永州市	Yongzhou	3.24	5.81	9.95
怀化市	Huaihua	2.18	3.76	7.86
娄底市	Loudi	2.15	4.00	8.63

20–13 各地市市辖区文化、体育、卫生情况(2023年)
Culture, Sports and Health of Municipal Districts of Each City (2023)

市 州	Cities	公共图书馆图书总藏量（万册） Books of Total Reserves of Public Libraries (10 000 copies)	体育场地数（个） Number of Sports Venues (unit)	医疗卫生机构数（个） Number of Medical and Health Institutions (unit)	医疗卫生机构床位数（张） Number of Beds in Medical and Health Institutions (bed)	医生数（执业医师+执业助理医师）（人） The Number of Doctors (Doctors and Assistant Doctors) (person)
长沙市	Changsha	399	15628	3700	61936	31252
株洲市	Zhuzhou	341	4792	1165	14160	6574
湘潭市	Xiangtan	144	3773	806	11567	4706
衡阳市	Hengyang	115	4824	1111	19623	6614
邵阳市	Shaoyang	132	2598	548	11510	4257
岳阳市	Yueyang	49	3857	875	14188	5170
常德市	Changde	149	5462	1503	12986	6545
张家界市	Zhangjiajie	27	1356	400	4925	2200
益阳市	Yiyang	113	2216	1016	13502	4671
郴州市	Chenzhou	30	2771	845	12906	5199
永州市	Yongzhou	219	2594	995	11904	4416
怀化市	Huaihua	85	2222	692	10165	4301
娄底市	Loudi	90	1641	703	8338	3337

20-14　各地市市辖区社会保障情况（2023年）
Social Security of Municipal Districts of Each City (2023)

单位：人 (person)

市　州	Cities	城镇职工基本养老保险参保人数 Number of People Participating in Basic Endowment Insurance for Urban Employees	城乡居民基本医疗保险参保人数 Number of People Participating in Basic Medical Insurance for Urban and Rural Residents	失业保险参保人数 Person Covered of Unemployment Insurance Contributors	工伤保险参保人数 Work Injury Insurance Contributors	城市居民最低生活保障人数 City Residents Minimum Living Security Number
长沙市	Changsha	3722394	1990857	1927056	2158399	17345
株洲市	Zhuzhou	881664	957390	338411	392844	9412
湘潭市	Xiangtan	136500	472244	270600	308200	7986
衡阳市	Hengyang	685794	484700	298563	265877	12863
邵阳市	Shaoyang	406009	392155	117941	177925	13006
岳阳市	Yueyang	740040	831056	285026	354006	20104
常德市	Changde	692659	1030389	125637	290623	8017
张家界市	Zhangjiajie	147068	405278	34251	41421	2037
益阳市	Yiyang	455200	961932	99105	199664	9763
郴州市	Chenzhou	395818	549437	140332	197434	3586
永州市	Yongzhou	321937	893275	137518	143184	6514
怀化市	Huaihua	78143	385696	30176	43450	1340
娄底市	Loudi	149304	410948	206901	167900	2264

21

各市、州主要经济和社会统计指标

Main Economic and Social Statistics Indicators of Cities and States

资料整理人员：郑一璞　肖首雄　欧阳普　杨　耒
赵莉淇　甘杨辉　郭开金　吕　涛
田杰平　谢　凡　陈　慧　段嘉欣
周　波　吕　燕　邹　晨　何　达
廖闻菲　陈晗文　朱　鹏　刘　浪
邓鸿鹄　粟子林　吴彧宇　周　迅
邓海波　付硕果　文益龙　陈　婷
李艺斌　罗金城

21-1 按产业和主要行业分的地区生产总值(2023年)

市 州	Cities and States	地区生产总值(亿元) Gross Regional Product (100 million yuan)	第一产业 Primary Industry	第二产业 Secondary Industry	第三产业 Tertiary Industry	农、林、牧、渔业 Agriculture, Forestry, Animal Husbandry and Fishery	工 业 Industry
长沙市	Changsha	14517.55	452.62	5179.27	8885.66	487.20	3756.39
株洲市	Zhuzhou	3688.41	276.11	1691.68	1720.63	288.12	1444.54
湘潭市	Xiangtan	2788.38	182.46	1280.08	1325.84	195.43	1036.78
衡阳市	Hengyang	4251.21	460.73	1340.47	2450.01	502.68	968.27
邵阳市	Shaoyang	2781.54	435.65	1021.00	1324.89	461.53	778.63
岳阳市	Yueyang	4910.67	481.38	1795.10	2634.18	517.69	1496.09
常德市	Changde	4396.59	492.52	1675.99	2228.08	542.34	1448.27
张家界市	Zhangjiajie	624.26	88.20	82.48	453.58	92.80	54.67
益阳市	Yiyang	2163.57	352.99	937.01	873.57	380.25	788.38
郴州市	Chenzhou	3141.99	325.16	1220.54	1596.29	339.16	1064.19
永州市	Yongzhou	2549.41	441.03	844.21	1264.17	467.96	684.84
怀化市	Huaihua	1978.38	282.04	609.05	1087.29	290.85	494.79
娄底市	Loudi	2020.53	224.80	765.53	1030.19	234.09	613.31
湘西州	Xiangxi	855.01	121.74	196.83	536.44	123.95	144.51

Gross Domestic Product by Three Strata of Industry and Main Sectors (2023)

建筑业 Construction	批发和零售业 Wholesale and Retail Trade	交通运输、仓储和邮政业 Traffic, Transport, Storage and Post	住宿和餐饮业 Accommodation and Restaurants	金融业 Finance	房地产业 Real Estate	其他服务业 Other Services	人均地区生产总值（元） Per Capita Gross Regional Product (yuan)
1428.33	1589.91	704.18	412.01	1026.74	955.44	4157.35	138700
248.33	478.62	127.76	64.17	142.00	190.53	704.34	95515
248.52	333.05	107.89	46.40	109.26	140.18	570.87	103197
372.60	500.59	232.30	94.05	149.35	258.98	1172.39	65031
242.93	228.63	94.78	12.12	126.53	195.45	640.94	43541
304.63	594.78	262.71	130.97	136.21	231.50	1236.09	98125
231.08	520.81	204.22	122.95	144.97	196.26	985.68	84551
27.95	67.70	33.89	24.20	41.73	46.11	235.22	41607
149.50	133.22	106.21	42.02	96.54	119.72	347.73	57292
160.35	341.17	131.06	70.68	135.14	159.62	740.62	68028
159.47	226.82	132.41	28.68	113.70	166.83	568.70	49891
115.28	173.16	101.64	40.22	101.74	131.94	528.78	43999
152.51	197.97	118.08	39.98	88.66	98.72	477.21	53856
53.29	52.11	37.66	31.50	61.00	61.69	289.30	34950

21-2 按产业和主要行业分的地区生产总值指数(2023年)

以上年为100

市 州	Cities and States	地区生产总值(%) Gross Regional Product (%)	第一产业 Primary Industry	第二产业 Secondary Industry	第三产业 Tertiary Industry	农、林、牧、渔业 Agriculture, Forestry, Animal Husbandry and Fishery	工 业 Industry
长沙市	Changsha	104.9	103.7	105.4	104.6	104.0	106.4
株洲市	Zhuzhou	105.3	103.6	105.8	105.2	103.7	107.2
湘潭市	Xiangtan	105.4	103.5	105.2	105.9	103.7	105.1
衡阳市	Hengyang	105.4	103.1	106.6	105.2	103.5	106.1
邵阳市	Shaoyang	105.1	103.3	106.4	104.7	103.5	106.1
岳阳市	Yueyang	104.9	103.3	103.5	106.2	103.6	105.2
常德市	Changde	103.8	103.1	101.5	105.8	103.5	103.2
张家界市	Zhangjiajie	104.6	103.3	93.9	107.2	103.5	103.0
益阳市	Yiyang	103.5	103.6	103.7	103.3	103.9	104.2
郴州市	Chenzhou	104.9	103.9	106.6	103.9	104.1	106.7
永州市	Yongzhou	104.5	104.1	103.1	105.7	104.3	103.7
怀化市	Huaihua	105.6	103.5	106.0	106.0	103.6	105.5
娄底市	Loudi	105.0	103.4	105.2	105.2	103.6	105.4
湘西州	Xiangxi	103.0	103.6	93.6	106.5	103.7	97.2

Indices of Gross Domestic Product by Three Strata of Industry and Main Sectors (2023)

(preceding year=100)

建筑业 Construction	批发和零售业 Wholesale and Retail Trade	交通运输、仓储和邮政业 Traffic, Transport, Storage and Post	住宿和餐饮业 Accommodation and Restaurants	金融业 Finance	房地产业 Real Estate	其他服务业 Other Services	人均地区生产总值（%） Per Capita Gross Regional Product (%)
103.0	106.3	114.2	111.1	102.8	96.5	104.2	103.5
98.4	108.9	113.0	111.8	103.7	98.4	102.9	105.8
108.1	108.4	112.5	115.8	105.4	93.1	105.4	105.5
108.1	108.0	114.8	113.4	102.2	96.4	104.1	106.4
107.8	110.9	108.2	109.0	103.4	100.1	103.4	106.0
97.3	113.2	108.5	112.5	105.4	95.5	103.7	105.4
93.4	107.9	106.4	110.2	102.9	98.0	105.5	104.3
79.4	108.1	114.6	112.9	103.3	98.6	107.8	105.1
101.6	105.7	109.5	113.5	103.7	95.6	101.5	104.5
109.0	101.4	113.1	113.3	104.3	94.5	104.2	105.6
100.7	109.7	117.5	108.0	104.2	92.5	106.1	105.7
109.9	112.1	113.4	111.8	105.2	98.1	104.4	106.6
104.6	108.7	107.6	111.0	105.2	99.6	103.9	105.7
87.3	102.1	115.0	117.2	102.2	99.4	107.3	103.9

21-3 年末常住人口(2023年)
Population at the Year-end (2023)

市 州	Cities and States	总户数（万户） Households (10 000 households)	年末常住人口（万人） Population at the Year-end (10 000 persons)	按城乡分 By Residence 城镇 Urban	乡村 Rural	城镇化率(%) Urbanization Rate (%)
全 省	**Total**	**2362.07**	**6568.00**	**4017.00**	**2551.00**	**61.16**
长沙市	Changsha	371.26	1051.31	878.84	172.47	83.59
株洲市	Zhuzhou	132.66	385.20	280.56	104.64	72.83
湘潭市	Xiangtan	98.99	270.12	178.72	91.40	66.16
衡阳市	Hengyang	233.23	649.70	370.36	279.34	57.00
邵阳市	Shaoyang	226.71	635.88	345.46	290.42	54.33
岳阳市	Yueyang	172.58	499.14	311.42	187.72	62.39
常德市	Changde	193.55	518.68	300.74	217.94	57.98
张家界市	Zhangjiajie	54.59	149.69	81.16	68.53	54.22
益阳市	Yiyang	144.99	375.92	197.99	177.93	52.67
郴州市	Chenzhou	165.72	460.05	278.01	182.04	60.43
永州市	Yongzhou	177.64	507.62	252.34	255.28	49.71
怀化市	Huaihua	168.39	447.21	223.78	223.43	50.04
娄底市	Loudi	133.80	374.32	186.48	187.84	49.82
湘西州	Xiangxi	87.96	243.16	131.14	112.02	53.93

21−4 “四上”企业分行业从业人员年末人数(2023年)
The Number of Employees in Each Industry of "Four Scale" Enterprises at the Year-end (2023)

单位：万人 (10 000 persons)

市 州	Cities and States	采矿业 Mining	制造业 Manufacturing	电力、热力、燃气及水生产和供应业及水的生产和供应业 Production and Supply of Electricity, Heat,Gas and Water	建筑业 Construction	批发和零售业 Wholesale and Retail Trade
全 省	**Total**	**7.04**	**240.50**	**14.25**	**143.69**	**45.33**
长沙市	Changsha	0.22	56.50	7.09	32.04	15.59
株洲市	Zhuzhou	0.59	30.82	0.62	16.37	2.76
湘潭市	Xiangtan	0.10	15.81	0.33	10.02	4.28
衡阳市	Hengyang	1.41	15.81	0.75	12.91	2.59
邵阳市	Shaoyang	0.45	17.89	0.77	11.69	3.08
岳阳市	Yueyang	0.34	23.98	0.93	10.07	3.05
常德市	Changde	0.28	17.62	0.57	8.31	3.34
张家界市	Zhangjiajie	0.07	1.15	0.08	0.94	0.64
益阳市	Yiyang	0.16	14.51	0.29	7.41	1.53
郴州市	Chenzhou	1.84	11.97	0.73	5.04	2.43
永州市	Yongzhou	0.29	15.76	0.77	8.58	1.89
怀化市	Huaihua	0.27	6.98	0.58	5.51	2.10
娄底市	Loudi	1.04	9.43	0.36	13.93	1.29
湘西州	Xiangxi	0.01	2.28	0.38	0.85	0.76

注：“四上”企业指规模以上工业、服务业法人单位；有资质的建筑业法人单位；限额以上批发和零售业、住宿和餐饮业法人单位；有开发经营活动的全部房地产开发经营业法人单位（后表同）。

An enterprise of "four scale" refers to a legal entity of industry or service industry above the scale; Qualified legal entity in construction industry; Corporate units of wholesale and retail, accommodation and catering industries above designated size; All legal entities engaged in real estate development and business activities (The following table is the same).

21-4 续表

单位：万人

市 州	Cities and States	交通运输、仓储和邮政业 Transport, Storage and Post	住宿和餐饮业 Acco-mmodation and Restaurants	信息传输、软件和信息技术服务业 Information Transfer, Computer Services and Software	房地产业 Real Estate Trade	租赁和商务服务业 Tenancy and Business Services
全 省	**Total**	**18.63**	**16.30**	**11.16**	**19.36**	**25.94**
长沙市	Changsha	7.46	6.15	6.62	6.34	11.49
株洲市	Zhuzhou	1.03	1.37	0.47	1.98	2.40
湘潭市	Xiangtan	0.68	0.66	0.24	1.04	1.26
衡阳市	Hengyang	1.39	1.12	0.54	1.69	1.44
邵阳市	Shaoyang	0.91	1.02	0.36	1.11	0.87
岳阳市	Yueyang	1.56	1.02	0.64	1.45	1.60
常德市	Changde	1.35	1.08	0.47	1.19	2.06
张家界市	Zhangjiajie	0.20	0.40	0.12	0.14	0.29
益阳市	Yiyang	0.47	0.47	0.26	0.40	0.27
郴州市	Chenzhou	0.83	0.90	0.30	1.25	0.64
永州市	Yongzhou	0.71	0.73	0.29	0.87	0.58
怀化市	Huaihua	0.85	0.59	0.31	0.98	0.78
娄底市	Loudi	0.91	0.41	0.27	0.55	1.80
湘西州	Xiangxi	0.29	0.37	0.27	0.38	0.47

Continued

(10 000 persons)

科学研究和技术服务业 Scientific Research and Technical Services	水利、环境和公共设施管理业 Management of Water Conservancy, Public Facilities	居民服务、修理和其他服务业 Services to Households, Repair and Other Services	教　育 Education	卫 生 和 社会工作 Health and Social Service	文化体育和娱乐业 Culture, Sports and Entertainment
10.35	**3.51**	**5.58**	**6.41**	**6.82**	**6.38**
6.09	0.73	1.49	0.84	2.00	2.24
0.54	0.47	0.61	0.36	0.48	0.23
0.28	0.06	0.13	0.07	0.16	0.41
0.40	0.32	0.65	1.18	0.71	0.40
0.16	0.20	0.63	1.10	1.01	0.31
0.89	0.38	0.31	0.48	0.44	0.67
1.14	0.30	0.51	0.67	0.51	0.51
	0.15	0.04	0.03	0.10	0.16
0.12	0.08	0.03	0.04	0.11	0.26
0.34	0.17	0.19	0.66	0.27	0.18
0.07	0.09	0.43	0.39	0.32	0.21
0.11	0.25	0.25	0.19	0.25	0.35
0.14	0.22	0.15	0.18	0.36	0.35
0.07	0.08	0.16	0.21	0.08	0.10

21-5 “四上”企业年末从业人员(2023年)

单位：万人

市 州	Cities and States	从业人员期末人数 Number of Employees at the End of the Term	内资单位 Domestic Invested Units	国有企业 State-Owned Enterprises	国有独资公司 Wholly state-Owned Company	集体企业 Collective Enterprises
全 省	**Total**	**581.25**	**547.97**	**6.37**	**9.51**	**5.68**
长沙市	Changsha	162.89	145.31	0.52	1.25	0.21
株洲市	Zhuzhou	61.11	58.57	0.17	0.17	0.19
湘潭市	Xiangtan	35.54	33.62	0.14	0.21	0.02
衡阳市	Hengyang	43.30	42.11	1.31	1.34	0.67
邵阳市	Shaoyang	41.55	40.14	0.86	0.57	1.17
岳阳市	Yueyang	47.83	46.95	0.11	1.11	0.34
常德市	Changde	39.89	38.08	0.27	0.84	0.02
张家界市	Zhangjiajie	4.51	4.32	0.06	0.19	0.17
益阳市	Yiyang	26.41	26.00	0.76	0.34	0.20
郴州市	Chenzhou	27.73	26.01	0.63	0.59	0.09
永州市	Yongzhou	31.98	29.82	0.69	0.58	1.42
怀化市	Huaihua	20.35	19.95	0.21	0.84	0.42
娄底市	Loudi	31.39	30.43	0.22	1.22	0.57
湘西州	Xiangxi	6.77	6.67	0.40	0.26	0.20

Number of Employed Persons in "Four Scale" Enterprises at the Year-end (2023)

(10 000 persons)

股份合作企业 Enterprises Cooperated by Joint-stock	联营企业 Cooperative Enterprises	其他有限责任公司 Other Limited Liability Company	其他股份有限公司 Other Joint-Stock Limited Companies	私营企业 Individual-owned Enterprises	其他企业 Enterprises of Other Types of Ownership	港澳台投资单位 Units with Funds from Hong Kong, Macao and Taiwan	外商投资单位 Foreign Funded Units
0.10		**146.44**	**17.03**	**361.08**	**1.76**	**24.26**	**9.03**
		58.27	7.46	77.58	0.02	12.95	4.63
0.01		16.97	3.55	37.46	0.05	1.50	1.04
		8.06	0.44	24.71	0.03	1.55	0.37
		8.05	0.36	30.19	0.19	0.96	0.23
		6.78	0.19	30.39	0.17	1.28	0.13
		10.35	1.62	33.20	0.22	0.41	0.47
0.04		9.89	0.60	25.71	0.70	1.48	0.34
0.01		1.05	0.12	2.71		0.12	0.08
		3.73	0.72	20.25		0.19	0.22
		7.08	0.52	16.88	0.22	1.52	0.21
0.04		4.76	0.25	22.05	0.03	1.48	0.68
		4.56	0.42	13.45	0.05	0.25	0.14
		5.08	0.43	22.90	0.02	0.53	0.43
		1.80	0.35	3.59	0.07	0.06	0.04

21-6 "四上"企业年末在岗职工人数(2023年)

单位：万人

市 州	Cities and States	在岗职工 Staff and Workers	内资单位 Domestic Invested Units
全 省	**Total**	**546.75**	**514.44**
长沙市	Changsha	154.77	137.76
株洲市	Zhuzhou	56.44	54.02
湘潭市	Xiangtan	34.28	32.37
衡阳市	Hengyang	40.86	39.67
邵阳市	Shaoyang	38.12	36.78
岳阳市	Yueyang	45.31	44.48
常德市	Changde	38.17	36.44
张家界市	Zhangjiajie	4.06	3.86
益阳市	Yiyang	24.73	24.32
郴州市	Chenzhou	25.84	24.13
永州市	Yongzhou	30.17	28.02
怀化市	Huaihua	18.74	18.35
娄底市	Loudi	28.91	28.00
湘西州	Xiangxi	6.35	6.25

Number of Employees On the Job in "Four Scale" Enterprises at the Year-end (2023)

(10 000 persons)

国有单位 State-owned Units	其他内资单位 Other Domestic Invested Units	港澳台、外商投资单位 Units with Funds from Hongkong, Macao,Taiwan and Foreign
5.77	**508.67**	**32.31**
0.52	137.24	17.02
0.14	53.87	2.42
0.13	32.25	1.91
1.20	38.47	1.18
0.79	35.99	1.34
0.08	44.40	0.83
0.27	36.17	1.73
0.06	3.80	0.20
0.72	23.60	0.41
0.63	23.50	1.72
0.54	27.47	2.15
0.14	18.21	0.39
0.22	27.78	0.91
0.32	5.93	0.10

21-7 “四上”企业在岗职工工资总额和年平均工资(2023年)

市 州	Cities and States	在岗职工工资总额(亿元) Total Wages of Staff and Workers on the Job (100 million yuan)	内资单位 Domestic Invested Units	国有单位 State-owned Units	其他内资单位 Other Domestic Invested Units	港澳台、外商投资单位 Units with Funds from Hongkong, Macao, Taiwan and Foreign
全 省	**Total**	**4159.20**	**3879.49**	**54.64**	**3824.85**	**279.70**
长沙市	Changsha	1556.20	1399.27	7.82	1391.44	156.94
株洲市	Zhuzhou	445.38	415.24	1.67	413.57	30.15
湘潭市	Xiangtan	241.16	226.13	1.20	224.93	15.03
衡阳市	Hengyang	263.82	255.63	11.02	244.61	8.19
邵阳市	Shaoyang	221.48	214.05	6.62	207.43	7.43
岳阳市	Yueyang	301.20	293.52	0.70	292.82	7.68
常德市	Changde	254.17	241.49	4.15	237.34	12.68
张家界市	Zhangjiajie	24.49	22.93	0.62	22.32	1.56
益阳市	Yiyang	147.23	144.11	4.75	139.35	3.13
郴州市	Chenzhou	165.52	154.01	5.59	148.42	11.51
永州市	Yongzhou	187.26	173.99	5.06	168.93	13.27
怀化市	Huaihua	118.06	115.15	1.18	113.97	2.91
娄底市	Loudi	192.96	184.58	1.57	183.01	8.38
湘西州	Xiangxi	40.26	39.40	2.70	36.70	0.86

Total Wages and Average Annual Wages of Employees On the Job in "Four Scale" Enterprises (2023)

在岗职工年平均工资（元）Average Annual Wages of Staff and Workers on the Job (yuan)	内资单位 Domestic Invested Units	国有单位 State-owned Units	其他内资单位 Other Domestic Invested Units	港澳台、外商投资单位 Units with Funds from Hongkong, Macao, Taiwan and Foreign	在岗职工年平均工资发展速度（上年=100）The Growth Rate of Average Annual Wages (preceding year=100)
76595	**75990**	**95686**	**75768**	**86088**	**107.9**
99228	100395	147374	100216	89910	106.3
79410	77302	115344	77200	127168	106.6
72189	71218	86689	71150	90828	114.5
66104	66085	94336	65205	66709	112.0
58946	59034	83465	58488	56511	106.8
67002	66491	91693	66448	94853	105.8
67772	67382	139954	66776	76180	106.7
60369	59350	101574	58677	80710	108.1
60412	60130	72641	59779	77087	105.6
64564	64537	88600	63884	64922	106.7
62987	63247	95512	62614	59760	115.4
64112	64018	83304	63864	68097	115.5
68498	67601	71850	67566	96782	106.3
63190	62921	82480	61841	78640	104.7

21-8 固定资产投资增速、按行业分固定资产投资占比(2023年)

单位：%

市 州	Cities and States	固定资产投资增速 Fixed Asset Investment Growth	按行业分固定资产投资占比 农、林、牧、渔业 Agriculture, Forestry, Farming of Animals and Fishing	采矿业 Mining	制造业 Manufacturing	电力、燃气及水的生产和供应业 Production and Distribution of Electricity, Gas and Water	建筑业 Construction	批发和零售业 Wholesale and Retail Trade	交通运输、仓储和邮政业 Transportation, Storage and Postal Services	住宿和餐饮业 Accommodation and Catering
全 省	**Total**	**-3.1**	**2.7**	**1.1**	**35.7**	**6.4**	**0.2**	**0.9**	**7.2**	**0.5**
长沙市	Changsha	-6.8	0.9	0.6	25.7	3.1	0.1	0.7	5.7	0.5
株洲市	Zhuzhou	-5.9	3.9	1.6	45.8	6.8		1.2	3.0	0.6
湘潭市	Xiangtan	6.1	1.7	0.2	51.0	4.8	0.5	0.7	3.3	0.4
衡阳市	Hengyang	6.4	3.2	1.2	39.5	3.8	0.5	0.7	4.9	0.5
邵阳市	Shaoyang	4.3	3.2	0.4	36.8	6.1		2.4	6.9	0.9
岳阳市	Yueyang	-7.2	2.9	0.5	43.2	7.9		0.8	5.6	0.3
常德市	Changde	-13.8	5.3	1.2	42.1	5.8		1.5	7.5	0.4
张家界市	Zhangjiajie	-20.6	2.0	1.0	14.7	8.0		0.8	7.2	2.5
益阳市	Yiyang	6.8	3.4	1.2	41.8	11.1	0.1	1.0	4.3	0.2
郴州市	Chenzhou	7.3	2.4	3.1	40.6	5.7	0.3	0.8	2.8	0.5
永州市	Yongzhou	-5.9	4.7	2.0	31.1	20.4	0.2	0.8	6.6	0.8
怀化市	Huaihua	7.6	5.6	0.3	28.3	5.8		1.1	11.3	0.7
娄底市	Loudi	0.7	3.8	2.0	46.1	5.2	0.1	0.8	4.1	0.6
湘西州	Xiangxi	-13.0	3.3	0.2	12.7	7.7		1.4	12.3	0.9

Fixed Asset Investment Growth, The Proportion of Investment in Fixed Assets by Sector (2023)

(%)

The Proportion of Investment in Fixed Assets by Sector										
信息传输、软件和信息技术服务业 Information Transmission, Software and IT Services	金融业 Finance	房地产业 Real Estate Trade	租赁和商务服务业 Tenancy and Business Services	科学研究、技术服务业 Scientific Research, Technical Services	水利、环境和公共设施管理业 Management of Water Conservancy, Environment and Public Establishment	居民服务、修理和其他服务业 Resident Services, Repairs and Other Services	教育 Education	卫生和社会工作 Health and Social Work Sector	文化、体育和娱乐业 Culture, Sports and Entertainment	公共管理、社会保障和社会组织 Public Administration, Social Security and Social Organizations
1.7		**19.1**	**3.7**	**2.2**	**10.7**	**0.3**	**2.7**	**1.8**	**2.7**	**0.4**
3.6		37.0	4.3	1.8	8.9	0.1	4.0	1.3	1.5	0.3
0.9		15.9	2.6	0.4	11.3	0.4	2.4	1.0	2.1	0.1
0.8		10.4	8.5	3.7	7.1	0.1	1.9	1.7	3.3	
1.8		15.2	5.6	3.5	8.4	0.4	3.6	2.0	4.2	1.1
0.4		20.1	2.7	1.7	10.1	0.3	2.5	3.3	1.8	0.5
1.3	0.1	10.3	3.5	2.0	14.9	0.5	2.4	2.3	0.9	0.6
0.4	0.1	12.2	2.0	1.5	11.5	0.5	2.5	1.9	2.6	0.9
2.1		22.7	3.4	0.6	17.8	3.9	4.9	3.8	4.4	0.3
0.3	0.2	11.4	1.2	0.7	15.5	0.4	1.7	2.2	3.2	0.1
1.8		9.3	2.6	6.9	14.7	0.2	2.0	1.7	4.4	0.2
0.5		12.9	4.1	0.6	8.8	0.5	1.2	1.3	3.4	0.1
0.6		19.3	3.3	1.6	11.3	0.2	2.8	2.6	5.0	0.1
1.7		12.8	0.9	0.6	11.7	0.1	2.1	1.9	5.3	
1.6		28.8	1.1	0.1	14.9	0.8	4.6	4.7	4.5	0.3

21—9 固定资产投资项目个数、项目投产率(2023年)
Number of Fixed Assets Investment Project, Project Production Rate (2023)

市　州	Cities and States	施工项目（个）Number of Construction Projects (unit)	全部建成投产项目（个）Projects Completed and Put into Use (unit)	项目投产率（%）Project Commissioning Rate (%)
全　省	**Total**	**20522**	**10213**	**49.8**
长沙市	Changsha	3491	1752	50.2
株洲市	Zhuzhou	1672	805	48.1
湘潭市	Xiangtan	1377	721	52.4
衡阳市	Hengyang	1496	785	52.5
邵阳市	Shaoyang	1679	960	57.2
岳阳市	Yueyang	1550	773	49.9
常德市	Changde	1704	763	44.8
张家界市	Zhangjiajie	350	151	43.1
益阳市	Yiyang	1252	649	51.8
郴州市	Chenzhou	1731	946	54.7
永州市	Yongzhou	1439	624	43.4
怀化市	Huaihua	1131	490	43.3
娄底市	Loudi	1048	580	55.3
湘西州	Xiangxi	587	213	36.3

注：施工、全投项目及项目投产率未包括房地产开发统计资料。

The data of projects under construction, projects completed put into use and rate of projects completed put into use excluded information of real estate development.

21－10　房地产开发情况 (2023年)
Real Estate Development (2023)

市　州	Cities and States	开发公司个数（个）Number of Develop－ment Enterprises (unit)	房地产开发投资（亿元）Investment (100 million yuan)	营业税金及附加（亿元）Business Taxes and Additional (100 million yuan)	利润总额（亿元）Total Profits (100 million yuan)
全　省	**Total**	**4383**	**3852.23**	**146.76**	**290.01**
长沙市	Changsha	741	1888.70	72.68	121.39
株洲市	Zhuzhou	406	200.98	8.60	12.53
湘潭市	Xiangtan	140	165.48	5.10	33.64
衡阳市	Hengyang	520	240.42	9.91	19.91
邵阳市	Shaoyang	301	236.67	6.14	14.54
岳阳市	Yueyang	423	179.24	5.36	13.27
常德市	Changde	289	151.46	8.58	−0.50
张家界市	Zhangjiajie	71	36.84	1.72	5.73
益阳市	Yiyang	178	101.24	3.97	4.58
郴州市	Chenzhou	362	154.40	5.87	14.78
永州市	Yongzhou	232	145.78	5.17	14.19
怀化市	Huaihua	327	178.66	7.08	19.06
娄底市	Loudi	200	85.45	2.55	12.46
湘西州	Xiangxi	193	86.92	4.03	4.44

注：房地产开发投资含三大工程数据。
Real estate development investment includes data on the three major projects.

21-10 续表 Continued

市 州	Cities and States	主营业务收入（亿元）Main Business Revenue (100 million yuan)	土地转让收 入 Land Transferred	商品房屋销售收入 Commercial Houses Sold	房屋出租收 入 Houses Leased	其他收入 Others
全 省	**Total**	**4147.84**	**64.50**	**3984.80**	**26.19**	**63.51**
长沙市	Changsha	1761.69	55.71	1661.74	17.39	23.01
株洲市	Zhuzhou	243.53	0.16	232.40	2.75	7.80
湘潭市	Xiangtan	205.21	0.40	202.08	0.15	2.57
衡阳市	Hengyang	309.94	0.29	305.78	0.53	3.18
邵阳市	Shaoyang	190.53	0.50	181.37	0.09	8.52
岳阳市	Yueyang	233.69	1.82	221.26	0.73	7.84
常德市	Changde	238.85	0.21	237.18	0.88	0.37
张家界市	Zhangjiajie	46.10		45.74	0.03	0.29
益阳市	Yiyang	126.79	4.52	118.15	0.25	3.87
郴州市	Chenzhou	227.93	0.19	223.28	0.94	2.32
永州市	Yongzhou	179.56		178.00	0.32	1.14
怀化市	Huaihua	195.13	0.38	192.66	1.09	0.92
娄底市	Loudi	102.74		101.12	0.53	1.05
湘西州	Xiangxi	86.15	0.32	84.02	0.49	0.62

21-11 商品房屋销售情况(2023年)
Sales of Commercial House (2023)

市 州	Cities and States	商品房屋销售面积(平方米) Floor Space of Selling Commercial House (sq.m)	#住宅 Residential Buildings	商品房屋销售额(万元) Total Sales of Commercial House (10 000 yuan)	#住宅 Residential Buildings	商品房平均销售价格(元/平方米) Average Selling Price of Selling Commercial House(yuan/sq.m)	#住宅 Residential Buildings
全 省	**Total**	**56264791**	**50935748**	**36888648**	**32919202**	**6556.26**	**6462.89**
长沙市	Changsha	15567774	13630608	17265908	15318984	11090.80	11238.67
株洲市	Zhuzhou	2457230	2149645	1410241	1232652	5739.15	5734.21
湘潭市	Xiangtan	3834331	3528247	1997793	1840558	5210.28	5216.64
衡阳市	Hengyang	5185366	4814356	2446412	2245330	4717.92	4663.82
邵阳市	Shaoyang	4375047	4195277	1940591	1794130	4435.59	4276.55
岳阳市	Yueyang	2913621	2553880	1530759	1336620	5253.80	5233.68
常德市	Changde	4108544	3576446	2093301	1692516	5094.99	4732.40
张家界市	Zhangjiajie	607521	567752	334195	301483	5500.96	5310.12
益阳市	Yiyang	1437309	1333983	756027	696006	5260.02	5217.50
郴州市	Chenzhou	3667898	3418484	1748399	1594083	4766.76	4663.13
永州市	Yongzhou	4443242	4091378	2004182	1836109	4510.63	4487.75
怀化市	Huaihua	4157375	3986425	1743073	1646676	4192.72	4130.71
娄底市	Loudi	2309244	2010756	1108900	948504	4802.00	4717.15
湘西州	Xiangxi	1200289	1078511	508867	435551	4239.54	4038.45

21-12 房地产开发建设房屋建筑面积和价值(2023年)
Floor Space of Building and Value of Real Estate Development (2023)

市 州	Cities and States	施工房屋面积（平方米）Floor Space of Buildings under Construction (sq.m)	竣工房屋面积（平方米）Floor Space of Buildings Completed (sq.m)	房屋建筑面积竣工率（%）Rate of Floor Space of Buildings Completed (%)	竣工房屋价值（万元）Value of Buildings Completed (10 000 yuan)
全 省	**Total**	**319587136**	**43743177**	**13.7**	**14687003**
长沙市	Changsha	97637243	13566457	13.9	6899638
株洲市	Zhuzhou	23089215	1530079	6.6	439603
湘潭市	Xiangtan	15189792	2559525	16.9	663154
衡阳市	Hengyang	26931614	4906658	18.2	1330088
邵阳市	Shaoyang	18497239	2588243	14.0	557545
岳阳市	Yueyang	23136600	2132495	9.2	494618
常德市	Changde	21800803	3181922	14.6	964257
张家界市	Zhangjiajie	6083563	128499	2.1	28477
益阳市	Yiyang	9635711	911713	9.5	239843
郴州市	Chenzhou	22410042	3610322	16.1	1018018
永州市	Yongzhou	14585050	1847728	12.7	457269
怀化市	Huaihua	18545991	2607811	14.1	649331
娄底市	Loudi	11731424	2758586	23.5	576933
湘西州	Xiangxi	10312849	1413139	13.7	368229

21−13　地方财政收入情况（2023年）
Public Budgetary Revenue (2023)

单位：亿元　　(100 million yuan)

市　州	Cities and States	地方一般公共预算收入 General Public Budget Revenue	税收收入 Taxes Revenue	增值税 Value Added Tax	企业所得税 Income Tax of Enterprises	个人所得税 Individual Income Tax	非税收入 No-tax Revenue
全　省	**Total**	**3360.51**	**2208.51**	**824.18**	**225.90**	**91.30**	**1151.99**
长沙市	Changsha	1227.07	821.03	339.79	97.86	52.71	406.05
株洲市	Zhuzhou	192.32	138.57	54.56	8.03	3.92	53.75
湘潭市	Xiangtan	124.04	83.56	40.07	6.39	2.05	40.48
衡阳市	Hengyang	195.61	134.55	35.17	7.34	2.71	61.06
邵阳市	Shaoyang	133.75	84.88	23.77	6.19	1.66	48.87
岳阳市	Yueyang	200.15	131.06	45.85	7.00	3.68	69.09
常德市	Changde	202.22	109.03	29.64	8.02	2.70	93.19
张家界市	Zhangjiajie	35.88	23.15	6.04	2.57	0.98	12.73
益阳市	Yiyang	106.40	70.41	24.17	5.77	2.21	35.98
郴州市	Chenzhou	188.03	130.54	40.87	6.18	2.23	57.48
永州市	Yongzhou	163.30	109.83	28.14	3.92	1.17	53.47
怀化市	Huaihua	124.18	87.00	19.97	3.27	1.30	37.18
娄底市	Loudi	91.70	57.49	27.09	4.89	1.41	34.22
湘西州	Xiangxi	79.90	40.65	12.46	3.00	1.01	39.25

21-14 公共财政支出情况(2023年)
Public Budgetary Expenditure (2023)

单位：亿元 (100 million yuan)

市 州	Cities and States	一般公共预算支出 General Public Budget Expenditure	教育 Education	社会保障和就业 Social Security Programs and Employment	卫生健康 Health	农林水利事务 Agriculture, Forest and Irrigation	一般公共服务 General Public Services
全 省	**Total**	**9581.12**	**1579.39**	**1556.24**	**869.10**	**1068.21**	**812.14**
长沙市	Changsha	1626.83	299.35	145.87	109.39	107.12	149.65
株洲市	Zhuzhou	592.43	77.63	58.76	38.57	47.53	46.05
湘潭市	Xiangtan	285.75	45.63	40.85	32.44	33.93	26.16
衡阳市	Hengyang	663.00	116.37	97.95	66.52	70.16	60.55
邵阳市	Shaoyang	699.45	117.88	95.61	80.73	89.07	75.05
岳阳市	Yueyang	632.48	87.33	83.80	64.69	73.76	59.70
常德市	Changde	641.15	93.64	99.35	69.24	96.27	56.77
张家界市	Zhangjiajie	222.38	29.49	28.17	23.95	33.65	22.41
益阳市	Yiyang	417.25	68.18	61.92	47.45	66.09	43.46
郴州市	Chenzhou	560.82	99.94	78.11	63.34	65.63	47.64
永州市	Yongzhou	575.46	109.05	91.92	80.41	83.40	48.63
怀化市	Huaihua	560.38	98.87	82.68	66.98	88.90	47.59
娄底市	Loudi	360.45	69.43	55.31	41.85	46.75	37.20
湘西州	Xiangxi	370.14	62.55	46.15	40.85	71.33	39.52

21－15 金融机构人民币存款情况（2023年）
RMB Deposits of Financial Institutions (2023)

单位：亿元 (100 million yuan)

市 州	Cities and States	各项存款 Deposits	住户存款 Personal Deposits	非金融企业存款 Corporate Deposits	机关团体存款 Corporate Deposits	财政性存款 Fiscal Deposits	非银行业金融机构存款 Non-banking Financial Institutions Deposit
全 省	**Total**	**77353.95**	**46718.51**	**14336.60**	**10060.76**	**1589.87**	**4586.01**
长沙市	Changsha	30482.65	11132.35	8881.25	5316.23	875.65	4231.78
株洲市	Zhuzhou	4693.75	3273.88	830.53	475.53	63.20	47.84
湘潭市	Xiangtan	3287.02	2364.88	606.30	246.99	31.88	35.96
衡阳市	Hengyang	5755.26	4571.70	534.49	580.26	53.27	12.04
邵阳市	Shaoyang	4445.59	3619.09	349.27	418.49	46.06	11.29
岳阳市	Yueyang	4182.58	2921.18	631.38	527.53	63.55	36.88
常德市	Changde	4902.61	3682.53	556.29	438.66	176.59	47.42
张家界市	Zhangjiajie	1201.55	840.97	105.24	210.49	18.06	26.48
益阳市	Yiyang	3177.72	2534.84	303.27	286.33	40.12	12.20
郴州市	Chenzhou	3727.83	2839.29	432.40	381.42	46.07	27.27
永州市	Yongzhou	3449.28	2814.11	262.05	297.81	57.55	16.62
怀化市	Huaihua	3084.99	2483.57	232.90	312.10	29.75	26.11
娄底市	Loudi	3071.95	2369.09	343.96	302.53	30.10	25.72
湘西州	Xiangxi	1679.13	1266.70	127.70	201.17	58.02	25.45

21-16 金融机构人民币贷款情况（2023年）
RMB Loans of Financial Institutions (2023)

单位：亿元 (100 million yuan)

市州	Cities and States	各项贷款 Loans	住户贷款 Households Loans	非金融企业及机关团体贷款 Non-financial Enterprises and Institutions Loans
全省	**Total**	**69191.47**	**22924.39**	**45988.92**
长沙市	Changsha	32811.22	8963.97	23716.06
株洲市	Zhuzhou	3693.83	1364.15	2320.38
湘潭市	Xiangtan	3165.50	814.17	2335.78
衡阳市	Hengyang	3506.60	1508.17	1932.72
邵阳市	Shaoyang	2905.81	1305.70	1589.68
岳阳市	Yueyang	3682.06	1185.46	2487.36
常德市	Changde	3525.18	1294.57	2208.19
张家界市	Zhangjiajie	1308.16	468.54	837.89
益阳市	Yiyang	2391.47	806.60	1582.25
郴州市	Chenzhou	2881.08	1342.82	1538.19
永州市	Yongzhou	2596.07	1220.51	1373.28
怀化市	Huaihua	2238.59	1032.45	1206.04
娄底市	Loudi	2049.30	807.95	1233.84
湘西州	Xiangxi	1554.55	699.13	855.42

21-17 农业基本情况（2023年）

Basic Indicators of Agriculture (2023)

市 州	Cities and States	第一产业从业人员（万人）Workers in The Primary Industry (10 000 persons)	造林面积（万公顷）Afforesta-tion Areas (10 000 hectares)
全 省	**Total**	**773.00**	**42.49**
长沙市	Changsha	48.72	0.86
株洲市	Zhuzhou	25.93	1.92
湘潭市	Xiangtan	22.67	1.00
衡阳市	Hengyang	88.71	3.06
邵阳市	Shaoyang	93.37	2.78
岳阳市	Yueyang	57.88	1.94
常德市	Changde	80.34	3.69
张家界市	Zhangjiajie	23.94	7.27
益阳市	Yiyang	55.84	2.52
郴州市	Chenzhou	56.78	2.64
永州市	Yongzhou	75.40	3.67
怀化市	Huaihua	65.70	6.37
娄底市	Loudi	40.74	2.84
湘西州	Xiangxi	36.98	1.93

21－18　农业生产条件（2023年）
Condition of Agricultural Production (2023)

市　州	Cities and States	农业机械总动力（万千瓦）Total Power of Agricultural Machinery (10 000 kw)	耕地灌溉面积（千公顷）Area of Irrigated farmland (1000 hectares)	化肥施用量（万吨）Consumption of Chemical Fertilizers (10 000 tons)	每公顷面积产量（公斤）Yield Per Hectare (kg)		
					粮食 Grain Crops	棉花 Cotton	油料 Oil-bearing Crops
全　省	**Total**	**6839.51**	**2917.58**	**213.34**	**6441**	**1360**	**1815**
长沙市	Changsha	641.88	170.77	16.29	6895		1801
株洲市	Zhuzhou	454.41	146.48	9.41	7029	1236	1777
湘潭市	Xiangtan	298.74	114.22	8.94	7137	809	1691
衡阳市	Hengyang	622.87	241.78	21.02	6664	1163	1703
邵阳市	Shaoyang	549.59	281.86	20.71	6734	1163	1815
岳阳市	Yueyang	666.06	308.36	19.43	6241	1317	1802
常德市	Changde	653.42	374.36	30.19	6500	1486	2029
张家界市	Zhangjiajie	125.06	67.02	5.46	5087	941	1725
益阳市	Yiyang	589.12	245.83	18.21	6390	1399	1803
郴州市	Chenzhou	468.35	196.23	15.94	6050	875	1812
永州市	Yongzhou	690.17	283.90	21.72	6280	1370	1908
怀化市	Huaihua	487.10	247.88	10.83	6363	762	1640
娄底市	Loudi	392.48	120.75	8.19	6470	1124	1833
湘西州	Xiangxi	200.27	118.14	6.98	5444	852	1638

21-19 主要农业机械年末拥有量(2023年)
Year-end Possession of Major Agriculture Machinery (2023)

市 州	Cities and States	大中型拖拉机 Large and Medium Tractors		小型及手扶拖拉机 Mini and Walking Tractors		排灌机械 Machinery for Agricultural Drainage and Irrigation
		台 (unit)	千瓦 (kw)	台 (unit)	千瓦 (kw)	台 (unit)
全 省	**Total**	**98737**	**4427747**	**178468**	**2225232**	**2488537**
长沙市	Changsha	9512	428207	25138	306613	209787
株洲市	Zhuzhou	5567	263684	23353	273035	57115
湘潭市	Xiangtan	3577	178453	2341	33929	181879
衡阳市	Hengyang	8021	337542	14619	208281	261104
邵阳市	Shaoyang	5754	251441	7911	99988	216956
岳阳市	Yueyang	12967	579308	22583	284057	172521
常德市	Changde	16662	728107	21605	283641	201834
张家界市	Zhangjiajie	1757	78414	2124	32708	47627
益阳市	Yiyang	11180	630575	18575	201815	292083
郴州市	Chenzhou	3921	220434	3470	46979	110952
永州市	Yongzhou	12610	442470	19394	235841	313367
怀化市	Huaihua	3329	143921	5400	68217	162061
娄底市	Loudi	2698	94718	7073	85054	231150
湘西州	Xiangxi	1182	50473	4882	65074	30101

21−20　机耕面积及水库、堤防(2023年)
Tractor-ploughed Area, Reservoirs and Dikes (2023)

市　州	Cities and States	机耕面积（千公顷）Tractor Ploughed Area (1000 hectares)	水　库（座）Number of Reservoirs (set)	1−5 级堤防长度（公里）The Length of Levees at Grade 1−5 (km)
全　省	**Total**	**6557.74**	**13300**	**13063.22**
长沙市	Changsha	484.06	528	1117.99
株洲市	Zhuzhou	275.28	919	431.63
湘潭市	Xiangtan	266.35	371	443.76
衡阳市	Hengyang	681.90	1446	994.67
邵阳市	Shaoyang	579.02	1274	159.03
岳阳市	Yueyang	711.60	1433	2187.04
常德市	Changde	996.50	1397	3000.15
张家界市	Zhangjiajie	111.35	257	228.38
益阳市	Yiyang	502.80	604	2506.04
郴州市	Chenzhou	519.75	1031	519.06
永州市	Yongzhou	595.81	1364	486.15
怀化市	Huaihua	392.17	1282	424.41
娄底市	Loudi	242.47	729	288.12
湘西州	Xiangxi	198.69	665	276.79

注：机耕面积由农机部门提供，水库、堤防长度数据由水利部门提供。

The Date of Tractor−Ploughed Area are provided by Department of agriculture machinery, The Data of Reservoirs and Dikes are provided by Department of the water conservancy.

21-21 农林牧渔业总产值(2023年)

Gross Output Value of Farming, Forestry, Animal Husbandry and Fishery (2023)

单位：万元 (10 000 yuan)

市 州	Cities and States	农林牧渔业总产值 Gross Output Value of Farming, Forestry, Animal Husbandry and Fishery	指 数 (上年=100) Indices (preceding year=100)	农业产值 Output Value of Farming	林业产值 Output Value of Forestry	牧业产值 Output Value of Animal Husbandry	渔业产值 Output Value of Fishery	农林牧渔专业及辅助性活动产值 Output Value of Farming, Forestry, Animal Husbandry, Fishery and Auxiliary Activities
长沙市	Changsha	7782079	103.8	5090175	420252	1451129	298886	521637
株洲市	Zhuzhou	4315093	103.7	2235567	366943	1320349	209671	182563
湘潭市	Xiangtan	3230092	103.8	1389235	174820	1256775	203394	205868
衡阳市	Hengyang	8290113	103.5	3157927	686145	3060903	752703	632434
邵阳市	Shaoyang	7429428	103.5	4134886	244248	2406179	221983	422133
岳阳市	Yueyang	8411171	103.7	3815305	269346	2138934	1660929	526658
常德市	Changde	8973334	103.5	4189267	232526	2900546	945538	705457
张家界市	Zhangjiajie	1466675	103.4	900167	107412	348594	45437	65065
益阳市	Yiyang	6622356	103.9	3433512	207190	1596216	942601	442838
郴州市	Chenzhou	5806383	104.0	2848047	517600	1979988	213186	247562
永州市	Yongzhou	8715243	104.2	4000858	1231000	2465746	532462	485177
怀化市	Huaihua	5060376	103.6	2663233	373990	1728953	168632	125568
娄底市	Loudi	3757303	103.6	1840872	104181	1483180	179763	149307
湘西州	Xiangxi	2133868	103.7	1452564	62152	562206	26138	30808

21-22 经济作物播种面积(2023年)
Sown Area of Cash Crops (2023)

单位：千公顷 (1000 hectares)

市 州	Cities and States	油料面积 Area of Oil	烤烟面积 Area of Flue-cured Tobacco	蔬菜面积 Area of Vegetables
全 省	**Total**	**1614.83**	**104.85**	**1433.54**
长沙市	Changsha	64.04	7.28	168.56
株洲市	Zhuzhou	63.29	1.70	86.40
湘潭市	Xiangtan	39.03		58.80
衡阳市	Hengyang	209.14	6.77	69.49
邵阳市	Shaoyang	136.52	5.31	160.76
岳阳市	Yueyang	139.89	0.01	87.39
常德市	Changde	303.40	5.14	126.16
张家界市	Zhangjiajie	55.62	5.98	40.64
益阳市	Yiyang	145.62	0.09	137.33
郴州市	Chenzhou	90.40	34.24	114.39
永州市	Yongzhou	118.56	22.63	206.85
怀化市	Huaihua	137.53	1.30	75.32
娄底市	Loudi	46.64	0.11	45.12
湘西州	Xiangxi	65.15	14.29	56.33

21-23 主要经济作物及水产品产量(2023年)
Output of Main Cash Crop and Aquatic Product (2023)

单位：吨 (ton)

市 州	Cities and States	油料产量 Oil-Bearing Crops	油菜籽 Rapeseeds	苎麻 Ramie	烤烟 Flue-cured Tobacco	蔬菜 Vegetables
全 省	**Total**	**2931455**	**2587578**	**3385**	**216853**	**44888149**
长沙市	Changsha	115316	102715		15351	6085283
株洲市	Zhuzhou	112465	97879	1054	3957	3517541
湘潭市	Xiangtan	65983	61973	23		1814000
衡阳市	Hengyang	356071	328439	55	13625	2318415
邵阳市	Shaoyang	247812	191991	92	11022	3399514
岳阳市	Yueyang	252068	226520	203	49	2902299
常德市	Changde	615560	597124	1276	11156	3752806
张家界市	Zhangjiajie	95915	85365	109	13679	1097910
益阳市	Yiyang	262526	243118	309	99	5137356
郴州市	Chenzhou	163792	124178		70704	3661132
永州市	Yongzhou	226182	160801	11	50245	6787352
怀化市	Loudi	225561	211664	4	2673	1798754
娄底市	Huaihua	85484	64576	76	181	1763667
湘西州	Xiangxi	106721	91235	173	24112	852119

21-23 续表 Continued

单位：吨 (ton)

市 州	Cities and States	茶叶 Tea	水果产量 Fruit	柑橘 Citrus	水产品产量 Aquatic Products
全 省	**Total**	**275704**	**12660899**	**6783043**	**2858964**
长沙市	Changsha	51408	419429	107123	129612
株洲市	Zhuzhou	2700	456177	85605	109452
湘潭市	Xiangtan	2406	132078	21124	107205
衡阳市	Hengyang	4727	588448	85057	312325
邵阳市	Shaoyang	7166	1288205	732108	106274
岳阳市	Yueyang	17120	563879	103757	573594
常德市	Changde	30787	1543576	1207351	510571
张家界市	Zhangjiajie	6799	325104	257787	8754
益阳市	Yiyang	101530	685167	256309	481746
郴州市	Chenzhou	10228	1098829	503012	118722
永州市	Yongzhou	3352	1860675	787908	204405
怀化市	Loudi	13520	2411938	1862950	83139
娄底市	Huaihua	9092	333115	96568	97185
湘西州	Xiangxi	14869	954278	676384	15980

21－24　主要林产品产量(2023年)
Output of Major Forest Products (2023)

市　州	Cities and States	油茶籽（吨）Tea-oil Seeds (ton)	竹笋干（吨）Bamboo Shoots (ton)	木材采伐量（万方）Woods Cuts (10 000 cu.m)	竹材采伐量（万根）Bamboo Cuts (10 000 roots)
全　省	**Total**	**1266388**	**68879**	**642.13**	**28274.16**
长沙市	Changsha	76678	682	21.63	734.60
株洲市	Zhuzhou	191958	8526	34.67	92.84
湘潭市	Xiangtan	11144		14.68	182.50
衡阳市	Hengyang	278591	3209	23.38	2631.80
邵阳市	Shaoyang	113874	4230	51.17	3877.00
岳阳市	Yueyang	41860	3176	34.56	9231.56
常德市	Changde	101766	6999	47.08	791.00
张家界市	Zhangjiajie	5643		32.96	1.50
益阳市	Yiyang	5018	10200	25.67	1820.00
郴州市	Chenzhou	87494	18298	79.52	2297.65
永州市	Yongzhou	214184	287	121.71	2084.92
怀化市	Huaihua	117665	9817	125.13	3172.29
娄底市	Loudi	3355	3360	9.14	1349.50
湘西州	Xiangxi	17158	96	20.83	7.00

注：全省数据含14市州及湖南省林业种苗繁育示范中心数据。
The data of the province includes the data of 14 prefectures and Hunan Provincial Forestry Seed and Seedling Breeding Demonstration Center.

21-25 规模以上工业企业个数(2023年)
The Number of Units of Industrial Enterprises above Designated Size (2023)

单位：个 (unit)

市 州	Cities and States	工业企业单位个数 The Number of Units of Industrial Enterprises	按轻重工业分 According to Light and Heavy Industries		按登记注册类型分 Divided by Type of Registration		
			轻工业 Light Industry	重工业 Heavy Industry	内资企业 Domestic Funded	港澳台商投资企业 Enterprises with Funds from Hongkong, Macao and Taiwan	外商投资企业 Foreign Funded
全 省	**Total**	**21491**	**8005**	**13486**	**20998**	**288**	**203**
长沙市	Changsha	3244	949	2295	3104	63	77
株洲市	Zhuzhou	2143	565	1578	2109	17	17
湘潭市	Xiangtan	1487	432	1055	1454	18	15
衡阳市	Hengyang	1552	595	957	1521	25	6
邵阳市	Shaoyang	1995	1100	895	1969	22	4
岳阳市	Yueyang	2207	964	1243	2176	17	14
常德市	Changde	1918	802	1116	1883	23	12
张家界市	Zhangjiajie	246	148	98	242	2	2
益阳市	Yiyang	1564	735	829	1541	11	12
郴州市	Chenzhou	1400	346	1054	1361	32	7
永州市	Yongzhou	1360	551	809	1304	38	18
怀化市	Huaihua	983	350	633	965	8	8
娄底市	Loudi	1036	285	751	1017	9	10
湘西州	Xiangxi	371	186	185	368	2	1

21−26 规模以上工业企业基本情况（2023年）
Basic Indicators of Industrial Enterprises above Designated Size (2023)

单位：亿元 (100 million yuan)

市 州	Cities and States	工业增加值指数（上年 =100）Index of Value Added of Industry (preceding year=100)	营业收入 Revenue of Bussiness	利润总额 Total Profits	资产总计 Total Assets of Industrial Enterprises	负债合计 Total Liabilities of Industrial Enterprises
全 省	**Total**	**105.1**	**39813.98**	**2377.61**	**40265.29**	**21286.78**
长沙市	Changsha	106.8	8831.91	582.37	12883.18	6943.74
株洲市	Zhuzhou	107.1	3116.03	224.40	4951.74	2588.41
湘潭市	Xiangtan	105.9	3111.16	120.37	2869.36	1521.85
衡阳市	Hengyang	107.2	2230.90	124.77	2332.92	1299.49
邵阳市	Shaoyang	106.4	2580.05	182.59	1380.64	660.51
岳阳市	Yueyang	105.0	5142.14	255.85	3052.73	1500.19
常德市	Changde	102.0	3297.38	236.93	2800.40	1365.88
张家界市	Zhangjiajie	101.3	134.94	5.82	194.49	112.90
益阳市	Yiyang	103.3	2785.00	124.81	1733.01	939.59
郴州市	Chenzhou	107.1	2868.54	213.64	2299.96	1224.93
永州市	Yongzhou	102.5	1856.65	105.00	1560.67	802.74
怀化市	Huaihua	104.8	1274.88	78.34	1309.61	668.67
娄底市	Loudi	105.8	2247.18	108.00	1784.21	956.73
湘西州	Xiangxi	95.0	266.92	12.41	435.48	248.98

21-27 主要工业产品产量(2023年)

市 州	Cities and States	纱（万吨）Yarn (10 000 tons)	布（亿米）Cloth (100 million meters)	机制纸及纸板（万吨）Machine-made Paper and Paperboard (10 000 tons)	卷 烟（万箱）Cigarettes (10 000 cases)	化学药品原药（吨）Original Chemical Drug (ton)
全 省	**Total**	**83.03**	**2.15**	**438.96**	**333.68**	**95615.81**
长沙市	Changsha	1.52		83.29	114.74	42636.23
株洲市	Zhuzhou	4.61				1748.37
湘潭市	Xiangtan	3.12		0.47		180.17
衡阳市	Hengyang	1.26		49.97		1.79
邵阳市	Shaoyang	1.77		26.90		865.32
岳阳市	Yueyang	37.16	0.12	124.82		33913.32
常德市	Changde	15.61	0.29	126.62	165.24	1585.98
张家界市	Zhangjiajie			0.23		1435.57
益阳市	Yiyang	15.61	1.30	2.70		4688.84
郴州市	Chenzhou	0.76	0.01	18.85	30.01	
永州市	Yongzhou			0.85	23.70	96.00
怀化市	Huaihua	1.03	0.44	4.25		8457.64
娄底市	Loudi					6.58
湘西州	Xiangxi	0.59				

Output of Major Industrial Products (2023)

食用植物油 （万吨） Edible Vegetable Oil (10 000 tons)	饲 料 （万吨） Mixed Fodder (10 000 tons)	粗 钢 （万吨） Crude Steel (10 000 tons)	生 铁 （万吨） Pig Iron (10 000 tons)	原 煤 （万吨） Coal (10 000 tons)	发电量 （亿千瓦时） Electricity (100 million kw.h)	水力发电 Hydro-power
189.24	**1856.35**	**2415.55**	**2180.78**	**944.45**	**1700.42**	**347.62**
15.80	221.38				101.52	26.09
10.99	92.79			127.36	102.19	17.53
0.49	22.87	1044.23	979.33		135.01	
2.68	88.24	177.08	119.18	228.97	60.02	16.93
12.43	55.48			11.50	126.52	47.84
95.93	748.31				212.66	0.19
21.25	210.89				151.03	28.84
0.13	10.50				5.86	2.25
5.18	96.21				124.29	14.60
0.99	88.77		17.10	205.24	175.06	19.64
6.74	104.04		3.80		194.80	47.08
13.97	96.45				147.77	111.95
0.31	20.23	1194.25	1061.37	371.39	146.98	1.36
2.34	0.22				16.70	13.31

21-27 续表

市　州	Cities and States	钢　材（万吨）Steel (10 000 tons)	水　泥（万吨）Cement (10 000 tons)	平板玻璃（万重量箱）Plate Class (10 000 weight cases)	硫　酸（万吨）Sulfuric Acid (10 000 tons)	烧　碱（万吨）Caustic Soda (10 000 tons)
全　省	**Total**	**3080.31**	**8234.19**	**4286.51**	**212.00**	**75.83**
长沙市	Changsha	3.22	428.74		4.32	
株洲市	Zhuzhou		337.39	2174.49		
湘潭市	Xiangtan	1092.33	408.61	518.78		
衡阳市	Hengyang	186.11	641.99	792.77	164.55	45.30
邵阳市	Shaoyang	0.09	738.61	0.97		
岳阳市	Yueyang	228.66	357.86	41.08	0.48	9.23
常德市	Changde	1.23	1112.56			
张家界市	Zhangjiajie		194.86			
益阳市	Yiyang	9.95	741.81	1.03		
郴州市	Chenzhou		737.52	736.79	9.61	
永州市	Yongzhou		1164.34	7.28		
怀化市	Huaihua	1.51	363.49	13.34	6.37	21.30
娄底市	Loudi	1557.20	897.13			
湘西州	Xiangxi		109.27		26.68	

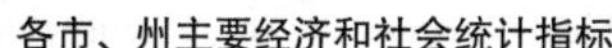

Continued

化学农药（原药）（万吨） Chemical Pesticide (10 000 tons)	化学肥料（折纯量）（万吨） Chemical Fertilizers (10 000 tons)	氮 肥 Nitrogen Fertilizers	磷 肥 Phosphate Fertilizers	电 石（万吨） Calcium Carbide (10 000 tons)	初级形态的塑料（万吨） Primary Plastics (10 000 tons)	矿山专用设备（万吨） Mining Special Equipment (10 000 tons)	金属切削机床（台） Metal-cutting Machine Tools(unit)
12.05	**58.48**	**46.08**	**12.32**	**59.11**	**43.39**	**74.82**	**11421**
0.79	1.53		1.53	0.39	1.34	22.75	2633
1.08					0.92	0.12	8
					0.43	19.44	18
	0.43		0.43		4.20	9.77	86
0.50	0.25	0.08	0.10		2.59	0.72	1802
1.60	38.06	38.06		7.58	25.76	2.38	554
2.97	7.22	1.66	5.57	35.91	2.99	2.36	298
					0.06		
4.91					4.19	0.07	1290
	0.90	0.90			0.13	2.62	198
					0.53	0.01	4024
0.20	4.69		4.69	15.23		0.02	510
	5.39	5.39			0.24	14.56	

21-28 建筑企业主要经济指标(2023年)
Main Economic Indicators on Construction Enterprises (2023)

单位：亿元 (100 million yuan)

市 州	Cities and States	企业单位数（个）Number of Enterprises (unit)	从业人员数（万人）Number of Employees (10 000 persons)	建筑业总产值 Gross Output Value of Construction	企业总收入 Total Income of Enterprises	利税总额合计 Total Pre-tax Profits	利润总额合计 Total Profits
全 省	**Total**	**4417**	**311.55**	**15159.17**	**12142.84**	**833.24**	**447.33**
长沙市	Changsha	1081	129.96	7634.30	6224.88	348.34	209.49
株洲市	Zhuzhou	503	26.68	1222.89	950.74	53.10	30.17
湘潭市	Xiangtan	231	23.13	848.67	589.40	50.03	16.14
衡阳市	Hengyang	360	23.85	890.07	710.34	89.79	53.37
邵阳市	Shaoyang	322	14.29	791.92	669.91	58.64	31.58
岳阳市	Yueyang	389	17.71	781.48	558.76	46.83	24.87
常德市	Changde	292	12.78	517.00	401.68	28.84	11.77
张家界市	Zhangjiajie	83	1.29	43.19	37.59	3.43	1.44
益阳市	Yiyang	161	10.90	444.98	346.49	30.28	16.26
郴州市	Chenzhou	264	12.41	613.91	572.29	32.40	16.72
永州市	Yongzhou	215	12.22	410.67	299.28	28.84	13.57
怀化市	Huaihua	214	9.26	323.36	200.89	23.69	8.87
娄底市	Loudi	199	15.84	603.70	547.56	36.18	11.84
湘西州	Xiangxi	103	1.21	33.02	33.02	2.83	1.25

21－29　公路长度(2023年)
Length of Highways (2023)

单位：公里　　(km)

市　州	Cities and States	里程总计 Total Length of Highways	等级公路 Expressway and Class Ⅰ to Ⅳ Highway	高速公路 Express-way	一级公路 First Class	二级公路 Second Class	三级公路 Third Class	四级公路 Fourth Class	等外路 Highway Below Class Ⅳ
全　省	**Total**	**242769**	**232205**	**7530**	**3254**	**16976**	**8032**	**196412**	**10564**
长沙市	Changsha	16398	15257	779	504	1290	841	11842	1142
株洲市	Zhuzhou	13932	13752	490	189	1244	167	11662	180
湘潭市	Xiangtan	7984	6056	284	181	471	213	4907	1928
衡阳市	Hengyang	21213	19436	697	135	1313	352	16939	1777
邵阳市	Shaoyang	22665	21367	616	99	1674	864	18114	1298
岳阳市	Yueyang	20898	20767	658	436	1212	462	18000	132
常德市	Changde	22878	22850	538	493	1350	625	19844	28
张家界市	Zhangjiajie	9283	8147	185	96	491	597	6779	1136
益阳市	Yiyang	16563	16175	524	278	1367	226	13780	387
郴州市	Chenzhou	18140	17406	579	233	1559	661	14374	734
永州市	Yongzhou	23259	22373	492	261	1423	810	19387	886
怀化市	Huaihua	21006	20865	811	127	1616	1128	17183	141
娄底市	Loudi	15242	14768	395	193	872	399	12910	474
湘西州	Xiangxi	13307	12984	482	30	1094	688	10690	323

注：资料来源于省交通厅。2006年起等外路包含村道。

Figures in this table form Transportation Bureau of Hunan Province. Highway below class Ⅳ includes country road since 2006.

21-30 民用车辆拥有量（2023年）
Number of Civil Motor Vehicles (2023)

市 州	Cities and States	合 计（辆）Total (unit)	私人汽车 Private Car	汽车 Civil Motor Vehicles 载客 Passenger Vehicles	载货 Trucks Vehicles	摩托车 Motors	拖拉机 Tractors	其他类型车 Other Motor Vehicles	机动车驾驶员（人）Number of Motor Drivers (person)	#汽车驾驶员 Automobile Drivers
全 省	**Total**	**17674373**	**10776177**	**10539255**	**953119**	**5798827**	**151526**	**77998**	**20511423**	**18144297**
长沙市	Changsha	3893632	3068559	3234220	178521	414417	21446	8441	4348923	4187154
株洲市	Zhuzhou	1019929	669386	660591	48201	295695	6539	3440	1299508	1191566
湘潭市	Xiangtan	762801	456767	453951	30859	262971	3392	6859	911683	817061
衡阳市	Hengyang	1220973	803984	775537	66841	346663	13783	7005	1674961	1541909
邵阳市	Shaoyang	1289228	782945	722373	89163	455685	7394	4711	1628102	1434429
岳阳市	Yueyang	1351330	817201	782402	70303	458163	17360	10761	1600601	1432843
常德市	Changde	1399654	780832	750998	68707	530251	24035	12232	1521197	1324323
张家界市	Zhangjiajie	508463	217103	206998	24535	271033	2845	251	470147	360358
益阳市	Yiyang	1019235	577036	544224	55432	374283	21093	12668	1281245	1088406
郴州市	Chenzhou	1088641	645636	608940	74082	383630	8687	2500	1215651	1054365
永州市	Yongzhou	1106691	634474	580863	77547	420801	11275	3991	1333064	1086513
怀化市	Huaihua	1312200	530025	487660	67383	742258	4919	1943	1276625	984562
娄底市	Loudi	1130898	536935	494486	65277	551687	4161	2614	1317975	1138347
湘西州	Xiangxi	570698	255294	236012	36268	291290	4597	582	631741	502461

21-31 邮电业务量(2023年)
Volume of Postal and Telecommunications Services (2023)

市 州	Cities and States	邮政业务总量(亿元) Revenue from Postal (100 million yuan)	电信业务总量(亿元) Revenue from Telecommu-nication (100 million yuan)	邮政业务收入(亿元) Income from Postal (100 million yuan)	电信业务收入(亿元) Income from Telecommu-nication (100 million yuan)	函件(万件) Letters (10 000 pieces)	报刊期发数(万份) Parcels (10 000 copies)	固定电话用户(万户) Fixed Telephone Subscribers (10 000 households)	移动电话用户(万户) Mobile Telephone Subscribers (10 000 households)	固定互联网用户数(万户) Number of Local Internet Users (10 000 households)
全 省	**Total**	**402.68**	**721.28**	**342.89**	**585.12**	**851.41**	**426.01**	**548.66**	**7680.25**	**2744.06**
长沙市	Changsha	192.56	167.66	151.82	153.32	474.51	89.58	142.11	1566.29	597.52
株洲市	Zhuzhou	26.07	41.97	20.24	34.23	30.37	21.70	34.15	471.12	174.24
湘潭市	Xiangtan	10.42	32.12	8.86	24.81	122.87	17.12	23.18	337.61	149.37
衡阳市	Hengyang	29.69	54.96	27.34	43.93	13.11	38.12	66.93	678.66	231.73
邵阳市	Shaoyang	22.18	52.93	20.39	42.37	19.17	34.19	27.95	632.46	204.31
岳阳市	Yueyang	20.86	47.34	17.47	39.73	29.92	28.29	79.75	573.67	196.40
常德市	Changde	19.69	53.70	17.98	41.84	20.83	36.24	32.90	593.88	216.11
张家界市	Zhangjiajie	3.43	18.87	3.75	14.25	6.72	11.50	8.78	184.88	72.09
益阳市	Yiyang	16.31	35.37	14.17	28.76	16.48	27.08	24.19	425.60	147.16
郴州市	Chenzhou	16.54	45.06	16.16	35.66	31.89	27.01	39.64	519.70	173.16
永州市	Yongzhou	12.31	41.66	12.92	33.07	16.35	31.34	19.71	495.13	164.22
怀化市	Huaihua	11.82	45.38	13.48	35.51	33.99	25.81	23.62	495.79	169.65
娄底市	Loudi	14.88	40.57	11.99	30.62	25.69	20.90	18.39	438.03	151.63
湘西州	Xiangxi	5.91	27.00	6.33	21.75	9.52	17.13	7.36	267.42	96.48

21−32 国内外贸易、对外经济和旅游(2023年)
Domestic Trade, Foreign Trade, Foreign Economy and Tourism (2023)

市 州	Cities and States	社会消费品零售总额(亿元) Total Retail Sales of Consumer Goods (100 million yuan)	社会消费品零售总额增速(%) Total Retail Sales of Consumer Goods Growth Rate (%)	实际使用外资金额(万美元) Amount of Foreign Capital Actually Used (USD 10 000)	旅游业总收入(亿元) Income of Tourism (100 million yuan)
全 省	**Total**	**20203.34**	**6.1**	**143613**	**9565.18**
长沙市	Changsha	5561.67	6.2	87667	2193.05
株洲市	Zhuzhou	1361.85	6.6	1627	624.00
湘潭市	Xiangtan	885.00	−0.8	4972	458.88
衡阳市	Hengyang	1965.15	5.6	4926	646.17
邵阳市	Shaoyang	1498.32	6.4	2122	519.47
岳阳市	Yueyang	2033.33	9.5	8094	727.64
常德市	Changde	1779.51	6.3	1300	586.24
张家界市	Zhangjiajie	223.19	6.3	845	514.62
益阳市	Yiyang	901.70	7.2	1676	452.39
郴州市	Chenzhou	1168.41	7.7	15932	731.52
永州市	Yongzhou	903.39	−2.0	4063	539.57
怀化市	Huaihua	769.29	9.2	7741	534.81
娄底市	Loudi	864.20	8.2	2122	392.07
湘西州	Xiangxi	288.32	1.4	526	644.75

21−33 限额以上批发零售贸易业商品购销存总额(2023年)
Total Purchases, Sales and Inventory of Enterprise above Designated Size in Wholesale and Retail Trade (2023)

单位：亿元 (100 million yuan)

市 州	Cities and States	商品购进额 Total Purchases Value	商品销售额 Total Sales Value	期末商品库存额 Stock (year-end)
全 省	**Total**	**15599.04**	**17122.18**	**891.92**
长沙市	Changsha	7498.15	7349.64	478.74
株洲市	Zhuzhou	982.26	1150.99	36.63
湘潭市	Xiangtan	707.08	845.72	19.08
衡阳市	Hengyang	641.13	804.38	26.78
邵阳市	Shaoyang	638.96	823.92	25.71
岳阳市	Yueyang	1806.59	1964.94	115.70
常德市	Changde	659.70	820.61	31.37
张家界市	Zhangjiajie	72.87	115.61	8.25
益阳市	Yiyang	432.30	536.76	24.53
郴州市	Chenzhou	773.31	922.22	37.91
永州市	Yongzhou	350.64	483.29	19.33
怀化市	Huaihua	342.42	451.17	24.50
娄底市	Loudi	546.91	620.72	23.69
湘西州	Xiangxi	146.72	232.20	19.68

21−34 限额以上批发零售、住宿餐饮业法人企业数（2023年）
Number of Corporation Units above Designated Size in Wholesale and Retail Trade, Hotels and Catering Services (2023)

单位：个 (unit)

市 州	Cities and States	合计 Total	批发业 Wholesale Trade	零售业 Retail Trade	住宿业 Hotels	餐饮业 Catering Services
全 省	**Total**	**17401**	**4807**	**8368**	**1599**	**2627**
长沙市	Changsha	3260	1491	972	229	568
株洲市	Zhuzhou	1835	567	697	182	389
湘潭市	Xiangtan	823	186	452	54	131
衡阳市	Hengyang	1481	362	728	171	220
邵阳市	Shaoyang	1660	206	1083	151	220
岳阳市	Yueyang	1719	605	801	124	189
常德市	Changde	1577	302	866	130	279
张家界市	Zhangjiajie	225	21	131	48	25
益阳市	Yiyang	761	181	415	68	97
郴州市	Chenzhou	1268	373	619	141	135
永州市	Yongzhou	938	105	599	87	147
怀化市	Huaihua	885	190	463	100	132
娄底市	Loudi	646	141	381	57	67
湘西州	Xiangxi	323	77	161	57	28

21－35　限额以上批发零售、住宿餐饮业从业人员（2023年）
Number of Person Employed in Enterprises Units above Designated Size in Wholesale and Retail Trade, Hotels and Catering Services (2023)

单位：人　　(person)

市　州	Cities and States	合计 Total	批发业 Wholesale Trade	零售业 Retail Trade	住宿业 Hotels	餐饮业 Catering Services
全　省	**Total**	**616293**	**157126**	**296147**	**65702**	**97318**
长沙市	Changsha	217381	68474	87415	15693	45799
株洲市	Zhuzhou	41319	11770	15818	5603	8128
湘潭市	Xiangtan	49434	5937	36902	2515	4080
衡阳市	Hengyang	37014	7544	18318	5497	5655
邵阳市	Shaoyang	40996	7795	23006	5280	4915
岳阳市	Yueyang	40727	14284	16196	5457	4790
常德市	Changde	44242	7883	25522	3540	7297
张家界市	Zhangjiajie	10429	1213	5225	3208	783
益阳市	Yiyang	19982	4904	10354	2343	2381
郴州市	Chenzhou	33341	11349	12957	5527	3508
永州市	Yongzhou	26177	4512	14399	2768	4498
怀化市	Huaihua	26934	5014	15978	3138	2804
娄底市	Loudi	17050	3164	9745	2136	2005
湘西州	Xiangxi	11267	3283	4312	2997	675

21−36 亿元及以上商品交易市场基本情况(2023年)

Basic Statistics on Commodity Exchange Markets of Turnover above 100 Million Yuan (2023)

市 州	Cities and States	市场数（个）Number of Markets (unit)	摊位总数（个）Number of Stalls (unit)	出租摊位个数（个）Number of Rented Stall (unit)	营业面积（万平方米）Operation Area (10 000 sq.m)	成交额（亿元）Turnover (100 million yuan)
全 省	**Total**	**245**	**212051**	**169073**	**1316.31**	**6065.77**
长沙市	Changsha	37	79247	61017	711.56	4492.07
株洲市	Zhuzhou	38	22579	16769	98.27	234.82
湘潭市	Xiangtan	9	6534	3649	29.64	37.75
衡阳市	Hengyang	29	12631	10658	33.39	227.54
邵阳市	Shaoyang	18	15909	14128	78.29	222.23
岳阳市	Yueyang	22	17763	15939	118.29	89.00
常德市	Changde	25	13694	12494	83.59	306.70
张家界市	Zhangjiajie					
益阳市	Yiyang	5	2231	1532	19.42	46.19
郴州市	Chenzhou	14	7590	7039	29.56	84.12
永州市	Yongzhou	11	7146	6452	16.48	59.84
怀化市	Huaihua	15	10658	4874	52.32	93.29
娄底市	Loudi	11	8222	8035	22.17	124.87
湘西州	Xiangxi	11	7847	6487	23.33	47.34

21—37 进出口商品总值(2023年)

Major Import and Export Commodities in Value (2023)

市 州	Cities and States	进出口总值(万美元) Total Exports and Imports (USD 10 000)	出 口 Exports	进 口 Imports	比上年增减(%) Increase Rate in 2023 Over 2022 (%)
全 省	**Total**	**8800518**	**5721881**	**3078637**	**-16.1**
长沙市	Changsha	4005587	2705279	1300308	−19.4
株洲市	Zhuzhou	277790	198825	78964	−11.9
湘潭市	Xiangtan	523906	344298	179609	−5.8
衡阳市	Hengyang	637683	405011	232672	−11.7
邵阳市	Shaoyang	305389	292144	13244	−20.7
岳阳市	Yueyang	988227	224095	764132	−9.2
常德市	Changde	259825	182250	77575	−31.3
张家界市	Zhangjiajie	21980	18010	3970	−20.4
益阳市	Yiyang	105963	89804	16159	−65.8
郴州市	Chenzhou	632815	392813	240002	−13.0
永州市	Yongzhou	623945	607105	16840	0.8
怀化市	Huaihua	146662	130438	16225	112.7
娄底市	Loudi	249891	111181	138710	−15.8
湘西州	Xiangxi	20853	20628	225	−35.7

21－38 外商投资情况(2023年) Foreign Investment (2023)

市 州	Cities and States	新设企业数（个） Number of Newly Established Enterprises (unit)	实际使用外资（万美元） Actually Used Foreign Capital (USD 10 000)
全 省	**Total**	**469**	**143613**
长沙市	Changsha	206	87667
株洲市	Zhuzhou	21	1627
湘潭市	Xiangtan	21	4972
衡阳市	Hengyang	29	4926
邵阳市	Shaoyang	12	2122
岳阳市	Yueyang	24	8094
常德市	Changde	26	1300
张家界市	Zhangjiajie	9	845
益阳市	Yiyang	9	1676
郴州市	Chenzhou	36	15932
永州市	Yongzhou	31	4063
怀化市	Huaihua	29	7741
娄底市	Loudi	8	2122
湘西州	Xiangxi	8	526

21—39　内联引资情况(2023年)
Inline Capital Investment (2023)

市　州	Cities and States	项目个数（个）Number of Projects (item)	实际到位资金（亿元）Amount of Domestic Capital Actually Used (100 million yuan)
全　省	**Total**	**8198**	**15062.33**
长沙市	Changsha	785	2601.13
株洲市	Zhuzhou	719	1171.19
湘潭市	Xiangtan	471	966.22
衡阳市	Hengyang	813	1139.52
邵阳市	Shaoyang	689	1017.85
岳阳市	Yueyang	584	1568.26
常德市	Changde	720	1352.98
张家界市	Zhangjiajie	119	161.84
益阳市	Yiyang	597	869.92
郴州市	Chenzhou	955	1612.09
永州市	Yongzhou	626	865.32
怀化市	Huaihua	453	712.96
娄底市	Loudi	393	782.70
湘西州	Xiangxi	274	240.38

注：内联引资是指吸收的省外境内资金。
Domestic Investment is refers to the capital absorbed from other provinces in China.

21－40 对外经济合作情况(2023年)
Foreign Economic Cooperation (2023)

市 州	Cities and States	对外承包工程完成营业额（万美元） The Completed Turnover of Foreign Contracted Projects (USD 10 000)	新增中方合同投资额（万美元） The Amount of New Chinese Contract Investment (USD 10 000)	对外实际投资额（万美元） Actual Foreign Investment (USD 10 000)
全 省	**Total**	**234712**	**200535**	**222427**
长沙市	Changsha	37150	73429	112488
株洲市	Zhuzhou		1856	8158
湘潭市	Xiangtan	3033	3088	3506
衡阳市	Hengyang	450	800	1701
邵阳市	Shaoyang		325	2030
岳阳市	Yueyang	45	4518	710
常德市	Changde	99	528	375
张家界市	Zhangjiajie		310	196
益阳市	Yiyang	76	16670	3488
郴州市	Chenzhou	692	1749	14177
永州市	Yongzhou	2103	1698	1644
怀化市	Huaihua	1439	3563	1746
娄底市	Loudi	9432	2348	749
湘西州	Xiangxi			7

注：对外承包工程完成营业额、新增中方合同投资额、对外实际投资额的全省总计中包括省直企业的数据。

The completed turnover of foreign contracted projects, the newly increased contracted investment from the Chinese side and the actual foreign investment of the whole province include the data of the enterprises directly under the province.

21-41 高新技术产业情况(2023年)
Basic Statistics on High-tech Industries (2023)

市 州	Cities and States	企业单位数（个）Number of Enterprises (unit)	高新技术产业增加值增速（%）The Growth Rate of The Added Value of High-Tech Industries (%)	高新技术产业营业收入（亿元）Operating Income of High-tech Industry (100 million yuan)	#出口收入 Exports Revenue	高新技术产业利税总额（亿元）Profits and Tax of High-tech Industries (100 million yuan)	#利润总额 Total of Profit and Tax
全 省	**Total**	**17590**	**8.9**	**36142.57**	**1606.30**	**2900.33**	**1896.71**
长沙市	Changsha	5877	8.3	13409.54	740.91	1126.73	744.46
株洲市	Zhuzhou	1312	6.4	2879.65	135.35	292.65	190.09
湘潭市	Xiangtan	923	11.5	2686.37	65.52	175.73	99.00
衡阳市	Hengyang	1075	5.5	1912.93	126.63	153.88	91.09
邵阳市	Shaoyang	1290	14.0	1912.72	111.61	153.68	111.69
岳阳市	Yueyang	1315	8.6	3544.63	64.33	320.76	173.30
常德市	Changde	1430	4.4	1970.14	72.84	146.85	103.03
张家界市	Zhangjiajie	178	1.0	99.32	2.56	9.09	6.44
益阳市	Yiyang	931	13.6	1820.56	79.22	118.32	92.15
郴州市	Chenzhou	946	15.8	1910.24	90.79	151.68	104.71
永州市	Yongzhou	900	7.1	1120.96	45.51	57.63	45.09
怀化市	Huaihua	604	10.0	868.09	21.59	68.41	49.44
娄底市	Loudi	540	8.3	1824.60	42.09	113.98	81.42
湘西州	Xiangxi	269	-5.0	182.80	7.35	10.94	4.82

21-42 研究与试验发展（R&D）经费内部支出
Intramural Expenditures on R&D

单位：万元 (10 000 yuan)

市　州	Cities and States	2018	2019	2020	2021	2022	2023
全　省	**Total**	**6582729**	**7871638**	**8987001**	**10289088**	**11752512**	**12839424**
长沙市	Changsha	2658638	3161830	3575208	3670930	4444267	4727529
株洲市	Zhuzhou	752326	874440	1015382	1031358	1183513	1154857
湘潭市	Xiangtan	407076	508482	591689	746544	717596	853350
衡阳市	Hengyang	379766	461595	634314	739691	815894	920416
邵阳市	Shaoyang	220420	209546	280303	478984	550356	615230
岳阳市	Yueyang	552028	591797	626289	980603	1057600	1062678
常德市	Changde	362043	491578	564606	565411	691139	802152
张家界	Zhangjiajie	16647	29253	39399	21554	29392	18305
益阳市	Yiyang	280337	336619	349381	368896	382211	530968
郴州市	Chenzhou	278829	275828	304091	599002	681586	740840
永州市	Yongzhou	254264	314019	342774	423637	380504	434929
怀化市	Huaihua	216771	282273	311237	243713	346705	467273
娄底市	Loudi	182556	290049	301489	350545	418409	440928
湘西州	Xiangxi	21028	44331	50837	68220	53342	69969

21-43 规模以上工业企业 R&D 人员情况（2023年）

R&D Personnel in Industrial Enterprises above Designated Size (2023)

市 州	Cities and States	有 R&D 活动的单位数（个）Number of Enterprises Having R&D Activities (unit)	R&D 人员（人）R&D Personnel (person)	#全时人员 Fulltime Personnel	R&D 人员全时当量（人年）Fulltime Equivalent of R&D Personnel (man-year)
全 省	**Total**	**9649**	**283412**	**206063**	**209066**
长沙市	Changsha	1561	82002	62869	62492
株洲市	Zhuzhou	608	29429	23192	22068
湘潭市	Xiangtan	556	19417	14214	15608
衡阳市	Hengyang	653	18725	13651	14300
邵阳市	Shaoyang	1195	22529	15750	14750
岳阳市	Yueyang	1057	22202	14496	15129
常德市	Changde	967	20206	13758	14919
张家界市	Zhangjiajie	45	979	673	792
益阳市	Yiyang	606	13923	9750	10439
郴州市	Chenzhou	753	16718	11850	13431
永州市	Yongzhou	675	13627	9903	8706
怀化市	Huaihua	507	9951	6520	7351
娄底市	Loudi	368	11432	7932	7544
湘西州	Xiangxi	98	2272	1505	1536

21-44 规模以上工业企业按经费来源分 R&D 经费内部支出情况 (2023年)
Intramural R&D Expenditures in Industrial Enterprises above Designated Size by Sources (2023)

单位：万元 (10 000 yuan)

市 州	Cities and States	R&D 经费内部支出 Intramural Expenditure on R&D	政府资金 Government Funds	企业资金 Self-raised Funds by Enterprises	境外资金 Foreign Funds	其 他 Other Funds
全 省	**Total**	**9419834**	**192319**	**9223705**	**1515**	**2295**
长沙市	Changsha	2550847	58838	2489538	1515	955
株洲市	Zhuzhou	935350	71059	864291		
湘潭市	Xiangtan	619210	9761	609450		
衡阳市	Hengyang	638535	2191	636344		
邵阳市	Shaoyang	597979	1825	596006		148
岳阳市	Yueyang	940628	2841	937308		479
常德市	Changde	713247	6445	706402		401
张家界市	Zhangjiajie	11112	200	10912		
益阳市	Yiyang	492778	1348	491327		102
郴州市	Chenzhou	693636	18639	674904		93
永州市	Yongzhou	392735	1173	391562		
怀化市	Huaihua	363776	14143	349590		44
娄底市	Loudi	423988	2967	420946		74
湘西州	Xiangxi	46014	889	45125		

21-45 规模以上工业企业按支出用途分 R&D 经费内部支出情况（2023年）
Intramural R&D Expenditures in Industrial Enterprises above Designated Size by Use (2023)

单位：万元 (10 000 yuan)

市 州	Cities and States	R&D 经费内部支出 Intramural Expenditure on R&D	日常性支出 Daily Expenses	#人员劳务费 Service Fees	资产性支出 Capital Expenditures
全 省	**Total**	**9419834**	**8896719**	**2384655**	**523115**
长沙市	Changsha	2550847	2393288	982427	157559
株洲市	Zhuzhou	935350	829680	355983	105670
湘潭市	Xiangtan	619210	587680	154738	31530
衡阳市	Hengyang	638535	614883	113267	23652
邵阳市	Shaoyang	597979	587724	137953	10255
岳阳市	Yueyang	940628	902798	130403	37830
常德市	Changde	713247	673352	123752	39896
张家界市	Zhangjiajie	11112	10590	2074	522
益阳市	Yiyang	492778	475728	83074	17050
郴州市	Chenzhou	693636	664387	102729	29249
永州市	Yongzhou	392735	381261	64075	11474
怀化市	Huaihua	363776	358078	55655	5698
娄底市	Loudi	423988	377934	70265	46054
湘西州	Xiangxi	46014	39337	8261	6677

21-46 规模以上工业企业科技活动产出情况(2023年)
Basic Statistics on Scientific and Technological Outputs in Industrial Enterprises above Designated Size (2023)

市 州	Cities and States	新产品销售收入(万元) Sales Revenue of New Products (10 000 yuan)	#出口 Exported	专利申请数(件) Patent Applications (item)	有效发明专利数(件) Effective Inventions (item)
全 省	**Total**	**156312569**	**7371846**	**40317**	**60535**
长沙市	Changsha	34832428	4040917	14910	25596
株洲市	Zhuzhou	13395303	583555	5395	13309
湘潭市	Xiangtan	15315983	622551	2213	2936
衡阳市	Hengyang	9652888	428112	2397	1971
邵阳市	Shaoyang	10321222	260799	2006	1920
岳阳市	Yueyang	18648111	187308	3226	3431
常德市	Changde	10570239	291969	2226	3177
张家界市	Zhangjiajie	472661	17156	200	387
益阳市	Yiyang	8329678	338092	2329	2182
郴州市	Chenzhou	10521944	149595	1223	2173
永州市	Yongzhou	9224121	79274	1279	562
怀化市	Huaihua	3072150	49069	911	1161
娄底市	Loudi	11207293	286087	1645	1259
湘西州	Xiangxi	748549	37363	357	471

21−47 大中型工业企业 R&D 人员情况（2023年）

R&D Personnel in Large and Medium-sized Industrial Enterprises (2023)

市 州	Cities and States	有 R&D 活动的单位数（个） Number of Enterprises Having R&D Activities (unit)	R&D 人员（人） R&D Personnel (person)	#全时人员 Fulltime Personnel	R&D 人员全时当量（人年） Fulltime Equivalent of R&D Personnel (man-year)
全 省	**Total**	**1211**	**135971**	**101088**	**102516**
长沙市	Changsha	261	52038	40011	40641
株洲市	Zhuzhou	155	19975	16114	15168
湘潭市	Xiangtan	65	10455	7846	8599
衡阳市	Hengyang	98	7955	5310	6063
邵阳市	Shaoyang	82	5845	4318	3841
岳阳市	Yueyang	133	8249	5619	5715
常德市	Changde	113	6876	4710	5224
张家界市	Zhangjiajie	1	54	43	51
益阳市	Yiyang	67	5326	3684	4074
郴州市	Chenzhou	79	6734	4409	5137
永州市	Yongzhou	80	4050	2881	2361
怀化市	Huaihua	25	2396	1834	1571
娄底市	Loudi	43	5483	3961	3731
湘西州	Xiangxi	9	535	348	340

21-48 大中型工业企业按经费来源分 R&D 经费内部支出情况 (2023年)

Intramural R&D Expenditures in Large and Medium-sized Industrial Enterprises by Sources (2023)

单位：万元 (10 000 yuan)

市 州	Cities and States	R&D 经费内部支出 Intramural Expenditure on R&D	政府资金 Government Funds	企业资金 Self-raised Funds by Enterprises	境外资金 Foreign Funds	其 他 Other Funds
全 省	**Total**	**4761694**	**124335**	**4634840**	**1515**	**1005**
长沙市	Changsha	1852903	46920	1803864	1515	604
株洲市	Zhuzhou	672664	37142	635522		
湘潭市	Xiangtan	356197	8537	347660		
衡阳市	Hengyang	327521	1646	325875		
邵阳市	Shaoyang	135736	740	134996		
岳阳市	Yueyang	354905	650	354255		
常德市	Changde	200196	4087	195708		401
张家界市	Zhangjiajie	87		87		
益阳市	Yiyang	175545	394	175151		
郴州市	Chenzhou	208144	9755	198390		
永州市	Yongzhou	72710	295	72415		
怀化市	Huaihua	85791	11552	74239		
娄底市	Loudi	304678	2487	302191		
湘西州	Xiangxi	14618	131	14487		

21－49 大中型工业企业按支出用途分 R&D 经费内部支出情况（2023年）

Intramural R&D Expenditures in Large and Medium-sized Industrial Enterprises by Use (2023)

单位：万元 (10 000 yuan)

市 州	Cities and States	R&D 经费内部支出 Intramural Expenditure on R&D	日常性支出 Daily Expenditures	#人员劳务费 Service Fees	资产性支出 Capital Expenditures
全 省	**Total**	**4761694**	**4476000**	**1485252**	**285694**
长沙市	Changsha	1852903	1738830	714932	114074
株洲市	Zhuzhou	672664	628738	282708	43926
湘潭市	Xiangtan	356197	334028	102584	22169
衡阳市	Hengyang	327521	315825	64998	11696
邵阳市	Shaoyang	135736	133846	39736	1890
岳阳市	Yueyang	354905	341682	56401	13223
常德市	Changde	200196	183472	58177	16724
张家界市	Zhangjiajie	87	78	26	9
益阳市	Yiyang	175545	165729	40439	9816
郴州市	Chenzhou	208144	202900	41020	5244
永州市	Yongzhou	72710	70912	19063	1798
怀化市	Huaihua	85791	83497	19861	2295
娄底市	Loudi	304678	265211	42942	39467
湘西州	Xiangxi	14618	11254	2368	3364

21-50 大中型工业企业科技活动产出情况(2023年)
Basic Statistics on Scientific and Technological Outputs in Large and Medium-sized Industrial Enterprises (2023)

市 州	Cities and States	新产品销售收入(万元) Sales Revenue of New Products (10 000 yuan)	#出口 Exported	专利申请数(件) Patent Applications (item)	有效发明专利数(件) Effective Inventions (item)
全 省	**Total**	**85624846**	**6278926**	**17073**	**31397**
长沙市	Changsha	27364521	3778230	8005	14151
株洲市	Zhuzhou	9125898	479436	3129	9632
湘潭市	Xiangtan	10781229	598261	1186	1238
衡阳市	Hengyang	5507407	339288	537	630
邵阳市	Shaoyang	2157625	93257	265	653
岳阳市	Yueyang	9636356	15027	946	1292
常德市	Changde	3436545	179207	857	1361
张家界市	Zhangjiajie	21692		5	6
益阳市	Yiyang	2641915	319291	624	799
郴州市	Chenzhou	3912604	102085	400	817
永州市	Yongzhou	1552764	60863	223	132
怀化市	Huaihua	356807	39177	152	192
娄底市	Loudi	8791056	272517	678	436
湘西州	Xiangxi	338429	2288	66	58

21−51 幼儿园与小学基本情况(2023年)
Statistics on Kindergartens and Primary Schools (2023)

市 州	Cities and States	幼儿园数（个）Kindergartens (unit)	在园儿童数（人）Student Enrollment (person)	普通小学学校数（个）Primary Schools (person)	普通小学专任教师数（人）Primary Schools Fulltime Teachers (person)	普通小学招生数（人）Primary Schools New Student Enrollment (person)	普通小学在校学生数（人）Primary Schools Student Enrollment (person)	普通小学毕业生数（人）Primary Schools Graduates (person)
全 省	**Total**	**15327**	**1837042**	**6604**	**310354**	**844762**	**5184911**	**894578**
长沙市	Changsha	2414	373891	861	49154	167144	873111	117071
株洲市	Zhuzhou	1027	108869	368	16264	47839	298686	50484
湘潭市	Xiangtan	665	64805	281	10131	29443	171579	27743
衡阳市	Hengyang	1419	168457	883	32055	75320	507361	96977
邵阳市	Shaoyang	1473	151004	900	32794	78495	519559	100246
岳阳市	Yueyang	1212	141112	531	20360	61780	357588	60479
常德市	Changde	911	112953	350	17654	51225	307910	50475
张家界市	Zhangjiajie	346	40569	94	6777	17278	104224	18170
益阳市	Yiyang	852	90804	394	15654	41877	261214	43979
郴州市	Chenzhou	1093	122069	341	25736	60659	405875	79409
永州市	Yongzhou	1490	147520	460	27198	68256	446591	85193
怀化市	Huaihua	897	132467	234	23162	61498	373717	64953
娄底市	Loudi	836	100811	703	19473	49755	337980	60575
湘西州	Xiangxi	692	81711	204	13942	34193	219516	38824

21−52 普通中学基本情况 (2023年)
Statistics on Regular Secondary Schools (2023)

市 州	Cities and States	学校数（个） Number of Schools (unit)	专任教师数（人） Number of Fulltime Teachers (person)	招生数（人） New Student Enrollment (person)	在校学生数（人） Student Enrollment (person)	毕业生数（人） Graduates (person)
全 省	**Total**	**4140**	**308448**	**1401427**	**4180814**	**1267414**
长沙市	Changsha	404	41743	191197	537528	155064
株洲市	Zhuzhou	219	16745	78474	227235	69926
湘潭市	Xiangtan	147	9241	41510	123857	35008
衡阳市	Hengyang	466	34029	158751	479107	143397
邵阳市	Shaoyang	474	32587	153403	477883	145790
岳阳市	Yueyang	289	21330	93716	278782	84292
常德市	Changde	272	19691	79773	241766	76637
张家界市	Zhangjiajie	107	7217	29062	89027	28266
益阳市	Yiyang	215	15633	67917	199875	60751
郴州市	Chenzhou	321	27003	125591	383455	119570
永州市	Yongzhou	361	28626	130417	397874	124346
怀化市	Huaihua	380	21512	99221	292018	87396
娄底市	Loudi	305	20068	93634	278647	85484
湘西州	Xiangxi	180	13023	58761	173760	51487

21–53 普通高等学校基本情况(2023年)
Statistics on Regular Institutions of Higher Education (2023)

市 州	Cities and States	学校数（个）Number of Schools (unit)	专任教师数（人）Number of Full-time Teachers (person)	普通本专科招生数（人）General College Enrollment (person)	普通本专科在校学生数（人）Number of Undergraduate and Junior College Students (person)	普通本专科毕业生数（人）Number of College Graduates (person)
全 省	**Total**	**123**	**89820**	**571132**	**1778008**	**462819**
长沙市	Changsha	54	42621	251646	795527	210394
株洲市	Zhuzhou	9	5942	42103	127518	34608
湘潭市	Xiangtan	11	8532	55064	182047	43983
衡阳市	Hengyang	10	7575	50302	161864	42057
邵阳市	Shaoyang	4	2468	17481	49160	12648
岳阳市	Yueyang	5	2902	20544	61774	18138
常德市	Changde	6	3948	28155	82131	21071
张家界市	Zhangjiajie	1	1127	10782	28683	6422
益阳市	Yiyang	5	3189	19880	58977	15186
郴州市	Chenzhou	4	1921	14356	40267	10552
永州市	Yongzhou	4	2575	15346	47519	12598
怀化市	Huaihua	4	2339	15135	51087	12247
娄底市	Loudi	4	2733	17258	50004	12644
湘西州	Xiangxi	2	1948	13080	41450	10271

21—54 各级学校(2023年) Number of Schools by Level (2023)

单位：个 (unit)

市 州	Cities and States	普通高等学校 Regular Institutions of Higher Education	中等学校 Secondary Schools	中等职业教育 Vocational Secondary Education	普通中学 Regular Secondary Schools	普通小学 Primary Schools
全 省	**Total**	**123**	**4637**	**497**	**4140**	**6604**
长沙市	Changsha	54	465	61	404	861
株洲市	Zhuzhou	9	241	22	219	368
湘潭市	Xiangtan	11	173	26	147	281
衡阳市	Hengyang	10	523	57	466	883
邵阳市	Shaoyang	4	544	70	474	900
岳阳市	Yueyang	5	321	32	289	531
常德市	Changde	6	314	42	272	350
张家界市	Zhangjiajie	1	117	10	107	94
益阳市	Yiyang	5	239	24	215	394
郴州市	Chenzhou	4	349	28	321	341
永州市	Yongzhou	4	400	39	361	460
怀化市	Huaihua	4	416	36	380	234
娄底市	Loudi	4	328	23	305	703
湘西州	Xiangxi	2	207	27	180	204

21−55 各级学校教职工(2023年)
Number of School Staff and Workers by Level (2023)

单位：人 (person)

市州	Cities and States	普通高等学校 Regular Institutions of Higher Education	中等学校 Secondary Schools	中等职业教育 Vocational Secondary Education	普通中学 Regular Secondary Schools	普通小学 Primary Schools
全省	**Total**	**120418**	**437851**	**46354**	**391497**	**266440**
长沙市	Changsha	59450	59654	7083	52571	44299
株洲市	Zhuzhou	7416	23276	2195	21081	13932
湘潭市	Xiangtan	11307	12883	1820	11063	9464
衡阳市	Hengyang	9675	47312	4878	42434	29737
邵阳市	Shaoyang	3186	45520	4928	40592	28609
岳阳市	Yueyang	3920	29819	3187	26632	17394
常德市	Changde	5172	29951	3701	26250	13722
张家界市	Zhangjiajie	1310	10095	816	9279	5537
益阳市	Yiyang	4018	21832	2552	19280	14032
郴州市	Chenzhou	2662	37756	3209	34547	20979
永州市	Yongzhou	3159	40209	5101	35108	25033
怀化市	Huaihua	3000	32664	3111	29553	17589
娄底市	Loudi	3604	28686	2260	26426	14809
湘西州	Xiangxi	2539	18194	1513	16681	11304

21−56 各级学校专任教师(2023年)
Number of Full-time Teachers by Level (2023)

单位：人 (person)

市 州	Cities and States	普通高等学校 Regular Institutions of Higher Education	中等学校 Secondary Schools	中等职业教育 Vocational Secondary Education	普通中学 Regular Secondary Schools	普通小学 Primary Schools
全 省	**Total**	**89820**	**348876**	**40428**	**308448**	**310354**
长沙市	Changsha	42621	47818	6075	41743	49154
株洲市	Zhuzhou	5942	18650	1905	16745	16264
湘潭市	Xiangtan	8532	10747	1506	9241	10131
衡阳市	Hengyang	7575	37995	3966	34029	32055
邵阳市	Shaoyang	2468	36598	4011	32587	32794
岳阳市	Yueyang	2902	24154	2824	21330	20360
常德市	Changde	3948	22746	3055	19691	17654
张家界市	Zhangjiajie	1127	7999	782	7217	6777
益阳市	Yiyang	3189	17901	2268	15633	15654
郴州市	Chenzhou	1921	30077	3074	27003	25736
永州市	Yongzhou	2575	33291	4665	28626	27198
怀化市	Huaihua	2339	24270	2758	21512	23162
娄底市	Loudi	2733	22183	2115	20068	19473
湘西州	Xiangxi	1948	14447	1424	13023	13942

21−57 各级学校在校学生(2023年)
Number of Students Enrollment by Level (2023)

单位：人 (person)

市 州	Cities and States	普通高等学校 Regular Institutions of Higher Education	中等学校 Secondary Schools	中等职业教育 Vocational Secondary Education	普通中学 Regular Secondary Schools	普通小学 Primary Schools
全 省	**Total**	**1778008**	**4884489**	**703675**	**4180814**	**5184911**
长沙市	Changsha	795527	645606	108078	537528	873111
株洲市	Zhuzhou	127518	257519	30284	227235	298686
湘潭市	Xiangtan	182047	144759	20902	123857	171579
衡阳市	Hengyang	161864	543455	64348	479107	507361
邵阳市	Shaoyang	49160	557146	79263	477883	519559
岳阳市	Yueyang	61774	328419	49637	278782	357588
常德市	Changde	82131	290934	49168	241766	307910
张家界市	Zhangjiajie	28683	102964	13937	89027	104224
益阳市	Yiyang	58977	239834	39959	199875	261214
郴州市	Chenzhou	40267	434176	50721	383455	405875
永州市	Yongzhou	47519	480340	82466	397874	446591
怀化市	Huaihua	51087	344535	52517	292018	373717
娄底市	Loudi	50004	316717	38070	278647	337980
湘西州	Xiangxi	41450	198085	24325	173760	219516

注：普通高等学校在校学生为普通本专科在校学生。
The students in ordinary institutions of higher learning are ordinary undergraduates and junior college students.

21-58 公共图书馆、广播和电视综合人口覆盖情况(2023年)
Statistics on Public Libraries、Coverage of Radio and TV Program Broadcasting (2023)

市 州	Cities and States	公共图书馆 (个) Public Libraries (unit)	公共图书馆藏书量 (万册) The Quantity of Books in Public Libraries (10 000 copies)	艺术馆、文化馆个数 (个) Art Galleries, Cultural Centers Number of Projects(Unit)	广播综合人口覆盖率 (%) Listener Rating (%)	电视综合人口覆盖率 (%) Viewer Rating (%)
全 省	**Total**	**150**	**5769.06**	**150**	**99.43**	**99.77**
长沙市	Changsha	12	1281.60	11	100.00	100.00
株洲市	Zhuzhou	10	708.06	10	100.00	100.00
湘潭市	Xiangtan	7	226.44	8	100.00	100.00
衡阳市	Hengyang	15	458.43	14	99.93	99.91
邵阳市	Shaoyang	14	332.81	13	97.49	99.24
岳阳市	Yueyang	12	544.92	12	100.00	100.00
常德市	Changde	9	252.33	10	100.00	99.98
张家界市	Zhangjiajie	5	167.62	5	94.26	99.41
益阳市	Yiyang	8	212.57	10	99.56	99.94
郴州市	Chenzhou	12	268.53	14	99.93	99.93
永州市	Yongzhou	12	663.15	12	99.03	99.18
怀化市	Huaihua	16	271.33	15	99.55	99.76
娄底市	Loudi	7	198.63	6	99.97	99.97
湘西州	Xiangxi	11	182.64	10	98.71	98.85

注：长沙市公共图书馆个数及藏书量，艺术馆、文化馆个数包含省本级数据。

The number of public libraries and collections, as well as the number of art galleries and cultural centers in Changsha include the provincial-level data.

21－59 卫生机构基本情况(2023年)
Basic Statistics on Health Institutions (2023)

市 州	Cities and States	卫生机构数（个）		卫生机构床位数（张）		卫生机构人员数（人）			
		Number of Health Institutions (unit)	医院、卫生院 Hospitals、Health Centers	Number of Reality Beds (unit)	医院卫生院数 Hospitals、Health Centers	Number of Employed Person in Health Institutions (person)	卫生技术人员 Medical &Technical Personnel	执业（助理）医师 Certified (Assistant) Doctors	注册护士 Registered Nurses
全 省	**Total**	**57510**	**3856**	**533935**	**495909**	**683165**	**569660**	**219645**	**270467**
长沙市	Changsha	6379	340	90603	83502	133166	112688	43249	53978
株洲市	Zhuzhou	3037	215	29517	27647	38096	32120	12353	14964
湘潭市	Xiangtan	2422	132	21343	20226	27450	23662	8968	11354
衡阳市	Hengyang	4332	364	52107	48230	61688	50554	18667	24911
邵阳市	Shaoyang	5662	335	47666	45401	62056	50922	19299	24770
岳阳市	Yueyang	4254	275	37254	33414	48066	40586	16230	19138
常德市	Changde	5122	292	40532	36498	54147	45072	18156	21460
张家界市	Zhangjiajie	1332	120	11145	9819	14135	11903	4564	5157
益阳市	Yiyang	3665	211	32355	28735	36016	29670	11688	13735
郴州市	Chenzhou	4208	335	37336	35497	46131	38481	14641	18583
永州市	Yongzhou	5286	315	41798	39046	51194	42772	16603	20409
怀化市	Huaihua	4731	443	37859	36534	49619	41099	15432	19398
娄底市	Loudi	4336	213	31360	29214	34235	27852	11630	12239
湘西州	Xiangxi	2744	266	23060	22146	27166	22279	8165	10371

21-60 居民消费价格分类指数(2023年)
Consumer Price Indices by Category (2023)

以上年为 100 (preceding year=100)

市 州	Cities and States	居民消费价格指数 Consumer Price Index	食品烟酒 Food Tobacoo and Liquor	衣着 Clothing	居住 Residence	生活用品及服务 Articles for Daily Use and Services	交通和通信 Transport and Commun-ications	教育文化和娱乐 Education, Culture and Recreation	医疗保健 Health Care	其他用品和服务 Other Articles and Services
全 省	**Total**	**100.2**	**99.4**	**101.0**	**100.4**	**100.1**	**98.0**	**101.6**	**102.0**	**103.0**
长沙市	Changsha	100.4	99.8	101.1	101.1	100.2	98.3	102.3	100.3	103.0
株洲市	Zhuzhou	100.3	98.9	101.2	100.0	100.4	98.3	102.4	104.3	102.3
湘潭市	Xiangtan	100.5	100.0	101.2	100.0	100.0	97.4	102.9	103.2	101.8
衡阳市	Hengyang	99.9	99.3	100.8	100.4	99.5	96.9	101.7	100.9	103.0
邵阳市	Shaoyang	100.1	99.1	101.8	100.5	100.6	97.2	102.0	101.0	103.0
岳阳市	Yueyang	100.4	100.1	101.6	100.1	99.8	98.7	101.0	102.8	103.5
常德市	Changde	100.1	99.2	101.0	100.4	100.2	97.7	101.3	102.2	102.7
张家界市	Zhangjiajie	100.3	100.1	102.2	101.5	99.9	97.4	100.8	100.5	102.2
益阳市	Yiyang	100.5	100.2	100.0	100.1	99.8	98.6	100.5	106.5	103.2
郴州市	Chenzhou	100.2	99.6	99.9	99.3	99.9	95.5	101.4	108.6	103.4
永州市	Yongzhou	100.2	99.9	101.1	100.2	99.9	98.6	100.6	102.2	102.6
怀化市	Huaihua	99.6	98.4	100.7	99.9	99.5	97.4	101.6	100.9	103.3
娄底市	Loudi	99.9	100.1	100.6	99.4	99.7	98.0	101.4	100.2	102.1
吉首市	Jishou	99.7	100.2	99.6	98.8	100.1	98.6	100.6	99.3	103.0

21-61 住户调查主要指标(2023年)
Major Households Survey Indicators (2023)

市 州	Cities and States	全体居民人均可支配收入(元) Per Capita Disposable Income Provincewide (yuan)	城镇居民人均可支配收入 Per Capita Disposable Income of Urban Households		农村居民人均可支配收入 Per Capita Disposable Income of Rural Households	
			绝对值(元) Value (yuan)	增速(%) Growth Rate (%)	绝对值(元) Value (yuan)	增速(%) Growth Rate (%)
全 省	**Total**	**35895**	**49243**	**4.1**	**20921**	**7.0**
长沙市	Changsha	61240	67276	3.2	43200	6.2
株洲市	Zhuzhou	47123	57056	4.0	29073	6.6
湘潭市	Xiangtan	41269	48705	3.8	28556	6.4
衡阳市	Hengyang	36685	45864	4.5	26903	6.7
邵阳市	Shaoyang	26265	36877	4.8	18128	7.8
岳阳市	Yueyang	35202	44045	4.7	23178	7.0
常德市	Changde	32320	42155	4.1	22754	6.6
张家界市	Zhangjiajie	23276	32863	5.5	14463	7.7
益阳市	Yiyang	31048	39446	3.6	23445	6.1
郴州市	Chenzhou	33323	44039	3.9	22224	7.1
永州市	Yongzhou	28781	38801	4.3	20428	6.0
怀化市	Huaihua	24555	35945	5.2	15352	7.6
娄底市	Loudi	27047	38257	4.2	17926	7.2
湘西州	Xiangxi	22105	32953	4.9	14052	7.3

21-62 能源消耗指标(2023年)
Index of Energy Consumption (2023)

市 州	Cities and States	万元地区生产总值能耗上升或下降(±%) Energy Consumption Per 10 000 yuan GDP Increase/Decrease (±%)	能源消费总量增速(%) Total Energy Consumption Growth (%)	万元地区生产总值电耗上升或下降(±%) Electric Power Consumption per 10 000 yuan GDP Increase/Decrease (±%)
全 省	**Total**	**-4.5**	**-0.1**	**-2.7**
长沙市	Changsha	-4.0	0.6	-1.6
株洲市	Zhuzhou	-4.7	0.3	-1.0
湘潭市	Xiangtan	-4.3	0.6	-3.0
衡阳市	Hengyang	-4.9	0.1	-5.0
邵阳市	Shaoyang	-5.5	-1.0	-1.6
岳阳市	Yueyang	-5.0	-0.6	-0.8
常德市	Changde	-4.6	-1.2	-4.3
张家界市	Zhangjiajie	0.5	5.1	0.9
益阳市	Yiyang	-5.8	-2.6	-1.6
郴州市	Chenzhou	-4.8	0.0	-1.4
永州市	Yongzhou	-5.4	-1.4	-8.8
怀化市	Huaihua	-6.3	-1.0	-8.3
娄底市	Loudi	-4.1	0.7	-1.9
湘西州	Xiangxi	-6.2	-3.8	-3.7

21－63　规模以上工业企业综合能源消费量
Total Energy Consumption of Scale Industry

单位：万吨标准煤　　(10 000 tce)

市　州	Cities and States	2019	2020	2021	2022	2023
长沙市	Changsha	405.19	449.96	461.59	437.47	447.34
株洲市	Zhuzhou	388.22	383.87	386.62	376.01	372.78
湘潭市	Xiangtan	725.57	746.51	798.80	911.58	939.83
衡阳市	Hengyang	428.98	431.25	424.14	416.14	416.41
邵阳市	Shaoyang	283.16	242.61	258.28	223.62	221.93
岳阳市	Yueyang	1014.57	1004.03	1066.42	1022.06	1059.41
常德市	Changde	476.52	463.63	514.93	520.31	491.89
张家界市	Zhangjiajie	23.25	21.83	21.08	18.18	28.47
益阳市	Yiyang	341.79	339.21	362.83	342.25	311.62
郴州市	Chenzhou	482.04	462.94	490.29	506.98	520.20
永州市	Yongzhou	180.86	188.23	217.28	316.53	304.91
怀化市	Huaihua	151.94	154.15	155.62	137.68	134.15
娄底市	Loudi	1089.32	1049.12	1087.33	1018.30	1070.01
湘西州	Xiangxi	53.16	54.55	58.16	47.89	43.40

注：综合能源消费量按当量值计算。
Comprehensive energy consumption is calculated by the corresponding amount.

21−64 规模以上工业企业主要能源品种工业生产消费量(2023年)

市 州	Cities and States	能源合计（吨标准煤）Total Energy (tce)	原 煤（吨）Raw Coal (ton)	洗精煤（用于炼焦）（吨）(Used in the Coking) (ton)	焦 炭（吨）Coke (ton)	天然气（万立方米）Natural Gas (10 000 cu.m)
全 省	**Total**	**112267468**	**61003271**	**9555262**	**9976874**	**240189**
长沙市	Changsha	5627307	2792104			43588
株洲市	Zhuzhou	4708945	4218631		4723	51638
湘潭市	Xiangtan	17327644	6024710	3770944	4339878	8342
衡阳市	Hengyang	5774375	3631011		652050	24227
邵阳市	Shaoyang	3000856	2729598		19	5095
岳阳市	Yueyang	29072769	11720447		24	31571
常德市	Changde	6563710	5894061		24672	13052
张家界市	Zhangjiajie	319050	208278			41
益阳市	Yiyang	4325489	4123015		22958	7266
郴州市	Chenzhou	7272492	6705484	148609	160219	35708
永州市	Yongzhou	4292533	4591146		138258	734
怀化市	Huaihua	1948052	458337		190198	2481
娄底市	Loudi	20102962	7789336	5621805	4437605	13517
湘西州	Xiangxi	455980	117115	13903	6270	1146

Main Energy Consumption of Industrial Enterprises above Designated Size (2023)

原　油 （吨） Crude Oil (ton)	汽　油 （吨） Gasoline (ton)	煤　油 （吨） Kerosene (ton)	柴　油 （吨） Diesel Oil (ton)	燃料油 （吨） Fuel Oil (ton)	液化石油气 （吨） LPG (ton)	电　力 （万千瓦时） Electric Power (10 000 kwh)
9050510	**79181**	**4038**	**227180**	**92460**	**69820**	**10161987**
	9842	5	27741	6707	247	1455037
	3409	22	16906	5745	32353	563493
	773	20	8000	659	10	980403
2983	6585		26863	1379	15	891989
91	2866	442	12585	857	9411	399811
9047436	42028	3186	36504	22004	26048	893788
	1192	125	10964	2283	181	652693
	525		5895	633	16	36900
	7963		18183	15	653	357030
	2587	236	20152	776	18	728306
	363		9746	62	80	384813
	167	1	5161	47495	341	389256
	627		21350	583	416	1070674
	254		5245	3261	31	176360

21-65 规模以上工业企业取水总量
Water Intake Amount of Scale Industry

单位：万立方米 (10 000 cu.m)

市　州	Cities and States	2019	2020	2021	2022	2023
全　省	**Total**	**396468.75**	**420190.27**	**439760.69**	**455944.10**	**486260.20**
长沙市	Changsha	108045.11	126151.46	138391.56	143421.65	164191.41
株洲市	Zhuzhou	30641.74	30691.65	31950.94	31860.61	31531.68
湘潭市	Xiangtan	21009.45	25337.59	22702.10	25365.70	23824.62
衡阳市	Hengyang	30423.21	29002.79	28145.63	26306.61	27386.00
邵阳市	Shaoyang	26994.75	25468.95	26683.52	26076.28	28414.12
岳阳市	Yueyang	34919.53	36398.52	35735.58	36532.39	37496.74
常德市	Changde	31608.13	30442.79	32124.98	34503.08	35820.56
张家界市	Zhangjiajie	6625.29	7702.07	6268.26	7014.56	8063.40
益阳市	Yiyang	12333.00	13227.00	16197.96	16002.77	14835.16
郴州市	Chenzhou	20909.89	19814.98	21540.98	24071.00	30262.65
永州市	Yongzhou	23562.85	24190.80	26569.32	29016.25	27669.71
怀化市	Huaihua	20870.38	22658.22	22081.77	22312.49	21186.79
娄底市	Loudi	19240.79	20047.19	21118.14	21388.43	22409.15
湘西州	Xiangxi	8363.73	8215.71	9462.63	11274.72	12392.69

注：根据国家新修订的报表制度，水、火电企业用于冷却机组的河湖海冷却用水（包括循环冷却用水和直抽直排冷却用水）不计入取水量。

According to the new revision of the reporting system,thermal power enterprises for the rivers and lakes water cooling water cooling unit (including circulating cooling water and cooling water straight pulling straight row) are not included in the water.

21－66　分产业法人单位数（2023年）
Corporate Units by Industry (2023)

单位：个 (unit)

市　州	Cities and States	合计 Total	第一产业 Primary Industry	第二产业 Secondary Industry	第三产业 Tertiary Industry
全　省	**Total**	**1099853**	**76461**	**169269**	**854123**
长沙市	Changsha	328887	12372	37367	279148
株洲市	Zhuzhou	68343	4990	15857	47496
湘潭市	Xiangtan	42444	875	8967	32602
衡阳市	Hengyang	85324	6047	13587	65690
邵阳市	Shaoyang	78217	9098	13190	55929
岳阳市	Yueyang	78073	4854	12360	60859
常德市	Changde	90154	7377	14360	68417
张家界市	Zhangjiajie	20502	823	3131	16548
益阳市	Yiyang	51895	8429	9285	34181
郴州市	Chenzhou	65086	7064	10852	47170
永州市	Yongzhou	64933	2935	10322	51676
怀化市	Huaihua	45708	5364	6944	33400
娄底市	Loudi	46139	5220	7323	33596
湘西州	Xiangxi	34148	1013	5724	27411

21-67 分机构类型法人单位数(2023年)
Corporate Units by Organization Type (2023)

单位：个 (unit)

市州	Cities and States	合计 Total	企业 Enterprises	事业单位 Public Institution	机关 Government Department	社会团体 Social Organization	民办非企业单位 Private Non-enterprise Units	基金会 Foundation	居委会 Neighborhood Committee	村委会 Village Committee	农民专业合作社 Farmer Specialized Cooperative	其他组织机构 Other Organization
全省	**Total**	**1099853**	**901333**	**36840**	**10420**	**12997**	**16695**	**339**	**5727**	**23530**	**84848**	**7124**
长沙市	Changsha	328887	307649	3706	846	1762	3367	111	767	870	8663	1146
株洲市	Zhuzhou	68343	56913	1532	606	762	990	15	377	1009	5572	567
湘潭市	Xiangtan	42444	35081	977	426	777	855	18	196	752	3149	213
衡阳市	Hengyang	85324	68177	3343	911	816	1591	22	510	2261	7026	667
邵阳市	Shaoyang	78217	57660	3981	898	1046	1336	8	483	3147	8792	866
岳阳市	Yueyang	78073	63373	2971	902	1085	1231	56	470	1362	5976	647
常德市	Changde	90154	71279	3452	957	1221	1323	27	760	1499	9111	525
张家界市	Zhangjiajie	20502	15385	893	379	372	332	5	156	859	2037	84
益阳市	Yiyang	51895	38356	2764	597	821	959	20	315	1121	6506	436
郴州市	Chenzhou	65086	51242	1826	759	957	908	12	370	2036	6543	433
永州市	Yongzhou	64933	47721	4357	1017	1043	1370	13	386	2914	5916	196
怀化市	Huaihua	45708	30254	3682	1034	1165	949	8	315	2450	5085	766
娄底市	Loudi	46139	35498	1154	441	606	932	10	370	1707	5127	294
湘西州	Xiangxi	34148	22745	2202	647	564	552	14	252	1543	5345	284

21-68 分行业法人单位数(2023年)

Corporate Units by Sector (2023)

单位：个 (unit)

市 州	Cities and States	合计 Total	农、林、牧、渔业 Agriculture, Forestry, Animal Husbandry and Fishing	采矿业 Mining	制造业 Manufac-turing	电力、燃气及水的生产和供应业 Production and Supply of Electricity, Gas and Water	建筑业 Construc-tion	批发和零售业 Whole-sale and Retail Trade	交通运输、仓储和邮政业 Transport, Storage and Post	住宿和餐饮业 Lodging and Catering Services	信息传输、计算机服务和软件业 Information Transmis-sion, Computer Services and Software
全 省	**Total**	**1099853**	**98006**	**2188**	**93356**	**8956**	**66107**	**264380**	**24897**	**24816**	**48824**
长沙市	Changsha	328887	14332	95	17945	585	19331	84146	7304	8638	27863
株洲市	Zhuzhou	68343	6225	187	10500	619	4679	18873	1527	1506	1838
湘潭市	Xiangtan	42444	1424	62	6077	166	2731	10033	1113	819	1498
衡阳市	Hengyang	85324	8089	247	7846	476	5108	21188	2113	1970	2985
邵阳市	Shaoyang	78217	11411	117	8053	952	4114	16511	1407	1427	1662
岳阳市	Yueyang	78073	6001	122	6655	657	5017	19332	2244	1809	2394
常德市	Changde	90154	11968	183	8494	617	5160	22570	1934	2336	1982
张家界市	Zhangjiajie	20502	983	77	1276	188	1604	4670	400	742	464
益阳市	Yiyang	51895	10241	67	5881	413	2972	10797	1174	952	962
郴州市	Chenzhou	65086	8115	387	5104	1377	4039	15753	1581	1047	2302
永州市	Yongzhou	64933	5715	190	5282	1326	3551	14349	1514	1180	1847
怀化市	Huaihua	45708	6097	155	3893	685	2249	9005	817	967	802
娄底市	Loudi	46139	5968	164	3923	629	2647	11073	1162	880	1545
湘西州	Xiangxi	34148	1437	135	2427	266	2905	6080	607	543	680

21-68 续表 Continued

单位：个 (unit)

市 州	Cities and States	金融业 Banking	房地产业 Real Estate	租赁和商务服务业 Leasing and Business Services	科学研究、技术服务和地质勘查业 Scientific Research, Technical Service and Geologic Perambulation	水利、环境和公共设施管理业 Water Conservancy, Environment and Public Facilities Management	居民服务和其他服务业 Services to Households and Other Services	教育 Education	卫生、社会保障和社会福利业 Sanitation, Social Security and Social Welfare	文化、体育和娱乐业 Culture, Sports and Entertainment	公共管理和社会组织 Public Management and Social Organization	国际组织 International Organization
全 省	**Total**	**2114**	**29369**	**163110**	**76916**	**9586**	**29067**	**37496**	**13313**	**35741**	**71611**	
长沙市	Changsha	959	9584	61540	33014	2808	9199	7245	2833	15565	5901	
株洲市	Zhuzhou	108	1921	7543	2695	515	1644	2176	641	1516	3630	
湘潭市	Xiangtan	88	1023	6578	3326	403	961	1579	776	1224	2563	
衡阳市	Hengyang	98	2659	12243	4232	678	2226	3279	1294	2430	6163	
邵阳市	Shaoyang	77	1633	11707	3208	521	1637	3676	911	1621	7572	
岳阳市	Yueyang	113	2068	11456	5526	808	2355	2618	906	2331	5661	
常德市	Changde	176	1673	9526	7977	773	2588	2538	1369	1961	6329	
张家界市	Zhangjiajie	47	528	4046	676	203	687	951	356	549	2055	
益阳市	Yiyang	70	1076	5361	1871	474	1055	2080	765	1228	4456	
郴州市	Chenzhou	104	2155	7954	3676	567	1399	2327	698	1615	4886	
永州市	Yongzhou	82	1587	8529	3591	630	2286	3223	738	1809	7504	
怀化市	Huaihua	83	1393	4970	1395	388	1028	2450	932	1218	7181	
娄底市	Loudi	65	1196	5638	1904	373	1367	1808	516	1648	3633	
湘西州	Xiangxi	44	873	6019	3825	445	635	1546	578	1026	4077	

21-69 “一套表”联网直报调查单位数(2023年)
"A Set of Table" Networking Straight Survey Respondent Numbers (2023)

单位：个 (unit)

市 州	Cities and States	合计 Total	工业 Industry	建筑业 Construction	批发零售业 Wholesale and Retail Trade	住宿餐饮业 Lodging and Catering Services	房地产业 Real Estate	服务业 Service	投资 Investment
全 省	**Total**	**66805**	**21463**	**4419**	**13175**	**4226**	**4383**	**10258**	**8881**
长沙市	Changsha	11563	3225	1077	2461	797	741	2090	1172
株洲市	Zhuzhou	6278	2138	506	1265	571	406	714	678
湘潭市	Xiangtan	3479	1484	233	638	185	140	427	372
衡阳市	Hengyang	5855	1545	361	1090	391	520	1119	829
邵阳市	Shaoyang	5722	1998	322	1289	371	301	757	684
岳阳市	Yueyang	7426	2206	389	1406	313	423	1937	752
常德市	Changde	5975	1917	292	1169	409	289	1086	813
张家界市	Zhangjiajie	855	246	83	152	73	71	100	130
益阳市	Yiyang	3349	1563	161	596	165	178	235	451
郴州市	Chenzhou	4850	1399	265	992	276	362	498	1058
永州市	Yongzhou	3896	1356	215	704	234	232	353	802
怀化市	Huaihua	3205	982	214	653	232	327	339	458
娄底市	Loudi	2935	1034	198	522	124	200	434	423
湘西州	Xiangxi	1417	370	103	238	85	193	169	259

注：“一套表”联网直报单位是指规模以上工业企业、限额以上批发零售住宿餐饮企业、资质以内的建筑业企业和房地产开发企业、规模以上服务业企业、其他有5000万元以上在建项目的法人单位。

“A set of table” Networking straight survey respondent refers to within the industrial enterprises above Designated Size, enterprises above Designated Size of whole sale and retail trade and hotels and catering services, Other legal entities with projects under construction of more than 50 million yuan。

21−70 新增“一套表”联网直报调查单位数(2023年) Newly Increased "A Set of Table" Networking Straight Survey Respondent Numbers (2023)

单位：个 (unit)

市 州	Cities and States	合计 Total	工业 Industry	建筑业 Construction	批发零售业 Wholesale and Retail Trade	住宿餐饮业 Lodging and Catering Services	房地产业 Real Estate	服务业 Service	投资 Investment
全 省	**Total**	**10165**	**2066**	**411**	**2469**	**1097**	**238**	**2116**	**1768**
长沙市	Changsha	1627	252	67	506	156	53	364	229
株洲市	Zhuzhou	809	170	41	167	140	14	111	166
湘潭市	Xiangtan	477	145	18	97	54	6	82	75
衡阳市	Hengyang	1012	161	42	238	114	27	271	159
邵阳市	Shaoyang	583	132	14	140	81	17	90	109
岳阳市	Yueyang	1551	290	30	366	119	20	574	152
常德市	Changde	1249	229	94	367	166	19	248	126
张家界市	Zhangjiajie	103	14	3	29	10	2	17	28
益阳市	Yiyang	490	152	10	69	60	10	80	109
郴州市	Chenzhou	661	104	28	130	41	18	79	261
永州市	Yongzhou	543	156	20	90	47	16	43	171
怀化市	Huaihua	549	143	16	156	80	11	69	74
娄底市	Loudi	349	77	22	68	15	15	71	81
湘西州	Xiangxi	162	41	6	46	14	10	17	28

21−71 退出“一套表”联网直报调查单位数(2023年)
Exited "A Set of Table" Networking Straight Survey Respondent Numbers (2023)

单位：个 (unit)

市 州	Cities and States	合计 Total	工业 Industry	建筑业 Construction	批发零售业 Wholesale and Retail Trade	住宿餐饮业 Lodging and Catering Services	房地产业 Real Estate	服务业 Service	投资 Investment
全 省	**Total**	**5741**	**1772**	**113**	**1070**	**284**	**576**	**775**	**1151**
长沙市	Changsha	1365	283	36	314	71	142	238	281
株洲市	Zhuzhou	430	128	21	89	36	65	45	46
湘潭市	Xiangtan	294	117	5	61	8	43	33	27
衡阳市	Hengyang	336	104	4	90	28	13	89	8
邵阳市	Shaoyang	627	297	4	95	25	50	61	95
岳阳市	Yueyang	368	120	8	71	27	10	94	38
常德市	Changde	400	110	6	44	12	15	52	161
张家界市	Zhangjiajie	76	18	1	16	5	24	4	8
益阳市	Yiyang	405	173	6	60	16	39	17	94
郴州市	Chenzhou	656	121	4	107	25	48	90	261
永州市	Yongzhou	450	212	7	73	18	71	26	43
怀化市	Huaihua	73	21	4	13	8	1	1	25
娄底市	Loudi	154	41	1	15	5	24	19	49
湘西州	Xiangxi	107	27	6	22		31	6	15

22

各县（市、区）主要经济和社会统计指标

Main Economic and Social Statistics Indicators of Counties and Cities (Districts)

资料整理人员：郑一璞　杨　耒　赵　宏　甘杨辉
余奕佳　田杰平　谢　凡　段嘉欣
廖闻菲　陈晗文　朱　鹏　刘　浪
文益龙　陈　婷　李艺斌　罗金城
粟子林

22-1 年末常住人口(2023年)
Population at the Year-end (2023)

市县名称	Cities and Counties	总户数（万户） Households (10 000 households)	年末常住人口（万人） Population at the Year-end (10 000 persons)	按城乡分 By Residence 城镇 Urban	乡村 Rural	城镇化率(%) Urbanization Rate (%)
芙蓉区	Furong District	24.45	64.42	64.42		100.00
天心区	Tianxin District	32.33	89.40	88.59	0.81	99.09
岳麓区	Yuelu District	61.55	166.51	157.50	9.01	94.59
开福区	Kaifu District	33.00	88.21	85.23	2.98	96.62
雨花区	Yuhua District	47.21	128.90	125.68	3.22	97.50
望城区	Wangcheng District	30.71	98.43	78.56	19.87	79.81
长沙县	Changsha County	49.05	143.47	107.80	35.67	75.14
浏阳市	Liuyang City	43.01	143.73	91.64	52.09	63.76
宁乡市	Ningxiang City	49.95	128.24	79.42	48.82	61.93
荷塘区	Hetang District	12.57	34.33	33.71	0.62	98.19
芦淞区	Lusong District	10.94	30.25	27.99	2.26	92.53
石峰区	Shifeng District	10.58	33.97	32.72	1.25	96.32
天元区	Tianyuan District	17.47	48.47	44.18	4.29	91.15
渌口区	Lukou District	9.73	25.56	14.06	11.50	55.01
攸　县	You County	22.28	61.77	36.11	25.66	58.46
茶陵县	Chaling County	16.44	48.02	25.84	22.18	53.81
炎陵县	Yanling County	5.70	15.77	9.05	6.72	57.39
醴陵市	Liling City	26.95	87.06	56.90	30.16	65.36
雨湖区	Yuhu District	21.50	62.33	52.28	10.05	83.88
岳塘区	Yuetang District	18.05	48.60	46.44	2.16	95.56
湘潭县	Xiangtan County	28.90	77.80	36.75	41.05	47.24
湘乡市	Xiangxiang City	26.81	71.33	37.20	34.13	52.15
韶山市	Shaoshan City	3.73	10.06	6.05	4.01	60.14
珠晖区	Zhuhui District	12.59	33.59	30.89	2.70	91.96
雁峰区	Yanfeng District	9.17	25.00	24.79	0.21	99.16
石鼓区	Shigu District	8.64	22.68	20.71	1.97	91.31
蒸湘区	Zhengxiang District	16.82	47.86	43.89	3.97	91.70
南岳区	Nanyue District	2.16	6.95	5.19	1.76	74.68
衡阳县	Hengyang County	32.12	86.25	40.30	45.95	46.72
衡南县	Hengnan County	28.21	77.64	38.05	39.59	49.01
衡山县	Hengshan County	11.61	32.50	16.19	16.31	49.82
衡东县	Hengdong County	19.53	54.73	21.89	32.84	40.00
祁东县	Qidong County	28.54	74.78	33.32	41.46	44.56
耒阳市	Leiyang City	37.23	110.58	54.28	56.30	49.09
常宁市	Changning City	26.61	77.14	40.86	36.28	52.97
双清区	Shuangqing District	11.55	32.01	28.83	3.18	90.07
大祥区	Daxiang District	14.14	36.32	32.02	4.30	88.16
北塔区	Beita District	4.86	12.37	9.94	2.43	80.36

22-1 续表 1 Continued

市县名称	Cities and Counties	总户数（万户）Households (10 000 households)	年末常住人口（万人）Population at the Year-end (10 000 persons)	按城乡分 By Residence 城镇 Urban	乡村 Rural	城镇化率(%) Urbanization Rate (%)
新邵县	Xinshao County	19.94	58.59	27.36	31.23	46.70
邵阳县	Shaoyang County	24.01	71.45	34.03	37.42	47.63
隆回县	Longhui County	35.18	98.02	44.04	53.98	44.93
洞口县	Dongkou County	22.60	65.71	33.01	32.70	50.24
绥宁县	Suining County	10.83	28.32	12.12	16.20	42.80
新宁县	Xinning County	16.69	49.78	23.76	26.02	47.73
城步县	Chengbu County	7.67	22.11	9.85	12.26	44.55
武冈市	Wugang City	22.65	62.01	31.97	30.04	51.56
邵东市	Shaodong City	36.59	99.19	58.53	40.66	59.01
岳阳楼区	Yueyanglou District	35.42	101.21	95.82	5.39	94.67
云溪区	Yunxi District	4.87	13.88	8.41	5.47	60.59
君山区	Junshan District	6.67	19.36	10.82	8.54	55.89
岳阳县	Yueyang County	20.48	55.14	30.28	24.86	54.91
华容县	Huarong County	18.95	54.30	29.66	24.64	54.62
湘阴县	Xiangyin County	20.83	57.25	31.15	26.10	54.41
平江县	Pingjiang County	30.26	93.36	50.59	42.77	54.19
汨罗市	Miluo City	20.56	62.11	29.38	32.73	47.30
临湘市	Linxiang City	14.54	42.53	25.31	17.22	59.51
武陵区	Wuling District	26.68	72.05	66.07	5.98	91.70
鼎城区	Dingcheng District	27.24	73.12	44.87	28.25	61.36
安乡县	Anxiang County	15.84	41.63	18.28	23.35	43.91
汉寿县	Hanshou County	24.88	69.55	34.91	34.64	50.19
澧　县	Li County	27.13	70.73	43.46	27.27	61.44
临澧县	Linli County	12.75	36.61	17.10	19.51	46.71
桃源县	Taoyuan County	30.24	79.26	35.35	43.91	44.60
石门县	Shimen County	21.12	54.93	26.90	28.03	48.97
津市市	Jinshi City	7.67	20.80	13.80	7.00	66.35
永定区	Yongding District	17.85	50.85	32.96	17.89	64.82
武陵源区	Wulingyuan District	2.06	5.96	4.24	1.72	71.14
慈利县	Cili County	21.50	55.83	27.66	28.17	49.54
桑植县	Sangzhi County	13.18	37.05	16.30	20.75	43.99
资阳区	Ziyang District	13.36	34.54	19.09	15.45	55.27
赫山区	Heshan District	33.54	87.40	58.16	29.24	66.54
南　县	Nan County	20.85	55.18	27.70	27.48	50.20
大通湖区	Datonghu District	3.16	7.85	4.20	3.65	53.50
桃江县	Taojiang County	26.08	67.02	36.67	30.35	54.72
安化县	Anhua County	28.02	76.49	28.12	48.37	36.76
沅江市	Yuanjiang City	23.14	55.29	28.25	27.04	51.09
北湖区	Beihu District	20.22	57.37	50.49	6.88	88.01
苏仙区	Suxian District	15.65	43.66	32.75	10.92	74.99
桂阳县	Guiyang County	25.20	69.45	39.11	30.34	56.31
宜章县	Yizhang County	19.26	55.75	29.91	25.84	53.65
永兴县	Yongxing County	19.13	52.63	29.77	22.86	56.56

22−1 续表 2 Continued

市县名称	Cities and Counties	总户数（万户）Households (10 000 households)	年末常住人口（万人）Population at the Year-end (10 000 persons)	按城乡分 By Residence		城镇化率(%) Urbanization Rate (%)
				城镇 Urban	乡村 Rural	
嘉禾县	Jiahe County	12.15	33.61	17.29	16.32	51.44
临武县	Linwu County	11.23	31.60	16.80	14.80	53.16
汝城县	Rucheng County	11.96	34.01	16.65	17.36	48.96
桂东县	Guidong County	6.16	15.94	6.64	9.30	41.66
安仁县	Anren County	12.05	34.39	17.09	17.30	49.69
资兴市	Zixing City	12.71	31.64	21.52	10.12	68.02
零陵区	Lingling District	19.82	55.90	33.40	22.50	59.75
冷水滩区	Lengshuitan District	21.78	57.27	37.36	19.91	65.23
东安县	Dongan County	16.89	47.63	20.50	27.13	43.04
双牌县	Shuangpai County	5.42	15.18	7.64	7.54	50.33
道　县	Dao County	18.70	57.40	29.84	27.56	51.99
江永县	Jiangyong County	7.10	21.10	7.82	13.28	37.06
宁远县	Ningyuan County	21.38	64.78	32.61	32.17	50.34
蓝山县	Lanshan County	10.39	32.21	17.56	14.65	54.52
新田县	Xintian County	11.83	33.23	17.13	16.10	51.55
江华县	Jianghua County	14.74	43.92	16.94	26.98	38.57
祁阳市	Qiyang City	29.59	79.00	31.54	47.46	39.92
鹤城区	Hecheng District	24.97	71.41	59.69	11.72	83.59
中方县	Zhongfang County	8.91	23.51	10.83	12.68	46.07
沅陵县	Yuanling County	19.19	49.71	22.01	27.70	44.28
辰溪县	Chenxi County	15.32	39.53	17.34	22.19	43.87
溆浦县	Xupu County	26.81	73.46	23.52	49.94	32.02
会同县	Huitong County	11.23	28.30	11.64	16.66	41.13
麻阳县	Mayang County	10.88	28.18	14.17	14.01	50.28
新晃县	Xinhuang County	7.90	21.50	9.79	11.71	45.53
芷江县	Zhijiang County	12.24	30.00	14.65	15.35	48.83
靖州县	Jingzhou County	8.19	22.94	12.25	10.69	53.40
通道县	Tongdao County	6.67	19.67	8.80	10.87	44.74
洪江市	Hongjiang City	13.43	33.31	14.22	19.09	42.69
洪江区	Hongjiang District	2.65	5.69	4.87	0.82	85.59
娄星区	Louxing District	27.11	75.56	57.44	18.12	76.02
双峰县	Shuangfeng County	24.61	67.14	28.77	38.37	42.85
新化县	Xinhua County	38.48	115.02	40.89	74.13	35.55
冷水江市	Lengshuijiang City	11.12	32.59	24.74	7.85	75.91
涟源市	Lianyuan City	32.48	84.01	34.64	49.37	41.23
吉首市	Jishou City	15.10	43.24	32.54	10.70	75.25
泸溪县	Luxi County	9.05	23.03	10.78	12.25	46.81
凤凰县	Fenghuang County	11.57	34.10	15.57	18.53	45.66
花垣县	Huayuan County	7.80	24.21	11.03	13.18	45.56
保靖县	Baojing County	8.30	22.74	10.98	11.76	48.28
古丈县	Guzhang County	4.53	10.76	5.21	5.55	48.42
永顺县	Yongshun County	15.56	40.02	20.90	19.12	52.22
龙山县	Longshan County	16.05	45.06	24.13	20.93	53.55

22−2 “四上”企业从业人员年末人数（2023年）
The Number of Employees of "Four Scale" Enterprises at the Year-end (2023)

单位：万人 (10 000 persons)

市县名称	Cities and Counties	从业人员年末人数 Number of Employees at the Year-end	在岗职工 Staff and Workers on the Job	内资单位 Domestic Invested Units	港澳台、外商投资单位 Units with Funds from Hongkong, Taiwan and Foreign	其他从业人员 Other Employed Persons
芙蓉区	Furong District	12.42	11.84	11.40	0.44	0.57
天心区	Tianxin District	22.54	21.16	19.66	1.50	1.39
岳麓区	Yuelu District	25.81	24.74	23.20	1.54	1.08
开福区	Kaifu District	11.78	11.03	9.36	1.67	0.75
雨花区	Yuhua District	21.24	20.17	19.80	0.36	1.08
望城区	Wangcheng District	15.53	14.88	13.43	1.45	0.65
长沙县	Changsha County	23.22	21.60	16.16	5.43	1.63
浏阳市	Liuyang City	19.47	18.78	14.58	4.21	0.68
宁乡市	Ningxiang City	10.88	10.58	10.15	0.42	0.30
荷塘区	Hetang District	6.29	5.87	5.81	0.06	0.43
芦淞区	Lusong District	6.32	4.18	4.09	0.09	2.14
石峰区	Shifeng District	6.29	5.92	5.00	0.91	0.38
天元区	Tianyuan District	10.36	9.79	9.34	0.44	0.57
渌口区	Lukou District	3.80	3.22	3.20	0.02	0.57
攸　县	You County	4.30	4.18	4.17	0.01	0.12
茶陵县	Chaling County	4.30	4.05	4.00	0.04	0.26
炎陵县	Yanling County	1.42	1.39	1.37	0.02	0.04
醴陵市	Liling City	18.02	17.85	17.02	0.83	0.17
雨湖区	Yuhu District	11.35	11.05	9.48	1.57	0.30
岳塘区	Yuetang District	7.54	7.20	7.05	0.14	0.34
湘潭县	Xiangtan County	7.81	7.66	7.63	0.03	0.15
湘乡市	Xiangxiang City	7.40	6.97	6.82	0.15	0.43
韶山市	Shaoshan City	1.43	1.40	1.38	0.02	0.03
珠晖区	Zhuhui District	1.35	1.31	1.26	0.05	0.04
雁峰区	Yanfeng District	2.07	2.02	2.01	0.01	0.05
石鼓区	Shigu District	4.28	4.10	3.90	0.20	0.18
蒸湘区	Zhengxiang District	7.68	7.26	6.99	0.27	0.42
南岳区	Nanyue District	0.36	0.34	0.34		0.01
衡阳县	Hengyang County	4.10	3.92	3.65	0.27	0.17
衡南县	Hengnan County	5.63	5.01	4.98	0.03	0.63
衡山县	Hengshan County	3.35	3.24	3.15	0.09	0.11
衡东县	Hengdong County	3.61	3.57	3.56	0.01	0.04
祁东县	Qidong County	3.65	3.17	3.15	0.02	0.48
耒阳市	Leiyang City	4.35	4.12	4.05	0.07	0.23
常宁市	Changning City	2.88	2.79	2.63	0.16	0.08
双清区	Shuangqing District	7.02	5.33	4.73	0.59	1.70
大祥区	Daxiang District	2.76	2.35	2.32	0.03	0.41
北塔区	Beita District	1.66	1.64	1.59	0.05	0.02

22-2 续表 1 Continued

单位：万人 (10 000 persons)

市县名称	Cities and Counties	从业人员年末人数 Number of Employees at the Year-end	在岗职工 Staff and Workers on the Job	内资单位 Domestic Invested Units	港澳台、外商投资单位 Units with Funds from Hongkong, Taiwan and Foreign	其他从业人员 Other Employed Persons
新邵县	Xinshao County	2.60	2.48	2.44	0.04	0.12
邵阳县	Shaoyang County	3.34	3.19	3.05	0.14	0.15
隆回县	Longhui County	3.70	3.56	3.50	0.06	0.14
洞口县	Dongkou County	2.97	2.83	2.44	0.39	0.14
绥宁县	Suining County	1.71	1.55	1.55		0.16
新宁县	Xinning County	2.58	2.47	2.47		0.10
城步县	Chengbu County	0.66	0.59	0.59		0.08
武冈市	Wugang City	3.03	2.70	2.69	0.02	0.33
邵东市	Shaodong City	9.53	9.45	9.41	0.04	0.09
岳阳楼区	Yueyanglou District	11.64	10.63	10.16	0.48	1.01
云溪区	Yunxi District	5.30	5.13	4.94	0.19	0.17
君山区	Junshan District	2.14	2.06	2.06		0.09
岳阳县	Yueyang County	3.54	3.43	3.35	0.08	0.11
华容县	Huarong County	3.78	3.72	3.69	0.04	0.06
湘阴县	Xiangyin County	3.92	3.83	3.82	0.02	0.09
平江县	Pingjiang County	10.55	9.82	9.82		0.73
汨罗市	Miluo City	4.19	4.06	4.03	0.03	0.13
临湘市	Linxiang City	2.76	2.62	2.62	0.01	0.13
武陵区	Wuling District	8.80	8.39	7.85	0.55	0.41
鼎城区	Dingchen District	7.72	7.41	6.47	0.94	0.31
安乡县	Anxiang County	3.09	3.05	2.99	0.06	0.04
汉寿县	Hanshou County	4.69	4.63	4.60	0.03	0.06
澧　县	Li County	3.52	3.34	3.34		0.18
临澧县	Linli County	2.47	2.43	2.42		0.04
桃源县	Taoyuan County	3.55	3.26	3.22	0.04	0.29
石门县	Shimen County	3.20	2.94	2.93	0.01	0.26
津市市	Jinshi City	2.84	2.72	2.62	0.11	0.12
永定区	Yongding District	2.20	2.13	2.02	0.12	0.07
武陵源区	Wulingyuan District	0.37	0.37	0.32	0.05	0.01
慈利县	Cili County	1.34	0.98	0.95	0.03	0.36
桑植县	Sangzhi County	0.60	0.58	0.58		0.02
资阳区	Ziyang District	3.89	3.87	3.75	0.12	0.02
赫山区	Heshan District	10.14	9.17	8.97	0.20	0.97
南　县	Nan County	1.89	1.84	1.79	0.05	0.05
大通湖区	Datonghu District	0.26	0.22	0.22		0.04
桃江县	Taojiang County	5.57	5.10	5.09	0.01	0.47
安化县	Anhua County	1.97	1.89	1.87	0.02	0.08
沅江市	Yuanjiang City	2.95	2.85	2.85	0.01	0.10
北湖区	Beihu District	7.14	5.91	5.72	0.20	1.22
苏仙区	Suxian District	4.10	3.90	3.46	0.44	0.19
桂阳县	Guiyang County	4.01	3.77	3.68	0.09	0.25
宜章县	Yizhang County	2.31	2.28	2.10	0.18	0.03
永兴县	Yongxing County	2.67	2.65	2.39	0.26	0.03

22-2 续表 2 Continued

单位：万人 (10 000 persons)

市县名称	Cities and Counties	从业人员年末人数 Number of Employees at the Year-end	在岗职工 Staff and Workers on the Job	内资单位 Domestic Invested Units	港澳台、外商投资单位 Units with Funds from Hongkong, Taiwan and Foreign	其他从业人员 Other Employed Persons
嘉禾县	Jiahe County	1.37	1.35	1.34		0.02
临武县	Linwu County	0.96	0.96	0.86	0.10	
汝城县	Rucheng County	0.69	0.65	0.63	0.02	0.04
桂东县	Guidong County	0.40	0.37	0.37		0.03
安仁县	Anren County	1.44	1.38	1.29	0.09	0.06
资兴市	Zixing City	2.65	2.63	2.29	0.34	0.02
零陵区	Lingling District	1.93	1.88	1.87	0.01	0.04
冷水滩区	Lengshuitan District	5.01	4.92	4.62	0.29	0.10
东安县	Dongan County	3.10	2.41	2.24	0.18	0.69
双牌县	Shuangpai County	1.23	1.22	1.22		0.01
道　县	Dao County	2.69	2.28	2.21	0.08	0.40
江永县	Jiangyong County	0.83	0.82	0.81	0.01	0.01
宁远县	Ningyuan County	4.91	4.86	4.26	0.60	0.05
蓝山县	Lanshan County	2.43	2.37	1.97	0.40	0.06
新田县	Xintian County	1.04	0.91	0.86	0.05	0.13
江华县	Jianghua County	1.83	1.81	1.72	0.09	0.02
祁阳市	Qiyang City	6.99	6.68	6.24	0.44	0.31
鹤城区	Hecheng District	5.89	5.36	5.29	0.07	0.53
中方县	Zhongfang County	1.93	1.83	1.78	0.06	0.10
沅陵县	Yuanling County	1.95	1.93	1.71	0.22	0.02
辰溪县	Chenxi County	1.31	0.96	0.95	0.01	0.34
溆浦县	Xupu County	2.17	1.98	1.98		0.18
会同县	Huitong County	0.71	0.67	0.67		0.04
麻阳县	Mayang County	1.04	0.99	0.99		0.05
新晃县	Xinhuang County	1.10	1.07	1.06	0.01	0.03
芷江县	Zhijiang County	0.73	0.71	0.70	0.01	0.01
靖州县	Jingzhou County	1.01	0.92	0.92	0.01	0.09
通道县	Tongdao County	0.88	0.83	0.83		0.05
洪江市	Hongjiang City	1.00	0.86	0.86		0.13
洪江区	Hongjiang District	0.64	0.61	0.61		0.03
娄星区	Louxing District	14.14	12.71	12.30	0.41	1.42
双峰县	Shuangfeng County	3.15	3.06	2.76	0.29	0.09
新化县	Xinhua County	5.55	5.47	5.45	0.02	0.07
冷水江市	Lengshuijiang City	4.34	4.01	3.99	0.03	0.33
涟源市	Lianyuan City	4.22	3.65	3.50	0.15	0.57
吉首市	Jishou City	3.26	2.94	2.85	0.09	0.32
泸溪县	Luxi County	0.63	0.62	0.62		0.01
凤凰县	Fenghuang County	0.42	0.42	0.42		
花垣县	Huayuan County	0.49	0.48	0.48		0.01
保靖县	Baojing County	0.47	0.46	0.46		0.01
古丈县	Guzhang County	0.16	0.15	0.15		0.01
永顺县	Yongshun County	0.61	0.60	0.60		0.01
龙山县	Longshan County	0.71	0.67	0.67		0.04

22-3 “四上”企业在岗职工工资总额和年平均工资（2023年）
Total Wages and Average Annual Wages of Employees On the Job in "Four Scale" Enterprises (2023)

市县名称	Cities and Counties	在岗职工工资总额（万元）Total Wages of Staff and Workers on the Job (10 000 yuan)	内资单位 Domestic Invested Units	港澳台、外商投资单位 Units with Funds from Hongkong, Taiwan and Foreign	在岗职工年平均工资（元）Average Annual Wages of Staff and Workers on the Job (yuan)	内资单位 Domestic Invested Units	港澳台、外商投资单位 Units with Funds from Hongkong, Taiwan and Foreign	在岗职工年平均工资发展速度（上年=100）The Growth Rate of Average Annual Wages (preceding year=100)
芙蓉区	Furong District	988757	944434	44324	83814	82937	108159	104.4
天心区	Tianxin District	2368575	2254424	114152	108453	111134	73452	108.3
岳麓区	Yuelu District	2923265	2705509	217756	117139	116345	127986	104.2
开福区	Kaifu District	1214708	1092510	122199	110922	116886	76174	105.9
雨花区	Yuhua District	2355050	2328458	26592	112790	113325	79809	104.1
望城区	Wangcheng District	1218820	1054128	164692	82488	80088	102065	108.9
长沙县	Changsha County	2119987	1629276	490711	95724	96648	92780	104.7
浏阳市	Liuyang City	1390666	1042373	348293	73915	72968	76904	112.0
宁乡市	Ningxiang City	982216	941547	40669	92052	91864	96647	101.5
荷塘区	Hetang District	517418	513314	4103	72480	72529	66827	106.5
芦淞区	Lusong District	327667	318598	9069	80348	79989	95362	103.4
石峰区	Shifeng District	756501	580440	176061	129065	116582	199480	109.7
天元区	Tianyuan District	842269	796272	45998	87850	87009	105499	96.3
渌口区	Lukou District	252866	251606	1260	77772	77796	73250	124.4
攸　县	You County	266867	266500	366	64054	64106	40253	109.1
茶陵县	Chaling County	234101	232452	1648	57578	57785	38241	112.0
炎陵县	Yanling County	78810	77061	1749	57183	56596	105355	107.6
醴陵市	Liling City	1177335	1116111	61224	71099	70867	75622	105.5
雨湖区	Yuhu District	741312	620947	120365	69913	66867	91393	119.0
岳塘区	Yuetang District	648678	629747	18931	89894	89089	128522	111.3
湘潭县	Xiangtan County	496831	493728	3103	67381	67221	108486	117.3
湘乡市	Xiangxiang City	422489	415785	6704	62209	62566	45921	112.6
韶山市	Shaoshan City	102267	101095	1172	71913	71877	75122	109.8
珠晖区	Zhuhui District	101493	97721	3772	78805	79024	73536	102.7
雁峰区	Yanfeng District	165930	164969	961	81100	80986	106789	122.2
石鼓区	Shigu District	297759	280643	17116	74301	73720	85326	110.8
蒸湘区	Zhengxiang District	532399	507508	24891	73288	72533	93015	102.8
南岳区	Nanyue District	17309	17309		50464	50464		109.3
衡阳县	Hengyang County	217959	206222	11737	57321	58948	38609	108.9
衡南县	Hengnan County	328075	323929	4146	66405	65997	128362	127.2
衡山县	Hengshan County	166737	161989	4748	56702	56848	52117	117.8
衡东县	Hengdong County	189866	189437	429	55872	55919	40857	108.5
祁东县	Qidong County	175493	173828	1665	56731	56609	73339	113.6
耒阳市	Leiyang City	254282	249231	5051	63490	63244	78551	106.8
常宁市	Changning City	190868	183512	7356	68655	70414	42300	114.7
双清区	Shuangqing District	420108	385441	34667	80311	83032	58868	107.6
大祥区	Daxiang District	140696	138169	2526	61002	60609	94618	105.6
北塔区	Beita District	98067	91455	6613	61829	59394	142819	113.4

22-3 续表 1 Continued

市县名称	Cities and Counties	在岗职工工资总额（万元）Total Wages of Staff and Workers on the Job (10 000 yuan)	内资单位 Domestic Invested Units	港澳台、外商投资单位 Units with Funds from Hongkong, Taiwan and Foreign	在岗职工年平均工资（元）Average Annual Wages of Staff and Workers on the Job (yuan)	内资单位 Domestic Invested Units	港澳台、外商投资单位 Units with Funds from Hongkong, Taiwan and Foreign	在岗职工年平均工资发展速度（上年=100）The Growth Rate of Average Annual Wages (preceding year=100)
新邵县	Xinshao County	161212	158550	2661	66517	66364	77136	110.2
邵阳县	Shaoyang County	179984	173206	6779	56822	57179	49014	105.2
隆回县	Longhui County	216183	214282	1901	59686	59914	41785	98.7
洞口县	Dongkou County	137424	121305	16119	49422	50626	41921	106.3
绥宁县	Suining County	81201	81201		52632	52632		119.1
新宁县	Xinning County	114374	114374		47307	47307		103.5
城步县	Chengbu County	26797	26797		43986	43986		102.0
武冈市	Wugang City	155833	154513	1320	58798	58632	88013	109.4
邵东市	Shaodong City	482889	481197	1691	52286	52299	48744	112.6
岳阳楼区	Yueyanglou District	786661	730708	55953	74368	72363	116521	99.8
云溪区	Yunxi District	492170	481784	10385	96989	98281	60239	116.7
君山区	Junshan District	99180	99180		51195	51195		112.0
岳阳县	Yueyang County	231345	226677	4668	64873	64689	75290	115.7
华容县	Huarong County	188666	186928	1738	51640	51672	48412	108.5
湘阴县	Xiangyin County	246370	244782	1588	65739	65646	84005	106.0
平江县	Pingjiang County	582604	582604		59742	59742		112.6
汨罗市	Miluo City	246972	244946	2026	60359	60366	59585	95.5
临湘市	Linxiang City	138018	137555	463	54066	54022	71246	101.6
武陵区	Wuling District	660170	614397	45773	79506	79270	82817	103.3
鼎城区	Dingchen District	514740	450723	64017	71662	71301	74308	107.9
安乡县	Anxiang County	180653	177656	2997	60092	60331	48656	105.8
汉寿县	Hanshou County	297144	295421	1723	67030	67076	60035	112.8
澧　县	Li County	192180	192180		58196	58196		100.8
临澧县	Linli County	146763	146574		61410	61449		106.4
桃源县	Taoyuan County	202839	200346	2493	60845	60829	62172	106.5
石门县	Shimen County	177978	177468	510	62728	62718	66234	107.8
津市市	Jinshi City	169257	160150	9107	62337	61419	84562	116.8
永定区	Yongding District	142208	130389	11819	66030	64023	100931	107.1
武陵源区	Wulingyuan District	25084	22288	2796	68743	69455	63545	137.1
慈利县	Cili County	50305	49323	981	51994	52718	30762	107.5
桑植县	Sangzhi County	27338	27317		47860	47865		100.9
资阳区	Ziyang District	238703	230711	7991	64023	63921	67097	109.3
赫山区	Heshan District	610866	594359	16508	66811	66493	80723	106.0
南　县	Nan County	93108	90596	2512	53369	53427	51362	103.9
大通湖区	Datonghu District	10451	10451		50174	50174		113.0
桃江县	Taojiang County	268478	267198	1280	53705	53549	137581	103.9
安化县	Anhua County	111333	108654	2679	60229	59367	146372	107.4
沅江市	Yuanjiang City	149859	149569	290	51537	51533	53704	102.4
北湖区	Beihu District	427961	411236	16725	73360	72994	83667	103.9
苏仙区	Suxian District	264708	229913	34795	66373	65081	76388	105.4
桂阳县	Guiyang County	230524	222439	8085	66485	65838	91152	102.2
宜章县	Yizhang County	128634	118988	9646	55021	56350	42624	104.1
永兴县	Yongxing County	167489	154404	13085	64941	66551	50520	111.4

22-3 续表 2 Continued

市县名称	Cities and Counties	在岗职工工资总额（万元）Total Wages of Staff and Workers on the Job (10 000 yuan)	内资单位 Domestic Invested Units	港澳台、外商投资单位 Units with Funds from Hongkong, Taiwan and Foreign	在岗职工年平均工资（元）Average Annual Wages of Staff and Workers on the Job (yuan)	内资单位 Domestic Invested Units	港澳台、外商投资单位 Units with Funds from Hongkong, Taiwan and Foreign	在岗职工年平均工资发展速度（上年=100）The Growth Rate of Average Annual Wages (preceding year=100)
嘉禾县	Jiahe County	79929	79696		60006	60003		97.5
临武县	Linwu County	59765	54715	5051	60217	61086	52175	127.7
汝城县	Rucheng County	34144	33471	673	53643	54336	32829	100.7
桂东县	Guidong County	17198	17114		44301	44315		107.9
安仁县	Anren County	64086	58784	5301	49202	48164	64651	101.1
资兴市	Zixing City	180727	159329	21398	65052	65293	63309	116.7
零陵区	Lingling District	103530	103113	417	56475	56568	40096	104.2
冷水滩区	Lengshuitan District	351997	334101	17895	73461	74501	58272	111.7
东安县	Dongan County	143937	132816	11122	60615	60360	63844	106.6
双牌县	Shuangpai County	72021	71691		56095	56202		100.7
道　县	Dao County	134475	128837	5638	58666	59708	41949	121.7
江永县	Jiangyong County	56763	55930	833	69751	69825	65078	122.1
宁远县	Ningyuan County	267502	222982	44520	61743	59726	74311	126.3
蓝山县	Lanshan County	136721	112703	24018	53906	52685	60483	98.0
新田县	Xintian County	45341	43074	2268	48452	48495	47637	117.8
江华县	Jianghua County	110054	105257	4796	61212	61767	51134	113.3
祁阳市	Qiyang City	450288	429426	20861	66821	68130	47880	128.6
鹤城区	Hecheng District	381983	375937	6046	72315	72136	85515	113.3
中方县	Zhongfang County	125411	119780	5631	66460	66456	66560	108.3
沅陵县	Yuanling County	108860	94616	14244	59793	59373	62748	125.7
辰溪县	Chenxi County	56169	55582	587	59194	59199	58670	111.7
溆浦县	Xupu County	133784	133784		69282	69282		117.4
会同县	Huitong County	35630	35630		52022	52022		110.0
麻阳县	Mayang County	54075	54075		60677	60677		117.5
新晃县	Xinhuang County	62589	61816	772	58054	58011	61768	118.3
芷江县	Zhijiang County	44943	44368	575	64369	64629	49137	111.9
靖州县	Jingzhou County	50615	49633	982	62449	61833	125897	131.8
通道县	Tongdao County	44594	44594		47491	47491		93.6
洪江市	Hongjiang City	44152	44152		52531	52531		110.0
洪江区	Hongjiang District	37794	37560		62739	62621		121.5
娄星区	Louxing District	967043	920673	46370	78804	77619	113098	108.1
双峰县	Shuangfeng County	154481	139016	15465	55193	54599	61176	101.3
新化县	Xinhua County	339020	336850	2170	61047	60906	95577	106.0
冷水江市	Lengshuijiang City	246394	243910	2483	62031	61850	87137	104.6
涟源市	Lianyuan City	222697	205353	17344	62296	59999	113955	99.6
吉首市	Jishou City	219871	213814	6057	74725	75329	58238	103.4
泸溪县	Luxi County	33322	33097		54420	54489		103.9
凤凰县	Fenghuang County	23875	23875		54373	54373		107.3
花垣县	Huayuan County	26766	26766		57412	57412		101.7
保靖县	Baojing County	22084	19801		47655	42730		111.7
古丈县	Guzhang County	9498	9498		53298	53298		108.4
永顺县	Yongshun County	31613	31613		52436	52436		107.0
龙山县	Longshan County	35530	35530		53340	53340		107.4

22-4 地区生产总值(2023年)
Gross Domestic Product (2023)

市县名称	Cities and Counties	地区生产总值（万元）Gross Regional Product (10 000 yuan)	第一产业 Primary Industry	第二产业 Secondary Industry	第三产业 Tertiary Industry	指数（上年=100）Indices (preceding year=100)	人均GDP（元）Per Capita Gross Regional Product (yuan)
芙蓉区	Furong District	12720538	1	1636811	11083727	104.8	196396
天心区	Tianxin District	13645993	12034	3795392	9838567	105.1	154559
岳麓区	Yuelu District	20045470	104519	6084989	13855962	105.3	121739
开福区	Kaifu District	12403049	10825	1432162	10960062	104.0	141184
雨花区	Yuhua District	23136455	61119	10424542	12650793	105.0	180050
望城区	Wangcheng District	11536966	646550	4758197	6132220	104.2	118498
长沙县	Changsha County	21327107	944327	10007516	10375263	104.7	149026
浏阳市	Liuyang City	17031662	1358014	7887096	7786552	105.0	118144
宁乡市	Ningxiang City	13328303	1388809	5766031	6173463	104.7	104119
荷塘区	Hetang District	2866225	52851	1379545	1433828	103.9	83417
芦淞区	Lusong District	4751697	83299	1907488	2760911	105.6	156977
石峰区	Shifeng District	4319216	59940	2661500	1597776	106.2	127750
天元区	Tianyuan District	5732693	134619	2394820	3203254	106.1	118591
渌口区	Lukou District	1829878	273653	863910	692315	106.0	71285
攸　县	You County	4656305	785287	1534950	2336067	101.3	74969
茶陵县	Chaling County	2723705	443339	892456	1387909	105.9	56310
炎陵县	Yanling County	1049621	161929	417171	470521	106.2	66348
醴陵市	Liling City	8954798	766177	4864927	3323693	106.6	102411
雨湖区	Yuhu District	8050050	185596	3359268	4505186	106.5	129589
岳塘区	Yuetang District	6972014	78982	3353546	3539486	105.4	143634
湘潭县	Xiangtan County	5872874	746817	2797312	2328744	105.9	75438
湘乡市	Xiangxiang City	5824656	732018	2785579	2307059	103.8	81487
韶山市	Shaoshan City	1164193	81208	505076	577909	105.4	114025
珠晖区	Zhuhui District	2904269	90913	828347	1985009	103.9	86695
雁峰区	Yanfeng District	2841536	22810	1340427	1478300	103.3	114256
石鼓区	Shigu District	3061004	26759	701576	2332669	104.2	135323
蒸湘区	Zhengxiang District	4756733	33389	1265445	3457899	104.0	99764
南岳区	Nanyue District	596930	25531	64893	506506	105.0	85889
衡阳县	Hengyang County	4499341	761534	1441148	2296659	105.3	51675
衡南县	Hengnan County	4320857	736606	1517426	2066826	106.1	55064
衡山县	Hengshan County	2345654	402704	952110	990841	106.6	71405
衡东县	Hengdong County	3645489	526947	1219462	1899080	106.1	66077
祁东县	Qidong County	3868629	660279	1063635	2144715	106.3	51227
耒阳市	Leiyang City	4885937	664326	1357728	2863883	106.3	43824
常宁市	Changning City	4785688	655457	1652510	2477720	106.4	61703
双清区	Shuangqing District	2214606	45810	1046677	1122119	105.1	69206
大祥区	Daxiang District	2272625	69616	798142	1404867	104.5	62590
北塔区	Beita District	684930	38867	257024	389040	104.3	55415

注：总量指标按当年价格计算，指数按可比价格计算。
Aggregate data are calculated at current prices, while indices are calculated at comparable prices.

22-4 续表 1 Continued

市县名称	Cities and Counties	地区生产总值（万元）Gross Regional Product (10 000 yuan)	第一产业 Primary Industry	第二产业 Secondary Industry	第三产业 Tertiary Industry	指数（上年=100）Indices (preceding year=100)	人均GDP（元）Per Capita Gross Regional Product (yuan)
新邵县	Xinshao County	1983341	388725	679704	914913	104.3	33633
邵阳县	Shaoyang County	2222626	485909	784523	952194	104.4	30947
隆回县	Longhui County	3050346	580207	1212175	1257963	105.2	30927
洞口县	Dongkou County	2295976	655445	685863	954669	105.1	34751
绥宁县	Suining County	1151755	273072	354895	523788	104.0	40469
新宁县	Xinning County	1468365	395961	421011	651393	104.7	29361
城步县	Chengbu County	702406	158787	196918	346701	104.4	31597
武冈市	Wugang City	2260866	612493	800368	848004	105.5	36284
邵东市	Shaodong City	7507574	651637	2972654	3883282	105.7	75302
岳阳楼区	Yueyanglou District	16489819	147593	4932892	11409334	105.4	164799
云溪区	Yunxi District	3401402	125351	1895333	1380718	100.1	233773
君山区	Junshan District	2062227	390406	701289	970531	102.3	105055
岳阳县	Yueyang County	4462668	727967	1667270	2067432	106.3	80510
华容县	Huarong County	4207221	976810	1571286	1659125	106.5	77098
湘阴县	Xiangyin County	4454562	754349	1671854	2028360	106.8	77484
平江县	Pingjiang County	4858727	623858	1984453	2250416	107.4	51887
汨罗市	Miluo City	5708205	639901	2126045	2942259	98.4	91566
临湘市	Linxiang City	3461901	427615	1400622	1633665	106.5	80961
武陵区	Wuling District	13239144	171309	7083845	5983990	100.4	183749
鼎城区	Dingchen District	5257910	829834	1665492	2762584	107.2	71692
安乡县	Anxiang County	2702498	486718	654795	1560985	106.3	64638
汉寿县	Hanshou County	4232849	639467	1335917	2257465	107.3	60817
澧　县	Li County	4923399	630675	1403894	2888830	106.2	69314
临澧县	Linli County	2620796	385846	900617	1334333	108.2	71392
桃源县	Taoyuan County	5086894	1011973	1451896	2623025	100.3	63962
石门县	Shimen County	3742802	519005	1315778	1908019	104.4	67977
津市市	Jinshi City	2159599	250387	947640	961572	105.0	103429
永定区	Yongding District	2541526	268157	314595	1958774	104.7	49863
武陵源区	Wulingyuan District	508240	25331	20736	462173	107.6	84848
慈利县	Cili County	2002678	404617	292086	1305975	104.1	35832
桑植县	Sangzhi County	1190198	183938	197377	808883	104.2	32003
资阳区	Ziyang District	2285649	299060	1171579	815010	104.0	65831
赫山区	Heshan District	6924698	554802	3550358	2819538	103.7	78950
南　县	Nan County	3273710	836564	1010583	1426563	103.9	58816
大通湖区	Datonghu District	438941	156205	122597	160139	102.7	55492
桃江县	Taojiang County	3240709	509958	1494227	1236524	101.5	48175
安化县	Anhua County	2858474	568322	932485	1357667	103.6	37244
沅江市	Yuanjiang City	3052448	761209	1210832	1080407	104.3	54969
北湖区	Beihu District	5179085	168861	1347405	3662819	105.3	90212
苏仙区	Suxian District	4288795	236750	2146527	1905518	105.1	98232
桂阳县	Guiyang County	4688996	639542	1880801	2168653	105.1	67149
宜章县	Yizhang County	2807306	332445	1019873	1454988	105.1	50113
永兴县	Yongxing County	4049879	402698	1577955	2069226	105.6	76528

22-4 续表 2 Continued

市县名称	Cities and Counties	地区生产总值（万元）Gross Regional Product (10 000 yuan)	第一产业 Primary Industry	第二产业 Secondary Industry	第三产业 Tertiary Industry	指数（上年=100）Indices (preceding year=100)	人均GDP（元）Per Capita Gross Regional Product (yuan)
嘉禾县	Jiahe County	1633027	271244	557999	803784	102.2	48314
临武县	Linwu County	1612087	206701	652550	752836	104.2	50711
汝城县	Rucheng County	1147325	201046	287694	658585	104.2	33666
桂东县	Guidong County	547176	78714	129925	338537	104.1	34306
安仁县	Anren County	1451343	300818	448863	701662	105.1	41910
资兴市	Zixing City	4014856	412800	2155770	1446286	105.3	126253
零陵区	Lingling District	2807104	492924	1209406	1104774	105.3	50038
冷水滩区	Lengshuitan District	4330276	493617	1004580	2832078	103.5	75401
东安县	Dongan County	2292988	493986	777699	1021303	104.1	47711
双牌县	Shuangpai County	953033	214391	296528	442113	104.0	62412
道　县	Dao County	2736730	514014	913487	1309229	105.0	47381
江永县	Jiangyong County	1033372	298174	270165	465033	107.3	48334
宁远县	Ningyuan County	2707512	399097	912131	1396284	99.7	41596
蓝山县	Lanshan County	1614634	223981	713556	677098	106.9	49927
新田县	Xintian County	1041798	261615	194139	586045	107.5	31034
江华县	Jianghua County	1654263	350332	554933	748999	103.9	37342
祁阳市	Qiyang City	4322353	668129	1595462	2058761	106.4	54212
鹤城区	Hecheng District	4513559	130816	886037	3496706	105.2	63242
中方县	Zhongfang County	1381302	192263	640498	548541	105.1	58579
沅陵县	Yuanling County	2070779	326357	774445	969977	106.2	41407
辰溪县	Chenxi County	1471092	249030	478627	743435	106.3	36962
溆浦县	Xupu County	2233738	472348	656971	1104419	105.0	30173
会同县	Huitong County	1071926	184257	262002	625667	105.0	37598
麻阳县	Mayang County	1188011	223018	404691	560302	105.7	41846
新晃县	Xinhuang County	934596	129023	285192	520381	106.1	43168
芷江县	Zhijiang County	1279436	257829	436487	585120	105.6	42337
靖州县	Jingzhou County	1095211	191853	299477	603881	106.5	47453
通道县	Tongdao County	701575	105114	237427	359034	105.9	35469
洪江市	Hongjiang City	1382490	323152	471085	588253	103.0	41195
洪江区	Hongjiang District	460089	35326	257552	167211	105.8	80717
娄星区	Louxing District	7453104	270102	3612874	3570127	106.3	98717
双峰县	Shuangfeng City	3122361	611397	928986	1581978	104.1	46429
新化县	Xinhua County	3570837	669647	1009103	1892087	104.6	30890
冷水江市	Lengshuijiang City	2426635	130883	868982	1426771	103.5	74323
涟源市	Lianyuan City	3632313	565997	1235386	1830930	104.6	43149
吉首市	Jishou City	2421267	110895	594827	1715545	100.6	56243
泸溪县	Luxi County	787604	124790	247756	415058	100.4	33934
凤凰县	Fenghuang County	1022816	136213	162169	724434	106.0	29527
花垣县	Huayuan County	861463	103903	260900	496660	102.3	35657
保靖县	Baojing County	872451	124576	266521	481354	106.3	38115
古丈县	Guzhang County	348339	87588	67791	192960	102.1	32494
永顺县	Yongshun County	1074821	246005	171268	657548	103.8	26684
龙山县	Longshan County	1161314	283410	197097	680807	104.7	25406

22-5 农林牧渔业总产值(2023年)
Gross Output Value of Farming, Forestry, Animal Husbandry and Fishery (2023)

单位：万元 (10 000 yuan)

市县名称	Cities and Counties	农林牧渔业总产值 Gross Output Value of Farming, Forestry, Animal Husbandry and Fishery	指数(上年=100) Indices (preceding year=100)	农业产值 Output Value of Farming	林业产值 Output Value of Forestry	牧业产值 Output Value of Animal Husbandry	渔业产值 Output Value of Fishery	农林牧渔专业及辅助性活动产值 Output Value of Farming, Forestry, Animal Husbandry, Fishery and Auxiliary Activities
芙蓉区	Furong District	30	38.0	1				29
天心区	Tianxin District	20272	94.0	13637	75	2335	3157	1068
岳麓区	Yuelu District	159172	99.6	124736	3181	11420	12463	7372
开福区	Kaifu District	21440	101.1	14154	27	3883	2576	800
雨花区	Yuhua District	95424	103.6	85096	339	2953	3124	3912
望城区	Wangcheng District	1088911	103.7	760649	16912	120899	105769	84682
长沙县	Changsha County	1608314	103.9	1214995	51625	210799	36160	94735
浏阳市	Liuyang City	2377657	104.1	1386081	270734	500178	57456	163208
宁乡市	Ningxiang City	2410859	103.9	1490825	77360	598661	78182	165831
荷塘区	Hetang District	88090	103.6	66465	767	10484	8625	1749
芦淞区	Lusong District	86369	104.0	58254	445	19744	5945	1981
石峰区	Shifeng District	97529	103.8	79400	2836	5109	6553	3632
天元区	Tianyuan District	134288	103.7	90493	11335	20051	10016	2393
渌口区	Lukou District	520919	103.9	223905	40314	208770	25907	22023
攸　县	You County	1289472	103.7	706271	98923	358793	55100	70385
茶陵县	Chaling County	652706	103.8	280237	53609	263547	37757	17557
炎陵县	Yanling County	237238	104.1	127861	56449	35087	2969	14872
醴陵市	Liling City	1208482	103.6	602681	102265	398764	56800	47971
雨湖区	Yuhu District	385472	103.1	181689	13824	145428	17623	26908
岳塘区	Yuetang District	74938	102.8	38396	9067	15960	4896	6619
湘潭县	Xiangtan County	1399157	104.0	581504	56993	584549	91996	84115
湘乡市	Xiangxiang City	1217285	103.8	513216	86965	454106	82665	80333
韶山市	Shaoshan City	153241	103.8	74430	7972	56732	6215	7892
珠晖区	Zhuhui District	151398	102.5	109816	955	19396	9681	11550
雁峰区	Yanfeng District	39124	102.5	22646	1255	5320	6919	2985
石鼓区	Shigu District	43995	102.6	22783	3662	8403	5791	3356
蒸湘区	Zhengxiang District	62480	102.4	31994	2025	12661	11033	4766
南岳区	Nanyue District	43928	102.7	23518	6394	9566	1099	3351
衡阳县	Hengyang County	1393818	103.7	453985	95898	576883	160721	106331
衡南县	Hengnan County	1335855	103.6	469180	102502	544279	117984	101909
衡山县	Hengshan County	700626	103.5	217730	100225	272231	56992	53449
衡东县	Hengdong County	918431	103.3	345504	126906	312379	63578	70065
祁东县	Qidong County	1212265	103.4	571656	38763	392673	116692	92481
耒阳市	Leiyang City	1293257	103.8	472089	71862	538087	112559	98660
常宁市	Changning City	1094936	103.5	417027	135699	369025	89654	83530
双清区	Shuangqing District	126215	103.0	41309	19	33118	2867	48903
大祥区	Daxiang District	173091	102.8	63324	8	35290	5115	69354
北塔区	Beita District	75511	103.2	29542	467	20756	2500	22246

22-5 续表 1 Continued

单位：万元 (10 000 yuan)

市县名称	Cities and Counties	农林牧渔业总产值 Gross Output Value of Farming, Forestry, Animal Husbandry and Fishery	指数（上年=100）Indices (preceding year=100)	农业产值 Output Value of Farming	林业产值 Output Value of Forestry	牧业产值 Output Value of Animal Husbandry	渔业产值 Output Value of Fishery	农林牧渔专业及辅助性活动产值 Output Value of Farming, Forestry, Animal Husbandry, Fishery and Auxiliary Activities
新邵县	Xinshao County	669769	103.3	343828	18600	243891	13297	50154
邵阳县	Shaoyang County	810814	103.4	422308	55495	280769	22535	29706
隆回县	Longhui County	1073954	103.4	682412	28387	302775	33244	27136
洞口县	Dongkou County	1168893	103.5	675650	25115	348785	42106	77238
绥宁县	Suining County	512753	103.6	219802	52054	224538	4242	12117
新宁县	Xinning County	550473	103.8	329042	12051	179124	10517	19739
城步县	Chengbu County	269227	103.1	113957	24794	118765	1671	10040
武冈市	Wugang City	877312	103.9	470580	18146	349868	23246	15471
邵东市	Shaodong City	1121416	103.7	743131	9113	268501	60642	40028
岳阳楼区	Yueyanglou District	234023	102.9	151843	7960	17938	38154	18128
云溪区	Yunxi District	219006	102.1	84914	7739	59519	52764	14070
君山区	Junshan District	702091	103.9	395264	16109	60408	187844	42466
岳阳县	Yueyang County	1293185	103.8	539517	22627	505520	149022	76499
华容县	Huarong County	1802328	104.0	938510	16754	253336	490924	102805
湘阴县	Xiangyin County	1394042	103.6	529912	39841	277750	465815	80723
平江县	Pingjiang County	1026906	103.6	459592	101009	374167	23856	68282
汨罗市	Miluo City	1045607	103.4	424909	22948	391742	128387	77622
临湘市	Linxiang City	693982	103.4	290843	34358	198554	124164	46063
武陵区	Wuling District	242146	103.6	117210	1558	5517	54618	63243
鼎城区	Dingcheng District	1505237	103.8	682717	74533	456747	171705	119535
安乡县	Anxiang County	856734	103.3	389558	4545	199563	204633	58436
汉寿县	Hanshou County	1183784	103.4	579348	23015	308037	179103	94280
澧　县	Li County	1220654	103.7	527758	30510	364327	143784	154276
临澧县	Linli County	716923	103.8	330999	16353	271125	50545	47901
桃源县	Taoyuan County	1788431	103.2	906117	33450	707777	69887	71200
石门县	Shimen County	957608	103.3	511233	5653	370202	22634	47886
津市市	Jinshi City	501816	103.5	144327	42909	217250	48630	48700
永定区	Yongding District	449967	103.2	310632	30700	54457	14196	39982
武陵源区	Wulingyuan District	43500	103.0	24089	5000	10760	751	2900
慈利县	Cili County	675462	103.4	372716	48110	220914	18640	15081
桑植县	Sangzhi County	297747	104.0	192730	23602	62463	11850	7102
资阳区	Ziyang District	548178	103.6	330964	2022	128764	62134	24294
赫山区	Heshan District	1084936	104.2	629375	33985	257821	85442	78313
南　县	Nan County	1565961	103.9	778451	5844	288847	400106	92712
大通湖区	Datonghu District	284394	103.9	175782	1941	25777	65789	15104
桃江县	Taojiang County	1006979	103.9	517458	88748	285539	24428	90807
安化县	Anhua County	1050938	103.6	512356	62924	370424	26200	79034
沅江市	Yuanjiang City	1365363	104.1	664909	13666	264820	344289	77679
北湖区	Beihu District	334583	103.9	195752	27069	93816	8109	9837
苏仙区	Suxian District	442464	104.0	188379	23790	190596	21899	17801
桂阳县	Guiyang County	1126975	104.2	564302	97784	367568	29551	67770
宜章县	Yizhang County	552010	104.1	306013	15609	201275	10593	18521
永兴县	Yongxing County	601163	104.4	281089	54815	199932	36237	29091

22-5 续表 2 Continued

单位：万元 (10 000 yuan)

市县名称	Cities and Counties	农林牧渔业总产值 Gross Output Value of Farming, Forestry, Animal Husbandry and Fishery	指数（上年=100） Indices (preceding year=100)	农业产值 Output Value of Farming	林业产值 Output Value of Forestry	牧业产值 Output Value of Animal Husbandry	渔业产值 Output Value of Fishery	农林牧渔专业及辅助性活动产值 Output Value of Farming, Forestry, Animal Husbandry, Fishery and Auxiliary Activities
嘉禾县	Jiahe County	508347	104.1	219362	30797	230967	5645	21576
临武县	Linwu County	361184	103.8	185595	18185	136110	6445	14850
汝城县	Rucheng County	482073	103.9	239511	98931	133210	2053	8369
桂东县	Guidong County	149079	103.7	77357	19090	44985	672	6975
安仁县	Anren County	537234	104.3	296485	54285	139718	17829	28917
资兴市	Zixing City	711270	103.9	294203	77246	241810	74154	23856
零陵区	Lingling District	1049762	104.5	518572	70372	360484	50004	50330
冷水滩区	Lengshuitan District	882574	103.9	429683	54459	286085	63386	48961
东安县	Dongan County	957158	103.9	509598	82859	266012	57800	40889
双牌县	Shuangpai County	455636	103.8	68025	229804	116453	11263	30091
道　县	Dao County	1024435	103.9	511046	122039	233128	82359	75863
江永县	Jiangyong County	595069	104.4	299084	58385	192636	12790	32174
宁远县	Ningyuan County	832891	104.2	350833	75985	298521	63601	43951
蓝山县	Lanshan County	453483	104.1	197667	103975	110609	4977	36255
新田县	Xintian County	514769	104.7	257508	40728	174111	21426	20996
江华县	Jianghua County	705670	104.3	235283	245634	180259	7835	36659
祁阳市	Qiyang City	1243796	104.4	623559	146760	247448	157021	69008
鹤城区	Hecheng District	246202	103.6	161021	12373	54104	8482	10222
中方县	Zhongfang County	335435	103.5	152714	77217	90694	10133	4676
沅陵县	Yuanling County	583869	103.7	315278	53304	164932	40361	9994
辰溪县	Chenxi County	451935	104.1	223813	27425	171143	18770	10784
溆浦县	Xupu County	810815	103.9	453359	50421	264650	20857	21528
会同县	Huitong County	335856	103.5	114189	68008	136645	7922	9092
麻阳县	Mayang County	421009	103.6	267997	3839	126844	11943	10387
新晃县	Xinhuang County	259048	103.4	85702	4322	158290	1396	9338
芷江县	Zhijiang County	469815	103.9	271252	7868	163498	13907	13291
靖州县	Jingzhou County	355716	104.0	155414	11080	170842	11472	6908
通道县	Tongdao County	214045	103.5	98284	29942	77627	6466	1727
洪江市	Hongjiang City	529225	103.8	342588	26459	127912	15719	16548
洪江区	Hongjiang District	47406	103.6	21623	1732	21773	1205	1073
娄星区	Louxing District	436634	103.7	264535	1035	136959	17368	16737
双峰县	Shuangfeng County	1001128	103.6	561836	42608	296407	53380	46897
新化县	Xinhua County	1114977	103.8	528013	51007	436634	60145	39178
冷水江市	Lengshuijiang City	230108	103.6	83772	4102	124419	9380	8436
涟源市	Lianyuan City	974456	103.6	402716	5429	488762	39490	38058
吉首市	Jishou City	190794	104.0	136466	3224	43456	3879	3769
泸溪县	Luxi County	220486	103.2	143317	7237	63700	3003	3228
凤凰县	Fenghuang County	240633	103.4	162058	6273	66530	1843	3928
花垣县	Huayuan County	189604	103.7	105827	5980	71147	3428	3222
保靖县	Baojing County	218536	103.3	149039	3409	59892	3030	3167
古丈县	Guzhang County	152695	103.5	107912	6940	32562	2180	3101
永顺县	Yongshun County	431717	104.1	291843	15502	114896	4472	5003
龙山县	Longshan County	489405	103.8	356101	13588	110022	4304	5390

22-6 灌溉面积及水库、堤防（2023年）
Irrigated Area and Reservoirs, Dikes (2023)

市县名称	Cities and Counties	耕地灌溉面积（千公顷）Area of Irrigated Farmland (1 000 hectares)	水库（座）Number of Reservoirs (set)	1-5级堤防长度（公里）The Length of Levees at Grade 1-5 (km)
芙蓉区	Furong District	0.07		341.62
天心区	Tianxin District	1.24	1	32.06
岳麓区	Yuelu District	7.11	33	47.59
开福区	Kaifu District	1.89	4	55.87
雨花区	Yuhua District	1.37	13	34.32
望城区	Wangcheng District	22.15	39	108.41
长沙县	Changsha County	26.44	132	70.35
浏阳市	Liuyang City	52.02	145	21.76
宁乡市	Ningxiang City	58.48	161	406.01
荷塘区	Hetang District	1.76	16	9.43
芦淞区	Lusong District	3.32	13	14.14
石峰区	Shifeng District	1.10	13	27.36
天元区	Tianyuan District	5.36	26	47.32
渌口区	Lukou District	17.98	99	93.67
攸　县	You County	40.16	294	78.73
茶陵县	Chaling County	30.78	227	69.34
炎陵县	Yanling County	10.54	35	45.27
醴陵市	Liling City	35.48	196	46.37
雨湖区	Yuhu District	9.76	10	49.69
岳塘区	Yuetang District	1.35	3	21.49
湘潭县	Xiangtan County	54.06	131	152.92
湘乡市	Xiangxiang City	44.52	175	162.55
韶山市	Shaoshan City	4.53	52	57.11
珠晖区	Zhuhui District	3.04	9	58.87
雁峰区	Yanfeng District	0.37	7	40.77
石鼓区	Shigu District	1.30	10	35.67
蒸湘区	Zhengxiang District	1.31	6	51.57
南岳区	Nanyue District	1.02	11	11.61
衡阳县	Hengyang County	49.91	217	282.54
衡南县	Hengnan County	41.74	247	176.68
衡山县	Hengshan County	12.33	75	173.79
衡东县	Hengdong County	34.14	154	42.87
祁东县	Qidong County	34.06	189	15.30
耒阳市	Leiyang City	30.28	259	54.64
常宁市	Changning City	32.28	262	50.36
双清区	Shuangqing District	2.40	13	2.66
大祥区	Daxiang District	4.71	24	6.28
北塔区	Beita District	1.43	13	6.73

22–6 续表 1 Continued

市县名称	Cities and Counties	耕地灌溉面积（千公顷） Area of Irrigated Farmland (1 000 hectares)	水 库（座） Number of Reservoirs (set)	1–5 级堤防长度（公里） The Length of Levees at Grade 1–5 (km)
新邵县	Xinshao County	21.23	94	17.00
邵阳县	Shaoyang County	37.46	238	7.90
隆回县	Longhui County	49.57	259	21.00
洞口县	Dongkou County	37.96	166	15.94
绥宁县	Suining County	24.66	51	23.82
新宁县	Xinning County	24.66	116	11.90
城步县	Chengbu County	15.88	50	14.65
武冈市	Wugang City	31.85	124	31.15
邵东市	Shaodong City	30.05	126	
岳阳楼区	Yueyanglou District	4.93	61	21.31
云溪区	Yunxi District	6.20	25	103.16
君山区	Junshan District	23.86	26	263.43
岳阳县	Yueyang County	43.36	233	152.67
华容县	Huarong County	65.57	61	436.11
湘阴县	Xiangyin County	40.60	112	605.55
平江县	Pingjiang County	44.08	300	96.27
汨罗市	Miluo City	46.22	334	224.47
临湘市	Linxiang City	33.54	281	284.07
武陵区	Wuling District	6.51		182.95
鼎城区	Dingcheng District	66.63	183	780.68
安乡县	Anxiang County	39.86	10	401.15
汉寿县	Hanshou County	63.27	339	871.39
澧　县	Li County	52.51	157	466.32
临澧县	Linli County	32.19	168	52.56
桃源县	Taoyuan County	74.49	343	110.00
石门县	Shimen County	25.28	169	63.00
津市市	Jinshi City	13.62	28	72.10
永定区	Yongding District	16.03	90	69.52
武陵源区	Wulingyuan District	1.51	10	33.71
慈利县	Cili County	30.21	108	31.83
桑植县	Sangzhi County	19.28	49	93.32
资阳区	Ziyang District	19.05	36	253.87
赫山区	Heshan District	40.32	163	359.90
南　县	Nan County	64.69	1	813.42
桃江县	Taojiang County	34.15	218	43.81
安化县	Anhua County	26.40	171	281.90
沅江市	Yuanjiang City	61.22	15	753.14
北湖区	Beihu District	6.92	12	102.11
苏仙区	Suxian District	11.84	59	58.97
桂阳县	Guiyang County	34.19	255	10.30
宜章县	Yizhang County	22.35	90	72.25
永兴县	Yongxing County	27.62	145	16.48

22-6 续表 2 Continued

市县名称	Cities and Counties	耕地灌溉面积（千公顷）Area of Irrigated Farmland (1 000 hectares)	水库（座）Number of Reservoirs (set)	1-5 级堤防长度（公里）The Length of Levees at Grade 1-5 (km)
嘉禾县	Jiahe County	15.02	91	7.27
临武县	Linwu County	11.89	84	49.24
汝城县	Rucheng County	17.70	77	63.50
桂东县	Guidong County	7.68	23	65.92
安仁县	Anren County	25.07	110	61.38
资兴市	Zixing City	15.95	85	11.64
零陵区	Lingling District	29.91	144	79.66
冷水滩区	Lengshuitan District	20.59	133	35.76
东安县	Dongan County	33.75	205	12.00
双牌县	Shuangpai County	7.96	51	92.00
道　县	Dao County	46.97	103	37.39
江永县	Jiangyong County	16.90	82	29.64
宁远县	Ningyuan County	35.51	163	43.40
蓝山县	Lanshan County	15.05	45	65.84
新田县	Xintian County	13.79	72	44.78
江华县	Jianghua County	25.27	114	10.60
祁阳市	Qiyang City	38.20	252	35.08
鹤城区	Hecheng District	5.64	40	65.01
中方县	Zhongfang County	16.56	111	27.17
沅陵县	Yuanling County	34.55	117	38.30
辰溪县	Chenxi County	26.46	145	30.04
溆浦县	Xupu County	36.64	145	61.88
会同县	Huitong County	20.40	105	46.32
麻阳县	Mayang County	16.14	178	18.66
新晃县	Xinhuang County	14.23	52	35.96
芷江县	Zhijiang County	23.61	153	21.96
靖州县	Jingzhou County	17.81	55	20.81
通道县	Tongdao County	14.83	47	31.91
洪江市	Hongjiang City	20.23	127	19.81
洪江区	Hongjiang District	0.78	7	6.58
娄星区	Louxing District	10.20	59	77.60
双峰县	Shuangfeng County	36.16	200	89.01
新化县	Xinhua County	42.04	280	46.85
冷水江市	Lengshuijiang City	4.76	29	25.47
涟源市	Lianyuan City	27.59	161	49.19
吉首市	Jishou City	5.20	45	31.10
泸溪县	Luxi County	16.14	140	18.76
凤凰县	Fenghuang County	24.86	98	41.26
花垣县	Huayuan County	14.14	55	28.19
保靖县	Baojing County	11.22	70	29.45
古丈县	Guzhang County	7.09	44	23.53
永顺县	Yongshun County	22.55	122	70.69
龙山县	Longshan County	16.95	91	33.81

22-7 农作物播种面积(2023年)
Sown Area of Crops (2023)

单位：千公顷 (1 000 hectares)

市县名称	Cities and Counties	粮食作物 Area of Grain Crops	稻谷面积 Area of Rice	油料面积 Area of Oil	蔬菜面积 Area of Vegetables
芙蓉区	Furong District				
天心区	Tianxin District	0.13	0.12	0.31	0.89
岳麓区	Yuelu District	6.43	6.15	1.67	11.95
开福区	Kaifu District	1.20	1.18	0.17	0.87
雨花区	Yuhua District	0.20	0.18	0.02	0.56
望城区	Wangcheng District	40.09	38.50	5.68	29.40
长沙县	Changsha County	73.40	61.96	10.23	30.31
浏阳市	Liuyang City	80.33	74.11	33.14	46.02
宁乡市	Ningxiang City	107.07	100.98	12.82	48.56
荷塘区	Hetang District	2.53	2.05	0.90	3.57
芦淞区	Lusong District	3.20	2.91	0.73	3.34
石峰区	Shifeng District	0.60	0.41	0.22	3.16
天元区	Tianyuan District	5.18	4.80	1.33	4.63
渌口区	Lukou District	28.70	26.81	6.54	12.94
攸　县	You County	61.50	59.02	19.66	25.41
茶陵县	Chaling County	37.67	36.42	15.75	8.51
炎陵县	Yanling County	12.00	9.49	3.42	3.38
醴陵市	Liling City	68.85	64.73	14.74	21.45
雨湖区	Yuhu District	13.88	12.92	3.03	6.88
岳塘区	Yuetang District	0.87	0.76	0.19	2.25
湘潭县	Xiangtan County	83.48	81.74	17.87	22.19
湘乡市	Xiangxiang City	65.85	64.20	14.79	24.49
韶山市	Shaoshan City	5.47	5.31	3.15	2.98
珠晖区	Zhuhui District	2.01	1.78	1.16	2.93
雁峰区	Yanfeng District	0.61	0.54	0.02	0.83
石鼓区	Shigu District	1.07	1.01	0.44	0.83
蒸湘区	Zhengxiang District	1.00	0.94	0.38	0.90
南岳区	Nanyue District	2.05	1.61	0.37	0.70
衡阳县	Hengyang County	85.78	78.04	46.61	6.63
衡南县	Hengnan County	88.75	80.26	40.16	7.05
衡山县	Hengshan County	32.71	30.94	11.30	5.36
衡东县	Hengdong County	57.39	52.30	23.19	7.28
祁东县	Qidong County	69.47	61.93	27.77	14.81
耒阳市	Leiyang City	73.40	67.22	35.25	12.70
常宁市	Changning City	57.73	51.30	22.49	9.48
双清区	Shuangqing District	4.16	2.94	0.71	2.20
大祥区	Daxiang District	9.78	8.21	2.44	2.85
北塔区	Beita District	2.87	2.06	0.44	1.64

注：粮食数据由国家统计局湖南调查总队提供。
The grain data are provided by hunan Survey Team of National Bureau of Statistics.

22-7 续表 1 Continued

单位：千公顷 (1 000 hectares)

市县名称	Cities and Counties	粮食作物 Area of Grain Crops	稻谷面积 Area of Rice	油料面积 Area of Oil	蔬菜面积 Area of Vegetables
新邵县	Xinshao County	49.25	38.89	10.60	13.09
邵阳县	Shaoyang County	69.83	56.30	22.04	18.00
隆回县	Longhui County	72.55	60.98	12.25	39.93
洞口县	Dongkou County	73.71	63.73	30.91	23.12
绥宁县	Suining County	21.43	17.48	6.34	11.42
新宁县	Xinning County	44.06	33.45	7.80	9.31
城步县	Chengbu County	14.97	10.66	3.51	6.09
武冈市	Wugang City	67.66	53.75	15.13	13.92
邵东市	Shaodong City	68.89	55.19	24.35	19.18
岳阳楼区	Yueyanglou District	5.00	4.28	1.78	4.34
云溪区	Yunxi District	3.60	2.79	1.55	2.03
君山区	Junshan District	26.47	18.77	12.35	8.54
岳阳县	Yueyang County	80.00	71.64	21.11	12.77
华容县	Huarong County	90.20	83.64	41.03	19.09
湘阴县	Xiangyin County	78.13	68.62	11.96	11.05
平江县	Pingjiang County	67.47	59.70	21.58	11.13
汨罗市	Miluo City	78.27	66.25	13.40	10.14
临湘市	Linxiang City	56.40	49.64	15.13	8.30
武陵区	Wuling District	12.27	11.03	2.39	4.18
鼎城区	Dingcheng District	106.03	101.75	47.36	26.01
安乡县	Anxiang County	53.47	48.84	41.79	14.91
汉寿县	Hanshou County	96.35	93.47	39.48	21.57
澧　县	Li County	77.77	67.54	44.36	16.56
临澧县	Linli County	53.20	48.78	31.35	9.89
桃源县	Taoyuan County	118.95	105.87	53.32	18.09
石门县	Shimen County	48.20	26.87	28.88	11.45
津市市	Jinshi City	22.60	20.83	14.46	3.50
永定区	Yongding District	28.47	16.53	12.67	14.21
武陵源区	Wulingyuan District	2.73	0.94	0.96	1.18
慈利县	Cili County	58.00	26.17	26.81	11.67
桑植县	Sangzhi County	38.27	14.07	15.18	13.58
资阳区	Ziyang District	42.84	40.61	6.40	17.77
赫山区	Heshan District	73.20	69.38	8.52	21.22
南　县	Nan County	75.63	67.71	45.88	33.03
大通湖区	Datonghu District	18.07	16.78	8.83	10.81
桃江县	Taojiang County	58.93	52.28	22.88	20.38
安化县	Anhua County	44.73	29.23	28.39	18.11
沅江市	Yuanjiang City	72.00	68.12	33.55	26.81
北湖区	Beihu District	9.60	7.79	1.60	12.42
苏仙区	Suxian District	19.20	15.09	3.98	7.47
桂阳县	Guiyang County	48.33	32.22	11.63	14.27
宜章县	Yizhang County	46.53	31.24	8.92	13.32
永兴县	Yongxing County	46.67	38.86	17.50	16.80

22-7 续表 2 Continued

单位：千公顷 (1 000 hectares)

市县名称	Cities and Counties	粮食作物 Area of Grain Crops	稻谷面积 Area of Rice	油料面积 Area of Oil	蔬菜面积 Area of Vegetables
嘉禾县	Jiahe County	20.87	14.67	4.80	6.64
临武县	Linwu County	20.33	13.37	4.30	8.52
汝城县	Rucheng County	23.67	16.26	5.81	11.09
桂东县	Guidong County	8.37	6.65	3.51	2.65
安仁县	Anren County	44.80	40.25	19.47	8.40
资兴市	Zixing City	27.20	18.95	8.87	12.81
零陵区	Lingling District	55.88	50.31	17.58	29.38
冷水滩区	Lengshuitan District	50.28	42.93	8.29	19.00
东安县	Dongan County	57.88	48.22	10.43	24.88
双牌县	Shuangpai County	14.60	10.66	3.29	6.39
道　县	Dao County	58.02	46.61	13.86	33.97
江永县	Jiangyong County	25.14	18.66	10.39	19.05
宁远县	Ningyuan County	48.45	40.51	7.29	9.81
蓝山县	Lanshan County	23.03	19.17	8.40	10.38
新田县	Xintian County	30.01	20.31	3.19	13.78
江华县	Jianghua County	38.84	25.95	8.70	11.56
祁阳市	Qiyang City	85.15	71.25	27.14	28.64
鹤城区	Hecheng District	7.12	6.37	1.68	8.51
中方县	Zhongfang County	19.13	12.44	9.26	3.49
沅陵县	Yuanling County	44.25	28.92	20.49	12.69
辰溪县	Chenxi County	32.47	21.52	18.94	8.03
溆浦县	Xupu County	54.31	31.76	23.79	8.04
会同县	Huitong County	19.47	14.85	8.19	4.95
麻阳县	Mayang County	19.73	14.53	9.48	2.59
新晃县	Xinhuang County	16.13	10.59	5.48	3.15
芷江县	Zhijiang County	34.33	22.11	12.59	9.76
靖州县	Jingzhou County	20.73	17.33	7.69	4.83
通道县	Tongdao County	13.60	11.86	7.16	2.85
洪江市	Hongjiang City	26.41	17.93	12.47	6.23
洪江区	Hongjiang District	0.80	0.56	0.40	0.50
娄星区	Louxing District	20.53	14.99	4.39	7.73
双峰县	Shuangfeng County	78.27	66.30	14.44	13.55
新化县	Xinhua County	75.93	56.23	13.90	11.19
冷水江市	Lengshuijiang City	6.99	4.86	1.73	2.62
涟源市	Lianyuan City	63.05	44.54	12.18	10.03
吉首市	Jishou City	9.24	5.92	5.96	5.94
泸溪县	Luxi County	15.08	11.06	10.70	7.53
凤凰县	Fenghuang County	27.49	15.69	8.93	9.75
花垣县	Huayuan County	18.44	10.71	5.27	5.24
保靖县	Baojing County	17.60	8.16	6.33	5.19
古丈县	Guzhang County	8.33	4.65	3.18	3.18
永顺县	Yongshun County	38.65	24.65	13.78	10.39
龙山县	Longshan County	33.79	16.93	11.01	9.12

22–8 主要农产品产量(2023年)
Output of Major Farm Crops (2023)

单位：吨 (ton)

市县名称	Cities and Counties	粮食合计 Total Grain	稻谷 Rice	玉米 Corn	大豆 Beans	薯类折粮 Tubers	其他粮食 Other Grains
芙蓉区	Furong District						
天心区	Tianxin District	1016	970	8		38	
岳麓区	Yuelu District	43980	42666	265	196	786	68
开福区	Kaifu District	8134	8005		4	125	
雨花区	Yuhua District	1118	1022	5	21	70	
望城区	Wangcheng District	274632	266459	995	563	6138	477
长沙县	Changsha County	495454	431457	27302	5290	26750	4656
浏阳市	Liuyang City	568675	537429	10255	5763	13140	2088
宁乡市	Ningxiang City	736446	700784	22440	3370	9004	848
荷塘区	Hetang District	16700	14318	820	106	1272	185
芦淞区	Lusong District	21500	20189	520	107	539	146
石峰区	Shifeng District	3800	3022	91	160	477	50
天元区	Tianyuan District	34967	33310	320	250	943	144
渌口区	Lukou District	200600	192074	2302	1328	3639	1257
攸　县	You County	436700	426017	3500	2783	3719	680
茶陵县	Chaling County	261985	256548	1550	980	1463	1443
炎陵县	Yanling County	85384	72013	2485	1957	8460	469
醴陵市	Liling City	486450	464193	13681	1915	5196	1464
雨湖区	Yuhu District	94500	89724	2034	626	1377	738
岳塘区	Yuetang District	6500	6059	52	94	264	30
湘潭县	Xiangtan County	599400	590481	3737	812	3296	1074
湘乡市	Xiangxiang City	467607	455122	9818	617	1786	265
韶山市	Shaoshan City	42000	41425	156	107	223	90
珠晖区	Zhuhui District	12200	11101	50	395	608	47
雁峰区	Yanfeng District	3667	3328	251	45	43	
石鼓区	Shigu District	6700	6447	30	39	155	30
蒸湘区	Zhengxiang District	6400	6121	69	73	104	33
南岳区	Nanyue District	11890	9467	505	465	1131	323
衡阳县	Hengyang County	600500	559212	18774	7450	11476	3588
衡南县	Hengnan County	610000	570821	6728	3575	19461	9415
衡山县	Hengshan County	218510	209062	967	834	6558	1089
衡东县	Hengdong County	387100	363670	5634	5055	6462	6279
祁东县	Qidong County	447000	402984	24706	5483	12136	1692
耒阳市	Leiyang City	473215	443615	7993	3964	15339	2304
常宁市	Changning City	368000	337116	13351	6289	8284	2960
双清区	Shuangqing District	23647	17937	2640	860	2018	191
大祥区	Daxiang District	55703	48121	4400	830	2148	205
北塔区	Beita District	17722	12997	2950	430	1094	251

22-8 续表 1 Continued

单位：吨 (ton)

市县名称	Cities and Counties	粮食合计 Total Grain	稻谷 Rice	玉米 Corn	大豆 Beans	薯类折粮 Tubers	其他粮食 Other Grains
新邵县	Xinshao County	315860	257822	37450	10350	4354	5884
邵阳县	Shaoyang County	466364	390582	53000	6190	9173	7419
隆回县	Longhui County	528618	460632	36700	3850	23598	3838
洞口县	Dongkou County	501031	442067	39150	7310	7478	5025
绥宁县	Suining County	151426	132167	6125	2975	8954	1205
新宁县	Xinning County	299506	231486	54380	3140	9826	674
城步县	Chengbu County	83681	64023	13200	1200	4981	277
武冈市	Wugang City	461595	369934	71385	6295	12761	1221
邵东市	Shaodong City	456017	378750	41248	14175	15808	6036
岳阳楼区	Yueyanglou District	26170	23305	1135	24	1265	442
云溪区	Yunxi District	18090	14207	1280	430	1982	192
君山区	Junshan District	149100	114314	23580	3150	2449	5607
岳阳县	Yueyang County	514300	472866	25640	2125	12691	979
华容县	Huarong County	557010	529948	18740	1725	2431	4167
湘阴县	Xiangyin County	500000	451965	32915	4192	9244	1685
平江县	Pingjiang County	423601	384555	28905	1455	6095	2592
汨罗市	Miluo City	489000	431801	41495	3225	9743	2736
临湘市	Linxiang City	352800	327444	9675	3930	6661	5090
武陵区	Wuling District	79860	74045	1579	2077	1895	264
鼎城区	Dingcheng District	695600	671024	14177	1673	2788	5937
安乡县	Anxiang County	353700	331342	9179	2588	1985	8606
汉寿县	Hanshou County	622300	607276	4405	1496	6982	2140
澧　县	Li County	530190	470295	36641	4196	6795	12263
临澧县	Linli County	337300	308655	17878	1964	6910	1893
桃源县	Taoyuan County	768650	694658	49664	9519	9198	5611
石门县	Shimen County	302300	184350	85107	6243	18235	8365
津市市	Jinshi City	137694	129837	158	869	4085	2746
永定区	Yongding District	145700	100464	21861	4585	17991	800
武陵源区	Wulingyuan District	14150	6539	4696	501	2410	4
慈利县	Cili County	334730	182649	101040	8817	40718	1506
桑植县	Sangzhi County	153808	82954	32408	5727	32067	651
资阳区	Ziyang District	276400	263737	5731	828	5569	535
赫山区	Heshan District	494980	472843	12709	1166	5463	2798
南　县	Nan County	510100	468873	25627	2544	7111	5945
大通湖区	Datonghu District	119500	113593	2827	375	1339	1366
桃江县	Taojiang County	368100	334736	21376	2319	6612	3058
安化县	Anhua County	240800	176591	48377	4598	8481	2753
沅江市	Yuanjiang City	457058	436198	13843	1255	2557	3205
北湖区	Beihu District	57550	49051	3683	551	4201	64
苏仙区	Suxian District	117560	95044	12298	402	9449	368
桂阳县	Guiyang County	293180	217149	20158	9224	44374	2276
宜章县	Yizhang County	280566	201945	61393	2794	13876	557
永兴县	Yongxing County	279844	244592	18129	1107	14990	1026

22-8 续表 2 Continued

单位：吨 (ton)

市县名称	Cities and Counties	粮食合计 Total Grain	稻谷 Rice	玉米 Corn	大豆 Beans	薯类折粮 Tubers	其他粮食 Other Grains
嘉禾县	Jiahe County	125332	92638	21408	2655	7785	847
临武县	Linwu County	120985	87200	27562	1951	3507	766
汝城县	Rucheng County	153059	118832	19086	5904	9238	
桂东县	Guidong County	51001	44780	4051	727	1444	0
安仁县	Anren County	288139	266916	9574	4637	6666	346
资兴市	Zixing City	142000	111150	19256	1195	9865	534
零陵区	Lingling District	368680	337855	12791	6898	9123	2014
冷水滩区	Lengshuitan District	322490	282510	24729	8972	3962	2318
东安县	Dongan County	377050	324001	24512	9146	14913	4479
双牌县	Shuangpai County	72340	57260	8263	1451	4543	824
道　县	Dao County	374150	312977	30306	10596	17030	3242
江永县	Jiangyong County	134550	104027	21013	1518	7366	627
宁远县	Ningyuan County	315690	267838	15703	11952	16015	4182
蓝山县	Lanshan County	137700	120057	9262	2008	4748	1625
新田县	Xintian County	158650	124607	16499	8258	7780	1507
江华县	Jianghua County	236050	156009	72276	1487	5467	812
祁阳市	Qiyang City	562850	485739	24833	14998	32134	5145
鹤城区	Hecheng District	52000	48918	1744	43	1199	97
中方县	Zhongfang County	112450	88679	15950	950	5941	931
沅陵县	Yuanling County	255620	197260	36290	4650	13901	3519
辰溪县	Chenxi County	208900	159551	32850	3270	10892	2336
溆浦县	Xupu County	361680	250945	86750	3753	15166	5066
会同县	Huitong County	132700	111378	15600	270	4899	553
麻阳县	Mayang County	114900	94722	12120	270	7650	139
新晃县	Xinhuang County	82050	58784	16650	701	5871	44
芷江县	Zhijiang County	235000	176356	45750	1804	9988	1103
靖州县	Jingzhou County	136018	121395	5300	950	8081	291
通道县	Tongdao County	92500	84514	4340	600	2989	57
洪江市	Hongjiang City	172500	132429	27286	1093	10124	726
洪江区	Hongjiang District	7000	5514	1014	27	441	
娄星区	Louxing District	139320	109986	17750	4750	5603	1231
双峰县	Shuangfeng County	515100	451107	49450	5950	5358	3235
新化县	Xinhua County	487720	381013	82105	6645	9278	8679
冷水江市	Lengshuijiang City	42660	32722	7220	625	1856	237
涟源市	Lianyuan City	398789	305416	70468	7695	9351	5858
吉首市	Jishou City	53550	38495	8689	1370	4829	167
泸溪县	Luxi County	84553	68247	9395	1839	4297	774
凤凰县	Fenghuang County	132458	90549	24770	4497	10097	2544
花垣县	Huayuan County	95623	63913	19505	4147	7873	185
保靖县	Baojing County	95261	53979	25602	3264	11788	628
古丈县	Guzhang County	35116	23311	6891	1296	3384	234
永顺县	Yongshun County	230282	157825	33891	5389	32308	868
龙山县	Longshan County	191157	113883	31198	4043	41705	327

22-8 续表 3 Continued

单位：吨 (ton)

市县名称	Cities and Counties	棉花 Cotton	油料 Oil-bearing	#油菜籽 Rapeseeds	黄红麻 Jute and Ambary Hemp	苎麻 Ramie	烤烟 Flucured Tobacco	茶叶 Tea	柑橘 Citrus
芙蓉区	Furong District								
天心区	Tianxin District		468	468					49
岳麓区	Yuelu District		3478	2659				140	6951
开福区	Kaifu District		268	268					
雨花区	Yuhua District		27	27					
望城区	Wangcheng District		12022	9348				740	3024
长沙县	Changsha County		17051	14808				43938	17273
浏阳市	Liuyang City		60410	57432			9200	1729	57881
宁乡市	Ningxiang City		21592	17705			6151	4861	21946
荷塘区	Hetang District		1445	1242				52	1570
芦淞区	Lusong District	7	1025	994				41	3850
石峰区	Shifeng District		403	312					1163
天元区	Tianyuan District		1688	1634				150	2943
渌口区	Lukou District	253	12283	10278				741	7693
攸　县	You County		34138	30301		494	248	337	30144
茶陵县	Chaling County	70	31743	26315		560	3709	400	30519
炎陵县	Yanling County		5391	4249				350	2877
醴陵市	Liling City		24349	22554				629	4847
雨湖区	Yuhu District		5412	4643				86	1823
岳塘区	Yuetang District		288	274				26	344
湘潭县	Xiangtan County	50	30094	28342		23		1184	13179
湘乡市	Xiangxiang City	30	25126	23886				982	5300
韶山市	Shaoshan City	3	5062	4828				128	479
珠晖区	Zhuhui District		1935	1463					3597
雁峰区	Yanfeng District		46	4					1658
石鼓区	Shigu District		651	613					1015
蒸湘区	Zhengxiang District		599	506					1557
南岳区	Nanyue District		601	530				216	389
衡阳县	Hengyang County	4627	78153	76302	19	14	1561	26	21075
衡南县	Hengnan County	3877	70733	65120			3105	726	11674
衡山县	Hengshan County	25	19709	18990				490	2887
衡东县	Hengdong County	43	36748	33415		5		419	5512
祁东县	Qidong County	1198	46164	41303			2350	123	10240
耒阳市	Leiyang City	388	62532	56850	40	37	2600	345	13809
常宁市	Changning City	2036	38200	33343			4009	2382	11643
双清区	Shuangqing District		1442	856					3019
大祥区	Daxiang District		4103	3033				15	19127
北塔区	Beita District		748	465				1	2026

22-8 续表 4 Continued

单位：吨 (ton)

市县名称	Cities and Counties	棉花 Cotton	油料 Oil-bearing	#油菜籽 Rapeseeds	黄红麻 Jute and Ambary Hemp	苎麻 Ramie	烤烟 Fluecured Tobacco	茶叶 Tea	柑橘 Citrus
新邵县	Xinshao County	8	19338	15094				80	22136
邵阳县	Shaoyang County		41667	31844		22	3325	46	18261
隆回县	Longhui County		21894	17087			4284	289	25020
洞口县	Dongkou County		52251	46627		54	99	4896	105768
绥宁县	Suining County		7818	7576		9		120	36693
新宁县	Xinning County		13680	9505		8	3280	117	367961
城步县	Chengbu County		5252	4112				220	2740
武冈市	Wugang City	8	26831	21065			35	936	104210
邵东市	Shaodong City		52788	34727	91			445	25147
岳阳楼区	Yueyanglou District	5	3174	2951				267	1305
云溪区	Yunxi District	3	2727	2294				163	2068
君山区	Junshan District	2287	20562	20238		40	7	133	7331
岳阳县	Yueyang County	1495	38772	31438				1424	14122
华容县	Huarong County	8701	74096	73698				872	26746
湘阴县	Xiangyin County	7	20931	17758		163		2637	28210
平江县	Pingjiang County	833	41646	34071			42	3840	14152
汨罗市	Miluo City		22446	20684				3125	7639
临湘市	Linxiang City	1552	27714	23388				4659	2184
武陵区	Wuling District	181	4532	4152					26362
鼎城区	Dingcheng District	10375	95568	93087			14	166	54192
安乡县	Anxiang County	4885	84015	83514		273		51	45475
汉寿县	Hanshou County	2689	79833	76924		531		1276	71707
澧　县	Li County	10502	92106	89501				494	214446
临澧县	Linli County	3431	62717	62223			4084	120	91630
桃源县	Taoyuan County	2481	111068	105184		452	3350	10824	208430
石门县	Shimen County	1116	56517	55173		20	3708	17710	469404
津市市	Jinshi City	1816	29205	27365				146	25706
永定区	Yongding District		24219	20140		15	1985	1744	47375
武陵源区	Wulingyuan District		1614	1295				212	1272
慈利县	Cili County	814	45162	42055			3109	2532	184887
桑植县	Sangzhi County		24920	21875		94	8585	2311	24253
资阳区	Ziyang District	911	10653	10531		15		2184	10148
赫山区	Heshan District	47	14873	12810		29		4083	23277
南　县	Nan County	4820	88349	88081		135			65373
大通湖区	Datonghu District	731	16289	16248		32			18129
桃江县	Taojiang County	1232	42158	35626				16831	18782
安化县	Anhua County	379	46676	36569		12	99	78250	32476
沅江市	Yuanjiang City	1905	59817	59500		119		181	106253
北湖区	Beihu District		2969	2202			1803	152	8187
苏仙区	Suxian District	7	7749	6442			4945	152	7977
桂阳县	Guiyang County		21166	11531			35804	301	21010
宜章县	Yizhang County		15777	10814			5500	1549	168198
永兴县	Yongxing County		28257	24507			6245	508	121468

22-8 续表 5 Continued

单位：吨 (ton)

市县名称	Cities and Counties	棉花 Cotton	油料 Oil-bearing	#油菜籽 Rapeseeds	黄红麻 Jute and Ambary Hemp	苎麻 Ramie	烤烟 Fluecured Tobacco	茶叶 Tea	柑橘 Citrus
嘉禾县	Jiahe County	198	11775	5983			6575	60	29797
临武县	Linwu County	12	8535	5410			2768	74	12841
汝城县	Rucheng County	7	10717	8118				487	8369
桂东县	Guidong County		5580	5477				3732	1077
安仁县	Anren County	1	36355	30064			6969	632	24774
资兴市	Zixing City		14913	13631			95	2582	99314
零陵区	Lingling District	2	28902	23980	23		590	821	87456
冷水滩区	Lengshuitan District	46	16102	10976			511	2	39699
东安县	Dongan County	5	20835	12872			2455	8	38880
双牌县	Shuangpai County		5595	4035				89	8194
道　县	Dao County	13	27076	20036			5365	25	197993
江永县	Jiangyong County	4	18557	13635			3600	120	197655
宁远县	Ningyuan County		14215	10451			13402	437	80908
蓝山县	Lanshan County	88	18007	13839			8262	388	24326
新田县	Xintian County		6709	2975		11	7163	190	1334
江华县	Jianghua County		17454	9888			8800	965	16752
祁阳市	Qiyang City	90	52730	38114			97	308	94711
鹤城区	Hecheng District		2516	2463					12112
中方县	Zhongfang County		14560	13770				42	23686
沅陵县	Yuanling County		34329	30962			19	10810	21324
辰溪县	Chenxi County	118	32242	31442			26	26	177610
溆浦县	Xupu County	124	39421	37776			7	1187	123452
会同县	Huitong County		13396	13195	13	1	0	1012	68679
麻阳县	Mayang County		16054	13501				23	709887
新晃县	Xinhuang County		7515	7173		3	661		6040
芷江县	Zhijiang County		20886	17770			1231	37	231439
靖州县	Jingzhou County		12008	11655			651	53	26350
通道县	Tongdao County	25	12288	12100			5	263	15551
洪江市	Hongjiang City		19677	19188			72	68	443363
洪江区	Hongjiang District		669	669					3457
娄星区	Louxing District		9187	5135			34	668	21098
双峰县	Shuangfeng County	33	25045	21601				1681	11795
新化县	Xinhua County	17	24373	17778	97	56	101	4887	9766
冷水江市	Lengshuijiang City	10	2714	2379				258	14002
涟源市	Lianyuan City	1	24165	17683		20	46	1598	39907
吉首市	Jishou City		9126	8124		20	366	1854	73543
泸溪县	Luxi County	75	18213	17157		128	2540	11	170005
凤凰县	Fenghuang County		13740	12010		26	2310	180	78818
花垣县	Huayuan County	63	9240	7325			3592	39	19653
保靖县	Baojing County		10559	8122			1402	1358	155614
古丈县	Guzhang County		5181	4688			473	10170	30395
永顺县	Yongshun County		22969	18831			5010	1206	86539
龙山县	Longshan County		17693	14978			8419	52	61817

22-9 主要林产品和水产品产量(2023年)

Output of Major Forest Products and Aquatic Products (2023)

市县名称	Cities and Counties	油茶籽（吨）Tea-oil Seeds (ton)	竹笋干（吨）Bamboo Shoots (ton)	木材采伐量（万方）Woods Cuts (10 000 cu.m)	竹材采伐量（万根）Bamboo Cuts (10 000 roots)	水产品（吨）Bamboo Cuts (ton)	#鱼 Fish
芙蓉区	Furong District			0.01			
天心区	Tianxin District			0.01		1563	1563
岳麓区	Yuelu District	118		1.07		10796	10632
开福区	Kaifu District			0.10		1960	1750
雨花区	Yuhua District	66		0.07		2397	2392
望城区	Wangcheng District	1087	12	1.41	18.60	38316	27206
长沙县	Changsha County	3720	120	3.06	55.00	15542	14951
浏阳市	Liuyang City	67257	550	14.37	661.00	34360	31276
宁乡市	Ningxiang City	4430		1.53		24678	23888
荷塘区	Hetang District	173				4520	4520
芦淞区	Lusong District	88		0.16	0.66	3102	3102
石峰区	Shifeng District	419	1	0.01		3462	3462
天元区	Tianyuan District	820	20	0.01	0.27	5226	5199
渌口区	Lukou District	22599	25	2.10	6.34	13517	12416
攸县	You County	42166	50	12.49	20.84	28740	27872
茶陵县	Chaling County	40429		7.96	42.10	19700	19368
炎陵县	Yanling County	3991	8400	9.57	17.28	1549	1502
醴陵市	Liling City	81273	30	2.37	5.35	29636	28917
雨湖区	Yuhu District	323		2.59	1.50	9287	9214
岳塘区	Yuetang District	116		1.57		2580	2551
湘潭县	Xiangtan County	6850		5.54	122.00	48505	42300
湘乡市	Xiangxiang City	3787		4.60	55.00	43563	40002
韶山市	Shaoshan City	68		0.38	4.00	3270	3121
珠晖区	Zhuhui District	150	2	0.13		4017	3937
雁峰区	Yanfeng District					2871	2871
石鼓区	Shigu District					2403	2394
蒸湘区	Zhengxiang District				2.90	4578	4486
南岳区	Nanyue District			0.88	29.00	456	430
衡阳县	Hengyang County	44746	500	1.83	50.40	66689	60870
衡南县	Hengnan County	29806	5	4.01	169.00	48956	47820
衡山县	Hengshan County	8757		1.67	13.20	23648	23121
衡东县	Hengdong County	47054	500	7.74	1200.00	26381	25411
祁东县	Qidong County	16259	2	1.94	30.00	48420	47050
耒阳市	Leiyang City	71900	800	3.09	1085.00	46705	39952
常宁市	Changning City	59920	1400	2.09	52.30	37201	36471
双清区	Shuangqing District	2		0.07		1259	1182
大祥区	Daxiang District	2				2750	2620
北塔区	Beita District	20		0.04		1329	1323

22–9　续表 1　Continued

市县名称	Cities and Counties	油茶籽 (吨) Tea-oil Seeds (ton)	竹笋干 (吨) Bamboo Shoots (ton)	木材采伐量 (万方) Woods Cuts (10 000 cu.m)	竹材采伐量 (万根) Bamboo Cuts (10 000 roots)	水产品 (吨) Bamboo Cuts (ton)	#鱼 Fish
新邵县	Xinshao County	295	80	3.42	330.00	11350	10717
邵阳县	Shaoyang County	62493		1.01	310.00	13910	13540
隆回县	Longhui County	5723	2400	5.98	280.00	12148	11598
洞口县	Dongkou County	5432	100	8.89	551.00	18754	17425
绥宁县	Suining County	7547	1500	9.00	1900.00	2178	2070
新宁县	Xinning County	31	100	9.11	300.00	6199	6075
城步县	Chengbu County	896		10.38	76.00	941	925
武冈市	Wugang City	3377	50	2.92	65.00	8016	7909
邵东市	Shaodong City	28056		0.35	65.00	27440	25478
岳阳楼区	Yueyanglou District	1280		0.97		8543	8543
云溪区	Yunxi District	846		1.56	12.26	13875	11247
君山区	Junshan District			1.97		56398	19169
岳阳县	Yueyang County	1924		9.44	200.00	47321	40298
华容县	Huarong County	40		6.77	12.00	158886	105622
湘阴县	Xiangyin County	616		2.54	12.00	194563	183065
平江县	Pingjiang County	34222	176	5.90	1420.00	9155	8570
汨罗市	Miluo City	1554		2.14	75.30	40333	27873
临湘市	Linxiang City	1378	3000	3.27	7500.00	44520	11653
武陵区	Wuling District	280		0.89		27450	24966
鼎城区	Dingcheng District	33849	29	9.29	220.00	66508	35013
安乡县	Anxiang County			3.15		143000	101923
汉寿县	Hanshou County	10436	580	3.04	110.00	92378	32219
澧　县	Li County	3649		11.64	30.00	78275	39697
临澧县	Linli County	20557		1.31		24840	22325
桃源县	Taoyuan County	28804	6375	11.90	420.00	35680	30780
石门县	Shimen County	3645		3.78	6.00	11850	11635
津市市	Jinshi City	547	15	2.08	5.00	30590	26780
永定区	Yongding District	1350		6.13		1886	1615
武陵源区	Wulingyuan District			2.46	1.50	29	22
慈利县	Cili County	293		9.40		5997	5261
桑植县	Sangzhi County	4000		14.97		842	536
资阳区	Ziyang District	184		0.46		37323	26930
赫山区	Heshan District	487	5000	1.30	120.00	33221	22191
南　县	Nan County			2.74		206625	57724
大通湖区	Datonghu District			1.21		43840	17900
桃江县	Taojiang County	1366	5000	4.43	1200.00	14577	11842
安化县	Anhua County	2968	200	6.93	500.00	14350	13917
沅江市	Yuanjiang City	12		10.12		175650	116280
北湖区	Beihu District	1496	2900	3.70	98.00	3208	3018
苏仙区	Suxian District	2204	850	7.08	280.00	14980	14467
桂阳县	Guiyang County	10877	6000	9.61	149.35	13740	13489
宜章县	Yizhang County	2204	2765	9.22	443.00	6052	5885
永兴县	Yongxing County	40825	1606	5.23	42.20	24088	21052

22–9 续表 2 Continued

市县名称	Cities and Counties	油茶籽（吨）Tea-oil Seeds (ton)	竹笋干（吨）Bamboo Shoots (ton)	木材采伐量（万方）Woods Cuts (10 000 cu.m)	竹材采伐量（万根）Bamboo Cuts (10 000 roots)	水产品（吨）Bamboo Cuts (ton)	#鱼 Fish
嘉禾县	Jiahe County	1492	2000	3.67	33.00	3410	3274
临武县	Linwu County	5037		6.46	76.00	6505	5809
汝城县	Rucheng County	574	1760	12.00	394.00	1184	1123
桂东县	Guidong County	2174	60	8.17	505.00	495	478
安仁县	Anren County	18633	51	3.76	34.10	8325	6270
资兴市	Zixing City	1979	306	10.62	243.00	36735	36511
零陵区	Lingling District	2100		5.09		17177	15502
冷水滩区	Lengshuitan District	2563		3.27	15.00	14711	13962
东安县	Dongan County	26929	169	6.15	390.00	25800	25184
双牌县	Shuangpai County	133	10	16.75	340.00	8153	8093
道　县	Dao County	38120		9.69		27731	27101
江永县	Jiangyong County	863		14.66		16341	13842
宁远县	Ningyuan County	54468	50	11.30	1000.00	26069	22131
蓝山县	Lanshan County	1016	21	13.50	256.72	2698	2632
新田县	Xintian County	2159		4.06	40.00	7666	7485
江华县	Jianghua County	25639	2	25.86	10.00	6147	4770
祁阳市	Qiyang City	60195	35	11.38	33.20	51912	49189
鹤城区	Hecheng District	686	2000	3.85	13.50	4250	4154
中方县	Zhongfang County	31238	100	4.91	16.00	6480	6331
沅陵县	Yuanling County	5641	250	18.50	205.00	16780	14493
辰溪县	Chenxi County	29554	80	8.79	0.58	9084	9075
溆浦县	Xupu County	17383	86	8.04	13.55	11042	9520
会同县	Huitong County	13234	5000	13.66	1300.00	3908	3807
麻阳县	Mayang County	2839	29	3.94	7.20	3583	3480
新晃县	Xinhuang County	106	20	4.50	1.33	2089	2089
芷江县	Zhijiang County	607	67	10.33	18.00	9495	8972
靖州县	Jingzhou County	1238	20	23.89	537.00	4270	3728
通道县	Tongdao County	10834	2000	14.92	18.13	2948	2754
洪江市	Hongjiang City	4013	160	9.60	950.00	8700	8403
洪江区	Hongjiang District	294	5	0.20	92.00	510	473
娄星区	Louxing District	172		0.63		9404	9006
双峰县	Shuangfeng County	1161	210	3.92	675.00	28854	25977
新化县	Xinhua County	1403	3000	2.73	650.00	32511	31877
冷水江市	Lengshuijiang City	261		0.12	6.50	5070	5070
涟源市	Lianyuan City	358	150	1.74	18.00	21346	21081
吉首市	Jishou City	62		0.18		2098	1898
泸溪县	Luxi County	614	6	1.76	1.00	2061	1484
凤凰县	Fenghuang County	802	50	0.96	0.50	980	979
花垣县	Huayuan County	765		0.01		2200	2145
保靖县	Baojing County	243	10	1.88	1.00	2867	2849
古丈县	Guzhang County	1946	6	0.92	0.30	604	567
永顺县	Yongshun County	9872	12	5.48	2.20	2935	2914
龙山县	Longshan County	2854	11	9.64	2.00	2235	2165

22–10 规模以上工业企业基本情况(2023年)
Basic Indicators of Industrial Enterprises above Designated Size (2023)

单位：万元 (10 000 yuan)

市县名称	Cities and Counties	营业收入 Revenue of Business	利润总额 Total Profits	资产总计 Total Assets	负债合计 Total Liabilities	平均用工人数（万人） Annual Average Employees (10 000 persons)
芙蓉区	Furong District	625239	19503	797744	394052	0.44
天心区	Tianxin District	4489677	42740	7467485	5103021	2.46
岳麓区	Yuelu District	14410138	1161823	37958104	20272175	8.88
开福区	Kaifu District	1263126	174734	2252474	1308139	1.00
雨花区	Yuhua District	13439708	990591	12593351	7674171	5.94
望城区	Wangcheng District	9605575	526845	13455853	7561514	5.74
长沙县	Changsha County	16576270	331659	22152031	12425502	12.80
浏阳市	Liuyang City	14279780	1239799	16632844	6034645	17.38
宁乡市	Ningxiang City	13627270	1339145	15480401	8653369	8.61
荷塘区	Hetang District	2179334	119101	3205597	1826978	2.16
芦淞区	Lusong District	2371293	111872	5769220	3238211	2.70
石峰区	Shifeng District	7157552	664255	14169697	6740229	4.60
天元区	Tianyuan District	6763112	156304	11516529	9369521	4.75
渌口区	Lukou District	1196024	48826	1237156	700190	0.77
攸　县	You County	2106540	143731	2400024	1416387	2.45
茶陵县	Chaling County	999081	40356	1231228	592447	2.15
炎陵县	Yanling County	942012	73383	1053761	506377	0.95
醴陵市	Liling City	7445318	886211	8934202	1493731	18.24
雨湖区	Yuhu District	7976043	345156	9887316	6210272	5.38
岳塘区	Yuetang District	10518857	384666	10934770	5965411	3.93
湘潭县	Xiangtan County	5129724	229161	3205609	1640493	4.92
湘乡市	Xiangxiang City	5795770	177554	2963985	690345	3.27
韶山市	Shaoshan City	1691210	67148	1701936	712015	0.76
珠晖区	Zhuhui District	582765	26714	1147473	832826	0.45
雁峰区	Yanfeng District	1820041	94229	2285058	1041292	0.69
石鼓区	Shigu District	1508238	46189	1741394	1216437	1.41
蒸湘区	Zhengxiang District	2866552	116318	3548483	2234128	1.31
南岳区	Nanyue District					
衡阳县	Hengyang County	1339592	79727	1384146	610295	2.68
衡南县	Hengnan County	1249451	119799	1487278	585696	1.32
衡山县	Hengshan County	3277407	196489	2732065	1549199	3.87
衡东县	Hengdong County	1774870	121357	1117818	587950	2.04
祁东县	Qidong County	1219140	146310	1366383	562347	2.04
耒阳市	Leiyang City	2161806	75256	2954511	1643467	2.73
常宁市	Changning City	4509096	225336	3564595	2131270	1.94
双清区	Shuangqing District	3219994	274228	2818444	1695573	3.09
大祥区	Daxiang District	1723024	89389	1561593	1092607	0.68
北塔区	Beita District	598032	51811	442877	248969	0.37

22-10 续表 1 Continued

单位：万元 (10 000 yuan)

市县名称	Cities and Counties	营业收入 Revenue of Business	利润总额 Total Profits	资产总计 Total Assets	负债合计 Total Liabilities	平均用工人数（万人） Annual Average Employees (10 000 persons)
新邵县	Xinshao County	2307512	182918	1272273	417910	1.46
邵阳县	Shaoyang County	1290107	105238	578203	255291	1.22
隆回县	Longhui County	2475499	113468	1235585	400196	2.11
洞口县	Dongkou County	1170115	74881	703941	347628	1.50
绥宁县	Suining County	1304280	109301	591771	275557	1.07
新宁县	Xinning County	712372	39268	342747	161267	1.02
城步县	Chengbu County	246530	23892	438470	310869	0.25
武冈市	Wugang City	1259226	91114	1047872	462318	1.28
邵东市	Shaodong City	9493780	670442	2772602	936922	6.31
岳阳楼区	Yueyanglou District	8426702	421581	8153526	4578514	3.44
云溪区	Yunxi District	13846955	480719	8236385	5212869	3.37
君山区	Junshan District	1062155	57483	521902	139683	1.89
岳阳县	Yueyang County	4833677	264135	2089113	633434	2.39
华容县	Huarong County	4660213	234083	2302772	712662	2.98
湘阴县	Xiangyin County	4003845	362795	2453438	802814	1.98
平江县	Pingjiang City	7457846	316456	3001966	1123523	6.42
汨罗市	Miluo City	3627552	180426	2450795	1375390	2.19
临湘市	Linxiang County	3502471	240789	1317362	422987	1.55
武陵区	Wuling District	11232812	1263538	10350597	3430257	4.04
鼎城区	Dingcheng District	4425227	227114	4865362	3148324	2.89
安乡县	Anxiang County	1464135	26108	712373	413111	1.39
汉寿县	Hanshou County	3337010	297370	2858804	1623037	2.51
澧　县	Li County	2964224	142960	1525935	721802	4.25
临澧县	Linli County	1666144	78139	1298602	748803	1.68
桃源县	Taoyuan County	1906026	81158	2094916	1091072	2.32
石门县	Shimen County	3492454	121221	2490950	1440629	2.11
津市市	Jinshi City	2485815	131737	1806488	1041733	2.16
永定区	Yongdi District	611032	11677	1249719	795400	0.60
武陵源区	Wulingyuan District	12038	1237	13403	3518	0.03
慈利县	Cili County	432431	22396	415088	251412	0.47
桑植县	Sangzhi County	293944	22878	266667	78666	0.32
资阳区	Ziyang District	3992084	191699	2752435	1664760	2.53
赫山区	Heshan District	12533230	429867	6855436	3669235	6.05
南　县	Nan County	1685589	130263	1745341	1005243	1.17
大通湖区	Datonghu District	229675	11491	319090	168372	0.15
桃江县	Taojiang County	4497146	185197	2193440	1155977	4.86
安化县	Anhua County	1526771	89357	1545507	910032	1.10
沅江市	Yuanjiang City	3615224	221751	2237984	990628	2.21
北湖区	Beihu District	1755864	68640	3891928	2547027	1.42
苏仙区	Suxian District	4963691	239893	5012427	2631024	2.75
桂阳县	Guiyang County	6669525	604159	3555668	1563132	2.50
宜章县	Yizhang County	1606321	150861	1468956	791438	1.64
永兴县	Yongxing County	5693258	518782	2300290	1225124	2.90

22-10 续表 2 Continued

单位：万元 (10 000 yuan)

市县名称	Cities and Counties	营业收入 Revenue of Business	利润总额 Total Profits	资产总计 Total Assets	负债合计 Total Liabilities	平均用工人数（万人） Annual Average Employees (10 000 persons)
嘉禾县	Jiahe County	1137246	89972	892798	431376	1.01
临武县	Linwu County	407977	36279	887999	477435	0.64
汝城县	Rucheng County	434788	28437	582882	319162	0.41
桂东县	Guidong County	98030	9658	154752	91221	0.12
安仁县	Anren County	738835	25330	514802	318794	1.24
资兴市	Zixing City	5179874	364407	3737086	1853582	2.87
零陵区	Lingling District	2066701	179068	1464558	536731	1.53
冷水滩区	Lengshuitan District	2956671	50267	2369400	1428513	2.61
东安县	Dongan County	1271979	55937	1225446	572060	1.40
双牌县	Shuangpai County	712167	75621	571359	172527	0.80
道　县	Dao County	1525957	124983	1290531	652274	1.75
江永县	Jiangyong County	667378	51337	770689	431142	0.50
宁远县	Ningyuan County	1397354	79352	1203619	574478	2.25
蓝山县	Lanshan County	1965171	82723	901095	430330	2.43
新田县	Xintian County	321041	11544	579073	420444	0.52
江华县	Jianghua County	1808491	150951	3139653	1786495	1.42
祁阳市	Qiyang City	3873583	188265	2091234	1022431	4.01
鹤城区	Hecheng District	1727078	122377	1739995	1056270	0.87
中方县	Zhongfang County	1746798	186460	2095602	1114054	1.43
沅陵县	Yuanling County	2084434	67248	1574846	891712	0.73
辰溪县	Chenxi County	948761	64330	1298715	776829	0.59
溆浦县	Xupu County	1105367	64303	896694	425809	1.04
会同县	Huitong County	183348	10879	282007	176170	0.34
麻阳县	Mayang County	787271	35245	799857	179745	0.36
新晃县	Xinhuang County	751137	45766	326709	164619	0.65
芷江县	Zhijiang County	878871	71868	705794	266060	0.47
靖州县	Jingzhou County	797277	24401	309783	135645	0.53
通道县	Tongdao County	431448	46364	841198	407015	0.64
洪江市	Hongjiang City	566998	-15309	1429387	816296	0.43
洪江区	Hongjiang District	740019	59455	795529	276516	0.42
娄星区	Louxing District	14847820	627305	10473055	6273304	3.98
双峰县	Shuangfeng County	1250091	110303	958351	267623	2.02
新化县	Xinhua County	1815371	133227	1431754	671932	2.36
冷水江市	Lengshuijiang City	2306432	61693	2526742	1646099	1.73
涟源市	Lianyuan County	2252124	147494	2452201	708329	1.90
吉首市	Jishou County	1009363	85206	1934471	913349	1.04
泸溪县	Luxi County	568431	10603	435265	266663	0.47
凤凰县	Fenghuang County	99149	5937	290409	197922	0.14
花垣县	Huayuan County	238373	-17992	601635	493885	0.27
保靖县	Baojing County	262030	11867	292743	174479	0.30
古丈县	Guzhang County	110458	3264	151513	91461	0.11
永顺县	Yongshun County	120217	8324	209785	95431	0.15
龙山县	Longshan County	261222	16923	439003	256569	0.38

22–11 固定资产投资比上年增长情况（2023年）
Investment in Fixed Assets Increased over the Previous Year (2023)

单位：%　　　　(%)

市县名称	Cities and Counties	比上年增长 Growth Rate over Preceding Year	市县名称	Cities and Counties	比上年增长 Growth Rate over Preceding Year	市县名称	Cities and Counties	比上年增长 Growth Rate over Preceding Year
芙蓉区	Furong District	0.2	洞口县	Dongkou County	16.0	临武县	Linwu County	10.8
天心区	Tianxin District	6.7	绥宁县	Suining County	0.2	汝城县	Rucheng County	7.6
岳麓区	Yuelu District	-6.6	新宁县	Xinning County	6.8	桂东县	Guidong County	7.6
开福区	Kaifu District	6.7	城步县	Chengbu County	11.4	安仁县	Anren County	10.8
雨花区	Yuhua District	-22.8	武冈市	Wugang City	5.8	资兴市	Zixing City	7.7
望城区	Wangcheng District	9.1	邵东市	Shaodong City	8.1	零陵区	Lingling District	-29.2
长沙县	Changsha County	5.3	岳阳楼区	Yueyanglou District	-20.6	冷水滩区	Lengshuitan District	3.1
浏阳市	Liuyang City	-19.8	云溪区	Yunxi District	-16.5	东安县	Dongan County	-8.0
宁乡市	Ningxiang City	-15.0	君山区	Junshan District	-5.3	双牌县	Shuangpai County	-8.4
荷塘区	Hetang District	-17.5	岳阳县	Yueyang County	12.1	道　县	Dao County	-0.9
芦淞区	Lusong District	-31.8	华容县	Huarong County	0.7	江永县	Jiangyong County	-13.0
石峰区	Shifeng District	-13.0	湘阴县	Xiangyin County	-6.0	宁远县	Ningyuan County	9.5
天元区	Tianyuan District	3.0	平江县	Pingjiang County	-29.3	蓝山县	Lanshan County	-7.0
渌口区	Lukou District	8.7	汨罗市	Miluo City	-9.4	新田县	Xintian County	-1.4
攸　县	You County	-35.2	临湘市	Linxiang City	8.5	江华县	Jianghua County	18.6
茶陵县	Chaling County	5.5	武陵区	Wuling District	-28.9	祁阳市	Qiyang City	3.4
炎陵县	Yanling County	4.2	鼎城区	Dingcheng District	2.4	鹤城区	Hecheng District	8.5
醴陵市	Liling County	12.9	安乡县	Anxiang County	9.8	中方县	Zhongfang County	8.1
雨湖区	Yuhu District	5.5	汉寿县	Hanshou County	-8.2	沅陵县	Yuanling County	10.6
岳塘区	Yuetang District	5.1	澧　县	Li County	1.5	辰溪县	Chenxi County	-1.6
湘潭县	Xiangtan County	6.7	临澧县	Linli County	15.6	溆浦县	Xupu County	10.6
湘乡市	Xiangxiang City	7.0	桃源县	Taoyuan County	-53.0	会同县	Huitong County	8.3
韶山市	Shaoshan City	10.8	石门县	Shimen County	2.6	麻阳县	Mayang County	8.4
珠晖区	Zhuhui District	6.5	津市市	Jinshi City	9.6	新晃县	Xinhuang County	8.3
雁峰区	Yanfeng District	-24.0	永定区	Yongding District	-26.2	芷江县	Zhijiang County	8.3
石鼓区	Shigu District	5.1	武陵源区	Wulingyuan District	-9.8	靖州县	Jingzhou County	11.9
蒸湘区	Zhengxiang District	1.6	慈利县	Cili County	-15.8	通道县	Tongdao County	8.3
南岳区	Nanyue District	13.1	桑植县	Sangzhi County	-16.3	洪江市	Hongjiang City	8.3
衡阳县	Hengyang County	17.4	资阳区	Ziyang District	13.6	洪江区	Hongjiang District	8.3
衡南县	Hengnan County	12.7	赫山区	Heshan District	0.0	娄星区	Louxing District	4.9
衡山县	Hengshan County	15.9	南　县	Nan County	8.7	双峰县	Shuangfeng County	2.7
衡东县	Hengdong County	12.1	大通湖区	Datonghu District	10.5	新化县	Xinhua County	-3.8
祁东县	Qidong County	15.9	桃江县	Taojiang County	13.5	冷水江市	Lengshuijian City	-11.8
耒阳市	Leiyang City	2.1	安化县	Anhua County	11.6	涟源市	Lianyuan City	1.7
常宁市	Changning City	6.1	沅江市	Yuanjiang City	13.6	吉首市	Jishou City	-23.1
双清区	Shuangqing District	8.2	北湖区	Beihu District	7.7	泸溪县	Luxi County	9.0
大祥区	Daxiang District	10.0	苏仙区	Suxian District	6.1	凤凰县	Fenghuang County	2.3
北塔区	Beita District	7.7	桂阳县	Guiyang County	7.6	花垣县	Huayuan County	-27.7
新邵县	Xinshao County	-25.3	宜章县	Yizhang County	7.7	保靖县	Baojing County	8.4
邵阳县	Shaoyang County	12.1	永兴县	Yongxing County	7.7	古丈县	Guzhang County	12.2
隆回县	Longhui County	-6.2	嘉禾县	Jiahe County	7.8	永顺县	Yongshun County	-3.1
						龙山县	Longshan County	-27.0

22−12 房地产开发投资情况 (2023年)
Real Estate Development Investment (2023)

单位：万元 (10 000yuan)

市县名称	Cities and Counties	房地产开发投资 Real Estate Development Investment	市县名称	Cities and Counties	房地产开发投资 Real Estate Development Investment	市县名称	Cities and Counties	房地产开发投资 Real Estate Development Investment
芙蓉区	Furong District	933901	洞口县	Dongkou County	226945	临武县	Linwu County	120037
天心区	Tianxin District	2191333	绥宁县	Suining County	34989	汝城县	Rucheng County	64082
岳麓区	Yuelu District	4977649	新宁县	Xinning County	134822	桂东县	Guidong County	23526
开福区	Kaifu District	2186460	城步县	Chengbu County	57825	安仁县	Anren County	101145
雨花区	Yuhua District	2414835	武冈市	Wugang City	209042	资兴市	Zixing City	104874
望城区	Wangcheng District	2625063	邵东市	Shaodong City	296444	零陵区	Lingling District	174419
长沙县	Changsha County	2608861	岳阳楼区	Yueyanglou District	953194	冷水滩区	Lengshuitan District	481648
浏阳市	Liuyang City	395888	云溪区	Yunxi District	6032	东安县	Dongan County	105232
宁乡市	Ningxiang City	553021	君山区	Junshan District	10770	双牌县	Shuangpai County	9798
荷塘区	Hetang District	223008	岳阳县	Yueyang County	66756	道　县	Dao County	74025
芦淞区	Lusong District	153247	华容县	Huarong County	90879	江永县	Jiangyong County	23575
石峰区	Shifeng District	264954	湘阴县	Xiangyin County	179994	宁远县	Ningyuan County	99171
天元区	Tianyuan District	870249	平江县	Pingjiang County	180606	蓝山县	Lanshan County	143057
渌口区	Lukou District	131427	汨罗市	Miluo City	175842	新田县	Xintian County	48507
攸　县	You County	45991	临湘市	Linxiang City	128323	江华县	Jianghua County	142000
茶陵县	Chaling County	129068	武陵区	Wuling District	611868	祁阳市	Qiyang City	156354
炎陵县	Yanling County	30414	鼎城区	Dingcheng District	302355	鹤城区	Hecheng District	708683
醴陵市	Liling County	161410	安乡县	Anxiang County	16848	中方县	Zhongfang County	101495
雨湖区	Yuhu District	953833	汉寿县	Hanshou County	129504	沅陵县	Yuanling County	119586
岳塘区	Yuetang District	365564	澧　县	Li County	233778	辰溪县	Chenxi County	179287
湘潭县	Xiangtan County	175508	临澧县	Linli County	28285	溆浦县	Xupu County	201876
湘乡市	Xiangxiang City	121094	桃源县	Taoyuan County	91252	会同县	Huitong County	60445
韶山市	Shaoshan City	38791	石门县	Shimen County	100706	麻阳县	Mayang County	95379
珠晖区	Zhuhui District	315737	津市市	Jinshi City	30	新晃县	Xinhuang County	99485
雁峰区	Yanfeng District	204313	永定区	Yongding District	219501	芷江县	Zhijiang County	71626
石鼓区	Shigu District	217414	武陵源区	Wulingyuan District	17285	靖州县	Jingzhou County	63454
蒸湘区	Zhengxiang District	719922	慈利县	Cili County	95767	通道县	Tongdao County	34451
南岳区	Nanyue District	16871	桑植县	Sangzhi County	35842	洪江市	Hongjiang City	37974
衡阳县	Hengyang County	196313	资阳区	Ziyang District	41963	洪江区	Hongjiang District	12881
衡南县	Hengnan County	95311	赫山区	Heshan District	460159	娄星区	Louxing District	366258
衡山县	Hengshan County	72321	南　县	Nan County	136717	双峰县	Shuangfeng County	101810
衡东县	Hengdong County	77333	大通湖区	Datonghu District	9096	新化县	Xinhua County	188030
祁东县	Qidong County	126547	桃江县	Taojiang County	118091	冷水江市	Lengshuijian City	126114
耒阳市	Leiyang City	214013	安化县	Anhua County	88014	涟源市	Lianyuan City	72248
常宁市	Changning City	148074	沅江市	Yuanjiang City	158327	吉首市	Jishou City	367181
双清区	Shuangqing District	257998	北湖区	Beihu District	576972	泸溪县	Luxi County	9488
大祥区	Daxiang District	461719	苏仙区	Suxian District	199198	凤凰县	Fenghuang County	205965
北塔区	Beita District	96942	桂阳县	Guiyang County	123857	花垣县	Huayuan County	46115
新邵县	Xinshao County	164104	宜章县	Yizhang County	87062	保靖县	Baojing County	31485
邵阳县	Shaoyang County	201014	永兴县	Yongxing County	91889	古丈县	Guzhang County	14869
隆回县	Longhui County	224896	嘉禾县	Jiahe County	51362	永顺县	Yongshun County	119808
						龙山县	Longshan County	74290

注：本表含三大工程数据。

This form includes data on the three major projects.

22−13 社会消费品零售总额(2023年)

Total Value of Retail Sales of Consumer Goods (2023)

市县名称	Cities and Counties	消费品零售总额（亿元）Total Retail Sales of Consumer Goods (100 million yuan)	增速（%）Growth Rate (%)	市县名称	Cities and Counties	消费品零售总额（亿元）Total Retail Sales of Consumer Goods (100 million yuan)	增速（%）Growth Rate (%)
芙蓉区	Furong District	719.59	7.4	衡山县	Hengshan County	55.36	10.1
天心区	Tianxin District	503.23	8.0	衡东县	Hengdong County	137.52	6.2
岳麓区	Yuelu District	652.33	4.4	祁东县	Qidong County	171.31	10.2
开福区	Kaifu District	657.74	8.6	耒阳市	Leiyang City	211.67	10.0
雨花区	Yuhua District	813.32	5.9	常宁市	Changning City	151.40	10.1
望城区	Wangcheng District	504.34	4.2	双清区	Shuangqing District	154.45	5.3
长沙县	Changsha County	704.63	6.2	大祥区	Daxiang District	113.05	5.4
浏阳市	Liuyang City	484.01	6.2	北塔区	Beita District	27.47	6.0
宁乡市	Ningxiang City	522.48	5.1	新邵县	Xinshao County	114.49	7.0
荷塘区	Hetang Distract	99.34	6.4	邵阳县	Shaoyang County	141.04	5.9
芦淞区	Lusong Distract	259.23	9.1	隆回县	Longhui County	182.05	6.5
石峰区	Shifeng Distract	91.11	8.0	洞口县	Dongkou County	129.60	7.2
天元区	Tianyuan Distract	204.02	8.1	绥宁县	Suining County	59.23	6.2
渌口区	Lukou Distract	66.76	9.3	新宁县	Xinning County	82.37	6.4
攸　县	You County	175.98	0.1	城步县	Chengbu County	42.55	4.7
茶陵县	Chaling County	104.06	0.2	武冈市	Wugang City	115.33	7.1
炎陵县	Yanling County	41.30	6.5	邵东市	Shaodong City	336.69	6.9
醴陵市	Liling City	320.05	9.2	岳阳楼区	Yueyanglou District	937.49	9.7
雨湖区	Yuhu District	386.96	−9.8	云溪区	Yunxi District	48.17	6.3
岳塘区	Yuetang District	154.58	4.2	君山区	Junshan District	71.52	9.6
湘潭县	Xiangtan County	141.30	9.1	岳阳县	Yueyang County	172.14	9.7
湘乡市	Xiangxiang City	170.55	9.3	华容县	Huarong County	164.03	9.7
韶山市	Shaoshan City	31.61	8.3	湘阴县	Xiangyin County	161.21	9.5
珠晖区	Zhuhui District	142.36	0.5	平江县	Pingjiang County	183.23	9.7
雁峰区	Yanfeng District	138.21	3.1	汨罗市	Miluo City	174.97	7.5
石鼓区	Shigu District	262.88	0.4	临湘市	Linxiang City	120.57	10.6
蒸湘区	Zhengxiang District	354.46	2.1	武陵区	Wuling District	465.82	6.1
南岳区	Nanyue District	46.34	5.0	鼎城区	Dingcheng District	253.37	8.5
衡阳县	Hengyang County	147.06	10.3	安乡县	Anxiang County	123.84	7.6
衡南县	Hengnan County	146.59	10.0	汉寿县	Hanshou County	163.23	9.7

22-13 续表 1 Continued

市县名称	Cities and Counties	消费品零售总额（亿元）Total Retail Sales of Consumer Goods (100 million yuan)	增速（%）Growth Rate (%)	市县名称	Cities and Counties	消费品零售总额（亿元）Total Retail Sales of Consumer Goods (100 million yuan)	增速（%）Growth Rate (%)
澧　县	Li County	229.54	9.9	江永县	Jiangyong County	30.94	3.0
临澧县	Linli County	102.12	6.0	宁远县	Ningyuan County	94.48	0.5
桃源县	Taoyuan County	211.17	1.7	蓝山县	Lanshan County	52.00	-2.5
石门县	Shimen County	144.38	0.2	新田县	Xintian County	40.32	2.6
津市市	Jinshi City	86.05	7.5	江华县	Jianghua County	61.02	-14.0
永定区	Yongding District	105.22	6.0	祁阳市	Qiyang City	136.77	3.1
武陵源区	Wulingyuan District	19.94	7.5	鹤城区	Hecheng District	321.95	9.3
慈利县	Cili County	61.88	6.2	中方县	Zhongfang County	19.31	8.7
桑植县	Sangzhi County	36.15	7.0	沅陵县	Yuanling County	57.17	9.8
资阳区	Ziyang District	86.27	7.4	辰溪县	Chenxi County	43.04	8.5
赫山区	Heshan District	317.73	6.6	溆浦县	Xupu County	84.26	8.8
南　县	Nan County	132.16	7.1	会同县	Huitong County	25.79	9.0
大通湖区	Datonghu District	24.61	6.6	麻阳县	Mayang County	34.39	9.5
桃江县	Taojiang County	135.79	7.4	新晃县	Xinhuang County	32.23	9.7
安化县	Anhua County	111.01	8.9	芷江县	Zhijiang County	38.57	9.4
沅江市	Yuanjiang City	118.74	7.5	靖州县	Jingzhou County	37.52	9.9
北湖区	Beihu District	290.66	8.4	通道县	Tongdao County	20.92	9.3
苏仙区	Suxian District	147.89	7.7	洪江市	Hongjiang City	37.62	8.7
桂阳县	Guiyang County	169.22	8.5	洪江区	Hongjiang District	16.51	9.2
宜章县	Yizhang County	102.33	8.4	娄星区	Louxing District	258.39	8.0
永兴县	Yongxing County	137.47	8.4	双峰县	Shuangfeng County	133.10	8.3
嘉禾县	Jiahe County	50.41	1.8	新化县	Xinhua County	199.87	8.2
临武县	Linwu County	51.18	1.6	冷水江市	Lengshuijiang City	92.35	8.3
汝城县	Rucheng County	45.93	7.7	涟源市	Lianyuan City	180.50	8.3
桂东县	Guidong County	31.34	7.7	吉首市	Jishou City	124.00	1.4
安仁县	Anren County	69.82	8.0	泸溪县	Luxi County	20.05	0.7
资兴市	Zixing City	72.16	8.6	凤凰县	Fenghuang County	47.67	2.1
零陵区	Lingling District	109.96	-4.8	花垣县	Huayuan County	15.13	1.9
冷水滩区	Lengshuitan District	198.76	2.6	保靖县	Baojing County	11.26	1.0
东安县	Dongan County	62.24	-11.7	古丈县	Guzhang County	7.40	0.4
双牌县	Shuangpai County	30.49	-2.4	永顺县	Yongshun County	27.89	1.7
道　县	Dao County	86.41	-4.9	龙山县	Longshan County	34.91	0.8

22-14 地方财政收入与支出（2023年）
Public Budgetary Revenue and Expenditure (2023)

单位：亿元 (100 million yuan)

市县名称	Cities and Counties	地方一般公共预算收入 General Public Budget Revenue	一般公共预算支出 General Public Budget Expenditure	市县名称	Cities and Counties	地方一般公共预算收入 General Public Budget Revenue	一般公共预算支出 General Public Budget Expenditure
芙蓉区	Furong District	39.57	56.18	衡山县	Hengshan County	13.44	36.17
天心区	Tianxin District	75.23	87.15	衡东县	Hengdong County	11.75	47.65
岳麓区	Yuelu District	71.04	109.85	祁东县	Qidong County	13.43	57.45
开福区	Kaifu District	65.38	81.38	耒阳市	Leiyang City	19.10	74.71
雨花区	Yuhua District	83.12	106.08	常宁市	Changning City	16.65	58.87
望城区	Wangcheng District	43.51	112.59	双清区	Shuangqing District	3.42	14.84
长沙县	Changsha County	137.54	196.47	大祥区	Daxiang District	3.20	16.34
浏阳市	Liuyang City	105.78	179.51	北塔区	Beita District	1.80	9.80
宁乡市	Ningxiang City	83.36	135.74	新邵县	Xinshao County	7.44	49.31
荷塘区	Hetang District	3.94	25.82	邵阳县	Shaoyang County	7.90	62.99
芦淞区	Lusong District	4.93	18.89	隆回县	Longhui County	12.52	71.55
石峰区	Shifeng District	7.07	19.86	洞口县	Dongkou County	9.19	55.59
天元区	Tianyuan District	46.29	45.60	绥宁县	Suining County	2.80	38.22
渌口区	Lukou District	9.61	28.01	新宁县	Xinning County	6.85	46.98
攸　县	You County	13.75	54.19	城步县	Chengbu County	3.34	28.53
茶陵县	Chaling County	10.74	43.09	武冈市	Wugang City	10.50	59.86
炎陵县	Yanling County	4.87	16.54	邵东市	Shaodong City	25.15	81.69
醴陵市	Liling City	32.71	86.00	岳阳楼区	Yueyanglou District	12.48	44.81
雨湖区	Yuhu District	12.00	26.36	云溪区	Yunxi District	5.29	19.11
岳塘区	Yuetang District	10.33	17.33	君山区	Junshan District	5.05	24.38
湘潭县	Xiangtan County	13.01	45.20	岳阳县	Yueyang County	10.20	53.95
湘乡市	Xiangxiang City	16.35	52.04	华容县	Huarong County	8.29	55.15
韶山市	Shaoshan City	7.40	16.48	湘阴县	Xiangyin County	25.58	58.55
珠晖区	Zhuhui District	3.20	13.22	平江县	Pingjiang County	16.80	108.93
雁峰区	Yanfeng District	4.19	11.78	汨罗市	Miluo City	15.67	55.64
石鼓区	Shigu District	4.65	14.35	临湘市	Linxiang City	10.34	45.25
蒸湘区	Zhengxiang District	5.19	13.88	武陵区	Wuling District	9.87	29.79
南岳区	Nanyue District	4.75	12.63	鼎城区	Dingcheng District	21.80	59.58
衡阳县	Hengyang County	13.44	69.08	安乡县	Anxiang County	4.59	34.92
衡南县	Hengnan County	16.41	63.45	汉寿县	Hanshou County	13.77	62.22

22-14 续表 Continued

单位：亿元 (100 million yuan)

市县名称	Cities and Counties	地方一般公共预算收入 General Public Budget Revenue	一般公共预算支出 General Public Budget Expenditure	市县名称	Cities and Counties	地方一般公共预算收入 General Public Budget Revenue	一般公共预算支出 General Public Budget Expenditure
澧　县	Li County	14.60	71.27	宁远县	Ningyuan County	17.20	61.99
临澧县	Linli County	6.00	41.56	蓝山县	Lanshan County	10.95	34.58
桃源县	Taoyuan County	14.75	76.32	新田县	Xintian County	6.94	33.22
石门县	Shimen County	12.95	55.99	江华县	Jianghua County	12.41	44.81
津市市	Jinshi City	10.41	28.71	祁阳市	Qiyang County	20.04	64.26
永定区	Yongding District	6.38	47.69	鹤城区	Hecheng District	6.98	28.16
武陵源区	Wulingyuan District	4.34	16.11	中方县	Zhongfang County	5.61	24.04
慈利县	Cili County	8.05	61.87	沅陵县	Yuanling County	14.12	56.24
桑植县	Sangzhi County	4.33	52.63	辰溪县	Chenxi County	8.81	41.82
资阳区	Ziyang District	4.93	31.90	溆浦县	Xupu County	10.61	58.69
赫山区	Heshan District	11.27	58.32	会同县	Huitong County	6.55	36.91
南　县	Nan County	8.22	48.64	麻阳县	Mayang County	8.04	34.78
桃江县	Taojiang County	10.93	56.45	新晃县	Xinhuang County	3.71	27.28
安化县	Anhua County	11.47	68.93	芷江县	Zhijiang County	5.01	34.82
沅江市	Yuanjiang City	14.92	55.65	靖州县	Jingzhou County	5.59	33.47
北湖区	Beihu District	8.86	39.72	通道县	Tongdao County	4.04	30.90
苏仙区	Suxian District	8.13	40.65	洪江市	Hongjiang City	7.96	39.03
桂阳县	Guiyang County	23.10	67.05	洪江区	Hongjiang District	3.36	11.48
宜章县	Yizhang County	11.83	46.91	娄星区	Louxing District	10.09	35.92
永兴县	Yongxing County	20.14	50.91	双峰县	Shuangfeng County	7.05	52.00
嘉禾县	Jiahe County	10.53	29.81	新化县	Xinhua County	13.01	83.33
临武县	Linwu County	9.02	31.87	冷水江市	Lengshuijiang City	8.65	31.48
汝城县	Rucheng County	5.77	36.02	涟源市	Lianyuan City	8.99	64.47
桂东县	Guidong County	3.40	22.02	吉首市	Jishou City	14.37	43.66
安仁县	Anren County	6.12	37.86	泸溪县	Luxi County	4.98	32.40
资兴市	Zixing City	23.59	46.59	凤凰县	Fenghuang County	8.77	40.55
零陵区	Lingling District	12.16	46.70	花垣县	Huayuan County	7.04	34.65
冷水滩区	Lengshuitan District	6.84	40.16	保靖县	Baojing County	3.89	31.33
东安县	Dongan County	12.27	43.15	古丈县	Guzhang County	2.36	23.23
双牌县	Shuangpai County	6.60	21.69	永顺县	Yongshun County	6.15	51.66
道　县	Dao County	15.68	53.50	龙山县	Longshan County	9.19	62.47
江永县	Jiangyong County	5.84	25.21				

22-15 各级学校(2023年)
Number of Schools by Level (2023)

单位：所 (unit)

市县名称	Cities and Counties	中等学校 Secondary Schools	中等职业教育 Vocational Secondary Education	普通中学 Regular Secondary Schools	普通小学 Primary Schools
芙蓉区	Furong District	15	5	10	38
天心区	Tianxin District	31	8	23	55
岳麓区	Yuelu District	63	9	54	93
开福区	Kaifu District	26	2	24	56
雨花区	Yuhua District	38	8	30	88
望城区	Wangcheng District	52	4	48	84
长沙县	Changsha County	68	7	61	125
浏阳市	Liuyang City	87	11	76	202
宁乡市	Ningxiang City	85	7	78	120
荷塘区	Hetang District	23	8	15	20
芦淞区	Lusong District	15		15	21
石峰区	Shifeng District	15	2	13	16
天元区	Tianyuan District	15	1	14	32
渌口区	Lukou District	27	2	25	25
攸　县	You County	38	2	36	55
茶陵县	Chaling County	32	2	30	37
炎陵县	Yanling County	20	1	19	11
醴陵市	Liling City	56	4	52	151
雨湖区	Yuhu District	30	10	20	50
岳塘区	Yuetang District	19	5	14	28
湘潭县	Xiangtan County	69	6	63	86
湘乡市	Xiangxiang City	52	4	48	104
韶山市	Shaoshan City	3	1	2	13
珠晖区	Zhuhui District	18	7	11	39
雁峰区	Yanfeng District	23	10	13	21
石鼓区	Shigu District	14	3	11	27
蒸湘区	Zhengxiang District	23	5	18	37
南岳区	Nanyue District	4	1	3	10
衡阳县	Hengyang County	86	6	80	239
衡南县	Hengnan County	65	8	57	119
衡山县	Hengshan County	36	4	32	37
衡东县	Hengdong County	41	1	40	72
祁东县	Qidong County	68	3	65	78
耒阳市	Leiyang City	81	4	77	121
常宁市	Changning City	64	5	59	83
双清区	Shuangqing District	31	11	20	33
大祥区	Daxiang District	36	18	18	35
北塔区	Beita District	12	5	7	14

22-15 续表 1 Continued

单位：所 (unit)

市县名称	Cities and Counties	中等学校 Secondary Schools	中等职业教育 Vocational Secondary Education	普通中学 Regular Secondary Schools	普通小学 Primary Schools
新邵县	Xinshao County	51	3	48	162
邵阳县	Shaoyang County	57	3	54	113
隆回县	Longhui County	79	4	75	115
洞口县	Dongkou County	63	6	57	104
绥宁县	Suining County	23	2	21	27
新宁县	Xinning County	39	4	35	48
城步县	Chengbu County	25	2	23	20
武冈市	Wugang City	56	8	48	66
邵东市	Shaodong City	72	4	68	163
岳阳楼区	Yueyanglou District	55	13	42	72
云溪区	Yunxi District	11	1	10	11
君山区	Junshan District	10	2	8	22
岳阳县	Yueyang County	33	2	31	60
华容县	Huarong County	32	1	31	46
湘阴县	Xiangyin County	41	3	38	59
平江县	Pingjiang City	62	3	59	163
汨罗市	Miluo City	47	5	42	62
临湘市	Linxiang County	30	2	28	36
武陵区	Wuling District	45	15	30	42
鼎城区	Dingcheng District	45	4	41	36
安乡县	Anxiang County	26	3	23	13
汉寿县	Hanshou County	37	4	33	35
澧　县	Li County	33	4	29	45
临澧县	Linli County	25	2	23	37
桃源县	Taoyuan County	51	4	47	65
石门县	Shimen County	38	3	35	61
津市市	Jinshi City	14	3	11	16
永定区	Yongdi District	32	3	29	37
武陵源区	Wulingyuan District	4	1	3	5
慈利县	Cili County	43	3	40	31
桑植县	Sangzhi County	38	3	35	21
资阳区	Ziyang District	20	4	16	43
赫山区	Heshan District	57	12	45	76
南　县	Nan County	37	2	35	72
桃江县	Taojiang County	50	2	48	81
安化县	Anhua County	49	1	48	72
沅江市	Yuanjiang City	26	3	23	50
北湖区	Beihu District	40	5	35	33
苏仙区	Suxian District	33	6	27	22
桂阳县	Guiyang County	48	2	46	49
宜章县	Yizhang County	45	3	42	54
永兴县	Yongxing County	34	2	32	48

22-15 续表 2 Continued

单位：所 (unit)

市县名称	Cities and Counties	中等学校 Secondary Schools	中等职业教育 Vocational Secondary Education	普通中学 Regular Secondary Schools	普通小学 Primary Schools
嘉禾县	Jiahe County	33	2	31	22
临武县	Linwu County	22	1	21	40
汝城县	Rucheng County	28	2	26	13
桂东县	Guidong County	13	1	12	14
安仁县	Anren County	30	2	28	24
资兴市	Zixing City	23	2	21	22
零陵区	Lingling District	35	5	30	51
冷水滩区	Lengshuitan District	58	10	48	37
东安县	Dongan County	39	4	35	34
双牌县	Shuangpai County	16	1	15	11
道　县	Dao County	43	2	41	45
江永县	Jiangyong County	21	2	19	20
宁远县	Ningyuan County	47	5	42	61
蓝山县	Lanshan County	31	2	29	13
新田县	Xintian County	30	3	28	21
江华县	Jianghua County	29	2	26	49
祁阳市	Qiyang City	51	3	48	118
鹤城区	Hecheng District	62	14	48	34
中方县	Zhongfang County	26	1	25	9
沅陵县	Yuanling County	53	4	49	16
辰溪县	Chenxi County	38	2	36	14
溆浦县	Xupu County	63	1	62	30
会同县	Huitong County	29	2	27	16
麻阳县	Mayang County	28	2	26	19
新晃县	Xinhuang County	21	1	20	19
芷江县	Zhijiang County	28	3	25	23
靖州县	Jingzhou County	18	1	17	15
通道县	Tongdao County	13	1	12	24
洪江市	Hongjiang City	37	4	33	15
娄星区	Louxing District	45	7	38	76
双峰县	Shuangfeng County	65	1	64	150
新化县	Xinhua County	121	7	114	239
冷水江市	Lengshuijiang City	34	5	29	40
涟源市	Lianyuan County	63	3	60	198
吉首市	Jishou County	35	10	25	28
泸溪县	Luxi County	20	2	18	16
凤凰县	Fenghuang County	25	3	22	29
花垣县	Huayuan County	25	2	23	23
保靖县	Baojing County	17	2	15	29
古丈县	Guzhang County	13	2	11	9
永顺县	Yongshun County	42	3	39	25
龙山县	Longshan County	30	3	27	45

22–16 各级学校教职工（2023年）
Number of School Staff and Workers by Level (2023)

单位：人 (person)

市县名称	Cities and Counties	中等学校 Secondary Schools	中等职业教育 Vocational Secondary Education	普通中学 Regular Secondary Schools	普通小学 Primary Schools
芙蓉区	Furong District	2154	219	1935	2699
天心区	Tianxin District	4707	846	3861	3552
岳麓区	Yuelu District	9521	723	8798	7513
开福区	Kaifu District	4424	65	4359	3490
雨花区	Yuhua District	8024	1683	6341	6258
望城区	Wangcheng District	6955	665	6290	3384
长沙县	Changsha County	7805	989	6816	6613
浏阳市	Liuyang City	8842	1122	7720	6144
宁乡市	Ningxiang City	7222	771	6451	4646
荷塘区	Hetang District	2623	571	2052	1650
芦淞区	Lusong District	1720	18	1702	1007
石峰区	Shifeng District	1897	364	1533	864
天元区	Tianyuan District	2379	81	2298	2478
渌口区	Lukou District	1682	275	1407	672
攸　县	You County	4095	253	3842	1688
茶陵县	Chaling County	3286	212	3074	1621
炎陵县	Yanling County	1034	59	975	459
醴陵市	Liling City	4560	362	4198	3493
雨湖区	Yuhu District	2757	684	2073	2298
岳塘区	Yuetang District	1925	358	1567	1652
湘潭县	Xiangtan County	4421	470	3951	2503
湘乡市	Xiangxiang City	3474	264	3210	2553
韶山市	Shaoshan City	306	44	262	458
珠晖区	Zhuhui District	1826	734	1092	1363
雁峰区	Yanfeng District	2674	812	1862	1083
石鼓区	Shigu District	1425	93	1332	1068
蒸湘区	Zhengxiang District	3348	537	2811	2529
南岳区	Nanyue District	383	11	372	467
衡阳县	Hengyang County	5199	427	4772	3472
衡南县	Hengnan County	5744	487	5257	3676
衡山县	Hengshan County	2566	315	2251	1347
衡东县	Hengdong County	4289	172	4117	2293
祁东县	Qidong County	5423	421	5002	3900
耒阳市	Leiyang City	9235	423	8812	5023
常宁市	Changning City	5200	446	4754	3516
双清区	Shuangqing District	2536	400	2136	1286
大祥区	Daxiang District	2886	980	1906	2003
北塔区	Beita District	1051	232	819	371

22-16 续表 1 Continued

单位：人 (person)

市县名称	Cities and Counties	中等学校 Secondary Schools	中等职业教育 Vocational Secondary Education	普通中学 Regular Secondary Schools	普通小学 Primary Schools
新邵县	Xinshao County	3927	228	3699	2770
邵阳县	Shaoyang County	4107	274	3833	3341
隆回县	Longhui County	7327	518	6809	3939
洞口县	Dongkou County	4983	608	4375	3096
绥宁县	Suining County	1973	114	1859	1150
新宁县	Xinning County	3268	279	2989	2408
城步县	Chengbu County	1736	112	1624	1026
武冈市	Wugang City	5144	640	4504	2744
邵东市	Shaodong City	6582	543	6039	4475
岳阳楼区	Yueyanglou District	6540	1218	5322	4114
云溪区	Yunxi District	927	29	898	464
君山区	Junshan District	779	109	670	622
岳阳县	Yueyang County	3035	286	2749	2063
华容县	Huarong County	2647	211	2436	1463
湘阴县	Xiangyin County	3645	284	3361	1355
平江县	Pingjiang City	5631	350	5281	3644
汨罗市	Miluo City	4099	462	3637	1819
临湘市	Linxiang County	2516	238	2278	1850
武陵区	Wuling District	5296	1275	4021	2308
鼎城区	Dingcheng District	2902	42	2860	1728
安乡县	Anxiang County	2534	265	2269	682
汉寿县	Hanshou County	4015	283	3732	1572
澧　县	Li County	4187	490	3697	2200
临澧县	Linli County	2242	150	2092	1002
桃源县	Taoyuan County	4709	661	4048	2005
石门县	Shimen County	3198	409	2789	1737
津市市	Jinshi City	868	126	742	488
永定区	Yongdi District	3321	210	3111	2256
武陵源区	Wulingyuan District	388	60	328	216
慈利县	Cili County	3403	370	3033	1963
桑植县	Sangzhi County	2983	176	2807	1102
资阳区	Ziyang District	1588	165	1423	1303
赫山区	Heshan District	6391	1012	5379	2649
南　县	Nan County	3043	306	2737	2339
桃江县	Taojiang County	3697	332	3365	2102
安化县	Anhua County	4269	396	3873	3523
沅江市	Yuanjiang City	2844	341	2503	2116
北湖区	Beihu District	6262	667	5595	2884
苏仙区	Suxian District	3956	517	3439	1649
桂阳县	Guiyang County	4856	356	4500	3559
宜章县	Yizhang County	4121	335	3786	2506
永兴县	Yongxing County	4092	193	3899	1930

22-16 续表 2 Continued

单位：人 (person)

市县名称	Cities and Counties	中等学校 Secondary Schools	中等职业教育 Vocational Secondary Education	普通中学 Regular Secondary Schools	普通小学 Primary Schools
嘉禾县	Jiahe County	2576	215	2361	1352
临武县	Linwu County	2702	142	2560	1903
汝城县	Rucheng County	3440	231	3209	1559
桂东县	Guidong County	1096	97	999	608
安仁县	Anren County	2817	281	2536	1694
资兴市	Zixing City	1838	175	1663	1335
零陵区	Lingling District	4045	721	3324	2404
冷水滩区	Lengshuitan District	5625	963	4662	3097
东安县	Dongan County	3114	371	2743	2187
双牌县	Shuangpai County	967	114	853	688
道　县	Dao County	4488	461	4027	3290
江永县	Jiangyong County	1875	205	1670	1027
宁远县	Ningyuan County	4563	570	3993	3155
蓝山县	Lanshan County	3548	331	3217	1091
新田县	Xintian County	3039	303	2736	1613
江华县	Jianghua County	3143	333	2810	2560
祁阳市	Qiyang City	5802	729	5073	3921
鹤城区	Hecheng District	6468	885	5583	3680
中方县	Zhongfang County	1869	119	1750	555
沅陵县	Yuanling County	3877	215	3662	1578
辰溪县	Chenxi County	2908	213	2695	1231
溆浦县	Xupu County	5092	339	4753	2838
会同县	Huitong County	1722	153	1569	1131
麻阳县	Mayang County	1920	118	1802	1396
新晃县	Xinhuang County	1669	125	1544	739
芷江县	Zhijiang County	1904	418	1486	1237
靖州县	Jingzhou County	1302	153	1149	1009
通道县	Tongdao County	1239	138	1101	1082
洪江市	Hongjiang City	2694	235	2459	1113
娄星区	Louxing District	6381	716	5665	2959
双峰县	Shuangfeng County	5059	203	4856	2725
新化县	Xinhua County	9316	567	8749	4772
冷水江市	Lengshuijiang City	3310	472	2838	1253
涟源市	Lianyuan County	4620	302	4318	3100
吉首市	Jishou County	3403	489	2914	2175
泸溪县	Luxi County	1908	227	1681	1139
凤凰县	Fenghuang County	2278	178	2100	1536
花垣县	Huayuan County	2013	124	1889	1166
保靖县	Baojing County	1422	128	1294	1048
古丈县	Guzhang County	773	50	723	426
永顺县	Yongshun County	3086	149	2937	1646
龙山县	Longshan County	3311	168	3143	2168

22-17 各级学校专任教师(2023年)
Number of Full-time Teachers by Level (2023)

单位：人 (person)

市县名称	Cities and Counties	中等学校 Secondary Schools	中等职业教育 Vocational Secondary Education	普通中学 Regular Secondary Schools	普通小学 Primary Schools
芙蓉区	Furong District	1940	133	1807	2659
天心区	Tianxin District	3618	587	3031	4116
岳麓区	Yuelu District	7700	717	6983	8560
开福区	Kaifu District	3331	45	3286	3995
雨花区	Yuhua District	6788	1500	5288	6594
望城区	Wangcheng District	4538	586	3952	5159
长沙县	Changsha County	6162	1006	5156	6724
浏阳市	Liuyang City	7636	896	6740	6566
宁乡市	Ningxiang City	6105	605	5500	4781
荷塘区	Hetang District	2300	498	1802	1666
芦淞区	Lusong District	1354	17	1337	1216
石峰区	Shifeng District	1322	364	958	1317
天元区	Tianyuan District	1862	61	1801	2776
渌口区	Lukou District	1188	185	1003	780
攸 县	You County	3252	228	3024	2050
茶陵县	Chaling County	2537	182	2355	2052
炎陵县	Yanling County	736	53	683	631
醴陵市	Liling City	4099	317	3782	3776
雨湖区	Yuhu District	2384	595	1789	2376
岳塘区	Yuetang District	1601	281	1320	1724
湘潭县	Xiangtan County	3661	379	3282	2642
湘乡市	Xiangxiang City	2805	208	2597	2940
韶山市	Shaoshan City	296	43	253	449
珠晖区	Zhuhui District	1554	609	945	1329
雁峰区	Yanfeng District	2018	621	1397	1104
石鼓区	Shigu District	1088	139	949	1151
蒸湘区	Zhengxiang District	2537	371	2166	2644
南岳区	Nanyue District	334	9	325	441
衡阳县	Hengyang County	4175	339	3836	3690
衡南县	Hengnan County	4687	348	4339	3789
衡山县	Hengshan County	2017	246	1771	1606
衡东县	Hengdong County	3101	160	2941	2810
祁东县	Qidong County	4525	395	4130	3939
耒阳市	Leiyang City	7477	359	7118	5777
常宁市	Changning City	4482	370	4112	3775
双清区	Shuangqing District	1899	247	1652	1343
大祥区	Daxiang District	2345	737	1608	1960
北塔区	Beita District	730	157	573	554

22-17 续表 1 Continued

单位：人 (person)

市县名称	Cities and Counties	中等学校 Secondary Schools	中等职业教育 Vocational Secondary Education	普通中学 Regular Secondary Schools	普通小学 Primary Schools
新邵县	Xinshao County	3265	209	3056	3107
邵阳县	Shaoyang County	3542	212	3330	3658
隆回县	Longhui County	5737	423	5314	4998
洞口县	Dongkou County	4198	541	3657	3414
绥宁县	Suining County	1418	100	1318	1529
新宁县	Xinning County	2748	234	2514	2616
城步县	Chengbu County	1283	109	1174	1406
武冈市	Wugang City	3890	568	3322	3385
邵东市	Shaodong City	5543	474	5069	4824
岳阳楼区	Yueyanglou District	5379	1102	4277	4409
云溪区	Yunxi District	765	28	737	571
君山区	Junshan District	703	80	623	607
岳阳县	Yueyang County	2610	235	2375	2208
华容县	Huarong County	2094	204	1890	1749
湘阴县	Xiangyin County	2667	243	2424	2119
平江县	Pingjiang City	4640	340	4300	4310
汨罗市	Miluo City	3005	381	2624	2426
临湘市	Linxiang County	2291	211	2080	1961
武陵区	Wuling District	3599	840	2759	2869
鼎城区	Dingcheng District	2270	37	2233	2159
安乡县	Anxiang County	1601	217	1384	1014
汉寿县	Hanshou County	2993	332	2661	2344
澧　县	Li County	3481	445	3036	2712
临澧县	Linli County	1836	139	1697	1167
桃源县	Taoyuan County	3654	558	3096	2713
石门县	Shimen County	2579	371	2208	2093
津市市	Jinshi City	733	116	617	583
永定区	Yongdi District	2695	220	2475	2506
武陵源区	Wulingyuan District	328	60	268	242
慈利县	Cili County	2799	341	2458	2233
桑植县	Sangzhi County	2177	161	2016	1796
资阳区	Ziyang District	1459	173	1286	1262
赫山区	Heshan District	4627	817	3810	3644
南　县	Nan County	2745	280	2465	2499
桃江县	Taojiang County	3028	295	2733	2409
安化县	Anhua County	3640	366	3274	3572
沅江市	Yuanjiang City	2402	337	2065	2268
北湖区	Beihu District	4937	675	4262	3706
苏仙区	Suxian District	2883	526	2357	2443
桂阳县	Guiyang County	4318	336	3982	3788
宜章县	Yizhang County	3344	317	3027	2996
永兴县	Yongxing County	3112	179	2933	2662

22-17 续表 2 Continued

单位：人 (person)

市县名称	Cities and Counties	中等学校 Secondary Schools	中等职业教育 Vocational Secondary Education	普通中学 Regular Secondary Schools	普通小学 Primary Schools
嘉禾县	Jiahe County	2118	206	1912	1596
临武县	Linwu County	2226	127	2099	2096
汝城县	Rucheng County	2548	215	2333	2140
桂东县	Guidong County	808	91	717	832
安仁县	Anren County	2249	239	2010	1943
资兴市	Zixing City	1534	163	1371	1534
零陵区	Lingling District	3415	647	2768	2638
冷水滩区	Lengshuitan District	4505	839	3666	3491
东安县	Dongan County	2858	346	2512	2317
双牌县	Shuangpai County	779	111	668	788
道　县	Dao County	4107	431	3676	3485
江永县	Jiangyong County	1469	180	1289	1279
宁远县	Ningyuan County	3896	566	3330	2776
蓝山县	Lanshan County	2165	309	1856	1805
新田县	Xintian County	2578	300	2278	2017
江华县	Jianghua County	2902	328	2574	2658
祁阳市	Qiyang City	4617	608	4009	3944
鹤城区	Hecheng District	4931	699	4232	4207
中方县	Zhongfang County	1198	151	1047	1122
沅陵县	Yuanling County	2701	182	2519	2414
辰溪县	Chenxi County	1870	212	1658	2019
溆浦县	Xupu County	3659	296	3363	3975
会同县	Huitong County	1424	153	1271	1386
麻阳县	Mayang County	1655	118	1537	1597
新晃县	Xinhuang County	1225	124	1101	1036
芷江县	Zhijiang County	1581	353	1228	1409
靖州县	Jingzhou County	1120	141	979	1134
通道县	Tongdao County	1054	129	925	1095
洪江市	Hongjiang City	1852	200	1652	1768
娄星区	Louxing District	4741	612	4129	4012
双峰县	Shuangfeng County	4106	195	3911	3413
新化县	Xinhua County	6874	492	6382	6469
冷水江市	Lengshuijiang City	2585	537	2048	1936
涟源市	Lianyuan County	3877	279	3598	3643
吉首市	Jishou County	2804	460	2344	2455
泸溪县	Luxi County	1588	225	1363	1396
凤凰县	Fenghuang County	1767	165	1602	1904
花垣县	Huayuan County	1582	122	1460	1432
保靖县	Baojing County	1250	122	1128	1157
古丈县	Guzhang County	553	44	509	620
永顺县	Yongshun County	2331	132	2199	2185
龙山县	Longshan County	2572	154	2418	2793

22-18 各级学校在校学生（2023年）
Number of Students Enrollment by Level (2023)

单位：人 (person)

市县名称	Cities and Counties	中等学校 Secondary Schools	中等职业教育 Vocational Secondary Education	普通中学 Regular Secondary Schools	普通小学 Primary Schools
芙蓉区	Furong District	24437	1007	23430	49137
天心区	Tianxin District	50386	10275	40111	69091
岳麓区	Yuelu District	102113	11555	90558	159528
开福区	Kaifu District	42453	702	41751	68664
雨花区	Yuhua District	92499	24880	67619	122043
望城区	Wangcheng District	60911	10886	50025	89912
长沙县	Changsha County	87223	19419	67804	116654
浏阳市	Liuyang City	106881	18465	88416	114829
宁乡市	Ningxiang City	78703	10889	67814	83253
荷塘区	Hetang District	31332	6219	25113	30941
芦淞区	Lusong District	18521	73	18448	24816
石峰区	Shifeng District	18355	5990	12365	23031
天元区	Tianyuan District	25782	482	25300	50899
渌口区	Lukou District	15613	3355	12258	12709
攸　县	You County	44522	4136	40386	44085
茶陵县	Chaling County	39022	3248	35774	37381
炎陵县	Yanling County	9310	505	8805	10963
醴陵市	Liling City	55062	6276	48786	63861
雨湖区	Yuhu District	34390	11180	23210	41718
岳塘区	Yuetang District	18072	599	17473	31216
湘潭县	Xiangtan County	48060	5120	42940	47430
湘乡市	Xiangxiang City	39889	3167	36722	44739
韶山市	Shaoshan City	4348	836	3512	6476
珠晖区	Zhuhui District	22734	7998	14736	21199
雁峰区	Yanfeng District	34440	12017	22423	22696
石鼓区	Shigu District	15469	2137	13332	21096
蒸湘区	Zhengxiang District	40871	6851	34020	50172
南岳区	Nanyue District	5001	281	4720	7823
衡阳县	Hengyang County	54418	5027	49391	51579
衡南县	Hengnan County	69369	6720	62649	55953
衡山县	Hengshan County	26050	3731	22319	23266
衡东县	Hengdong County	44490	3051	41439	42180
祁东县	Qidong County	60150	4147	56003	58188
耒阳市	Leiyang City	106428	5385	101043	94697
常宁市	Changning City	64035	7003	57032	58512
双清区	Shuangqing District	29027	3867	25160	25106
大祥区	Daxiang District	41189	17482	23707	36889
北塔区	Beita District	12788	4275	8513	10610

22-18 续表 1 Continued

单位：人 (person)

市县名称	Cities and Counties	中等学校 Secondary Schools	中等职业教育 Vocational Secondary Education	普通中学 Regular Secondary Schools	普通小学 Primary Schools
新邵县	Xinshao County	46125	4346	41779	43378
邵阳县	Shaoyang County	46179	4334	41845	47130
隆回县	Longhui County	96507	8977	87530	87863
洞口县	Dongkou County	62750	10042	52708	60619
绥宁县	Suining County	19610	1606	18004	21082
新宁县	Xinning County	44254	4461	39793	41920
城步县	Chengbu County	16066	1040	15026	18234
武冈市	Wugang City	61380	10575	50805	51247
邵东市	Shaodong City	81271	8258	73013	75481
岳阳楼区	Yueyanglou District	72109	14004	58105	89255
云溪区	Yunxi District	9862	546	9316	9565
君山区	Junshan District	10427	1670	8757	11188
岳阳县	Yueyang County	37823	5385	32438	38254
华容县	Huarong County	27871	4797	23074	30978
湘阴县	Xiangyin County	31700	3989	27711	34588
平江县	Pingjiang City	64988	6257	58731	70604
汨罗市	Miluo City	42966	8170	34796	42247
临湘市	Linxiang County	30673	4819	25854	30909
武陵区	Wuling District	53849	16683	37166	57828
鼎城区	Dingcheng District	25691		25691	35169
安乡县	Anxiang County	17482	2692	14790	16438
汉寿县	Hanshou County	41390	6552	34838	42861
澧　县	Li County	43238	7098	36140	44262
临澧县	Linli County	20767	2485	18282	20665
桃源县	Taoyuan County	48311	7289	41022	48463
石门县	Shimen County	33300	5437	27863	34321
津市市	Jinshi City	6906	932	5974	7903
永定区	Yongdi District	35645	4958	30687	39335
武陵源区	Wulingyuan District	4081	860	3221	3933
慈利县	Cili County	33642	4630	29012	34200
桑植县	Sangzhi County	29596	3489	26107	26756
资阳区	Ziyang District	19704	2267	17437	20217
赫山区	Heshan District	66354	13412	52942	70895
南　县	Nan County	28257	5178	23079	31553
桃江县	Taojiang County	42797	5207	37590	45473
安化县	Anhua County	51879	7833	44046	58318
沅江市	Yuanjiang City	30843	6062	24781	34758
北湖区	Beihu District	71536	10733	60803	68721
苏仙区	Suxian District	41026	9223	31803	40522
桂阳县	Guiyang County	62087	5669	56418	53846
宜章县	Yizhang County	51992	5557	46435	50714
永兴县	Yongxing County	44963	2948	42015	40118

22-18 续表 2 Continued

单位：人 (person)

市县名称	Cities and Counties	中等学校 Secondary Schools	中等职业教育 Vocational Secondary Education	普通中学 Regular Secondary Schools	普通小学 Primary Schools
嘉禾县	Jiahe County	32321	3340	28981	27059
临武县	Linwu County	33413	2410	31003	28586
汝城县	Rucheng County	34301	3754	30547	32532
桂东县	Guidong County	11670	1554	10116	12259
安仁县	Anren County	30786	3074	27712	28976
资兴市	Zixing City	20081	2459	17622	22542
零陵区	Lingling District	50655	11726	38929	39084
冷水滩区	Lengshuitan District	64360	12693	51667	60439
东安县	Dongan County	38129	4669	33460	36984
双牌县	Shuangpai County	10220	1710	8510	9269
道　县	Dao County	59780	8455	51325	54374
江永县	Jiangyong County	20402	3252	17150	21387
宁远县	Ningyuan County	62227	8046	54181	59904
蓝山县	Lanshan County	31156	6346	24810	29001
新田县	Xintian County	33742	5944	27798	32447
江华县	Jianghua County	41887	6366	35521	44945
祁阳市	Qiyang City	67782	13259	54523	58757
鹤城区	Hecheng District	73091	13725	59366	78613
中方县	Zhongfang County	15170	2453	12717	15593
沅陵县	Yuanling County	32880	4088	28792	35432
辰溪县	Chenxi County	25537	2621	22916	31352
溆浦县	Xupu County	57736	7884	49852	64887
会同县	Huitong County	21787	3288	18499	23944
麻阳县	Mayang County	23459	2553	20906	26792
新晃县	Xinhuang County	16812	1437	15375	16373
芷江县	Zhijiang County	23307	6524	16783	20884
靖州县	Jingzhou County	17760	3537	14223	19244
通道县	Tongdao County	15073	1495	13578	15916
洪江市	Hongjiang City	21923	2912	19011	24687
娄星区	Louxing District	75279	13716	61563	86309
双峰县	Shuangfeng County	53288	3928	49360	49472
新化县	Xinhua County	104737	8742	95995	117936
冷水江市	Lengshuijiang City	32237	6226	26011	32038
涟源市	Lianyuan County	51176	5458	45718	52225
吉首市	Jishou County	38639	7876	30763	42913
泸溪县	Luxi County	18537	2493	16044	20441
凤凰县	Fenghuang County	26368	2188	24180	30678
花垣县	Huayuan County	22111	2163	19948	22721
保靖县	Baojing County	15659	1734	13925	15245
古丈县	Guzhang County	6419	485	5934	6976
永顺县	Yongshun County	31905	3021	28884	36577
龙山县	Longshan County	38447	4365	34082	43965

22–19 卫生机构、人员与床位(2023年)
Health Care Institutions, Personnel and Beds (2023)

市县名称	Cities and Counties	机构（个）Number of Instituti–ons (unit)	床位（张）Number of Beds (unit)	卫生技术人员（人）Medical Technical Personnel (person)	执业（助理）医师 Assistant Doctors	注册护士 Registered Nurse	药师（士）Pharmacist	技师（士）Laboratory Technician	卫生监督员 Health Supervisor	其他 Others
芙蓉区	Furong District	412	10123	15948	5599	7979	496	1024	2	848
天心区	Tianxin District	443	4994	7675	3070	3681	337	363	9	215
岳麓区	Yuelu District	923	15399	19612	7238	9454	875	1406	14	625
开福区	Kaifu District	571	10008	15742	5846	7625	570	1083	68	550
雨花区	Yuhua District	752	17334	19225	7256	9449	876	1234	22	388
望城区	Wangcheng District	599	4078	5190	2243	2225	261	282	17	162
长沙县	Changsha County	643	7503	9593	3875	4442	389	783	10	94
浏阳市	Liuyang City	1139	11466	10454	4321	4743	530	570	25	265
宁乡市	Ningxiang City	897	9698	9249	3801	4380	493	362	19	194
荷塘区	Hetang District	248	3211	3034	1205	1428	147	182		72
芦淞区	Lusong District	235	3618	4865	1771	2493	209	307	3	82
石峰区	Shifeng District	146	1974	2039	737	978	89	164		71
天元区	Tianyuan District	331	3835	6068	2293	2914	226	418	34	183
渌口区	Lukou District	204	1522	1320	567	568	53	69	6	57
攸　县	You County	522	4642	3942	1561	1741	181	215	12	232
茶陵县	Chaling County	492	3346	2804	1164	1156	167	187	8	122
炎陵县	Yanling County	195	1215	1185	512	467	77	69		60
醴陵市	Liling City	664	6154	6863	2543	3219	475	377	21	228
雨湖区	Yuhu District	455	7896	8233	2832	4197	449	522	53	180
岳塘区	Yuetang District	351	3671	5117	1874	2567	243	327	14	92
湘潭县	Xiangtan County	773	4493	4424	1876	1905	269	242	20	112
湘乡市	Xiangxiang City	768	4717	5121	2066	2348	254	287		166
韶山市	Shaoshan City	75	566	767	320	337	58	39	3	10
珠晖区	Zhuhui District	171	4758	3963	1326	2113	212	230	8	74
雁峰区	Yanfeng District	184	2324	3659	1364	1821	179	227	4	64
石鼓区	Shigu District	182	4239	4891	1669	2615	190	259	26	132
蒸湘区	Zhengxiang District	338	5346	5280	1978	2684	249	242	7	120
南岳区	Nanyue District	66	792	780	277	375	70	48	5	5
衡阳县	Hengyang County	690	5888	6077	2282	3267	205	183	40	100
衡南县	Hengnan County	560	5043	3912	1614	1712	204	203	19	160
衡山县	Hengshan County	250	2289	2400	927	1106	187	72	16	92
衡东县	Hengdong County	345	3747	2987	1109	1294	267	198	24	95
祁东县	Qidong County	473	4456	4562	1662	2036	255	311	40	258
耒阳市	Leiyang City	518	7519	5887	2211	2797	298	330		251
常宁市	Changning City	555	5706	6156	2248	3091	358	286	36	137
双清区	Shuangqing District	195	4118	4989	1637	2640	217	377	15	103
大祥区	Daxiang District	253	6922	6809	2350	3652	246	397	33	131
北塔区	Beita District	100	470	662	270	299	16	53	4	20

注：本表资料包含医务室、卫生保健所、诊所和村卫生室。
The Infirmary, health care, Clinic and Village health were included.

22-19 续表 1 Continued

市县名称	Cities and Counties	机构（个）Number of Instituti-ons (unit)	床位（张）Number of Beds (unit)	卫生技术人员						
				（人）Medical Technical Personnel (person)	执业（助理）医师 Assistant Doctors	注册护士 Registered Nurse	药师（士）Pharmacist	技师（士）Laboratory Technician	卫生监督员 Health Supervisor	其他 Others
新邵县	Xinshao County	599	4110	4623	1487	2312	161	291	28	344
邵阳县	Shaoyang County	764	4526	3754	1449	1742	146	225	10	182
隆回县	Longhui County	708	6633	6407	2503	3106	246	360	39	153
洞口县	Dongkou County	461	3861	4302	1701	1973	164	233	5	226
绥宁县	Suining County	272	1646	2659	1282	1027	84	141	16	109
新宁县	Xinning County	641	3212	4009	1589	1906	124	228	1	161
城步县	Chengbu County	222	1424	1725	645	849	65	89	10	67
武冈市	Wugang City	426	4430	4695	1834	2240	167	287	29	138
邵东市	Shaodong City	1021	6314	6288	2552	3024	228	269	26	189
岳阳楼区	Yueyanglou District	609	11547	11828	4337	5857	474	802	87	271
云溪区	Yunxi District	122	1338	1140	440	502	55	64	6	73
君山区	Junshan District	144	1303	969	393	357	55	84	11	69
岳阳县	Yueyang County	267	3645	4409	1908	1991	125	180	20	185
华容县	Huarong County	499	3936	4524	1824	2244	119	179	32	126
湘阴县	Xiangyin County	570	4102	3884	1614	1837	161	172	23	77
平江县	Pingjiang City	983	4875	6503	2653	3081	250	274	7	238
汨罗市	Miluo City	625	3756	3963	1729	1614	258	196	16	150
临湘市	Linxiang County	435	2752	3366	1332	1655	117	178	19	65
武陵区	Wuling District	774	9030	12694	4789	6583	347	616	50	309
鼎城区	Dingcheng District	729	3956	3916	1756	1543	359	166	16	76
安乡县	Anxiang County	371	3415	2248	842	1011	116	142	8	129
汉寿县	Hanshou County	627	4923	5602	2274	2746	187	228	15	152
澧　县	Li County	673	5149	5043	2183	2253	215	210	12	170
临澧县	Linli County	372	2329	3069	1173	1472	137	139	15	133
桃源县	Taoyuan County	847	5958	6602	2794	3165	213	226	18	186
石门县	Shimen County	541	4317	4123	1625	1867	227	230		174
津市市	Jinshi City	188	1455	1775	720	820	78	86	10	61
永定区	Yongdi District	349	4650	5477	2065	2544	251	411	36	170
武陵源区	Wulingyuan District	51	275	338	135	122	28	26	8	19
慈利县	Cili County	582	4065	3643	1450	1545	218	204	17	209
桑植县	Sangzhi County	350	2155	2445	914	946	116	184	15	270
资阳区	Ziyang District	317	3192	3141	1189	1511	138	183	23	97
赫山区	Heshan District	699	10310	9228	3482	4527	380	590	25	224
南　县	Nan County	623	4258	3487	1283	1565	154	240	31	214
桃江县	Taojiang County	530	4714	4539	1873	2016	224	272	24	130
安化县	Anhua County	885	6152	5784	2461	2553	301	300	8	161
沅江市	Yuanjiang City	611	3729	3491	1400	1563	167	208	22	131
北湖区	Beihu District	443	8683	9537	3482	4753	347	773	15	167
苏仙区	Suxian District	402	4223	4392	1717	2035	221	306	46	67
桂阳县	Guiyang County	599	4371	4409	1672	2145	162	216	29	185
宜章县	Yizhang County	526	3914	3875	1325	1987	154	192	20	197
永兴县	Yongxing County	472	3331	3588	1452	1791	103	117	13	112

22–19 续表 2 Continued

市县名称	Cities and Counties	机构(个) Number of Instituti-ons (unit)	床位(张) Number of Beds (unit)	卫生技术人员(人) Medical Technical Personnel (person)	执业(助理)医师 Assistant Doctors	注册护士 Registered Nurse	药师(士) Pharmacist	技师(士) Laboratory Technician	卫生监督员 Health Supervisor	其他 Others
嘉禾县	Jiahe County	263	2368	2064	763	967	113	125	8	88
临武县	Linwu County	371	2317	2331	914	1128	95	120	14	60
汝城县	Rucheng County	326	2536	2308	909	1043	98	139	11	108
桂东县	Guidong County	172	1103	1300	550	578	47	63	7	55
安仁县	Anren County	341	2360	2107	789	934	113	138	10	123
资兴市	Zixing City	293	2130	2570	1068	1222	92	138	12	38
零陵区	Lingling District	541	3805	4783	1751	2402	137	273	40	180
冷水滩区	Lengshuitan District	454	8099	7408	2665	3787	306	497	47	106
东安县	Dongan County	606	3558	3178	1391	1359	116	139	17	156
双牌县	Shuangpai County	169	1229	1159	468	491	56	95	9	40
道　县	Dao County	550	4056	4135	1706	1891	138	201	18	181
江永县	Jiangyong County	228	1796	2098	906	870	76	104	5	137
宁远县	Ningyuan County	652	4516	4739	1860	2223	173	296	14	173
蓝山县	Lanshan County	398	2541	2323	799	1162	90	154	24	94
新田县	Xintian County	459	2750	2518	910	1228	97	156	12	115
江华县	Jianghua County	430	3473	4157	1446	2060	185	222	10	234
祁阳市	Qiyang City	799	5975	6274	2701	2936	190	268	12	167
鹤城区	Hecheng District	692	10165	11673	4301	5943	415	708	52	254
中方县	Zhongfang County	205	1171	1221	502	471	61	92	10	85
沅陵县	Yuanling County	550	3664	4412	1638	2048	180	206	14	326
辰溪县	Chenxi County	447	2714	2937	1129	1362	148	161	11	126
溆浦县	Xupu County	798	5309	5898	2192	2938	240	324	10	194
会同县	Huitong County	393	2260	2531	961	1129	122	115	10	194
麻阳县	Mayang County	291	2895	2414	897	1102	134	152	20	109
新晃县	Xinhuang County	194	2113	1692	616	753	64	112	9	138
芷江县	Zhijiang County	324	1942	2068	854	905	91	112	9	97
靖州县	Jingzhou County	228	1239	1532	566	671	82	110	2	101
通道县	Tongdao County	212	1531	1609	559	720	101	109	9	111
洪江市	Hongjiang City	397	2856	3112	1217	1356	155	184	19	181
娄星区	Louxing District	703	8338	8482	3337	4115	320	501	46	163
双峰县	Shuangfeng County	890	5322	4184	1936	1683	169	215	33	148
新化县	Xinhua County	1413	8839	7847	3345	3371	330	476	58	267
冷水江市	Lengshuijiang City	334	3029	3036	1322	1317	188	143	1	65
涟源市	Lianyuan County	996	5832	4303	1690	1753	216	312	47	285
吉首市	Jishou County	376	6661	7062	2516	3566	257	436	52	235
泸溪县	Luxi County	221	1554	1814	716	874	68	79	12	65
凤凰县	Fenghuang County	415	2057	2203	799	961	111	149	20	163
花垣县	Huayuan County	295	2008	2100	776	917	121	120	22	144
保靖县	Baojing County	257	1872	1880	666	762	94	119	18	221
古丈县	Guzhang County	163	701	841	311	352	48	48	6	76
永顺县	Yongshun County	483	3814	2878	1081	1319	116	148	8	206
龙山县	Longshan County	534	4393	3501	1300	1620	127	205	12	237

22-20 住户调查主要指标(2023年)
Major Households Survey Indicators (2023)

单位：元 (yuan)

市县名称	Cities and Counties	全体居民人均可支配收入 Per Capita Disposable Income of All Residents	城镇居民人均可支配收入 Per Capita Disposable Income of Urban Households		农村居民人均可支配收入 Per Capita Disposable Income of Rural Households	
			绝对值 Value	增速（%） Growth Rate (%)	绝对值 Value	增速（%） Growth Rate (%)
芙蓉区	Furong District	71869.7	71869.7	3.3		
天心区	Tianxin District	72085.0	72085.0	3.0		
岳麓区	Yuelu District	71688.0	71688.0	3.1		
开福区	Kaifu District	71017.0	71017.0	3.3		
雨花区	Yuhua District	72557.3	72557.3	3.3		
望城区	Wangcheng District	55939.9	62636.8	3.0	46775.0	6.0
长沙县	Changsha County	55474.2	61908.4	3.1	46168.0	6.3
浏阳市	Liuyang City	54662.1	61113.0	3.1	45968.1	5.9
宁乡市	Ningxiang City	48822.0	57041.0	3.2	39383.0	6.0
荷塘区	Hetang District	60314.0	60314.0	4.1		
芦淞区	Lusong District	63532.4	63532.4	4.2		
石峰区	Shifeng District	60760.0	60760.0	3.9		
天元区	Tianyuan District	69297.0	69297.0	4.0		
渌口区	Lukou District	33193.8	45545.0	3.7	27646.0	6.9
攸　县	You County	44984.0	51360.9	4.1	37524.8	5.9
茶陵县	Chaling County	30003.5	44397.3	3.8	14929.0	8.5
炎陵县	Yanling County	24966.7	38081.1	3.9	13836.2	8.6
醴陵市	Liling City	46716.3	53088.3	4.0	38182.1	5.8
雨湖区	Yuhu District	49647.0	50003.4	3.9	44250.3	5.5
岳塘区	Yuetang District	49055.0	49130.2	4.0	44532.1	5.7
湘潭县	Xiangtan County	34385.1	45812.4	3.6	27211.9	6.4
湘乡市	Xiangxiang City	34604.4	46435.8	3.6	26669.4	6.4
韶山市	Shaoshan City	48627.0	53507.0	3.8	38223.9	6.6
珠晖区	Zhuhui District	48463.2	49095.0	4.3		
雁峰区	Yanfeng District	47771.4	47775.0	4.1		
石鼓区	Shigu District	50608.8	50611.0	4.1		
蒸湘区	Zhengxiang District	48853.7	48960.2	4.0		
南岳区	Nanyue District	53733.2	54211.4	4.2		
衡阳县	Hengyang County	33527.0	44828.0	4.8	26499.9	6.5
衡南县	Hengnan County	35801.6	44432.4	4.7	30231.4	6.4
衡山县	Hengshan County	35791.0	44746.9	4.9	30180.0	6.7
衡东县	Hengdong County	34552.6	44544.5	5.0	28759.1	6.6
祁东县	Qidong County	27187.0	36148.3	4.5	21189.2	6.3
耒阳市	Leiyang City	38222.0	46465.0	4.7	29856.0	6.2
常宁市	Changning City	34368.1	43962.0	4.6	25282.0	6.5
双清区	Shuangqing District	38891.7	41030.0	5.2	28825.0	5.3
大祥区	Daxiang District	37288.3	40050.0	4.9	28438.0	5.5
北塔区	Beita District	33463.8	36602.3	4.8	25889.2	5.4

22-20 续表 1 Continued

单位：元 (yuan)

市县名称	Cities and Counties	全体居民人均可支配收入 Per Capita Disposable Income of All Residents	城镇居民人均可支配收入 Per Capita Disposable Income of Urban Households		农村居民人均可支配收入 Per Capita Disposable Income of Rural Households	
			绝对值 Value	增速（%）Growth Rate (%)	绝对值 Value	增速（%）Growth Rate (%)
新邵县	Xinshao County	23814.8	36450.2	4.6	17066.0	7.5
邵阳县	Shaoyang County	23765.7	35551.6	4.4	16958.1	8.0
隆回县	Longhui County	22149.7	33777.1	4.5	16587.3	9.2
洞口县	Dongkou County	24783.8	36136.3	3.4	16788.5	7.6
绥宁县	Suining County	20674.3	33174.5	4.0	15536.6	7.7
新宁县	Xinning County	22381.7	34641.3	3.3	15328.1	8.0
城步县	Chengbu County	18876.5	30657.4	1.3	13472.4	9.3
武冈市	Wugang City	26346.9	36261.2	5.1	18943.0	7.9
邵东市	Shaodong City	38383.2	45746.0	5.0	31669.0	5.1
岳阳楼区	Yueyanglou District	48791.2	48791.2	5.0		
云溪区	Yunxi District	50767.4	50767.4	4.4		
君山区	Junshan District	36348.6	43399.6	4.8	27148.5	7.2
岳阳县	Yueyang County	31257.0	38862.8	4.5	24655.1	7.0
华容县	Huarong County	34119.0	40196.0	4.5	28812.0	6.3
湘阴县	Xiangyin County	33886.1	41624.0	4.3	26961.1	6.2
平江县	Pingjiang City	21718.1	31792.2	4.7	14576.1	7.2
汨罗市	Miluo City	35702.0	43124.2	4.2	26269.8	6.2
临湘市	Linxiang County	31412.0	39298.1	4.9	23653.0	6.4
武陵区	Wuling District	50510.1	51360.1	3.5	38738.1	4.7
鼎城区	Dingcheng District	34026.0	45275.0	3.8	23510.0	5.9
安乡县	Anxiang County	27925.9	35668.8	3.7	22981.0	7.2
汉寿县	Hanshou County	31311.0	41789.0	4.4	24700.0	7.3
澧　县	Li County	29647.3	39387.2	4.1	24474.2	6.0
临澧县	Linli County	33262.0	43089.4	4.5	25227.7	7.4
桃源县	Taoyuan County	28982.2	40093.1	3.3	22370.3	5.8
石门县	Shimen County	24487.1	33621.4	3.4	18122.0	7.1
津市市	Jinshi City	37292.0	45098.9	4.2	23029.2	4.6
永定区	Yongdi District	27048.2	37456.1	5.1	15221.3	7.1
武陵源区	Wulingyuan District	31909.8	38897.6	5.7	19581.1	8.1
慈利县	Cili County	23021.0	32450.3	6.1	16363.3	7.7
桑植县	Sangzhi County	16640.1	22728.7	5.3	12906.3	7.1
资阳区	Ziyang District	34780.0	40964.7	3.2	27504.3	5.1
赫山区	Heshan District	41707.1	49731.9	3.7	28568.3	7.1
南　县	Nan County	30476.0	38400.0	3.3	24100.0	5.0
桃江县	Taojiang County	29833.0	39430.0	2.8	22769.1	6.1
安化县	Anhua County	17506.0	24716.0	2.7	14076.0	7.9
沅江市	Yuanjiang City	35893.0	45484.7	4.1	26794.5	5.2
北湖区	Beihu District	46462.2	49730.2	4.0	32463.2	7.2
苏仙区	Suxian District	41527.1	47605.1	4.0	29748.3	7.1
桂阳县	Guiyang County	36980.9	46653.8	3.9	28538.9	6.9
宜章县	Yizhang County	25746.2	40073.1	3.1	14666.2	7.8
永兴县	Yongxing County	34492.2	43688.1	3.4	26252.2	6.7

22-20 续表 2 Continued

单位：元 (yuan)

市县名称	Cities and Counties	全体居民人均可支配收入 Per Capita Disposable Income of All Residents	城镇居民人均可支配收入 Per Capita Disposable Income of Urban Households		农村居民人均可支配收入 Per Capita Disposable Income of Rural Households	
			绝对值 Value	增速（%）Growth Rate (%)	绝对值 Value	增速（%）Growth Rate (%)
嘉禾县	Jiahe County	30139.2	37956.2	3.3	23629.1	6.6
临武县	Linwu County	26749.4	37225.3	3.6	19367.4	6.7
汝城县	Rucheng County	20246.3	29353.0	4.8	15143.4	7.6
桂东县	Guidong County	19559.1	27800.7	5.0	14540.3	7.5
安仁县	Anren County	23828.2	33914.0	5.3	16708.4	8.0
资兴市	Zixing City	40537.0	46909.1	4.3	29309.2	7.2
零陵区	Lingling District	34791.0	40608.1	4.2	27664.9	5.4
冷水滩区	Lengshuitan District	39379.0	44351.0	4.0	29584.9	5.3
东安县	Dongan County	28843.1	40738.2	4.0	21678.1	5.4
双牌县	Shuangpai County	21884.2	34510.0	4.3	13309.0	5.6
道　县	Dao County	29131.9	37325.8	4.1	23090.0	5.7
江永县	Jiangyong County	21031.1	32689.0	4.5	15033.1	6.0
宁远县	Ningyuan County	27199.3	36183.2	3.7	21356.1	5.4
蓝山县	Lanshan County	29265.0	39222.0	4.7	21454.0	6.0
新田县	Xintian County	21292.2	33530.0	4.9	13874.0	6.3
江华县	Jianghua County	22474.0	33546.0	3.8	15703.0	5.8
祁阳市	Qiyang City	29968.0	42534.4	4.6	20322.1	6.2
鹤城区	Hecheng District	41581.3	43208.3	4.4	22486.4	7.0
中方县	Zhongfang County	23740.2	37016.2	4.4	17381.3	6.2
沅陵县	Yuanling County	21093.0	31359.4	5.7	15209.4	7.8
辰溪县	Chenxi County	21457.0	32355.0	6.5	15728.1	7.0
溆浦县	Xupu County	22725.7	31888.3	5.5	17543.4	6.9
会同县	Huitong County	20658.0	30197.0	5.4	15825.0	7.5
麻阳县	Mayang County	19764.2	31398.2	5.0	13727.2	7.8
新晃县	Xinhuang County	18762.0	28651.0	6.7	13755.1	6.9
芷江县	Zhijiang County	20175.2	32466.2	5.0	14152.2	7.8
靖州县	Jingzhou County	22008.0	29874.1	5.4	15354.2	8.5
通道县	Tongdao County	18062.0	28611.1	4.8	13255.0	8.3
洪江市	Hongjiang City	23027.1	32372.1	5.7	17037.0	6.9
娄星区	Louxing District	43140.4	45073.5	4.5	28675.1	7.0
双峰县	Shuangfeng County	21981.0	29088.3	4.2	18646.0	7.3
新化县	Xinhua County	18606.0	28920.3	4.3	13704.4	7.4
冷水江市	Lengshuijiang City	42788.0	46689.3	4.0	29422.9	7.1
涟源市	Lianyuan County	21244.0	30714.0	3.9	15855.1	7.2
吉首市	Jishou County	34184.1	40270.0	4.3	16303.2	7.1
泸溪县	Luxi County	20964.0	31699.0	4.2	13250.0	7.1
凤凰县	Fenghuang County	21427.8	33036.5	5.2	15558.5	7.4
花垣县	Huayuan County	21323.8	32907.2	5.1	13767.2	7.3
保靖县	Baojing County	20982.1	30179.1	5.3	15021.1	7.3
古丈县	Guzhang County	18317.8	28106.2	4.7	12444.2	7.2
永顺县	Yongshun County	18753.2	28669.4	4.9	12838.1	7.2
龙山县	Longshan County	19901.2	29541.5	5.1	14498.1	7.2